FACHBUCHREIHE
für wirtschaftliche Bildung

Rechnungswesen und Controlling für Bankberufe

12. Auflage

LUDOLPH
NEUB
RENNER
ULBRICHT

VERLAG EUROPA-LEHRMITTEL
Nourney, Vollmer GmbH & Co. KG
Düsselberger Straße 23
42781 Haan-Gruiten

Europa-Nr.: 73813

Verfasser

Franz-Joachim Ludolph	Freudenstadt
Christoph Neub	Landshut
Reinhard Renner	Berlin
Klaus Ulbricht	Dresden

Lektorat

Klaus Ulbricht	Dipl. oec. paed.	Dresden

12. Auflage 2016

Druck 5 4 3 2 1

Alle Drucke derselben Auflage sind parallel einsetzbar, da sie bis auf die Behebung von Druckfehlern untereinander unverändert sind

ISBN 978-3-8085-2384-1

Alle Rechte vorbehalten. Das Werk ist urheberrechtlich geschützt. Jede Verwertung außerhalb der gesetzlich geregelten Fälle muss vom Verlag schriftlich genehmigt werden.

© 2016 by Verlag Europa-Lehrmittel · Nourney, Vollmer GmbH & Co. KG,
    42781 Haan-Gruiten
    http://www.europa-lehrmittel.de

Umschlag, Layout, Grafik, Satz: rkt, 42799 Leichlingen, www.rktypo.com
Umschlagkonzept: tiff.any GmbH, 10999 Berlin
Umschlagfoto: © JLR Photography – Shutterstock.com
Druck: Medienhaus Plump GmbH, 53619 Rheinbreitbach

Vorwort

»**Rechnungswesen und Controlling für Bankberufe**« ist ein aktuelles, umfassendes Lehr- und Lernbuch für die Ausbildung in der Kreditwirtschaft. Aufgabe des vorliegenden Lehrbuches ist es, Grundkenntnisse der Verfahrenstechniken von Rechnungswesen und Controlling zu vermitteln.

Das Buch ist geeignet

- **für Schüler und Auszubildende** sowie **Lehrer und Dozenten** in den **Ausbildungsgängen zum Beruf Bankkaufmann/Bankkauffrau** an Berufsschulen in allen Bundesländern. Es richtet sich nach dem Rahmenlehrplan für den Ausbildungsberuf Bankkaufmann/Bankkauffrau der Kultusministerkonferenz der Länder.
- für **Dozenten in der innerbetrieblichen Ausbildung.** Es berücksichtigt die gültige Verordnung über die Berufsausbildung zum Bankkaufmann/zur Bankkauffrau.
- als umfassendes **Nachschlagewerk in der Praxis.**

Kreditinstitute wollen durch Geschäfte im Spannungsfeld von Rentabilität und Risiko sowie durch Dienstleistungsgeschäfte Gewinne erzielen. Dabei haben sie soziale und ökologische Forderungen sowie Rechtsvorschriften zu beachten, die dem Schutz der Kunden und Kapitaleigner sowie dem Informationsbedürfnis der Öffentlichkeit dienen. Rechnungswesen und Controlling sollen die sich aus dieser Zielsetzung ergebenden Abläufe und ihre Ergebnisse dokumentieren, planen, steuern und kontrollieren.

»**Rechnungswesen und Controlling für Bankberufe**« – Wissen, Beispiele, Aufgaben

Zur nachhaltigen Erreichung einer **Handlungskompetenz** der Lernenden ist die Vermittlung von Wissen anhand von praxisgerechten Beispielen mit zahlreichen Aufgaben unterschiedlicher Schwierigkeit und Komplexität kombiniert. Mit diesem Rüstzeug lassen sich Lernsituationen im Unterricht, aber auch in der Vorbereitung erfolgreich lösen.

Zahlreiche Übersichten verstärken das visuelle Einprägen von Zusammenhängen und Strukturen. Zusammenfassungen nach jedem Kapitel erleichtern das Verständnis und die Aufnahme des Stoffes.

Konsequent lernfeldorientiert

»**Rechnungswesen und Controlling für Bankberufe**« deckt alle Lernfelder vollständig ab, die Rechnungswesen und Controlling zum Gegenstand haben. An einigen Stellen geht es über den Rahmenlehrplan hinaus und ist deshalb auch für Studierende geeignet.

Neu in dieser Auflage

Die 12. Auflage entspricht dem **Stand der Gesetzgebung vom 1. Januar 2016.**

Es sind alle Änderungen eingearbeitet, die sich aus neuen Rechtsvorschriften für das Rechnungswesen und Controlling der Kreditinstitute ergeben. Zusätzlich wurden weitere Begriffe präzisiert und die Anwendung der Kontierung bei der Bewertung von Forderungen angepasst.

Der aktuellen Auflage des Prüfungskatalogs folgend, ist der im Anhang abgedruckte Kontenplan an den in der Abschlussprüfung benutzten angepasst. Die im Anhang des Prüfungskatalogs – und damit in der Abschlussprüfung – verwendeten Begriffe, Formeln und Berechnungsabläufe werden im vorliegenden Buch konsequent benutzt.

Ihre Meinung ist uns wichtig

Wenn Sie mithelfen möchten, dieses Buch für die kommenden Auflagen zu verbessern, schreiben Sie uns unter lektorat@europa-lehrmittel.de. Ihre Hinweise und Verbesserungsvorschläge nehmen wir gerne auf.

Januar 2016   Die Verfasser

Inhaltsverzeichnis

0	Funktionen von Rechnungswesen und Controlling	9
1	System der doppelten Buchführung	11
1.1	Aufgaben und Rechtsgrundlagen der Buchführung	11
1.1.1	Aufgaben der Buchführung	11
1.1.2	Rechtsgrundlagen der Buchführung	12
1.2	Inventur, Inventar und Bilanz	13
1.2.1	Inventur	13
1.2.2	Inventar	14
1.2.3	Bilanz	16
1.3	Auswirkungen von Wertveränderungen auf die Bilanz	20
1.4	Bestandskonten	25
1.4.1	Ableitung der Bestandskonten aus der Bilanz	25
1.4.2	Buchungen auf Bestandskonten im Hauptbuch	26
1.4.3	Kontenrahmen und Kontenplan	29
1.4.4	Chronologische Erfassung von Geschäftsfällen im Grundbuch	30
1.4.5	Eröffnung und Abschluss der Bestandskonten im Grund- und im Hauptbuch	33
1.5	Kontokorrentkonten und Skontren des Personenbuches	39
1.5.1	Kundenkontokorrent (KKK) und Kundenskontren	39
1.5.2	Bankenkontokorrent (BKK) und Bankenskontren	48
1.6	Erfassung erfolgsunwirksamer und erfolgswirksamer Geschäftsfälle	54
1.7	Gemischte Konten	65
1.8	Der Weg von Bilanz zu Bilanz	70
2	Umsatzsteuer	75
2.1	System der Umsatzsteuer	75
2.2	Umsatzsteuer bei Kreditinstituten	78
2.2.1	Umsatzsteuer bei Edelmetallgeschäften	79
2.2.2	Umsatzsteuer beim Kauf von Anlagegegenständen und bei Sachaufwendungen	81
2.2.3	Umsatzsteuer beim Verkauf von Anlagegegenständen	83
3	Jahresabschluss der Kreditinstitute	89
3.1	Aufgaben, Bestandteile und Organisation des Jahresabschlusses	89
3.2	Grundsätze eines ordnungsmäßigen Abschlusses	94
3.2.1	Aufstellungs- und Ansatzgrundsätze	94
3.2.2	Bewertungsgrundsätze	96
3.2.2.1	Allgemeine Bewertungsgrundsätze	96
3.2.2.2	Spezielle Bewertungsgrundsätze	99
3.3	Bewertung der Sachanlagen	103
3.3.1	Erfassung der Wertminderung von Gegenständen des Anlagevermögens durch Abschreibungen	103
3.3.2	Einkommensteuerrechtliche Vorschriften für die Abschreibungen auf Gegenstände des Sachanlagevermögens	106
3.3.3	Verkäufe von Gegenständen des Sachanlagevermögens	117
3.3.3.1	Verkäufe aus Betriebs- und Geschäftsausstattung	117
3.3.3.2	Verkäufe aus dem Sammelposten	118
3.3.4	Anlagenspiegel	120
3.3.5	Abschreibungen als Kalkulationsfaktor	125

3.4	**Bewertung der Forderungen**	127
3.4.1	Grundlagen	127
3.4.2	Abschreibung uneinbringlicher Forderungen und Einzelwertberichtigung (EWB) auf zweifelhafte Forderungen	129
3.4.3	Unversteuerte Pauschalwertberichtigungen (PWB) auf Forderungen mit latentem Risiko	134
3.4.4	Bilanzierung des Forderungsbestandes	141
3.5	**Buchung von Eigengeschäften mit Wertpapieren und Bewertung von Wertpapieren**	144
3.5.1	Buchung von Kauf und Verkauf von Wertpapieren unter ihrer Zuordnung zu Anlagebestand oder Handelsbestand oder Liquiditätsreserve	144
3.5.1.1	Buchungen beim Kauf und Verkauf von Aktien	145
3.5.1.2	Buchungen beim Kauf und Verkauf von festverzinslichen Wertpapieren einschließlich Stückzinsberechnung	146
3.5.2	Bewertung von Wertpapieren	151
3.5.2.1	Bewertung der Wertpapiere des Anlagevermögens (AV)	152
3.5.2.2	Bewertung der Wertpapiere des Handelsbestandes (HB)	158
3.5.2.3	Bewertung der Wertpapiere der Liquiditätsreserve (LQ)	167
3.5.3	Bildung von Handels- oder Bewertungseinheiten (Portfoliobewertung)	171
3.5.4	Bilanzierung des Wertpapierbestandes	173
3.6	**Instrumente der Risikovorsorge**	176
3.6.1	Rückstellungen und Rücklagen	176
3.6.2	Vorsorge für allgemeine Bankrisiken	182
3.6.2.1	Stille Vorsorgereserven	182
3.6.2.2	Offene Vorsorgereserven	188
3.7	**Zeitliche Abgrenzung des Jahreserfolges**	190
3.7.1	Grundlagen	190
3.7.2	Transitorische Posten der Rechnungsabgrenzung	193
3.7.2.1	Transitorische Aktiva	193
3.7.2.2	Transitorische Passiva	196
3.7.3	Antizipative Posten der Rechnungsabgrenzung	197
3.7.3.1	Antizipative Aktiva	197
3.7.3.2	Antizipative Passiva	200
4	**Jahresabschluss der Kreditinstitute nach IFRS**	207
4.1	**Grundsätze der International Financial Reporting Standards (IFRS), vormals International Accounting Standards (IAS)**	207
4.2	**Bilanz**	209
4.3	**Gewinn- und Verlustrechnung**	217
5	**Kosten- und Erlösrechnung**	221
5.1	**Grundbegriffe**	221
5.1.1	Werteverzehr und Werteschöpfung	221
5.1.2	Auszahlungen, Ausgaben, Aufwendungen und Kosten	222
5.1.3	Einzahlungen, Einnahmen, Erträge, Leistungen und Erlöse	226
5.1.4	Betriebsbereich und Wertbereich	228
5.2	**Kalkulation von Bankleistungen im Wertbereich**	235
5.2.1	Marktzinsmethode	235
5.2.2	Barwertmodell der Marktzinsmethode	241
5.3	**Kalkulation von Bankleistungen im Betriebsbereich mit Hilfe der Vollkostenrechnung**	249
5.3.1	Kostenartenrechnung	249
5.3.1.1	Kosten nach der Abhängigkeit vom Beschäftigungsgrad	249
5.3.1.2	Kosten nach der Art der verbrauchten Produktionsfaktoren	250
5.3.1.3	Kosten nach dem Zeitbezug	252

5.3.1.4 Kosten nach der Zurechenbarkeit _____ 252
5.3.2 Kostenstellenrechnung mit Hilfe des Betriebsabrechnungsbogens (BAB) _____ 254
5.3.3 Kostenträgerrechnung _____ 259
5.3.3.1 Divisionskalkulation _____ 259
5.3.3.2 Äquivalenzziffernkalkulation _____ 260

5.4 Kalkulation von Bankleistungen im Betriebsbereich mit Hilfe der Teilkostenrechnung als Prozessorientierter Standard-Einzelkostenrechnung (PSEK) _____ 262

5.5 Einzelkalkulation _____ 267
5.5.1 Produktkalkulation _____ 267
5.5.1.1 Produktkalkulation im Aktivgeschäft _____ 268
5.5.1.2 Produktkalkulation im Passivgeschäft _____ 269
5.5.1.3 Produktkalkulation im Dienstleistungsgeschäft _____ 270
5.5.2 Kundenkalkulation _____ 271
5.5.3 Geschäftsstellenkalkulation _____ 274

5.6 Gesamtbetriebskalkulation _____ 276
5.6.1 Berechnung des Ergebnisses des Kundengeschäfts im Wertbereich, strukturiert nach Produkten, Kunden und Geschäftsstellen _____ 276
5.6.2 Berechnung des Gesamtbetriebsergebnisses und seiner Teile aus der Abschlussrechnung der Finanzbuchhaltung _____ 278
5.6.2.1 Zinsspannenrechnung _____ 278
5.6.2.2 Teilbetriebsergebnis und Betriebsergebnis sowie Bruttozins-, Risiko-, Nettozins- und Bruttobedarfsspanne _____ 282

6 Bankcontrolling _____ 293

6.1 Bankcontrolling als integratives System von Zielsetzung, Planung, Kontrolle und Steuerung (Regelkreis) zur Unterstützung der Entscheidungsfindung der Geschäftsleitung _____ 293

6.2 Strategisches und Operatives Controlling _____ 298
6.2.1 Strategisches Controlling mit Stärken-Schwächen-Analyse _____ 298
6.2.2 Operatives Controlling am Beispiel des Rentabilitätsmanagements _____ 302

6.3 Analyse und Management von Forderungsausfallrisiken _____ 307

6.4 Analyse und Management von Zinsänderungsrisiken und -chancen _____ 313
6.4.1 Wirkungen von Zinsänderungen _____ 313
6.4.1.1 Zinselastizitätsrisiken und -chancen _____ 313
6.4.1.2 Abschreibungsrisiken und Wertaufholungschancen bei Wertpapieren _____ 317
6.4.2 Analyse von Ungleichgewichten in der Bankbilanzstruktur als Ursachen für Zinsänderungsrisiken und -chancen _____ 320
6.4.2.1 Positionen mit fester oder variabler Verzinsung _____ 320
6.4.2.2 Zinsbindungs- und Zinselastizitätsbilanz _____ 323
6.4.3 Instrumente des Managements von Zinsänderungsrisiken und -chancen _____ 328
6.4.3.1 Interbanken-Darlehensgeschäfte _____ 328
6.4.3.2 Geschäfte mit Derivaten (Swaps und Futures) _____ 332

6.5 Risikolimitierung _____ 336

6.6. Analyse und Management von Liquiditätsrisiken _____ 342

7 Rücklagen- und Ausschüttungspolitik von Kreditinstituten _____ 345

7.1 Eigenkapital und Ergebnisverwendung von Kreditinstituten _____ 345
7.1.1 Gezeichnetes Kapital _____ 345
7.1.2 Kapitalrücklage _____ 345
7.1.3 Gewinnrücklagen _____ 346
7.1.3.1 Gesetzliche Rücklage _____ 346
7.1.3.2 Rücklage für Anteile an einem herrschenden oder mehrheitlich beteiligten Unternehmen _____ 347

7.1.3.3 Satzungsmäßige Rücklagen — 347
7.1.3.4 Andere Gewinnrücklagen — 348
7.1.4 Bilanzgewinn/Bilanzverlust — 348
7.1.5 Besonderheiten von Eigenkapital und Gewinnverwendung bei Sparkassen und Genossenschaftsbanken — 349

7.2 Riskmanagement nach Basel III — 351

7.3 Ziele der Rücklagen- und Gewinnausschüttungspolitik — 352

8 Jahresabschluss von Kreditnehmern — 355

8.1 Gemeinsamkeiten der Bilanzen verschiedener Unternehmen — 355

8.1.1 Begriff und formaler Aufbau der Bilanz — 355
8.1.2 Arten von Bilanzen und ihre Aufgaben — 357
8.1.3 Gliederung der Bilanz — 359

8.2 Besonderheiten der Bilanzen von verschiedenen Unternehmen — 363

8.3 Auswertung eines Jahresabschlusses im Hinblick auf Kredit- und Anlageentscheidungen — 366

8.3.1 Jahresabschlussanalyse — 366
8.3.1.1 Begriff und Aufgaben der Jahresabschlussanalyse — 366
8.3.1.2 Probleme einer externen Jahresabschlussanalyse — 367
8.3.1.3 Kennzahlen als Hilfsmittel der Analyse — 371
8.3.2 Aufbereitung der Bilanz — 373
8.3.3 Beurteilung der Bilanz — 380
8.3.3.1 Vermögensstruktur — 380
8.3.3.2 Kapitalstruktur — 383
8.3.3.3 Finanzstruktur — 386
8.3.3.4 Liquidität — 388
8.3.4 Aufbereitung der Gewinn- und Verlustrechnung — 392
8.3.5 Kennzahlen unter Einbeziehung der Gewinn- und Verlustrechnung — 401
8.3.5.1 Kennzahlen der Kostenstruktur — 401
8.3.5.2 Umschlagskennzahlen — 403
8.3.5.3 Kennzahlen der Rentabilität — 408
8.3.5.4 Cash-flow-Analyse — 413

ANHANG

1	**Grundlagen des Bankrechnens**	419
1.1	**Prozent- und Promillerechnung**	419
1.2	**Zinsrechnung**	421
1.2.1	Zinsrechnung vom Hundert	422
1.2.2	Zinsrechnung auf Hundert	423
1.2.3	Zinsrechnung im Hundert	423
1.2.4	Summarische Zinsrechnung	423
1.3	**Zinseszinsrechnung**	426
1.3.1	Endkapital gesucht (Aufzinsung)	426
1.3.2	Anfangskapital gesucht (Abzinsung)	428
1.3.3	Zeit gesucht	428
1.3.4	Zinssatz gesucht	429
1.4	**Rentenrechnung**	430
1.4.1	Rentenendwert gesucht	431
1.4.2	Rentenbarwert gesucht	433
2	**Berechnung und Buchung von Bankgeschäften mit Kunden**	435
2.1	**Sichteinlagen, Termineinlagen, Spareinlagen und Sparbriefe**	435
2.2	**Wertpapiergeschäfte**	441
2.2.1	Inkasso von Zins- und Dividendenscheinen	441
2.2.1.1	Inkasso von Zinsscheinen	441
2.2.1.2	Inkasso von Dividendenscheinen	446
2.2.2	Kundengeschäfte mit Wertpapieren	451
2.2.2.1	Kommissionsgeschäfte	451
2.2.2.2	Festpreisgeschäfte	454
2.2.2.3	Abgeltungsteuer bei Veräußerungsgewinnen aus Aktien	455
2.2.2.4	Abgeltungsteuer bei Kapitalerträgen und Veräußerungsgewinnen und -verlusten aus anderen Wertpapieren	456
2.2.3	Bezugsrechte	463
2.2.4	Rendite	468
2.2.4.1	Statische Renditeberechnung	469
2.2.4.2	Dynamische Renditeberechnung	470
2.3	**Kreditgeschäfte**	476
2.3.1	Kontokorrentkredite	476
2.3.2	Darlehen	480
2.3.2.1	Grundschulddarlehen	480
2.3.2.2	Standardisierter Ratenkredit	486
2.3.2.3	Effektivzinssatz	489
2.4	**Auslandsgeschäfte**	493
2.4.1	Sorten- und Devisenkurse	493
2.4.2	Sortengeschäfte	496
2.4.3	Devisen-Kassageschäfte	498
2.4.4	Devisen-Termingeschäfte und Devisen-Swapgeschäfte	503
2.4.5	Devisenhandel im Interbankengeschäft	509
2.4.6	Währungsrisiko	512
2.4.7	Berechnung von Rohstoffpreisen mit Kettensatz	514
Anlage 1	Formblatt Bilanz	516
Anlage 2a	Formblatt GuV (Staffelform)	518
Anlage 2b	Formblatt GuV (Kontoform)	520
Anlage 3	Kontenplan	521
Abkürzungsverzeichnis		523
Stichwortverzeichnis		524

0 Funktionen von Rechnungswesen und Controlling

Das **Rechnungswesen der Kreditinstitute** ist ein Verfahren zur zahlenmäßigen Erfassung und Dokumentation aller Geschäftsvorgänge und ihrer Ergebnisse. Es lässt sich in die Bereiche Buchführung, Kosten- und Erlösrechnung, Statistik und Planung gliedern.

- Die **Buchführung** zeichnet alle Vermögens-, Schuld- und Eigenkapitalbestände eines Kreditinstituts sowie deren Veränderung in zeitlicher, sachlicher und personenbezogener Ordnung systematisch auf.
- Die **Kosten- und Erlösrechnung** ermittelt den betrieblichen Werteverzehr und den Wertezuwachs, die durch die Geschäfte eines Kreditinstituts entstehen.
- Die **Statistik** sammelt, analysiert und vergleicht alle Daten, die für die Geschäftstätigkeit eines Kreditinstituts von Bedeutung sind.
- Die **Planung** soll Ziele für die künftige Geschäftstätigkeit eines Kreditinstituts ermitteln und festlegen.

Das Rechnungswesen dient externen und internen Zwecken.

Als **externes Rechnungswesen** hat das Rechnungswesen eine Informations- und eine Zahlungsbemessungsfunktion.

externes Rechnungswesen

- In Ausübung seiner **Informationsfunktion** hat das Rechnungswesen Informationen für
  - die Geschäftsleitung,
  - die Anteilseigner,
  - die Gläubiger,
  - die Kunden,
  - die Mitarbeiterinnen und Mitarbeiter,
  - die Bankaufsichtsbehörden,
  - die Zentralbank und
  - alle sonst noch interessierten Personen und gesellschaftlichen Institutionen

  über den Geschäftsverlauf sowie die Vermögens-, Finanz- und Ertragslage eines Kreditinstituts zu liefern.

- In Ausübung seiner **Zahlungsbemessungsfunktion** dient das Rechnungswesen dem Ausgleich von Ansprüchen
  - der Geschäftsleitung auf Sicherung des Unternehmens durch Rücklagenbildung,
  - der Anteilseigner auf Gewinnausschüttung,
  - der Gläubiger auf Schutz ihrer Forderungen,
  - der Mitarbeiterinnen und Mitarbeiter auf Entlohnung für ihre Tätigkeit und
  - des Staates auf die Erhebung von Steuern

  an die gesamte Wertschöpfung durch den Unternehmensprozess.

Die Befriedigung gesellschaftlicher Bedürfnisse nach Informationen und nach Zahlungen aus der Wertschöpfung kann nicht in das Belieben der Geschäftsleitung gestellt werden. Das externe Rechnungswesen hat deshalb einer großen Anzahl von Rechtsnormen zu genügen.

internes Rechnungswesen — Als **internes Rechnungswesen** erfasst und dokumentiert das Rechnungswesen systematisch die Kosten und Erlöse eines Kreditinstituts.

Dazu ist ein besonderes Verfahren notwendig. Die Gewinn- und Verlustrechnung der externen Rechnungslegung ist nicht darauf angelegt, den Unternehmensprozess als Ganzes und in seinen Teilen zu durchleuchten, um auf allen Ebenen ertragsorientierte Entscheidungen unter Berücksichtigung sozialer und ökologischer Belange treffen zu können. Die Gewinn- und Verlustrechnung der externen Rechnungslegung erlaubt insbesondere keine Zuordnung des Unternehmenserfolges zu einzelnen

- Verantwortungsbereichen (= Profit-Centern).
- Produkten.
- Kunden.

Da an der internen Rechnungslegung kein gesellschaftliches Interesse besteht, gibt es für sie auch keine Rechtsvorschriften.

Controlling — Oberstes Ziel einer jeden Unternehmung und damit auch eines jeden Kreditinstituts ist seine Erhaltung. Um die Erreichung dieses Ziels zu gewährleisten, müssen Erträge erwirtschaftet werden, die in einem angemessenen Verhältnis zu den Risiken stehen, die wegen ihnen übernommen werden müssen. Das Management der Geschäfte, mit denen Erträge erzielt werden sollen und wegen denen Risiken übernommen werden müssen, das heißt, die Entscheidung über Art, Umfang und Risiken dieser Geschäfte obliegt der Leitung eines Kreditinstituts.

Aufgabe des Controlling — **Aufgabe des Controlling** ist es, die Daten, die das Rechnungswesen liefert, zu analysieren und aufgrund dieser Analysen die Geschäftsleitung bei Managemententscheidungen zu unterstützen (**Entscheidungsunterstützungsfunktion des Controlling**).

Zusammenfassung

RECHNUNGSWESEN

Buchführung	Kosten- und Leistungsrechnung	Statistik	Planung
zur **externen Rechnungslegung** über Bestände und ihre Veränderungen gemäß Rechtsvorschriften • Informationsfunktion • Zahlungsbemessungsfunktion	zur **internen Rechnungslegung** über Werteverzehr und Wertezuwachs im Leistungsprozess	zur Erfassung bedeutsamer **Daten für interne und externe Vergleiche**	zur Ermittlung und Festlegung von **Zielen für die künftige Geschäftstätigkeit**

Entscheidungsunterstützungsfunktion
CONTROLLING

1 System der doppelten Buchführung

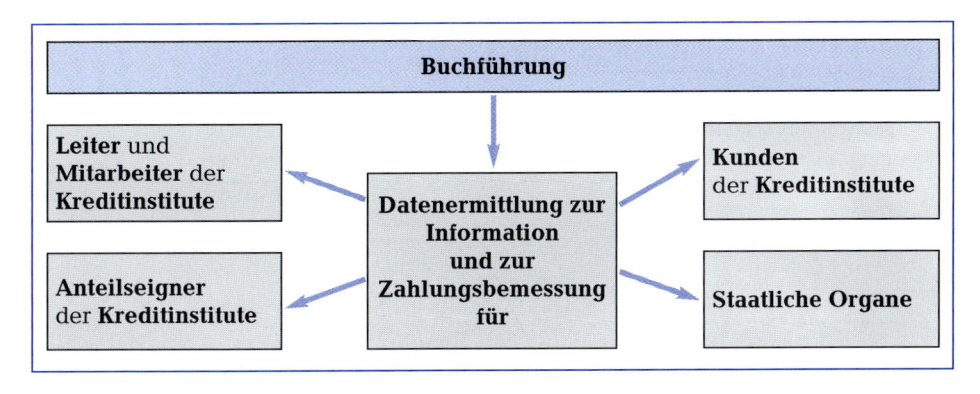

1.1 Aufgaben und Rechtsgrundlagen der Buchführung

1.1.1 Aufgaben der Buchführung

Die Leitung eines Unternehmens muss sich jederzeit über dessen Lage informieren können. Dazu bedarf es der Buchführung. Sie liefert die Daten, aus denen sich erkennen lässt, in welchem Umfang die Erhaltung des Unternehmens durch die Erwirtschaftung von Gewinn gesichert ist. Die Buchführung soll auch zeigen, ob die Bestände an liquiden Mitteln ausreichen, um allen Zahlungsverpflichtungen pünktlich nachkommen zu können.

Aufgabe der Buchführung ist es, in einem Unternehmen den **Stand** und alle **Veränderungen der Buchbestände von Vermögen und Kapital** aufzuzeichnen. Die Buchführung erfasst alle **Aufwendungen und Erträge** und ermittelt daraus den **Unternehmenserfolg,** d.h. den Gewinn oder den Verlust. Die Aufzeichnung der Geschäftsvorgänge erfolgt in ihrer zeitlichen Abfolge und sachlichen sowie personenbezogenen Ordnung über einen bestimmten Zeitraum (Geschäftsjahr). Deshalb ist die Buchführung eine **Zeitraumrechnung.**

Aufgaben der Buchführung

Weitere Aufgaben der Bankbuchführung sind die Bereitstellung von Daten für

- andere Bereiche des betrieblichen Rechnungswesens und das Controlling,
- Vergleiche mit früheren Rechnungsperioden,
- Kontoauszüge und Abrechnungen,
- die Besteuerung,
- Rechtsstreitigkeiten mit Behörden, Kunden und anderen Kreditinstituten,
- die Bundesanstalt für Finanzdienstleistungsaufsicht (BAFin) und die Deutsche Bundesbank,
- Gläubiger, Eigentümer und Mitarbeiter des Kreditinstitutes.

Zusammenfassung

Die Buchführung hat die **Aufgabe,** alle Bestände eines Unternehmens und deren Veränderungen systematisch und lückenlos aufzuzeichnen sowie
Aufwendungen und Erträge zu erfassen, um so die Quellen des Unternehmenserfolgs erkennbar zu machen.

Sie ermittelt Daten zur Information und zur Zahlungsbemessung für Unternehmensleitung, Mitarbeiter, Kunden, Gesellschafter, staatliche Organe, Anleger und andere Interessenten.

```
                    Buchführung
                         │
                         ▼
Leiter und                              Kunden
Mitarbeiter der        ◄──            der Kreditinstitute
Kreditinstitute           Datenermittlung zur
                          Information
                          und zur
Anteilseigner             Zahlungsbemessung
der Kreditinstitute       für            ──►  Staatliche Organe
```

1.1.2 Rechtsgrundlagen der [Buchführung]

Gläubigerschutz steuerliche Gerechtigkeit	Kaufleuten ist es wegen [der Forderung] nach Gläubigerschutz und steuerlicher Gerechtigkeit nicht freigestellt, [ob und in we]lchem Umfang sie Aufzeichnungen über ihren Geschäftsbetrieb anfe[rtigen.]
§ 154 AO, § 6 f. EStG	Allgemeingültige Vorschriften [zur Buchführ]ung und zur Bewertung finden sich im Steuerrecht.
§ 1 HGB	Nach Handelsrecht sind alle [Bankinstitute] **Kaufleute**.
§ 238, Abs. 1 HGB GoB	Jeder Kaufmann ist verpflichtet, Bücher zu führen und in diesen seine Handelsgeschäfte und die Lage seines Vermögens nach den **Grundsätzen ordnungsmäßiger Buchführung** ersichtlich zu machen.
§ 241a HGB	*Ausnahme:* Einzelkaufleute, die nicht mehr als 500.000,00 EUR Umsatzerlöse und 50.000,00 EUR Jahresüberschuss aufweisen, sind von der Buchführungspflicht befreit.
Belege	Grundlage jeder Eintragung in die Geschäftsbücher ist ein ordnungsgemäßer **Beleg**.
Handelsbücher § 239, Abs. 4 HGB	Die Handelsbücher und die sonst erforderlichen Aufzeichnungen können auch in der geordneten Ablage von Belegen bestehen oder auf Datenträgern geführt werden. Bei der Aufzeichnung auf Datenträgern muss sichergestellt sein, dass die Daten während der Aufbewahrungsfrist verfügbar sind und jederzeit lesbar gemacht werden können.
Aufbewahrungsfristen	Jeder Kaufmann muss seine Geschäftsunterlagen geordnet aufbewahren. Für die jeweiligen Unterlagen gelten folgende **Aufbewahrungsfristen:** • **10 Jahre** für Handelsbücher, Inventare, Eröffnungsbilanzen, Jahresabschlüsse, Lageberichte und Buchungsbelege, • **6 Jahre** für Handels- und Geschäftsbriefe.
§ 257 HGB	Die Aufbewahrungsfristen beginnen jeweils am Ende des Kalenderjahres, in dem die Unterlage entstanden ist. Dabei gilt nicht das Datum des Geschäftsvorfalls, sondern das Datum der tatsächlichen Eintragung oder Entstehung des Belegs.
§ 242 ff. HGB	Für **alle Kaufleute** gelten **allgemeine Vorschriften** für die Aufstellung des Jahresabschlusses, die Bewertung der Bestände sowie die Gliederung von Bilanz und Gewinn- und Verlustrechnung.
§ 264 ff. HGB	Für **Kapitalgesellschaften** gelten **ergänzende Vorschriften** zur Gliederung von Bilanz und Gewinn- und Verlustrechnung.
§ 340a HGB	Auch wenn Kreditinstitute nicht in der Rechtsform einer Kapitalgesellschaft betrieben werden, haben sie die für große Kapitalgesellschaften geltenden Vorschriften anzuwenden.
§ 340 a – o HGB	Wegen ihrer besonderen Vertrauensempfindlichkeit wurden für Kreditinstitute **besondere handelsrechtliche Vorschriften** erlassen.
RechKredV	Für die **Gliederung von Bilanz sowie Gewinn- und Verlustrechnung** gelten nach der **Verordnung über die Rechnungslegung der Kreditinstitute (RechKredV)** besondere Vorschriften.

Zusammenfassung

RechKredV		
Vorschriften für alle Kaufleute	Vorschriften für Kapitalgesellschaften	Vorschriften für Kreditinstitute
Handelsgesetzbuch (HGB)		
Einkommensteuergesetz (EStG)		
Abgabenordnung (AO)		
Rechtsgrundlagen der Bankbuchführung		

1.2 Inventur, Inventar und Bilanz

1.2.1 Inventur

Ein Unternehmen ermittelt seine Bestände durch **Inventur**. Dabei handelt es sich um das Zählen von Grundstücken, Gebäuden, Einrichtungsgegenständen, Fahrzeugen und anderen Beständen. Bei bestimmten Beständen ist mitunter auch Messen, Wiegen oder sogar nur Schätzen möglich und sinnvoll.

Inventur

Verschiedene Eigenschaften der Bestände machen es notwendig, sie entweder durch eine körperliche Bestandsaufnahme, wie beim Kassenbestand, oder durch eine buchmäßige Inventur, wie zum Beispiel bei Forderungen, zu erfassen.

Die Bestände sind qualitativ verschieden. Deshalb müssen sie bewertet und dadurch in Geld ausgedrückt werden. Nur so können sie addiert und zu einem Gesamtbestand zusammengefasst werden.

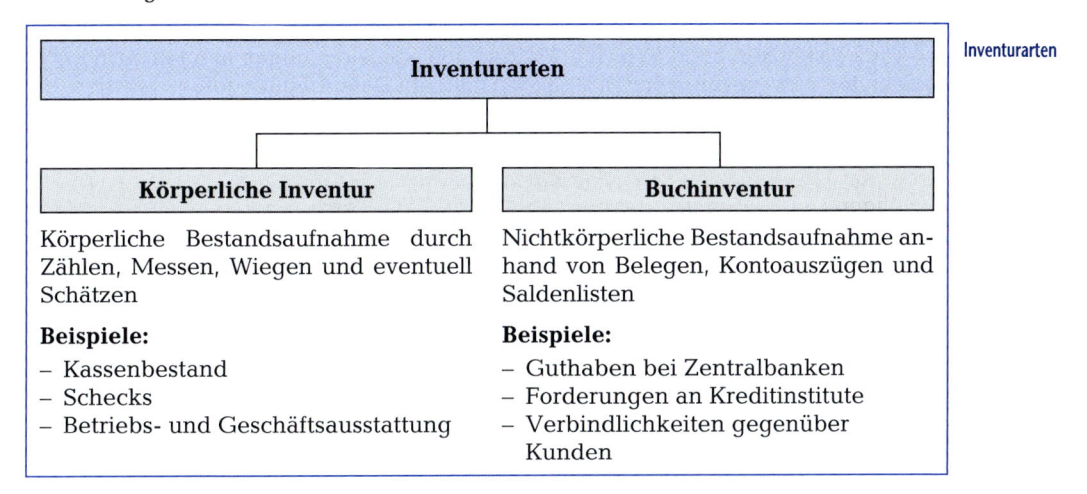

Inventurarten

Inventurarten	
Körperliche Inventur	**Buchinventur**
Körperliche Bestandsaufnahme durch Zählen, Messen, Wiegen und eventuell Schätzen	Nichtkörperliche Bestandsaufnahme anhand von Belegen, Kontoauszügen und Saldenlisten
Beispiele: – Kassenbestand – Schecks – Betriebs- und Geschäftsausstattung	**Beispiele:** – Guthaben bei Zentralbanken – Forderungen an Kreditinstitute – Verbindlichkeiten gegenüber Kunden

Die Verpflichtung zur Inventur ergibt sich für den Kaufmann aus dem Handelsgesetzbuch. In der Regel erfolgt die körperliche Bestandsaufnahme am Bilanzstichtag in Form einer **Stichtagsinventur**. Zusätzlich sind noch **Inventurvereinfachungsverfahren** zulässig.

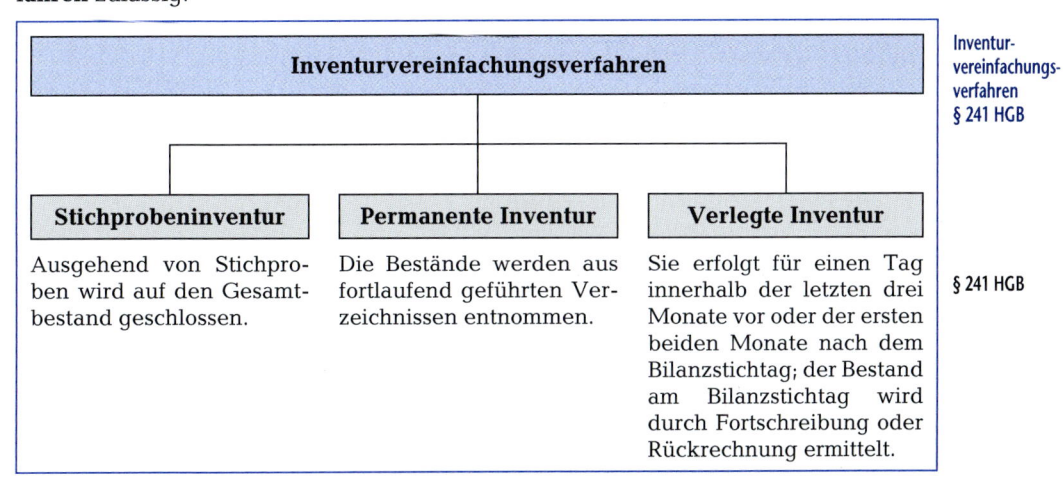

§ 240 HGB

Inventurvereinfachungsverfahren § 241 HGB

Inventurvereinfachungsverfahren		
Stichprobeninventur	**Permanente Inventur**	**Verlegte Inventur**
Ausgehend von Stichproben wird auf den Gesamtbestand geschlossen.	Die Bestände werden aus fortlaufend geführten Verzeichnissen entnommen.	Sie erfolgt für einen Tag innerhalb der letzten drei Monate vor oder der ersten beiden Monate nach dem Bilanzstichtag; der Bestand am Bilanzstichtag wird durch Fortschreibung oder Rückrechnung ermittelt.

§ 241 HGB

Zusammenfassung

Die Inventur ist die Tätigkeit der mengen- und wertmäßigen Erfassung aller Bestände, das heißt, aller Vermögensgegenstände und Schulden.

1.2.2 Inventar

Inventar Die Ergebnisse der Inventur werden in einem ausführlichen Verzeichnis niedergelegt, das als **Inventar** bezeichnet wird.

§ 240 HGB Ein Inventar ist **erstmals zu Beginn des Handelsgewerbes** und dann jeweils **zum Ende eines Geschäftsjahres** zu erstellen. Neben diesen ordentlichen Anlässen zur Bestandsaufnahme gibt es mit Ereignissen wie Übernahme, Veräußerung und Auflösung einer Unternehmung auch noch außerordentliche Anlässe.

Das Inventar besteht aus drei Teilen:

A. **Vermögen**

B. **Schulden** (Fremdkapital) und

C. **Reinvermögen** (Eigenkapital)

Beispiel: Inventar einer Bank

Bankhaus Lichtenberg, Schulze & Co.
Inventar zum 31. 12. 20..

	EUR	EUR
A. **Vermögen**		
1. **Kassenbestand**		
a) Haupt- und Nebenkassen lt. Anlage	654.000,00	
b) Sorten lt. Anlage	14.000,00	668.000,00
2. **Guthaben bei der Deutschen Bundesbank** lt. Kontoauszug		4.247.000,00
3. **Forderungen an Kreditinstitute**		
a) Bankhaus Max Meier & Co. (täglich fällig)	30.104.000,00	
b) Bankhaus Berger KG (täglich fällig)	15.516.000,00	
c) Sparkasse Wilshausen (Laufzeit 20 Tage)	20.000.000,00	65.620.000,00
4. **Forderungen an Kunden** lt. Saldenliste		128.763.000,00
5. **Schuldverschreibungen und andere festverzinsliche Wertpapiere** lt. Anlage		18.278.000,00
6. **Aktien und andere nicht festverzinsliche Wertpapiere** lt. Anlage		5.278.000,00
7. **Beteiligungen** lt. Anlage		5.059.000,00
8. **Sachanlagen**		
a) Grundstücke und Bauten lt. Anlage	2.234.000,00	
b) Fuhrpark lt. Anlage	298.000,00	2.532.000,00
Summe des Vermögens		**230.445.000,00**
B. **Schulden**		
1. **Verbindlichkeiten gegenüber Kreditinstituten**		
a) Bankhaus F. Deckert KG (täglich fällig)	31.853.000,00	
b) Hypothekenbank Nord (täglich fällig)	9.957.000,00	
c) Bankhaus U. Hempel KG (Laufzeit 10 Tage)	10.000.000,00	51.810.000,00
2. **Verbindlichkeiten gegenüber Kunden** lt. Saldenlisten		
a) Spareinlagen	28.989.000,00	
b) Sichteinlagen	61.062.000,00	
c) Befristete Einlagen	41.014.000,00	131.065.000,00
3. **Verbriefte Verbindlichkeiten** lt. Anlage		34.220.000,00
Summe der Schulden		**217.095.000,00**
C. **Ermittlung des Reinvermögens**		
Summe des Vermögens		230.445.000,00
./. Summe der Schulden		217.095.000,00
Reinvermögen		**13.350.000,00**

Frankfurt, den 2. Januar 20..

1.2 Inventur, Inventar und Bilanz

Zusammenfassung

Das Inventar ist das ausführliche mengen- und wertmäßige Verzeichnis aller Vermögensgegenstände und Schulden eines Unternehmens sowie seines Reinvermögens. Das Inventar weist die Ergebnisse der Inventur aus.

Aufgaben zu den Kapiteln 1.1.1 bis 1.2.2

1. Erläutern Sie die Bedeutung der Buchführung im Rahmen des Rechnungswesens.
2. Nennen und erläutern Sie drei konkrete Aufgaben der Buchführung.
3. Was ist unter einem Inventar zu verstehen und welches Grundprinzip liegt seiner Erstellung zugrunde?
4. Erläutern Sie die drei Alternativen zur Stichtagsinventur.
5. Stellen Sie für das Bankhaus Armin Bach, Wolfsburg, das formgerechte Inventar auf.

	EUR
Kassenbestand	9.160.000,00
Spareinlagen	405.847.000,00
Verbriefte Verbindlichkeiten	479.132.000,00
Kraftfahrzeuge	210.000,00
Guthaben bei der Deutschen Bundesbank	129.463.000,00
Forderungen an Kreditinstitute:	
Bankhaus Karl L. Rüger, Augsburg (täglich fällig)	421.466.000,00
Sparkasse Augsburg (täglich fällig)	217.235.000,00
Bankhaus Peter Peters, Hamburg, (Laufzeit 15 Tage)	280.000.000,00
Sichteinlagen	854.879.000,00
Büroeinrichtung	3.969.000,00
Aktien	37.902.000,00
Befristete Einlagen von Kunden	574.204.000,00
Verbindlichkeiten gegenüber Kreditinstituten:	
Volksbank Amberg eG (täglich fällig)	585.357.000,00
Stadtbank Köln AG (Laufzeit 10 Tage)	140.000.000,00
Grundstücke und Gebäude	31.287.000,00
Forderungen an Kunden	1.802.690.000,00
Festverzinsliche Wertpapiere	261.899.000,00
Sorten	204.000,00
Beteiligungen	834.000,00

6. Stellen Sie für das Bankhaus Grimm & Weber, Oldenburg, das formgerechte Inventar auf.

			EUR
Grundstücke und Gebäude			1.787.000,00
Sorten			
9.800,00 USD	Kurs 1,40 EUR/USD*		
5.980,00 CHF	Kurs 1,30 EUR/CHF		
Forderungen an Kreditinstitute:			
Sparkasse Greifswald (täglich fällig)			24.083.000,00
Genossenschaftsbank Rostock eG (Laufzeit 15 Tage)			12.413.000,00
Befristete Einlagen von Kunden			32.811.000,00
Verbriefte Verbindlichkeiten			17.753.000,00
Hauptkasse			529.000,00
Forderungen an Kunden			103.010.700,00

---

* Die Handelswährung ist der EURO. Die Handelswährung wird bei Kursnotierungen zuerst genannt.

	EUR
Wertpapiere:	
4.000.000,00 EUR Industrie-Schuldverschreibungen; Kurs 97,5%	
9.500.000,00 EUR Kommunal-Obligationen; Kurs 102,3%	
7.800 Stück Aktien Bergbau AG, Kurs 78,00 EUR	
17.200 Stück Aktien Stahl AG, Kurs 59,00 EUR	
Guthaben bei der Deutschen Bundesbank	7.397.000,00
Spareinlagen	23.191.000,00
Einlagen von Kreditinstituten:	
Bankhaus Ernst Krause, Mühlheim (täglich fällig)	9.764.000,00
Volksbank Brandenburg eG (Laufzeit 10 Tage)	23.684.000,00
Kraftfahrzeuge	135.000,00
Beteiligungen	2.047.000,00
Büroeinrichtung	238.000,00
Einlagen von Kunden (täglich fällig):	48.850.000,00

1.2.3 Bilanz

Bilanz Die **Bilanz** ist eine vereinfachte Form der Darstellung des Inventars. Sie ermöglicht einen schnellen Überblick über das Verhältnis zwischen Vermögen und Kapital, weil sie nur Gesamtwerte aufnimmt und auf die Aufzählung von Einzelpositionen verzichtet.

§ 242 HGB Zur Aufstellung der Bilanz ist der Kaufmann ebenso verpflichtet wie zur Aufstellung des Inventars.

Kontoform Während das Inventar in **Staffelform** erstellt wird, ist die Bilanz eine Aufstellung in **Kontoform.**

> Ein Konto ist eine Rechnungsaufstellung in zwei Betragsspalten von entgegengesetzter Bedeutung.

Die im Inventar zur Ermittlung des Reinvermögens benutzte Gleichung

> **A. Vermögen – B. Schulden (Fremdkapital) = C. Reinvermögen (Eigenkapital)**

wird für die Aufstellung der Bilanz umgeformt zur Gleichung

> **A. Vermögen = B. Fremdkapital + C. Eigenkapital.**

Die Bilanz unterscheidet sich deshalb vom Inventar nur durch Umfang und Form, nicht aber durch den Inhalt.

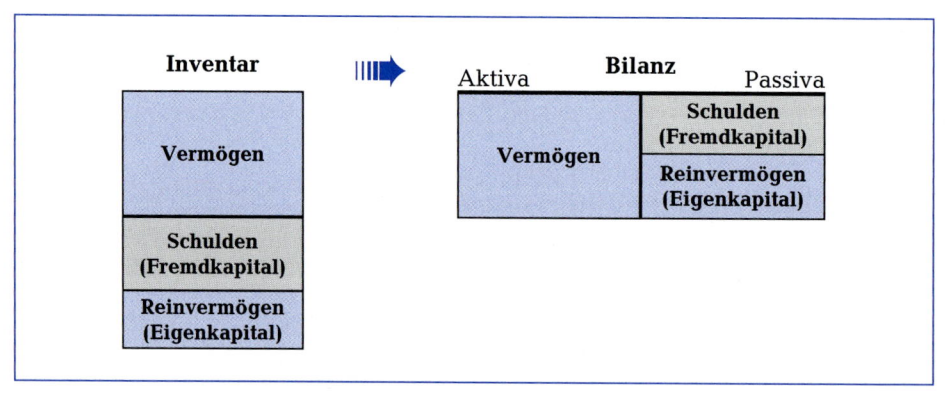

Inventar		Bilanz	
		Aktiva	Passiva
Vermögen	➧	Vermögen	Schulden (Fremdkapital)
			Reinvermögen (Eigenkapital)
Schulden (Fremdkapital)			
Reinvermögen (Eigenkapital)			

1.2 Inventur, Inventar und Bilanz

Die linke Seite der Bilanz wird als Aktivseite bezeichnet. Sie zeigt das Vermögen oder die **Aktiva** des Unternehmens. Die rechte Bilanzseite wird als Passivseite bezeichnet und zeigt das Kapital oder die **Passiva**.

Aktiva / Passiva

Auf der Aktivseite ist die **Mittelverwendung** des Unternehmens zu erkennen. Sie zeigt, in welcher Form das Vermögen vorhanden ist, **wohin** die auf der Passivseite verzeichneten Mittel geflossen sind, wie die Mittel verwendet wurden. Das heißt, sie zeigt die **Investition** des Unternehmens.

Aus der Passivseite der Bilanz ist die **Mittelbeschaffung** der Unternehmung ersichtlich. Sie zeigt, mit welchen Mitteln das Vermögen auf der Aktivseite finanziert wurde, **woher** die Mittel beschafft wurden. Das heißt, sie zeigt die **Finanzierung** des Unternehmens.

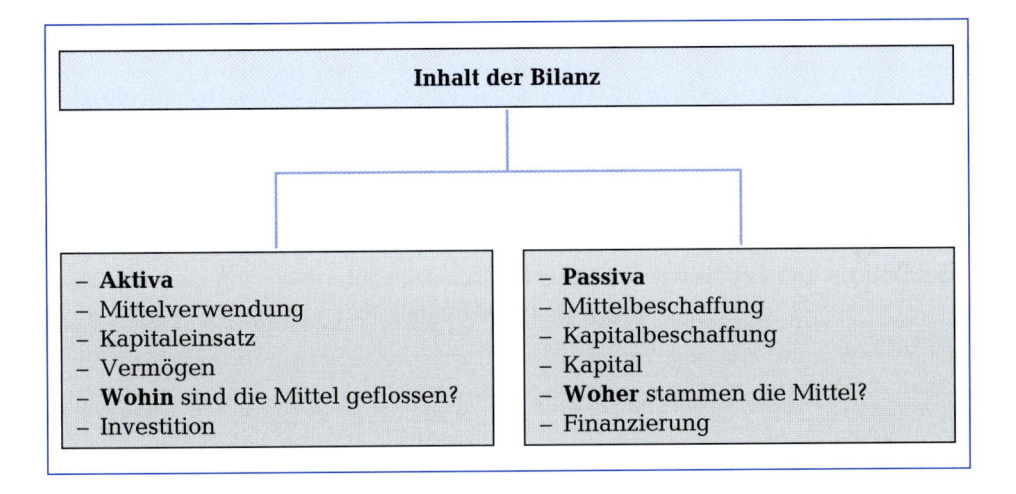

Inhalt der Bilanz

Aktiva	Passiva
– **Aktiva**	– **Passiva**
– Mittelverwendung	– Mittelbeschaffung
– Kapitaleinsatz	– Kapitalbeschaffung
– Vermögen	– Kapital
– **Wohin** sind die Mittel geflossen?	– **Woher** stammen die Mittel?
– Investition	– Finanzierung

Die auf der Passivseite ausgewiesenen Finanzierungsmittel gehen stets in einen Vermögenswert der Aktivseite der Bilanz ein. Umgekehrt ist jeder Vermögenswert der Aktivseite mit Mitteln der Passivseite finanziert worden. Einerseits können nur Mittel verwendet werden (Aktiva), die das Unternehmen zuvor beschafft hatte (Passiva), und andererseits liegen alle in die Unternehmung geflossenen Mittel (Passiva) in einer bestimmten Form als Vermögen (Aktiva) vor – noch als bares Geld bzw. als Kontoguthaben oder bereits umgewandelt in z.B. Betriebs- und Geschäftsausstattung.

Beide Seiten der Bilanz beschäftigen sich also nicht mit verschiedenen Mitteln, sondern **es sind dieselben Mittel, die nur aus unterschiedlicher Sicht dargestellt werden:** die Passivseite zeigt, woher die Mittel stammen, und die Aktivseite, in welcher Form dieselben Mittel am Bilanzstichtag im Unternehmen vorliegen.

Aus diesem Grund ist die für jede Bilanz geltende **Bilanzgleichung:**

Summe der Aktiva = Summe der Passiva

vereinfachte Bilanzgleichung

nicht nur ein rechnerisches Resultat der oben dargestellten Umformung der »Inventargleichung« zur Bilanzgleichung, sondern sie ist vor allem inhaltlichen Ursprungs. Sie zeigt auf der Aktivseite das vorhandene Vermögen und auf der Passivseite die Kapitalgeber.

Die Gültigkeit dieser Gleichung und die sich daraus ergebende gleiche »Größe« ihrer beiden Seiten geben dieser Darstellungsform ihren Namen – Bilanz (ital. bilancia = Waage).

Gliederung der Bankbilanz Aktivseite: Grundsatz der abnehmenden Liquidität

§ 266 (2) HGB

Von besonderer Bedeutung ist für ein Kreditinstitut die Fähigkeit, berechtigte Auszahlungswünsche der Kundschaft jederzeit erfüllen zu können. Deshalb erfolgt die **Gliederung der Bankbilanz** auf der **Aktivseite** nach dem **Grundsatz der abnehmenden Liquidität** des Vermögens. So steht an erster Stelle die Barreserve, während die zu den Sachanlagen zählenden und schwer liquidierbaren Grundstücke und Gebäude am Ende der Bilanz stehen. (Im Gegensatz dazu beginnt die Bilanz eines Industrieunternehmens auf der Aktivseite mit den für diese Unternehmen besonders wichtigen Anlagevermögensteilen (z.B. Produktionsanlagen), während die baren Mittel an letzter Stelle stehen.)

Gliederung der Bankbilanz Passivseite: Grundsatz der zunehmenden Verfügbarkeit

§ 266 (3) HGB

Entsprechend erfolgt die **Gliederung der Bankbilanz** auf der **Passivseite** nach dem **Grundsatz der zunehmenden Verfügbarkeit** des Kapitals, mit dem die Aktivseite finanziert ist. Von diesem Grundsatz gibt es allerdings Abweichungen. Die Passivseite beginnt mit den beiden Gläubigergruppen »Kreditinstitute« und »Kunden«. Innerhalb dieser Gruppen erfolgt eine Gliederung nach Einlagearten. An letzter Stelle steht das für unbegrenzte Zeit zur Verfügung stehende Eigenkapital. (Entsprechend der entgegengesetzten Gliederung ihrer Aktivseite beginnt die Passivseite einer Industriebilanz mit dem Eigenkapital und endet mit den Verbindlichkeiten.)

> **Beispiel**
>
> Aus dem Inventar des Bankhauses Lichtenberg, Schulze & Co., Frankfurt, ergibt sich die folgende Bilanz, gegliedert nach den Vorschriften der RechKredV:

Bankhaus Lichtenberg, Schulze & Co.
Bilanz zum 31. Dezember 20..

Aktiva		EUR	EUR	Passiva		EUR	EUR
1.	Barreserve			1. Verbindlichkeiten gegenüber Kreditinstituten			
a)	Kassenbestand	668.000,00		a) tägl. fällig		41.810.000,00	
b)	Guthaben bei Zentralnotenbanken; darunter bei der Deut. Bundesbank	4.247.000,00	4.915.000,00	b) mit vereinbarter Laufzeit oder Kündigungsfrist		10.000.000,00	51.810.000,00
2.	Forderungen an Kreditinstitute			2. Verbindlichkeiten gegenüber Kunden			
a)	tägl. fällig	45.620.000,00		a) Spareinlagen		28.989.000,00	
b)	andere Forderungen	20.000.000,00	65.620.000,00	b) andere Verbindlichkeiten			
3.	Forderungen an Kunden		128.763.000,00	ba) täglich fällig		61.062.000,00	
				bb) befristete Einlagen		41.014.000,00	131.065.000,00
4.	Wertpapiere		23.556.000,00	3. Verbriefte Verbindlichkeiten			34.220.000,00
5.	Beteiligungen		5.059.000,00	4. Eigenkapital			13.350.000,00
6.	Sachanlagen		2.532.000,00				
			230.445.000,00				230.445.000,00

Frankfurt, den 2. Januar 20..   *Georg Lichtenberg   Fritz Schulze*

1.2 Inventur, Inventar und Bilanz

Zusammenfassung

Die Bilanz ist eine kurzgefasste, wertmäßige Gegenüberstellung von Vermögen und Kapital.

Aktivseite		Gliederung der		Passivseite
abnehmender Liquidität	⇐	Bankbilanz nach	⇒	zunehmender Verfügbarkeit

Aufgaben zu Kapitel 1.2.3

① Stellen Sie für das Bankhaus Franz Geisler & Co., Schweinfurt, formgerecht die Bilanz zum 31.12. auf.

	EUR
Spareinlagen	48.202.000,00
Forderungen an Kunden	75.634.000,00
Grundstücke und Gebäude	3.659.000,00
Verbindlichkeiten gegenüber Kreditinstituten	8.229.000,00
Befristete Einlagen von Kunden	61.105.000,00
Betriebs- und Geschäftsausstattung	391.000,00
Kassenbestand	716.000,00
Verbindlichkeiten gegenüber Kunden, täglich fällig	22.803.000,00
Guthaben bei der Deutschen Bundesbank	2.299.000,00
Beteiligungen	18.706.000,00
Forderungen an Kreditinstitute	24.568.000,00
Wertpapiere	20.965.000,00
Eigenkapital	

② Erstellen Sie aus dem Inventar des Bankhauses Armin Bach, Wolfsburg, (Aufgabe 5, Seite 15) eine formgerechte Bilanz.

③ Erstellen Sie aus dem Inventar des Bankhauses Grimm & Weber, Oldenburg, (Aufgabe 6, Seite 15) eine formgerechte Bilanz.

④ a) Erläutern Sie den Unterschied zwischen Inventur und Inventar.

b) Erläutern Sie den Zusammenhang zwischen Inventur, Inventar und Bilanz.

c) Erläutern Sie den Unterschied zwischen Inventar und Bilanz.

d) Erläutern Sie die inhaltlichen Aussagen der Aktivseite und der Passivseite einer Bankbilanz.

e) Erläutern Sie die Gliederung der Aktivseite und der Passivseite einer Bankbilanz.

1.3 Auswirkungen von Wertveränderungen auf die Bilanz

Veränderung der Vermögens- und Kapitalbestände durch Geschäftsfälle

Die Bilanz gilt nur für einen einzigen Tag, den Bilanzstichtag. Sie ist Resultat einer Zeitpunktbetrachtung des Vermögens und des Kapitals einer Unternehmung. Alle **Geschäftsfälle verändern die Vermögens- oder Kapitalbestände**. Sie führen zu einem Umsatz, der eine veränderte Bilanz ergeben würde, wenn der Kaufmann sie aufstellte.

Beispiel

Aktiva	Eröffnungsbilanz am 2. Januar		Passiva
	EUR		EUR
Kassenbestand	50.000,00	Spareinlagen	200.000,00
BBK-Guthaben	80.000,00	Sichteinlagen	450.000,00
Forderungen		Eigenkapital	50.000,00
an Kunden	380.000,00		
Wertpapiere	90.000,00		
Betriebs- und			
Geschäftsausstattung	100.000,00		
	700.000,00		700.000,00

Debitor
Kreditor

Hat eine Bank eine kurzfristige Forderung gegen einen Kunden, ist er also ihr Schuldner, so bezeichnet sie ihn als **Debitor**. Hat dagegen eine Bank eine Verbindlichkeit gegenüber einem Kunden, weil er ein bei Sicht fälliges Guthaben bei ihr unterhält, ist er also ihr Gläubiger, so bezeichnet sie ihn als **Kreditor**.

1. Geschäftsfall:

Ein Debitor zahlt 2.000,00 EUR bar auf sein Konto ein.

Wertveränderungen:
- Die Forderungen der Bank an Kunden nehmen ab; die Schulden des Debitors gegenüber dem Kreditinstitut sinken durch die Einzahlung.
- Der Kassenbestand nimmt in Höhe der Einzahlung zu.

Forderungen an Kunden (Debitoren)	– 2.000,00 EUR
Kassenbestand	+ 2.000,00 EUR

Aktiva	neue Bilanz nach dem 1. Geschäftsfall		Passiva
Kassenbestand	**52.000,00 EUR**	Spareinlagen	200.000,00 EUR
BBK-Guthaben	80.000,00 EUR	Sichteinlagen	450.000,00 EUR
Forderungen		Eigenkapital	50.000,00 EUR
an Kunden	**378.000,00 EUR**		
Wertpapiere	90.000,00 EUR		
Betriebs- und			
Geschäftsausstattung	100.000,00 EUR		
	700.000,00 EUR		700.000,00 EUR

Aktivtausch

Zwischen zwei Bilanzposten der Aktivseite erfolgt ein Tausch: Mehrung des Kassenbestandes und gleichzeitige Minderung der Forderungen an Kunden. Diese Wertveränderung heißt **Aktivtausch**.

Die **Bilanzsumme bleibt** dabei **unverändert**.

2. Geschäftsfall

Ein Kreditor lässt 5.000,00 EUR seiner Sichteinlagen in eine Spareinlage umwandeln.

Wertveränderungen:
- Die täglich fälligen Verbindlichkeiten der Bank gegenüber dem Kunden nehmen ab; die täglich fälligen Forderungen des Kreditors gegenüber dem Kreditinstitut sinken durch die Umwandlung in eine Spareinlage.
- Der Bestand an Spareinlagen nimmt zu.

Verbindlichkeiten gegenüber Kunden (Sichteinlagen)	– 5.000,00 EUR
Spareinlagen	+ 5.000,00 EUR

Aktiva	neue Bilanz nach dem 2. Geschäftsfall		Passiva
Kassenbestand	52.000,00 EUR	Spareinlagen	**205.000,00 EUR**
BBK-Guthaben	80.000,00 EUR	Sichteinlagen	**445.000,00 EUR**
Forderungen		Eigenkapital	50.000,00 EUR
an Kunden	378.000,00 EUR		
Wertpapiere	90.000,00 EUR		
Betriebs- und			
Geschäftsausstattung	100.000,00 EUR		
	700.000,00 EUR		700.000,00 EUR

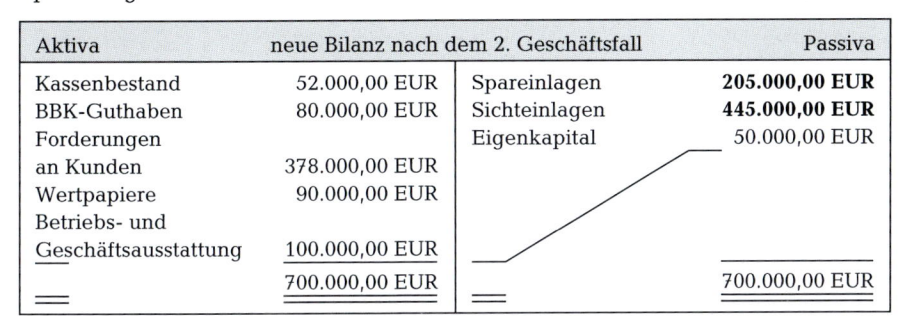

Zwischen zwei Bilanzposten der Passivseite erfolgt ein Tausch: Minderung der Sichteinlagen und gleichzeitige Mehrung der Spareinlagen. Diese Wertveränderung heißt **Passivtausch**. Die **Bilanzsumme bleibt** dabei **unverändert**.

Passivtausch

3. Geschäftsfall

Ein Sparer zahlt 3.000,00 EUR bar auf sein Sparkonto ein.

Wertveränderungen:
- Der Kassenbestand erhöht sich.
- Der Bestand an Spareinlagen nimmt zu.

Kassenbestand	+ 3.000,00 EUR
Spareinlagen	+ 3.000,00 EUR

Aktiva	neue Bilanz nach dem 3. Geschäftsfall		Passiva
Kassenbestand	**55.000,00 EUR**	Spareinlagen	**208.000,00 EUR**
BBK-Guthaben	80.000,00 EUR	Sichteinlagen	445.000,00 EUR
Forderungen		Eigenkapital	50.000,00 EUR
an Kunden	378.000,00 EUR		
Wertpapiere	90.000,00 EUR		
Betriebs- und			
Geschäftsausstattung	100.000,00 EUR		
	703.000,00 EUR		**703.000,00 EUR**

Auf der Aktiv- und der Passivseite wird jeweils ein Bilanzposten erhöht: Mehrung des Kassenbestandes und gleichzeitige Mehrung der Spareinlagen. Diese Wertveränderung heißt **Aktiv-Passiv-Mehrung**. Die **Bilanzsumme wird** dabei **größer**.

Aktiv-Passiv-Mehrung

4. Geschäftsfall

Ein Kreditor hebt 1.000,00 EUR bar von seinem Konto ab.

Wertveränderungen:
- Der Kassenbestand wird vermindert.
- Die Sichteinlagen nehmen ab.

Kassenbestand	– 1.000,00 EUR
Sichteinlagen	– 1.000,00 EUR

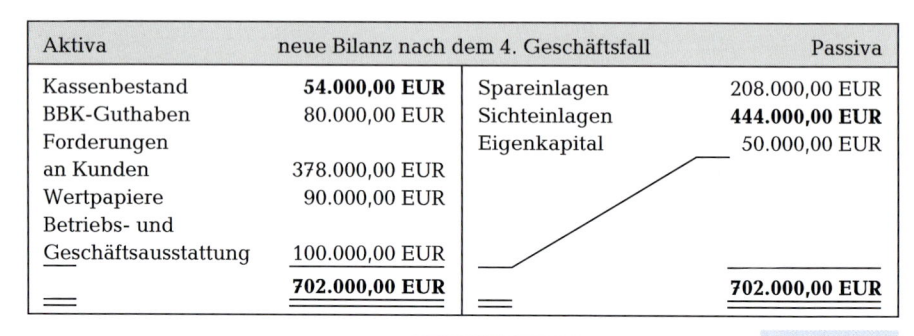

Aktiva	neue Bilanz nach dem 4. Geschäftsfall		Passiva
Kassenbestand	**54.000,00 EUR**	Spareinlagen	208.000,00 EUR
BBK-Guthaben	80.000,00 EUR	Sichteinlagen	**444.000,00 EUR**
Forderungen an Kunden	378.000,00 EUR	Eigenkapital	50.000,00 EUR
Wertpapiere	90.000,00 EUR		
Betriebs- und Geschäftsausstattung	100.000,00 EUR		
	702.000,00 EUR		**702.000,00 EUR**

Auf der Aktiv- und der Passivseite wird jeweils ein Bilanzposten vermindert: Minderung des Kassenbestandes und gleichzeitige Minderung der Sichteinlagen. Diese Wertveränderung heißt **Aktiv-Passiv-Minderung**. Die **Bilanzsumme wird** dabei **kleiner**.

Aktiv-Passiv-Minderung

Zusammenfassung

Jeder erfolgsunwirksame Geschäftsfall ändert mindestens zwei verschiedene Bestände. Die Veränderungen können Vermögens- und/oder Fremdkapitalbestände betreffen.

Dabei kann auch die Bilanzsumme verändert werden, niemals aber die Bilanzgleichung bei Erstellung einer neuen Bilanz.

Erfolgsunwirksame Geschäftsfälle führen jeweils zu einer der folgenden **vier Möglichkeiten von Wertveränderungen**.

Art der Wertveränderung	Veränderung der Aktivseite	Veränderung der Passivseite	Veränderung der Bilanzsumme	Veränderung der Bilanzgleichung
Aktivtausch	Mehrung und Minderung	keine Veränderung	Bilanzsumme bleibt gleich	Bilanzgleichung bleibt erhalten
Passivtausch	keine Veränderung	Mehrung und Minderung	Bilanzsumme bleibt gleich	Bilanzgleichung bleibt erhalten
Aktiv-Passiv-Mehrung	Mehrung	Mehrung	Bilanzsumme wird größer	Bilanzgleichung bleibt erhalten
Aktiv-Passiv-Minderung	Minderung	Minderung	Bilanzsumme wird kleiner	Bilanzgleichung bleibt erhalten

1.3 Auswirkungen von Wertveränderungen auf die Bilanz

Aufgaben zu Kapitel 1.3

① Prüfen Sie bei den folgenden Geschäftsfällen, a) um welche Art von Bilanzveränderung es sich jeweils handelt, b) welche Bilanzposten sich verändern und c) wie sich die Bilanzsumme verhält.

1. Ein Kreditor zahlt bar ein.
2. Die Bank hebt von ihrem Guthaben bei der BBK ab.
3. Der Überweisungsauftrag eines Kreditors wird über die BBK ausgeführt.
4. Ein Sparer hebt ab.
5. Die Bank schafft Geschäftsausstattung an und überweist den Kaufpreis über BBK.
6. Über die BBK gehen Überweisungen für einen Debitor ein.
7. Die Bank verkauft Wertpapiere an einen Kreditor.
8. Ein Kreditor lässt eine Sichteinlage in Spareinlagen umwandeln.

② Stellen Sie, ausgehend von folgender Bilanz, die Wertveränderungen dar, die sich aus den Geschäftsfällen ergeben.

Prüfen Sie bei jedem Geschäftsfall

a) welche Bilanzposten sich verändern,

b) um welche Art der Veränderung und welchen Betrag es sich handelt,

c) welche Beträge die jeweiligen Bilanzposten nach der Veränderung aufweisen,

d) ob und wie sich die Bilanzsumme verändert hat.

Stellen Sie die Schlussbilanz auf.

Aktiva	Eröffnungsbilanz		Passiva
Kassenbestand	230.000,00 EUR	Spareinlagen	2.632.000,00 EUR
BBK	489.000,00 EUR	Sichteinlagen	2.424.000,00 EUR
Forderungen an Kunden	3.875.000,00 EUR	Eigenkapital	1.500.000,00 EUR
Wertpapiere	1.368.000,00 EUR		
Betriebs- und Geschäftsausstattung	594.000,00 EUR		
	6.556.000,00 EUR		6.556.000,00 EUR

Geschäftsfälle:

		EUR
1.	Barabhebung eines Kreditors	2.000,00
2.	Ein Kreditor überweist an einen Debitor	3.500,00
3.	Barverkauf von eigenen Wertpapieren	7.000,00
4.	Ein Debitor tilgt Verbindlichkeiten zu Lasten seiner Spareinlage	2.500,00
5.	Verkauf von Geschäftsausstattung. Der Gegenwert wird auf das Konto bei der BBK überwiesen	8.000,00
6.	Kreditoren zahlen ein	1.000,00
7.	Die Bank zahlt auf das BBK-Konto ein	12.000,00
8.	Überweisungseingang zugunsten von Debitoren über BBK	1.500,00
9.	Bareinzahlung eines Sparers	5.000,00
10.	Überweisungsaufträge von Debitoren werden ausgeführt über BBK	2.500,00
11.	Die Bank kauft Wertpapiere von einem Kreditor	6.000,00

Programmierte Aufgaben

③ Entscheiden Sie, welche Art von Bilanzveränderung bei den folgenden Geschäftsfällen jeweils eintritt:

- Ⓐ Aktivtausch
- Ⓑ Passivtausch
- Ⓒ Aktiv-Passiv-Mehrung
- Ⓓ Aktiv-Passiv-Minderung.

Geschäftsfälle:

① Überweisungseingänge für Debitoren über BBK

② Ein Sparer lässt vom Sparbuch auf sein Girokonto übertragen. Der Kunde ist Kreditor.

③ Ein Sparer lässt vom Sparbuch auf sein Girokonto übertragen. Der Kunde ist Debitor.

④ Die Bank kauft Wertpapiere von Kreditoren.

⑤ Überweisungsaufträge von Kreditoren werden über BBK ausgeführt.

⑥ Sparer zahlen ein.

⑦ Die Bank schafft neue Büromöbel an und zahlt bar.

④ Stellen Sie fest, welche Bilanzposten durch die folgenden Geschäftsfälle verändert werden.

Geben sie zusätzlich ein »+« für Mehrung bzw. ein »–« für Minderung der jeweiligen Position an.

- Ⓐ Kassenbestand
- Ⓑ BBK-Guthaben
- Ⓒ Forderungen an Kunden
- Ⓓ Wertpapiere
- Ⓔ Betriebs- und Geschäftsausstattung
- Ⓕ Spareinlagen
- Ⓖ Sichteinlagen

Geschäftsfälle:

① Die Bank verkauft Wertpapiere an einen Debitor.

② Sparer heben bar ab.

③ Überweisungseingänge für Kreditoren über BBK.

④ Die Bank verkauft gebrauchte Büromöbel an einen Kreditor.

⑤ Kreditoren lassen auf ihr Sparkonto umbuchen.

⑥ Die Bank hebt von ihrem BBK-Konto ab.

⑦ Die Bank kauft an der Börse Wertpapiere. Der Gegenwert wird über die BBK belastet.

⑧ Überweisungsaufträge von Kreditoren werden ausgeführt über BBK.

1.4 Bestandskonten

1.4.1 Ableitung der Bestandskonten aus der Bilanz

Jeder Geschäftsfall verändert die Vermögens- oder Schuldwerte. Es wäre sehr aufwendig, deshalb ständig die Bilanz zu verändern bzw. nach jedem Geschäftsfall eine neue Bilanz aufzustellen. Deshalb wird für jede Bilanzposition eine Einzelabrechnung erstellt.

Um Mehrungen und Minderungen getrennt voneinander erfassen zu können, wird die Abrechnung in Kontoform geführt.

> Die linke Seite eines jeden Kontos bezeichnet man als **Sollseite**, die rechte als **Habenseite**. Eine Veränderung der Sollseite wird als **Lastschrift**, eine Veränderung der Habenseite als **Gutschrift** bezeichnet.

Soll/Haben
Lastschrift/
Gutschrift

Die aus der Bilanz abgeleiteten Konten erfassen die Vermögens- und Kapitalbestände sowie deren Veränderungen. Deshalb werden diese Konten als **Bestandskonten** bezeichnet.

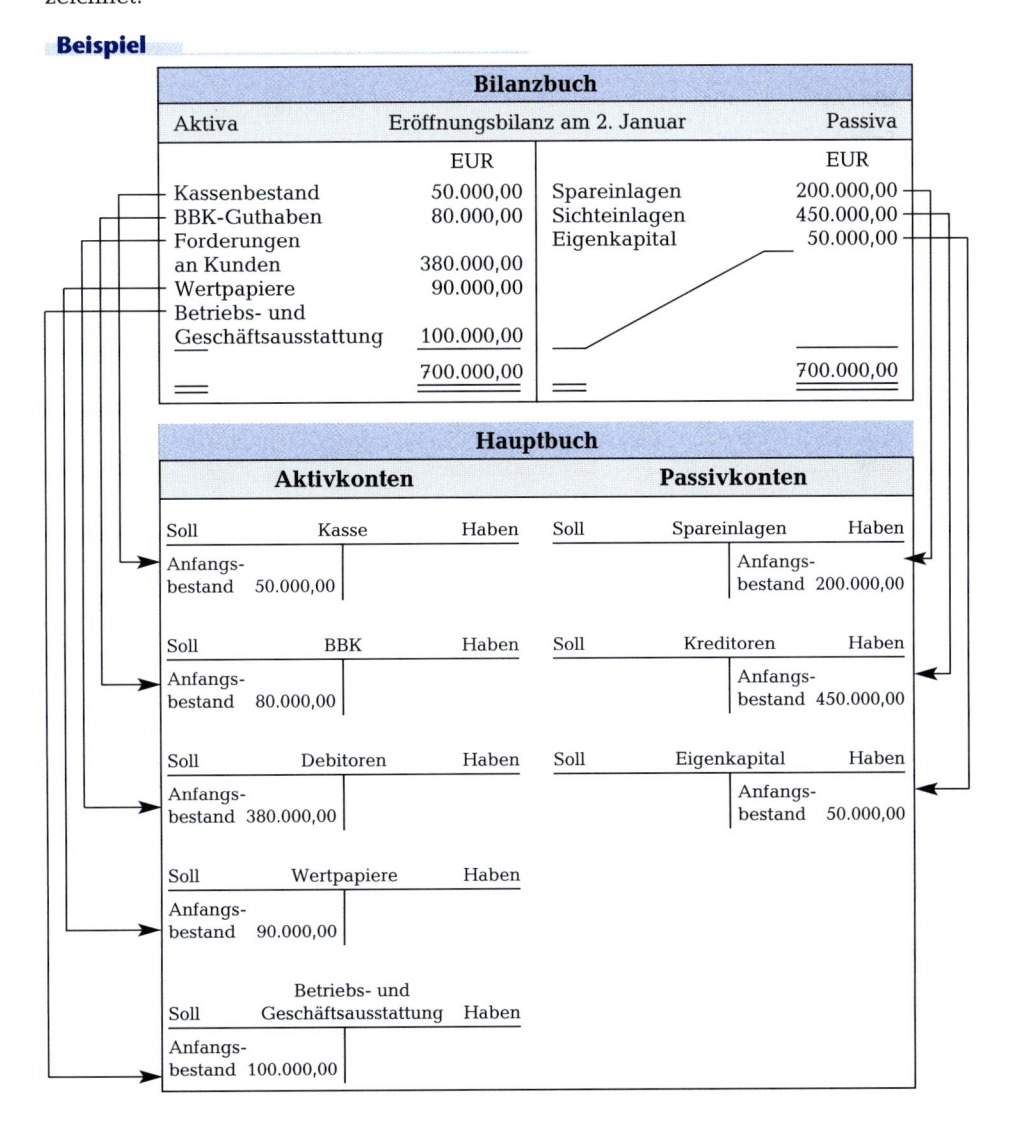

Beispiel

Bilanzbuch

Aktiva	Eröffnungsbilanz am 2. Januar		Passiva
	EUR		EUR
Kassenbestand	50.000,00	Spareinlagen	200.000,00
BBK-Guthaben	80.000,00	Sichteinlagen	450.000,00
Forderungen an Kunden	380.000,00	Eigenkapital	50.000,00
Wertpapiere	90.000,00		
Betriebs- und Geschäftsausstattung	100.000,00		
	700.000,00		700.000,00

Hauptbuch

Aktivkonten

Soll	Kasse	Haben
Anfangsbestand 50.000,00		

Soll	BBK	Haben
Anfangsbestand 80.000,00		

Soll	Debitoren	Haben
Anfangsbestand 380.000,00		

Soll	Wertpapiere	Haben
Anfangsbestand 90.000,00		

Soll	Betriebs- und Geschäftsausstattung	Haben
Anfangsbestand 100.000,00		

Passivkonten

Soll	Spareinlagen	Haben
		Anfangsbestand 200.000,00

Soll	Kreditoren	Haben
		Anfangsbestand 450.000,00

Soll	Eigenkapital	Haben
		Anfangsbestand 50.000,00

aktive Bestandskonten Konten, die für Bilanzposten der Aktivseite eingerichtet werden und Aktiva, d.h. Vermögensbestände, aufnehmen, nennt man **aktive Bestandskonten** bzw. **Aktivkonten**.

passive Bestandskonten Konten, die für Bilanzposten der Passivseite erstellt werden und Passiva, d.h. Kapitalbestände, aufnehmen, nennt man **passive Bestandskonten** bzw. **Passivkonten**.

Anfangsbestand Nach Einrichtung der Bestandskonten wird der Betrag jedes Bilanzpostens als Anfangsbestand in das zugehörige Konto eingetragen. Der **Anfangsbestand** bei **Aktivkonten** wird auf der **Sollseite**, der **Anfangsbestand** bei **Passivkonten** wird auf der **Habenseite** eingetragen.

Bilanzbuch, Hauptbuch Die Bilanzen werden in einem **Bilanzbuch** gesammelt. Die Gesamtheit der Konten bildet das **Hauptbuch**.

Zusammenfassung

Die aus der Bilanz abgeleiteten Konten heißen **Bestandskonten.** Sie erfassen Bestände und deren Veränderungen.

Die linke Seite eines Kontos heißt Soll.

Die rechte Seite eines Kontos heißt Haben.

Die Anfangsbestände der aktiven Bestandskonten stehen im Soll.

Die Anfangsbestände der passiven Bestandskonten stehen im Haben.

Soll	**Aktivkonto**	Haben	Soll	**Passivkonto**	Haben
Anfangs-bestand					Anfangs-bestand

1.4.2 Buchungen auf Bestandskonten im Hauptbuch

Hauptbuch Nachdem zur Eröffnung der Buchhaltung eines Geschäftsjahres die Bestandskonten eingerichtet und die Anfangsbestände eingetragen worden sind, können die Geschäftsfälle auf diesen Konten nach ihrer **sachlichen Zugehörigkeit** im **Hauptbuch** gebucht werden.

Da jeder Geschäftsfall zu mindestens zwei Veränderungen führen muss, damit die Bilanzgleichung erhalten bleibt, muss jeder Geschäftsfall auch mindestens auf zwei Konten, also doppelt, gebucht werden.

doppelte Buchung eines jeden Geschäftsfalls Das **System der doppelten Buchhaltung** ist dabei so beschaffen, dass eine dieser Buchungen immer im Soll des einen und die andere Buchung im Haben des anderen Kontos erfolgen muss.

Sollbuchung Habenbuchung **Jeder** einzelne **Geschäftsfall löst** mindestens **eine Sollbuchung** und mindestens **eine Habenbuchung** aus.

Auf diese Weise ist ständig eine **formelle Kontrolle der Richtigkeit der Buchungen** möglich.

Jederzeit muss die Summe aller Sollbuchungen gleich der Summe aller Habenbuchungen sein.

Die aus den Geschäftsfällen resultierenden Bestandsänderungen werden auf den betroffenen Konten nur als Zugang oder Abgang gebucht, ohne dass nach jedem Geschäftsfall der aktualisierte Bestand ermittelt wird. Dies erfolgt erst zum Ende der Abrechnungsperiode.

Da **Zugänge** zu einer Mehrung der Bestände führen, werden sie auf der **Seite** des Kontos gebucht, auf der bereits der **Anfangsbestand** eingetragen wurde. **Abgänge** führen zu einer Minderung der Bestände und werden deshalb auf der dem **Anfangsbestand gegenüberliegenden Seite** des Kontos gebucht.

1.4 Bestandskonten

Die Anfangsbestände stehen bei aktiven und passiven Bestandskonten auf verschiedenen Seiten. Aus diesem Grund unterscheiden sich die Buchungsregeln für Aktivkonten von den Buchungsregeln für Passivkonten.

Der Anfangsbestand bei aktiven Bestandskonten steht im Soll. Deshalb werden Zugänge auf Aktivkonten im Soll und Abgänge auf Aktivkonten im Haben gebucht.	Der Anfangsbestand bei passiven Bestandskonten steht im Haben. Deshalb werden Zugänge auf Passivkonten im Haben und Abgänge auf Passivkonten im Soll gebucht.

Beispiele

1. Geschäftsfall:

Ein Debitor zahlt 2.000,00 EUR bar auf sein Konto ein.

- **Betroffene Konten**

Soll	Kasse	Haben		Soll	Debitoren	Haben
Anfangsbestand 50.000,00				Anfangsbestand 380.000,00		

- **Kontenart** Aktivkonto Aktivkonto

- **Bestandsveränderung** Zugang Abgang

- **Buchung** Soll 2.000,00 EUR Haben 2.000,00 EUR

Soll	Kasse	Haben		Soll	Debitoren	Haben
Anfangsbestand 50.000,00				Anfangsbestand 380.000,00		1. Kasse 2.000,00
1. Debitoren 2.000,00						

2. Geschäftsfall:

Ein Kreditor lässt 5.000,00 EUR seiner Sichteinlagen in eine Spareinlage umwandeln.

- **Betroffene Konten**

Soll	Kreditoren	Haben		Soll	Spareinlagen	Haben
		Anfangsbestand 450.000,00				Anfangsbestand 200.000,00

- **Kontenart** Passivkonto Passivkonto

- **Bestandsveränderung** Abgang Zugang

- **Buchung** Soll 5.000,00 EUR Haben 5.000,00 EUR

Soll	Kreditoren	Haben		Soll	Spareinlagen	Haben
2. Spareinlagen 5.000,00		Anfangsbestand 450.000,00				Anfangsbestand 200.000,00
						2. Kreditoren 5.000,00

3. Geschäftsfall: Ein Sparer zahlt 3.000,00 EUR auf sein Sparkonto ein.

- **Betroffene Konten**

Soll	**Kasse**	Haben		Soll	**Spareinlagen**	Haben
Anfangs- bestand 50.000,00 1. Debitoren 2.000,00					Anfangs- bestand 200.000,00 2. Kredi- toren 5.000,00	

- **Kontenart** Aktivkonto   Passivkonto
- **Bestands-
veränderung** Zugang   Zugang
- **Buchung** Soll 3.000,00 EUR   Haben 3.000,00 EUR

Soll	**Kasse**	Haben		Soll	**Spareinlagen**	Haben
Anfangs- bestand 50.000,00 1. Debitoren 2.000,00 **3. Spar- einlagen 3.000,00**					Anfangs- bestand 200.000,00 2. Kredi- toren 5.000,00 **3. Kasse 3.000,00**	

4. Geschäftsfall: Ein Kreditor hebt 1.000,00 EUR von seinem Konto ab.

- **Betroffene Konten**

Soll	**Kasse**	Haben		Soll	**Kreditoren**	Haben
Anfangs- bestand 50.000,00 1. Debitoren 2.000,00 3. Spareinl. 3.000,00				2. Spar- lagen 5.000,00		Anfangs- bestand 450.000,00

- **Kontenart** Aktivkonto   Passivkonto
- **Bestands-
veränderung** Abgang   Abgang
- **Buchung** Haben 1.000,00 EUR   Soll 1.000,00 EUR

Soll	**Kasse**	Haben		Soll	**Kreditoren**	Haben
Anfangs- bestand 50.000,00 1. Debitoren 2.000,00 3. Spar- einlagen 3.000,00		**4. Kredi- toren 1.000,00**		2. Spar- einlagen 5.000,00 **4. Kasse 1.000,00**		Anfangs- bestand 450.000,00

Zusammenfassung

Die Geschäftsfälle werden auf den **Hauptbuchkonten** nach ihrer **sachlichen Zugehörigkeit** erfasst.

Bei jeder Buchung auf Konten werden die Wertstellung, die laufende Nummer des Geschäftsfalles und das jeweilige Gegenkonto angegeben (Kontenruf), sofern keine Sammelbuchung erfolgt.

Nach ihrer Herkunft sind **Aktiv- und Passivkonten** zu unterscheiden. Die **Buchungsvorschriften** für sie verhalten sich **spiegelbildlich** zueinander.

Soll	**Aktivkonto**	Haben		Soll	**Passivkonto**	Haben
Anfangs- bestand Zugänge		Abgänge		Abgänge		Anfangs- bestand Zugänge

1.4.3 Kontenrahmen und Kontenplan

Durch die Aufzeichnung aller Geschäftsfälle wird die Buchführung zum Kontrollinstrument unternehmerischer Tätigkeit. Sie liefert zuverlässige Daten zur Ermittlung der Bestände und ihrer Veränderungen sowie zur Berechnung des Unternehmenserfolges.

Um die Daten eines Kreditinstitutes
a) innerbetrieblich zu verschiedenen Zeitpunkten und
b) außerbetrieblich zum gleichen Zeitpunkt mit denen anderer Kreditinstitute
vergleichen zu können, ist es erforderlich

- die Buchführung nach einheitlichen Grundsätzen zu organisieren,
- die Geschäftsfälle von Rechnungsjahr zu Rechnungsjahr unter gleichen Aspekten zu erfassen,
- Kennzahlen nach einheitlichen, zwischenbetrieblich vergleichbaren Kriterien zu ermitteln und
- die Geschäftsfälle überall weitestgehend auf den gleichen Konten zu buchen.

Um das zu erreichen, haben die Verbände der Kreditwirtschaft für ihre jeweiligen Mitgliedsinstitute **Kontenrahmen** aufgestellt, die den besonderen Anforderungen ihrer Institutsgruppen gerecht werden.

Der Kontenrahmen ist ein systematisches Verzeichnis aller von den Mitgliedsinstituten eines Verbandes benötigten Konten. — Kontenrahmen

Sachlich zusammengehörige Einzelkonten werden in Kontenklassen und Kontengruppen zusammengefasst. — Kontenklassen / Kontengruppen

Die Übersichtlichkeit und Flexibilität wird durch die Nummerierung der Konten nach dem dekadischen System weiter erhöht.

Beispiel

Kontenklasse	Kontengruppe	Konten
1 Barreserve, Eigene Wertpapiere, Devisen, Edelmetalle, Münzen	10 Kassenbestand	100 Kasse
		101 Sorten
	11 Bundesbank (BBK)	110 BBK
	12 Eigene Wertpapiere	120 Eigene Wertpapiere (Anlagevermögen)
		121 Eigene Wertpapiere (Handelsbestand)
		122 Eigene Wertpapiere (Liquiditätsreserve)

Der Kontenrahmen orientiert sich an der Bilanz und an der Gewinn- und Verlustrechnung.

Auf der Basis des Kontenrahmens stellt jedes Kreditinstitut einen eigenen Kontenplan auf. Dabei wird zwar die Klassen- und Gruppeneinteilung des Kontenrahmens übernommen, das Kreditinstitut kann aber betriebsindividuell auf einzelne Untergliederungen verzichten oder weitere Konten einfügen. — Kontenplan

> **Anmerkung:**
> Für dieses Lehrbuch wurde ein eigener vereinfachter Kontenplan entsprechend den Erfordernissen erarbeitet und in der Anlage beigefügt. Alle im Buch verwendeten Konten sind in ihrer Bezeichnung diesem Kontenplan entnommen.

Zusammenfassung

Der **Kontenrahmen** ordnet die Konten entsprechend der Gliederung von Bilanz sowie Gewinn- und Verlustrechnung nach dem dekadischen System.

Entsprechend ihren individuellen Bedürfnissen stellen die Kreditinstitute eigene **Kontenpläne** auf, die sich an den Kontenrahmen ihrer Verbände orientieren.

1.4.4 Chronologische Erfassung von Geschäftsfällen im Grundbuch

zeitliche Reihenfolge im Grundbuch *Buchungssatz*

Neben der systematischen Erfassung der Umsätze auf den nach sachlichen Kriterien gebildeten Konten im Hauptbuch werden alle Geschäftsfälle in **zeitlicher Reihenfolge** im **Grundbuch** aufgezeichnet. Die Aufzeichnung erfolgt durch einen **Buchungssatz**.

> **Der Buchungssatz ist eine kurzgefasste Anweisung zur Buchung auf Konten.**

Die Wertveränderungen zeigten, dass durch jeden Geschäftsfall mindestens zwei Konten verändert werden. Diese Veränderung führt immer zu mindestens einer Soll- und einer Habenbuchung. Der Buchungssatz gibt an, auf welchem Konto die Soll- und auf welchem Konto die Habenbuchung einzutragen ist.

Der Buchungssatz nennt **zuerst** das Konto, auf dem im **Soll** zu buchen ist, **danach** wird das Konto angesprochen, auf dem die **Haben**buchung zu erfolgen hat. Beide Kontenbezeichnungen werden durch das Wort »**an**« miteinander verbunden.

> **Soll an Haben**

Vor das erstgenannte Konto kann das Wort »**per**« gesetzt werden. Während das Wort »per« vor einem Konto auf die Sollbuchung hinweist, ist das Wort »**an**« der Hinweis, auf dem genannten Konto im Haben zu buchen.

Belege

In der Bankpraxis werden Grundbuch und Hauptbuch elektronisch geführt. Es gilt weiterhin der **Grundsatz, dass ohne Beleg keine Buchung** ausgeführt werden darf.

> **Keine Buchung ohne Beleg**

§ 257 HGB *§ 147 AO*

Belege sollen die Beweiskraft der Buchführung sichern. Sie enthalten die Begründung des Geschäftsfalles, den zu buchenden Betrag, den Zeitpunkt des Geschäftsfalles und eine Bestätigung durch den Verantwortlichen. Die Belege sind zehn Jahre aufzubewahren.

Soll- und Habenbuchungen werden in Kreditinstituten regelmäßig **getrennt** voneinander vorgenommen. Deshalb sind für die Buchungen zwei Belege auszustellen: ein **Sollbeleg** und ein **Habenbeleg**.

Die Tagesumsätze werden für jedes Hauptbuchkonto in einer Summe gebucht.

1.4 Bestandskonten

Beispiele

1. Geschäftsfall:
Ein Debitor zahlt 2.000,00 EUR bar auf sein Konto ein.

einfache Buchungssätze

- Betroffene Konten: Kasse | Debitoren
- Kontenart: Aktivkonto | Aktivkonto
- Bestandsveränderung: Zugang | Abgang
- Buchung laut Buchungsregel: Soll 2.000,00 EUR | Haben 2.000,00 EUR
- Buchung im Grundbuch:

Grundbuch				
Nr.	Konten		EUR-Beträge	
	Soll	Haben	Soll	Haben
1	Kasse		2.000,00	
		Debitoren		2.000,00

- Buchungssatz: Kasse an Debitoren 2.000,00 EUR

2. Geschäftsfall:
Ein Kreditor lässt 5.000,00 EUR seiner Sichteinlagen in Spareinlagen umwandeln.

- Betroffene Konten: Kreditoren | Spareinlagen
- Kontenart: Passivkonto | Passivkonto
- Bestandsveränderung: Abgang | Zugang
- Buchung laut Buchungsregel: Soll 5.000,00 EUR | Haben 5.000,00 EUR
- Buchung im Grundbuch:

Grundbuch				
Nr.	Konten		EUR-Beträge	
	Soll	Haben	Soll	Haben
2	Kreditoren		5.000,00	
		Spareinlagen		5.000,00

- Buchungssatz: Kreditoren an Spareinlagen 5.000,00 EUR

3. Geschäftsfall:
Ein Sparer zahlt 3.000,00 EUR auf sein Sparkonto ein.

- Betroffene Konten: Kasse | Spareinlagen
- Kontenart: Aktivkonto | Passivkonto
- Bestandsveränderung: Zugang | Zugang
- Buchung laut Buchungsregel: Soll 3.000,00 EUR | Haben 3.000,00 EUR
- Buchung im Grundbuch:

Grundbuch				
Nr.	Konten		EUR-Beträge	
	Soll	Haben	Soll	Haben
3	Kasse		3.000,00	
		Spareinlagen		3.000,00

- Buchungsatz: Kasse an Spareinlagen 3.000,00 EUR

4. Geschäftsfall:

Ein Kreditor hebt 1.000,00 EUR von seinem Konto ab.

- **Betroffene Konten** Kasse | Kreditoren
- **Kontenart** Aktivkonto | Passivkonto
- **Bestandsveränderung** Abgang | Abgang
- **Buchung laut Buchungsregel** Haben 1.000,00 EUR | Soll 1.000,00 EUR
- **Buchung im Grundbuch**

Grundbuch				
Nr.	Konten		EUR-Beträge	
	Soll	Haben	Soll	Haben
4	Kreditoren		1.000,00	
		Kasse		1.000,00

- **Buchungssatz** Kreditoren an Kasse 1.000,00 EUR

5. Geschäftsfall: *(zusammengesetzter Buchungssatz)*

Die Bank kauft ein Kopiergerät zum Preis von 7.000,00 EUR. Die Zahlung erfolgt bar mit 3.000,00 EUR. Der Rest wird über BBK überwiesen.

- **Betroffene Konten** Betriebs- und Geschäftsausstattung (BGA) | Kasse, BBK
- **Kontenarten** Aktivkonto | Aktivkonten
- **Bestandsveränderung** Zugang | Abgang
- **Buchung laut Buchungsregel** Soll 7.000,00 EUR | Haben Kasse 3.000,00 EUR, BBK 4.000,00 EUR
- **Buchung im Grundbuch**

Grundbuch				
Nr.	Konten		EUR-Beträge	
	Soll	Haben	Soll	Haben
5	BGA		7.000,00	
		Kasse		3.000,00
		BBK		4.000,00

- **Buchungssatz** BGA 7.000,00 EUR
  an Kasse 3.000,00 EUR und
  an BBK 4.000,00 EUR

Da ein Buchungssatz auch mehrere Soll- und/oder Habenbuchungen enthalten kann, kommen neben dem Buchungssatz mit einem Soll- und einem Habenkonto auch **zusammengesetzte Buchungssätze** mit mehreren Aktiv- und/oder Passivkonten vor.

Zusammenfassung

Im **Grundbuch** werden Geschäftsfälle in **chronologischer Reihenfolge** erfasst.

Die Aufzeichnung erfolgt in Form von Buchungssätzen.

Die Grundform des Buchungssatzes lautet: Soll an Haben.

Zusammengesetzte Buchungssätze enthalten mehrere Soll- und/oder Habenbuchungen.

Innerhalb des Buchungssatzes muss die Summe der Sollbuchungen gleich der Summe der Habenbuchungen sein.

Die Umsatzsummen werden in einer Umsatzbilanz zusammengestellt und dann ins Hauptbuch übertragen.

1.4.5 Eröffnung und Abschluss der Bestandskonten im Grund- und im Hauptbuch

Bislang wurden die Anfangsbestände einfach aus der Eröffnungsbilanz auf die Hauptbuchkonten übertragen. Zweck der doppelten Buchführung ist es, eine einfache Kontrolle der formalen Richtigkeit der Buchungen zu ermöglichen. Da jeder Geschäftsfall mindestens einmal im Soll und mindestens einmal im Haben gebucht wird, muss die Summe aller Sollbuchungen stets gleich der Summe aller Habenbuchungen sein. Die Kontrolle kann nur funktionieren, wenn auch die Buchung der Anfangsbestände in Gestalt von **Eröffnungsbuchungen** mit einem vollständigen Buchungssatz erfolgt. Als Gegenkonto muss im Hauptbuch ein **Eröffnungsbilanzkonto (EBK)** geführt werden, das sich spiegelbildlich zur Eröffnungsbilanz verhält.

Eröffnungsbuchungen
Eröffnungsbilanzkonto (EBK)

Nach Buchung aller Geschäftsvorfälle eines Geschäftsjahres in Gestalt von **Umsatzbuchungen** sind die Konten abzuschließen. Dazu müssen die Konten saldiert werden. Saldieren bedeutet, den Überschuss der größeren Kontoseite zu ermitteln und zum Kontoausgleich auf die kleinere Seite zu setzen.

Umsatzbuchungen

> **Saldo heißt Überschuss.**
> Der Saldo bekommt seinen Namen von der Seite, die den Überschuss aufweist.
> Der Saldo ist entweder ein **Sollsaldo** oder ein **Habensaldo**.

Saldo

Die rechnerisch ermittelten Buchsalden müssen den tatsächlich vorhandenen Beständen entsprechen, die durch die Inventur festgestellt werden. Bei Abweichungen sind **vorbereitende Abschlussbuchungen** durchzuführen, die die Buchbestände den Inventurbeständen anpassen. Auch die Buchung der Schlussbestände muss in Form von **Abschlussbuchungen** mit einem vollständigen Buchungssatz erfolgen. Dazu ist ein **Schlussbilanzkonto (SBK)** im Hauptbuch zu führen.

Abschlussbuchungen
Schlussbilanzkonto (SBK)

Beispiel

Die Hauptbuchkonten der Bank sind mit folgenden **Anfangsbeständen** zu eröffnen (1. – 8.):

	EUR
1. Kasse	50.000,00
2. BBK	80.000,00
3. Debitoren	380.000,00
4. Wertpapiere	90.000,00
5. Betriebs- u. Geschäftsausstattung	100.000,00
6. Spareinlagen	200.000,00
7. Kreditoren	450.000,00
8. Eigenkapital	50.000,00

Folgende Geschäftsfälle verändern die Anfangsbestände jeweils an einem besonderen Buchungstag und sind als **Umsätze** zu buchen (9. – 12.):

Geschäftsfälle

9. Ein Debitor zahlt 2.000,00 EUR bar auf sein Konto ein.
10. Ein Kreditor lässt 5.000,00 EUR seiner Sichteinlagen in eine Spareinlage umwandeln.
11. Ein Sparer zahlt 3.000,00 EUR bar auf sein Sparkonto ein.
12. Ein Kreditor hebt 1.000,00 EUR bar von seinem Konto ab.

Die Konten sind unter der Annahme **abzuschließen,** dass die Salden mit den Beständen der Schlussinventur übereinstimmen (13. – 20.).

Grundbuch					
	Nr.	Konten		EUR-Beträge	
		Soll	Haben	Soll	Haben
ERÖFFNUNGSBUCHUNGEN	1	Kasse		50.000,00	
			EBK		50.000,00
	2	BBK		80.000,00	
			EBK		80.000,00
	3	Debitoren		380.000,00	
			EBK		380.000,00
	4	Wertpapiere		90.000,00	
			EBK		90.000,00
	5	Betriebs- und Geschäftsausstattung		100.000,00	
			EBK		100.000,00
	6	EBK		200.000,00	
			Spareinlagen		200.000,00
	7	EBK		450.000,00	
			Kreditoren		450.000,00
	8	EBK		50.000,00	
			Eigenkapital		50.000,00
UMSATZ-BUCHUNGEN	9	Kasse		2.000,00	
			Debitoren		2.000,00
	10	Kreditoren		5.000,00	
			Spareinlagen		5.000,00
	11	Kasse		3.000,00	
			Spareinlagen		3.000,00
	12	Kreditoren		1.000,00	
			Kasse		1.000,00
ABSCHLUSSBUCHUNGEN	13	SBK		54.000,00	
			Kasse		54.000,00
	14	SBK		80.000,00	
			BBK		80.000,00
	15	SBK		378.000,00	
			Debitoren		378.000,00
	16	SBK		90.000,00	
			Wertpapiere		90.000,00
	17	SBK		100.000,00	
			Betriebs- und Geschäftsausstattung		100.00,00
	18	Spareinlagen		208.000,00	
			SBK		208.000,00
	19	Kreditoren		444.000,00	
			SBK		444.000,00
	20	Eigenkapital		50.000,00	
			SBK		50.000,00

1.4 Bestandskonten

Hauptbuch (EUR)

Eröffnungsbilanzkonto (EBK)

Soll			Haben	
6. Spareinlagen	200.000,00	1. Kasse	50.000,00
7. Kreditoren	450.000,00	2. BBK	80.000,00
8. Eigenkapital	50.000,00	3. Debitoren	380.000,00
		4. Wertpapiere	90.000,00
		5. BGA	100.000,00
	700.000,00		700.000,00

Aktivkonten

Kasse

Soll		Haben	
1. EBK	50.000,00	12. Kreditoren	1.000,00
9. Debitoren	2.000,00	13. SBK	54.000,00
11. Spareinlagen	3.000,00		
	55.000,00		55.000,00

BBK

Soll		Haben	
2. EBK	80.000,00	14. SBK	80.000,00
	80.000,00		80.000,00

Debitoren

Soll		Haben	
3. EBK	380.000,00	9. Kasse	2.000,00
		15. SBK	378.000,00
	380.000,00		380.000,00

Wertpapiere

Soll		Haben	
4. EBK	90.000,00	16. SBK	90.000,00
	90.000,00		90.000,00

Betriebs- und Geschäftsausstattung

Soll		Haben	
5. EBK	100.000,00	17. SBK	100.000,00
	100.000,00		100.000,00

Passivkonten

Spareinlagen

Soll		Haben	
18. SBK	208.000,00	6. EBK	200.000,00
		10. Kreditoren	5.000,00
		11. Kasse	3.000,00
	208.000,00		208.000,00

Kreditoren

Soll		Haben	
10. Spareinlage	5.000,00	7. EBK	450.000,00
12. Kasse	1.000,00		
19. SBK	444.000,00		
	450.000,00		450.000,00

Eigenkapital

Soll		Haben	
20. SBK	50.000,00	8. EBK	50.000,00
	50.000,00		50.000,00

Schlussbilanzkonto (SBK)

Soll		Haben	
13. Kasse	54.000,00	18. Spareinlagen	208.000,00
14. BBK	80.000,00	19. Kreditoren	444.000,00
15. Debitoren	378.000,00	20. Eigenkapital	50.000,00
16. Wertpapiere	90.000,00		
17. BGA	100.000,00		
	702.000,00		702.000,00

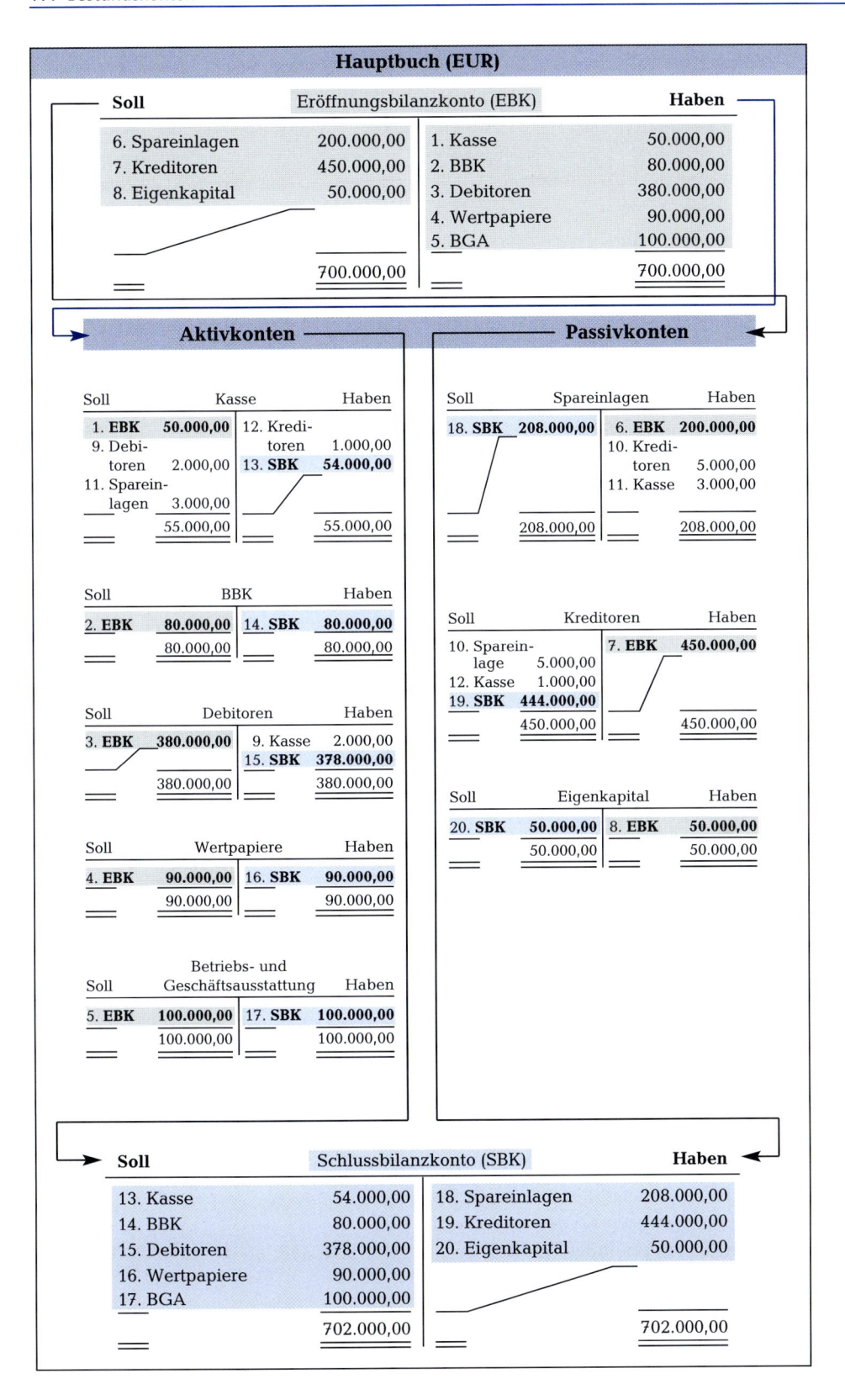

Zusammenfassung

Eröffnungs-, Umsatz- und Abschlussbuchungen

Soll	**Aktivkonto**	Haben	Soll	**Passivkonto**	Haben
Anfangsbestand (an EBK)	Abgänge		Abgänge		Anfangsbestand (per EBK)
Zugänge	Schlussbestand (per SBK)		Schlussbestand (an SBK)		Zugänge

Aufgaben zu Kapitel 1.4

1 Buchen Sie die folgenden Geschäftsfälle im Grundbuch.

	EUR
1. Kreditoren zahlen bar ein	800,00
2. Kauf eines PC gegen BBK-Überweisung	5.000,00
3. Auffüllung des Kassenbestandes durch Abhebung bei der BBK	150.000,00
4. Ein Debitor lässt vom Sparkonto auf sein Girokonto umbuchen	3.000,00
5. Ein Kreditor lässt eine Sichteinlage auf sein Sparkonto umbuchen	4.000,00
6. Ein Sparer erwirbt zu Lasten seines Sparkontos Wertpapiere von der Bank	2.000,00
7. Die Bank führt Überweisungsaufträge von Debitoren über BBK aus	1.800,00
8. Sparer heben bar ab	1.500,00

2 Erstellen Sie aus den Inventurwerten die Eröffnungsbilanz. Eröffnen Sie die Konten, buchen Sie die Geschäftsfälle im Grundbuch und Hauptbuch. Schließen Sie alle Konten ab und stellen Sie die Schlussbilanz auf.

Inventurwerte des Bankhauses Franz Ahrend & Co., Freiberg:	EUR
Forderungen an Kunden	1.050.000,00
BBK-Guthaben	80.000,00
Wertpapiere	75.000,00
Spareinlagen	280.000,00
Kassenbestand	45.000,00
Sichteinlagen	510.000,00
Betriebs- und Geschäftsausstattung	360.000,00
Forderungen an Kreditinstitute	180.000,00

Geschäftsfälle	EUR
1. Kauf von Geschäftsausstattung gegen BBK-Überweisung	12.000,00
2. Barabhebung von Kreditoren	4.000,00
3. Überweisungsaufträge von Debitoren werden über BBK ausgeführt	5.000,00
4. Verkauf von Wertpapieren an Sparer	7.000,00
5. Kreditoren lassen Sicht- in Spareinlagen umwandeln	6.000,00
6. Korrespondenzbanken nehmen über BBK Tagesgeld bei uns auf	50.000,00

③ Bilden Sie zusammengesetzte Buchungssätze.

	EUR
1. Überweisungsaufträge von Debitoren	7.715,00
zugunsten Kreditoren	2.458,00
zugunsten Sparern	5.257,00
2. Bareinzahlungen	
von Sparkunden	5.000,00
von Debitoren	1.569,00
von Kreditoren	4.753,00
3. Wertpapierverkauf der Bank	
an Debitoren	4.200,00
an Sparkunden	5.700,00
an Kreditoren	2.600,00
über die Börse (BBK)	10.900,00
4. Überweisungseingänge auf dem BBK-Konto	
zugunsten Debitoren	4.159,00
zugunsten Kreditoren	2.476,00
zugunsten Sparkunden	6.000,00
5. Wertpapierkauf für den eigenen Bestand der Bank	
von Sparkunden	7.000,00
von Debitoren	2.600,00
von Kreditoren	4.650,00
6. Überweisungsaufträge, auszuführen über BBK,	
von Debitoren	680,00
von Kreditoren	830,00
7. Überweisungseingänge auf BBK	
zugunsten Sparkunden	20.000,00
zugunsten Debitoren	620,00
zugunsten Kreditoren	1.600,00
8. Barabhebungen	
von Sparkunden	2.300,00
von Kreditoren	3.500,00
von Debitoren	1.000,00

④ Buchen Sie im Grundbuch.

	EUR
1. Die Bank kauft neue Geschäftsausstattung und zahlt bar	570,00
2. Kreditoren überweisen an Debitoren	130.000,00
3. Wertpapierverkauf an einen Sparkunden	2.500,00
4. Die Bank hebt vom BBK-Konto ab	80.000,00
5. Überweisungsaufträge von Debitoren werden über BBK ausgeführt	7.650,00
6. Sparer lassen von Sparkonten auf kreditorische Konten umbuchen	2.000,00

⑤ Welche Geschäftsfälle liegen folgenden Buchungssätzen zugrunde?

Grundbuch

Nr.	Konten		EUR-Beträge	
	Soll	Haben	Soll	Haben
1	Betriebs- und Geschäftsausstattung	BBK	10.000,00	10.000,00
2	BBK	Debitoren Kreditoren	4.300,00	1.500,00 2.800,00
3	Spareinlagen	Kasse	3.000,00	3.000,00
4	BBK	Wertpapiere	5.800,00	5.800,00
5	Kasse	Debitoren	900,00	900,00
6	Kreditoren Debitoren	BBK	600,00 1.300,00	1.900,00
7	Wertpapiere	Spareinlagen	4.500,00	4.500,00
8	Kasse	Betriebs- und Geschäftsausstattung	2.000,00	2.000,00

Programmierte Aufgaben

⑥ Welche Aussagen über Aktivkonten sind richtig?

Ⓐ Anfangsbestände stehen im Soll.

Ⓑ Anfangsbestände stehen im Haben.

Ⓒ Zugänge stehen im Soll.

Ⓓ Zugänge stehen auf der gleichen Seite wie Anfangsbestände.

Ⓔ Zugänge stehen auf der Aktivseite.

Ⓕ Schlussbestände stehen auf der gleichen Seite wie Zugänge.

Ⓖ Schlussbestände stehen auf der gleichen Seite wie Anfangsbestände.

⑦ Welche Aussagen über Passivkonten sind richtig?

Ⓐ Anfangsbestände stehen auf der gleichen Seite wie Abgänge.

Ⓑ Zugänge stehen auf der Passivseite.

Ⓒ Zugänge stehen auf der Sollseite.

Ⓓ Abgänge stehen auf der gleichen Seite wie Schlussbestände.

Ⓔ Schlussbestände stehen im Soll.

Ⓕ Schlussbestände stehen im Haben.

⑧ Ordnen Sie folgende Buchungssätze den richtigen Geschäftsfällen zu.

Buchungssätze:

- Ⓐ Spareinlagen an Wertpapiere
- Ⓑ Kasse an BBK
- Ⓒ Kasse an Spareinlagen
- Ⓓ Kreditoren an Debitoren
- Ⓔ Debitoren an Spareinlagen
- Ⓕ Debitoren an Debitoren
- Ⓖ Wertpapiere an Kreditoren
- Ⓗ BBK an Debitoren

Geschäftsfälle:

① Die Bank kauft Wertpapiere von einem Kreditor.
② Die Bank verstärkt ihren Kassenbestand durch Abhebung vom BBK-Konto.
③ Debitoren lassen auf ihre Spareinlagen umbuchen.
④ Kreditoren verkaufen Wertpapiere an die Bank.
⑤ Sparkunden kaufen Wertpapiere aus dem Bestand der Bank.
⑥ Überweisungsaufträge von Kreditoren zugunsten Debitoren.
⑦ Überweisungseingänge zugunsten Debitoren über BBK.
⑧ Überweisungsaufträge von Debitoren zugunsten anderer Debitoren.
⑨ Die Bank hebt von ihrem BBK-Konto ab.
⑩ Sparkunden zahlen ein.

1.5 Kontokorrentkonten und Skontren des Personenbuches

1.5.1 Kundenkontokorrent (KKK) und Kundenskontren

In den bisherigen Darstellungen wurden Forderungen an Kunden auf dem Aktivkonto Debitoren und Verbindlichkeiten gegenüber Kunden auf dem Passivkonto Kreditoren erfasst.

Soll	**Debitoren**	Haben	Soll	**Kreditoren**	Haben
Anfangsbestand	Minderungen		Minderungen		Anfangsbestand
Mehrungen	Schlussbestand		Schlussbestand		Mehrungen

Da sich der Kontostand der Kunden aufgrund der Buchungen ständig ändert, kann es sein, dass schon während eines einzigen Geschäftstages ein debitorisches Konto durch Gutschriften kreditorisch und nach Belastungen wieder debitorisch wird. Um das richtige Konto anzusprechen, hätte die Bank demnach vor jeder Buchung zu prüfen, ob der Umsatz einen Debitor oder einen Kreditor betrifft. Einerseits ist das in der Praxis nicht durchführbar. Andererseits haben die Konten Debitoren und Kreditoren auch Gemeinsamkeiten, die sich durch eine besondere Buchungstechnik ausnutzen lassen.

Kundenkontokorrent (KKK)

Gutschriften zugunsten von Kontokorrentkunden führen, gleich ob es sich um Debitoren oder Kreditoren handelt, stets zu einer **Buchung im Haben;** denn Debitoren nehmen im Haben ab und Kreditoren nehmen im Haben zu.

Belastungen von Kontokorrentkunden führen, gleich ob es sich um Debitoren oder Kreditoren handelt, stets zu einer **Buchung im Soll;** denn Debitoren nehmen im Soll zu und Kreditoren nehmen im Soll ab.

Beispiel 1

Wegen Überweisungseingängen von 500,00 EUR, die über BBK eingehen, werden erkannt:

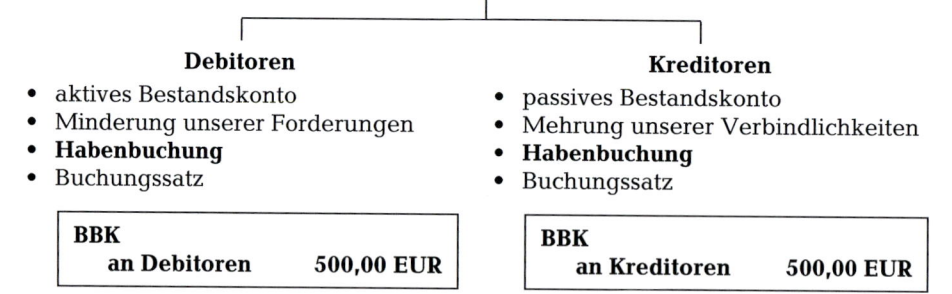

Debitoren
- aktives Bestandskonto
- Minderung unserer Forderungen
- **Habenbuchung**
- Buchungssatz

```
BBK
  an Debitoren        500,00 EUR
```

Kreditoren
- passives Bestandskonto
- Mehrung unserer Verbindlichkeiten
- **Habenbuchung**
- Buchungssatz

```
BBK
  an Kreditoren       500,00 EUR
```

Beispiel 2

Wegen Überweisungsaufträgen von 300,00 EUR, die über BBK auszuführen sind, werden belastet:

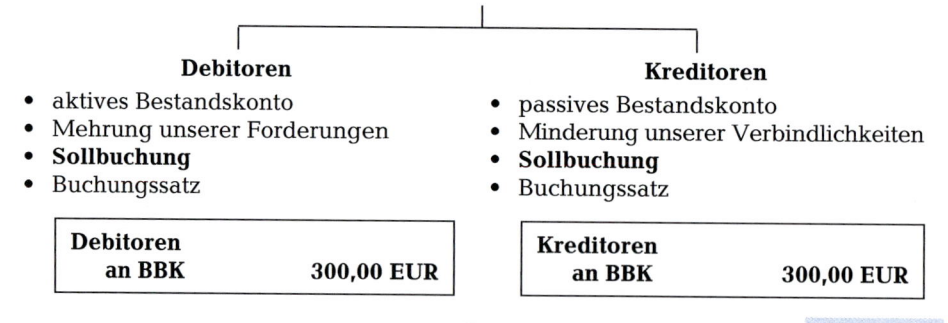

Debitoren
- aktives Bestandskonto
- Mehrung unserer Forderungen
- **Sollbuchung**
- Buchungssatz

```
Debitoren
  an BBK              300,00 EUR
```

Kreditoren
- passives Bestandskonto
- Minderung unserer Verbindlichkeiten
- **Sollbuchung**
- Buchungssatz

```
Kreditoren
  an BBK              300,00 EUR
```

Hauptbuchkonto Kundenkontokorrent

Die Konten Debitoren und Kreditoren müssen und können zu **einem** Hauptbuchkonto zusammengefasst werden: dem **Hauptbuchkonto Kundenkontokorrent (KKK).**

Da dieses Konto den laufenden Geschäftsverkehr der Konten Debitoren und Kreditoren in einem gemeinsamen Konto aufnimmt, hat das Hauptbuchkonto Kunden-KK alle Eigenschaften dieser beiden Konten. Es ist zugleich **Aktiv- und Passivkonto.**

In der Bilanz müssen Debitoren und Kreditoren getrennt ausgewiesen werden. Deshalb enthält das Konto Kunden-KK **zwei Anfangs- und zwei Schlussbestände.**

1.5 Kontokorrentkonten und Skontren des Personenbuches

Soll	Kundenkontokorrent (KKK)		Haben
Anfangsbestand Debitoren		Anfangsbestand	Kreditoren
Mehrungen Debitoren		Mehrungen	Kreditoren
Minderungen Kreditoren		Minderungen	Debitoren
Schlussbestand Kreditoren		Schlussbestand	Debitoren

Um über die Forderungen oder Verbindlichkeiten gegenüber jedem einzelnen Kunden informiert zu sein, führt die Bank zusätzlich zum Hauptbuch noch ein **Personenbuch**. Im Personenbuch wird für jeden Kunden ein eigenes Konto – auch **Skontro** genannt – geführt.

Skontren sind Rechnungsaufstellungen, mit denen Hauptbuchkonten aufgegliedert – skontriert – werden.

Auf dem Hauptbuchkonto Kunden-KK werden die Summen der Umsätze aller Kunden gebucht. Auf den Kundenskontren werden die Einzelumsätze des jeweiligen Kunden erfasst.

Beispiel 3

Das Bankhaus Werner Bauer KG **bucht** die folgenden Bestände und Umsätze im **Hauptbuch** und im **Personenbuch und schließt die Konten ab.**

Anfangsbestände laut Eröffnungsbilanz:
Debitoren: 82.000,00 EUR
Kreditoren: 150.000,00 EUR

Zusammensetzung der Anfangsbestände lt. Saldenliste:

1. **Debitoren**
   Dr. Ralf Krüger   7.000,00 EUR
   Christian Porzig   75.000,00 EUR
                            82.000,00 EUR

2. **Kreditoren**
   Komplexbau GmbH   135.000,00 EUR
   Anja und Egbert Richter 15.000,00 EUR
                           150.000,00 EUR

Geschäftsfälle

3. Über BBK gehen Überweisungen ein zugunsten von
   Christian Porzig   4.000,00 EUR
   Anja und Egbert Richter   2.000,00 EUR

4. Die Bank führt über BBK Überweisungsaufträge aus von
   Komplexbau GmbH   30.000,00 EUR
   Dr. Ralf Krüger   12.000,00 EUR

5. Die Bank führt Überweisungsaufträge an die Komplexbau GmbH aus von
   Dr. Ralf Krüger   6.000,00 EUR
   Anja und Egbert Richter   20.000,00 EUR

Grundbuch				
Nr.	Konten		EUR-Beträge	
	Soll	Haben	Soll	Haben
1	Kunden-KK		82.000,00	
		EBK		82.000,00
2	EBK		150.000,00	
		Kunden-KK		150.000,00
3	BBK		6.000,00	
		Kunden-KK		6.000,00
4	Kunden-KK		42.000,00	
		BBK		42.000,00
5	Kunden-KK		26.000,00	
		Kunden-KK		26.000,00

Umsatzbilanz Kunden-KK	EUR-Beträge	
	Soll	Haben
	68.000,00	
		32.000,00

Hauptbuch

Soll	Kundenkontokorrent		Haben
1. EBK	82.000,00 EUR	2. EBK	150.000,00 EUR
diverse	68.000,00 EUR	diverse	32.000,00 EUR

Personenbuch

Soll	Dr. Ralf Krüger		Haben	Soll	Komplexbau GmbH		Haben
1. Saldo-vortrag	7.000,00	Saldo	25.000,00	4. Übw.	30.000,00	2. Saldo-vortrag	135.000,00
4. Übw.	12.000,00			Saldo	131.000,00	5. Gut-schrift	26.000,00
5. Übw.	6.000,00				161.000,00		161.000,00
	25.000,00		25.000,00				

Soll	Christian Porzig		Haben	Soll	Anja und Egbert Richter		Haben
1. Saldo-vortrag	75.000,00	3. Gut-schrift	4.000,00	5. Übw.	20.000,00	2. Saldo-vortrag	15.000,00
		Saldo	71.000,00			3. Gut-schrift	2.000,00
	75.000,00		75.000,00			Saldo	3.000,00
					20.000,00		20.000,00

Saldenliste

Kunde	Debitoren EUR	Kreditoren EUR
Dr. Ralf Krüger	25.000,00	
Christian Porzig	71.000,00	
Komplexbau GmbH		131.000,00
Anja und Egbert Richter	3.000,00	
Schlussbestand	6. **99.000,00**	7. **131.000,00**

Grundbuch

Nr.	Konten Soll	Konten Haben	EUR-Beträge Soll	EUR-Beträge Haben
6	SBK		99.000,00	
		Kunden-KK		99.000,00
7	Kunden-KK		131.000,00	
		SBK		131.000,00

Hauptbuch

Soll	Kundenkontokorrent		Haben
1. EBK	82.000,00 EUR	2. EBK	150.000,00 EUR
diverse	68.000,00 EUR	diverse	32.000,00 EUR
7. SBK	131.000,00 EUR	6. SBK	99.000,00 EUR
	281.000,00 EUR		281.000,00 EUR

Auf dem Hauptbuchkonto Kundenkontokorrent bucht die Bank alle Kontokorrentumsätze, die sie in der **Umsatzbilanz** zusammengefasst hat, ohne sie nach Debitoren oder Kreditoren zu trennen.

Der Saldo des Kontokorrentkontos weist deshalb nur den Überschuss der Debitoren über die Kreditoren oder der Kreditoren über die Debitoren aus.

> Um das Hauptbuchkonto Kundenkontokorrent abschließen zu können, werden die **Salden der Kundenskontren** ermittelt und in einer **Saldenliste** zusammengefasst. Ergibt sich ein **Sollsaldo** ist der Kunde **Debitor,** ergibt sich ein **Habensaldo,** ist der Kunde **Kreditor.**

> Aus der Saldenliste lassen sich dann die Summen der Debitoren und der Kreditoren entnehmen und als **Schlussbestände des Kontos Kundenkontokorrent** buchen.

Nach Einsetzen der Schlussbestände muss das Hauptbuchkonto Kundenkontokorrent im Soll und im Haben die gleiche Summe ergeben, denn auf dem Hauptbuchkonto Kundenkontokorrent sind insgesamt die gleichen Buchungen erfolgt wie einzeln auf den Skontren.

Die dadurch mögliche Abstimmung zwischen Hauptbuch und Personenbuch ist eine wichtige formale Kontrolle der Tagesbuchungen.

Fromblatt 1 RechkredV

Bilanzausweis

Der **Debitorenbestand** ist im Aktivposten »4. Forderungen an Kunden« zu bilanzieren, der **Kreditorenbestand** im Passivposten »2. Verbindlichkeiten gegenüber Kunden, b) andere Verbindlichkeiten, ba) täglich fällig«.

Zusammenfassung

Alle Geschäftsfälle, die Debitoren oder Kreditoren betreffen, werden zusammengefasst und über das gemeinsame **Hauptbuchkonto Kundenkontokorrent** gebucht.

Zusätzlich wird **im Personenbuch für jeden Kunden ein eigenes** Skontro geführt, das seine Einzelumsätze aufnimmt.

Gutschriften zugunsten von Kontokorrentkunden führen zu **Habenbuchungen**, **Belastungen** von Kontokorrentkunden zu **Sollbuchungen**, gleichgültig, ob es sich um Debitoren oder Kreditoren handelt.

Zum **Abschluss** des Kundenkontokorrent werden die **Salden der Personenskontren** ermittelt und in einer **Saldenliste** zusammengefasst.

Nach Buchung der Schlussbestände muss das Kundenkontokorrent ausgeglichen sein.

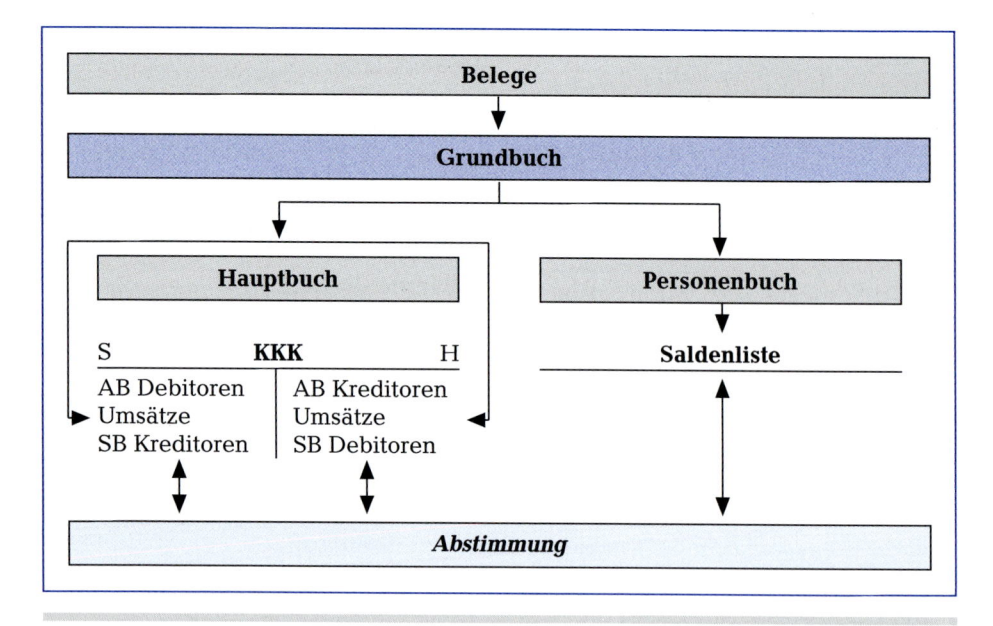

```
                          Belege
                            │
                            ▼
                        Grundbuch
                     ┌──────┴──────┐
                     ▼             ▼
                  Hauptbuch     Personenbuch
                                    │
         S        KKK        H      ▼
         AB Debitoren │ AB Kreditoren   Saldenliste
         Umsätze      │ Umsätze
         SB Kreditoren│ SB Debitoren
                     │
                     ▼
                  Abstimmung
```

Aufgaben zu Kapitel 1.5.1

① Buchen Sie die folgenden Bestände und Geschäftsfälle der Sparkasse Neustadt im Grundbuch und im Hauptbuch auf dem Hauptbuchkonto Kundenkontokorrent.

Schließen Sie das Konto ab.

Anfangsbestände	EUR
Debitoren	572.000,00
Kreditoren	765.000,00

1.5 Kontokorrentkonten und Skontren des Personenbuches 45

Geschäftsfälle EUR

1. Überweisungsauftrag eines Debitors wird über BBK
   ausgeführt   4.000,00
2. Barabhebung eines Kreditors   6.000,00
3. Belastung von Debitoren wegen Barabhebung   500,00
4. Ein Kreditor überträgt auf sein Sparkonto   5.000,00
5. Gutschrift Kreditoren wegen BBK-Eingang   35.000,00
6. Überweisungsaufträge von Kreditoren zugunsten Debitoren   12.000,00
7. Belastung von Debitoren wegen Überweisung über BBK   2.000,00
8. Belastung von Debitoren wegen Überweisung an Kreditoren   1.000,00
9. Gutschrift für Kreditoren wegen Überweisung von Debitor   1.000,00
10. Die Sparkasse erwirbt Wertpapiere von einem Debitor
    zum Kurswert von   2.000,00

Schlussbestände
Debitoren   566.500,00
Kreditoren   779.000,00

(2) Buchen Sie die folgenden Bestände und Geschäftsfälle der Volksbank Weinstadt eG im Grundbuch, auf dem Hauptbuchkonto Kundenkontokorrent sowie auf den Kundenskontren. Schließen Sie die Skontren ab und stellen Sie die Saldenliste auf. Schließen Sie das Konto Kunden-KK in Grund- und Hauptbuch formgerecht ab.

Anfangsbestände EUR
Debitoren   124.000,00
Kreditoren   83.000,00

Zusammensetzung der Anfangsbestände lt. Saldenliste:

Debitoren   EUR
Silke Winkler   14.000,00
Fred Sachse   6.000,00
Franz Peters & Co.   93.000,00
Ulrich Hain   4.000,00
Claudia und Jens Pergande   7.000,00
                                                                    124.000,00

Kreditoren   EUR
Manfred Dammer & Co.   20.000,00
Edda Müller   16.000,00
Loris KG   36.000,00
Ed Swillms   8.000,00
Christine Lemm   3.000,00
                                                                     83.000,00

Geschäftsfälle
1. Überweisungseingänge bei der BBK zugunsten   EUR
   Fred Sachse   8.000,00
   Loris KG   18.000,00
   Ulrich Hain   6.000,00

2. Barabhebungen von
Christine Lemm	5.000,00
Ulrich Hain	4.000,00
Edda Müller	2.000,00

3. Überweisungsaufträge über BBK von
Silke Winkler	200,00
Franz Peters & Co.	1.000,00
Ed Swillms	600,00
Manfred Dammer & Co.	3.000,00

4. Bareinzahlungen zugunsten
Claudia und Jens Pergande	10.000,00
Loris KG	30.000,00
Silke Winkler	3.000,00

5. Überweisungsausgänge über BBK im Auftrag von
Ed Swillms	11.000,00
Christine Lemm	7.000,00
Franz Peters & Co.	26.000,00

6. Gutschriften wegen BBK-Eingängen für
Fred Sachse	500,00
Edda Müller	100,00
Manfred Dammer & Co.	700,00

(3) a) Geben Sie an, welchen Saldo das Konto des Kunden Heinrich ausweist und ob der Kunde Debitor oder Kreditor ist.

b) Schließen Sie das Hauptbuchkonto Kundenkontokorrent der Eurafrikabank AG am 31.12. im Grundbuch formgerecht ab.

Anfangsbestände		EUR
Debitoren		243.000,00
Kreditoren		250.000,00

Zusammensetzung der Schlussbestände lt. Saldenliste vom 31.12.

Transport GmbH	Soll	8.750,00
Reichel-Bau GmbH	Soll	10.240,00
Autoteile Rogalli	Haben	3.500,00
Fliesenstudio Beger	Soll	6.870,00
Peter Einbeck	Haben	10.560,00
Fahrschule Hoyer	Haben	6.850,00
Zahnarzt Dr. Ralf Lehmann	Soll	3.690,00
Olaf Heinrich	?	?

(4) Auf dem Hauptbuchkonto Kundenkontokorrent sind folgende Umsätze gebucht worden:

Soll		Kundenkontokorrent		Haben
Anfangsbestand	170.000,00 EUR	Anfangsbestand		190.000,00 EUR
Umsätze	115.000,00 EUR	Umsätze		210.000,00 EUR

Der Debitorenbestand beträgt laut Saldenliste 180.000,00 EUR. Wie hoch ist der Kreditorenbestand?

⑤ Die Kreissparkasse Ludwigslust hat folgende Geschäftsfälle auf dem Hauptbuchkonto Kundenkontokorrent ausgeführt:

	EUR
1. Anfangsbestand Debitoren	150.000,00
2. Anfangsbestand Kreditoren	210.000,00
3. Barabhebung eines Kreditors	500,00
4. Eingang zugunsten eines Debitors auf BBK-Konto	1.200,00
5. Bareinzahlung eines Kreditors	1.000,00
6. Überweisung eines Kreditors wird über BBK ausgeführt	850,00
7. Belastung für einen Debitor wegen Barabhebung	60,00
8. Gutschrift für Kreditoren wegen BBK-Eingang	2.500,00
9. Lastschrift für Debitoren wegen BBK-Ausgang	6.000,00
10. Überweisungsauftrag eines Debitors wird über BBK ausgeführt	350,00
11. BBK-Eingang zugunsten eines Debitors	1.350,00

Ermitteln Sie die Schlussbestände für Debitoren und Kreditoren. Buchen Sie den Abschluss des Kontos Kundenkontokorrent im Grundbuch.

⑥ Die Personenkonten im Nebenbuch der Stadtsparkasse München weisen zu Beginn des Geschäftsjahres die folgenden Saldovorträge (SV) aus:

S	F. Marx	H	S	K. Hinz	H
SV	200,00			SV	490,00

S	H. Lutz	H	S	M. Krause	H
SV	700,00			SV	300,00

S	L. Biene	H	S	D. Dorinth	H
SV	550,00			SV	270,00

1. Bilden Sie die Buchungssätze zu den folgenden Geschäftsfällen:

   a) Überweisungsaufträge der Kunden H. Lutz über 400,00 EUR und D. Dorinth über 200,00 EUR werden über BBK ausgeführt.

   b) F. Marx erhält eine Gutschrift vom Kunden M. Krause über 900,00 EUR.

   c) D. Dorinth erwirbt von der Stadtsparkasse München zu Lasten seines Kontos einen Schreibtisch für 1.000,00 EUR.

   d) Eine Lastschrift über 130,00 EUR, die der Stadtsparkasse München über BBK vorgelegt wird, belastet sie dem Konto M. Krause.

   e) Die Stadtsparkasse München erhält für K. Hinz eine Gutschrift in Höhe von 850,00 EUR über BBK.

   f) L. Biene überweist auf das bei der Stadtsparkasse München geführte Sparkonto 620,00 EUR.

2. Tragen Sie alle Buchungen auf den Personenkonten der Stadtsparkasse München ein.

3. Führen Sie eine Inventur im Nebenbuch durch. (Saldenliste)

4. Erstellen Sie das KKK der Stadtsparkasse München auf Grund der Saldovorträge aller Konten, tragen Sie die Umsätze (Geschäftsfälle) im KKK ein und schließen Sie es ab.

1.5.2 Bankenkontokorrent (BKK) und Bankenskontren

Um den Zahlungsverkehr abzuwickeln, Effektengeschäfte abzurechnen oder Geldmarktgeschäfte zu betreiben, richten die Kreditinstitute **direkte Kontoverbindungen** zu anderen Kreditinstituten ein.

Korrenpondenzbanken

Kreditinstitute, zu denen direkte Kontoverbindung besteht, werden als **Korrespondenzbanken** bezeichnet.

Bankenkontokorrent (BKK)

Die Kontokorrentumsätze mit der Bankenkundschaft werden über das **Hauptbuchkonto Bankenkontokorrent (BKK)** abgewickelt.

Entsprechend dem Hauptbuchkonto Kundenkontokorrent ist das Konto Bankenkontokorrent zugleich Aktiv- und Passivkonto.

Da in der Bilanz Forderungen und Verbindlichkeiten gegenüber Kreditinstituten getrennt ausgewiesen werden müssen, enthält auch das Konto Bankenkontokorrent zwei Anfangs- und zwei Schlussbestände.

Soll		Bankenkontokorrent (BKK)		Haben
Anfangsbestand	Forderungen an KI	Anfangsbestand		Verbindlichkeiten gegenüber KI
Mehrungen	Forderungen an KI	Mehrungen		Verbindlichkeiten gegenüber KI
Minderungen	Verbindlichkeiten gegenüber KI	Minderungen		Forderungen an KI
Schlussbestand	Verbindlichkeiten gegenüber KI	Schlussbestand		Forderungen an KI

Lorokonten Nostrokonten

Um über die Forderungen oder Verbindlichkeiten gegenüber jeder einzelnen Korrespondenzbank informiert zu sein, führt die Bank zusätzlich zum Hauptbuchkonto Bankenkontokorrent für jede Korrespondenzbank noch ein **Skontro**. Diese Einzelskontren bilden entsprechend dem Personenbuch für die Kunden ein Nebenbuch des Hauptbuchkontos Bankenkontokorrent. Sie sind entweder **Lorokonten** oder **Nostrokonten**.

Eröffnet ein Kreditinstitut A bei einer Korrespondenzbank B ein Konto, bezeichnet die kontoführende Bank B dieses Konto als **Lorokonto** (»*Euer Konto bei uns*«). Das Kreditinstitut A, das von der kontoführenden Korrespondenzbank B die Kontoauszüge erhält, führt als Gegenrechnung ein **Nostrokonto** (»*Unser Konto bei Euch*«).

Das BBK-Konto, das Konto Zentrale und alle in Fremdwährung für Korrespondenzbanken geführten Konten sind immer Nostrokonten. Die Kundenkonten und alle in EUR für Auslandsbanken geführten Konten sind immer Lorokonten. Für die Kontoverhältnisse mit allen anderen Banken müssen Vereinbarungen getroffen werden, wer kontoführend sein soll.

Beispiel

Buchungen bei der BZ Bank AG

Anfangsbestände laut Eröffnungsbilanz:

1. Forderungen an Kreditinstitute: 590.000,00 EUR
2. Verbindlichkeiten gegenüber Kreditinstituten: 750.000,00 EUR

1.5 Kontokorrentkonten und Skontren des Personenbuches

Zusammensetzung der Anfangsbestände lt. Saldenliste:

	EUR
Forderungen an Kreditinstitute:	
Bankhaus Edmund W. Fabian	357.000,00
Creditbank AG	233.000,00
	590.000,00
Verbindlichkeiten gegenüber Kreditinstituten:	
Industriebank	715.000,00
Bankhaus Helm & Cremer	35.000,00
	750.000,00

Geschäftsfälle

3.	Wertpapierkauf von der Creditbank AG	80.000,00 EUR
4.	Überweisungseingänge bei der Industriebank zugunsten von Kunden der BZ Bank AG	25.000,00 EUR
5.	Die BZ Bank AG zahlt Tagesgeld über BBK an das Bankhaus Helm & Cremer zurück	27.000,00 EUR
6.	Tagesgeldaufnahme der BZ Bank AG beim Bankhaus Edmund W. Fabian. Die Bereitstellung erfolgt auf dem BBK-Konto der BZ Bank AG.	150.000,00 EUR
7.	Die BZ Bank AG führt Überweisungsaufträge ihrer Kunden über das Bankhaus Edmund W. Fabian aus	130.000,00 EUR
8.	Verkauf von Wertpapieren an das Bankhaus Helm & Cremer	50.000,00 EUR

Grundbuch				
Nr.	Konten		EUR-Beträge	
	Soll	Haben	Soll	Haben
1	Banken-KK	EBK	590.000,00	590.000,00
2	EBK	Banken-KK	750.000,00	750.000,00
3	Eigene Wertpapiere	Banken-KK	80.000,00	80.000,00
4	Banken-KK	Kunden-KK	25.000,00	25.000,00
5	Banken-KK	BBK	27.000,00	27.000,00
6	BBK	Banken-KK	150.000,00	150.000,00
7	Kunden-KK	Banken-KK	130.000,00	130.000,00
8	Banken-KK	Eigene Wertpapiere	50.000,00	50.000,00

Umsatzbilanz Banken-KK	EUR-Beträge	
	Soll	Haben
	102.000,00	
		360.000,00

Hauptbuch

Soll	Bankenkontokorrent		Haben
1. EBK	590.000,00 EUR	2. EBK	750.000,00 EUR
diverse	102.000,00 EUR	diverse	360.000,00 EUR

Personenbuch

Soll	Bankhaus Edmund W. Fabian		Haben
1. Saldovortrag	357.000	6. Gutschrift	150.000
		7. Gutschrift	130.000
		Saldo	**77.000**
	357.000		357.000

Soll	Industriebank		Haben
4. Lastschrift	25.000	2. Saldovortrag	715.000
Saldo	**690.000**		
	715.000		715.000

Soll	Creditbank AG		Haben
1. Saldovortrag	233.000	3. Gutschrift	80.000
		Saldo	**153.000**
	233.000		233.000

Soll	Bankhaus Helm & Cremer		Haben
5. Lastschrift	27.000	2. Saldovortrag	35.000
8. Lastschrift	50.000	Saldo	**42.000**
	77.000		77.000

Saldenliste

Korrespondenzbank	Forderungen EUR	Verbindlichkeiten EUR
Bankhaus Edmund W. Fabian	77.000,00	
Creditbank AG	153.000,00	
Industriebank		690.000,00
Bankhaus Helm & Cremer	42.000,00	
Schlussbestände	9. **272.000,00**	10. **690.000,00**

Grundbuch

Nr.	Konten		EUR-Beträge	
	Soll	Haben	Soll	Haben
9	SBK		272.000,00	
		Banken-KK		272.000,00
10	Banken-KK		690.000,00	
		SBK		690.000,00

Hauptbuch

Soll	Bankenkontokorrent		Haben
1. EBK	590.000,00 EUR	2. EBK	750.000,00 EUR
diverse	102.000,00 EUR	diverse	360.000,00 EUR
10. SBK	690.000,00 EUR	9. SBK	272.000,00 EUR
	1.382.000,00 EUR		1.382.000,00 EUR

Um das Hauptbuchkonto Bankenkontokorrent abzuschließen, werden die **Salden der Bankenskontren** ermittelt und in einer **Saldenliste** zusammengefasst. Ergibt sich ein **Habensaldo,** hat die Bank zum Zeitpunkt des Abschlusses **Verbindlichkeiten** gegen die jeweilige Korrespondenzbank; ergibt sich ein **Sollsaldo** des Skontros, hat das Kreditinstitut **Forderungen** an die Korrespondenzbank.

1.5 Kontokorrentkonten und Skontren des Personenbuches

Aus der Saldenliste lassen sich dann die addierten Endbestände der Forderungen und der Verbindlichkeiten gegenüber Kreditinstituten entnehmen und als **Schlussbestände des Kontos Bankenkontokorrent** buchen.

Bilanzausweis

Die Schlussbestände werden im Aktivposten »**3. Forderungen an Kreditinstitute, a) täglich fällig**« oder im Passivposten »**1. Verbindlichkeiten gegenüber Kreditinstituten, a) täglich fällig**« ausgewiesen.

Formblatt 1
RechKredV

Zusammenfassung

Das **Hauptbuchkonto Bankenkontokorrent** wird genauso behandelt wie das Hauptbuchkonto Kundenkontokorrent.

Die Hauptbuchkonten für Kunden und Korrespondenzbanken werden nach der Kontenführung eingeteilt in:

NOSTROKONTEN[1]	**LOROKONTEN**[2]
• Das Kreditinstitut unterhält ein Konto bei einer anderen Bank. • Die andere Bank ist kontoführend.	• Andere Banken und Kunden unterhalten bei dem Kreditinstitut ein Konto. • Das Kreditinstitut ist kontoführend.
Das Hauptbuchkonto BBK und alle in Fremdwährung bei anderen Banken unterhaltenen Konten sind Nostrokonten.	Alle Kundenkonten und alle für Auslandsbanken in EUR geführten Konten sind Lorokonten.

Aufgaben zu Kapitel 1.5.2

① Führen Sie das Hauptbuchkonto Bankenkontokorrent. Schließen Sie das Konto formgerecht ab.

	EUR
Anfangsbestand Forderungen an Kreditinstitute	460.000,00
Anfangsbestand Verbindlichkeiten gegenüber Kreditinstituten	670.000,00
Belastungen	130.000,00
Gutschriften	60.000,00
Schlussbestand Forderungen an Kreditinstitute	540.000,00
Schlussbestand Verbindlichkeiten gegenüber Kreditinstituten	?

② Führen Sie das Hauptbuchkonto Bankenkontokorrent. Ermitteln Sie die Schlussbestände und schließen Sie das Konto formgerecht ab.

	EUR
Anfangsbestand Forderungen an Kreditinstitute	530.000,00
Anfangsbestand Verbindlichkeiten gegenüber Kreditinstituten	880.000,00
Minderungen der Verbindlichkeiten gegenüber Kreditinstituten	150.000,00
Minderungen der Forderungen an Kreditinstitute	65.000,00
Mehrungen der Forderungen an Kreditinstitute	240.000,00
Mehrungen der Verbindlichkeiten gegenüber Kreditinstituten	110.000,00
Schlussbestand Forderungen an Kreditinstitute	?
Schlussbestand Verbindlichkeiten gegenüber Kreditinstituten	?

---

1 nostro (ital.) = unser;   2 loro (ital.) = ihr

③ Führen Sie die Hauptbuchkonten Bankenkontokorrent und Kundenkontokorrent in Grund- und Hauptbuch. Ermitteln Sie die Schlussbestände und schließen Sie die Konten formgerecht ab.

	EUR
Anfangsbestand Forderungen an Kreditinstitute	420.000,00
Mehrungen Kreditoren	190.000,00
Anfangsbestand Verbindlichkeiten gegenüber Kreditinstituten	590.000,00
Minderungen der Verbindlichkeiten gegenüber Kreditinstituten	260.000,00
Anfangsbestand Kreditoren	280.000,00
Minderungen Debitoren	170.000,00
Minderungen der Forderungen an Kreditinstitute	140.000,00
Mehrungen der Forderungen an Kreditinstitute	70.000,00
Anfangsbestand Debitoren	330.000,00
Mehrungen der Verbindlichkeiten gegenüber Kreditinstituten	240.000,00
Minderungen Kreditoren	210.000,00
Mehrungen Debitoren	60.000,00

④ Führen Sie das Hauptbuchkonto Bankenkontokorrent der Creditbank AG sowie die Skontren der Korrespondenzbanken. Schließen Sie die Skontren und das Hauptbuchkonto Bankenkontokorrent formgerecht ab.

Anfangsbestände	EUR
Forderungen an Kreditinstitute	520.000,00
Verbindlichkeiten gegenüber Kreditinstituten	740.000,00

Zusammensetzung der Anfangsbestände:

Forderungen an Kreditinstitute	EUR
Bankhaus H.G. Preußler	180.000,00
Spreebank AG	340.000,00
Verbindlichkeiten gegenüber Kreditinstituten	EUR
Industriebank AG	690.000,00
Bankhaus Oppel & Preiss	50.000,00

Geschäftsfälle:

1. Die Creditbank AG nimmt bei der Spreebank AG Tagesgeld auf. Die Bereitstellung erfolgt auf dem BBK-Konto der Creditbank AG.   200.000,00 EUR

2. Die Creditbank AG führt Überweisungsaufträge ihrer Kunden über das Bankhaus Oppel & Preiss aus.   40.000,00 EUR

3. Die Creditbank AG zahlt Tagesgeld über BBK an die Industriebank zurück.   150.000,00 EUR

4. Das Bankhaus H. G. Preußler nimmt Tagesgeld auf bei der Creditbank AG. Die Bereitstellung erfolgt über BBK.   100.000,00 EUR

5. BBK-Überweisungseingänge bei der Creditbank AG zugunsten der Spreebank AG.   90.000,00 EUR

6. Verkauf von Wertpapieren an das Bankhaus Oppel & Preiss.   120.000,00 EUR

7. Auf dem Konto der Creditbank AG bei der Industriebank AG gehen zugunsten von Sparkunden der Creditbank AG ein   15.000,00 EUR

1.5 Kontokorrentkonten und Skontren des Personenbuches

⑤ Das Hauptbuchkonto Bankenkontokorrent der Volksbank Weser eG weist am 31.12. folgende Anfangsbestände und Umsätze aus:

Soll	**Bankenkontokorrent**		Haben
Anfangsbestand	830.000,00 EUR	Anfangsbestand	680.000,00 EUR
Umsätze	450.000,00 EUR	Umsätze	410.000,00 EUR

Die Inventur der Volksbank Weser eG ergab folgende täglich fällige Bestände:

	EUR
1. Guthaben beim Bankhaus Neuber	120.000,00
2. Kredit, aufgenommen bei der Investbank AG	240.000,00
3. Kredit, aufgenommen durch Bankhaus Carl Christoph Honicke	100.000,00
4. Guthaben des Bankhauses Laubner & Söhne	160.000,00
5. Forderungen an die Volksbank Lauenbach eG	180.000,00
6. Einlage beim Bankhaus Seumel & Böthig	290.000,00
7. Einlage der Sparkasse Neustadt	230.000,00
8. Verbindlichkeiten der Sparkasse Walshausen	130.000,00

Schließen Sie das Hauptbuchkonto Bankenkontokorrent ab.

⑥ Die Hauptbuchkonten Bankenkontokorrent und Kundenkontokorrent der Sparkasse Wildenstein weisen am 31.12. folgende Anfangsbestände und Umsätze aus:

	Soll	Haben
Anfangsbestände Bankenkontokorrent	810.000,00 EUR	730.000,00 EUR
Anfangsbestände Kundenkontokorrent	560.000,00 EUR	450.000,00 EUR
Umsätze Bankenkontokorrent	320.000,00 EUR	590.000,00 EUR
Umsätze Kundenkontokorrent	660.000,00 EUR	380.000,00 EUR

Die Inventur der Sparkasse Wildenstein ergab folgende täglich fällige Bestände:

	EUR
1. Guthaben beim Bankhaus Dressel & Wächter	140.000,00
2. Kredit, aufgenommen beim Bankhaus Gerstenberger	250.000,00
3. Kredit, aufgenommen durch die Saale-Bank AG	120.000,00
4. Forderungen an Kunden	510.000,00
5. Guthaben des Bankhauses Paul Becker	360.000,00
6. Forderungen an die Volksbank Albershausen eG	220.000,00
7. Verbindlichkeiten gegenüber Kunden	120.000,00
8. Einlage bei der Sparkasse Friedrichsberg	160.000,00
9. Einlage der Industriebank AG	270.000,00
10. Verbindlichkeiten der Sparkasse Wollenstein	50.000,00

Schließen Sie die Hauptbuchkonten Bankenkontokorrent und Kundenkontokorrent ab.

1.6 Erfassung erfolgsunwirksamer und erfolgswirksamer Geschäftsfälle

Bisher wurden die Geschäfte der Kreditinstitute in der Buchführung erfasst, bei denen sich erfolgs**un**wirksame Vermögens- bzw. Schuldenveränderungen gegenseitig ausglichen. Es handelte sich um zweiseitige **Bestandsveränderungen** ohne Erfolgswirkung.

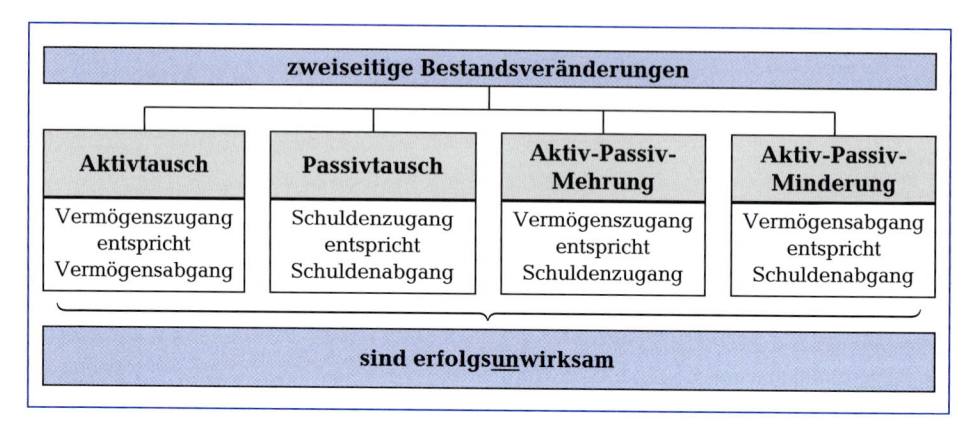

zweiseitige Bestandsveränderungen			
Aktivtausch	**Passivtausch**	**Aktiv-Passiv-Mehrung**	**Aktiv-Passiv-Minderung**
Vermögenszugang entspricht Vermögensabgang	Schuldenzugang entspricht Schuldenabgang	Vermögenszugang entspricht Schuldenzugang	Vermögensabgang entspricht Schuldenabgang
sind erfolgs**un**wirksam			

Beispiel 1

Die Stadtsparkasse Bielefeld gewährt den Kunden

1 Helmut Friedrichs einen Dispositionskredit in Höhe von 40.000,00 EUR, den der Kunde bar in Anspruch nimmt, und

2 Dörte Lenz ein Darlehen in Höhe von 50.000,00 EUR durch Gutschrift auf das bei der Stadtsparkasse geführte Girokonto von Frau Lenz.

Bilanzbuch

Aktiva	Eröffnungsbilanz		Passiva
Kassenbestand	120.000,00	Eigenkapital	420.000,00
BBK	300.000,00		
	420.000,00		420.000,00

Hauptbuch

S	Kasse	H	S	KKK	H
EBK	120.000,00	1. KKK 40.000,00	1. Ka	40.000,00	2. Da 50.000,00

S	BBK	H	S	Darlehen	H
EBK	300.000,00		2. KKK	50.000,00	

S	Eigenkapital	H
	EBK	420.000,00

Personenbuch (Kundenskontren)

S	Debitor Helmut Friedrichs	H	S	Kreditor Dörte Lenz	H
1. Ka	40.000,00				2. Da 50.000,00

1.6 Erfassung erfolgsunwirksamer und erfolgswirksamer Geschäftsfälle

Geschäftsfall 1:

Forderungsbestand an Kunden nimmt um 40.000,00 EUR zu, Kassenbestand nimmt um 40.000,00 EUR ab.

Vermögenszunahme entspricht Vermögensabnahme (Aktivtausch)

Geschäftsfall 2:

Forderungsbestand an Kunden nimmt um 50.000,00 EUR zu, Verbindlichkeiten gegenüber Kunden nehmen um 50.000,00 EUR zu.

Vermögenszunahme entspricht Schuldenzunahme (Aktiv-Passiv-Mehrung)

Beide Geschäftsfälle führen zu **Tauschvorgängen** ohne Erfolgswirkung.

Zweck des unternehmerischen Handelns ist jedoch die Gewinnerzielung. Werden durch Geschäftsfälle **Vermögenszunahmen oder Schuldenabnahmen** verursacht, denen keine unmittelbaren Vermögensabnahmen bzw. Schuldenzunahmen ausgleichend gegenüberstehen, hat das KI einen Überschuss (= Wertzuwachs) erzielt. Dieser **Wertzuwachs** heißt im Rechnungswesen **ERTRAG**. *Ertrag*

Der Wertzuwachs wird im obigen Beispiel (Kreditgewährungen) durch die Zinszahlung des Kreditnehmers verursacht.

Beispiel 2

Die Stadtsparkasse Bielefeld berechnet den Kunden

3 Helmut Friedrichs Zinsen in Höhe von 4.500,00 EUR, die der Kunde bar einzahlt, und

4 Dörte Lenz Zinsen in Höhe von 3.000,00 EUR, die sie dem kreditorisch geführtem Konto von Frau Lenz belastet.

Hauptbuch

S	Kasse		H	S	KKK		H
EBK	120.000,00	1. KKK	40.000,00	1. Ka	40.000,00	2. Da	50.000,00
3.	4.500,00			4.	3.000,00		

S	BBK	H	S	Darlehen	H
EBK	300.000,00		2. KKK	50.000,00	

Personenbuch (Kundenskontren)

S	Debitor Helmut Friedrichs	H	S	Kreditor Dörte Lenz		H
1. Ka	40.000,00		4.	3.000,00	2. Da	50.000,00

Geschäftsfall 3:

Der Kassenbestand nimmt um 4.500,00 EUR zu (einseitige Bestandszunahme).

Vermögenszunahme, keine Vermögensabnahme, keine Schuldenzunahme *Ertrag*
➡ **ERTRAG**

Geschäftsfall 4:

Die Verbindlichkeiten gegenüber Kunden nehmen um 3.000,00 EUR ab (einseitige Bestandsabnahme).

Ertrag
> **Schuldenabnahme, keine Schuldenzunahme, keine Vermögensabnahme → ERTRAG**

Beide Geschäftsfälle haben das Vermögen erhöht oder die Schulden verringert. Es ist ein **ERTRAG** und damit eine Erfolgswirkung entstanden.

Die Kreditgewährung verlangt andererseits, dass Kreditinstitute sich Einlagen von Kunden beschaffen, die sie verzinsen müssen.

So muss zur Ertragserzielung auch eine **Vermögensabnahme oder eine Schuldenzunahme** in Kauf genommen werden, die einen **Wertverzehr** bedeutet, der im Rech-
Aufwand nungswesen **AUFWAND** heißt.

Beispiel 3

Die Stadtsparkasse Bielefeld nimmt für die Kunden

[5] Meinhard Berg ein Festgeld in Höhe von 100.000,00 EUR für 1 Jahr durch Bareinzahlung und

[6] Dörte Lenz ein Festgeld in Höhe von 30.000,00 EUR für 6 Monate zu Lasten Girokonto an.

Hauptbuch

S	Kasse		H	S	KKK		H
EBK	120.000,00	1. KKK	40.000,00	1. Ka	40.000,00	2. Da	50.000,00
3.	4.500,00			4.	3.000,00		
5. Fest	100.000,00			6. Fest	30.000,00		

S	BBK		H	S	Darlehen		H
EBK	300.000,00			2. KKK	50.000,00		

S	Festgeld (Verb. geg. Kunden)		H
		5. Ka	100.000,00
		6. KKK	30.000,00

Personenbuch (Kundenkontren)

S	Debitor Helmut Friedrichs		H	S	Kreditor Dörte Lenz		H
1. Ka	40.000,00			4.	3.000,00	2. Da	50.000,00
				6. Fest	30.000,00		

Geschäftsfall 5:

Kassenbestand nimmt um 100.000,00 EUR zu, Verbindlichkeiten gegenüber Kunden (Festgeld) nehmen um 100.000,00 EUR zu.

Vermögenszunahme entspricht Schuldenzunahme (Aktiv-Passiv-Mehrung)

Geschäftsfall 6:

Verbindlichkeiten gegenüber Kreditoren nehmen um 30.000,00 EUR ab, Verbindlichkeiten gegenüber Kunden (Festgeld) nehmen um 30.000,00 EUR zu.

Schuldenabnahme entspricht Schuldenzunahme (Passivtausch)

Beide Geschäftsfälle führen zu Tauschvorgängen innerhalb der Vermögens- und Schuldkonten. Sie haben keine Erfolgswirkung.

Beispiel 4

Die Stadtsparkasse Bielefeld berechnet nach Prolongation der Festgelder die Zinsgutschriften für die Kunden

[7] Meinhard Berg in Höhe von 3.000,00 EUR, die dem Kunden über BBK auf ein anderes Bankkonto überwiesen werden, und

[8] Dörte Lenz in Höhe von 1.250,00 EUR, die ihrem Girokonto gutgeschrieben werden.

Hauptbuch

S	Kasse		H
EBK	120.000,00	1. KKK	40.000,00
3.	4.500,00		
5. Festgeld	100.000,00		

S	KKK		H
1. Ka	40.000,00	2. Da	50.000,00
4.	3.000,00	8.	1.250,00
6. Festgeld	30.000,00		

S	BBK		H
EBK	300.000,00	7.	3.000,00

S	Darlehen		H
2. KKK	50.000,00		

S	Festgeld (Verb. geg. Kunden)		H
		5. Ka	100.000,00
		6. KKK	60.000,00

Personenbuch (Kundenskontren)

S	Kreditor Dörte Lenz		H
4.	3.000,00	2. Da	50.000,00
6. Fest	30.000,00	8.	1.250,00

Geschäftsfall 7:

Forderungen an BBK nehmen um 3.000,00 EUR ab. Eine Buchung ist wegen der einseitigen Bestandsabnahme auf einem zweiten Bestandskonto nicht erforderlich.

Vermögensabnahme, keine Vermögenszunahme, keine Schuldenabnahme
➠ **AUFWAND**   *Aufwand*

Geschäftsfall 8:

Verbindlichkeiten gegenüber Kunden nehmen um 1.250,00 EUR zu, eine Buchung ist wegen der einseitigen Bestandsveränderung auf einem zweiten Bestandskonto nicht erforderlich.

Schuldenzunahme, keine Schuldenabnahme, keine Vermögenszunahme
➠ **AUFWAND**   *Aufwand*

Beide Geschäftsfälle haben das Vermögen verringert oder die Schulden erhöht. Es ist ein **AUFWAND** und damit ein Erfolg entstanden.

Erfolg, Gewinn, Verlust Die Differenz zwischen Ertrag und Aufwand kann **Gewinn** (positiver Erfolg) oder **Verlust** (negativer Erfolg) sein.

Geschäftsfälle verursachen bei reinen Tauschvorgängen zwischen den Vermögens- bzw. Schuldwerten Buchungen auf mindestens zwei Bestandskonten. Geschäftsfälle mit einseitigen Vermögens- bzw. Schuldveränderungen verursachen **grundsätzlich keine Buchung auf einem zweiten Konto**. Am Jahresende kann der Unternehmer durch Inventur und Bewertung seiner Vermögens- und Kapitalbestände die Veränderung seines Reinvermögens (Eigenkapital) durch Vergleich mit dem Reinvermögen zu Beginn der Geschäftsperiode feststellen.

Inventur Unter der Voraussetzung, dass die Inventurbestände mit den durch Saldierung ermittelten Buchbeständen der Vermögens- und Schuldkonten übereinstimmen, ergibt sich folgendes Ergebnis:

Personenbuch (Kundenskontren)

S	Debitor Helmut Friedrichs		H	S	Kreditor Dörte Lenz		H
1. Ka	40.000,00	Schlussbestand	40.000,00	4.	3.000,00	2. Da	50.000,00
				6. Fest	30.000,00	8.	1.250,00
				Schlussbestand	18.250,00		

Hauptbuch

S	Kasse		H	S	KKK		H
EBK	120.000,00	1. KKK	40.000,00	1. Ka	40.000,00	2. Da	50.000,00
3.	4.500,00			4.	3.000,00	8.	1.250,00
5. Festgeld	100.000,00	SBK	184.500,00	6. Festgeld	30.000,00		
				SBK (Kreditoren)	18.250,00	SBK (Debitoren)	40.000,00
	224.500,00		224.500,00		91.250,00		91.250,00

S	BBK		H	S	Darlehen		H
EBK	300.000,00	7.	3.000,00	2. KKK	50.000,00	SBK	50.000,00
		SBK	297.000,00				

S	Festgeld (Verb. geg. Kunden)		H
		5. Ka	100.000,00
SBK	130.000,00	6. KKK	30.000,00
	130.000,00		130.000,00

Reinvermögensvergleich

Erfolgsermittlung durch Reinvermögensvergleich (Eigenkapitalvergleich)

Vermögenskonten (Aktivkonten)		Schuldkonten (Passivkonten)	
Schlussbestände	EUR	Schlussbestände	EUR
Kasse	184.500,00	KKK (Kreditoren)	18.250,00
BBK	297.000,00	Festgeld	130.000,00
KKK (Debitoren)	40.000,00		
Darlehen	50.000,00		
Summe Schlussbestände	571.500,00	Summe Schlussbestände	148.250,00
Reinvermögen (Eigenkapital) am Ende der Geschäftsperiode (vgl. S. 57)			**423.250,00**
– Reinvermögen (Eigenkapital) am Anfang der Geschäftsperiode (vgl. S. 52)			**420.000,00**
= Erfolg (= Gewinn) der Geschäftsperiode			**3.250,00**

1.6 Erfassung erfolgsunwirksamer und erfolgswirksamer Geschäftsfälle

Der Grundsatz der doppelten Buchführung, dass jeder Geschäftsfall mindestens auf zwei Konten zu buchen ist, wurde bis hier nicht beachtet.

Die Gegenbuchungen zu erfolgswirksamen Bestandsveränderungen wurden bisher noch nicht durchgeführt. Sie werden jetzt in einem **zweiten Kontenkreis** »**Erfolgskonten**« gebucht. Durch die Erfassung auf **gesonderten Aufwands- und Ertragskonten** werden dem Unternehmer (Kreditinstitut) durch entsprechende Wahl der Kontobezeichnungen zugleich die **Quellen des Erfolges** angezeigt. *Erfolgskonten / Quellen des Erfolges*

Dieser zweite Kontenkreis wird über ein eigenes Abschlusskonto, das **Gewinn - und Verlustkonto (GuV-Konto)**, abgeschlossen. Die Salden der Aufwands- und Ertragskonten werden in diesem Sammelkonto übersichtlich gegenübergestellt. Die Saldierung des GuV-Konto ergibt den **Periodenerfolg**. Abhängig von der Rechtsform der Unternehmung und der beschlossenen Verwendung erhält er seine Gegenbuchungen in den **Eigenkapitalpositionen** des Unternehmens. *GuV-Konto / Periodenerfolg*

In jedem Fall muss der im GuV-Konto ermittelte Erfolg mit dem Ergebnis übereinstimmen, das durch Reinvermögensvergleich bereits ermittelt wurde. Die Zusammenführung des Bestandskontenkreises mit dem Erfolgskontenkreis durch den GuV-Saldo im Eigenkapital bringt die aus den Schlussbeständen entwickelte Bilanz wieder ins Gleichgewicht.

Die erfolgswirksamen (einseitigen) Bestandsveränderungen aus den Geschäftsfällen 3, 4, 7 und 8 der Stadtsparkasse Bielefeld werden im Hauptbuch auf Erfolgskonten erfasst.

Hauptbuch

S	Zinsaufwendungen		H	S	Zinserträge		H
7. BBK	3.000,00	9. GuV	4.250,00	10. GuV	7.500,00	3. Ka	4.500,00
8. KKK	1.250,00					4. KKK	3.000,00
	4.250,00		4.250,00		7.500,00		7.500,00

S	GuV-Konto		H
9. Zinsaufwendungen	4.250,00	10. Zinserträge	7.500,00
11. Eigenkapital (Gewinn)	3.250,00		
	7.500,00		7.500,00

S	Eigenkapital		H
SBK	423.250,00	EBK	420.000,00
		11. GuV (Gewinn)	3.250,00
	423.250,00		423.250,00

Bilanzbuch

Aktiva	Schlussbilanz		Passiva
Kassenbestand	184.500,00	Verbindl. geg. Kunden	
BBK	297.000,00	a) tägl. fällig	18.250,00
Forderungen an Kunden		b) vereinb. Laufzeit	130.000,00
a) tägl. fällig	40.000,00	Eigenkapital	423.250,00
b) Darlehen	50.000,00		
	571.500,00		571.500,00

Die **Erfolgskonten** sind Hauptbuchkonten. Bei Kreditinstituten werden nach bestimmten Gesichtspunkten Aufwands- und Ertragskonten geführt. Solche Gesichtspunkte können der Ausweis nach RechKredV in der Gewinn- und Verlustrechnung sein oder die angestrebte Analyse der Kosten und Erlöse in der Betriebsbuchführung. Wie weit das jeweilige Kreditinstitut die Erfolgskonten aufgliedert, liegt in seinem Ermessen. In der Praxis werden für viele Konten wiederum zahlreiche Unterkonten eingerichtet. Zur Vereinfachung sollen vorerst die folgenden Konten beispielhaft genannt werden. Weitere Erfolgskonten werden in den entsprechenden Abschnitten dieses Buches behandelt.

ERFOLGSKONTEN

Aufwandskonten

- **Zinsaufwendungen**
  (Zinsen für Spar-, Sicht- und befristete Einlagen)
- **Provisionsaufwendungen**
  (Provisionen, die das Kreditinstitut für Dienstleistungen bezahlen muss)
- **Kursverluste aus Wertpapier- und Devisengeschäften**
  (Verkaufsverluste aus Handelsgeschäften mit Wertpapieren und Devisen)
- **Abschreibungen**
  (Aufwendungen für Wertminderungen des Vermögens)
- **Aufwendungen für Sachanlagen**
  (Aufwendungen für Grundstücke, Geschäftsräume, Betriebs- und Geschäftsausstattung, Fuhrpark)
- **Allgemeine Verwaltungskosten**
  (Aufwendungen für Vordrucke, Telefongebühren, Büromaterial)

Ertragskonten

- **Zinserträge aus Kreditgeschäften**
  (Zinsen für Darlehen, Kontokorrent- und Ratenkredite)
- **Zinserträge aus Wertpapieren**
  (Zinsen festverzinslicher Wertpapiere im Eigentum der Bank)
- **Kursgewinne aus Wertpapier- und Devisengeschäften**
  (Verkaufsgewinne aus Handelsgeschäften mit Wertpapieren und Devisen)
- **Dividendenerträge**
  (Dividenden für Aktien im Eigentum der Bank)
- **Provisionserträge**
  (Provisionen, die das Kreditinstitut für Dienstleistungen, z.B. Kontoführung, erhält)
- **sonstige betriebliche Erträge**
  (Erträge aus Verkäufen von AV, Erträge aus Kassendifferenzen)

Zusammenfassung

- **Erfolgswirksame Geschäftsfälle** werden mindestens auf einem Vermögens- oder Schuldenkonto **und** mindestens auf einem Erfolgskonto gebucht.
- Einseitige Vermögenszunahmen oder einseitige Schuldenabnahmen stellen einen **Wertzuwachs** dar, es sind **Erträge**.
- Erträge führen indirekt zu **Eigenkapitalmehrungen** und werden deshalb auf Ertragskonten im Haben gebucht.
- Einseitige Vermögensabnahmen oder einseitige Schuldenzunahmen stellen einen **Wertverzehr** dar, es sind **Aufwendungen**.
- Aufwendungen führen indirekt zu **Eigenkapitalminderungen** und werden deshalb auf Aufwandskonten im Soll gebucht.

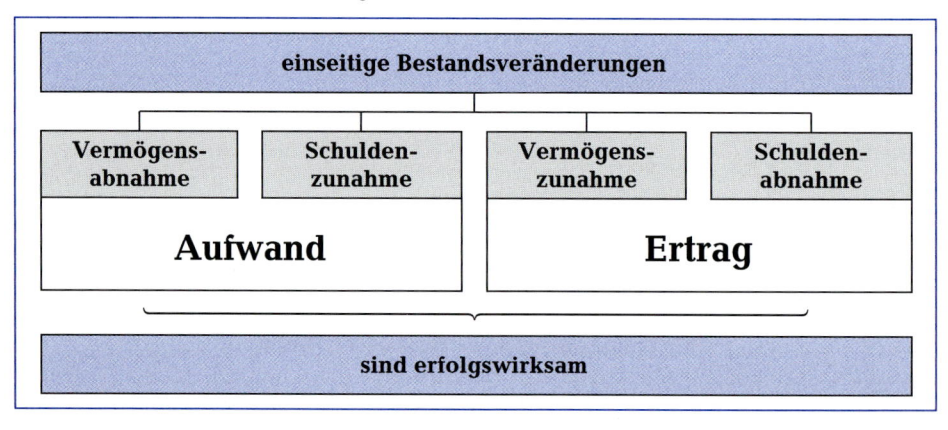

```
                einseitige Bestandsveränderungen
        ┌───────────────┬───────────────┬───────────────┐
   Vermögens-      Schulden-       Vermögens-      Schulden-
   abnahme         zunahme         zunahme         abnahme

        Aufwand                         Ertrag

                    sind erfolgswirksam
```

ERFOLGSKONTEN

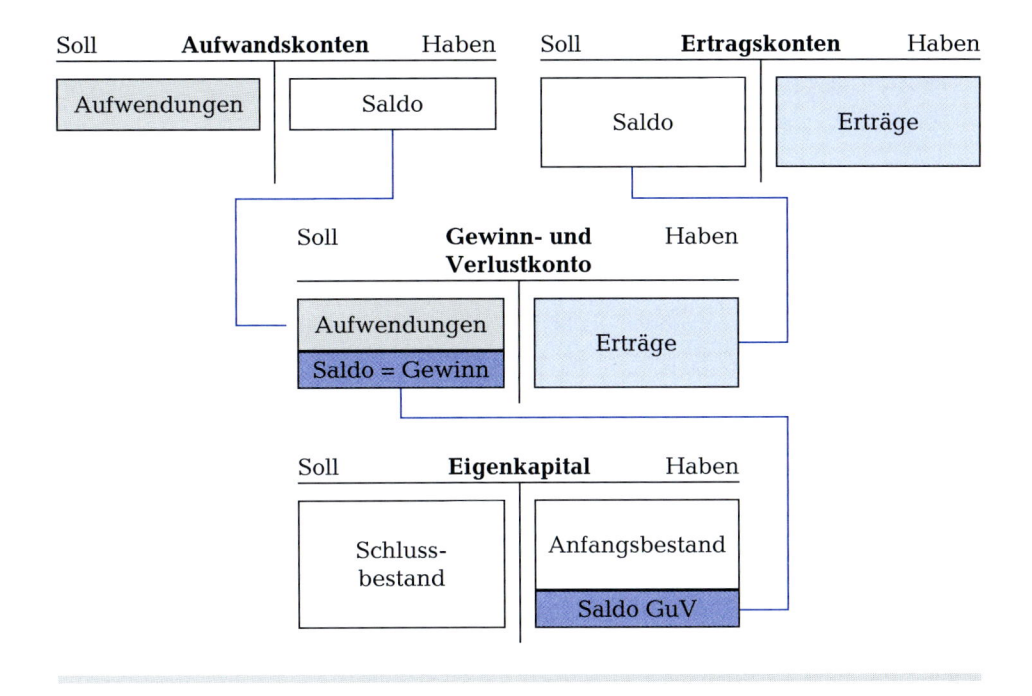

Soll	**Aufwandskonten**	Haben		Soll	**Ertragskonten**	Haben
Aufwendungen		Saldo		Saldo		Erträge

Soll	**Gewinn- und Verlustkonto**	Haben
Aufwendungen		Erträge
Saldo = Gewinn		

Soll	**Eigenkapital**	Haben
Schlussbestand		Anfangsbestand
		Saldo GuV

Aufgaben zu Kapitel 1.6

Wenn nichts anderes angegeben ist, werden alle Überweisungen über BBK ausgeführt.

① a) Warum sind Aufwendungen im Soll und Erträge im Haben zu buchen?

  b) Wie unterscheiden sich Erfolgs- von Bestandskonten?

  c) Wozu wird beim Abschluss der Aufwands- und Ertragskonten ein Gewinn- und Verlustkonto eingeschaltet?

  d) Was bedeutet ein Sollsaldo auf dem Gewinn- und Verlustkonto?

② Buchen Sie folgende Geschäftsfälle im Grundbuch.

	EUR
1. Lastschrift der Telefongesellschaft für Telefongebühren	840,00
2. Belastung von Kontokorrentkunden mit Kreditzinsen	12.140,00
3. Das Kreditinstitut schreibt Sparern Zinsen gut	4.800,00
4. Das KI überweist Miete für angemietete Geschäftsräume	2.350,00
5. Überweisungseingang der Zinsen für eigene Wertpapiere der Bank	3.600,00
6. Kundenbelastung wegen Kontoführungsgebühren	370,00
7. Überweisungseingang der Miete für vermietete Büroräume	1.740,00
8. Kauf von Büromaterial gegen Barzahlung	340,00
9. Einem KK-Kunden werden die Zinsen für seinen Ratenkredit belastet	230,00

③ Buchen Sie im Grundbuch und im Hauptbuch auf Erfolgskonten sowie dem Konto Eigenkapital. Schließen Sie alle Konten ab. Der Anfangsbestand des Kontos Eigenkapital beträgt 130.000,00 EUR.

	EUR
1. Überweisung des Rechnungsbetrages für Fensterreinigung des Bankgebäudes	1.950,00
2. Kontokorrentkunden werden mit Kreditzinsen belastet	4.830,00
3. Gutschrift für einen Kontokorrentkunden für die Lieferung von Büromaterial	680,00
4. Belastung von Kontokorrentkunden wegen Kontoführungsgebühren	460,00
5. Belastung von Sparkunden wegen Gebühren	420,00
6. Mieter (Kontokorrentkunden der Bank) werden wegen fälliger Büromiete belastet	2.450,00
7. Eingang einer Zinsgutschrift für Tagesgeld der Bank auf dem BBK-Konto	5.800,00
8. Überweisung der Miete für eine Filiale	12.310,00
9. Barzahlung der Tankstellenrechnung für Dienstfahrzeug der Bank	90,00

④ Buchen Sie folgende Geschäftsfälle im Grundbuch.

	EUR
1. Kauf von Geschäftsausstattung gegen Überweisung	5.600,00
2. Zinsabrechnung für Kontokorrentkunden	
a) Belastungen	12.870,00
b) Gutschriften	1.540,00
3. Kauf von Vordrucken gegen Barzahlung	460,00
4. Belastung von Kontokorrentkunden wegen Kontoführungsgebühren	620,00
5. Verkauf gebrauchter Geschäftsausstattung an einen Kunden	3.420,00
6. Reparaturrechnung für Geschäftswagen. Überweisung	1.340,00
7. Kauf von Wertpapieren für den eigenen Bestand über die Börse	7.930,00
8. Zinszahlung an Korrespondenzbank über BBK	3.400,00
9. Bezahlung der Telefonrechnung durch Überweisung	950,00

⑤ Erstellen Sie aus den Anfangsbeständen die Eröffnungsbilanz und richten Sie die Konten ein. Buchen Sie die Geschäftsfälle in Grundbuch und Hauptbuch. Schließen Sie die Erfolgskonten in Grund- und Hauptbuch ab. Schließen Sie die Bestandskonten ab und stellen Sie die Schlussbilanz auf.

Anfangsbestände:

	EUR
Wertpapiere	28.000,00
Betriebs- und Geschäftsausstattung	19.000,00
Sichteinlagen	90.000,00
Spareinlagen	72.000,00
Forderungen an Kunden	89.000,00
BBK-Guthaben	50.000,00
Kassenbestand	29.000,00

Geschäftsfälle: EUR

1. Überweisung von Nachrichtenübermittlungsgebühren
   an die Telefongesellschaft 760,00
2. Rechnung der Reinigungsfirma, Barzahlung 490,00
3. Bareinzahlung bei der BBK 10.000,00
4. Kauf neuer Büromöbel, BBK-Überweisung 3.600,00
5. Berechnung von Zinsen für Kontokorrentkunden
   a) Belastungen 24.200,00
   b) Gutschriften 1.700,00
6. Überweisung der Garagenmiete für Geschäftsfahrzeug 150,00
7. Überweisungseingang der Zinserträge für Geldanlage 4.000,00
8. Belastung von Kontokorrentkunden mit Gebühren
   für Daueraufträge 600,00
9. Kauf von Wertpapieren von einem Kontokorrentkunden 6.000,00
10. Überweisung der Miete für die Filiale an einen
    Kontokorrentkunden 29.200,00

Schlussbestand: Verbindlichkeiten gegenüber Kunden 126.900,00

Programmierte Aufgaben

⑥ Ermitteln Sie den Schlussbestand des Kontos Eigenkapital unter folgenden Voraussetzungen:

Anfangsbestand Eigenkapital: 150.000,00 EUR

Summen auf dem GuV-Konto nach Abschluss aller Erfolgskonten:

    Sollseite 157.820,00 EUR

    Habenseite 175.280,00 EUR

Der Schlussbestand des Eigenkapitalkontos beträgt:

Ⓐ 131.460,00 EUR

Ⓑ 132.540,00 EUR

Ⓒ 167.460,00 EUR

Ⓓ 168.540,00 EUR

⑦ Ermitteln Sie die Gesamtsumme der Erträge des Geschäftsjahres unter folgenden Voraussetzungen:

Anfangsbestand Eigenkapital: 174.500,00 EUR

Schlussbestand Eigenkapital: 167.800,00 EUR

Summe auf der Sollseite des GuV-Kontos nach Abschluss
aller Erfolgskonten: 153.600,00 EUR

Im betreffenden Geschäftsjahr wurden Erträge erzielt in Höhe von:

Ⓐ 132.700,00 EUR

Ⓑ 146.900,00 EUR

Ⓒ 160.300,00 EUR

Ⓓ 188.700,00 EUR

⑧ Ordnen Sie die aufgeführten Buchungssätze den folgenden Geschäftsfällen richtig zu.

Geschäftsfälle:

① Miete für unsere Geschäftsräume wird dem Vermieter, einem Kontokorrentkunden, gutgeschrieben
② Zinsgutschrift für Sparkunden
③ Bezahlung einer Rechnung für Fachliteratur in bar
④ Überweisungseingang einer Vermittlungsprovision
⑤ Kontenüberträge von Kontokorrentkunden zugunsten Kontokorrentkunden
⑥ Kauf von Vordrucken und Überweisung des Gegenwertes
⑦ Zinsbelastung für Kontokorrentkunden
⑧ Berechnung von Kontoführungsgebühren für Kontokorrentkunden

Buchungssätze:

Ⓐ Aufwendungen für Sachanlagen an Kasse
Ⓑ KKK an KKK
Ⓒ KKK an Zinserträge
Ⓓ BBK an Provisionserträge
Ⓔ Provisionsaufwand an KKK
Ⓕ Mietaufwand an KKK
Ⓖ Zinsaufwand an Spareinlagen
Ⓗ Allgemeine Verwaltungskosten an BBK
Ⓘ KKK an Provisionserträge
Ⓙ Zinserträge an KKK

⑨ Das Hauptbuchkonto KKK der Commerzbank AG Dortmund weist folgende Zahlen auf:

Eröffnungsbestand Debitoren	12.040.000,00 EUR
Eröffnungsbestand Kreditoren	9.800.000,00 EUR
Überweisungsausgänge im Kundenauftrag	30.400.000,00 EUR
Überweisungseingänge für Kunden	32.000.000,00 EUR
Barabhebungen durch Kunden	2.600.000,00 EUR
Abschlussposten	
Habenzinsen	60.000,00 EUR
Sollzinsen	1.220.000,00 EUR
Kontoführungsgebühren	440.000,00 EUR
Schlussbestand Kreditoren	11.600.000,00 EUR

Welcher Debitoren-Schlussbestand ergibt sich?

Ⓐ 11.960.000,00 EUR
Ⓑ 16.440.000,00 EUR
Ⓒ 11.240.000,00 EUR
Ⓓ 6.760.000,00 EUR
Ⓔ 14.120.000,00 EUR

1.7 Gemischte Konten

Handelt ein Kreditinstitut mit bestimmten Arten von Beständen – **Wertpapieren, Sorten, Devisen und Edelmetallen** – verursacht dies nicht nur **Bestandsveränderungen**, sondern **gleichzeitig** auch **Erfolge**.

Die Erfolge entstehen durch

- unterschiedliche An- und Verkaufskurse, aber auch durch die
- Bewertung der Bestände am Bilanzstichtag, da die Kurse am 31. Dezember meist von den Ankaufskursen abweichen.

Die Hauptbuchkonten »Eigene Wertpapiere«, »Sorten«, »Devisen« und »Edelmetalle« sind deshalb zugleich Bestands- und Erfolgskonten. Sie weisen

- Bestände und Bestandsveränderungen sowie
- Erfolge

aus und werden aus diesem Grund als **gemischte Bestands-Erfolgs-Konten** bezeichnet. Beim Abschluss gemischter Konten müssen Bestände und Erfolge getrennt ausgewiesen werden.

Beispiel 1

Kursgewinne

Geschäftsfälle

1. Kauf von 200 Stück ABC-Aktien zu 180,00 EUR je Stück von einem anderen Kreditinstitut für den eigenen Bestand.
2. Verkauf von 50 Stück ABC-Aktien zu 210,00 EUR je Stück an ein anderes Kreditinstitut.

Die Verrechnung erfolgt jeweils über die BBK.

Grundbuch				
Nr.	Konten		EUR-Beträge	
	Soll	Haben	Soll	Haben
1	Eigene Wertpapiere		36.000,00	
		BBK		36.000,00
2	BBK		10.500,00	
		Eigene Wertpapiere		10.500,00

Hauptbuch			
Soll	Eigene Wertpapiere		Haben
1. BBK	36.000,00	2. BBK	10.500,00

Die Differenz zwischen Soll- und Habenseite des Kontos resultiert gleichzeitig aus Bestandsveränderungen und Erfolgen, ohne dass der jeweilige Umfang der einzelnen Einflussgröße aus dem Saldo hervorgeht.

Um innerhalb des Saldos zwischen Bestandsveränderung und Erfolg zu differenzieren, wird zuerst eine der beiden Größen ermittelt: der neue Bestand am Jahresende. Dies erfolgt durch eine Inventur.

Beispiel 1   Fortsetzung

(Rechnerische) Bestandsaufnahme

Käufe	200 Stück ABC-Aktien
Verkäufe	− 50 Stück ABC-Aktien
Endbestand am 31.12.	150 Stück ABC-Aktien

Die *Bewertung des Endbestandes* in Stück muss aus Gründen der Vorsicht nach dem **Niederstwertprinzip** erfolgen. Dazu wird der **Ankaufskurs am Kauftag** dem **Börsenkurs am Bilanzstichtag** gegenübergestellt. Mit dem niedrigeren der beiden Kurse ist der Endbestand zu bewerten.

Beispiel 1   Fortsetzung

Bewertung nach dem Niederstwertprinzip

Ankaufskurs	180,00 EUR je Stück
Kurs am 31.12.	210,00 EUR je Stück
Wertansatz	180,00 EUR je Stück

Endbestand lt. Inventur 150 Stück ABC-Aktien
bewertet zu 180,00 EUR je Stück
= **Bilanzwert/Schlussbestand Konto Eigene Wertpapiere**   **27.000,00 EUR**

Der nach dem Niederstwertprinzip ermittelte Bilanzwert ist der auf Bestandsveränderungen zurückzuführende Teil des Saldos auf dem Wertpapierkonto. Der andere Teil der Differenz zwischen Soll und Haben ist demnach durch Erfolge verursacht.

Der Bilanzwert wird als Schlussbestand auf das Konto Eigene Wertpapiere gebucht. Anschließend wird das Konto saldiert und damit der Erfolg festgestellt. Der Saldo zeigt den erwirtschafteten Kursgewinn oder Kursverlust und wird deshalb auf das entsprechende Erfolgskonto »Kursgewinne aus Wertpapieren« bzw. »Kursverluste aus Wertpapieren« gebucht. Gleichzeitig erfolgen mit dieser Buchung der Ausgleich und der Abschluss des Kontos Eigene Wertpapiere.

Beispiel 1   Fortsetzung

Abschluss des Kontos Eigene Wertpapiere

Soll	Eigene Wertpapiere		Haben
1. BBK	36.000,00	2. BBK	10.500,00
4. Kursgewinne aus Wertpapieren	1.500,00	3. SBK	27.000,00
	37.500,00		37.500,00

Soll	Kursgewinne aus Wertpapieren	Haben
	4. Eigene Wertpapiere	1.500,00

Grundbuch				
Nr.	Konten		EUR-Beträge	
	Soll	Haben	Soll	Haben
3	SBK	Eigene Wertpapiere	27.000,00	27.000,00
4	Eigene Wertpapiere	Kursgewinne aus Wertpapieren	1.500,00	1.500,00

Beispiel 2

Kursverluste

Geschäftsfälle
1. Kauf von 200 ABC-Aktien zu 180,00 EUR je Stück von einem anderen Kreditinstitut für den eigenen Bestand.
2. Verkauf von 50 ABC-Aktien zu 160,00 EUR je Stück an ein anderes Kreditinstitut.

Die Verrechnung erfolgt jeweils über BBK.

Grundbuch				
Nr.	Konten		EUR-Beträge	
	Soll	Haben	Soll	Haben
1	Eigene Wertpapiere	BBK	36.000,00	36.000,00
2	BBK	Eigene Wertpapiere	8.000,00	8.000,00

Hauptbuch

Soll	Eigene Wertpapiere		Haben
1. BBK	36.000,00	2. BBK	8.000,00

(Rechnerische) Bestandsaufnahme

Käufe	200 Stück ABC-Aktien
Verkäufe	− 50 Stück ABC-Aktien
Endbestand am 31.12.	150 Stück ABC-Aktien

Bewertung nach dem Niederstwertprinzip

Ankaufskurs	180,00 EUR je Stück
Kurs am 31.12.	210,00 EUR je Stück
Wertansatz	180,00 EUR je Stück

Endbestand lt. Inventur 150 Stück ABC-Aktien
bewertet zu 180,00 EUR je Stück
= **Bilanzwert/Schlussbestand Konto Eigene Wertpapiere**   **27.000,00 EUR**

Abschluss des Kontos Eigene Wertpapiere

Soll	Eigene Wertpapiere		Haben
1. BBK	36.000,00	2. BBK	8.000,00
		3. SBK	27.000,00
		4. Kursverl. aus Wertpapieren	1.000,00
	36.000,00		36.000,00

Soll	Kursverluste aus Wertpapieren		Haben
4. Eigene Wertpapiere	1.000,00		

Grundbuch				
Nr.	Konten		EUR-Beträge	
	Soll	Haben	Soll	Haben
3.	SBK	Eigene Wertpapiere	27.000,00	27.000,00
4.	Kursverluste aus Wertpapieren	Eigene Wertpapiere	1.000,00	1.000,00

Zusammenfassung

Beim Handel mit Wertpapieren, Sorten, Devisen und Edelmetallen entstehen nicht nur Bestandsveränderungen, sondern gleichzeitig Erfolge.

Die entsprechenden Hauptbuchkonten enthalten deshalb gleichzeitig Bestände und Erfolge. Sie werden als **gemischte Bestands-Erfolgs-Konten** bezeichnet.

Beim Abschluss Gemischter Konten wird zuerst durch (rechnerische) Bestandsaufnahme der Endbestand zum Bilanzstichtag ermittelt.

Dieser Bestand wird nach dem Niederstwertprinzip bewertet und als Schlussbestand ausgewiesen.

Ein auf dem gemischten Bestands-Erfolgs-Konto entstehender Saldo zeigt nach Berücksichtigung von Bewertungsdifferenzen den erwirtschafteten Verkaufserfolg und wird über das entsprechende Erfolgskonto ausgeglichen.

Aufgaben zu Kapitel 1.7

Wenn nichts anderes angegeben ist, werden alle Überweisungen über BBK ausgeführt.

[1] Buchen Sie folgende Geschäftsfälle im Grundbuch und im Hauptbuch auf den Konten Eigene Wertpapiere und Kursgewinne bzw. -verluste Wertpapiere. Schließen Sie die genannten Konten in Grund- und Hauptbuch ab.

		EUR/Stück
1. Kauf von	1.800 Stück Automobil-Aktien zu	35,00
2. Verkauf von	600 Stück Automobil-Aktien zu	36,00
3. Verkauf von	400 Stück Automobil-Aktien zu	32,00
Kurs der Automobil-Aktien am 31.12.		36,00

[2] Buchen Sie folgende Geschäftsfälle im Grundbuch und im Hauptbuch auf den Konten Eigene Wertpapiere und Kursgewinne bzw. -verluste Wertpapiere. Schließen Sie die genannten Konten in Grund- und Hauptbuch ab.

		EUR/Stück
1. Kauf von	5.550 Stück Aktien der Bau AG zu	13,50
2. Verkauf von	1.110 Stück Aktien der Bau AG zu	13,20
3. Verkauf von	700 Stück Aktien der Bau AG zu	14,00
4. Verkauf von	400 Stück Aktien der Bau AG zu	14,20
Kurs der Bau AG-Aktien am 31.12.		13,70

[3] Schließen Sie das nachstehend geführte Konto in Grund- und Hauptbuch ab. Der Kurs der CDE-Aktien am Bilanzstichtag beträgt 37,50 EUR.

Soll		Eigene Wertpapiere		Haben
Kauf 4.600 CDE-Aktien	170.200,00	Verkauf 1.200 CDE-Aktien		45.360,00
		Verkauf 300 CDE-Aktien		10.950,00
		Verkauf 1.400 CDE-Aktien		52.080,00

1.7 Gemischte Konten

④ Erstellen Sie aus den Anfangsbeständen die Eröffnungsbilanz für das Bankhaus Martin Stephan, Dortmund. Richten Sie die Konten ein und übernehmen Sie die Anfangsbestände. Buchen Sie die Geschäftsfälle in Grund- und Hauptbuch. Schließen Sie alle Konten ab und stellen Sie aus den Schlussbeständen die Schlussbilanz auf.

Anfangsbestände:	EUR
BBK-Guthaben	50.000,00
Sichteinlagen (Kreditoren)	247.000,00
Kassenbestand	84.370,00
Forderungen an Kunden (Debitoren)	1.131.000,00
Spareinlagen	490.000,00
Betriebs- und Geschäftsausstattung	155.000,00

Geschäftsfälle:	EUR
1. Überweisungseingänge zugunsten von Kontokorrentkunden	43.370,00
zugunsten von Sparkunden	17.920,00
2. Kauf von 360 Stück Chemie-Aktien von Kontokorrentkunden zum Kurs von je	65,00
3. Überweisungseingang der Miete für vermietete Büroräume	3.600,00
4. Zinsgutschriften für Sparkunden	6.100,00
für Kontokorrentkunden	850,00
5. Verkauf von 120 Stück Chemie-Aktien an Kontokorrentkunden zum Kurs von je	70,00
6. Belastung von Kontokorrentkunden mit Bürgschaftsprovision	1.190,00
7. Kontoabrechnung für Kontokorrentkunden:	
Zinsbelastungen	24.860,00
Kontoführungsgebühren	1.830,00
8. Gehaltsgutschrift für Mitarbeiter	10.370,00
9. Dividendengutschrift für Chemie-Aktien in Höhe von je	1,20 EUR/St
10. Kauf eines PC gegen Gutschrift für einen Kontokorrentkunden	6.400,00
11. Verkauf von 50 Chemie-Aktien über die Börse zum Kurs von je	72,00
12. Überweisungsaufträge von Kontokorrentkunden	5.600,00
Kurs der Chemie-Aktien am Bilanzstichtag	72,00
Debitorenbestand am Bilanzstichtag	1.128.890,00

⑤ Schließen Sie das nachstehend geführte Konto in Grund- und Hauptbuch ab. Der Kurs der FGH-Aktien am Bilanzstichtag beträgt 48,50 EUR/Stück. Ermitteln Sie die Verkaufskurse der FGH-Aktien.

Soll		Eigene Wertpapiere	Haben
Kauf 7.250 FGH-Aktien	350.175,00	Verkauf 1.400 FGH-Aktien	68.320,00
		Verkauf 800 FGH-Aktien	39.200,00
		Verkauf 1.750 FGH-Aktien	86.625,00

1.8 Der Weg von Bilanz zu Bilanz

§ 252 HGB

Am Anfang des Geschäftsjahres sind die Vermögens- und Kapitalbestände in der Eröffnungsbilanz verzeichnet. Entsprechend § 252 HGB müssen die Wertansätze in der Eröffnungsbilanz des Geschäftsjahres mit denen der Schlussbilanz des vorhergehenden Geschäftsjahres übereinstimmen.

Grundsatz der Bilanzidentität

Dieses als »**Grundsatz der Bilanzidentität**« bezeichnete Prinzip führt in der Praxis dazu, dass in der Regel keine jährlichen Eröffnungsbilanzen erstellt werden, sondern die Schlussbilanz des vorhergehenden Geschäftsjahres gleichzeitig die Eröffnungsbilanz des folgenden Jahres ist.

Eröffnungsbilanzkonto (EBK)

Zu Beginn der neuen Abrechnungsperiode werden die Bestandskonten durch **Eröffnungsbuchungen** mit dem **Eröffnungsbilanzkonto (EBK)** als Gegenkonto eröffnet.

Sind alle Bestandskonten eröffnet, werden die Geschäftsfälle in Form von **Umsatzbuchungen** im Grund- und im Hauptbuch sowie im Personenbuch aufgezeichnet.

Am Ende der Abrechnungsperiode sind alle Konten abzuschließen.

Zuerst erfolgt der Abschluss der **Erfolgskonten** über das **Gewinn- und Verlustkonto**, danach werden die **Bestandskonten** abgeschlossen. Beides sind **Abschlussbuchungen.**

Den Regeln der doppelten Buchführung entsprechend, werden auch die Schlussbestände der Bestandskonten nicht nur in die Konten eingetragen, sondern in Grund- und in Hauptbuch mit einem vollständigen Buchungssatz gebucht.

Schlussbilanzkonto (SBK)

Beim Abschluss werden die Bestandskonten saldiert. Der Saldo wird auf das neu einzurichtende **Schlussbilanzkonto (SBK)** gebucht.

Die aus der Inventur stammenden Werte der Schlussbilanz (Istwerte) müssen mit den Buchwerten auf dem Schlussbilanzkonto (Sollwerte) übereinstimmen.

vorbereitende Abschlussbuchungen

Eventuelle Abweichungen zwischen Soll- und Istbeständen sind zu korrigieren, indem die Sollwerte der entsprechenden Konten mittels **vorbereitender Abschlussbuchungen** den tatsächlich im Unternehmen vorhandenen Beständen (Istwerten) angeglichen werden.

Konten:	Abschluss am Jahresende über:
Bestandskonten ➡	Schlussbilanzkonto
Erfolgskonten ➡	Gewinn- und Verlustkonto
Gemischte Konten ➡	Schlussbilanzkonto und Erfolgskonten
Gewinn- und Verlustkonto ➡	Eigenkapitalkonto

1.8 Der Weg von Bilanz zu Bilanz

Zusammenfassung

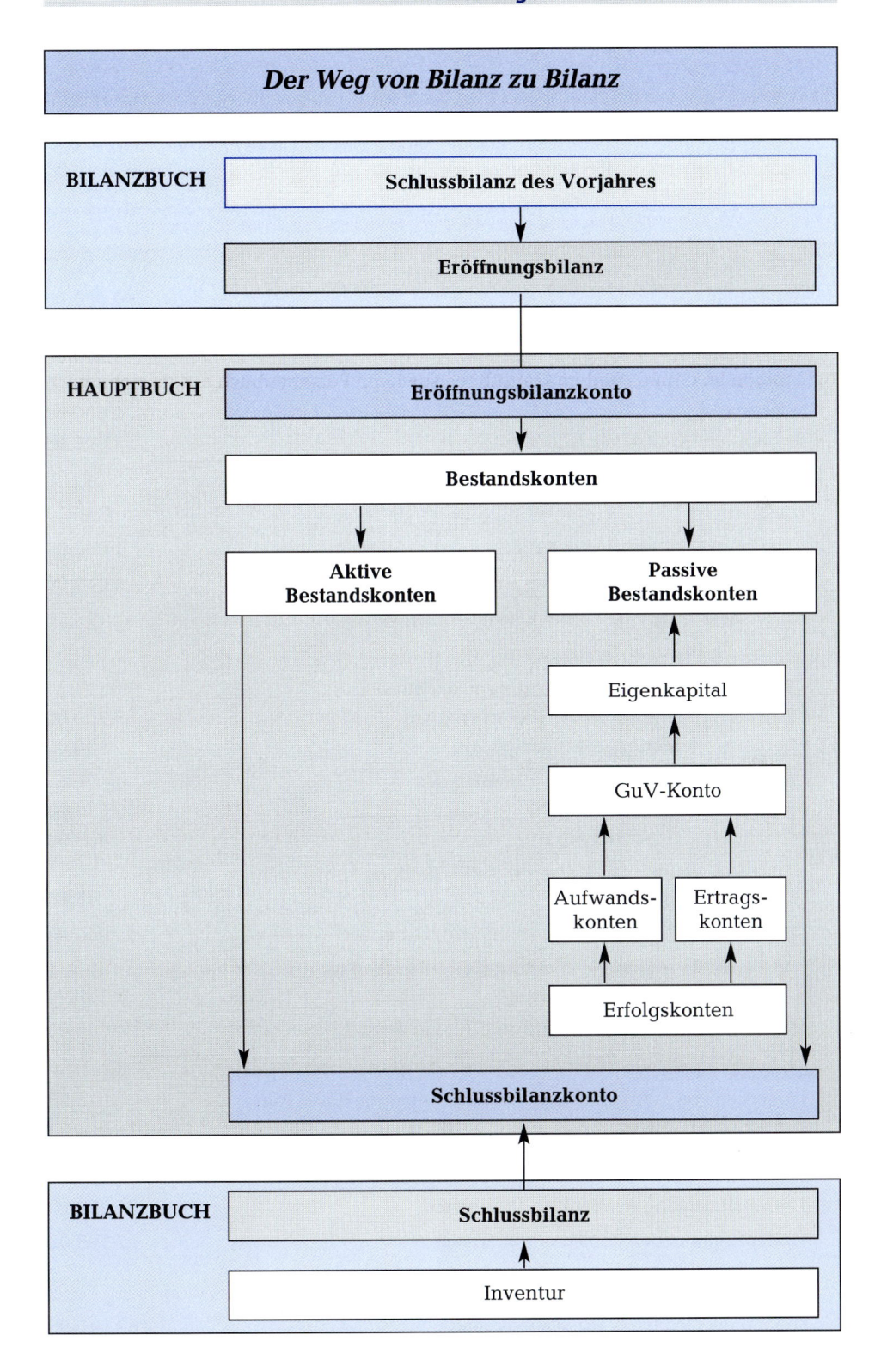

Der Weg von Bilanz zu Bilanz

BILANZBUCH
- Schlussbilanz des Vorjahres
  - ↓
- Eröffnungsbilanz

HAUPTBUCH
- Eröffnungsbilanzkonto
  - ↓
- Bestandskonten
  - ↓ ↓
- Aktive Bestandskonten | Passive Bestandskonten
- Eigenkapital ↑
- GuV-Konto ↑
- Aufwandskonten ↑ | Ertragskonten ↑
- Erfolgskonten
- Schlussbilanzkonto

BILANZBUCH
- Schlussbilanz
  - ↑
- Inventur

Aufgaben zu Kapitel 1.8

Alle Überweisungen werden über BBK ausgeführt.

(1) Erstellen Sie aus den Anfangsbeständen die Eröffnungsbilanz für das Bankhaus Helmut Schneider GmbH, Bielefeld. Richten Sie die Konten ein und buchen Sie die Anfangsbestände im Hauptbuch. Buchen Sie die Geschäftsfälle in Grund- und Hauptbuch. Schließen Sie alle Konten ab und stellen Sie aus den Schlussbeständen die Schlussbilanz auf.

Anfangsbestände:	EUR
BBK-Guthaben	70.000,00
Sichteinlagen (Kreditoren)	427.000,00
Kassenbestand	95.300,00
Forderungen an Kunden (Debitoren)	1.148.000,00
Spareinlagen	470.000,00
Betriebs- und Geschäftsausstattung	255.000,00

Geschäftsfälle:	EUR
1. Büromaterial wird bar bezahlt	1.000,00
2. Überweisungseingänge über BBK für Kontokorrentkunden	6.040,00
3. Die Bank kauft 2 600 Stück Chemie-Aktien von Sparern zum Kurs von	17,50
4. Barauszahlung an Sparkunden	2.000,00
5. Die Bank erwirbt von Kontokorrentkunden	
eine Büromaschine im Wert von	3.700,00
Büromaterial im Wert von	500,00
6. Zinsabrechnung für Kontokorrentkunden	
Zinsbelastungen	40.780,00
Zinsgutschriften	1.400,00
7. Verkauf von 800 Stück Chemie-Aktien an Kontokorrentkunden zum Kurs von	16,80
8. Kauf eines Dienstfahrzeugs von einem KK-Kunden	50.000,00
9. Überweisungsaufträge von Kontokorrentkunden werden über BBK ausgeführt	5.130,00
10. Die Bank bezahlt die Fernmelderechnung durch Überweisung	800,00
11. Kontoführungsgebühren für Kontokorrentkunden werden gebucht	520,00
12. Verkauf von 1000 Stück Chemie-Aktien über die Börse, Kurs	16,00
13. Dividendengutschrift für Chemie-Aktien in Höhe von jeweils	0,70
14. Überweisung der Grundsteuer für Geschäftsgrundstück	1.370,00
15. Gehaltszahlung der Bank an Mitarbeiter	21.400,00
16. Kauf eines neuen Kopierers von Sparern	2.100,00
Kurs der Chemie-Aktien am Bilanzstichtag	17,70
Bestand der Debitoren am Bilanzstichtag	1.182.640,00

1.8 Der Weg von Bilanz zu Bilanz

(2) Erstellen Sie aus den Anfangsbeständen die Eröffnungsbilanz für das Bankhaus Karl H. Conrad GmbH, Bamberg. Richten Sie die Konten ein und buchen Sie die Anfangsbestände. Buchen Sie die Geschäftsfälle in Grund- und Hauptbuch. Schließen Sie alle Konten ab und stellen Sie aus den Schlussbeständen die Schlussbilanz auf.

Anfangsbestände:	EUR
BBK-Guthaben	720.000,00
Sichteinlagen (Kreditoren)	540.000,00
Kassenbestand	104.000,00
Forderungen an Kunden (Debitoren)	685.000,00
Spareinlagen	513.000,00
Betriebs- und Geschäftsausstattung	465.000,00

Geschäftsfälle:	EUR
1. Kauf eines PC von Kontokorrentkunden	6.000,00
2. Zinsberechnung für Sparer	15.800,00
3. Mietzahlung für Geschäftsräume an Kontokorrentkunden	2.400,00
4. Die Bank kauft 4 800 Stück Bau-Aktien von Kontokorrentkunden zum Kurs von	32,00
5. Überweisung wegen Reparatur an einem Geschäftsfahrzeug	2.500,00
6. Zinsbelastung für Kontokorrentkunden	66.900,00
7. Kontokorrentkunden kaufen von der Bank 1400 Stück Bau-Aktien zum Kurs von	31,00
8. Die Bank bezahlt die Fernmelderechnung durch Überweisung	1.200,00
9. Dividendengutschrift für Bau-Aktien in Höhe von	1.300,00
10. Kauf eines neuen Fahrzeuges mittels Überweisung	78.000,00
11. Kontoführungsgebühren für Kontokorrentkunden	2.800,00
12. Kauf von Vordrucken gegen Barzahlung	500,00
13. Zugunsten eines Sparers geht eine Zahlung über BBK ein	20.000,00
14. Verkauf von 2 400 Stück Bau-Aktien an der Börse zum Kurs von	32,20
15. Gehaltszahlung an Mitarbeiter: Gutschrift für Kontokorrentkunden Gutschrift auf Sparkonten	39.400,00 6.700,00
16. Barkauf eines Schreibtisches	1.600,00
17. Überweisung der Telefaxgebühren	700,00
Kurs der Bau-Aktien am Bilanzstichtag	32,50
Kreditorenbestand am Bilanzstichtag	679.000,00

2 Umsatzsteuer

2.1 System der Umsatzsteuer

Rechtsgrundlage der Umsatzsteuer ist das **Umsatzsteuergesetz.** Steuergegenstand ist der wirtschaftliche Verkehrsvorgang bei einem gewerblichen Verkäufer. *UStG*

Die Umsatzsteuer ist daher eine **Verkehrssteuer** und nicht, wie oft vermutet, eine Verbrauchssteuer. *Verkehrssteuer*

Welche wirtschaftlichen Verkehrsvorgänge der Umsatzsteuer unterliegen, bestimmt § 1 UStG. Alle Vorgänge, die unter diese Gesetzesnorm fallen, sind **steuerbare Umsätze.** Sind die Bestimmungen des § 1 UStG auf einen Wirtschaftsvorgang nicht anzuwenden, so handelt es sich um einen nicht steuerbaren Umsatz. *§ 1 UStG Steuerbare Umsätze*

Auszüge aus dem Umsatzsteuergesetz

- Gemäß § 1 UStG unterliegen **Lieferungen und sonstige Leistungen,** die ein **Unternehmer** im **Inland** gegen **Entgelt** im **Rahmen seines Unternehmens** ausführt, der Umsatzsteuer. *§ 1 UStG*

- Im § 10 UStG stellt das **vereinbarte Entgelt** (Preis) die **Bemessungsgrundlage** für die Umsatzsteuer dar. *§ 10 UStG*

- Der **Steuersatz** beträgt nach § 12 UStG im allgemeinen **19%,** bei Lebensmitteln und Druckerzeugnissen **7%.** *§ 12 UStG*

- Nach § 13 (2) UStG ist ein **Unternehmer** verpflichtet, die von ihm vereinnahmte **Umsatzsteuer an das Finanzamt abzuführen.** *§ 13 UStG*

- Gemäß § 15 UStG kann der Unternehmer aber **Vorsteuerbeträge,** die ihm von anderen Unternehmen für Lieferungen und sonstige Leistungen gesondert in Rechnung gestellt werden, **vom Finanzamt zurückfordern.** *§ 15 UStG*

Beispiel

Der Einzelhändler Klaus Klein kauft und verkauft Personalcomputer. *Buchungen eines Einzelhändlers*

Geschäftsfälle:

1. *Kauf von 10 Personalcomputern auf Ziel.*

Einkaufsrechnung	10 Personalcomputer, Warenwert	30.000,00 EUR
	zuzüglich 19% Umsatzsteuer	5.700,00 EUR
	Rechnungsbetrag	35.700,00 EUR

2. *Verkauf von 10 Personalcomputern auf Ziel.*

Verkaufsrechnung	10 Personalcomputer, Warenwert	50.000,00 EUR
	zuzüglich 19% Umsatzsteuer	9.500,00 EUR
	Rechnungsbetrag	59.500,00 EUR

Ermittlung der Zahllast

3. Klaus Klein ermittelt die Zahllast durch Verrechnung der Vorsteuer mit der Umsatzsteuer

Umsatzsteuer aus der Verkaufsrechnung	9.500,00 EUR
− Umsatzsteuer aus der Einkaufsrechnung (Vorsteuer)	5.700,00 EUR
Steuerschuld = Zahllast	**3.800,00 EUR**

4. Klaus Klein überweist die Zahllast an das Finanzamt über Bankkonto (oder schließt am Jahresende das Konto Umsatzsteuer über SBK ab).

Grundbuch

Nr.	Konten		EUR-Beträge	
	Soll	Haben	Soll	Haben
1	Wareneinkauf		30.000,00	
	sonst. Ford. (FinA) Vorsteuer		5.700,00	
		Verbindl. a. L. u. L.[1]		35.700,00
2	Ford. a. L. u. L.[2]		59.500,00	
		sonst. Verb. (FinA) USt		9.500,00
		Umsatzerlöse		50.000,00
3	sonst. Verb. (FinA) USt		5.700,00	
		sonst. Ford. (FinA) Vorsteuer		5.700,00
4	sonst. Verb. (FinA) USt		3.800,00	
		Bank/SBK		3.800,00

[1] Verbindl. a.L.u.L. = Verbindlichkeiten aus Lieferungen und Leistungen
[2] Ford. a.L.u.L. = Forderungen aus Lieferungen und Leistungen

Hauptbuch

Soll	Ford. a. L. u. L	Haben
2. 59.500,00		

Soll	Verbindl. a. L. u. L	Haben
		1. 35.700,00

Soll	Wareneinkauf	Haben
1. 30.000,00	GuV 30.000,00	

Soll	Umsatzerlöse	Haben
GuV 50.000,00	2. 50.000,00	

Soll	sonst. Ford. (FinA) Vorsteuer	Haben
1. 5.700,00	3. 5.700,00	

Soll	sonst. Verb. (FinA) USt	Haben
3. 5.700,00	2. 9.500,00	
4. 3.800,00		

Soll	GuV		Haben
Wareneinkauf	30.000,00	Umsatzerlöse	50.000,00
Warenrohgewinn	20.000,00		

Der Wertschöpfung (oder der Warenrohgewinn) des Einzelhändlers von 20.000,00 EUR entspricht der von ihm abzuführenden Umsatzsteuer von 3.800,00 EUR (Zahllast = 19 % der Wertschöpfung).

2.1 Das System der Umsatzsteuer

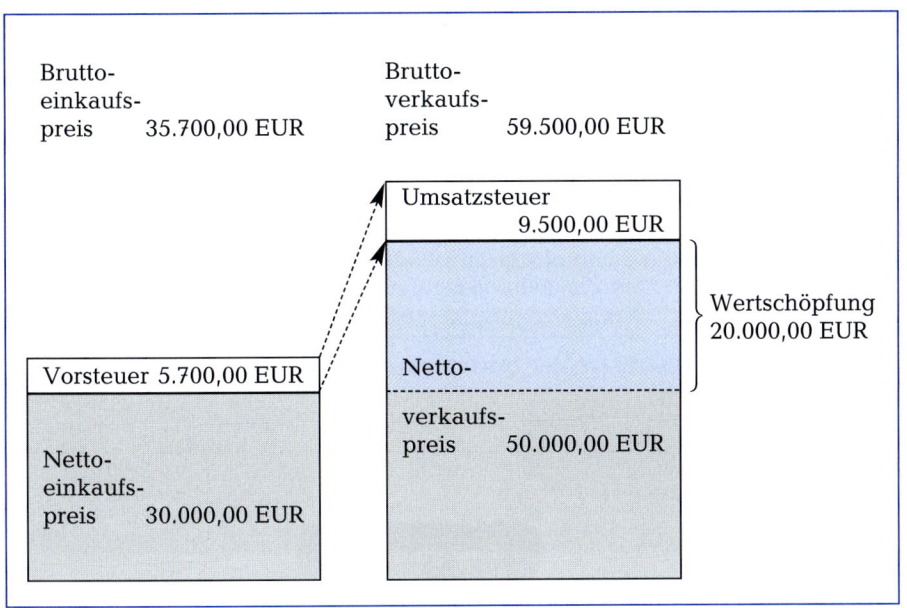

System der Umsatzsteuer

```
Brutto-
einkaufs-
preis      35.700,00 EUR

Brutto-
verkaufs-
preis      59.500,00 EUR

Umsatzsteuer
           9.500,00 EUR

Vorsteuer 5.700,00 EUR

Netto-
verkaufs-
preis      50.000,00 EUR

Wertschöpfung
20.000,00 EUR

Netto-
einkaufs-
preis      30.000,00 EUR
```

Die Buchungen im Einzelhandel werden in der Regel nach dem Nettoverfahren durchgeführt, das heißt die Umsatzsteuer wird bei allen steuerpflichtigen Geschäften gesondert auf den Steuerkonten »**sonstige Forderungen (FinA) Vorsteuer**« oder »**sonstige Verbindlichkeiten (FinA) Umsatzsteuer**« erfasst.

Der gewerbliche Verkäufer stellt jedem Käufer die Umsatzsteuer – neben dem Warenwert – zusätzlich in Rechnung. Er ist **Steuerschuldner.** Der Käufer entrichtet die Umsatzsteuer an den Verkäufer. Dieser erfasst sie in seiner Buchhaltung als Verbindlichkeit gegenüber dem Finanzamt. Der Käufer kann die gezahlte Umsatzsteuer dagegen gegenüber dem Finanzamt als Forderung geltend machen, sofern die Güterbeschaffung für gewerbliche Zwecke erfolgte. Die Rechtssprache nennt dies den **Vorsteuerabzug.** Letztendlich wird somit auf jeder Wirtschaftsstufe nur die so genannte **Wertschöpfung** besteuert.

Schuldner der Umsatzsteuer

Vorsteuerabzug Wertschöpfung § 15 UStG

Um das Erhebungssystem lückenlos zu gestalten, kann nur derjenige die gezahlte Umsatzsteuer als Vorsteuer geltend machen, der selbst umsatzsteuerpflichtig ist. So führen Umsatzsteuerbefreiungen auf der anderen Seite zu einer Versagung des Vorsteuerabzuges.

Dem Staat wächst erst beim Übergang der Güter an den privaten Endverbraucher die Umsatzsteuer als Steueraufkommen zu. Erst dann steht der vom Verkäufer in Rechnung gestellten und vom Käufer getragenen Umsatzsteuer keine Abzugsmöglichkeit mehr gegenüber. Der **Endverbraucher ist Träger der Umsatzsteuer.**

Träger der Umsatzsteuer

Die Erhebungsform der Umsatzsteuer auf den verschiedenen Wirtschaftsstufen, verbunden mit dem durch das Umsatzsteuergesetz geregelten Abrechnungssystem, führt zu dem Begriff **Mehrwertsteuer**. Der allgemeine Sprachgebrauch folgert aus dem Ausdruck Mehrwertsteuer, dass dabei ein Wertzuwachs der Besteuerung unterworfen wird. Der Umsatzbesteuerung unterliegt aber auf jeder Wirtschaftsstufe das vereinbarte Entgelt, also der volle Warenwert. Lediglich aus der Sicht des Staates ist der Ausdruck Mehrwertsteuer aussagefähig; denn das Umsatzsteueraufkommen ist der Anteil des Staates an dem Wertzuwachs, der den Gütern vom Ursprung bis zum Verkauf an den privaten Endverbraucher in jeder beteiligten Wirtschaftsstufe hinzugefügt wird. Im Endeffekt wird die gesamte am Markt für private Endverbraucher erbrachte Wertschöpfung aller am Leistungsprozess beteiligten Unternehmungen besteuert.

Mehrwertsteuer

§ 10, (1) Satz 1 UStG

ZUSAMMENFASSUNG

▶ Die Umsatzsteuer wird von jedem Unternehmer nur in Höhe seiner **Wertschöpfung** gefordert.

▶ Die Umsatzsteuer wird auf den **Endverbraucher** von Gütern und Dienstleistungen überwälzt. Er trägt sie daher mit dem Kaufpreis.

▶ Die Umsatzsteuer ist in den meisten Fällen für den Unternehmer eine **durchlaufende Steuer** und damit **erfolgsunwirksam**. (Eine Ausnahme bildet der Eigenverbrauch, für den kein Vorsteuerabzug geltend gemacht werden kann.)

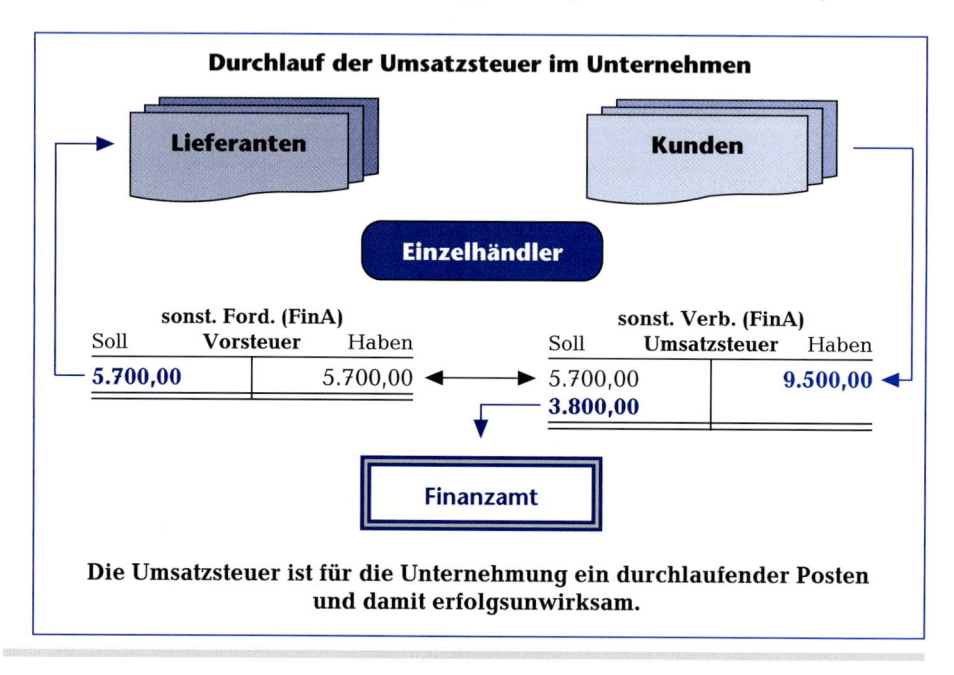

Durchlauf der Umsatzsteuer im Unternehmen

sonst. Ford. (FinA)			sonst. Verb. (FinA)		
Soll	Vorsteuer	Haben	Soll	Umsatzsteuer	Haben
5.700,00		5.700,00	5.700,00		9.500,00
			3.800,00		

Lieferanten → Einzelhändler → Kunden
Finanzamt

Die Umsatzsteuer ist für die Unternehmung ein durchlaufender Posten und damit erfolgsunwirksam.

2.2 Umsatzsteuer bei Kreditinstituten

Umsatzsteuerpflichtige Umsätze

Auf Bankgeschäfte treffen die Bestimmungen des § 1 UStG zu. Es handelt sich um **steuerbare Umsätze.** Trotzdem hat die Umsatzsteuer in der Kreditwirtschaft nur eine geringe Bedeutung, da die meisten Umsätze der Kreditinstitute von der Umsatzsteuer befreit sind. Nur die in § 4 UStG nicht ausdrücklich genannten Umsätze bei Kreditinstituten sind **umsatzsteuerpflichtig.**

Überwiegend sind das die folgenden Umsätze:

Umsatzsteuerpflichtige Geschäfte der Kreditinstitute sind

▶ die Umsätze in Edelmetallen, in Münzen (soweit der Münzpreis über dem Nennwert liegt) und Medaillen, ausgenommen Umsätze in Goldbarren und Goldmünzen, die gesetzliches Zahlungsmittel sind, und in unverarbeitetem Gold,

▶ Vermittlungsgeschäfte, soweit sie nicht nach § 4 Nr. 8 UStG steuerfrei sind, (z.B. Immobilienvermittlung),

▶ Verkauf von Sicherungsgut im eigenen Namen des Kreditinstitutes,

2.2 Die Umsatzsteuer bei Kreditinstituten

- Verkauf von gebrauchten Anlagegegenständen, soweit sie nicht ausschließlich für steuerfreie Tätigkeiten gebraucht wurden,
- Vermögensverwaltungen,
- Vermietung von Schließfächern,
- Verwahrung und Verwaltung von Wertpapieren (Depotgebühren u.a.).

2.2.1 Umsatzsteuer bei Edelmetallgeschäften

a) Umsatzsteuer bei Gold

Umsätze in **Anlagegold** sind **steuerfrei**. Das gilt auch für Anlagegold in Form von beispielsweise Zertifikaten über Gold oder Terminkontrakte mit Anlagegold.

Anlagegold sind:

§ 25c UStG

1. **Goldbarren** mit einem Feingehalt von mindestens 995 Tausendstel;
2. **Goldmünzen,** die
   - einen Feingehalt von mindestens 900 Tausendstel aufweisen,
   - nach dem Jahr 1800 geprägt wurden,
   - im Ursprungsland gesetzliches Zahlungsmittel sind oder waren und
   - zu einem Preis verkauft werden, der den Marktwert ihres Goldgehalts um nicht mehr als 80 Prozent übersteigt.

Umsätze in **Sammlermünzen aus Gold,** Goldmedaillen und historischen Goldmünzen, deren Wert sich nach ihrer Seltenheit und nicht nach dem Goldwert richtet, sind **steuerpflichtig** mit 19% Umsatzsteuer.

b) Umsatzsteuer bei Silber

Umsätze in **Silberbarren und Silbermünzen** sind **steuerpflichtig** mit 19% Umsatzsteuer.
Steuerfrei sind Umsätze in Silbermünzen lediglich, wenn sie noch die Eigenschaft als gesetzliches Zahlungsmittel besitzen und zum Nennwert umgesetzt werden.

c) Umsatzsteuer bei Platin oder anderen Edelmetallen

Umsätze in **Barren und Münzen** aus **Platin oder anderen Edelmetallen** sind **steuerpflichtig** mit 19% Umsatzsteuer.

Die Buchungen der Umsatzsteuer bei Edelmetallgeschäften sind mit denen im Einzelhandel vergleichbar. Auch die Kreditinstitute wenden das Nettoverfahren an. Allerdings werden die Warenkonten nicht nach Ein- und Verkauf getrennt, sondern die Umsätze werden auf einem Konto (z.B. **Edelmetalle**) erfasst. Nachdem der zum **Niederstwert bewertete Schlussbestand** gebucht wurde, kann sich auf dem Konto ein Saldo durch unterschiedliche Preise bei Kauf bzw. Verkauf von Edelmetallen ergeben, der **Kursgewinn oder -verlust** darstellt. Das Konto Edelmetalle gehört zu den **gemischten Konten.**

Gemischte Konten

Um die Übersicht zu erhöhen, werden nach Edelmetallarten getrennte **Skontren** geführt, die die Bestandsrechnung erläutern.

Bei Ankäufen der Kreditinstitute von Privatkunden fällt keine Umsatzsteuer an, da der Verkauf aus Sicht des Privatkunden kein umsatzsteuerbares Geschäft darstellt.

Buchung von Edelmetallgeschäften

Beispiel

Die Privat- und Handelsbank AG erwirbt von der Deutsche Gold- und Silberscheideanstalt AG (DEGUSSA) Silberbarren für den eigenen Bestand.

Geschäftsfälle:

1. Kauf von 100 kg Silberbarren von der DEGUSSA über BBK

Einkaufsrechnung	EUR
100 kg Silberbarren zum Preis von 600,00 EUR/kg zuzüglich 19% Umsatzsteuer	60.000,00 11.400,00
Rechnungsbetrag	71.400,00

2. Verkauf von 90 kg Silberbarren aus dem eigenen Bestand an KK-Kunden Kurt Hinz

Verkaufsrechnung	EUR
90 kg Silberbarren zum Preis von 700,00 EUR/kg zuzüglich 19% Umsatzsteuer	63.000,00 11.970,00
Rechnungsbetrag	74.970,00

3. Ermittlung der Zahllast durch Verrechnung der Vorsteuer mit der Umsatzsteuer

	EUR
Umsatzsteuer aus der Verkaufsrechnung	11.970,00
− Umsatzsteuer aus der Einkaufsrechnung	11.400,00
Steuerschuld = Zahllast	**570,00**

4. Überweisung der Zahllast über BBK oder Abschluss der Umsatzsteuerkonten

5. Abschluss des Kontos Silberbarren (Inventurbestand: 10 Silberbarren zu 600,00 EUR/kg)

6. Buchung des Erfolgs

Grundbuch				
Nr.	Konten		EUR-Beträge	
	Soll	Haben	Soll	Haben
1	Silberbarren sonst. Ford. (FinA) Vorsteuer	BBK	60.000,00 11.400,00	71.400,00
2	KKK	Silberbarren sonst. Verb. (FinA) USt	74.970,00	63.000,00 11.970,00
3	sonst. Verb. (FinA) USt	sonst. Ford. (FinA) Vorsteuer	11.400,00	11.400,00
4	sonst. Verb. (FinA) USt	BBK/SBK	570,00	570,00
5	SBK	Silberbarren	6.000,00	6.000,00
6	Silberbarren	Kursgewinne a. Edelmetallen	9.000,00	9.000,00

Hauptbuch

Soll	Silberbarren		Haben
1.	60.000,00	2.	63.000,00
6.	9.000,00	5.	6.000,00
	69.000,00		69.000,00

Soll	sonst. Ford. (FinA) Vorsteuer		Haben
1.	11.400,00	3.	11.400,00

Soll	sonst. Verb. (FinA) USt		Haben
3.	11.400,00	2.	11.970,00
4.	570,00		
	11.970,00		11.970,00

Vergleicht man beim obigen Buchungsbeispiel und isolierter Betrachtung die Wertschöpfung des Kreditinstituts (= 9.000,00 EUR) mit der abzuführenden Zahllast (570,00 EUR), ergibt sich eine Differenz von 1.140,00 EUR, die auf die im betreffenden **Umsatzsteuervoranmeldezeitraum** noch nicht verkauften Silberbarren im Wert von 6.000,00 EUR zurückzuführen ist.

Zahllast eines Umsatzsteuervoranmeldezeitraumes

abzuführende Zahllast	570,00 EUR
19% von 6.000,00 EUR Silberbarren im Bestand	+ 1.140,00 EUR
19% Umsatzsteuer von 9.000,00 EUR	= 1.710,00 EUR

2.2.2 Umsatzsteuer beim Kauf von Anlagegegenständen und bei Sachaufwendungen

Umsatzsteuer bei Käufen

Die bei Käufen zu entrichtende Umsatzsteuer (Vorsteuer) stellt eine Forderung gegenüber dem Finanzamt **(abzugsfähige Vorsteuer)** dar, wenn sie steuerpflichtigen Umsätzen direkt zurechenbar ist. Trifft dies nicht zu, so ist sie für das Kreditinstitut ein Aufwand oder als Bestandteil des Kaufpreises aktivierungspflichtig **(nicht abzugsfähige Vorsteuer)**.

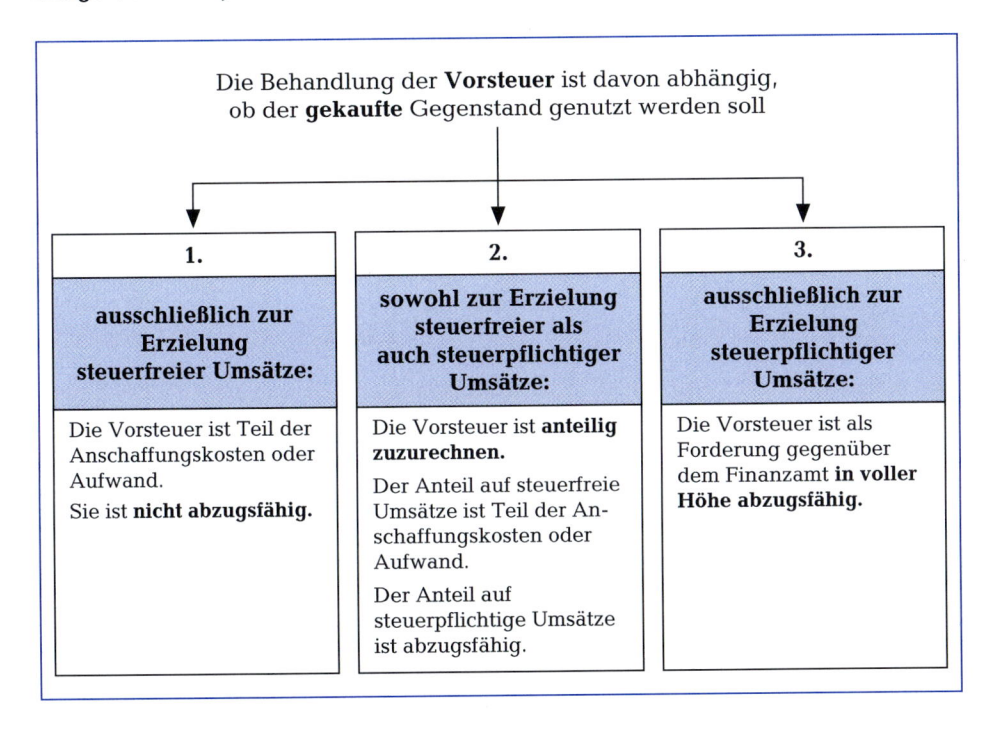

Die Behandlung der **Vorsteuer** ist davon abhängig, ob der **gekaufte** Gegenstand genutzt werden soll

1.	2.	3.
ausschließlich zur Erzielung steuerfreier Umsätze:	**sowohl zur Erzielung steuerfreier als auch steuerpflichtiger Umsätze:**	**ausschließlich zur Erzielung steuerpflichtiger Umsätze:**
Die Vorsteuer ist Teil der Anschaffungskosten oder Aufwand. Sie ist **nicht abzugsfähig**.	Die Vorsteuer ist **anteilig zuzurechnen**. Der Anteil auf steuerfreie Umsätze ist Teil der Anschaffungskosten oder Aufwand. Der Anteil auf steuerpflichtige Umsätze ist abzugsfähig.	Die Vorsteuer ist als Forderung gegenüber dem Finanzamt **in voller Höhe abzugsfähig**.

Büromaterialien bzw. andere Sachaufwendungen sind in der Regel nicht direkt einem umsatzsteuerpflichtigen Bankgeschäft zuzuordnen, die beim Kauf anfallende Umsatzsteuer (Vorsteuer) ist **nicht abzugsfähig**. Sie ist mit dem Warenwert zusammen als **Aufwand** zu buchen.

Will das Kreditinstitut den Vorsteuerabzug geltend machen, muss die anteilige oder ausschließliche Nutzung des Gegenstandes für steuerpflichtige Geschäfte dem Finanzamt nachgewiesen werden. Verzichtet das Kreditinstitut auf den Nachweis, ist die Vorsteuer nicht abzugsfähig.

Beispiel

Buchungen bei Käufen Die Privat- und Handelsbank AG kauft Büromaterial und diverse Anlagegegenstände über BBK.

Geschäftsfälle:

1. *Kauf von Büromaterial für das Vorstandssekretariat.*

Einkaufsrechnung	Einkaufsrechnung netto	2.000,00 EUR
	zuzüglich 19% Umsatzsteuer	380,00 EUR
	Rechnungsbetrag	2.380,00 EUR

2. *Kauf eines Personalcomputers für die Kreditabteilung.*

Einkaufsrechnung	Einkaufsrechnung netto	10.000,00 EUR
	zuzüglich 19% Umsatzsteuer	1.900,00 EUR
	Rechnungsbetrag	11.900,00 EUR

3. *Kauf eines PKW für einen Sachbearbeiter, dessen Tätigkeit zu 30% dem Kreditgeschäft und zu 70% der Immobilienvermittlung zuzurechnen ist. Die Bank verzichtet nicht auf die Geltendmachung der anteiligen Vorsteuer.*

Einkaufsrechnung	Einkaufsrechnung netto	30.000,00 EUR
	zuzüglich 19% Umsatzsteuer	5.700,00 EUR
	Rechnungsbetrag	35.700,00 EUR

4. *Kauf eines Schreibtisches für die Immobilienvermittlungsabteilung.*

Einkaufsrechnung	Einkaufsrechnung netto	40.000,00 EUR
	zuzüglich 19% Umsatzsteuer	7.600,00 EUR
	Rechnungsbetrag	47.600,00 EUR

Grundbuch				
Nr.	Konten		EUR-Beträge	
	Soll	Haben	Soll	Haben
1	Allgemeine Verwaltungskosten (AVK)	BBK	2.380,00	2.380,00
2	BGA	BBK	11.900,00	11.900,00
3	BGA sonst. Ford. (FinA) Vorsteuer (70% von 5.700,00 EUR)	BBK	31.710,00 3.990,00	35.700,00
4	BGA sonst. Ford. (FinA) Vorsteuer	BBK	40.000,00 7.600,00	47.600,00

zu 1. Das Büromaterial wird ausschließlich für steuerfreie Umsätze verwendet. Daher gehört die Vorsteuer zum Aufwand.

zu 2. Der PC wird ausschließlich für steuerfreie Umsätze verwendet. Daher gehört die Vorsteuer zu den Anschaffungskosten.

2.2 Die Umsatzsteuer bei Kreditinstituten

zu 3. Die Verwendung des PKW erfolgt für steuerfreie und für steuerpflichtige Geschäfte. Die Vorsteuer kann entsprechend dem steuerpflichtigen Anteil als Forderung nur anteilig geltend gemacht werden.

zu 4. Die Verwendung des Schreibtisches erfolgt ausschließlich für steuerpflichtige Geschäfte. Die Vorsteuer kann in voller Höhe als Forderung geltend gemacht werden.

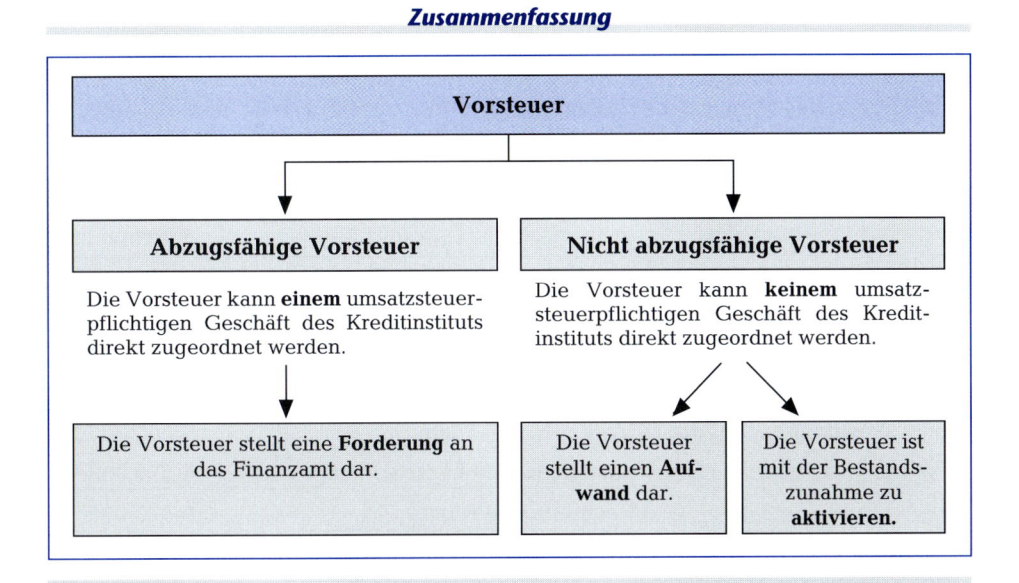

Zusammenfassung

Vorsteuer

- **Abzugsfähige Vorsteuer**
  Die Vorsteuer kann **einem** umsatzsteuerpflichtigen Geschäft des Kreditinstituts direkt zugeordnet werden.
  - Die Vorsteuer stellt eine **Forderung** an das Finanzamt dar.

- **Nicht abzugsfähige Vorsteuer**
  Die Vorsteuer kann **keinem** umsatzsteuerpflichtigen Geschäft des Kreditinstituts direkt zugeordnet werden.
  - Die Vorsteuer stellt einen **Aufwand** dar.
  - Die Vorsteuer ist mit der Bestandszunahme zu **aktivieren**.

2.2.3 Umsatzsteuer beim Verkauf von Anlagegegenständen

Umsatzsteuer bei Verkäufen

Die Behandlung der **Umsatzsteuer** beim **Verkauf** von Anlagegegenständen ist davon abhängig, ob der verkaufte Gegenstand genutzt wurde

1.	2.	3.
ausschließlich zur Erzielung steuerfreier Umsätze:	**sowohl zur Erzielung steuerfreier als auch steuerpflichtiger Umsätze:**	**ausschließlich zur Erzielung steuerpflichtiger Umsätze:**
Umsatzsteuer ist **nicht zu berechnen**.	Umsatzsteuer ist in **voller Höhe** zu berechnen. (Ausnahmeregelung besteht, wenn die steuerpflichtigen Anteile 5% der Gesamtnutzung nicht überschreiten und das KI beim Kauf auf die anteilige Geltendmachung der Vorsteuer verzichtet hat.)	Umsatzsteuer ist in **voller Höhe** zu berechnen.

Beispiel

Buchungen bei Verkäufen

Die Privat- und Handelsbank AG verkauft diverse Anlagegegenstände über BBK.

Geschäftsfälle:

1. Verkauf eines Dienstwagens der Kreditabteilung.
   Der Buchwert beträgt 10.000,00 EUR.

Ausgangsrechnung	Verkaufspreis netto	8.000,00 EUR
	Rechnungsbetrag	8.000,00 EUR

2. Verkauf eines Personalcomputers, der zu 80% für steuerfreie und zu 20% für steuerpflichtige Bankgeschäfte eingesetzt wurde. Beim Kauf wurde die anteilige Vorsteuer geltend gemacht. Der Buchwert beträgt 6.000,00 EUR.

Ausgangsrechnung	Verkaufspreis netto	5.700,00 EUR
	zuzüglich 19% Umsatzsteuer	1.083,00 EUR
	Rechnungsbetrag	6.783,00 EUR

3. Verkauf eines gebrauchten Stahlschranks, der ausschließlich für steuerpflichtige Bankgeschäfte gebraucht wurde, Buchwert 5.000,00 EUR

Ausgangsrechnung	Verkaufspreis netto	8.000,00 EUR
	zuzüglich 19% Umsatzsteuer	1.520,00 EUR
	Rechnungsbetrag	9.520,00 EUR

Grundbuch				
Nr.	Konten		EUR-Beträge	
	Soll	Haben	Soll	Haben
1	BBK sonstiger betriebl. Aufwand 	 BGA	8.000,00 2.000,00 	 10.000,00
2	BBK sonstiger betriebl. Aufwand 	 sonst. Verb. (FinA) USt BGA	6.783,00 300,00 	 1.083,00 6.000,00
3	BBK 	 sonst. Verb. (FinA) USt sonstiger betriebl. Ertrag BGA	9.520,00 	 1.520,00 3.000,00 5.000,00

zu 1. Der Verkauf des Dienstwagens ist wegen seiner steuerfreien Verwendung in der Kreditabteilung von der Umsatzsteuer befreit.

zu 2. Die Umsatzsteuer muss in voller Höhe in Rechnung gestellt und abgeführt werden. Obwohl der Personalcomputer für steuerfreie und für steuerpflichtige Geschäfte verwendet wurde, darf eine anteilige Aufteilung der Umsatzsteuer nicht erfolgen.

§ 4 UStG zu 3. Der Verkauf des Stahlschranks ist umsatzsteuerpflichtig, da der Stahlschrank ausschließlich zur Erzielung steuerpflichtiger Umsätze eingesetzt wurde.

Bilanzausweis:

Am Jahresende **noch ausstehende Umsatzsteuerforderungen (Vorsteuer)** sind unter

▸ **Aktiva: 14. Sonstige Vermögensgegenstände**

am Jahresende **noch zu zahlende Umsatzsteuerverbindlichkeiten** sind unter

▸ **Passiva: 5. Sonstige Verbindlichkeiten**

zu bilanzieren!

Bilanzierung der Umsatzsteuer

Zusammenfassung

Die Behandlung der Umsatzsteuer durch Kreditinstitute beim Kauf oder Verkauf von Anlagegegenständen bzw. Sachaufwendungen hängt von der geschäftlichen Nutzung ab.

▸ Bei Käufen für umsatzsteuerfreie Geschäfte ist die gezahlte Umsatzsteuer (Vorsteuer) zu aktivieren oder als Aufwand zu behandeln. Bei Verkäufen von Anlagegegenständen, die für umsatzsteuerfreie Geschäfte genutzt wurden, ist keine Umsatzsteuer in Rechnung zu stellen.

▸ Bei Käufen für umsatzsteuerpflichtige Geschäfte ist die gezahlte Umsatzsteuer (Vorsteuer) eine Forderung gegenüber dem Finanzamt. Bei Verkäufen von Anlagegegenständen, die für umsatzsteuerpflichtige Geschäfte genutzt wurden, muss Umsatzsteuer in Rechnung gestellt und abgeführt werden.

▸ Bei gemischter Nutzung wird bei Käufen die Umsatzsteuer (Vorsteuer) für den steuerfreien Anteil aktiviert oder als Aufwand gebucht. Für den steuerpflichtigen Anteil wird sie als Forderung an das Finanzamt erfasst. Verkäufe von gemischt genutzten Anlagegegenständen sind dagegen in voller Höhe umsatzsteuerpflichtig, wenn die umsatzsteuerpflichtige Nutzung mehr als 5% ausmacht. Anderenfalls ist der Verkauf von der Umsatzsteuer befreit, wenn beim Kauf keine Aufteilung durchgeführt worden war.

Aufgaben zu Kapitel 2

1. Kreuzen Sie an, ob die folgenden Geschäfte der Merkurbank AG umsatzsteuerfrei oder -pflichtig sind.

	steuerfrei	steuerpflichtig
a) Provision aus der Vermittlung von Immobilien	❏	❏
b) Provision für eine Bürgschaft	❏	❏
c) Provision für eine Erträgnisaufstellung	❏	❏
d) Verkauf von Getränken in der Cafeteria	❏	❏
e) Depotgebühren für einen Wertpapierkunden	❏	❏
f) Ankauf eines Goldbarrens von einem Privatkunden	❏	❏
g) Ankauf von Platinbarren von der DEGUSSA	❏	❏
h) Verkauf eines gebrauchten Schreibtisches der Sparabteilung	❏	❏
i) Verkauf einer Goldmünze, die kein gesetzliches Zahlungsmittel ist und deren Goldwert 450,00 EUR beträgt, für 1.300,00 EUR	❏	❏

② Führen Sie nur Grund- und Hauptbuch der Handelsbank AG, aber keine Skontren.

a) Tragen Sie im Hauptbuch die folgenden Anfangsbestände ein:
   Silberbarren (1 kg) 100 Stück zu 600,00 EUR/kg
   Goldbarren (100 g) 180 Stück zu 3.000,00 EUR/100 g

b) Buchen Sie die folgenden Geschäftsfälle für Ankäufe von der DEGUSSA zu Lasten von BBK und für Verkäufe an Privatkunden zu Lasten von Kunden-KK.
   Die angegebenen Preise stellen Nettopreise dar.
   Entscheiden Sie bei welchen Geschäften Umsatzsteuer zu berücksichtigen ist.
   Geschäftsfälle:
   1. Ankauf von der DEGUSSA: 40 kg Silberbarren zu 600,00 EUR/kg
                               20 Stück 100-g-Goldbarren zu 3.000,00 EUR/100 g
   2. Verkauf an Privatkunden: 120 kg Silberbarren zu 700,00 EUR/kg
                               40 Stück 100-g-Goldbarren zu 3.200,00 EUR/100 g

c) Schließen Sie die Konten Silberbarren, Goldbarren, Vorsteuer und Umsatzsteuer zum 31.12. ab.
   Die Ankaufspreise am 31.12. betragen
   für Silberbarren: 620,00 EUR/kg,
   für Goldbarren: 3.100,00 EUR/100 g.

d) Nennen Sie die Bilanzposition der Bestände zu c).

③ Bilden Sie die Buchungssätze für die folgenden Geschäftsfälle der Volksbank Osterloh eG über BBK. Beachten Sie, dass alle Preise 19% Umsatzsteuer enthalten.

a) Kauf eines Notebooks für die Auslandsabteilung zum Preis von 1.725,50 EUR.

b) Kauf von Büromaterial für den Zahlungsverkehr zum Preis von 101,15 EUR.

c) Kauf eines PKW zu Beginn eines Jahres für 59.500,00 EUR.
   Der PKW soll ausschließlich für steuerpflichtige Bankgeschäfte genutzt werden.

④ Die Privat- und Handelsbank AG hat im Monat Dezember auf den Umsatzsteuerkonten gebucht.

a) Bilden Sie die Buchungssätze für den Abschluss der Konten Vorsteuer und Umsatzsteuer am Ende des Jahres in EUR.

Soll	sonst. Ford. (FinA) Vorsteuer	Haben	Soll	sonst. Verb. (FinA) USt	Haben
Umsätze	12.360,00			Umsätze	13.590,00
Umsätze	14.560,00			Umsätze	20.980,00
Umsätze	19.450,00			Umsätze	2.120,00

b) Nennen Sie die Bilanzseite und -position für den Ausweis des Schlussbestands.

⑤ Bilden Sie die Buchungssätze für die folgenden Geschäftsfälle der Stadtsparkasse Halle. Beachten Sie, dass alle Preise die Umsatzsteuer noch nicht enthalten.

a) Kauf eines Personalcomputers für die Wertpapierabteilung über BBK, der nur für steuerfreie Geschäfte eingesetzt wird, zum Preis von 60.000,00 EUR.

b) Wie wäre der Kauf aus a) zu buchen, wenn die Stadtsparkasse nachweist, dass der PC zu 40% von der Wertpapierabteilung für Renditeberechnungen und zu 60% für Erträgnisaufstellungen für die Kundschaft eingesetzt wird?

c) Buchen Sie den Verkauf über BBK unter den veränderten Bedingungen aus b) zum Restbuchwert von 12.720,00 EUR zuzüglich 19% Umsatzsteuer.

6) Bilden Sie zu den folgenden Geschäftsfällen der Merkurbank AG die Buchungssätze und führen Sie im Hauptbuch nur die Konten Vorsteuer und Umsatzsteuer.

a) Kauf von 5.000 Formularen für 2.200,00 EUR zuzüglich 7% Umsatzsteuer über BBK.

b) Kauf eines PKW für 47.600,00 EUR einschließlich 19% Umsatzsteuer über BKK. Der PKW kann keinem speziellen Bankgeschäft zugeordnet werden. Auf eine Aufteilung der Umsatzsteuer wird verzichtet.

c) Verkauf eines Notebooks aus dem Vorstandssekretariat an einen KK-Kunden zum Buchwert von 1.200,00 EUR zuzüglich 19% Umsatzsteuer. Für die geschäftliche Nutzung gibt es keinen Hinweis.

d) Kauf von Platinbarren im Wert von 11.000,00 EUR zuzüglich 19% Umsatzsteuer bei der DEGUSSA über BBK.

e) An einen KK-Kunden werden Platinbarren für 7.000,00 EUR zuzüglich 19% Umsatzsteuer verkauft.

f) Von einem Privatkunden werden Platinbarren bar für 1.000,00 EUR angekauft.

g) Verkauf von Goldbarren an einen KK-Kunden für 24.000,00 EUR.

h) Schließen Sie das Vorsteuer- und das Umsatzsteuerkonto im Hauptbuch nach den Buchungen für a) – g) ab.

7) Die Privat- und Handelsbank AG hat im Monat Mai auf den Umsatzsteuerkonten gebucht.

Soll	sonst. Ford. (FinA) Vorsteuer	Haben	Soll	sonst. Verb. (FinA) USt	Haben
Umsätze 51.320,00				Umsätze	63.180,00
Umsätze 24.780,00				Umsätze	23.080,00
Umsätze 17.430,00				Umsätze	42.420,00

a) Bilden Sie den Buchungssatz für die Verrechnung der Umsatzsteuerkonten des Voranmeldezeitraums Mai.

b) Überweisen Sie die Zahllast an das Finanzamt über BBK.

3 Jahresabschluss der Kreditinstitute

3.1 Aufgaben, Bestandteile und Organisation des Jahresabschlusses

Kaufleute müssen zu Beginn ihres Handelsgewerbes und für den Schluss eines jeden Geschäftsjahrs einen **Jahresabschluss** aufstellen. Der Jahresabschluss besteht aus der **Bilanz**, der **Gewinn- und Verlustrechnung** sowie bei Kapitalgesellschaften noch aus einem erläuternden **Anhang**. Kapitalgesellschaften müssen dem Jahresabschluss außerdem noch einen **Lagebericht** hinzufügen.

Pflicht zur Aufstellung eines Jahresabschlusses §§ 238, 240, 242, 264, 267, 284, 289 HGB

Von der Pflicht zur Aufstellung eines Jahresabschlusses sind Einzelkaufleute befreit, wenn ihre Umsatzerlöse nicht mehr als 500.000,00 EUR und ihr Jahresüberschuss nicht mehr als 50.000,00 EUR betragen.

§ 241a HGB

Mit dem Jahresabschluss wird den Vertragspartnern zur Sicherung von Ansprüchen und der Steuerbehörde als Grundlage der Besteuerung ein Einblick in die wirtschaftliche Lage des Unternehmens ermöglicht. Gesetzliche Regelungen zur Rechenschaftslegung der Unternehmen setzen aber nicht nur dann ein, wenn für Dritte Informationen dokumentiert werden müssen. Vielmehr hat der Gesetzgeber im Handelsgesetzbuch (HGB) und der Abgabenordnung (AO) darüber hinaus mit der **Buchführungspflicht** des Unternehmers (Eigentümer, Teilhaber) einen Zwang zur Selbstinformation festgeschrieben.

Buchführungspflicht §§ 140, 141 AO

Alle **nicht börsennotierten Kreditinstitute** müssen nach den Vorschriften des HGB abschließen, die für alle buchführungspflichtigen Kaufleute gelten. Darüber hinaus müssen sie die **ergänzenden Vorschriften des HGB** für **große Kapitalgesellschaften** und für **Kreditinstitute anwenden,** auch wenn sie nicht in der Rechtsform einer Kapitalgesellschaft betrieben werden.

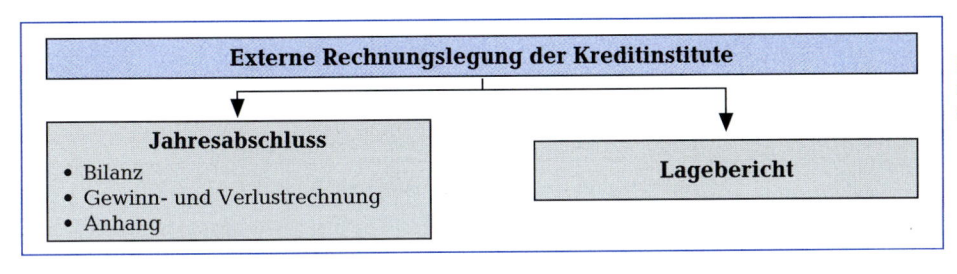

§§ 340, 340a – 340d HGB

Externe Rechnungslegung der Kreditinstitute

- Jahresabschluss
  - Bilanz
  - Gewinn- und Verlustrechnung
  - Anhang
- Lagebericht

Bestandteile des Jahresabschlusses

Alle **börsennotierten Kapitalgesellschaften,** die nicht zur Aufstellung eines Konzernabschlusses verpflichtet sind, müssen den Jahresabschluss um eine **Kapitalflussrechnung** und einen **Eigenkapitalspiegel** erweitern.

§ 264 HGB Kapitalflussrechnung, Eigenkapitalspiegel

Die Kapitalflussrechnung soll die Zahlungsströme (cashflows) getrennt nach den Bereichen laufende Geschäftstätigkeit, Investitionstätigkeit und Finanzierungstätigkeit darstellen. Der Eigenkapitalspiegel zeigt die Entwicklung der Eigenkapitalpositionen vom Anfang bis zum Ende des Geschäftsjahres.

Für die **Gliederung** der **Bilanz** und der **Gewinn- und Verlustrechnung** gilt für Kreditinstitute die **RechKredV (vgl. Anlagen 1, 2a, 2b).**

RechKredV

Die Bilanz eines Kreditinstituts ist im Gegensatz beispielsweise zur Bilanz eines Unternehmens der Autobranche auf der Aktivseite nach abnehmender Liquidität und auf der Passivseite entsprechend nach zunehmender Laufzeit gegliedert, weil für ein Kreditinstitut die Liquidität entscheidend ist und für ein Unternehmen der Autobranche die Maschinenkapazität.

IFRS — Im EU-Raum müssen **börsennotierte Kapitalgesellschaften** nach **International Financial Reporting Standards (IFRS)** abschließen. Als börsennotiert gelten Kapitalgesellschaften, wenn ihre Aktien und/oder Anleihen an der Börse notiert werden.

Zeitgleich mit der Handelsbilanz müssen alle abschlusspflichtigen Unternehmen eine **Steuerbilanz** nach Einkommensteuergesetz aufstellen.

Gemeinsamer Zweck aller Abschlussarten ist es, den Geschäftsführern, Mitarbeitern, Kapital- und Kreditgebern, Lieferanten, Kunden und Behörden sowie der gesamten interessierten Öffentlichkeit zu ermöglichen, die wirtschaftliche Lage eines Unternehmens zu beurteilen.

Die in Deutschland vorgeschriebenen Abschlussarten haben über diesen gemeinsamen Zweck hinaus **unterschiedliche Schwerpunkte** für ihre Zielsetzung:

Vorsichtsprinzip, Gläubigerschutz — **Schwerpunkt eines Abschlusses nach HGB ist das »Prinzip der Vorsicht«.** Es dient dem **Gläubigerschutz** ebenso wie dem Interesse der Eigentümer an der Erhaltung ihres Unternehmens. Die Kaufleute, die nach HGB abschließen, dürfen nur den tatsächlich erwirtschafteten Gewinn ausweisen. So geraten sie nicht in die Versuchung, Gewinne zu entnehmen, die sie erst in der Zukunft realisieren können – oder auch nicht.

Wegen ihrer besonderen Bedeutung für das Wirtschaftssystem gibt es besondere Rechtsvorschriften für die Rechnungslegung der Kreditinstitute und der Finanzdienstleistungsinstitute sowie der Versicherungsunternehmen und Pensionsfonds.

Aktualitätsprinzip — **Schwerpunkt eines Abschlusses nach internationaler Rechnungslegung (IFRS)** ist das **Aktualitätsprinzip**. Es soll insbesondere Investoren ermöglichen, die aktuellen Chancen und Risiken eines Unternehmens zu erkennen.

Gewinnermittlung — **Schwerpunkt eines Abschlusses nach einkommensteuerrechtlichen Vorschriften** ist die Ermittlung des erwirtschafteten Gewinns zum Zwecke seiner Besteuerung. Deshalb gilt der **Grundsatz der Maßgeblichkeit der Handelsbilanz für die Steuerbilanz**.

Darüber hinaus können mit einkommensteuerrechtlichen Vorschriften auch **wirtschaftspolitische Ziele** verfolgt werden. Zum Beispiel kann durch Verbot der degressiven Abschreibung, die nach Handelsrecht immer erlaubt ist, die »Investitionslust« und damit die Konjunktur gedämpft werden.

Schwerpunkte der unterschiedlichen Bilanzen		
Handelsbilanz	IFRS Bilanz	Steuerbilanz
Vorsichtsprinzip	Aktualitätsprinzip	Maßgeblichkeit der Handelsbilanz
Bemessung der Gewinnausschüttung	Beurteilung durch Investoren	Besteuerungsgrundlage

§ 264 (2) HGB GoB — Der Jahresabschluss eines Kreditinstituts hat unter Beachtung der Grundsätze ordnungsmäßiger Buchführung **(GoB)** ein den tatsächlichen Verhältnissen entsprechendes Bild seiner Vermögens-, Finanz- und Ertragslage zu vermitteln.

Bilanz und GuV-Rechnung — Die **Bilanz** gibt Einblick in die Vermögens- und Finanzlage des Kreditinstituts. Die **Gewinn- und Verlustrechnung** gibt Einblick in die Ertrags- und Aufwandsverhältnisse.

Anhang §§ 284, 285 HGB — In den **Anhang** sind diejenigen erläuternden Angaben aufzunehmen, die zu den einzelnen Posten der Bilanz und der Gewinn- und Verlustrechnung vorgeschrieben oder zu ergänzen sind, weil sie in Ausübung eines Wahlrechts nicht in die Bilanz oder in die Gewinn- und Verlustrechnung aufgenommen wurden.

3.1 Aufgaben, Bestandteile und Organisation des Jahresabschlusses

Im **Lagebericht**, der nicht Bestandteil des Jahresabschlusses ist, müssen mindestens der Geschäftsablauf, die Lage der Kapitalgesellschaft und darüber hinaus die voraussichtliche Entwicklung der Kapitalgesellschaft dargestellt werden. Dabei ist auch auf künftige Risiken einzugehen. Unter „Risiko" wird dabei die Möglichkeit ungünstiger künftiger Entwicklungen verstanden, die mit einer erheblichen Wahrscheinlichkeit zu erwarten sind.

Lagebericht § 289 HGB

Vorschriften des HGB für den Abschluss der Kreditinstitute
Kreditinstitute sind gemäß § 1 HGB **Kaufleute.** Deshalb gilt für sie

HGB 3. Buch Handelsbücher	§§
1. Abschnitt. Vorschriften für alle Kaufleute	
1. Unterabschnitt. Buchführung, Inventar	238 – 241a
2. Unterabschnitt. Eröffnungsbilanz, Jahresabschluss	
1.Titel Allgemeine Vorschriften	
2.Titel Ansatzvorschriften	246 – 251
3.Titel Bewertungsvorschriften	252 – 256a

Kreditinstitute müssen gemäß § 340a HGB auf ihren Jahresabschluss die für **große Kapitalgesellschaften** geltenden Vorschriften anwenden, auch wenn sie nicht in der Rechtsform einer Kapitalgesellschaft betrieben werden:

2. Abschnitt. Ergänzende Vorschriften für Kapitalgesellschaften	
1. Unterabschnitt. Jahresabschluss und Lagebericht	
1. Titel Allgemeine Vorschriften	264, 265
2. Titel Bilanz	266 – 274a
3. Titel Gewinn- und Verlustrechnung	275 – 278
4. Titel aufgehoben	279 – 283
5. Titel Anhang	284 – 288
6. Titel Lagebericht	289, 289a
4. Abschnitt. Ergänzende Vorschriften f. Unternehmen bestimmter Geschäftszweige	
1. Unterabschnitt. Ergänzende Vorschriften für **Kreditinstitute**	
1. Titel Anwendungsbereich	340
2. Titel Jahresabschluss, Lagebericht,	340a – 340d
3. Titel Bewertungsvorschriften	340e – 340g
4. Titel Währungsumrechnung	340h
5. Titel Konzernabschluss	340i, 340j
6. Titel Prüfung	340k
7. Titel Offenlegung	340l

Prüfung und Feststellung des Jahresabschlusses und des Lageberichtes sind für Kreditinstitute unabhängig von ihrer Größe spätestens vor Ablauf des fünften Monats des dem Abschlussstichtag nachfolgenden Geschäftsjahres durchzuführen. Die Abschlussprüfer werden abhängig von der jeweiligen Rechtsform des Kreditinstituts unterschiedlich bestimmt.

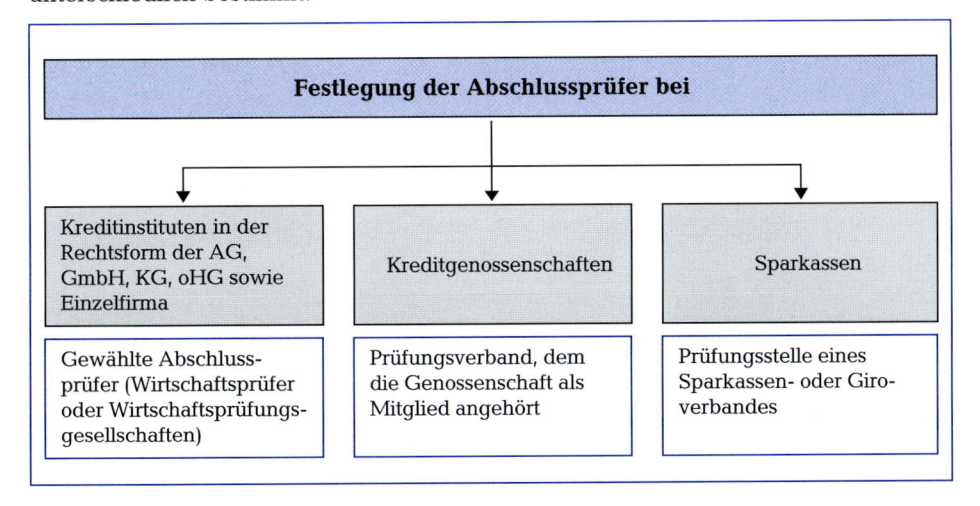

§ 340 k HGB

Festlegung der Abschlussprüfer bei

Kreditinstituten in der Rechtsform der AG, GmbH, KG, oHG sowie Einzelfirma	Kreditgenossenschaften	Sparkassen
Gewählte Abschlussprüfer (Wirtschaftsprüfer oder Wirtschaftsprüfungsgesellschaften)	Prüfungsverband, dem die Genossenschaft als Mitglied angehört	Prüfungsstelle eines Sparkassen- oder Giroverbandes

§ 26 (1) KWG Nach Anbringung des Prüfungsvermerkes sind der Jahresabschluss und der Lagebericht unverzüglich vom Aufsichts- oder Verwaltungsrat **festzustellen** (Billigung des Jahresabschlusses) und unverzüglich mit dem Bestätigungsvermerk oder mit einem Vermerk über die Versagung der Bestätigung der Bundesanstalt für Finanzdienstleistungsaufsicht (BAFin) und der Deutschen Bundesbank einzureichen.

§ 340 I HGB Innerhalb der ersten neun Monate des dem Abschlussstichtag folgenden Geschäftsjahres sind Jahresabschluss und Lagebericht **offenzulegen** (Einreichung der obigen Unterlagen für das entsprechende Register und Bekanntmachung in einem Amtsblatt).

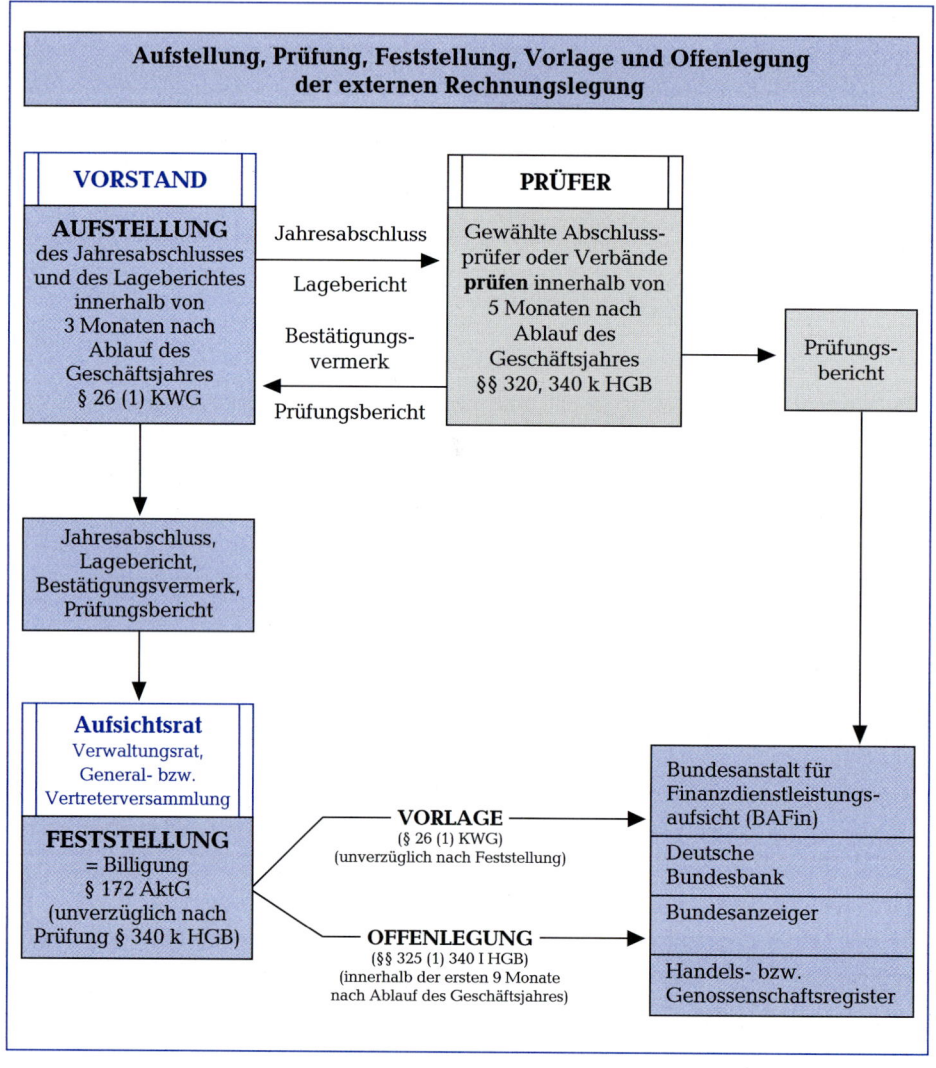

Aufstellung, Prüfung, Feststellung, Vorlage und Offenlegung

Aufstellung, Prüfung, Feststellung, Vorlage und Offenlegung der externen Rechnungslegung

VORSTAND
AUFSTELLUNG des Jahresabschlusses und des Lageberichtes innerhalb von 3 Monaten nach Ablauf des Geschäftsjahres § 26 (1) KWG

→ Jahresabschluss, Lagebericht →

PRÜFER
Gewählte Abschlussprüfer oder Verbände **prüfen** innerhalb von 5 Monaten nach Ablauf des Geschäftsjahres §§ 320, 340 k HGB

← Bestätigungsvermerk, Prüfungsbericht

→ Prüfungsbericht

↓

Jahresabschluss, Lagebericht, Bestätigungsvermerk, Prüfungsbericht

↓

Aufsichtsrat Verwaltungsrat, General- bzw. Vertreterversammlung
FESTSTELLUNG = Billigung § 172 AktG (unverzüglich nach Prüfung § 340 k HGB)

→ **VORLAGE** (§ 26 (1) KWG) (unverzüglich nach Feststellung) →

→ **OFFENLEGUNG** (§§ 325 (1) 340 I HGB) (innerhalb der ersten 9 Monate nach Ablauf des Geschäftsjahres) →

- Bundesanstalt für Finanzdienstleistungsaufsicht (BAFin)
- Deutsche Bundesbank
- Bundesanzeiger
- Handels- bzw. Genossenschaftsregister

Ist-Soll-Vergleich Für die Durchführung des Jahresabschlusses müssen alle durch Inventur festgestellten und bewerteten Vermögens- und Schuldwerte mit den Zahlen der Buchführung verglichen und abgestimmt werden. Weichen die Soll-Werte (Salden der Konten aus der Buchführung) von den Ist-Werten (Inventurwerten) ab, müssen die Werte der Buchführung den Ist-Werten durch **vorbereitende Abschlussbuchungen** angepasst werden.

3.1 Aufgaben, Bestandteile und Organisation des Jahresabschlusses

Zusammenfassung

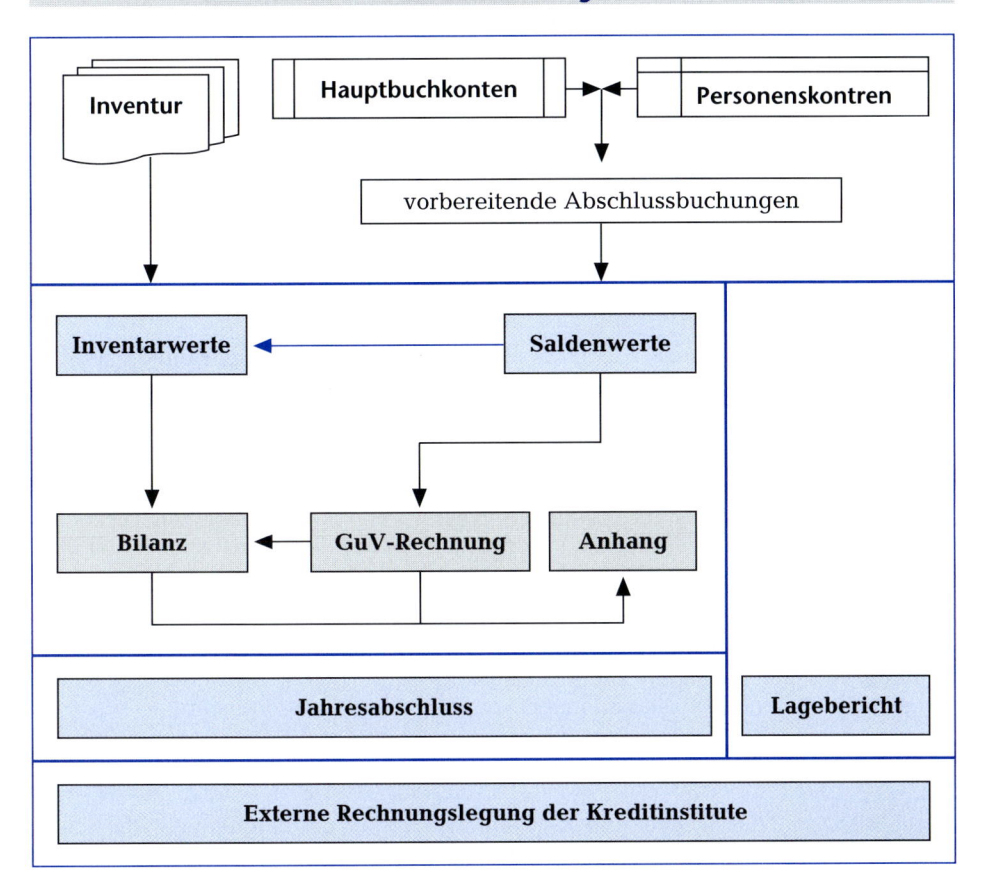

```
Inventur → Hauptbuchkonten ↔ Personenskontren
              ↓
      vorbereitende Abschlussbuchungen
              ↓
Inventarwerte ← Saldenwerte
     ↓              ↓
   Bilanz ← GuV-Rechnung   Anhang

Jahresabschluss                 Lagebericht

Externe Rechnungslegung der Kreditinstitute
```

Aufgaben zu Kapitel 3.1

① Was können Sie aus dem Jahresabschlusses und dem Lagebericht des Kreditinstituts erkennen, bei dem Sie ein Konto haben?

② Beschreiben Sie die Aufgaben der externen Rechnungslegung der Unternehmen.

③ Wer stellt den Jahresabschluss Ihres Kreditinstitutes fest?

④ Wo muss Ihr Kreditinstitut den Jahresabschluss veröffentlichen?

⑤ Stellen Sie einen Zeitplan für die Aufstellung, Prüfung, Feststellung, Vorlage und Offenlegung der Rechnungslegung der Merkurbank AG auf, wenn das Geschäftsjahr der Merkurbank AG dem Kalenderjahr entspricht.

⑥ Welche Maßnahmen sind zum Abschlussstichtag durchzuführen, wenn Inventurwerte von den Buchwerten abweichen, der Bestand an Goldmünzen zum Beispiel niedriger ist als ihn die Buchführung ausweist?

⑦ Vergleichen Sie die Gliederung der Bilanz nach § 266 HGB mit der Gliederung der Bilanz nach RechKredV (Anlage1).
Welche Schlüsse ziehen Sie?

3.2 Grundsätze eines ordnungsmäßigen Abschlusses

3.2.1 Aufstellungs- und Ansatzgrundsätze

Der Abschluss muss nach den **Grundsätzen ordnungsmäßiger Buchführung** (GoB) aufgestellt werden. Dazu müssen die Grundsätze der Wahrheit und Klarheit befolgt werden.

Bilanzwahrheit § 246 (1) HGB Vollständigkeitsgrundsatz

Der **Grundsatz der Wahrheit** bedeutet, dass der Jahresabschluss sämtliche Vermögensgegenstände und Schulden sowie sämtliche Aufwendungen und Erträge enthalten muss. Werden vorhandene Schulden verschwiegen oder nicht vorhandene Vermögensgegenstände aufgeführt, so liegt eine Bilanzfälschung vor, wie sie von Kreditbetrügern begangen wird.

Werden Aufwendungen oder Erträge aufgeführt, die gar nicht entstanden sind, so liegt eine Gewinnmanipulation zur Täuschung von Eigentümern oder Finanzämtern vor.

Geschäfts- oder Firmenwert § 246 (1) HGB

Wird ein anderes Unternehmen für einen Betrag gekauft, der sein ausgewiesenes Kapital übersteigt (**entgeltlich erworbener Geschäfts- oder Firmenwert** (derivativer GoF)), so gilt dieser als zeitlich begrenzt nutzbarer Vermögensgegenstand. Dieser derivative Geschäfts- oder Firmenwert ist zwingend in der Bilanz anzusetzen und über die betriebsgewöhnliche Nutzungsdauer abzuschreiben.

Wirtschaftliche Zurechnung § 246 (1) HGB

Sind Eigentümer und wirtschaftlicher Nutzer verschiedene Personen, so entscheidet die **wirtschaftliche Nutzung** für die Zurechnung. Deshalb muss bei **Sicherungsübereignung** von Gegenständen zur Kreditsicherung der Sicherungsgeber den sicherungsübereigneten Gegenstand bilanzieren und nicht das Kreditinstitut.

Entsprechend muss der Käufer einen unter **Eigentumsvorbehalt** gelieferten und noch nicht bezahlten Vermögenswert bilanzieren und nicht der Verkäufer.

Inhalt der Bilanz § 247 HGB

In der Bilanz sind das Anlage- und das Umlaufvermögen, das Eigenkapital, die Schulden sowie die Rechnungsabgrenzungsposten gesondert auszuweisen und hinreichend aufzugliedern. Beim Anlagevermögen sind nur die Gegenstände auszuweisen, die bestimmt sind, dauernd dem Geschäftsbetrieb zu dienen.

Bilanzklarheit §§ 266, 275 HGB RechKredV

Der **Grundsatz der Klarheit** bedeutet, dass der Abschluss übersichtlich und für jeden Sachverständigen verständlich gestaltet sein muss. Dazu müssen Kapitalgesellschaften ihre Bilanz nach HGB § 266 und ihre GuV-Rechnung nach HGB § 275 gliedern. Kreditinstitute müssen die Gliederungsvorschriften der RechKredV anwenden.

Verrechnungsverbot § 246 (2) HGB

Dem Grundsatz der Klarheit dient ferner ein **Verrechnungsverbot**:

Aktivposten dürfen nicht mit Passivposten und Aufwendungen nicht mit Erträgen verrechnet werden. (Ausnahme: Saldierungsgebot für Vermögensgegenstände und Schulden für Pensionsverpflichtungen.)

§ 340 f (3) HGB Überkreuzkompensation

Ausnahmsweise gewährt das HGB Kreditinstituten wegen ihrer besonderen Vertrauensempfindlichkeit Möglichkeiten zur Nichteinhaltung des Verrechnungsverbotes. Kreditinstitute dürfen Erträge aus Zuschreibungen auf Wertpapiere mit Aufwendungen aus Abschreibungen auf Forderungen verrechnen und dann nur den Saldo aus dieser Verrechnung in der GuV-Rechnung ausweisen.

§ 248 HGB Bilanzierungsverbote, Bilanzierungswahlrechte

Darüber hinaus sind **Bilanzierungsverbote und Bilanzierungswahlrechte** zu beachten. So können **selbst geschaffene immaterielle Vermögenswerte des Anlagevermögens**, wie z. B. selbst entwickelte Software, nicht aber z. B. selbst geschaffene Marken, als Aktivposten in die Bilanz aufgenommen werden (Wahlrecht). Dagegen dürfen Aufwendungen für die Gründung eines Unternehmens und für die Beschaffung des Eigenkapitals nicht in die Bilanz als Aktivposten aufgenommen werden.

Zusammenfassung

Grundsätze für Aufstellung und Ansatz des Jahresabschlusses zur Bilanzwahrheit und Bilanzklarheit:

- **Vollständigkeit**
  beim Ausweis von Vermögensteilen und Schulden
- **Verrechnungsverbot**
  für Aktiv- und Passivposten sowie Aufwendungen und Erträge
- **Zuordnung**
  eines Vermögensteils zum Abschluss desjenigen, der den wirtschaftlichen Nutzen hat
- **Übersichtlichkeit**
  durch Befolgung der Gliederungsvorschriften von HGB und RechKredV
- **Bilanzierungswahlrecht**
  z.B. bei selbst geschaffenen immateriellen Vermögensgegenständen
- **Bilanzierungsverbot**
  der Aufwendungen für die Gründung und die Eigenkapitalbeschaffung

Aufgaben zu Kapitel 3.2.1

1. Die Kreditbank AG hat im Geschäftsjahr die folgenden Geschäftsfälle durchgeführt:
   a) Am 30.09. wurde von der Geschäftskundin Autohaus Mobilke GmbH ein PKW für 60.000 EUR gekauft. Der PKW wurde am 30.11. unter Eigentumsvorbehalt geliefert. Er ist am 31.12. noch nicht bezahlt.
   b) Für die Jahresabschlussarbeiten wurden von Dezember bis Januar des nächsten Jahres zur Verstärkung Ruheständler eingestellt. Für diese Zeit wurde ein Kleinbus im Wert von 80.000 EUR vom Autohaus Mobilke GmbH gemietet, um die Ruheständler zu transportieren. Die Mietkosten betragen 100 EUR pro Tag. Sie werden erst Ende Januar des nächsten Jahres bezahlt.
   c) Dem Autohaus Mobilke GmbH wurde am 15.11. ein Darlehen zum Fahrzeugankauf in Höhe von 600.000 EUR gegen Sicherungsübereignung der Fahrzeuge gewährt.
   d) Am 29.11. kaufte die Kreditbank AG von ihrer Kundin Christa Schmid für 250.000 EUR ein Hotel garni, um Kunden und Mitarbeiter bei Besuchen der Zentrale unterbringen zu können. Die Verkäuferin hatte die Vermögensteile des Hotels mit 500.000 EUR und die Schulden des Hotels mit 300.000 EUR bilanziert.

   Entscheiden Sie, welche Auswirkungen die Geschäftsfälle auf die Bilanz der Kreditbank AG zum 31.12. haben.

2. Prüfen Sie die folgenden Behauptungen und entscheiden Sie mit richtig (**R**) oder falsch (**F**).

	(R)	(F)
a) Kreditinstitute dürfen in der GuV-Rechnung bestimmte Aufwendungen mit bestimmten Erträgen verrechnen.	☐	☐
b) Eine von einem Unternehmen selbst geschaffene Produktmarke darf in der Bilanz als Aktivposten angesetzt werden.	☐	☐
c) Ein Vermögensgegenstand ist immer vom rechtlichen Eigentümer zu bilanzieren, auch dann, wenn die wirtschaftliche Nutzung bei einem anderen Unternehmen liegt.	☐	☐
d) Ein entgeltlich erworbener Geschäfts- oder Firmenwert muss über die betriebsgewöhnliche Nutzungsdauer abgeschrieben werden.	☐	☐
e) Sind Vermögensgegenstände dafür bestimmt, dauerhaft dem Unternehmen zu dienen, so sind diese in der Bilanz als Anlagevermögen auszuweisen.	☐	☐
f) Für die Gründung eines Unternehmens entstandene Aufwendungen dürfen in der Eröffnungsbilanz solange als Aktivposten angesetzt werden, bis das Unternehmen einen Gewinn erwirtschaft.	☐	☐

3.2.2 Bewertungsgrundsätze

3.2.2.1 Allgemeine Bewertungsgrundsätze

§ 252 HGB Die Festlegung der Werte für die Vermögensgegenstände und für die Schulden eines Unternehmens beeinflusst den Jahreserfolg entscheidend. Der Bewertung kommt daher eine erhebliche Bedeutung zu. Rechtsgrundlagen für die Wertansätze in der Bilanz sind hauptsächlich die Bestimmungen der §§ 252 – 256 des Handelsgesetzbuches.

Bilanzzusammenhang
- Der **Grundsatz des Bilanzzusammenhangs** verlangt die **Bilanzidentität** der Anfangsbilanz eines Geschäftsjahres mit der Schlussbilanz des vorangegangenen Geschäftsjahres. Diese formale Bilanzkontinuität fordert die gleiche Benennung und Reihenfolge einzelner Posten in verschiedenen Bilanzen und Gewinn- und Verlustrechnungen.

going-concern-Prinzip
- Bei der Bewertung ist grundsätzlich davon auszugehen, dass das bilanzierende Unternehmen fortgeführt wird **(Grundsatz der Betriebsfortführung).** Wertmindernde Gesichtspunkte, die sich bei Einzelverkäufen oder bei Unternehmensauflösung ergeben, dürfen nicht zugrundegelegt werden.

Einzelbewertung, Gruppenbewertung, Sammelbewertung
- Der **Grundsatz der Einzelbewertung** soll verhindern, dass durch Zusammenlegung von Vermögensgegenständen Wertminderungen und Werterhöhungen miteinander verrechnet werden.

  Begrenzt wird dieser Grundsatz, wenn der Arbeitsaufwand bei der Inventur nicht mehr gerechtfertigt ist. Dann ist eine Sammel- oder Gruppenbewertung handels- und steuerrechtlich zulässig.

  Die Anwendung derartiger Bewertungsvereinfachungsverfahren setzt die Gleichartigkeit der Vermögensgegenstände voraus. Sie wird bei Kreditinstituten regelmäßig bei der Bewertung der Wertpapiere (Gruppenbewertung und Portfoliobewertung) und bei der Pauschalwertberichtigung auf Forderungen (Sammelbewertung) angewendet.

Vorsichtsprinzip
- Nach dem **Grundsatz der kaufmännischen Vorsicht** müssen alle vorhersehbaren Risiken und Verluste, die bis zum Abschlussstichtag bekannt sind, im Jahresabschluss berücksichtigt werden.

  Dabei muss aber die Vernunft eine Grenze ziehen. Aus der Möglichkeit des Untergangs eines jeden Unternehmens zum Beispiel darf nicht eine grundsätzliche Unterbewertung aller Vermögensgegenstände folgen.

Periodisierung der Erfolge
- Der **Grundsatz der Periodengerechten Erfolgsermittlung** verlangt, dass alle Aufwendungen und Erträge des Geschäftsjahres unabhängig von den entsprechenden Zahlungszeitpunkten im Jahresabschluss zu berücksichtigen sind.

Bewertungsstetigkeit
- Der **Grundsatz der Bewertungsstetigkeit** bedeutet, dass die Abschlussgrundsätze und -methoden von Geschäftsjahr zu Geschäftsjahr unverändert anzuwenden sind. Damit sollen Vergleichbarkeit geschaffen und willkürliche Gestaltung der Jahresabschlüsse verhindert werden.

  Wird in begründeten Fällen davon abgewichen, so ist dies im Anhang darzulegen.

Bewertungsgrundsätze Die allgemeinen **Bewertungsgrundsätze** des § 252 HGB gelten für alle Kaufleute und finden wegen des Grundsatzes der **Maßgeblichkeit der Handelsbilanz** auch Anwendung in der Steuerbilanz.

§ 5 (1) Satz 1 EStG So geht der Gesetzgeber davon aus, dass die Handelsbilanz, die nach den Grundsätzen ordnungsmäßiger Buchführung erstellt wird und nicht gegen zwingende steuerrechtliche Vorschriften verstößt, auch die Grundlage für die Steuerbilanz bildet.

Wird im Rahmen der Ausübung eines steuerlichen Wahlrechts ein anderer Ansatz in der Steuerbilanz gewählt bzw. stehen handelsrechtlichen Ansätzen steuerrechtliche Wertansätze entgegen, müssen zwei von einander abweichende Bilanzen erstellt werden. Der Maßgeblichkeitsgrundsatz darf nicht angewendet werden, wenn die Bilanzansätze in der Handelsbilanz gegen steuerliche Vorschriften verstoßen. Das ist für die Kreditinstitute bei der Bildung stiller Vorsorgereserven und bei der Speisung des Fonds für allgemeine Bankrisiken der Fall (vgl. Offene Risikovorsorge). *Maßgeblichkeitsgrundsatz § 5 EStG §§ 340f, g HGB*

Der in der Handelsbilanz ausgewiesene Gewinn ist in diesem Fall niedriger als der Gewinn in der Steuerbilanz, da die im Handelsrecht erlaubten niedrigeren Wertansätze steuerlich nicht anerkannt werden. Ein Grund für diese Unterschiede zwischen Handels- und Steuerbilanz liegt in deren Zwecksetzung.

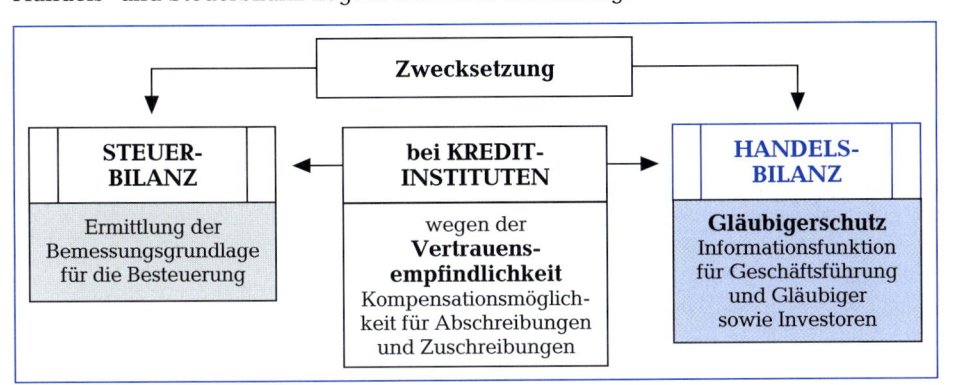

```
                         Zwecksetzung
           ↙                                    ↘
   STEUER-          ←  bei KREDIT-  →      HANDELS-
   BILANZ              INSTITUTEN            BILANZ
   
   Ermittlung der      wegen der           Gläubigerschutz
   Bemessungsgrundlage Vertrauens-         Informationsfunktion
   für die Besteuerung empfindlichkeit     für Geschäftsführung
                       Kompensationsmöglich- und Gläubiger
                       keit für Abschreibungen sowie Investoren
                       und Zuschreibungen
```

Insgesamt gilt, dass nach handelsrechtlichen Grundsätzen entschieden wird, was zu bewerten ist, also ob überhaupt ein Wirtschaftsgut vorhanden ist. Wie zu bewerten ist, entscheiden dagegen handelsrechtliche oder steuerrechtliche **Bewertungsvorschriften,** sodass die Ergebnisse in der Handelsbilanz unterschiedlich zu den Ergebnissen der **Steuerbilanz** sein können. *Bewertungsvorschriften*

Wendet der Unternehmer handelsrechtlich mögliche Bewertungsvorschriften an, denen keine steuerlichen Bewertungsansätze entgegenstehen und nutzt er nur steuerliche Sondervorschriften, die auch seinen handelsrechtlichen Entscheidungen entsprechen, wird er mit einer **Einheitsbilanz** auskommen. *Handelsbilanz Steuerbilanz Einheitsbilanz*

In allen anderen Fällen muss er eine **Handelsbilanz und** zusätzlich eine **Steuerbilanz** aufstellen. Damit ist aber gleichzeitig die Möglichkeit eines verbesserten Aussagegehalts des Einzelabschlusses, der frei von steuerlich geprägten Bilanzierungsregeln ist, gegeben.

Unterschiede in der Bewertung führen zu unterschiedlichen Gewinnausweisen in Handels- und Steuerbilanz und führen damit auch bei der Berechnung gewinnabhängiger Steuern zu Differenzen, die sich in späteren Jahren abbauen. Diese Differenzen sind in der Handelsbilanz als latente Steuern auszuweisen. *latente Steuern*

Wird z. B. in der Handelsbilanz ein selbst geschaffener immaterieller Vermögenswert bilanziert, ergibt sich – durch die Aktivierung der für die Schaffung des immateriellen Vermögenswerts verursachten Aufwendungen – ein **höherer Gewinn in der Handelsbilanz** als in der Steuerbilanz. Die entstandene handelsrechtliche **Steuerbelastung muss** in der Bilanzposition »**Passive latente Steuern**« ausgewiesen werden. *Passive latente Steuern Steuerbelastung*

Wird z. B. in der Handelsbilanz eine Rückstellung wegen unterlassener Instandhaltungsarbeiten gebildet, durch der der **handelsrechtliche Gewinn niedriger** ausgewiesen wird als der steuerliche, entsteht eine handelsrechtlich **Steuerentlastung,** die in der Bilanzposition »**Aktive latente Steuern**« ausgewiesen werden kann. *Aktive latente Steuern Steuerentlastung § 274 HGB i.V.m. § 266 HGB*

Ein getrennter Ausweis oder eine Verrechnung der beiden Bilanzpositionen ist zulässig.

Verhältnis zwischen Handels- und Steuerbilanz

Bilanzierungsgebote

▶ Handelsrechtliche **Aktivierungs- und Passivierungsgebote** gelten auch für die Steuerbilanz:

Beispielsweise ist ein entgeltlich erworbener Firmenwert (derivativer Firmenwert) in der Handelsbilanz gemäß § 246 (1) HGB zu aktivieren. In der Steuerbilanz muss er gemäß § 5 (2) EStG angesetzt werden.

Beispielsweise ist die Bilanzierung von ungewissen Verbindlichkeiten gemäß § 249 HGB in der Handelsbilanz und in der Steuerbilanz (§ 5 (3) EStG) erforderlich.

Bilanzierungsverbote

▶ Handelsrechtliche **Aktivierungs- und Passivierungsverbote** gelten auch für die Steuerbilanz:

Beispielsweise ist die Bilanzierung eines selbst geschaffenen Firmenwertes (originärer Firmenwert) gemäß § 248 (2) HGB in der Handelsbilanz und in der Steuerbilanz untersagt. Ebenso Aufwendungen für die Gründung und Eigenkapitalbeschaffung.

Aktivierungswahlrechte

▶ Handelsrechtliche **Aktivierungswahlrechte** gelten nicht für die Steuerbilanz:

Beispielsweise können selbst geschaffene immaterielle Vermögensgegenstände des Anlagevermögens als Aktivposten in die Bilanz aufgenommen werden (§ 248 (2) HGB). In der Steuerbilanz ist ein Ansatz nicht erlaubt.

Passivierungswahlrechte

▶ Handelsrechtliche **Passivierungswahlrechte** gelten nicht für die Steuerbilanz:

Beispielsweise kann in der Handelsbilanz für einen im nächsten Jahr drohenden Verlust eine Drohverlustrückstellung gebildet werden (§ 249 (1) HGB), die den drohenden Verlust des nächsten Jahres im aktuellen Jahr antizipiert. In der Steuerbilanz ist der Ansatz der Rückstellung nicht erlaubt.

Zusammenfassung

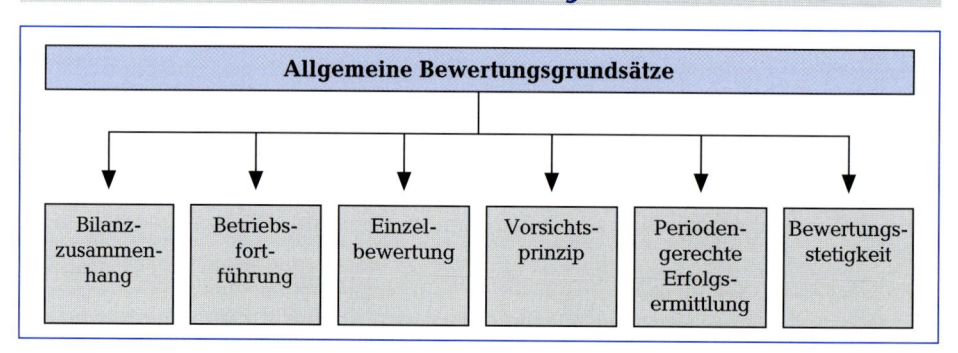

Allgemeine Bewertungsgrundsätze
- Bilanzzusammenhang
- Betriebsfortführung
- Einzelbewertung
- Vorsichtsprinzip
- Periodengerechte Erfolgsermittlung
- Bewertungsstetigkeit

- Grundsätzlich gilt die **Maßgeblichkeit der Handels- für die Steuerbilanz.**

Unterschiedliche **Wertansätze in Handelsbilanz und Steuerbilanz**
führen zu
unterschiedlichen Gewinnen und zur Bildung von **latenten Steuern.**

Ausweis der Werte von	Passive latente Steuern	Aktive latente Steuern
Vermögensgegenständen	in Handelsbilanz > in Steuerbilanz	in Handelsbilanz < in Steuerbilanz
Schulden	in Handelsbilanz < in Steuerbilanz	in Handelsbilanz > in Steuerbilanz

Aufgaben zu Kapitel 3.2.2.1

① Erläutern Sie den den allgemeinen Bewertungsgrundsatz der Vorsicht.

② Was versteht man unter dem Maßgeblichkeitsgrundsatz der Handelsbilanz für die Steuerbilanz?
Nennen Sie zwei Beispiele.

③ Prüfen Sie die folgenden Behauptungen und entscheiden Sie mit richtig (**R**) oder falsch (**F**).

	(R)	(F)
a) Für die periodengerechte Erfolgsermittlung ist nicht der Zeitpunkt der Zahlung, sondern der Zeitpunkt der Entstehung der wirtschaftlichen Verursachung des Erfolges maßgeblich.	☐	☐
b) Verstoßen niedrigere handelsrechtliche Bewertungsansätze gegen steuerliche Vorschriften, kann der Unternehmer eine von der Steuerbilanz abweichende Handelsbilanz aufstellen.	☐	☐
c) Rückstellungen für ungewisse Verbindlichkeiten müssen in der Handelsbilanz ausgewiesen werden, in der Steuerbilanz dürfen sie angesetzt werden.	☐	☐
d) Ein entgeltlich erworbener Firmenwert muss nur in der Steuerbilanz aktiviert werden, in der Handelsbilanz dürfen dagegen nur unentgeltlich erworbene Firmenwerte angesetzt werden.	☐	☐
e) Unterschiedliche Wertansätze in Steuerbilanz und Handelsbilanz führen zur Bildung latenter Steuern.	☐	☐

3.2.2.2 Spezielle Bewertungsgrundsätze

Die allgemeinen Bewertungsgrundsätze werden durch die folgenden speziellen Bewertungsgrundsätze konkretisiert. *Zugangsbewertung*

1 Zugangsbewertung von Vermögensgegenständen

§ 253 (1) HGB

Vermögensgegenstände sind beim Zugang höchstens mit den Anschaffungs- oder Herstellungskosten (AHK) zu bewerten.

§ 255 HGB

Beispiel zu Anschaffungskosten

Die Stadtsparkasse Erfurt kauft einen Gebäudeteil zur Einrichtung einer Filiale von einem Kunden nach Vermittlung durch die Immobilienmaklerin Claudia Jung für 100.000,00 EUR. Die Maklerin berechnet die Käuferprovision von 3,57% einschließlich 19% Umsatzsteuer. Das Finanzamt Erfurt erhebt die Grunderwerbsteuer von 3,5%. Der Notar berechnet für die Beurkundung des Kaufvertrags 680,00 EUR und das Grundbuchamt für die Eintragung des Eigentümerwechsels 250,00 EUR.

Die Stadtsparkasse Erfurt muss die Immobilie wie folgt bewerten:

Kaufpreis	100.000,00 EUR
Maklerprovision	3.570,00 EUR
Grunderwerbsteuer	3.500,00 EUR
Notar	680,00 EUR
Grundbuchamt	250,00 EUR
Anschaffungskosten	**108.000,00 EUR**

§ 255 (1) HGB

Anschaffungskosten sind die Aufwendungen für Erwerb und Ingangsetzung eines Vermögensgegenstandes, einschließlich aller Nebenkosten. *Anschaffungskosten*

Beispiel zu Herstellungskosten

Die Stadtsparkasse Erfurt erteilt einem Handwerksbetrieb den Auftrag, in das neue Filialgebäude Wandschränke einzubauen.

Der Geschäftsführer des Handwerksbetriebes kalkuliert den Auftrag wie folgt:

Fertigungsmaterial	4.000,00 EUR
Materialgemeinkosten 20% des Fertigungsmaterials	800,00 EUR
Fertigungslöhne	2.000,00 EUR
Fertigungsgemeinkosten 30% der Fertigungslöhne	600,00 EUR
Abschreibungen auf Maschinen	300,00 EUR
Herstellungskosten	**7.700,00 EUR**

§ 255 (2) HGB

Herstellungs- **Herstellungskosten** sind die Aufwendungen, die durch den Materialverbrauch und kosten die Dienstleistungen für die Herstellung von Vermögensgegenständen entstehen. Zu ihnen gehören angemessene Teile der Material- und Fertigungsgemeinkosten sowie anteilige Abschreibungen der eingesetzten Maschinen.

§ 253 (1) HGB

2 Folgebewertung von Vermögensgegenständen

2.1 Planmäßige Abschreibungen

Planmäßige Bei Vermögensgegenständen des Anlagevermögens, deren Nutzung zeitlich Abschreibungen begrenzt ist, sind die Anschaffungs- oder die Herstellungskosten um **planmäßige** § 253 (3) HGB **Abschreibungen** zu vermindern. Der Plan muss die Anschaffungs- oder Herstellungskosten auf die Geschäftsjahre verteilen, in denen der Vermögensgegenstand voraussichtlich genutzt werden kann.

2.2 Realisationsprinzip

Realisations- Nach dem **Realisationsprinzip** dürfen Gewinne und Verluste erst dann ausgewiesen prinzip werden, wenn sie tatsächlich durch den Umsatz entstanden sind. Außerdem dürfen Wertsteigerungen, die über die Anschaffungs- oder Herstellungswerte hinausgehen, Anschaffungs- nicht berücksichtigt werden **(Anschaffungskostenprinzip)**.
kostenprinzip
§§ 252, 255 HGB Eine Ausnahme besteht für Kreditinstitute, die ihren Wertpapierhandelsbestand zeitnah zum aktuellen Börsenkurs am Bilanzstichtag unter Berücksichtigung eines Risiko-
beizulegender koabschlags bewerten müssen **(beizulegender Wert)** und damit noch nicht realisier-
Wert te Gewinne teilweise ausweisen.
§§ 255(4),
340 e HGB **Beispiel**

Die Stadtsparkasse Erfurt hat ihre Eingangshalle mit einem großen Gemälde von Georg Baselitz dekoriert. Der Anschaffungspreis für dieses Gemälde betrug 3 Mio. EUR.

Zwei Wochen vor dem Jahresabschluss der Stadtsparkasse wurde bei Sotheby's ein vergleichbares Gemälde des Künstlers für 12 Mio. US-Dollar versteigert.

Gleichgültig, ob die Stadtsparkasse Erfurt nun erwägt, ihren Baselitz auch in eine Auktion zu geben oder nicht, darf sie das Gemälde nur zu 3 Mio. EUR bilanzieren.

2.3 Imparitätsprinzip

Imparitäts- Das **Imparitätsprinzip** bestimmt, dass neben den realisierten Gewinnen und Verlus-
prinzip ten auch die bereits am Bilanzstichtag bekannten, aber noch nicht durch einen Umsatzprozess realisierten Verluste bei andauernder Wertminderung von Finanzanlagen auszuweisen sind.

Das Realisationsprinzip wird also für diesen Fall durchbrochen.

Da eine Vorwegnahme noch nicht realisierter Gewinne grundsätzlich unzulässig ist (Realisationsprinzip), erfolgt die Bewertung hinsichtlich nicht realisierter Gewinne und nicht realisierter Verluste ungleichmäßig (imparitätisch).

Beispiel

Im Portfolio der Kreditbank AG befindet sich ein Bestand von 100 Mio. EUR Schuldverschreibungen eines Staates, dem der Staatsbankrott droht. Eine chinesische Bank hat eine Ausfallgarantie in Höhe von 50% dieser Schuldverschreibungen gegen Abtretung der Einnahmen aus dem größten Hafenbetrieb des Staates übernommen. Die Kreditbank AG muss eine Wertberichtigung von 50 Mio. Euro auf den Anleihebestand vornehmen. Alle vorhersehbaren Risiken und Verluste müssen berücksichtigt werden.

2.4 Strenges Niederstwertprinzip

§ 253 (3,4) HGB
strenges Niederstwertprinzip

Das **strenge Niederstwertprinzip** ist bei voraussichtlich dauernder Wertminderung von Vermögensgegenständen des Anlagevermögens und immer bei Vermögensgegenständen des Umlaufvermögens anzuwenden, wenn ihr Börsen- oder Marktpreis gesunken ist. Es verlangt, dass von zwei möglichen Wertansätzen – den Anschaffungs- oder Herstellungskosten einerseits und dem Börsen- oder Marktpreis andererseits – jeweils der niedrigere angesetzt werden muss.

Beispiel

Die Kreditbank AG kauft im Geschäftsjahr 1000 Stück Aktien der Industrie AG zum Kurs von 34,00 EUR/Stück für das Umlaufvermögen.

Am Jahresende beträgt der Börsenkurs 31,50 EUR/Stück.

Die Aktien sind zu 31,50 EUR/Stück zu bewerten. Der niedrigere Börsenkurs am Abschlusstag ist im Vergleich zum Anschaffungskurs Maßstab der Bewertung.

Die Kreditbank AG muss die Wertminderung von 2,50 EUR/Stück im Jahresabschluss berücksichtigen.

2.5 Gemildertes Niederstwertprinzip

§ 253 (3) HGB
gemildertes Niederstwertprinzip

Das **gemilderte Niederstwertprinzip** kann bei voraussichtlich nicht dauernder Wertminderung von Finanzanlagen angewendet werden.

Beispiel

Die Kreditbank AG erwirbt im Geschäftsjahr eine Beteiligung an der Automobilwerke AG in Höhe von 100 Mio. EUR.

Zum Jahresende hat sich der Wert der Beteiligung wegen eines vorübergehenden Rückgangs des Aktienkurses der Automobilwerke AG auf 98 Mio. EUR verringert.

Die Kreditbank AG hat ein Wahlrecht: sie kann ihre Beteiligung zum niedrigeren Wert des Abschlusstages ansetzen und die Wertminderung von 2 Mio. EUR erfassen. Sie darf aber auch für die Beteiligung den Wert des Anschaffungszeitpunktes beibehalten.

2.6 Höchstwertprinzip

§ 253 (1) HGB
Höchstwertprinzip

Das **Höchstwertprinzip** gilt für Passivposten und wird je nach Schuldenart definiert. So sind
- Verbindlichkeiten mit ihrem Erfüllungsbetrag,
- Rückstellungen in Höhe des nach vernünftiger kaufmännischer Beurteilung notwendigen Erfüllungsbetrages,
- Rentenverpflichtungen mit dem Barwert,
- das Grundkapital bei Kapitalgesellschaften zum Nennbetrag

zu bilanzieren.

Beispiel

Die Kreditbank AG hat im vorangegangenen Jahr eine zehnjährige 6%ige Bankschuldverschreibung mit einem Emissionsvolumen von 200 Mio. EUR zum Kurs von 100% ausgegeben. Am Ende des zweiten Laufzeitjahres ist der Kurs aufgrund der veränderten Marktzinslage auf 98% gefallen. Die Kreditbank AG muss ihre Bankschuldverschreibung zum Nennwert bilanzieren.

§ 253 (5) HGB ## 2.7 Wertaufholungsgebot

Wertaufholungsgebot Die durch Folgebewertung gebildeten niedrigen Wertansätze dürfen nicht beibehalten werden, wenn die Gründe zu ihrer Bildung nicht mehr bestehen. Dagegen ist ein niedriger Wertansatz eines entgeltlich erworbenen Geschäfts- oder Firmenwertes beizubehalten, da die Wertaufholung einem selbst geschaffenen Geschäfts- oder Firmenwert gleichkommen würde.

Beispiel

Die Kreditbank AG hatte eine Finanzanlage beim letzten Jahresabschluss zum niedrigen Wert angesetzt. Im diesem Jahr hat sich der Wert der Beteiligung wieder erholt. Sie muss den Wert der Beteiligung bis maximal zu den historischen Anschaffungskosten wieder aufholen und eine Zuschreibung ertragswirksam erfassen.

Zusammenfassung

Zugangsbewertung von Vermögensgegenständen mit den Anschaffungs- bzw. Herstellungskosten

Folgebewertung von Vermögensgegenständen durch:
- planmäßige Abschreibungen
- spezielle Bewertungsgrundsätze
  - Realisationsprinzip
  - Imparitätsprinzip
  - strenges Niederstwertprinzip
  - gemildertes Niederstwertprinzip
  - Höchstwertprinzip
  - Wertaufholungsprinzip

Aufgaben zu Kapitel 3.2.2.2

1) Die Potsdamer Stadtsparkasse bevorratete sich im Oktober mit 50.000 Litern Heizöl zum Preis von 0,50 EUR/Liter. Bis zum 31.12. hatte sie 20.000 Liter verbraucht. Der Preis für Heizöl betrug zu diesem Bilanzstichtag 0,60 EUR/Liter.

   a) Wie muss die Stadtsparkasse den Heizölvorrat am 31.12. bewerten?

   b) Welche Bewertungsgrundsätze muss die Stadtsparkasse beachten?

2) Erläutern Sie das Imparitäts- und das Realisationsprinzip.

3) Prüfen Sie die folgenden Behauptungen und entscheiden Sie mit richtig (**R**) oder falsch (**F**). (R) (F)

   a) Unabhängig davon, ob ein Vermögenswert dem Anlage- oder Umlaufvermögen angehört, ist seine Bewertung oberhalb der Anschaffungskosten nicht zulässig. ☐ ☐

   b) Bei Vermögensgegenständen des Anlagevermögens müssen Abschreibungen vorgenommen werden, um diese mit einem niedrigeren Wert anzusetzen, der sich am Abschlussstichtag aus dem Börsenkurs ergibt. ☐ ☐

   c) Das Grundkapital bei Kapitalgesellschaften ist zum Nennwert auszuweisen. ☐ ☐

	(R)	(F)
d) Durch die Bewertung von Vermögensgegenständen ist eine Vorwegnahme von nicht realisierten Kursverlusten und nicht realisierten Kursgewinnen möglich.	☐	☐
e) Bei einer dauerhaften Wertminderung des Anlagevermögens muss eine Bewertung nach dem strengen Niederstwertprinzip erfolgen.	☐	☐
f) Die Bewertung des Umlaufvermögens erfolgt immer nach dem gemilderten Niederstwertprinzip.	☐	☐
g) Sind die Gründe für die Erfassung früherer Wertminderungen im aktuellen Geschäftsjahr nicht mehr gegeben, so muss bei Finanzanlagen eine Wertaufholung durchgeführt werden.	☐	☐

3.3 Bewertung der Sachanlagen

3.3.1 Erfassung der Wertminderung von Gegenständen des Anlagevermögens durch Abschreibungen

Das **Anlagevermögen** eines Unternehmens ist die Summe aller Gegenstände, die dazu bestimmt sind, seinem Geschäftsbetrieb **dauernd** zu dienen.

§ 247 (2) HGB
Anlagevermögen

Dabei kommt es nicht auf die technischen Eigenschaften eines Gegenstandes an. Ein PKW z. B., der von einer Automobilfabrik auf Lager produziert wurde, zählt für die Automobilfabrik zum Umlaufvermögen. Kauft ein Kreditinstitut diesen PKW, so zählt er bei diesem Unternehmen zum Anlagevermögen.

Ebenso wenig geht es dabei um die Frage, ob es sich um eine Immobilie oder eine Mobilie handelt.

Tätigt ein Kreditinstitut einen sogenannten »Rettungskauf«, das heißt, erwirbt es bei einer Zwangsversteigerung wegen Ausbleibens eines akzeptablen Gebotes z. B. ein Hotelgrundstück, für das es ein Sicherungspfand besitzt, so gehört diese Immobilie anschließend nicht zum Anlagevermögen des Kreditinstituts, weil es zum baldigen Wiederverkauf bestimmt ist.

Nach den handelsrechtlichen Vorschriften für die Gliederung der Bilanz von Kapitalgesellschaften, zu denen alle Kreditinstitute unabhängig von ihrer Rechtsform gehören, ist das Anlagevermögen im Wesentlichen wie folgt zu gliedern:

§ 340a HGB

A. Anlagevermögen		
I. Immaterielle Vermögensgegenstände	II. Sachanlagen	III. Finanzanlagen
Dazu zählen z. B. Schutzrechte an Software, die von einem Kreditinstitut selbst entwickelt wurde, oder ein Geschäfts- oder Firmenwert, für den bei Übernahme eines anderen Unternehmens gezahlt wurde.	Dazu zählen Grundstücke und Gebäude (GuG) sowie die Betriebs- und Geschäftsausstattung (BGA), aber auch geringwertige Wirtschaftsgüter (GWG) sowie ein jahrgangsbezogener Sammelposten.	Dazu zählen vor allem Beteiligungen sowie Wertpapiere des Anlagevermögens.

§ 266 (2) HGB
Gliederung des Anlagevermögens

§ 253 (1) HGB Die Obergrenze für die Bewertung von Gegenständen des Anlagevermögens bilden
AHK die **Anschaffungs- oder Herstellungskosten (AHK).**

Zu ihnen zählen auch die Anschaffungsnebenkosten sowie bei Kreditinstituten in den meisten Fällen die Umsatzsteuer.

Abschreibungen
Wirtschaftliche oder technische Gründe führen zu Wertminderungen der AHK. Zur Ermittlung der Bilanzwerte sind deshalb **Abschreibungen** auf die AHK oder auf die nach früheren Abschreibungen noch vorhandenen Restbuchwerte vorzunehmen.

Technische und wirtschaftliche Ursachen der Wertminderung
Den technischen Ursachen ist gemeinsam, dass sie den Nutzungs- bzw. Leistungsvorrat einer Sachanlage vermindern und dadurch die technische Nutzungsfähigkeit des Wirtschaftsgutes herabsetzen.

Bei Kraftfahrzeugen und Maschinen z.B. nimmt die Nutzungskapazität durch Gebrauch ab, der Wert verringert sich. Die wirtschaftlichen Ursachen beeinflussen dagegen nicht die Höhe, sondern den wirtschaftlichen Wert des Nutzungs- bzw. Leistungsvorrates.

Dies ist z.B. häufig bei EDV-Anlagen der Fall, wenn die Entwicklung leistungsstärkerer Anlagen den Wert alter Anlagen beeinflusst oder eine Nachfrageverschiebung hervorruft.

§ 253 (2) Satz 1 HGB
planmäßige Abschreibung
Bei Vermögensgegenständen des Anlagevermögens, deren Nutzung zeitlich begrenzt ist, sind die Anschaffungs- oder Herstellungskosten um **planmäßige Abschreibungen** zu vermindern. Der Plan muss die AHK auf die Geschäftsjahre verteilen, in denen der Vermögensgegenstand voraussichtlich genutzt wird.

Würde ein Unternehmen z.B. die AHK eines Wirtschaftsgutes mit hohem Wert und langer Nutzungsdauer sofort in voller Höhe als Betriebsausgabe erfassen, so würde die GuV-Rechnung im Jahr der Anschaffung einen unverhältnismäßig hohen Aufwand ausweisen, während die GuV-Rechnungen der Folgejahre einen unverhältnismäßig niedrigen Aufwand zeigten.

§ 253 (2) Satz 3 HGB
außerplanmäßige Abschreibung
Ohne Rücksicht auf ihre zeitlich begrenzte Nutzung können bei Vermögensgegenständen des Anlagevermögens **außerplanmäßige Abschreibungen** vorgenommen werden, um die Vermögensgegenstände mit dem niedrigeren Wert anzusetzen, der ihnen am Abschlussstichtag beizulegen ist.

Fällt später für diese Abschreibung der Grund weg, so ist eine Zuschreibung höchstens auf die nach planmäßiger Abschreibung fortgeführten Anschaffungskosten notwendig.

Beispiel

Die Europabank kaufte das US-amerikanische Bankhaus W. Richman für 0,5 Mrd. EUR.

§ 309 HGB
Die Summe der Vermögenswerte des Bankhauses betrug 2 Mrd. EUR und die Summe der Schulden 1,8 Mrd. EUR. Der Kaufpreis überstieg somit die Differenz zwischen Vermögenswerten und Schulden um 0,3 Mrd. EUR. Dieser Überschuss war der Geschäftswert; auch Goodwill genannt, der als Entgelt für die Organisation, das Fachwissen der Mitarbeiter, den Kundenstamm und den Bekanntheitsgrad des Bankhauses zu zahlen war. Der Geschäftswert sollte über 5 Jahre in gleich bleibenden Beträgen planmäßig abgeschrieben werden, da die Faktoren für die Berechtigung eines Geschäftswertes erfahrungsgemäß in 5 Jahren an Bedeutung verlieren.

Anfang des Folgejahres entstanden der Europabank im Zuge der Finanzkrise in den USA erhebliche Verluste.

Sie schrieb daher – neben den Abschreibungen auf Forderungen und Finanzanlagen – den Restbuchwert des Geschäftswertes in Höhe von 0,24 Mrd. EUR nicht planmäßig mit 0,06 Mrd. EUR, sondern außerplanmäßig voll mit 0,24 Mrd. EUR ab.

3.3 Bewertung der Sachanlagen

Grundbuch				
Jahr	Konten		Mrd. EUR-Beträge	
	Soll	Haben	Soll	Haben
Jahr 1	Vermögen		2,00	
	Geschäfts- oder Firmenwert		0,30	
		Schulden		1,80
		BBK		0,50
	Abschreibungen auf immaterielle Vermögensgegenstände		0,06	
		Geschäfts- oder Firmenwert		0,06
	GuV		0,06	
		Abschreibungen auf immaterielle Vermögensgegenstände		0,06
	SBK		0,24	
		Geschäfts- oder Firmenwert		0,24
Jahr 2	Abschreibungen auf immaterielle Vermögensgegenstände		0,24	
		Geschäfts- oder Firmenwert		0,24
	GuV		0,24	
		Abschreibungen auf immaterielle Vermögensgegenstände		0,24

> Die **Wertminderung** geht als **Aufwand** in die Rechnungslegung ein. Sie darf nicht nur dem Jahr der Anschaffung zugerechnet werden, sondern ist auf alle Nutzungsjahre zu verteilen. Diesen Teil nennt man **Abschreibung**.

Abschreibung

Für die Bemessung der planmäßigen Abschreibung gibt das Handelsrecht keine bestimmte Methode vor. Es fordert lediglich einen Abschreibungsplan, nach dem die AHK auf die voraussichtliche Nutzungsdauer zu verteilen sind.

§ 253 (2) HGB
Abschreibungsplan

Gewöhnlich wird der Einfachheit halber die **lineare Abschreibung** angewandt. Aber auch eine **degressive Abschreibung,** also eine Abschreibung mit von Jahr zu Jahr abnehmenden Beträgen, ist erlaubt. Sie ist sogar eigentlich sinnvoller, wenn der Wert eines Gegenstandes des Anlagevermögens in den ersten Jahren der Nutzung schneller abnimmt als in den letzten, wie z.B. bei Kraftfahrzeugen. Schließlich ist auch eine **Abschreibung nach der Leistung** möglich. Dazu müssten die gefahrenen Kilometer in einem Fahrtenbuch dokumentiert werden.

Im Gegensatz dazu schreibt das **Steuerrecht** für alle abnutzbaren Gegenstände des Anlagevermögens, deren AHK 1.000,00 EUR netto übersteigen, eine jährlich gleich bleibende AfA (Absetzung für Abnutzung) und außerdem die Nutzungsdauer vor. Die jeweilige Nutzungsdauer eines Gegenstandes des Anlagevermögens ist AfA-Tabellen der Finanzverwaltung zu entnehmen. Für einen PKW z.B. schreibt der Fiskus eine Nutzungsdauer von 6 Jahren vor. Durch die Vorgabe der linearen Abschreibung will der Fiskus verhindern, dass Abschreibungen als Aufwendungen den zu versteuernden Gewinn in der Gegenwart stärker mindern als in der Zukunft, sodass der Fiskus dem Steuerzahler einen zinslosen Stundungskredit gewähren würde.[1]

§§ 6, 7 EStG
Absetzung für Abnutzung (AfA)

Abweichungen zwischen der Bemessung der Abschreibung nach Handels- und Steuerrecht führen zu unterschiedlichen Ergebnissen in der Handels- und Steuerbilanz. Um die Aufstellung von zwei Bilanzen zu vermeiden, wenden Unternehmen gewöhnlich nur die Vorschriften des Einkommensteuerrechts für die Bemessung der Abschreibungen an und erstellen somit eine Einheitsbilanz.

Einheitsbilanz

Die Abschreibungen sind zeitanteilig vorzunehmen. Für jeden angefangenen Monat ist 1/12 der Jahresabschreibung anzusetzen, beginnend mit dem Monat der Anschaffung.

Zeitanteilige Abschreibung

---

[1] Die Bundesregierung hat für Anschaffungen in den Jahren 2009 und 2010 die geometrisch-degressive Abschreibung mit dem 2,5-fachen linearen AfA-Satz – maximal aber 25% – zugelassen. Anschaffungen ab 2011 sind nur noch entsprechend der Zusammenfassung am Ende von Kapitel 3.3.2 zu behandeln.

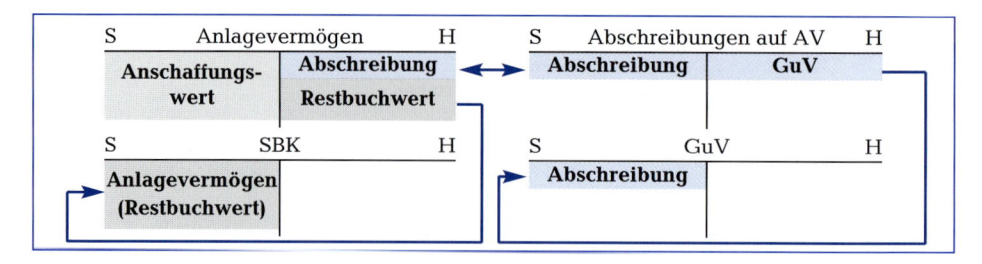

S	Anlagevermögen	H		S	Abschreibungen auf AV	H
Anschaffungswert	Abschreibung		⟷	Abschreibung	GuV	
	Restbuchwert					

S	SBK	H		S	GuV	H
Anlagevermögen (Restbuchwert)			→	Abschreibung		

Zusammenfassung

Die Vermögensgegenstände des Anlagevermögens sind zu den Anschaffungs- oder Herstellungskosten (AHK) zu bewerten. Ist ihre Nutzung zeitlich begrenzt, sind auf die AHK zeitanteilig **planmäßige Abschreibungen** vorzunehmen.

Tritt eine voraussichtlich dauernde Wertminderung ein, so hat eine **außerplanmäßige Abschreibung** zu erfolgen.

Abschreibungen sind Aufwendungen, die zeitanteilig zur Erfassung des Verzehrs der Vermögenswerte in der Gewinn- und Verlustrechnung angesetzt und bei der Bewertung in der Bilanz berücksichtigt werden müssen.

3.3.2 Einkommensteuerrechtliche Vorschriften für die Abschreibungen auf Gegenstände des Sachanlagevermögens

Beispiele

In den folgenden Beispielen bucht die Handelsbank AG Anschaffungen von Gegenständen des Sachanlagevermögens (Mobilien) und führt die sich daraus ergebenden **vorbereitenden Abschlussbuchungen** und Abschlussbuchungen durch.

Beispiel 1 AHK über 1.000,00 EUR netto

Beispiel 1a Lineare Abschreibung

Die Handelsbank AG bezahlt für einen PKW des Vorstands zur Nutzung für steuerfreie Bankgeschäfte am 14.01.2015 über BKK 72.000,00 EUR einschließlich 19 % Umsatzsteuer. Als betriebsgewöhnliche Nutzungsdauer setzt sie entsprechend der AfA-Tabelle der Finanzverwaltung 6 Jahre fest.

Grundbuch				
Datum	Konten		EUR	
	Soll	Haben	Soll	Haben
14.01.15	BGA		72.000,00	
		BBK		72.000,00
31.12.15	Abschreibungen auf Sachanlagen		12.000,00	
		BGA		12.000,00
31.12.15	GuV		12.000,00	
		Abschreibungen auf Sachanlagen		12.000,00
31.12.15	SBK		60.000,00	
		BGA		60.000,00

Erinnerungswert Wird der PKW nach 6 Jahren noch weiter genutzt, kann man die letzte Abschreibung so bemessen, dass ein **Erinnerungswert** von 1,00 EUR übrig bleibt.

Bei Führung eines Anlagenspiegels bleibt der abgeschriebene Vermögensgegenstand noch im Bestand.

3.3 Bewertung der Sachanlagen

Wertminderung des Anlagenbestandes

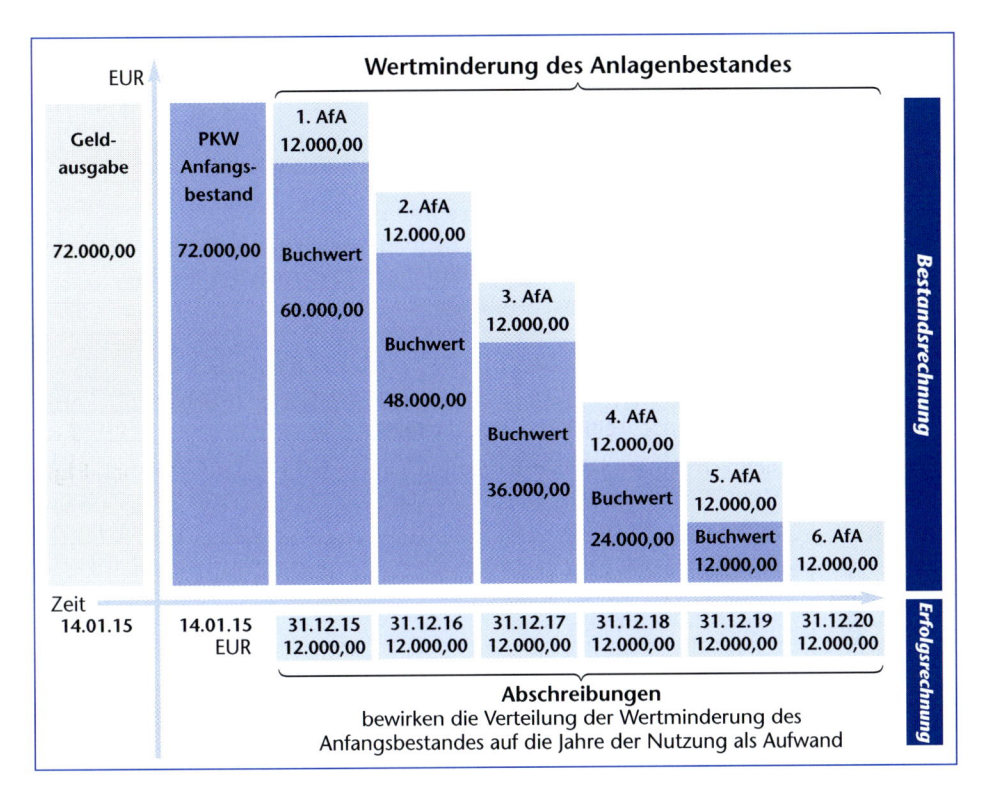

Zeit	EUR							
Geldausgabe	PKW Anfangsbestand	1. AfA 12.000,00						
72.000,00	72.000,00	Buchwert 60.000,00	2. AfA 12.000,00					
			Buchwert 48.000,00	3. AfA 12.000,00				
				Buchwert 36.000,00	4. AfA 12.000,00			
					Buchwert 24.000,00	5. AfA 12.000,00		
						Buchwert 12.000,00	6. AfA 12.000,00	
14.01.15	14.01.15 EUR	31.12.15 12.000,00	31.12.16 12.000,00	31.12.17 12.000,00	31.12.18 12.000,00	31.12.19 12.000,00	31.12.20 12.000,00	

Bestandsrechnung / Erfolgsrechnung

Abschreibungen bewirken die Verteilung der Wertminderung des Anfangsbestandes auf die Jahre der Nutzung als Aufwand

Berechnung der linearen Abschreibung und der Aufbau eines Abschreibungsplanes

$$\text{Abschreibungsbetrag} = \frac{\text{AHK}}{\text{ND}} = \frac{72.000,00 \text{ EUR}}{6 \text{ Jahre}} = 12.000,00 \text{ EUR/Jahr}$$

Abschreibungsbetrag

$$\text{Abschreibungssatz} = \frac{100\%}{\text{ND}} = \frac{100\%}{6 \text{ Jahre}} = 16\,^2/_3\% \text{ pro Jahr}$$

Abschreibungssatz

Abschreibungspläne

Abschreibungsplan

in Staffelform ohne Erinnerungswert

Staffelform

Datum	Bez.	Betrag
14.01.15	AHK	72.000,00
31.12.15	AfA	12.000,00
02.01.16	RBW	60.000,00
31.12.16	AfA	12.000,00
02.01.17	RBW	48.000,00
31.12.17	AfA	12.000,00
02.01.18	RBW	36.000,00
31.12.18	AfA	12.000,00
02.01.19	RBW	24.000,00
31.12.19	AfA	12.000,00
02.01.20	RBW	12.000,00
31.12.20	AfA	12.000,00
	RBW	0,00

in Tabellenform mit Erinnerungswert

Tabellenform

Datum	AHK/RBW	AfA	RBW
14.01.15	72.000,00	–	–
31.12.15	72.000,00	12.000,00	60.000,00
31.12.16	60.000,00	12.000,00	48.000,00
31.12.17	48.000,00	12.000,00	36.000,00
31.12.18	36.000,00	12.000,00	24.000,00
31.12.19	24.000,00	12.000,00	12.000,00
31.12.20	12.000,00	11.999,00	1,00

AfA = Absetzung für Abnutzung (steuerrechtlicher Begriff für Abschreibung)
AHK = Anschaffungs- und Herstellungskosten
RBW = Restbuchwert

Die Umsatzsteuer gehört zu den Anschaffungskosten, da der PKW sowohl steuerfreien als auch steuerpflichtigen Bankgeschäften dient. Ein Nachweis über die Aufteilung wird gegenüber der Finanzverwaltung nicht erfolgen. Da die Anschaffung im Januar erfolgt, wird die Jahresabschreibung angesetzt.

Beispiel 1b   Geometrisch-degressive Abschreibung[1]

Geometrisch-degressive Abschreibung

Eine Anlage wird per 15.01.10 für 100.000,00 EUR angeschafft. Laut AfA-Tabelle der Finanzverwaltung beträgt die betriebsgewöhnliche Nutzungsdauer 8 Jahre.
Wie ist geometrisch-degressiv abzuschreiben?

Abschreibungspläne

Geometrisch-degressiver Abschreibungsplan		
Datum	**Bez.**	**Betrag**
15.01.10	AHK	100.000,00
31.12.10	AfA	25.000,00
02.01.11	RBW	75.000,00
31.12.11	AfA	18.750,00
02.01.12	RBW	56.250,00
31.12.12	AfA	14.063,00
02.01.13	RBW	42.187,00
31.12.13	AfA	10.547,00
02.01.14	RBW	31.640,00
31.12.14	AfA	7.910,00
02.01.15	RBW	23.730,00
31.12.15	AfA	5.933,00
02.01.16	RBW	17.797,00
31.12.16	AfA	4.450,00
02.01.17	RBW	13.347,00
31.12.17	AfA	3.337,00
02.01.18	RBW	10.010,00

Linearer Abschreibungsplan		
Datum	**Bez.**	**Betrag**
15.01.10	AHK	100.000,00
31.12.10	AfA	12.500,00
02.01.11	RBW	87.500,00
31.12.11	AfA	12.500,00
02.01.12	RBW	75.000,00
31.12.12	AfA	12.500,00
02.01.13	RBW	62.500,00
31.12.13	AfA	12.500,00
02.01.14	RBW	50.000,00
31.12.14	AfA	12.500,00
02.01.15	RBW	37.500,00
31.12.15	AfA	12.500,00
02.01.16	RBW	25.000,00
31.12.16	AfA	12.500,00
02.01.17	RBW	12.500,00
31.12.17	AfA	12.500,00
02.01.18	RBW	0,00

Nebenstehende Abschreibungsbeträge sind auf volle Euro-Beträge aufgerundet.

Da bei der geometrisch-degressiven Abschreibung die abnehmenden Abschreibungsbeträge nach einem unveränderlichen Prozentsatz vom jeweiligen Restbuchwert ermittelt werden, erreicht diese geometrische Folge nie einen Restwert von Null.

Andererseits muss der Prozentsatz für die geometrisch-degressive Abschreibung zu Beginn des Abschreibungszeitraumes höher sein als der für die entsprechende lineare.

Bei einer Nutzungsdauer von 8 Jahren beträgt der lineare Abschreibungssatz 100% : 8 = 12,5%. Das Zweieinhalbfache dieses Satzes ist 31,25%. Der steuerlich zulässige Höchstsatz für die geometrisch-degressive AfA beträgt jedoch nur 25%. Also darf im Beispiel auch nur dieser Satz angewendet werden.

▸ Der Prozentsatz für die geometrisch.degressive AfA darf das **Zweieinhalbfache** des Prozentsatzes nicht übersteigen, der sich bei linearer Absetzung ergibt, und

▸ der Prozentsatz darf unabhängig von der 1. Bedingung **25%** nicht übersteigen.

$$\text{Abschreibungssatz} = \frac{100\%}{ND} \cdot 2{,}5 \text{ (max. 25\%)}$$

$$\text{Abschreibungsbetrag} = \frac{\text{AHK oder RBW}}{100} \cdot \text{Abschreibungssatz}$$

---

[1] Die Bundesregierung hat für Anschaffungen in den Jahren 2009 und 2010 die geometrisch-degressive Abschreibung mit dem 2,5-fachen linearen AfA-Satz – maximal aber 25% – zugelassen. Anschaffungen ab 2011 sind nur noch entsprechend der Zusammenfassung am Ende des Kapitels zu behandeln.

3.3 Bewertung der Sachanlagen

Aufgrund der ersten Bedingung wird die Höchstgrenze von 25 % bei einer Nutzungsdauer von 10 Jahren erreicht. Bei längerer Nutzungsdauer muss ein niedrigerer Satz gewählt werden, nämlich das Zweieinhalbfache des linearen Satzes. Damit ist der 25-prozentige Höchstsatz nur sinnvoll, wenn die Nutzungszeiträume von Mobilien 4 Jahre übersteigen, denn bei 4 Jahren ergibt sich auch für die lineare Abschreibung ein Abschreibungssatz von 100 % : 4 = 25 %.

Die geometrisch-degressive Abschreibung führt bei Einhaltung der voraussichlichen Nutzungsdauer zu relativ hohen Restbuchwerten. (vgl. vorhergehendes Beispiel). Zur Vermeidung derartiger hoher Restwerte nach Ablauf der angenommenen Nutzungsjahre, wird ein Wechsel zur linearen Abschreibung durchgeführt.

Beispiel 1c   Wechsel der Abschreibungsmethode
Wann führt ein Wechsel von der geometrisch-degressiven Abschreibung zur linearen Abschreibung zu höheren Abschreibungsbeträgen und damit zu einer Ausschöpfung des zinslosen Stundungskredits des Finanzamtes?

Datum	AHK/RBW am Anfang des Jahres	AfA (geometrisch-degressiv) 25%	AfA linear	RBW am Ende des Jahres (bei Ausschöpfung des zinslosen Stundenkredits d. FA)
15.01.10	100.000,00	–	–	–
2010	100.000,00	25.000,00	~~12.500,00~~	75.000,00
2011	75.000,00	18.750,00	~~10.715,00~~	56.250,00
2012	56.250,00	14.063,00	~~9.375,00~~	42.187,00
2013	42.187,00	10.547,00	~~8.438,00~~	31.640,00
2014	31.640,00	~~7.910,00~~	7.910,00	23.730,00
2015	23.730,00	~~5.933,00~~	7.910,00	15.820,00
2016	15.820,00	~~4.450,00~~	7.910,00	7.910,00
2017	7.910,00	~~3.337,00~~	7.910,00	0,00

Ist der lineare Abschreibungssatz für die Restnutzungsdauer einer Anlage mindestens gleich dem geometrisch-degressiven, sollte ein Wechsel von der Abschreibung mit fallenden Jahresbeträgen zur Abschreibung mit gleich bleibenden Jahresbeträgen durchgeführt werden.

Die geometrisch-degressive Abschreibung führt zu einem **Steuerstundungseffekt,** da in den ersten Jahren mehr als in den letzten abgeschrieben werden kann. Steuerlich sinnvoll zur optimalen Nutzung des Steuerstundungseffekts ist dieser Wechsel in dem Jahr, in dem die gleichmäßige Verteilung des Restwertes auf die verbleibenden Nutzungsjahre mindestens gleich hohe Abschreibungsbeträge ergibt wie die Beibehaltung der geometrisch-degressiven Methode.

Die lineare Abschreibung bemisst sich vom Zeitpunkt des Übergangs an nach dem dann noch vorhandenen Restbuchwert und der Restnutzungsdauer.

Der Zeitpunkt des Übergangs zur linearen Abschreibung ist erreicht, wenn die Restnutzungsdauer (RND) kleiner als 100 geteilt durch degressivem AfA-Satz (p) ist.

Zeitpunkt des Übergangs: $\text{RND} < \dfrac{100}{\text{degressiver AfA-Satz}}$

Ableitung: $\dfrac{\text{RBW}}{100} \cdot p < \dfrac{\text{RBW}}{\text{RND}}$ $\quad |: \text{RBW} \quad | \cdot 100 \quad | \cdot \text{RND} \quad |: p$

$\text{RND} < \dfrac{100}{p}$

Beispiel (Fortsetzung)

- Geometrisch-degressiver AfA-Satz bei **8 Nutzungsjahren** = 25%

$$\text{RND} < \frac{100}{25} = 4$$

➞ Beträgt die **Nutzungsdauer bzw. die Restnutzungsdauer 4 Jahre oder weniger,** wird linear abgeschrieben.

- Geometrisch-degressiver AfA-Satz bei **16 Nutzungsjahren** = 15,625%

$$\text{RND} < \frac{100}{15,625} = 6,4 \sim 6$$

➞ Beträgt die **Nutzungsdauer bzw. die Restnutzungsdauer 6 Jahre oder weniger,** wird linear abgeschrieben.

Beispiel 2

AHK über 150,00 EUR netto bis 1.000,00 EUR netto

2a) Die Handelsbank AG kaufte über BKK am 11.07.10 zum Gebrauch für steuerfreie Bankgeschäfte einen Laptop zum Preis von 1.190,00 EUR einschließlich 19 % Umsatzsteuer. Sie setzte 3 Jahre als betriebsgewöhnliche Nutzungsdauer entsprechend der AfA-Tabelle der Finanzverwaltung fest.

2b) Die Handelsbank AG kaufte über BKK am 11.09.10 zum Gebrauch für steuerpflichtige Bankgeschäfte eine Registrierkasse zum Preis von 1.190,00 EUR einschließlich 19 % Umsatzsteuer. Sie setzte 6 Jahre als betriebsgewöhnliche Nutzungsdauer entsprechend der AfA-Tabelle der Finanzverwaltung fest.

Grundbuch				
Datum	**Konten**		**EUR-Beträge**	
	Soll	Haben	Soll	Haben
11.07.15	Sammelposten 2015		1.190,00	
		BKK		1.190,00
11.09.15	Sammelposten 2015 Sonstige Forderungen FinA Vorsteuer		1.000,00 190,00	
		BKK		1.190,00
31.12.15	Abschreibungen auf Sachanlagen		438,00	
		Sammelposten 2015		438,00
31.12.15	GUV		438,00	
		Abschreibungen auf Sachanlagen		438,00
31.12.15	SBK		1.752,00	
		Sammmelposten 2015		1.752,00

Im Fall 2a) gehört die Umsatzsteuer mit zum Abschreibungsvolumen.
Im Fall 2b) stellt sie eine Forderungen an das Finanzamt dar.

§ 6 (2a) EStG
jahrgangsbezogener Sammelposten

Abnutzbare bewegliche Wirtschaftsgüter des Sachanlagevermögens, die einer selbstständigen Nutzung fähig sind, und deren

AHK 150,00 EUR netto aber nicht 1.000,00 EUR netto übersteigen

können in einen jahresbezogenen Sammelposten (Anlagenpool) aufgenommen werden. Entscheidet sich die Handelsbank AG für die Bildung eines Sammelpostens, so muss sie alle Anschaffungen im selben Geschäftsjahr, deren AHK 150,00 EUR netto aber nicht 1.000,00 EUR netto übersteigen, in diesen Sammelposten einbringen.

3.3 Bewertung der Sachanlagen

Der Sammelposten ist im Wirtschaftsjahr der Bildung und den folgenden vier Wirtschaftsjahren unabhängig von der betriebsgewöhnlichen Nutzung durch eine jährliche Abschreibung von 20% aufzulösen. Eine monatsgenaue Abschreibung findet nicht statt.

Scheidet ein Wirtschaftsgut, das in den Anlagenpool aufgenommen war, durch Unbrauchbarwerden oder Verkauf aus, so bleibt der Anlagenpool davon unberührt. Die Abschreibung läuft also weiter. Ein Verkaufserlös ist als Ertrag zu erfassen.

Beispiel 3

AHK über 150,00 EUR netto bis 410,00 EUR netto

3a) Die Handelsbank AG kaufte über BKK am 08.02.10 zum Gebrauch für steuerfreie Bankgeschäfte einen Schreibtisch zum Preis von 487,90 EUR einschließlich 19 % Umsatzsteuer.
Sie setzte 13 Jahre als betriebsgewöhnliche Nutzungsdauer entsprechend der AfA-Tabelle der Finanzverwaltung fest.

3b) Die Handelsbank AG kaufte über BKK am 15.03.10 zum Gebrauch für steuerpflichtige Bankgeschäfte einen Schreibtisch zum Preis von 487,90 EUR einschließlich 19 % Umsatzsteuer.
Sie setzte 13 Jahre als betriebsgewöhnliche Nutzungsdauer entsprechend der AfA-Tabelle der Finanzverwaltung fest.

Wahlmöglichkeit 1 Aktivierung als GWG und Vollabschreibung am Jahresende

Grundbuch				
Datum	Konten		EUR-Beträge	
	Soll	Haben	Soll	Haben
08.02.15	GWG		487,90	
		BKK		487,90
15.03.15	GWG Sonst. Ford. FinA Vorsteuer		410,00 77,90	
		BKK		487,90
31.12.15	Abschreibungen auf Sachanlagen		897,90	
		GWG		897,90
31.12.15	GuV		897,90	
		Abschreibungen auf Sachanlagen		897,90

Im Fall 3a) gehört die Umsatzsteuer mit zum Abschreibungsvolumen.

Im Fall 3b) stellt sie eine Forderungen an das Finanzamt dar.

Abnutzbare bewegliche Wirtschaftsgüter des Sachanlagevermögens, die einer selbstständigen Nutzung fähig sind, und deren

§ 6 (2) EStG
GWG

AHK 150,00 EUR netto aber nicht 410,00 EUR netto übersteigen

können im Anschaffungsjahr als geringwertige Wirtschaftsgüter (GWG) aktiviert und am Jahresende in voller Höhe abgeschrieben werden. Im Anlagenspiegel sind sie im Bestand solange zu führen, bis sie aus dem Unternehmen ausscheiden. Nutzt die Handelsbank AG dieses Wahlrecht, so entfällt in diesem Geschäftsjahr die Bildung eines Sammelpostens.

Das gilt dann auch für Wirtschaftsgüter, deren AHK 410,00 EUR netto, aber nicht 1.000,00 EUR netto übersteigen; sie müssen gem. AfA-Tabelle abgeschrieben werden.

Wahlmöglichkeit 2   Aktivierung als BGA u. lineare Abschreib. gem. AfA-Tabelle

Grundbuch				
Datum	Konten		EUR-Beträge	
	Soll	Haben	Soll	Haben
08.02.15	BGA	BKK	487,90	487,90
15.03.15	BGA Sonst. Ford. FinA Vorsteuer	BKK	410,00 77,90	487,90
31.12.15	Abschr. auf Sachanlagen	BGA	60,68	60,68
31.12.15	GuV	Abschr. auf Sachanlagen	60,68	60,68
31.12.15	SBK	BGA	837,22	837,22

§ 6 (2) EStG
GWG
Abnutzbare bewegliche Wirtschaftsgüter des Sachanlagevermögens, die einer selbständigen Nutzung fähig sind, und deren

AHK 150,00 EUR netto aber nicht 410,00 EUR netto übersteigen

können im Anschaffungsjahr als Betriebs- und Geschäftsausstattung (BGA) aktiviert und linear[1] gem. AfA-Tabelle oder nach Maßgabe der Leistung abgeschrieben werden. Bei linearer Abschreibung sind im Anschaffungs- und im Verkaufsjahr zeitanteilige Abschreibungen vorzunehmen. Nutzt die Handelsbank AG dieses Wahlrecht, so entfällt in diesem Geschäftsjahr die Bildung eines Sammelpostens. Das gilt dann auch für Wirtschaftsgüter, deren AHK 410,00 EUR netto, aber nicht 1.000,00 EUR netto übersteigen; sie müssen gem. AfA-Tabelle abgeschrieben werden.

Beispiel 4
AHK bis 150,00 EUR netto

Die Handelsbank AG kaufte über BKK am 06.10.10 zum Gebrauch für steuerfreie Bankgeschäfte ein Faxgerät zum Preis von 178,50 EUR einschließlich 19 % Umsatzsteuer. Sie setzte 6 Jahre als betriebsgewöhnliche Nutzungsdauer entsprechend der AfA-Tabelle der Finanzverwaltung fest.

Grundbuch				
Datum	Konten		EUR-Beträge	
	Soll	Haben	Soll	Haben
06.10.15	Aufwendungen für Sachanlagen	BKK	178,50	178,50
31.12.15	GuV	Aufwendungen für Sachanlagen	178,50	178,50

§ 6 (2a) EStG
Sofortaufwand
Abnutzbare bewegliche Wirtschaftsgüter des Sachanlagevermögens, die einer selbständigen Nutzung fähig sind und deren

AHK für das einzelne Wirtschaftsgut 150,00 EUR netto nicht übersteigen

können im Wirtschaftsjahr der Anschaffung sofort in voller Höhe als Betriebsausgaben (sofortige Aufwandserfassung) gebucht werden.

Eine Aktivierung als BGA und die planmäßige Abschreibung über die Nutzungsjahre ist zulässig.

---

[1] Die Bundesregierung hat für Anschaffungen in den Jahren 2009 und 2010 die geometrisch-degressive Abschreibung mit dem 2,5-fachen linearen AfA-Satz – maximal aber 25% – zugelassen. Anschaffungen ab 2011 sind nur noch entsprechend der Zusammenfassung am Ende des Kapitels zu behandeln.

3.3 Bewertung der Sachanlagen

Zusammenfassung

Einkommensteuerrechtliche Vorschriften für die Bewertung von Wirtschaftsgütern des Anlagevermögens

Abnutzbare bewegliche Wirtschaftsgüter des Anlagevermögens mit Anschaffungskosten, vermindert um einen darin enthaltenen Vorsteuerbetrag

über 1.000,00 EUR § 7 (1) EStG „Abschreibung gemäß AfA-Tabelle"	über 150,00 bis zu 1.000,00 EUR § 6 (2a) EStG „jahrgangsbezogener Sammelposten"	über 150,00 bis zu 410,00 EUR § 6 (2) EStG „grundsätzlich G W G"	bis zu 150,00 EUR § 6 (2a) EStG „Aufwandserfassung"
sind bei Anschaffung • als **BGA** zu aktivieren und • **linear gemäß der AfA-Tabelle**[1] oder • nach **Maßgabe der Leistung** abzuschreiben.	können bei Anschaffung • in einen jahrgangsbezogenen **Sammelposten** eingestellt werden. Jeder Sammelposten wird wie ein einzelnes Wirtschaftsgut behandelt und über einen Zeitraum von 5 Jahren ab dem Anschaffungsjahr linear abgeschrieben.	können bei Anschaffung • als **GWG** aktiviert und am Ende des Anschaffungsjahres in voller Höhe abgeschrieben oder • als **BGA** aktiviert und gemäß der AfA-Tabelle abgeschrieben werden.	können bei Anschaffung • sofort als **Aufwand** erfasst oder • als **BGA** aktiviert und gemäß der AfA-Tabelle abgeschrieben werden.
Wahlrecht, das für jedes Geschäftsjahr einheitlich auszuüben ist.			
Buchungssatz bei Anschaffung: BGA (und sonst. Ford. FinA Vorsteuer) an BBK	*Buchungssatz bei Anschaffung:* (mit Jahrgangabe) Sammelposten (und sonst. Ford. FinA Vorsteuer) an BBK	*Buchungssatz bei Anschaffung:* GWG (und sonst. Ford. FinA Vorsteuer) an BBK	*Buchungssatz bei Anschaffung:* Aufwendungen für Sachanlagen (und sonst. Ford. FinA Vorsteuer) an BBK
Buchungssatz für Abschreibung: Abschreibungen auf Sachanlagen an BGA	*Buchungssatz für Abschreibung:* Abschreibungen auf Sachanlagen an Sammelposten	*Buchungssatz für Vollabschreibung:* Abschreibungen auf Sachanlagen an GWG	
Es werden monatsgenaue Abschreibungen im Anschaffungs- und Verkaufsjahr vorgenommen. Außerplanmäßige Abschreibungen aus technischen und wirtschaftlichen Gründen sind möglich. Bei Wegfall des Grundes sind Zuschreibungen verpflichtend.	Die Nutzungsdauer lt. AfA-Tabelle spielt keine Rolle, auch Veräußerungen, Entnahmen oder Wertminderungen beeinflussen die 5-jährige Abschreibung nicht. Es werden keine zeitanteiligen Abschreibungen vorgenommen. Es findet keine außerplanmäßige Abschreibung statt.	Anschaffungen über 410,00 EUR netto müssen als **BGA** aktiviert und gemäß der AfA-Tabelle abgeschrieben werden.	Die Aktivierung von Anschaffungen bis 150,00 EUR netto und ihre Abschreibung nach AfA-Tabelle ist möglich, findet in der Praxis jedoch kaum Anwendung.

---

1 Die Bundesregierung hat für Anschaffungen in den Jahren 2009 und 2010 die geometrisch-degressive Abschreibung mit dem 2,5-fachen linearen AfA-Satz – maximal aber 25% – zugelassen. Anschaffungen ab 2011 sind nur noch entsprechend der Zusammenfassung am Ende des Kapitels zu behandeln.

Aufgaben zu Kapitel 3.3.1 und 3.3.2

① Die Stadtsparkasse Weinstadt kauft am 14.01. für die Verwendung im steuerfreien Bankgeschäft einen Schreibtisch von einem Kunden.
Sie hat die Wahl zwischen folgenden Angeboten:

a) Schreibtisch, gebraucht   140,00 EUR + 19% USt.   26,60 EUR   166,60 EUR
b) Schreibtisch, IKEA   400,00 EUR + 19% USt.   76,00 EUR   476,00 EUR
c) Schreibtisch, Möbelhaus Rau   900,00 EUR + 19% USt. 171,00 EUR   1.071,00 EUR
d) Schreibtisch, Möbelhaus Leu   1.200,00 EUR + 19% USt. 228,00 EUR   1.428,00 EUR

Wie kann der Schreibtisch für den Abschluss per 31.12. bewertet werden, wenn die Stadtsparkasse eine Einheitsbilanz aufstellen will?
Die AfA-Tabelle weist für Schreibtische eine betriebsgewöhnliche Nutzungsdauer von 13 Jahren aus. Es soll linear abgeschrieben werden.

② Beantworten Sie die folgenden Fragen für Anschaffungen der Merkurbank AG.
a) Welche Gegenstände bilanziert sie grundsätzlich als Betriebs- und Geschäftsausstattung, für welche die AfA-Tabellen der Finanzverwaltung anzuwenden sind?
b) Zu welchem Wert bilanziert sie ihre Betriebs- und Geschäftsausstattung, wenn einkommensteuerrechtliche Vorschriften beachtet werden?
c) Für welche Wirtschaftsgüter kann sie einen jahrgangsbezogenen Sammelposten bilden?
d) Unter welcher Bedingung kann sie den Kauf eines Vermögenswertes sofort als Aufwand buchen?

③ Bilden Sie Beispiele für technische und wirtschaftliche Ursachen von Wertminderungen des Sachanlagevermögens.

④ Entscheiden Sie, ob es sich in den folgenden Fällen um eine technische (T) oder wirtschaftliche (W) Wertminderungsursache handelt.   T   W

① Durch Einführung des Euro können die vorhandenen
Geldzählmaschinen nicht mehr genutzt werden.   ❏   ❏

② Die vom Hersteller eines Lieferwagens angegebene maximale
Kilometerleistung ist nach dreijähriger Nutzung erreicht.   ❏   ❏

③ Der Wert eines Büroschreibtisches wird nach zehnjähriger
Nutzung mit zehn Prozent seines Anschaffungswertes angesetzt.   ❏   ❏

④ Durch Fusion zweier Kreditinstitute werden einige benachbarte
Filialen überflüssig: Sie werden geschlossen. Die Einrichtungen
werden unter Buchwert verkauft.   ❏   ❏

⑤ Das Logo eines Kreditinstitutes wird von einem Designer geändert.
Firmenpapiere mit altem Logo können nicht mehr verwendet werden.   ❏   ❏

⑤ Beurteilen Sie, ob die folgenden Aussagen richtig (R) oder falsch (F) sind.   R   F

① Werden mobile Sachanlagen über je 1.000,00 EUR netto im Oktober
eines Jahres angeschafft, so darf im Anschaffungsjahr nur $1/4$ der
Jahresabschreibung angesetzt werden.   ❏   ❏

② Sachanlagen gehören zum Anlagevermögen, Finanzanlagen zum
Umlaufvermögen.   ❏   ❏

③ Abschreibungen sind Aufwendungen für Wertminderungen des
Vermögens.   ❏   ❏

3.3 Bewertung der Sachanlagen

	R	F
④ Selbständig nutzbare bewegliche Wirtschaftsgüter mit einem Nettoeinkaufspreis über 150,00 EUR bis einschließlich 1.000,00 EUR können unabhängig vom Kaufmonat im Anschaffungsjahr mit 20% abgeschrieben werden.	❏	❏
⑤ AfA bedeutet Absetzung für Abnutzung.	❏	❏
⑥ Für unbebaute Grundstücke des Anlagevermögens dürfen grundsätzlich keine Abschreibungen gebucht werden.	❏	❏
⑦ Die Aktivierung eines selbstständig nutzbaren Wirtschaftsgutes als Betriebsvermögen ist nach Einkommensteuergesetz vorgeschrieben, wenn die Anschaffungskosten 150,00 EUR netto nicht übersteigen.	❏	❏

6 Die Kreditbank AG erhält Rechnungen für den Kauf von Gegenständen für die Zahlungsverkehrsabteilung (steuerfreie Bankgeschäfte).
Die Bezahlung erfolgt über BKK. Die Preise enthalten 19% Umsatzsteuer.
Bilden Sie die Buchungssätze, wenn die Kreditbank einkommensteuerrechtliche Vorschriften beachtet und einen Sammelposten im Geschäftsjahr bilden möchte.

  a) 50 Taschenrechner zum Stückpreis von 51,00 EUR.
  b) 3 Schreibtische zu je 450,00 EUR.
  c) 5 Personalcomputer zu je 2.261,00 EUR.
  d) 1.000 Briefumschläge zum Stückpreis von 0,51 EUR.
  e) 100 Leitzordner zum Stückpreis von 5,80 EUR.

7 Beantworten Sie die folgenden Fragen zur Abschreibung auf Sachanlagen für Anschaffungen aus der Sicht der Merkur Bank AG.

  a) Welche Abschreibungsmethoden sind für Sachanlagen mit Anschaffungskosten über 1.000,00 EUR netto einkommensteuerrechtlich zulässig?
  b) Was ist unter der zeitanteiligen Abschreibung zu verstehen?

8 Stellen Sie die Abschreibungspläne nach Einkommensteuerrecht für die Merkurbank AG in Tabellenform für folgende Sachanlagen auf.
Die Anschaffungskosten enthalten 19% Umsatzsteuer, die Anlagegegenstände werden für steuerfreie Bankgeschäfte genutzt.

  a) Personalcomputer, Anschaffungskosten 6.000,00 EUR am 15.01., betriebsgewöhnliche Nutzungsdauer 3 Jahre, kein Erinnerungswert.
  b) Fotokopiergerät, Anschaffungskosten 10.080,00 EUR am 25.09., betriebsgewöhnliche Nutzungsdauer 7 Jahre, Erinnerungswert 1,00 EUR.

9 Die Nordbank AG hat drei Kartenleser für die Zahlungsverkehrsabteilung zum Preis von insgesamt 45.000,00 EUR einschließlich 19% Umsatzsteuer am 14.01. gekauft.
Die betriebsgewöhnliche Nutzungsdauer wird auf 8 Jahre geschätzt.
Es soll nach Handelsrecht linear abgeschrieben werden.

  a) Berechnen und buchen Sie die Abschreibung am Ende des Anschaffungsjahres.
  b) Berechnen Sie den Restbuchwert nach drei Abschreibungsjahren.
  c) Buchen Sie den Abschluss der Konten „Abschreibung auf Sachanlagen" und „BGA" am Ende des 3. Jahres nach erfolgter Abschreibung.

⑩ Buchen Sie im Grundbuch der Kölner Bank von 1867 die folgenden Geschäftsfälle unter Anwendung der einkommensteuerrechtlichen Vorschriften.
Die Bank bildet keinen Sammelposten im Geschäftsjahr.
Wenn möglich soll eine sofortige Aufwandserfassung oder eine Vollabschreibung im Anschaffungsjahr erfolgen.
Alle Käufe wurden durch BBK-Überweisung bezahlt.
Die Preise enthalten 19% Umsatzsteuer.

a) Kauf von Druckerpapier für den Zahlungsverkehr für 3.600,00 EUR.

b) Kauf von 5 Büroschreibtischen für die Wertpapierabteilung für insgesamt 7.000,00 EUR.

c) Kauf von zwei Personalcomputern für die Sparabteilung zu je 1.071,00 EUR.

d) Kauf von 12 Bürostühlen für die Wertpapierabteilung zu insgesamt 1.999,20 EUR.

e) Kauf von 2 Schreibtischen für die Wertpapierabteilung zu insgesamt 904,40 EUR.

⑪ Buchen Sie im Grundbuch der Kölner Bank von 1867 die folgenden Geschäftsfälle unter Anwendung der einkommensteuerrechtlichen Vorschriften.
Alle Käufe wurden durch BBK-Überweisung bezahlt. Bei den Preisen handelt es sich um Nettopreise. Berücksichtigen Sie 19% Umsatzsteuer. Es soll im Jahr ein Sammelposten gebildet werden.

a) Kauf einer Telefonanlage für die Depotabteilung (steuerpflichtige Bankgeschäfte) für 950,00 EUR.

b) Kauf von 5 Faxgeräten für die Wertpapierabteilung (steuerfreie Bankgeschäfte) für insgesamt 1.200,00 EUR.

c) Kauf von vier Aktenvernichtern für die Sparabteilung zu je 220,00 EUR.

⑫ Die Nordbank AG hat 9 Terminals für den Einsatz im steuerfreien Bankgeschäft zum Gesamtpreis von 45.000,00 EUR einschließlich 19% Umsatzsteuer im Januar eines Jahres gekauft. Die Nutzungszeit wird auf 6 Jahre geschätzt.

a) Erstellen Sie einen Abschreibungsplan nach Handelsrecht, wobei zunächst mit 25% geometrisch-degressiv, dann linear abgeschrieben werden soll. Der Wechsel soll erfolgen, wenn der lineare mindestens gleich dem geometrisch-degressiven Abschreibungsbetrag ist.

b) Buchen Sie den Abschluss der Konten „Abschreibung auf Sachanlagen" und „BGA" am Ende des 3. Jahres.

⑬ Die Sparkasse Münster kauft am 3. Oktober eines Jahres für eine Filiale einen Tresor für die Aufbewahrung sperriger Gegenstände von Kunden für 20.000,00 EUR plus 19% Umsatzsteuer. Bei Zahlung über BBK nutzt die Sparkasse 2% Skonto aus.

a) Buchen Sie die Bezahlung der Rechnung durch BBK-Überweisung unter Ausnutzung von 2% Skonto.

b) Erstellen Sie einen Abschreibungsplan für den Tresor für 7 Jahre mit zunächst 25% geometrisch-degressiver Abschreibung. Der Wechsel zur linearen Abschreibung soll erfolgen, wenn der lineare mindestens gleich dem geometrisch-degressiven Abschreibungsbetrag ist. Runden Sie die AfA-Beträge auf volle Euro.
Da die Anlage auch nach 7 Jahren genutzt werden soll, verbleibt ein Erinnerungswert von 1,00 EUR.

c) Buchen Sie die Abschreibung für das erste Jahr und schließen Sie das Konto BGA und Abschreibungen auf Sachanlagen am Ende des ersten Jahres ab.

3.3.3 Verkäufe von Gegenständen des Sachanlagevermögens

3.3.3.1 Verkäufe aus Betriebs- und Geschäftsausstattung

Beispiele

Die Volksbank Mainz eG erwirbt am 05.09.15 eine Computeranlage im Gesamtwert von 9.000,00 EUR zuzüglich 19 % Umsatzsteuer über BBK. Laut AfA-Tabelle der Finanzverwaltung beträgt die betriebsgewöhnliche Nutzungsdauer 3 Jahre.

Die Volksbank bucht den Kauf und die Abschreibung im Anschaffungsjahr jeweils für den Fall, dass das Wirtschaftsgut ausschließlich für

- steuerpflichtige
  oder für
- steuerfreie Bankgeschäfte genutzt wird.

Am 06.05.2016 wird das Wirtschaftsgut an einen KK-Kunden verkauft, und zwar für
1. Fall: 7.000,00 EUR zuzüglich 19 % Umsatzsteuer
2. Fall: 6.000,00 EUR zuzüglich 19 % Umsatzsteuer.

- **Buchungen im Grundbuch bei Verwendung für steuerpflichtige Bankgeschäfte**

Grundbuch				
Datum	Konten		EUR-Beträge	
	Soll	Haben	Soll	Haben
05.09.15	BGA sonst. Ford. FinA Vorsteuer	 BBK	9.000,00 1.710,00	 10.710,00
31.12.15	Abschreib. auf Sachanl.	 BGA	1.000,00	 1.000,00
06.05.16	Abschreib. auf Sachanl.	 BGA	1.250,00	 1.250,00
Fall 1 06.05.16	KKK	 BGA sonst. Verbindl. FinA USt sonst. betriebl. Erträge	8.330,00	 6.750,00 1.330,00 250,00
Fall 2 06.05.16	KKK sonst. betriebl. Aufwend.	 BGA sonst. Verbindl. FinA USt	7.140,00 750,00	 6.750,00 1.140,00

- **Buchungen im Grundbuch bei Verwendung für steuerfreie Bankgeschäfte**
  (Nachweis für die steuerfreie Verwendung vom Finanzamt anerkannt)

Grundbuch				
Datum	Konten		EUR-Beträge	
	Soll	Haben	Soll	Haben
05.09.15	BGA	 BBK	10.710,00	 10.710,00
31.12.15	Abschreib. auf Sachanl.	 BGA	1.190,00	 1.190,00
06.05.16	Abschreib. auf Sachanl.	 BGA	1.487,50	 1.487,50
Fall 1 06.05.16	KKK sonst. betriebl. Aufwend.	 BGA	7.000,00 1.032,50	 8.032,50
Fall 2 06.05.16	KKK sonst. betriebl. Aufwend.	 BGA	6.000,00 2.032,50	 8.032,50

Bei Verkäufen aus der Betriebs- und Geschäftsausstattung ist der Restbuchwert auszubuchen. Zu seiner Ermittlung muss eine zeitanteilige Abschreibung erfolgen.

Bei einem Verkaufserlös unter dem Restbuchwert ist die Differenz über
»**sonstige betriebliche Aufwendungen**«
bei einem Verkaufserlös über dem Restbuchwert ist die Differenz über
»**sonstige betriebliche Erträge**«
zu erfassen.

3.3.3.2 Verkäufe aus dem Sammelposten

Beispiel

Die Volksbank Ratingen eG erwirbt über BKK in unterschiedlichen Monaten des Jahres 2015 mehrere selbstständig nutzbare Wirtschaftsgüter im Gesamtwert von 8.000,00 EUR zuzüglich 19 % Umsatzsteuer. Die Einzelpreise liegen alle über 150,00 aber nicht über 1.000,00 EUR netto.

Die Volksbank Ratingen eG entscheidet, dass im Geschäftsjahr 2015 ein jahrgangsbezogener Sammelposten gebildet wird.

Die Wirtschaftsgüter nutzt die Volksbank sowohl für steuerpflichtige als auch für steuerfreie Bankgeschäfte.

Am 25. Mai 2016 werden vier Laptops aus dem Sammelposten 2015 an einen KK-Kunden zum Gesamtpreis von 2.000,00 EUR zuzüglich 19 % Umsatzsteuer verkauft.

Die Volksbank bucht die Anschaffungen (vereinfachend in einer Summe) und die Abschreibung im Jahr 2015 und den Verkauf am 25.05.2016.

Grundbuch				
Datum	Konten		EUR-Beträge	
	Soll	Haben	Soll	Haben
2015	Sammelposten 2015		9.520,00	
		BKK		9.520,00
31.12.15	Abschreib. auf Sachanl.		1.904,00	
		BGA		1.904,00
25.05.16	KKK		2.380,00	
		sonst. Verbindl. FinA USt		380,00
		sonst. betriebl. Erträge		2.000,00

Im Gegensatz zu den Verkäufen aus BGA führen die Verkäufe aus einem Sammelposten immer zu Erträgen in Höhe des Nettoverkaufserlöses.

Die Abschreibungsbuchung für den Sammelposten 2015 wird planmäßig unverändert fortgeführt. Eine zeitanteilige Abschreibung bis zum Verkaufszeitpunkt entfällt damit.

Zusammenfassung

Bei Verkäufen aus der **Betriebs- und Geschäftsausstattung** ist der Restbuchwert nach einer zeitanteiligen Abschreibung auszubuchen. Differenzen zwischen Restbuchwert und Verkaufserlös führen zu Verlusten bzw. Gewinnen aus Anlageverkäufen, die auf den Konten:
  „**sonstige betriebliche Aufwendungen**" bzw.
  „**sonstige betriebliche Erträge**" erfasst werden.

Bei Verkäufen aus einem **Sammelposten** kommt es regelmäßig nur zu Gewinnen aus Anlageverkäufen, da der gesamte Nettoverkaufserlös zu erfassen ist. Die Ausbuchung des Vermögenswertes erfolgt über einen Zeitraum von fünf Jahren durch die Fortführung der linearen Abschreibung.

Der Nettoverkaufserlös wird auf dem Konto „**sonstige betriebliche Erträge**" erfasst.

3.3 Bewertung der Sachanlagen

Verkäufe aus BGA

unter Buchwert / über Buchwert

Verkäufe aus dem Sammelposten

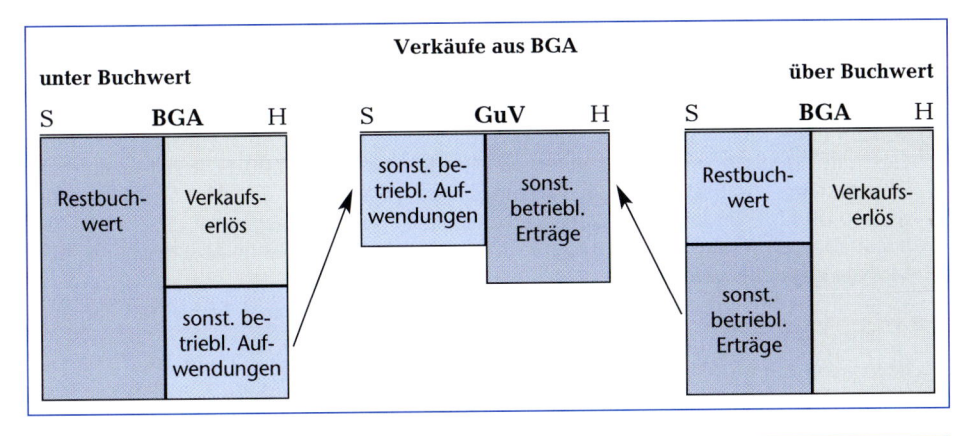

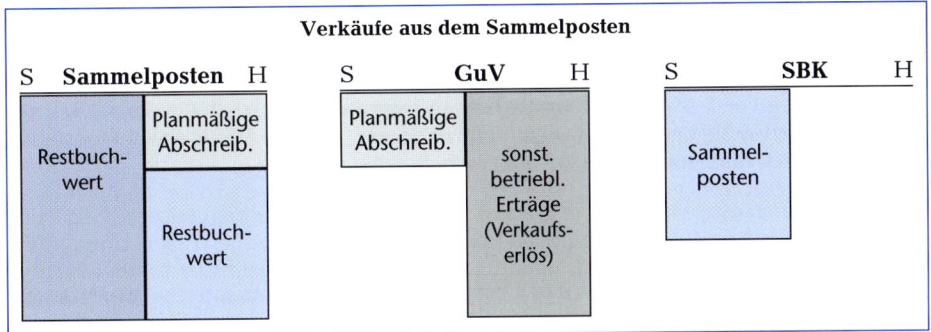

Aufgaben zu Kapitel 3.3.3

1. Die Kreissparkasse Lahr ersetzt eine Fernsehüberwachungsanlage, die mit 2.300,00 EUR Restbuchwert ausgewiesen ist, durch eine neue Anlage, da die alte Anlage nicht mehr repariert werden kann. Der Abschreibungsanteil beträgt im Verkaufsjahr 300,00 EUR. Der Kaufpreis der neuen Anlage beläuft sich auf 4.500,00 EUR einschließlich 19 % Umsatzsteuer. Verkäufer ist ein Kunde. Wie ist zu buchen?

2. Die Handelsbank AG verkauft einen PKW an einen KK-Kunden zum Preis von 15.000,00 EUR plus 19% Umsatzsteuer. Auf einen Nachweis zur bankgeschäftlichen Nutzung wird verzichtet. Die Anschaffungskosten betrugen 45.000,00 EUR.
   Bilden Sie die Buchungssätze für den Verkauf, wenn der Restbuchwert im Zeitpunkt des Verkaufs nach Buchung der anteiligen Jahresabschreibung
   1. 15.000,00 EUR   2. 14.000,00 EUR   3. 18.000,00 EUR
   beträgt.

3. Buchen Sie die folgenden Verkäufe für die Merkurbank AG:
   a) Verkauf eines Büroschranks aus der Immobilienvermittlungsabteilung mit einem Restbuchwert von 2.000,00 EUR an einen KK-Kunden zum Preis von 1.749,30 EUR einschließlich 19% Umsatzsteuer, die noch zu buchende anteilige Jahresabschreibung beträgt 200,00 EUR.
   b) Verkauf eines PKW, der vom Vorstand genutzt wurde, über BBK zum Preis von 36.000,00 EUR zuzüglich 19% Umsatzsteuer zu Beginn des 3. Abschreibungsjahres. Der Anschaffungspreis betrug 85.000,00 EUR zuzüglich 19% Umsatzsteuer. Es wurden in den ersten zwei Nutzungsjahren 30.600,00 EUR abgeschrieben. Im Verkaufsjahr müssen zeitanteilig 1.400,00 EUR abgeschrieben werden.

c) Verkauf eines Personalcomputers, der ausschließlich für steuerfreie Geschäfte genutzt wurde, an einen KK-Kunden zum Preis von 2.500,00 EUR. Der Restbuchwert zum Zeitpunkt des Verkaufs betrug nach der anteiligen Jahresabschreibung 2.200,00 EUR.

(4) Verkauf eines Kleintransporters, der sowohl für steuerfreie als auch für steuerpflichtige Geschäfte genutzt wurde, an einen KK-Kunden für 33.000,00 EUR zuzüglich 19% Umsatzsteuer zu Beginn des 4. Nutzungsjahres. Das Abschreibungsvolumen betrug 60.000,00 EUR. In den ersten drei Nutzungsjahren wurden insgesamt 25.000,00 EUR linear abgeschrieben. Im Verkaufsjahr muss noch eine zeitanteilige Abschreibung für 3 Monate gebucht werden.

   a) Ermitteln Sie die Jahresabschreibung, wenn die Nutzungsdauer gemäß AfA-Tabelle 6 Jahre beträgt
   b) In welchem Monat wurde der Kleintransporter angeschafft?
   c) Wie hoch ist die zeitanteilige Abschreibung im Verkaufsjahr?
   d) Buchen Sie den Verkauf einschließlich der zeitanteiligen Abschreibung.

(5) Die Volksbank Karlsruhe eG verkauft nach einem Nutzungsjahr an einen Barzahler fünf Schreibtischsessel für insgesamt 1.428,00 EUR brutto, die im Jahr 2010 zu einem Gesamtpreis von 1.500,00 EUR brutto für den Sammelposten 2010 angeschafft worden waren. Buchen Sie den Verkauf unter der Bedingung, dass die Stühle sowohl für steuerfreie als auch für steuerpflichtige Bankgeschäfte genutzt wurden.

(6) Die Stadtsparkasse Mainz hat insgesamt im Geschäftsjahr mehrere selbstständig nutzbare Wirtschaftsgüter im Gesamtwert von 17.000,00 EUR zuzüglich 19% Umsatzsteuer für die Einrichtung eines Chefbüros erworben. Die Einzelpreise liegen alle über 150,00 EUR netto aber nicht über 1.000,00 EUR netto und wurden in den Sammelposten eingestellt. Buchen Sie die Abschreibung am Ende des Jahres, wenn das Büro ausschließlich vom

   a) Chef der Investmentabteilung
   b) Chef der Immobilienvermittlungsabteilung genutzt wird.
   c) Im März des Folgejahres werden einige Wirtschaftsgüter aus dem Sammelposten über KKK zum Preis von 3.570,00 EUR netto bzw. brutto verkauft. Buchen Sie die Verkäufe, wenn das Büro ausschließlich durch den
      1. Chef der Investmentabteilung
      2. Chef der Immobilienvermittlungsabteilung genutzt wurde.

3.3.4 Anlagenspiegel

Kapitalgesellschaften und damit auch alle Kreditinstitute müssen in der Bilanz oder im Anhang zum Jahresabschluss gemäß § 268 (2) HGB die **Entwicklung der einzelnen Posten des Anlagevermögens** darstellen. Grundsätzlich erfolgt das durch einen **Anlagenspiegel** im Anhang.

Er muss die gemäß § 268 (2) HGB vorgeschriebenen Spalten enthalten. Dabei kann die jeweilige Jahresabschreibung in der Bilanz oder im Anlagenspiegel ausgewiesen werden. Eine Verbesserung der Bilanzklarheit wird in jedem Fall erreicht.

Das eingeführte **Bruttoverfahren** (Ausweis der historischen Anschaffungs- oder Herstellungskosten) beim Anlagenspiegel sieht grundsätzlich den Ausweis des Anlagevermögens auch dann vor, wenn es bereits abgeschrieben ist, aber noch betrieblich genutzt wird. Ein Erinnerungswert von z.B. 1,00 EUR ist dann nicht notwendig, wenn die kumulierten Abschreibungen den Abschreibungswert des abgeschriebenen Anlagegutes enthalten und nicht als Abgang erfasst sind. Für die Beibehaltung eines Erinnerungswertes und der damit verbundenen Kürzung der letzten Abschreibung für das betreffende Anlagegut um 1,00 EUR spricht, dass im Inventar ein Wert anzugeben ist, aus dem das Vorhandensein des Anlagegutes im Unternehmen ersichtlich wird (**Vollständigkeitsprinzip**).

3.3 Bewertung der Sachanlagen

Beispiele

Beispiel 1:
Anlagenspiegel der Stadtsparkasse Jena für den Jahresabschluss 2015

ANLAGENSPIEGEL 2015									
	1	2	3	4	5	6	7	8	9
Gegenstände des AV		im Geschäftsjahr erfolgte				Abschreibungen		Restbuchwert	
	AHK	Zugänge	Abgänge	Umbuchungen	Zuschreibungen	kumuliert	davon im GJ	im GJ	im vorherigen GJ
	Mio. EUR	Mio. EUR	Mio. EUR	Mio. EUR	Mio. EUR	Mio. EUR	Mio. EUR	Mio. EUR	Mio. EUR
Beteiligungen	7.709	673	696					7.686	7.709
Anteile an verb. Unternehmen	139	126						265	139
Sachanlagen • Grundst. u. Geb.	5.323	467	223			1.500	127	4.067	3.895
• BGA	3.647	632	240			2.511	453	1.528	1.307
• Sammelposten			10			2	2	8	

Beispiel 2:
Anlagenspiegel der Stadtsparkasse Jena für den Jahresabschluss 2016 (nur für BGA und den Sammelposten)

Im neuen Jahr 2016 werden Neuanschaffungen für Wirtschaftsgüter, deren Anschaffungskosten 1.000,00 EUR netto jeweils übersteigen, im Gesamtwert von 585 Mio. EUR getätigt. Darüber hinaus sind Abgänge (BGA) im Wert von 349 Mio. EUR für vollständig abgeschriebene Anlagegegenstände zu erfassen. Hierauf entfallen 33 Mio. EUR kumulierte Abschreibungen. Die neue Abschreibungssumme des laufenden Jahres laut Anlagenkartei (BGA) beträgt 478 Mio. EUR. Im Geschäftsjahr 2016 werden Wirtschaftsgüter im Gesamtwert von 5 Mio. EUR angeschafft, deren Anschaffungskosten jeweils über 150,00 EUR netto aber nicht über 1.000,00 EUR netto liegen. Die Stadtsparkasse vereint die jahrgangsbezogenen Sammelposten in einer Position.

ANLAGENSPIEGEL 2016									
	1	2	3	4	5	6	7	8	9
Gegenstände des AV		im Geschäftsjahr erfolgte				Abschreibungen		Restbuchwert	
	AHK	Zugänge	Abgänge	Umbuchungen	Zuschreibungen	kumuliert	davon im GJ	im GJ	im vorherigen GJ
	Mio. EUR	Mio. EUR	Mio. EUR	Mio. EUR	Mio. EUR	Mio. EUR	Mio. EUR	Mio. EUR	Mio. EUR
Sachanlagen • BGA	4.039	585	349			2.956	478	1.319	1.528
• Sammelposten	10	5				5	3	10	8

Im Anlagenspiegel ergibt der Saldo der Spalten 1 – 6 den Restbuchwert am Ende des Geschäftsjahres (= Spalte 8), die Spalten 7 und 9 dienen nur zur Erläuterung.

Spalte 1:

BGA: Der alte Bestand von 3.647 Mio. EUR erhöht sich um die Zugänge von 632 Mio. EUR und verringert sich um die Abgänge von 240 Mio. EUR des vorherigen Jahres auf 4.039 Mio. EUR.

Sammelposten: Erstmalige Zugänge im Jahr 2015 sind historische AHK im Jahr 2016.

Spalte 2:

BGA: Zugänge des laufenden Jahres 585 Mio. EUR laut Beispiel 2.

Sammelposten: Zugänge des laufenden Jahres 5 Mio. EUR. Die jahresbezogenen Sammelposten werden in einem Posten ausgewiesen.

Spalte 3:

BGA: Abgänge des laufenden Jahres 349 Mio. EUR laut Beispiel 2.

Sammelposten: Keine Abgänge, da erster Sammelposten im Jahr 2015 eröffnet wurde.

Spalte 6:

BGA: Die bisher kumulierten Abschreibungen von 2.511 Mio. EUR erhöhen sich um die Jahresabschreibungen des laufenden Jahres von 478 Mio. EUR und verringern sich um die auf die Abgänge entfallenden Abschreibungsbeträge von 33 Mio. EUR auf 2.956 Mio. EUR.

Sammelposten: Erhöhung um die Jahresabschreibungen von 3 Mio. EUR.

Spalte 7:

BGA: Jahresabschreibungen laut Anlagenkartei: 478 Mio. EUR.

Sammelposten: Jahresabschreibungen laut Anlagenkartei: 3 Mio. EUR

Spalte 8:

BGA: Saldo aus den Spalten 1 – 6: 1.319 Mio. EUR.

Sammelposten: Saldo aus den Spalten 1 – 6: 10 Mio. EUR.

Spalte 9:

BGA: Übernahme aus dem Vorjahr: 1.528,0 Mio. EUR.

Sammelposten: Übernahme aus dem Vorjahr: 8 Mio. EUR.

Zusammenfassung

Der **Anlagenspiegel** zeigt neben den **ursprünglichen Anschaffungskosten** des Anlagevermögens die **Veränderung des Anlagevermögens** durch

- Zugänge
- Abgänge
- Umbuchungen
- Zuschreibungen und
- kumulierte Abschreibungen.

Der Anlagenspiegel erhöht die Bilanzklarheit.

Aufgaben zu Kapitel 3.3.4

[1] Die Volksbank Hannover eG will allein für die erstmalige Anschaffung eines Tresors die Entwicklung des Anlagenspiegels für die geschätzte Nutzungsdauer, gemäß der folgenden Daten darstellen:

Anschaffungskosten 140.000,00 EUR,

Nutzungsdauer 8 Jahre, lineare Abschreibung,

Erinnerungswert nach 8 Jahren 1,00 EUR.

3.3 Bewertung der Sachanlagen

a) Tragen Sie in einen Anlagenspiegel die Werte für jedes Nutzungsjahr ein. Berücksichtigen Sie eine Jahresspalte. Die Spalten Umbuchungen und Zuschreibungen werden nicht benötigt.

b) Im 10. Jahr wird der Tresor verkauft.
Nehmen Sie im Anlagenspiegel die notwendigen Eintragungen für das 9., 10. und 11. Jahr vor.

2) Die Stadtsparkasse Rosenheim muss für den Jahresabschluss 2016 einen Anlagenspiegel erstellen. Folgende Angaben und Unterlagen stehen ihr zur Verfügung:

Anlagenspiegel aus dem letzten Jahresabschluss:

ANLAGENSPIEGEL 2015									
	1	2	3	4	5	6	7	8	9
		im Geschäftsjahr erfolgte				Abschreibungen		Restbuchwert	
Gegenstände des AV	AHK	Zugänge	Abgänge	Umbuchungen	Zuschreibungen	kumuliert	davon im GJ	im GJ	im vorherigen GJ
	Mio. EUR	Mio. EUR	Mio. EUR	Mio. EUR	Mio. EUR	Mio. EUR	Mio. EUR	Mio. EUR	Mio. EUR
Sachanlagen									
• Grd.-stücke und Geb.	1.064,6	93,4	44,6			300,0	25,4	813,4	779,0
• BGA	807,8	117,0	69,8			528,0	95,6	327,0	305,6

Im abzuschließenden Jahr 2016 wurden neu angeschafft:
- Grundstücke und Gebäude im Wert von 85 Mio. EUR,
- BGA im Wert vom 138 Mio. EUR mit Anschaffungskosten über 1.000,00 EUR netto je Wirtschaftsgut,
- Wirtschaftsgüter im Wert von 6 Mio. EUR mit Anschaffungskosten über 150,00 EUR netto aber nicht über 1.000,00 EUR netto je Wirtschaftsgut, für die ein Sammelposten gebildet wird.

Aus den Anlagekarteien ergeben sich für das abzuschließende Jahr folgende Jahresabschreibungssummen:
- Grundstücke und Gebäude 28,9 Mio. EUR,
- BGA 104,5 Mio. EUR.
- Sammelposten 1,2 Mio. EUR.

Folgende Abgänge fanden im abzuschließenden Jahr statt:
- Grundstücke und Gebäude 32,8 Mio. EUR durch Verkäufe
(davon betroffene kumulierte Abschreibungen 18 Mio. EUR),
- BGA 71,2 Mio. EUR durch Verkäufe sowie vollständige Abschreibung
(davon betroffene kumulierte Abschreibung 41 Mio. EUR)

Erstellen Sie den Anlagenspiegel.

3) Die Volksbank Traunstein eG muss für den Jahresabschluss 2016 einen Anlagenspiegel erstellen.

Folgende Angaben und Unterlagen stehen ihr zur Verfügung:

Anlagenspiegel aus dem letzten Jahresabschluss:

ANLAGENSPIEGEL 2015									
	1	2	3	4	5	6	7	8	9
		im Geschäftsjahr erfolgte				Abschreibungen		Restbuchwert	
Gegenstände des AV	AHK	Zugänge	Abgänge	Umbuchungen	Zuschreibungen	kumuliert	davon im GJ	im GJ	im vorherigen GJ
	Mio. EUR	Mio. EUR	Mio. EUR	Mio. EUR	Mio. EUR	Mio. EUR	Mio. EUR	Mio. EUR	Mio. EUR
Sachanlagen									
• BGA	1.213,20	97,00	53,00			412,00	89,40	845,20	799,00
• Sammelposten		9,20				1,84	1,84	7,36	

Im abzuschließenden Jahr 2016 wurden neu angeschafft:
- BGA im Wert von 86 Mio. EUR mit Anschaffungskosten über 1.000,00 EUR netto je Wirtschaftsgut,
- Wirtschaftsgüter im Wert von 3,5 Mio. EUR mit Anschaffungskosten über 150,00 EUR netto aber nicht über 1.000,00 EUR netto je Wirtschaftsgut, für die ein Sammelposten gebildet wird.

Aus den Anlagekarteien ergeben sich für das abzuschließende Jahr folgende Jahresabschreibungssummen:
- BGA 476,5 Mio. EUR,
- Sammelposten 2,54 Mio. EUR.

Folgende Abgänge fanden im abzuschließenden Jahr statt:
- BGA 61,9 Mio. EUR. durch Verkäufe sowie vollständige Abschreibung (davon betroffene kumulierte Abschreibung 29 Mio. EUR).

Erstellen Sie den Anlagenspiegel.

④ Die Stadtsparkasse Reutlingen muss für den Jahresabschluss 2016 einen Anlagenspiegel erstellen.

Folgende Angaben und Unterlagen stehen ihr zur Verfügung:

Anlagenspiegel aus dem letzten Jahresabschluss:

ANLAGENSPIEGEL 2015									
	1	2	3	4	5	6	7	8	9
		im Geschäftsjahr erfolgte				Abschreibungen		Restbuchwert	
Gegenstände des AV	AHK	Zugänge	Abgänge	Umbuchungen	Zuschreibungen	kumuliert	davon im GJ	im GJ	im vorherigen GJ
	Mio. EUR	Mio. EUR	Mio. EUR	Mio. EUR	Mio. EUR	Mio. EUR	Mio. EUR	Mio. EUR	Mio. EUR
Sachanlagen									
• BGA	813,20	37,00	23,00			332,00	67,40	495,20	562,40
• GWG		1,20				1,20	1,20	0,00	

Im abzuschließenden Jahr 2016 wurden neu angeschafft:
- BGA im Wert von 43 Mio. EUR mit Anschaffungskosten über 1.000,00 EUR netto je Wirtschaftsgut,
- Wirtschaftsgüter im Wert von 0,5 Mio. EUR mit Anschaffungskosten über 150,00 EUR netto aber nicht über 410,00 EUR netto je Wirtschaftsgut, die im Anschaffungsjahr in voller Höhe abgeschrieben werden.
- Wirtschaftsgüter im Wert von 0,6 Mio. EUR mit Anschaffungskosten über 410,00 aber nicht über 1.000,00 EUR netto je Wirtschaftsgut.

Aus den Anlagekarteien ergeben sich für das abzuschließende Jahr folgende Jahresabschreibungssummen:
- BGA 72,9 Mio. EUR,
- GWG 0,50 Mio. EUR.

Folgende Abgänge fanden im abzuschließenden Jahr statt:
- BGA 21,2 Mio. EUR durch Verkäufe sowie vollständige Abschreibung (davon betroffene kumulierte Abschreibung 17 Mio. EUR).

Erstellen Sie den Anlagenspiegel.

3.3.5 Abschreibungen als Kalkulationsfaktor

Beispiel

Das Reisebüro Jens Recke in Aachen hat 300.000,00 EUR in Geldmarktfonds-Anteilen angesammelt.

Herr Recke gibt der Volksbank Aachen eG, die sein Depot verwaltet, den Auftrag, seine Anteile zu verkaufen und den Erlös an das Autohaus Schmidt GmbH zu überweisen.

Herr Recke bezahlt mit dieser Überweisung einen neuen Reisebus, der erfahrungsgemäß insgesamt 600.000 km fahren kann.

Herr Recke bekommt von einer Schulklasse die Anfrage, zu welchem Preis er eine Klassenfahrt durch Mecklenburg-Vorpommern anbieten kann.

Herr Recke berücksichtigt bei seiner Kalkulation des Preises nicht nur die Kosten für den Fahrer, die Treibstoffkosten und eine Gewinnmarge, sondern auch eine Abschreibung von 0,50 EUR für jeden gefahrenen Kilometer.

Bei der Berechnung der Abschreibung pro Kilometer hat Herr Recke die Absetzung für Abnutzung nach der Leistung vorgenommen. §7 (1) EStG

Die Anwendung dieser Methode ist auch nach Einkommensteuerrecht zulässig, sofern der auf das einzelne Jahr entfallende Umfang der Leistung (Kilometerstand) nachgewiesen werden kann.

Erbringt der Reisebus tatsächlich in den nächsten Jahren die erfahrungsgemäße Leistung von 600.000 km und kann Herr Recke für jeden gefahrenen Kilometer tatsächlich 0,50 EUR erlösen, so stehen ihm nach dieser Zeit – von Preissteigerungen für einen neuen Reisebus abgesehen – liquide Mittel für einen neuen Reisebus zur Verfügung.

Der Unternehmer erleidet bei der Produktion Wertminderungen an seinem Anlagevermögen, die er durch Abschreibungen als Aufwand erfasst.

Um langfristig den Bestand seines Anlagevermögens nicht zu gefährden, muss er entsprechend hohe Umsatzerlöse (Erträge) für die verbrauchten Vermögensteile erzielen. Er hat daher Abschreibungen bei seiner Preiskalkulation zu berücksichtigen. Realisiert er am Markt die kalkulierten Verkaufspreise, so erhält er liquide Mittel, mit denen er sein Anlagevermögen durch eine Reinvestition erneuern kann. Die Abschreibungen für Wertminderungen des Vermögens fließen dann mit den Umsatzerlösen wieder zum Unternehmen zurück.

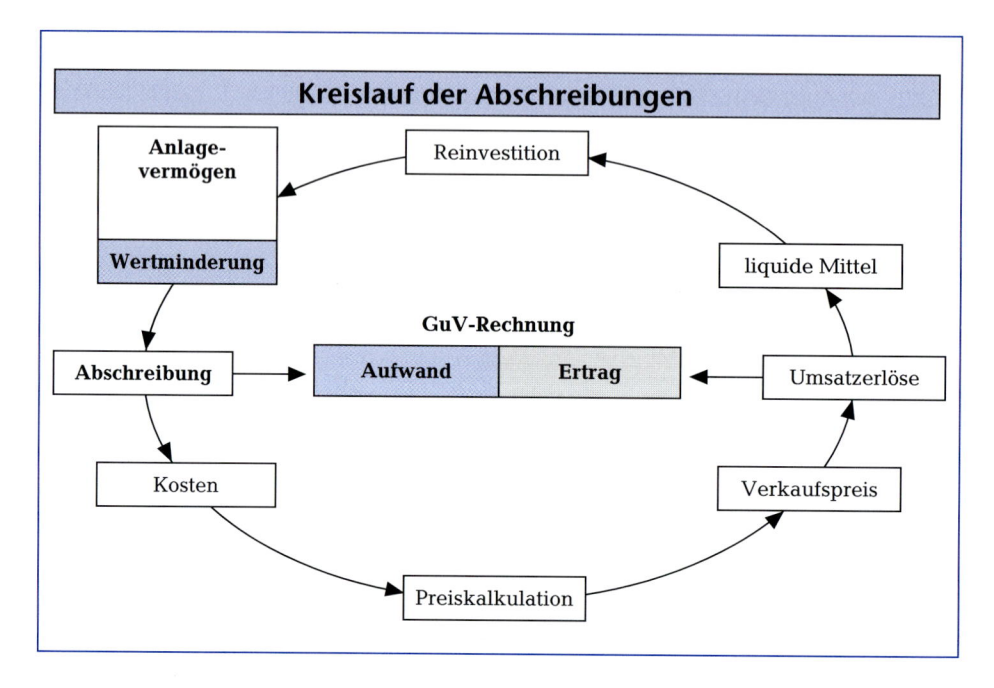

Kreislauf der Abschreibungen

Anlagevermögen → Wertminderung → Abschreibung → Kosten → Preiskalkulation → Verkaufspreis → Umsatzerlöse → liquide Mittel → Reinvestition → Anlagevermögen

GuV-Rechnung: Aufwand | Ertrag

Zusammenfassung

- Abschreibungen auf Sachanlagen müssen in die Angebotspreise der Produkte (Leistungen) einkalkuliert werden, die mit diesen Sachanlagen hergestellt (angeboten) werden.
- Mit den Erlösen für die verkauften Produkte (Leistungen) können die Abschreibungen zurückfließen.
- Der Abschreibungsrückfluss dient der Finanzierung des Ersatzes (Reinvestition) für abgeschriebene Sachanlagen.

Aufgaben zu Kapitel 3.3.5

1. Wie kann der von der Finanzverwaltung geforderte Leistungsnachweis im vorhergehenden Beispiel erbracht werden.
2. Inwieweit kann Herr Recke auf eine Deckung der für die Fahrt erforderlichen Abschreibung verzichten, wenn ihn die Konkurrenz zu einer Ermäßigung seines Angebotspreises zwingt?
3. Nur unter welcher Bedingung reichen verdiente Abschreibungen für die Beschaffung eines Ersatzgegenstandes nach Beendigung der Abschreibung aus?
4. Aus welchen Quellen könnte Herr Recke eine etwaige Lücke zwischen dem Betrag des Abschreibungsrückflusses und dem für die Ersatzanschaffung erforderlichen Betrag finanzieren?

3.4 Bewertung der Forderungen

3.4.1 Grundlagen

Forderungen entstehen im Bankgewerbe aus der Vergabe von Krediten. Dabei handelt es sich um Vermögensgegenstände. Sie müssen als solche gemäß § 246 (1) Satz 1 HGB am Ende eines Geschäftsjahres bilanziert werden. — § 246 (1) Satz 1 HGB

Forderungen sind nicht dazu bestimmt, dauernd dem Geschäftsbetrieb zu dienen. Sie gehören daher zum **Umlaufvermögen**. — § 247 (2) HGB Umlaufvermögen

Das ist für die Bewertung in der Bilanz bedeutsam. Gegenstände des Umlaufvermögens werden gemäß § 253 HGB vorsichtiger bewertet als die des Anlagevermögens. — § 253 (2), (3) HGB

Wird beim Anlagevermögen ein gemildertes Niederstwertprinzip angewandt, gilt für das Umlaufvermögen das **strenge Niederstwertprinzip**. — strenges Niederstwertprinzip

Sollte die Forderung am Abschlussstichtag weniger wert sein als bei ihrer Entstehung, muss sie mit ihrem niedrigeren Wert bilanziert werden.

Die Wertminderung der ursprünglichen Forderung ist als Abschreibung aufwandswirksam zu erfassen.

Ist keine Wertminderung festzustellen, erfolgt die Bewertung grundsätzlich mit den »Anschaffungskosten«, das heißt mit dem ursprünglichen Nennbetrag der Forderung abzüglich geleisteter Tilgungszahlungen und einschließlich aufgelaufener Zinsen und Provisionen. Ein höherer Wertansatz ist nach § 253 (1) Satz 1 HGB nicht zulässig. — § 253 (1) Satz 1

Die Bewertung hat nach § 252 (1) Nr. 3 einzeln zu erfolgen. Dementsprechend müssen Kredite am Bilanzstichtag einzeln auf ihre Vollwertigkeit, das heißt auf den Grad ihrer Einbringlichkeit, untersucht werden. — § 252 (1) Nr. 3 HGB

Forderungen, für die aufgrund einer plötzlich aufgetretenen und nicht behebbaren Zahlungsunfähigkeit des Schuldners keine Aussicht auf Rückzahlung besteht, sind als **uneinbringliche Forderungen** sofort abzuschreiben. — uneinbringliche Forderungen

Forderungen, für die beim Jahresabschluss ein **Ausfallrisiko** offen erkennbar und auch belegbar ist, gelten als **zweifelhafte Forderungen**. — zweifelhafte Forderungen / versteckte Ausfallrisiken

Ob sie ganz, zum Teil oder sogar überhaupt nicht verloren sind, stellt sich erst später heraus. Zusätzlich birgt das Kreditgeschäft Ausfallrisiken, die beim Jahresabschluss nicht erkennbar, also **versteckt (latent)** sind. — risikobehaftetes Kreditvolumen

Beim Jahresabschluss sind offene wie latente Ausfallrisiken zu berücksichtigen.

Andere Forderungen wiederum zählen nicht zum risikobehafteten Kreditvolumen.

Als **risikofrei sind Forderungen** anzusehen, wenn sie — risikofreies Kreditvolumen

- gegen öffentlich-rechtliche Körperschaften oder sonstige Körperschaften, für die eine Gebietskörperschaft als Gewährträger haftet, ausländische Staaten, ausländische Gebietskörperschaften oder sonstige ausländische Körperschaften und Anstalten des öffentlichen Rechts im OECD-Bereich (OECD = Organization for Economic Cooperation and Development) bestehen oder
- durch eine der vorstehend genannten Stellen verbürgt oder in anderer Weise gewährleistet oder
- mit einer Delkredere-Versicherung (Delkredere = Haftung für Forderungsausfälle) durch das Kreditinstitut abgesichert sind.

Der Forderungsbestand eines Kreditinstitutes muss also für die korrekte Bewertung nach Handels- und Steuerrecht hinsichtlich der unterschiedlichen Risikobeurteilungen folgendermaßen gegliedert werden:

Aufteilung der Forderungen

```
                              Forderungen
        ┌──────────────┬──────────────┬──────────────┬──────────────┐
   Uneinbringliche   Zweifelhafte   Forderungen mit   risikofreie
    Forderungen      Forderungen    latentem Risiko   Forderungen
```

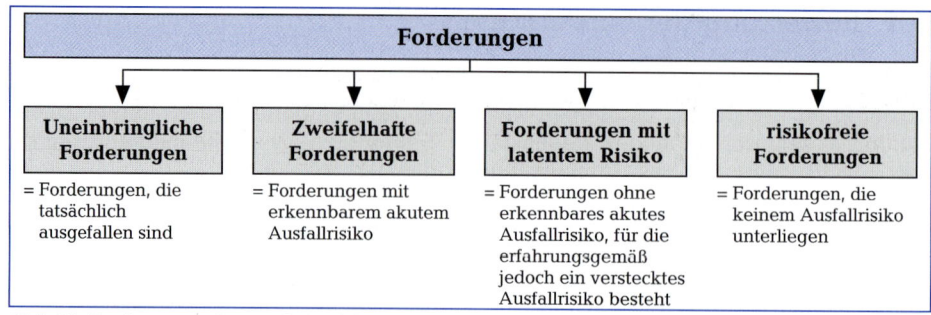

= Forderungen, die tatsächlich ausgefallen sind

= Forderungen mit erkennbarem akutem Ausfallrisiko

= Forderungen ohne erkennbares akutes Ausfallrisiko, für die erfahrungsgemäß jedoch ein verstecktes Ausfallrisiko besteht

= Forderungen, die keinem Ausfallrisiko unterliegen

Abb. 21: Forderungsarten nach Ausfallrisiko

Situation

Die Volksbank Neustadt eG hat zum Jahresende 2016 einen Forderungsbestand gegenüber Kunden in Höhe von 350.080.000,00 EUR. Darunter befinden sich:

1. eine Forderung gegen das **Land Nordrhein-Westfalen** über 6,5 Mio. EUR,

2. eine Forderung gegen den Kunden **Max Müller** über 80.000,00 EUR,
   (Max Müller ist am 30.12.2016 verstorben. Die sicherungsübereigneten Gemälde erweisen sich als wertlose Fälschungen. Andere Vermögenswerte sowie Erben sind nicht vorhanden.)

3. eine Forderung gegen die **Langer AG** über 342.000,00 EUR,
   (Die Tagespresse veröffentlichte am 30.12.2016 folgende Notiz:

   Die Werkzeugmaschinenherstellerin Langer AG hat Insolvenzantrag gestellt. Nach dem Insolvenzplan sollen die Gläubiger mit 35% bedient werden.
   Ziel des Insolvenzantrages ist es, die Erhaltung des Unternehmens zu ermöglichen. (Das Unternehmen verfügt über anerkannt gute Produkte und ein leistungsfähiges Vertriebsnetz.)

4. Zu den übrigen Forderungen gibt es keine konkreten Hinweise. In den vergangenen Jahren fielen allerdings immer wieder Forderungen aus, zu denen es jeweils zum Abschlusstermin keine negativen Hinweise gab. Die Forderungsausfälle und das risikobehaftete Kreditvolumen der vorausgegangenen fünf Wirtschaftsjahre zeigt die folgende Aufstellung:

tatsächlicher Forderungsausfall

Forderungsausfälle der Geschäftsjahre 2012 – 2016	2012 TEUR	2013 TEUR	2014 TEUR	2015 TEUR	2016 TEUR
Verbrauch an EWB* bei Abschreibung bereits einzelwertberichtigter Forderungen	1.250	1.260	1.240	1.280	1.290
+ Abschreibungen auf uneinbringliche Forderungen	420	540	600	360	400
– Eingänge auf abgeschriebene Forderungen	20	130	170	180	190
= tatsächlicher Forderungsausfall	**1.650**	**1.670**	**1.670**	**1.460**	**1.500**

Risikobehaftetes Kreditvolumen

Risikobehaftetes Kreditvolumen der Bilanzstichtage 2011 – 2015	31.12.11 TEUR	31.12.12 TEUR	31.12.13 TEUR	31.12.14 TEUR	31.12.15 TEUR
Forderungen gegen Kunden (Aktiva 4)	270.000	290.400	310.200	290.400	330.100
– risikofreie Forderungen	4.400	5.200	5.600	5.800	5.900
= risikobehaftetes Kreditvolumen	**265.600**	**285.200**	**304.600**	**284.600**	**324.200**

*EWB = Einzelwertberichtigung

3.4.2 Abschreibung uneinbringlicher Forderungen und Einzelwertberichtigung (EWB) auf zweifelhafte Forderungen

Beispiel (Max Müller)

Die Forderung der Volksbank Neustadt eG gegenüber Max Müller ist uneinbringlich.

Sie ist abzuschreiben.

Direkte Abschreibung

Grundbuch

Datum	Konten		EUR-Beträge	
	Soll	Haben	Soll	Haben
30.12.16	Abschreibungen auf Forderungen		80.000,00	
		KKK		80.000,00

Hauptbuch

S	Kundenkontokorrent		H	S	Abschreibungen auf Forderungen		H
EBK	330.100.000,00	Ums.	1.004.570.000,00 ↔ Ums.		320.000,00	GuV	400.000,00
Ums.	1.024.550.000,00	Abschr.	80.000,00 ↔ KKK		80.000,00		
		SBK	350.000.000,00				
	1.354.650.000,00		1.354.650.000,00		400.000,00		400.000,00

Personenbuch (Kundenskontren)

S	Max Müller		H	S	Land Nordrhein-Westfalen		H
SV	70.000,00	Aus-		SV	5.900.000,00	Ums.	100.000,00
Ums.	10.000,00	buchung	80.000,00	Ums.	700.000,00	SB	6.500.000,00
	80.000,00		80.000,00		6.600.000,00		6.600.000,00

S	Langer AG		H	S	Diverse Kunden		H
SV	312.000,00	SB	342.000,00	SV	323.818.000,00	Ums.	1.004.470.000,00
Ums.	30.000,00			Ums.	1.023.810.000,00	SB	343.158.000,00
	342.000,00		342.000,00		1.347.628.000,00		1.347.628.000,00

Die Bestände und Umsätze in den Konten spiegeln die im Tableau zur Situation der Volksbank Neustadt eG angenommenen Werte wider. Im Konto Abschreibungen auf Forderungen sind im laufenden Geschäftsjahr bereits direkte Abschreibungen in Höhe von 320.000,00 EUR gebucht. Sie ergeben zusammen mit der direkten Abschreibung der Forderung gegen den Kunden Müller in Höhe von 80.000,00 EUR den Gesamtbetrag der Forderungsausfälle in Höhe von 400.000,00 EUR.

Beispiel (Max Müller, Fortsetzung)

Die Volksbank Neustadt eG erhielt am 25.10.2017 für die abgeschriebene Forderung gegen den Kunden Müller durch Verwertung einer überraschend aufgefundenen Briefmarkensammlung auf BBK-Konto 9.000,00 EUR.

Darüber hinaus gingen am 30.10.2017 für in vergangenen Jahren abgeschriebene Forderungen 181.000,00 EUR auf dem BBK-Konto ein.

Grundbuch				
Datum	Konten		EUR-Beträge	
	Soll	Haben	Soll	Haben
25.10.14	BBK		9.000,00	
		Erträge aus Zuschrei-bungen zu Forderungen		9.000,00
30.10.14	BBK		181.000,00	
		Erträge aus Zuschrei-bungen zu Forderungen		181.000,00

Zahlungseingänge für bereits abgeschriebene Forderungen

Wegen der direkten Abschreibung ist die Forderung gegen den Kunden Müller nicht mehr im Hauptbuchkonto Kundenkontokorrent enthalten.

Sollte wider Erwarten für die abgeschriebene Forderung künftig doch noch eine Zahlung eingehen, so wird diese Zahlung auf dem Ertragskonto

Erträge aus Zuschreibungen zu Forderungen

erfasst. Dies ist als Äquivalent zur damaligen Abschreibungsbuchng zu sehen. Eine Buchung über »sonstige betriebliche Erträge« ändert den Erfolg nicht, ist aber weniger aussagekräftig.

Beispiel (Langer AG)

1. Aus dem Jahr 2015 wurde ein EWB-Bestand in Höhe von 1.290.000,00 EUR übernommen, der 2016 durch Abschreibung bereits einzelwertberichtigter Forderungen voll verbraucht wurde.

2. Das Ausfallrisiko für die Forderung gegen die Langer AG wird mit 65% der Forderung in Höhe von 342.000,00 EUR = 222.300,00 EUR geschätzt.

3. Die Einzelwertberichtigung ist am 31.12.2016 für die externe Rechnungslegung vom Forderungsbestand abzusetzen.

Grundbuch				
Datum	Konten		EUR-Beträge	
	Soll	Haben	Soll	Haben
30.12.16	Abschr. a. Forderungen	EWB a. Ford.	222.300,00	222.300,00
31.12.16	EWB a. Forderungen	SBK	222.300,00	222.300,00

Hauptbuch

```
S         Kundenkontokorrent          H      S  Abschreibungen auf Forderungen  H
EBK      330.100.000,00 | Ums.  1.004.570.000,00   KKK    320.000,00 | GuV    622.300,00
Ums.   1.024.550.000,00 | Abschr.     80.000,00    KKK     80.000,00 |
                        | SBK      350.000.000,00  EWB    222.300,00 |
         1.354.650.000,00        1.354.650.000,00         622.300,00         622.300,00


S              SBK                    H      S          EWB a. Ford                H
KKK      350.000.000,00 | EWB    222.300,00   Ums.   1.290.000,00 | EBK    1.290.000,00
                                              SBK     222.300,00 | Abschr. 222.300,00
                                                     1.512.300,00         1.512.300,00
```

3.4 Bewertung der Forderungen

Durch die indirekte Abschreibung wird keine Buchung auf dem Konto »Kundenkontokorrent (KKK)« und daher auch keine Eintragung auf dem Skontro Langer AG im Personenbuch ausgelöst.

Die **Entwicklung einer einzelwertberichtigten Forderung** ist im Zeitablauf zu beobachten. Dabei können sich unterschiedliche Möglichkeiten ergeben.

Beispiel (Langer AG, Fortsetzung)

Die Gesamtforderung der Volksbank Neustadt eG gegen die Langer AG beträgt 342.000,00 EUR einschließlich Zinsen und Provisionen. Die EWB beträgt 222.300,00 EUR.

Neubewertung zweifelhafter Forderungen

Zur Forderung gegen die Langer AG können sich im nächsten Jahr z. B. die folgenden Entwicklungsmöglichkeiten einstellen. Jeder Fall bezieht sich auf die **Ausgangssituation.**

1. Das Ausfallrisiko bleibt bestehen, wird aber um 10% der Forderung höher eingeschätzt.
2. Nach Scheitern der Sanierung wird das Unternehmen ohne Liquiditätserlös aufgelöst. Damit ist die Forderung endgültig in voller Höhe verloren.
3. Der Insolvenzplan wird von den Gläubigern angenommen. Die Volksbank Neustadt eG erhält 119.700,00 EUR auf ihrem BBK-Konto. Sie verzichtet auf die Restforderung. Die Geschäftsverbindung wird fortgesetzt.
4. Der Insolvenzplan wird von den Gläubigern in veränderter Form angenommen. Die Volksbank Neustadt eG erhält jedoch nur 100.000,00 EUR auf dem BBK-Konto. Sie verzichtet auf die Restforderung. Die Geschäftsverbindung wird fortgesetzt.
5. Der Insolvenzplan wird von den Gläubigern in veränderter Form angenommen. Die Volksbank Neustadt eG erhält 300.000,00 EUR auf dem BBK-Konto. Sie verzichtet auf die Restforderung. Die Geschäftsverbindung wird fortgesetzt.

Grundbuch				
Nr.	Konten		EUR-Beträge	
	Soll	Haben	Soll	Haben
1	Abschr. auf Forderungen		34.200,00	
		EWB a. Ford.		34.200,00
2	Abschr. auf Forderungen		119.700,00	
	EWB a. Ford.		222.300,00	
		KKK		342.000,00
3	BBK		119.700,00	
	EWB a. Ford.		222.300,00	
		KKK		342.000,00
4	BBK		100.000,00	
	EWB a. Ford.		222.300,00	
	Abschreibungen auf Forderungen		19.700,00	
		KKK		342.000, 00
5a	BBK		300.000,00	
		KKK		300.000,00
5b	EWB a. Ford.		222.300,00	
		KKK		42.000,00
		Erträge aus Zuschreibungen zu Forderungen		180.300,00

Überkreuzkompensation
§§ 340f (3) HGB

Die Erträge aus Zuschreibungen zu Forderungen kann das Kreditinstitut in der Gewinn- und Verlustrechnung mit zu bildendem Abschreibungsaufwand für andere Forderungen und/oder für bestimmte Wertpapiere verrechnen. Diese Möglichkeit der sogenannten **Überkreuzkompensation** ist nach § 340 f (3) HGB zulässig. Sie verhindert die Offenlegung bilanzpolitischer Zielsetzungen. In ertragreichen Jahren werden stille Vorsorgereserven gebildet, die zum Ausgleich von Ertragseinbrüchen in späteren Jahren genutzt werden können, um kontinuierlich Überschüsse auszuweisen.

Zweifelhafte Forderungen

Für zweifelhafte Forderungen im Forderungsbestand werden **Einzelwertberichtigungen (EWB)** gebildet.

Konto Einzelwertberichtigungen (EWB)

Sie stellen eine Risikovorsorge für mögliche künftige Forderungsausfälle einzeln bewerteter Kredite dar und dienen damit dem Bewertungsgrundsatz des **Vorsichtsprinzips**. Die Wertberichtigung ist als Aufwand spätestens am Jahresende des Geschäftsjahres zu buchen, in dem das Risiko erkennbar wurde. Buchmäßig ist der Aufwand als Abschreibung zu erfassen.

Die Wertberichtigung wird auf einem besonderen Hauptbuchkonto **Einzelwertberichtigungen** so lange festgehalten, bis eine endgültige Klärung des bewerteten Kredits vorliegt.

RechKredV

Da Wertberichtigungen nach den Bilanzierungsvorschriften der Rechnungslegungsverordnung nicht bilanziert werden dürfen, sind sie vom Forderungsbestand des Bilanzstichtages aktivisch abzusetzen. Die Höhe der Wertberichtigung richtet sich nach vernünftiger kaufmännischer Beurteilung.

§ 253 (III) und (IV) HGB

Nach dem Handelsgesetzbuch sind zweifelhaft einbringliche Forderungen mit ihrem wahrscheinlichen Wert am Abschlussstichtag anzusetzen. Dabei können auch Wertminderungen berücksichtigt werden, die erst in nächster Zukunft, also nach dem Bilanzstichtag, aber vor Erstellung des Jahresabschlusses, notwendig werden.

Die Bewertung der Kundenforderungen hat maßgeblichen Einfluss auf das Jahresergebnis und auf die Höhe des Steueraufwands.

§ 6 (I) Satz 4 EStG

Die Kreditinstitute sind der Finanzbehörde gegenüber zu aussagefähigen und nachvollziehbaren schriftlichen Nachweisen und Begründungen verpflichtet, wenn die steuerliche Anerkennung der gebildeten Einzelwertberichtigungen erreicht werden soll. Diese Regelung – eine steuerlich anerkannte Abschreibung (Teilwertabschreibung) nur bei einer voraussichtlich dauernden Wertminderung vornehmen zu dürfen – bezieht auch die Verpflichtung zur **Wertaufholung** ein, sollte eine verbesserte Bonität der einzelwertberichtigten Kundenforderungen eingetreten sein.

Aktivische Absetzung vom Forderungsbestand

In der **internen** Rechnungslegung verbietet sich eine direkte Abschreibung zweifelhafter Forderungen, da bis zur endgültigen Klärung der Einzug der vollständigen Forderung betrieben wird.

In der **externen** Rechnungslegung dagegen verlangt die konsequente Anwendung des Prinzips der Bilanzklarheit den Abzug der Einzelwertberichtigungen von den Forderungen, die einzelwertberichtigt wurden.

Einzelwertberichtigungen können nur für Forderungen gebildet werden, die über dem Strich in der Bilanz auszuweisen sind.

Für drohende Ausfälle von Eventualforderungen, z.B. Rückgriffsforderungen wegen Gewährleistungsansprüchen gegen einen Bauunternehmer, müssen **Rückstellungen** gebildet werden.

Zusammenfassung

Uneinbringliche Forderungen sind sofort direkt über das Hauptbuchkonto »KKK« abzuschreiben.

Spätere Zahlungseingänge auf abgeschriebene Forderungen sind über das Hauptbuchkonto »Erträge aus Zuschreibungen zu Forderungen« zu erfassen.

Zweifelhafte Forderungen sind bei Information

1. über ihren teilweisen Ausfall durch eine **indirekte Abschreibung über das Hauptbuchkonto »Einzelwertberichtigungen auf Forderungen« (EWB)** auf ihren vermutlichen Wert zu reduzieren

2. über ihren vollständigen Ausfall auszubuchen, die gebildete EWB ist dabei aufzulösen.

    Erweist sich die gebildete EWB als

    2.1 zu niedrig, führt die Ausbuchung der Forderung neben der Auflösung der EWB zu einer weiteren Belastung auf dem Hauptbuchkonto »Abschreibungen auf Forderungen«

    2.2 zu hoch, führt die Auflösung der EWB neben der Ausbuchung der Forderung zu einer Gutschrift auf dem Hauptbuchkonto »Erträge aus Zuschreibungen zu Forderungen«.

Aufgaben zu Kapitel 3.4.2

1. Berechnen und buchen Sie für die Stadtsparkasse Münster.

    a) Die Stadtsparkasse Münster hat der Kurz Getränkemarktgesellschaft mbH einen Kontokorrentkredit in Höhe von 750.000,00 EUR eingeräumt. Der Kredit ist durch Grundschulden auf dem Geschäftsgrundstück und durch Sicherungsübereignung des Fuhrparks gesichert. Nachdem die Sicherheiten im Wert gesunken sind und die Ertragslage des Getränkemarktes zurückgeht, nimmt die Stadtsparkasse eine Einzelwertberichtigung von 20% auf die Inanspruchnahme in Höhe von 600.000,00 EUR vor.

    b) Die Forderung in Höhe von 12.000,00 EUR gegenüber dem Kunden Friedrich Ernst ist uneinbringlich. Der Kunde hat sich ins Ausland abgesetzt, Sicherheiten bestehen nicht. Die Stadtsparkasse bucht 12% p.a. aufgelaufene Zinsen ab dem 30.03. sowie 28,00 EUR Kontoführungsgebühren per 26.06 und schreibt die Forderung ab.

    c) Die Kurz Getränkemarktgesellschaft mbH hat Insolvenzantrag gestellt. Nach Verwertung der Sicherheiten erhält die Stadtsparkasse zunächst auf dem BBK-Konto 280.000,00 EUR für die Gesamtforderung in Höhe von 623.000,00 EUR. Die restliche Forderung wird mit einer 20%-igen Insolvenzquote bedient. Der Betrag geht ebenfalls auf dem BBK-Konto ein.

    d) Auf dem BBK-Konto der Stadtsparkasse Münster gehen 10.000,00 EUR für die bereits abgeschriebene Forderung gegenüber Friedrich Ernst ein.

2. 1 Bilden Sie die Buchungssätze für folgende Geschäftsfälle bei der Stadtsparkasse Quedlinburg im Geschäftsjahr:

    Anfangsbestand Einzelwertberichtigungen auf Forderungen (EWB):
    350.000,00 EUR

    a) Am 15.09. wird die Forderung gegenüber der Kundin Karin Merz in Höhe von 60.000,00 EUR uneinbringlich.

b) Am 20.11. wird in der Tagespresse veröffentlicht, dass der Kunde Elektro Meier Insolvenzantrag gestellt hat. Die Stadtsparkasse Quedlinburg schätzt den Ausfall auf 60% der ungesicherten Forderung. Die Forderung in Höhe von 500.000,00 EUR ist durch eine selbstschuldnerische Bürgschaft über 100.000,00 EUR gesichert.

c) Am 10.12. gehen auf dem BBK-Konto der Stadtsparkasse Quedlinburg 20.000,00 EUR bereits im Vorjahr abgeschriebene Forderungen ein.

d) Für eine im Vorjahr einzelwertberichtigte Forderung ist das Insolvenzverfahren am 20.12. abgeschlossen. Die Forderung beträgt 300.000,00 EUR. Die Stadtsparkasse Quedlinburg erhält 25% der Forderung. Die im Vorjahr gebildete Einzelwertberichtigung beträgt 75.000,00 EUR. Die Restforderung wird ausgebucht.

2 Ermitteln Sie den Schlussbestand für das Konto EWB am 31.12. des Berichtsjahres.

3.4.3 Unversteuerte Pauschalwertberichtigungen (PWB) auf Forderungen mit latentem Risiko

Die im Handelsrecht geforderte Einzelbewertung ist nur bei Forderungen möglich, bei denen ein Ausfallrisiko erkennbar ist.

Pauschalwertberichtigung für latentes Ausfallrisiko

> Aus dem kaufmännischen Vorsichtsprinzip ist aber auch eine Bewertung der übrigen Forderungen abzuleiten, die einem latenten (versteckten) Ausfallrisiko unterliegen.

Anscheinend einwandfreie Forderungen können ausfallen, obwohl Risiken beim Abschluss nicht einzeln erkennbar und belegbar sind.

> Für diese latenten Ausfallrisiken müssen Kreditinstitute **Pauschalwertberichtigungen** (PWB) bilden. Risikofreie Forderungen sind hiervon ausgenommen.

Die Angemessenheit der zusätzlichen stillen Risikovorsorge durch die Bildung einer Pauschalwertberichtigung muss im Prüfungsbericht zum Jahresabschluss vom Abschlussprüfer bestätigt werden.

Steuerlich anerkannte Pauschalwertberichtigungen

Die Höhe der Pauschalwertberichtigung richtet sich nach betriebsindividuellen Gegebenheiten der Vergangenheit.

> Soweit die von der Finanzverwaltung vorgegebenen Grenzen eingehalten werden, vermindern die Abschreibungen auf Forderungen den zu versteuernden Gewinn. In diesem Fall werden die Pauschalwertberichtigungen als
>
> **unversteuerte Pauschalwertberichtigungen**
>
> bezeichnet.

Das Bundesministerium der Finanzen hat zur Anerkennung von Pauschalwertberichtigungen bei Kreditinstituten in einem Schreiben vom 10. Januar 1994 an die Obersten Finanzbehörden der Länder ein Berechnungsschema veröffentlicht, mit dem der Umfang der steuerlich anzuerkennenden Pauschalwertberichtigungen ermittelt werden kann.

Maßgeblicher Forderungsausfall

Der Vomhundertsatz der PWB für den Bilanzstichtag ist nach den Erfahrungen der Vergangenheit des jeweiligen Kreditinstituts zu bemessen. Die Berechnung erfolgt auf der Grundlage des durchschnittlichen tatsächlichen Forderungsausfalls der vorangegangenen *fünf Wirtschaftsjahre*. Zur Errechnung des PWB-Satzes ist der so ermittelte Forderungsausfall zum durchschnittlichen risikobehafteten Kreditvolumen in Beziehung zu setzen. Da der tatsächliche Forderungsausfall neben dem latenten auch das bereits erkennbare Ausfallrisiko umfasst, sind zur Begrenzung auf das

3.4 Bewertung der Forderungen

latente Ausfallrisiko von dem errechneten Durchschnitt des tatsächlichen Forderungsausfalls 40% abzuziehen, höchstens jedoch der Betrag der Einzelwertberichtigung auf Forderungen des Bilanzstichtages. Damit wird bei der Ermittlung des Prozentsatzes für die PWB nicht vom durchschnittlichen tatsächlichen Forderungsausfall der letzten fünf Jahre ausgegangen, sondern von dem Forderungsausfall, der allein für die PWB zu berücksichtigen ist **(maßgeblicher Forderungsausfall)**.

Vor der Berechnung der PWB mit dem gerade ermittelten Prozentsatz muss das risikobehaftete Kreditvolumen des Bilanzstichtages um die Forderungen, für die eine Einzelwertberichtigung gebildet wurde, verringert werden.

Berechnungsschritte für die steuerliche Anerkennung der Pauschalwertberichtigungen

**Berechnungsschema
für unversteuerte Pauschalwertberichtigungen,**
gemäß Schreiben des Bundesministers der Finanzen
vom 10. Januar 1994 erforderlich:

1. Tatsächlicher Forderungsausfall

Für die zurückliegenden fünf Geschäftsjahre ist jeweils folgende Summe zu bilden:

    Verbrauch an Einzelwertberichtigungen für Forderungsausfälle des Geschäftsjahres
+ direkt abgeschriebene Forderungen des Geschäftsjahres
− Zahlungseingänge auf bereits abgeschriebene Forderungen im Geschäftsjahr
= tatsächlicher Forderungsausfall des jeweiligen Geschäftsjahres

2. Maßgeblicher Forderungsausfall

    Durchschnittlicher Forderungsausfall der letzten fünf Jahre
− 40% des Durchschnittswertes, max. die Einzelwertberichtigung des akuellen Bilanzstichtages
= maßgeblicher Forderungsausfall

3. Risikobehaftetes Kreditvolumen

Für die zurückliegenden fünf Bilanzstichtage ist der Gesamtbestand der Forderungen wie folgt zu reduzieren:

    Forderungen an Kunden (Aktiva 4 gemäß § 15 RechKredV)
− risikofreie Forderungen
= risikobehaftetes Kreditvolumen des jeweiligen Bilanzstichtages

4. Durchschnittliches risikobehaftetes Kreditvolumen

Durchschnittswert der letzten fünf Bilanzstichtage

5. Prozentsatz der unversteuerten PWB

$$\text{PWB-Satz} = \frac{\text{maßgeblicher Forderungsausfall} \cdot 100}{\text{durchschnittliches risikobehaftetes Kreditvolumen}}$$

6. Unversteuerte Pauschalwertberichtigung des Bilanzstichtages

    Risikobehaftetes Kreditvolumen des Bilanzstichtages
− einzelwertberichtigte Forderungen des Bilanzstichtages
    verbleibendes risikobehaftetes Kreditvolumen des Bilanzstichtages

    unversteuerte PWB
= verbleibendes risikobehaftetes Kreditvolumen des Bilanzstichtages
    × Prozentsatz der unversteuerten PWB

> **Beispiel** (Situation Volksbank Neustadt eG, Fortsetzung)

Berechnung des Pauschalwertberichtigungsbedarfs

Will die Volksbank Neustadt eG die steuerliche Anerkennung der PWB erreichen, so muss sie bei der Ermittlung der PWB dem Berechnungsschema des Bundesministeriums für Finanzen folgen.

Hieraus ergeben sich folgende Berechnungsschritte:

1. Die Volksbank Neustadt eG ermittelt zunächst aus den tatsächlichen Forderungsausfällen der letzten fünf Jahre, den **durchschnittlichen tatsächlichen Forderungsausfall**. Die tatsächlichen Forderungsausfälle der einzelnen Jahre wurden bereits berechnet (vgl. Seite 128).

Berechnungsbeispiel

> **durchschnittlicher tatsächlicher Forderungsausfall**
> = Summe der Forderungsausfälle 2012 – 2016 in TEUR : 5
> = (1.650 + 1.670 + 1.670 + 1.460 + 1.500) : 5
> = **1.590 TEUR**

2. Der durchschnittliche tatsächliche Forderungsausfall ist um 40 %, höchstens jedoch um den EWB-Bestand des Stichtages zu reduzieren. Hierdurch wird der für die PWB **maßgebliche Forderungsausfall** ermittelt. Die Reduzierung entspricht den bereits in den tatsächlichen Forderungsausfällen enthaltenen erkennbaren Ausfallrisiken. Der Prozentsatz für die PWB darf nur für Ausfälle von Forderungen mit latentem Risiko berechnet werden, da die erkennbaren Risiken bereits mit anderen Prozentwerten berücksichtigt wurden.

Am Ende des Geschäftsjahres 2016 beträgt der EWB-Bestand der Volksbank Neustadt eG 222,3 TEUR. Um diesen Bestand muss der durchschnittliche tatsächliche Forderungsausfall verringert werden, da die Verringerung um 40 % (636 TEUR) die zulässige Grenze überschreiten würde.

> **maßgeblicher Forderungsausfall**
> = durchschnittlicher tatsächlicher Forderungsausfall abzüglich 40 %, höchstens EWB des Bilanzstichtages
> = 1.590 – 222,3 = **1.367,7 TEUR**

Durchschnittliches risikobehaftetes Kreditvolumen

3. Die Volksbank Neustadt eG ermittelt das **durchschnittliche risikobehaftete Kreditvolumen**.

> Summe des risikobehafteten Kreditvolumens 2011 – 2015 : 5
> = (265.600 + 285.200 + 304.600 + 284.600 + 324.200) : 5
> = **Durchschnittliches risikobehaftetes Kreditvolumen**
> = **292.840 TEUR**

4. Das Verhältnis von maßgeblichem Forderungsausfall und durchschnittlichem risikobehafteten Kreditvolumen mit 100 multipliziert ergibt den **Prozentsatz der unversteuerten Pauschalwertberichtigung** für den Bilanzstichtag 2016.

> Maßgeblicher Forderungsausfall
> × 100
> : durchschnittliches risikobehaftetes Kreditvolumen
> = (1.367,7 × 100) : 292.840 ≈ **0,47 %**

5. Vom gesamten Forderungsbestand per 31.12.16 müssen neben den Forderungen, für die eine Einzelwertberichtigung gebildet wurde, auch die risikofreien Forderungen abgezogen werden, um die pauschal zu bewertende Forderungssumme zu erhalten.

3.4 Bewertung der Forderungen

Gesamter Forderungsbestand am 31.12.2016	350.000 TEUR
− risikofreie Forderungen gegen Land NRW	6.500 TEUR
= risikobehaftetes Kreditvolumen am 31.12.2016	343.500 TEUR
− einzelwertberichtigte Forderungen gegen Langer AG	342 TEUR
= pauschal zu bewertende Forderungen am 31.12.2016	**343.158 TEUR**

6. Der Pauschalwertberichtigungsbedarf zum Bilanzstichtag am 31.12.2016, der steuerlich anerkannt wird, kann nun berechnet werden.

Pauschalwertberichtigungsbedarf 31.12.2016
= 343.158.000 × 0,47 %
= **1.612.842,60 EUR**

Pauschalwertberichtigungsbedarf

Beispiel (Situation Volksbank Neustadt eG, Fortsetzung)

Zur Vereinfachung der Buchung wird abweichend von der Realität in dieser Modellsituation angenommen, dass die Volksbank Neustadt eG in den Vorjahren keine PWB gebildet hat, so dass der errechnete Pauschalwertberichtigungsbedarf auch in entsprechender Höhe zu buchen ist. Das Konto unversteuerte PWB ist intern auf SBK abzuschließen. Für die externe Rechnungslegung muss die unversteuerte PWB vom Forderungsbestand aktivisch abgesetzt werden.

Aktivische Absetzung vom Forderungsbestand

(Fortsetzung der Buchungsbeispiele)

Grundbuch

Datum	Konten		EUR-Beträge	
	Soll	Haben	Soll	Haben
31.12.16	Abschreibungen auf Forderungen		1.612.842,60	
		unversteuerte PWB		1.612.842,60
31.12.16	unversteuerte PWB		1.612.842,60	
		SBK		1.612.842,60

Buchungsbeispiel

Hauptbuch

```
S         Kundenkontokorrent         H
EBK     330.100.000,00 | Ums.       1.004.570,00
Ums.  1.024.550.000,00 | Abschr.       80.000,00
                       | SBK      350.000.000,00
      1.354.650.00,00    1.354.650.00,00
```

```
S   Abschreibungen auf Forderungen   H
KKK        320.000,00 | GuV    2.235.142,60
KKK         80.000,00 |
EWB        222.300,00 |
PWB      1.612.842,60 |
         2.235.142,60   2.235.142,60
```

```
S         Schlussbilanzkonto         H
KKK   350.000.000,00 | EWB      222.300,00
                     | PWB    1.612.842,60
```

```
S          EWB auf Ford.             H
SBK       222.300,00 | Abschr.   222.300,00
```

```
S         unversteuerte PWB          H
SBK     1.612.842,60 | Abschr. 1.612.842,60
```

Wegen der indirekten Abschreibung sind Buchungen im Kundenkontokorrent und im Personenbuch nicht notwendig.

Neubewertung der Pauschalwertberichtigung

Beispiel (Fortsetzung)

Erhöhung oder Auflösung der Pauschalwertberichtigung am Ende des nächsten Geschäftsjahres.

1. Fall: Die pauschal zu bewertenden Forderungen der Volksbank Neustadt eG betragen am 31.12.2017 351.650.000,00 EUR. Der steuerlich anerkannte PWB-Satz beträgt 0,48%. Der Bestand auf dem Konto Pauschalwertberichtigungen beträgt 1.612.842,60 EUR.

   Bedarf: 1.687.920,00 EUR
   Vorhanden: 1.612.842,60 EUR
   Zuführung: 75.077,40 EUR

2. Fall: Die pauschal zu bewertenden Forderungen der Volksbank Neustadt eG betragen am 31.12.2017 345.600.000,00 EUR.
   Der steuerlich anerkannte PWB-Satz beträgt 0,45%.
   Der Bestand auf dem Konto Pauschalwertberichtigungen beträgt 1.612.842,60 EUR.

   Bedarf: 1.555.200,00 EUR
   Bestand: 1.612.842,60 EUR
   Auflösung: 57.642,60 EUR

Buchungsbeispiel

Grundbuch				EUR	
Fall	Datum	Konten			
		Soll	Haben	Soll	Haben
1	31.12.	Abschreibung auf Forderungen		75.077,40	
			unversteuerte PWB		75.077,40
2	31.12.	unversteuerte PWB		57.642,60	
			Erträge aus Zuschreibungen zu Forderungen		57.642,60

zu 1. Rechnerisch ergibt sich ein **Bedarf** an unversteuerter PWB in Höhe von **1.687.920,00 EUR.**
Der alte Bestand auf dem Konto unversteuerte Pauschalwertberichtigungen ist durch Zuführung in Höhe der **Differenz von 75.077,40 EUR** aus Abschreibungen zu erhöhen.

zu 2. Rechnerisch ergibt sich ein **Bedarf** an unversteuerter PWB in Höhe von **1.555.200,00 EUR.**
Der alte Bestand auf HK unversteuerte Pauschalwertberichtigungen ist durch die Verminderung in Höhe der **Differenz** von **57.642,60 EUR** zu Gunsten von »Erträge aus Zuschreibungen zu Forderungen« auf den benötigten Betrag abzusenken.

Im folgenden Geschäftsjahr werden die im Vorjahr gebildeten Pauschalwertberichtigungen in der Regel nicht aufgelöst, wenn ein Forderungsausfall eintritt, für den keine Einzelwertberichtigung gebildet worden war. Die ausgefallene Forderung wird direkt abgeschrieben.

Eine Korrektur des Pauschalwertberichtigungsbestandes entsprechend der Entwicklung der Forderungen und des neuen Prozentsatzes erfolgt erst am Ende des neuen Wirtschaftsjahres.

Hierbei kann ein Zuführungsbedarf entstehen oder eine teilweise Auflösung der Pauschalwertberichtigung notwendig werden.

Zusammenfassung

Pauschalwertberichtigungen auf Forderungen (PWB)

zur Bewertung der Gesamtheit der nicht als einzelwertberichtigungsbedürftig anzusehenden Forderungen, von denen erfahrungsgemäß doch jedes Jahr einige ausfallen.

unversteuerte PWB
Bildung gemäß Schreiben des Bundesministers der Finanzen vom 10.01.1994

versteuerte PWB
(Vorsorgewertberichtigungen für allgemeine Bankrisiken)
Bildung gemäß § 340f HGB
(vgl. Kapitel 3.6.2)

Satz für zulässige unversteuerte PWB =

$$\frac{\varnothing \text{ Forderungsausfall der letzten 5 Jahre} - 40\% \text{ bzw. EWB}}{\varnothing \text{ risikobehaftetes Kreditvolumen der letzten 5 Jahre}} \cdot 100$$

zulässige unversteuerte PWB =

$$\frac{\text{Risikobehaftetes Kreditvolumen} - \text{EWB-berichtigte Forderungen}}{100} \cdot \text{PWB-Satz}$$

zulässige unversteuerte PWB > vorhandene
→ Abschreibungen auf Forderungen für Defizit

zulässige unversteuerte PWB < vorhandene
→ Erträge aus Zuschreibungen zu Forderungen für Überschuss

Aufgaben zu Kapitel 3.4.3

(1) Die Volksbank Reutlingen berechnet am 31.12. den durchschnittlichen Forderungsausfall der letzten fünf Geschäftsjahre und ermittelt 23,3 Mio. EUR. Das durchschnittliche risikobehaftete Kreditvolumen der letzten fünf Bilanzstichtage beträgt 1.580 Mio. EUR.

    1.1 Ermitteln Sie den PWB-Satz am 31.12., wenn der Schlussbestand des HK EWB 9,1 Mio. EUR beträgt (1 Dezimalstelle).

    1.2 Bilden Sie die vorbereitende Abschlussbuchung für die unversteuerte PWB, wenn der Bestand auf dem HK PWB 16,45 Mio. EUR, das risikobehaftete Kreditvolumen 1.750 Mio. EUR, die darin enthaltenen EWB-berichtigten Forderungen 32,5 Mio. EUR betragen.

(2) Die Volksbank Reutlingen berechnet am 31.12. den durchschnittlichen Forderungsausfall der letzten fünf Geschäftsjahre und ermittelt 72,12 Mio. EUR. Das durchschnittliche risikobehaftete Kreditvolumen der letzten fünf Bilanzstichtage beträgt 1.123 Mio. EUR.

    2.1 Ermitteln Sie den PWB-Satz am 31.12., wenn der Schlussbestand des HK EWB 32,5 Mio. EUR beträgt (1 Dezimalstelle).

    2.2 Bilden Sie die vorbereitende Abschlussbuchung für die unversteuerte PWB, wenn der Bestand auf dem HK PWB 15,67 Mio. EUR, das risikobehaftete Kreditvolumen 1.326 Mio. EUR, die darin enthaltenen EWB-berichtigten Forderungen 58 Mio. EUR betragen.

③ Der Forderungsbestand (Aktiva 4) der Volksbank Alsfeld eG beträgt zum 31.12.2016 510 Mio. EUR. In diesem Bestand sind 12 Mio. EUR Forderungen gegenüber der öffentlichen Hand enthalten. Die Anfangsbestände betragen auf dem Konto EWB 2,5 Mio. EUR und auf dem Konto unversteuerte PWB 1,18 Mio. EUR.

a) Im laufenden Geschäftsjahr 2016 wurden Forderungen in Höhe von 1,5 Mio. EUR gegenüber verschiedenen Kunden uneinbringlich. Die Volksbank Alsfeld eG schrieb diese Forderungen zu den jeweiligen Terminen direkt ab. Wie wurde gebucht?

b) Im August 2016 gingen auf dem BBK-Konto nach Abschluss des Insolvenzverfahrens Abschlusszahlungen in Höhe von 350.000,00 EUR für Forderungen im Wert von 1,2 Mio. EUR ein, die im Vorjahr mit 55% wertberichtigt worden waren.
Bilden Sie die erforderlichen Buchungssätze.

c) Im November 2016 wird die Forderung in Höhe von 200.000,00 EUR gegenüber dem Fliesenmarkt Klaus Lehmann & Co. zweifelhaft. Die Volksbank Alsfeld eG schätzt den wahrscheinlichen Wert auf 40%. Wie wurde gebucht?

d) Für die bereits abgeschriebene Forderung gegenüber der Kundin Christa Krause gehen wider Erwarten 15.000,00 EUR auf dem BBK-Konto ein.

e) Vervollständigen Sie das folgende Tableau für das Geschäftsjahr 2016 aus den vorstehenden Aufgaben a) – d) und ermitteln Sie den durchschnittlichen Forderungsausfall der letzten fünf Geschäftsjahre.

Forderungsausfälle der Geschäftsjahre 2012 – 2016	2012 TEUR	2013 TEUR	2014 TEUR	2015 TEUR	2016 TEUR
Verbrauch an EWB bei Abschreibung bereits einzelwertberichtigter Forderungen	700	850	790	680	
+ Abschreibungen auf uneinbringliche Forderungen	1.580	940	1.300	960	
− Eingänge auf abgeschriebene Forderungen	40	60	70	20	
= tatsächlicher Forderungsausfall	2.240	1.730	2.020	1.620	

f) Ermitteln Sie das durchschnittliche risikobehaftete Kreditvolumen der letzten fünf Bilanzstichtage aus dem folgenden Tableau.

Risikobehaftetes Kreditvolumen der Bilanzstichtage 2011 – 2015	31.12.11 TEUR	31.12.12 TEUR	31.12.13 TEUR	31.12.14 TEUR	31.12.15 TEUR
Forderungen gegen Kunden (Aktiva 4)	470.000	490.000	390.000	450.000	490.000
− risikofreie Forderungen	6.000	7.000	6.000	9.000	9.000
= risikobehaftetes Kreditvolumen	464.000	483.000	384.000	441.000	481.000

g) Berechnen Sie den maßgeblichen Forderungsausfall für das Geschäftsjahr 2016 und den steuerlich anerkannten Prozentsatz für die zu bildende Pauschalwertberichtigung auf zwei Dezimalstellen genau.

h) Buchen Sie die unversteuerte Pauschalwertberichtigung per 31.12.2016 unter Berücksichtigung des Anfangsbestands. Die bereits einzelwertberichtigten Forderungen betragen 4,9 Mio. EUR.

i) Wie würde die Buchung zu h) am 31.12.2016 bei einem Anfangsbestand unversteuerter PWB in Höhe von 1,9 Mio. EUR lauten?

j) Mit welchem Betrag weist die Volksbank Alsfeld eG ihren Forderungsbestand gegenüber Kunden am 31.12.2016 in der Bilanz aus?

3.4.4 Bilanzierung des Forderungsbestandes

Beispiel (Situation der Volksbank Neustadt eG, Fortsetzung)

Die Volksbank Neustadt eG bilanziert am 31.12.2016 ihren Forderungsbestand gegen Kunden (Aktiva 4) mit 348.164.857,40 EUR.

Forderungen an Kunden am 31.12.2016	350.000.000,00 EUR
– Einzelwertberichtigung auf Forderungen	222.300,00 EUR
– unversteuerte Pauschalwertberichtigung auf Forderungen	1.612.842,60 EUR
Wertansatz in der externen Bilanz	**348.164.857,40 EUR**

Die Debitoren des Kontokorrentkontos haben bei isolierter Betrachtung einen Wert in Höhe von 350 Mio. EUR.

Setzt man davon sowohl die Einzelwertberichtigung als auch die unversteuerte Pauschalwertberichtigung aktivisch ab, ergibt sich als Wertansatz für Forderungen in der externen Handels- und Steuerbilanz ein Betrag von nur 348.164.857,40 EUR.

Die während und am Ende des Geschäftsjahres gebildeten **Einzel- und Pauschalwertberichtigungen** dürfen nicht auf der Passivseite der Bilanz ausgewiesen werden, da die Formblattbilanz der RechKredV keine entsprechenden Positionen enthält. Sie müssen daher für den **externen Bilanzausweis vom Forderungsbestand abgesetzt** werden.

Für den Bilanzausweis sind die Wertberichtigungen von den Forderungen abzuziehen.

Zusammenfassung

Bewertung der Forderungen

abhängig vom Ausfallrisiko

- uneinbringliche Forderungen → sofortige Wertberichtigung

- zweifelhafte Forderungen → Einzelwertberichtigung bis zum wahrscheinlichen Wert

- Forderungen mit latentem Risiko → unversteuerte Pauschalwertberichtigung aufgrund statistisch ermittelter Werte gemäß Schreiben des Bundesministers der Finanzen vom 10.01.1994

- risikofreie Forderungen → keine Wertberichtigung

vorbereitende Abschlussbuchungen

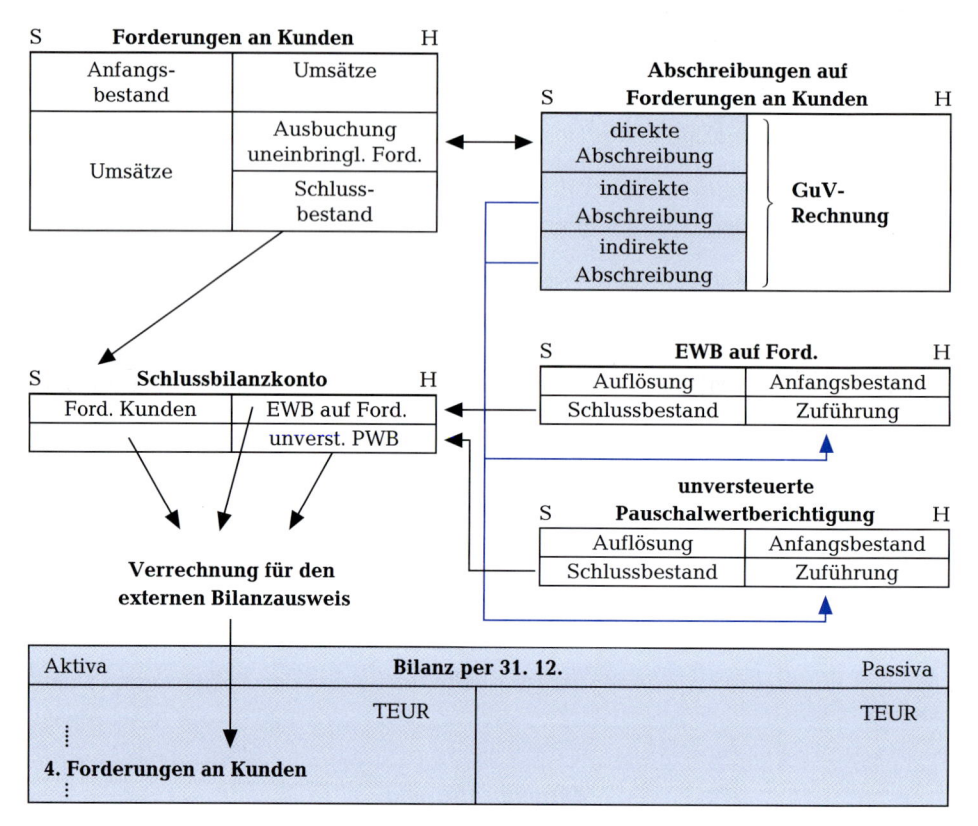

S	Forderungen an Kunden	H
Anfangsbestand	Umsätze	
Umsätze	Ausbuchung uneinbringl. Ford.	
	Schlussbestand	

S	Abschreibungen auf Forderungen an Kunden	H
direkte Abschreibung		
indirekte Abschreibung	→ GuV-Rechnung	
indirekte Abschreibung		

S	Schlussbilanzkonto	H
Ford. Kunden	EWB auf Ford.	
	unverst. PWB	

S	EWB auf Ford.	H
Auflösung	Anfangsbestand	
Schlussbestand	Zuführung	

S	unversteuerte Pauschalwertberichtigung	H
Auflösung	Anfangsbestand	
Schlussbestand	Zuführung	

Verrechnung für den externen Bilanzausweis

Aktiva	Bilanz per 31. 12.		Passiva
	TEUR		TEUR
4. Forderungen an Kunden			

Aufgaben zu Kapitel 3.4.4

① Die Kreissparkasse Bielefeld hat zum Bilanzstichtag folgende Werte ermittelt:

Gesamtforderungen an Kunden		777 Mio. EUR
davon		
an öffentlich-rechtliche Körperschaften	45 Mio. EUR	
vom Land NRW verbürgte	12 Mio. EUR	
einzelwertberichtigt	26 Mio. EUR	

Folgende Anfangsbestände sind zu berücksichtigen:

EWB (im Geschäftsjahr unverändert)	4,2 Mio. EUR
unversteuerte PWB	6,34 Mio. EUR

Durchschnittlicher Forderungsausfall der letzten fünf Geschäftsjahre:	12,8 Mio. EUR
Durchschnittliches riskobehaftetes Kreditvolumen der letzten fünf Bilanzstichtage:	730 Mio. EUR

3.4 Bewertung der Forderungen

a) Berechnen Sie den Prozentsatz für die steuerlich zulässige Pauschalwertberichtigung auf zwei Dezimalstellen genau.

b) Bilden Sie die vorbereitende Abschlussbuchung im Grundbuch der Kreissparkasse Bielefeld für die unversteuerte PWB.

c) Errechnen Sie den Betrag mit dem die Kreissparkasse Bielefeld die Forderungen gegenüber Kunden in der Bilanz per 31.12. ausweist.

2) Nach Eröffnung der folgenden Konten bucht die Stadtsparkasse Goslar im Geschäftsjahr unter anderem die folgenden Geschäftsfälle:

S	Kundenkontokorrent		H	S	EWB auf Ford.	H
EBK	85.100.000,00	EBK	86.895.000,00		EBK	1.400.000,00

		S	unversteuerte PWB	H
			EBK	900.000,00

a) Abschreibung einer uneinbringlichen Forderung in Höhe von 160.000,00 EUR.

b) Bildung einer Einzelwertberichtigung für den Kunden Eisenwarengroßhandel Heinz Hertel über 40% der ungesicherten Forderung.

Forderung 350.000,00 EUR, durch Forderungsabtretungen gesichert 200.000,00 EUR.

c) Eingänge für bereits im Vorjahr abgeschriebene Forderungen auf BBK 100.000,00 EUR.

d) Für eine im Vorjahr wertberichtigte Forderung ist das Insolvenzverfahren abgeschlossen.

Die Stadtsparkasse Goslar verzichtet auf 50% der Forderung.

Die Forderung beträgt 200.000,00 EUR, die gebildete Einzelwertberichtigung beträgt 80.000,00 EUR.

Die Restforderung bleibt bestehen.

e) Buchung der unversteuerten PWB am Bilanzstichtag.

Das risikobehaftete Kreditvolumen beträgt 78,2 Mio. EUR.

Forderungen in Höhe von 3,8 Mio. EUR wurden einzelwertberichtigt.

Der Prozentsatz für die unversteuerte PWB wurde mit 0,49% errechnet.

f) Schließen Sie alle Konten ab, die in den Aufgaben a) – e) angesprochen wurden (außer BBK).

g) Ermitteln Sie den Bilanzausweis für Debitoren.

3.5 Buchung von Eigengeschäften mit Wertpapieren und Bewertung von Wertpapieren

3.5.1 Buchung von Kauf und Verkauf von Wertpapieren unter ihrer Zuordnung zu Anlagebestand oder Handelsbestand oder Liquiditätsreserve

> Eigengeschäfte mit Wertpapieren sind Effektenkäufe und -verkäufe für den eigenen Bestand eines Kreditinstituts. Es sind Geschäfte im eigenen Namen und für eigene Rechnung.

Schon beim Kauf eines Wertpapiers ist die Entscheidung des Kreditinstitutes zu dokumentieren, welcher **Zweckbestimmung** das Wertpapier dienen soll. Die Entscheidung trifft die Geschäftsleitung. Die Dokumentation wird durch den Buchungsvorgang auf dem entsprechenden Hauptbuchkonto vollzogen.

Nach der Zweckbestimmung gliedern Kreditinstitute ihre Wertpapierbestände in:

▸ Wertpapiere, die wie **Anlagevermögen** behandelt werden, weil sie z. B. dauernd Erträge in Gestalt von Dividenden oder Zinsen bringen sollen,

▸ Wertpapiere des **Handelsbestandes,** weil im Handel mit ihnen Kursgewinne erzielt werden sollen,

▸ Wertpapiere der **Liquiditätsreserve,** weil ihr Verkauf oder ihre Verpfändung bei Bedarf zur Beschaffung liquider Mittel dienen soll.

Entsprechend der Aufteilung der Wertpapiere werden **drei Hauptbuchkonten** »Eigene Wertpapiere« geführt. Darüber hinaus ist für jede Wertpapiergattung im Nebenbuch ein **Skontro** zu führen, auf dem die jeweiligen Bestandsveränderungen festzuhalten sind.

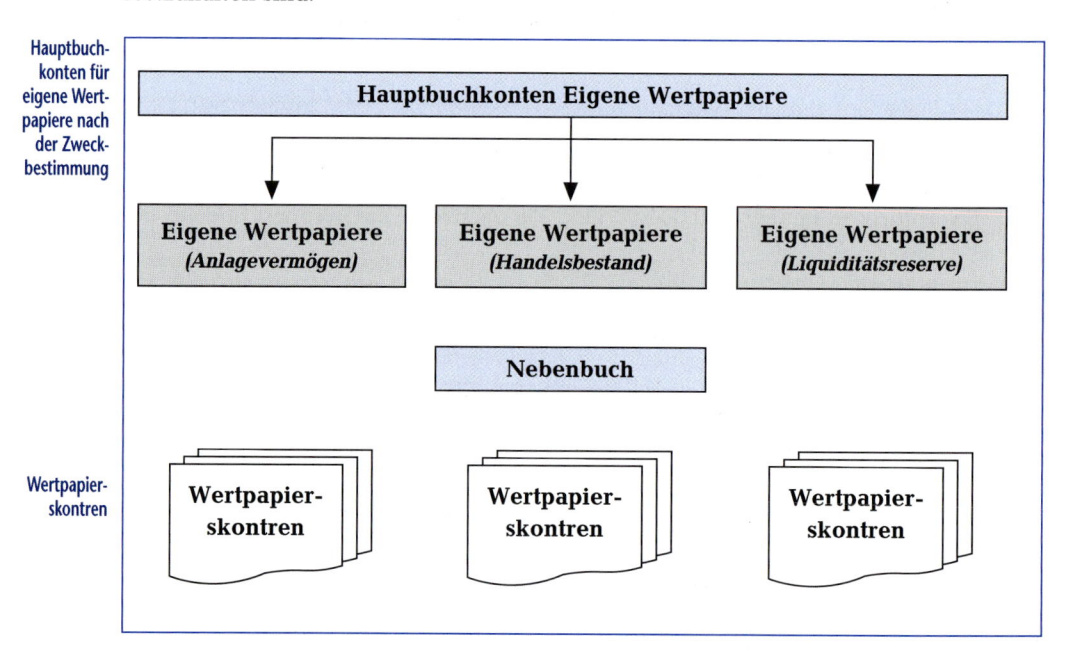

<small>Hauptbuchkonten für eigene Wertpapiere nach der Zweckbestimmung</small>

```
                    Hauptbuchkonten Eigene Wertpapiere
          ┌──────────────────────┼──────────────────────┐
          ▼                      ▼                      ▼
   Eigene Wertpapiere    Eigene Wertpapiere    Eigene Wertpapiere
   (Anlagevermögen)      (Handelsbestand)      (Liquiditätsreserve)

                             Nebenbuch

   Wertpapier-           Wertpapier-           Wertpapier-
   skontren              skontren              skontren
```

<small>Wertpapierskontren</small>

<small>Gemischtes Hauptbuchkonto</small> Das **Konto Eigene Wertpapiere** ist ein **gemischtes Konto,** wenn alle Käufe und Verkäufe mit dem Kurswert der erzielten Börsenkurse gebucht werden und damit nicht nur die Bestände und Bestandsveränderungen, sondern auch die Erfolge aus der Differenz zwischen Verkaufs- und Kaufkurs ausgewiesen werden.

3.5.1.1 Buchungen beim Kauf und Verkauf von Aktien

Bedingungen für die Geschäfte an den deutschen Wertpapierbörsen (Auszug)
§ 15, (2) Der Käufer ist bei Lieferung zur Zahlung des Gegenwertes der gehandelten Wertpapiere verpflichtet, frühestens jedoch am zweiten Börsentag nach Geschäftsschluss.

Beispiel

Die Volksbank Düsseldorf eG erwirbt am 13.04.2015 (Montag, Handelstag) an der Börse (Präsenzhandel) von einer Korrespondenzbank folgende Wertpapiere für den Handelsbestand:
- 30.000 Stück Elektro-Aktien zum Kurs von 24,00 EUR/Stück.

Am 10.11.2015 (Dienstag, Handelstag) verkauft die Volksbank Düsseldorf eG an der Börse (Präsenzhandel) an eine Korrespondenzbank folgende Wertpapiere aus dem Handelsbestand:
- 10.000 Stück Elektro-Aktien zum Kurs von 32,00 EUR/Stück.

Die Maklergebühr beträgt 0,4 Promille vom Kurswert[1].

Kaufabrechnung am 13.04.15, Handelstag		Verkaufsabrechnung am 10.11.15, Handelstag	
Kurswert	720.000,00 EUR	Kurswert	320.000,00 EUR
Ausmachender Betrag	720.000,00 EUR	Ausmachender Betrag	320.000,00 EUR
+ 0,4‰ Maklergebühr	288,00 EUR	– 0,4 ‰ Maklergebühr	128,00 EUR
Kosten Valuta 15.04.15	**720.288,00 EUR**	**Erlös** Valuta 12.11.15	**319.872,00 EUR**

Grundbuch				
Datum	Konten		EUR-Beträge	
	Soll	Haben	Soll	Haben
13.04.	Eigene Wertpapiere (Handelsbestand)	BKK	720.000,00	720.000,00
13.04.	Maklergebühren	so. Vbk. n.a. MG	288,00	288,00
10.11.	BKK	Eigene Wertpapiere (Handelsbestand)	320.000,00	320.000,00
10.11.	Maklergebühren	so. Vbk. n.a. MG	128,00	128,00

Sowohl beim Kauf als auch beim Verkauf wird der Kurswert über **HK Eigene Wertpapiere** (hier: **Handelsbestand**) erfasst. Die bei Börsengeschäften (Präsenzhandel) zu zahlende Maklergebühr wird auf **HK Maklergebühren** gebucht und bis zur endgültigen Überweisung an den Skontroführer auf **HK sonstige Verbindlichkeiten (noch abzuführende Maklergebühren)** bereitgestellt.

Eigengeschäfte mit Wertpapieren sind zwei Börsentage nach dem Handelstag zu erfüllen. Auf die Einschaltung von HK Wertpapierumsätze – zur Überbrückung dieser zwei Tage – wird zu Gunsten einer Verringerung des Buchungsaufwandes hier verzichtet.

---

[1] Bei Auftragsausführungen über eine Handelsplattform werden statt der Maklergebühr Anbindungs- bzw. Transaktionsentgelte berechnet.

3.5.1.2 Buchungen beim Kauf und Verkauf von festverzinslichen Wertpapieren einschließlich Stückzinsberechnung

Bedingungen für Geschäfte an der Frankfurter Wertpapierbörse (Auszug)

§ 13 (2) Die Stückzinsen stehen dem Verkäufer bis einschließlich des Kalendertages vor der Valutierung (Erfüllung) zu, wobei nach der Methode »actual/ actual« gerechnet wird.

Im Gegensatz zu den Dividendenpapieren (Aktien und Kuxen) wird bei festverzinslichen Papieren (Anleihen, Pfandbriefen und Obligationen) ein im Voraus feststehender Zins **überwiegend jährlich** nachträglich gezahlt.

Maßgebend für die Wahl der Jahresbasis (365 oder 366 Tage) bei der Stückzinsberechnung ist, ob in die Zahlungsperiode des laufenden Kupons ein 29. Februar fällt.

Ist die Stückzinsvaluta bei einem Wertpapiergeschäft gleich der Valuta des letzten Tages einer Zinsperiode, so findet keine Verrechnung zwischen Käufer und Verkäufer statt.

In allen anderen Fällen muss der Käufer dem Verkäufer das ihm zustehende »Stück« des Zinses auszahlen.

Stückzins ist das Stück des Zinses, das der Verkäufer zu beanspruchen oder der Käufer zu zahlen hat.

Ausmachender Betrag = Kurswert + Stückzinsen

In Erfüllung des Händlergeschäftes wird zwischen den Banken immer der ausmachende Betrag verrechnet.

Beispiel

a) Die Volksbank Düsseldorf eG erwirbt am 05.01.2015 (Montag, Handelstag) an der Börse (Präsenzhandel) von einer Korrespondenzbank folgende Wertpapiere für die Liquiditätsreserve:

- nom. 400.000,00 EUR 3,5 % Bundesanleihe
  1.6. gzj. + 1.6.15 ff. zum Kurs von 98,5 %.

b) Am 01.06.2015 (Valuta 31.05.) erhält sie den Gegenwert des fälligen Kupons im Wert von 14.000,00 EUR über BBK.

c) Am 14.07.2015 (Dienstag, Handelstag) verkauft die Volksbank Düsseldorf eG an der Börse (Präsenzhandel) an eine Korrespondenzbank folgende Wertpapiere aus der Liquiditätsreserve:

- nom. 400.000,00 EUR 3,5 % Bundesanleihe
  1.6. gzj. + 1.6.16 ff. zum Kurs von 98,5 %.

Die Maklergebühr beträgt 0,75 Promille vom Nennwert.

Kaufabrechnung am 05.01.15, Handelstag		Verkaufsabrechnung am 14.07.15, Handelstag	
Kurswert	394.000,00 EUR	Kurswert	394.000,00 EUR
+ Stückzinsen (220 Tage)	8.438,36 EUR	+ Stückzinsen (45 Tage)	1.721,31 EUR
Ausmachender Betrag	402.438,36 EUR	Ausmachender Betrag	395.721,31 EUR
+ 0,75 ‰ Maklergebühr	300,00 EUR	– 0,75 ‰ Maklergebühr	300,00 EUR
Kosten Valuta 07.01.15	**402.738,36 EUR**	**Erlös** Valuta 16.07.15	**395.421,31 EUR**

3.5 Buchung von Eigengeschäften mit Wertpapieren und Bewertung von Wertpapieren

Grundbuch				
Datum	Konten		EUR-Beträge	
	Soll	Haben	Soll	Haben
05.01.	Eigene Wertpapiere (Liquiditätsreserve)		394.000,00	
	Zinserträge aus Wertpapieren		8.438,36	
		BKK		402.438,36
05.01.	Maklergebühren		300,00	
		so. Vbk. n.a. MG		300,00
01.06.	ZuD		14.000,00	
		Zinserträge aus Wertpapieren		14.000,00
01.06.	BBK		14.000,00	
		ZuD		14.000,00
14.07.	BBK		395.721,31	
		Eigene Wertpapiere (Liquiditätsreserve)		394.000,00
		Zinserträge aus Wertpapieren		1.721,31
14.07.	Maklergebühren		300,00	
		so. Vbk. n.a. MG		300,00

Sowohl beim Kauf als auch beim Verkauf wird der Kurswert über **HK Eigene Wertpapiere** (hier **Liquiditätsreserve**) erfasst.

In Erfüllung des Handelsgeschäftes wird zwischen den Kreditinstituten immer der ausmachende Betrag (ausmachender Betrag = Kurswert + Stückzinsen) verrechnet. Die beim Kauf und Verkauf von festverzinslichen Wertpapieren anfallenden **Stückzinsen** sind bei Eigengeschäften in Wertpapieren im Gegensatz zu Kundengeschäften über **HK Zinserträge aus Wertpapieren** zu buchen.

Mit dem **HK Zins- und Dividendenscheine (ZuD)** werden Ein- und Ausgang von Zins- und Dividendenscheinen erfasst.

▶ **Stückzinsberechnung zum Kauf**

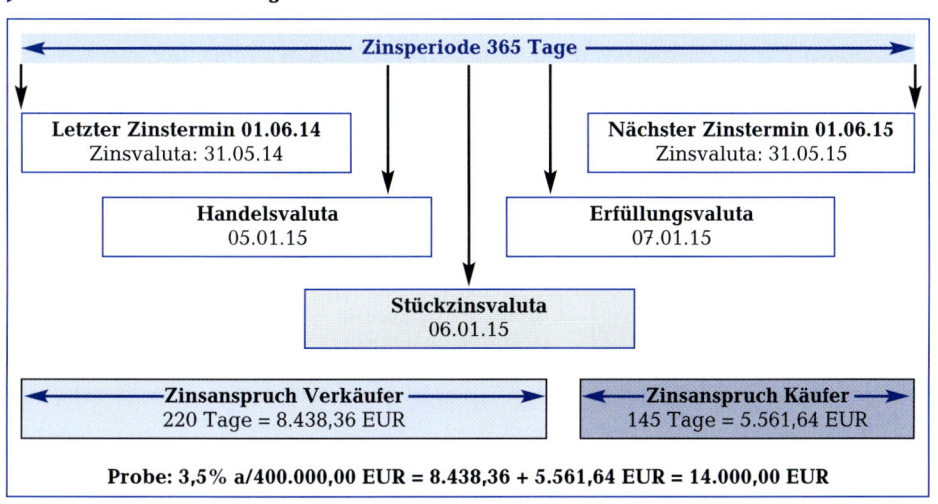

```
◄──────────────── Zinsperiode 365 Tage ────────────────►

Letzter Zinstermin 01.06.14          Nächster Zinstermin 01.06.15
Zinsvaluta: 31.05.14                 Zinsvaluta: 31.05.15

        Handelsvaluta                    Erfüllungsvaluta
          05.01.15                         07.01.15

                        Stückzinsvaluta
                          06.01.15

◄── Zinsanspruch Verkäufer ──►   ◄── Zinsanspruch Käufer ──►
    220 Tage = 8.438,36 EUR          145 Tage = 5.561,64 EUR

    Probe: 3,5 % a/400.000,00 EUR = 8.438,36 + 5.561,64 EUR = 14.000,00 EUR
```

Soll	Zinserträge aus Wertpapieren		Haben
05.01.15 BBK	8.438,36	01.06.15 ZuD	14.000,00
31.12.15 GuV	5.561,64		

Beim **Kauf** werden die verrechneten Stückzinsen als **Ertragsminderung** auf HK Zinserträge aus Wertpapieren gebucht, die mit der Einlösung des beim Kauf des Wertpapiers erworbenen Jahreskupons ausgeglichen wird. Der Wert des Jahreskupons in Höhe von 14.000,00 EUR verringert um die Ertragsminderung in Höhe von 8.438,36 EUR ergibt genau den Zinsertrag (5.561,64 EUR), der dem Zinsanspruch vom Kauftag (05.01.15) bis zur Kuponfälligkeit (01.06.15) der Volksbank Düsseldorf eG entspricht.

▶ **Stückzinsberechnung zum Verkauf**

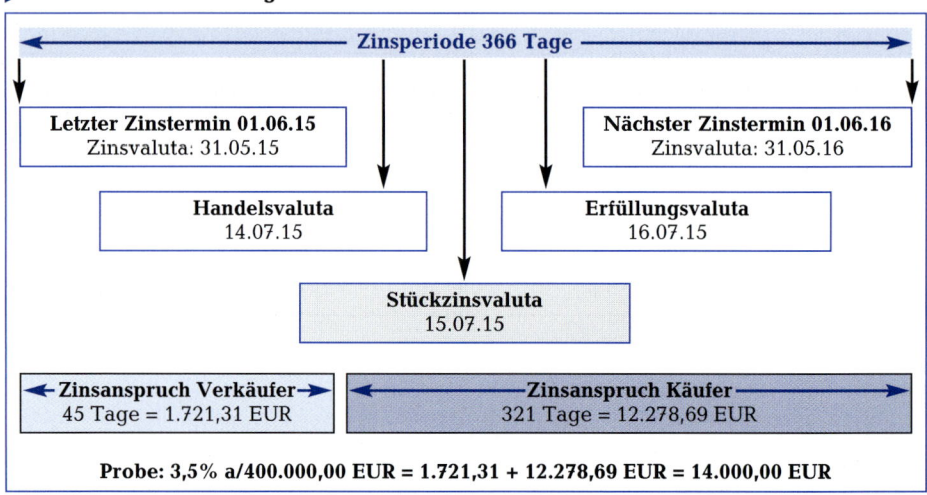

```
←──────────────── Zinsperiode 366 Tage ────────────────→

┌──────────────────────────┐        ┌──────────────────────────┐
│ Letzter Zinstermin 01.06.15 │        │ Nächster Zinstermin 01.06.16 │
│ Zinsvaluta: 31.05.15     │        │ Zinsvaluta: 31.05.16     │
└──────────────────────────┘        └──────────────────────────┘
          ┌──────────────────┐    ┌──────────────────┐
          │ Handelsvaluta    │    │ Erfüllungsvaluta │
          │ 14.07.15         │    │ 16.07.15         │
          └──────────────────┘    └──────────────────┘
                    ┌──────────────────┐
                    │ Stückzinsvaluta  │
                    │ 15.07.15         │
                    └──────────────────┘

←─Zinsanspruch Verkäufer─→  ←────Zinsanspruch Käufer────→
  45 Tage = 1.721,31 EUR       321 Tage = 12.278,69 EUR
```

Probe: 3,5% a/400.000,00 EUR = 1.721,31 + 12.278,69 EUR = 14.000,00 EUR

Soll	Zinserträge aus Wertpapieren		Haben
31.12.15 GuV	1.721,31	14.07.15 BBK	1.721,31

Beim **Verkauf** werden die verrechneten Stückzinsen sofort als **Ertrag** auf HK Zinserträge aus Wertpapieren gebucht, da mit dem Verkauf des Wertpapiers auch der Jahreskupon an den Käufer geliefert wird. Die Kuponeinlösung für die Volksbank Düsseldorf eG entfällt. Der Volksbank Düsseldorf eG stehen seit der letzten Kuponeinlösung Stückzinsen für 45 Tage in Höhe von 1.721,31 EUR zu, die sie mit dem Kurswert von der Korrespondenzbank erhält. Die Zinsperiode umfasst hier 366 Tage (Schaltjahr), sodass der Jahreskupon von 14.000,00 EUR mit 45/366 und 321/366 zwischen Käufer und Verkäufer aufgeteilt wird.

Zusammenfassung

- **Die Eigengeschäfte** mit Wertpapieren sind nach der **Zweckbestimmung** zu buchen über die Hauptbuchkonten

Eigene Wertpapiere	Eigene Wertpapiere	Eigene Wertpapiere
(Anlagevermögen)	*(Handelsbestand)*	*(Liquiditätsreserve)*

- In einem Nebenbuch wird jede Wertpapierart gesondert in einem **Effektenskontro** erfasst.
- **Stückzinsen** sind **getrennt** über HK **Zinserträge aus Wertpapieren** zu buchen
- Die **Berechnung der Stückzinsen** erfolgt nach folgender Vorschrift

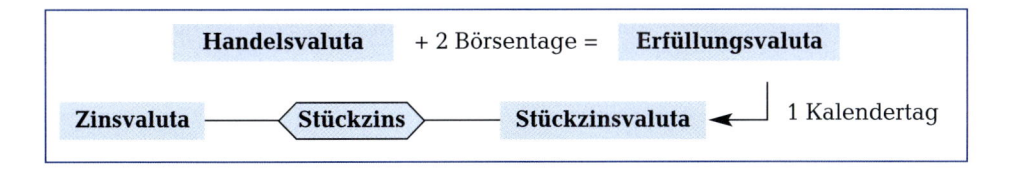

3.5 Buchung von Eigengeschäften mit Wertpapieren und Bewertung von Wertpapieren

```
        Handelsvaluta      + 2 Börsentage =    Erfüllungsvaluta

Zinsvaluta ─────── Stückzins ─────── Stückzinsvaluta ◄─┘ 1 Kalendertag
```

Aufgaben zu Kapitel 3.5.1

(1) Die Stadtsparkasse Münster erwirbt am 06.04.2015 (Montag, Handelstag) im Präsenzhandel über BBK für den Handelsbestand:
- 5.000 Stück Auto-Aktien zum Kurs von 22,00 EUR/Stück für den Handelsbestand.
- nom. 60.000,00 EUR 3% Bundesanleihe 1.6.gzj. + 01.06.15 ff. zu 100% für den Handelsbestand.

Am 18.05.2015 (Montag, Handelstag) werden im Präsenzhandel
- nom. 10.000,00 EUR der am 06.04. gekauften Bundesanleihe zu 101% verkauft.

1 Erstellen Sie alle Abrechnungen für die Stadtsparkasse Münster (Maklergebühren, Aktien 0,4‰ vom Kurswert, Rentenwerte 0,75‰ vom Nennwert)

2 Buchen Sie im Grundbuch alle Abrechnungen am jeweiligen Handelstag einschließlich Maklergebühr.

3 Stellen Sie im HK Zinserträge aus Wertpapieren alle Buchungen einschließlich der Kuponzahlung per 01.06.15 dar.

(2) Die Berliner Volksbank eG erwirbt am 20.04.2015 (Valuta des Erfüllungstages) im Präsenzhandel über BBK für den Handelsbestand:
- nom. 110.000,00 EUR 4% Bundesanleihe 1.11. gzj.+ 1.11.15 ff. zu 102%.

Am 08.09.15 (Valuta des Erfüllungstages) werden
- nom. 40.000,00 EUR dieser Bundesanleihe zu 101% verkauft.

Die folgenden Abrechnungen (ohne Maklergebühren) wurden erstellt.

Kaufabrechnung am 16.04.15, Handelstag		Verkaufsabrechnung am 04.09.15, Handelstag	
Kauf	EUR	Verkauf	EUR
Kurswert	112.200,00	Kurswert	40.400,00
Stückzinsen für 170 Tage	2.090,30	Stückzinsen für 309 Tage	1.387,07
ausmachender Betrag	**114.290,30**	ausmachender Betrag	**41.787,07**

1 Beide Abrechnungen sind fehlerhaft! Korrigieren Sie die Abrechnungen.

2 Buchen Sie im Grundbuch alle Abrechnungen am jeweiligen Handelstag ohne Maklergebühren.

③ Im Grundbuch der Berliner Volksbank eG finden sich die folgenden Buchungen. Welche Geschäftsfälle liegen diesen Buchungen zu Grunde?

Grundbuch				
Nr.	Konten		EUR-Beträge	
	Soll	Haben	Soll	Haben
3.1	Eigene Wertpapiere (Handelsbestand)	BKK	212.000,00	212.000,00
3.2	Maklergebühren	so. Vbk. n.a. MG	84,80	84,80
3.3	BBK	Eigene Wertpapiere (Handelsbestand)	175.000,00	175.000,00
3.4	Maklergebühren	so. Vbk. n.a. MG	70,00	70,00
3.5	Eigene Wertpapiere (Liquiditätsreserve) Zinserträge aus Wertpapieren	BBK	510.000,00 8.219,18	518.219,18
3.6	Maklergebühren	so. Vbk. n.a. MG	375,00	375,00
3.7	BBK	Eigene Wertpapiere (Liquiditätsreserve) Zinserträge aus Wertpapieren	353.404,11	346.500,00 6.904,11
3.8	Maklergebühren	so. Vbk. n.a. MG	262,50	262,50

④ Im Grundbuch der Volksbank Brandenburg eG findet sich die folgende Buchung. Nennen Sie die Ziffer, die vor dem entsprechenden Geschäftsfall steht.

Grundbuch				
Datum	Konten		EUR-Beträge	
	Soll	Haben	Soll	Haben
18.09	BBK	Eigene Wertpapiere (Liquiditätsreserve) Zinserträge aus Wertpapieren	149.520,49	148.500,00 1.020,49

1 Kauf über BBK am Freitag, 18.09.15 von nom. 150.000,00 EUR 5% Bundesanleihe 1.3. gzj. + 01.03.16 ff. für die Liquiditätsreserve zu 102%.

2 Kauf über BBK am Freitag, 18.09.15 von nom. 150.000,00 EUR 3% Bundesanleihe 1.7. gzj. + 01.07.16 ff. für die Liquiditätsreserve 99%.

3 Kauf über BBK am Freitag, 18.09.15 von nom. 150.000,00 EUR 4% Bundesanleihe 1.5. gzj. + 01.05.16 ff. für die Liquiditätsreserve 99%.

4 Verkauf über BBK am Freitag, 18.09.15 von nom. 150.000,00 EUR 5% Bundesanleihe 1.3. gzj. + 01.03.16 ff. aus der Liquiditätsreserve102%.

5 Verkauf über BBK am Freitag, 18.09.15 von nom. 150.000,00 EUR 3% Bundesanleihe 1.7. gzj. + 01.07.16 ff. aus der Liquiditätsreserve 99%.

6 Verkauf über BBK am Freitag, 18.09.15 von nom. 150.000,00 EUR 4% Bundesanleihe 1.5. gzj. + 01.05.16 ff. aus der Liquiditätsreserve 99%.

3.5.2 Bewertung von Wertpapieren

Das Vermögen der Kreditinstitute ist zu einem großen Teil in Wertpapieren angelegt. Die korrekte Erfassung der Wertpapierbestände und der erzielten Handelsgewinne oder -verluste sowie der notwendigen Abschreibungen und Zuschreibungen bei erkennbaren Kurserfolgen besitzt daher eine große Bedeutung. *§§ 252, 253 HGB*

Die Aufteilung der Wertpapiere nach ihrer Zweckbestimmung hat entsprechend den anzuwendenden handelsrechtlichen Vorschriften Auswirkungen auf die Bewertung. *§ 340e HGB*

Nach deutschem Handelsrecht hat die **Bewertung der Wertpapiere** im Wesentlichen dem **Grundsatz der Vorsicht** durch Anwendung des **Anschaffungswertprinzips** und des **Niederstwertprinzips** sowie dem Grundsatz der **Einzelbewertung** zu folgen. *Grundsatz der Vorsicht*

In der **Handelsbilanz** können Kreditinstitute **stille Risikovorsorge** gemäß § 340 f HGB beim externen Ausweis der Wertpapierbestände der Liquiditätsreserve betreiben. Damit wird den Kreditinstituten ermöglicht, ein kontinuierliches Ergebnis in ihrer Handelsbilanz auszuweisen. *§ 340f HGB*

Eine Anpassung handelsrechtlicher Vorschriften an die internationale Rechnungslegung ist insbesondere für Kreditinstitute durch die Bewertung von Finanzinstrumenten des Handelsbestandes zum **beizulegenden Wert (Fair Value)** abzüglich eines angemessenen Risikoabschlages vorgenommen worden. Demzufolge ist in bestimmten Grenzen der Grundsatz der Vorsicht dem internationalen Grundsatz der »zeitnahen Bewertung« gewichen. *§ 340e (3) HGB* / *Fair Value*

Neben den Auswirkungen auf die Bewertung hat die Aufteilung der Wertpapiere nach ihrer Zweckbestimmung auch Auswirkungen auf den Ausweis der Ergebnisse, die mit den jeweiligen Wertpapieren erzielt werden. *Ergebnisausweis nach der Zweckbestimmung*

§§ 340c, 340f (3) HGB

Ergebnisausweis: (GuV-Rechnung in Kontoform nach RechKredV)		
Wertpapiere des Anlagevermögens (AV)	**Wertpapiere des Handelsbestands (HB)**	**Wertpapiere der Liquiditätsreserve (LQ)**
Position Aufwendungen Nr. 8: Abschreibungen und Wertberichtigungen auf Beteiligungen, Anteile an verbundenen Unternehmen und wie Anlagevermögen behandelte Wertpapiere. und/oder **Position Erträge Nr. 7:** Erträge aus Zuschreibungen zu Beteiligungen, Anteilen an verbundenen Unternehmen und wie Anlagevermögen behandelten Wertpapieren.	**Position Aufwendungen Nr. 3:** Nettoaufwand des Handelsbestands **Position Erträge Nr. 5:** Nettoertrag des Handelsbestands	**Position Aufwendungen Nr. 7:** Abschreibungen und Wertberichtigungen auf Forderungen und bestimmte Wertpapiere sowie Zuführungen zu Rückstellungen im Kreditgeschäft. und/oder **Position Erträge Nr. 6:** Erträge aus Zuschreibungen zu Forderungen und bestimmten Wertpapieren sowie aus der Auflösung von Rückstellungen im Kreditgeschäft.

3.5.2.1 Bewertung der Wertpapiere des Anlagevermögens (AV)

§§ 247 (2), 340 e HGB — Wertpapiere des Anlagevermögens sind dazu bestimmt, dauernd dem Geschäftsbetrieb zu dienen.

Die notwendige Zweckbestimmung bedingt einen ausdrücklichen Entscheidungsvorgang, der durch die Buchung bei Anschaffung der Wertpapiere dokumentiert wird.

§ 34 (3) RechkredV — Werden Wertpapiere wie Anlagevermögen behandelt, sind sie in den Anlagespiegel im Anhang unter **Finanzanlagen** aufzunehmen. Dabei dürfen Kreditinstitute Abschreibungen und Zuschreibungen aller Finanzanlagen miteinander verrechnen und in einer einzigen Zahl im Anlagespiegel ausdrücken.

Situation

Einzelabschlussverfahren — Die Volksbank Göttingen eG führt am Jahresende die Bewertung und den Abschluss der eigenen Wertpapiere durch, die sie wie Anlagevermögen behandelt.

Sie wendet das Einzelabschlussverfahren an, bei dem für jede Wertpapiergattung ein gesonderter Abschluss vorgenommen wird.

Beispiel 1

Bewertung der Wertpapiere AV bei vorübergehender Wertminderung.

Bewertung zu Anschaffungskosten — a) Der Börsenkurs der Eisengesellschaft Aktien beträgt am 31.12. 28,00 EUR/Stück. Der Anschaffungskurs betrug 30,00 EUR/Stück.

Soll				Skontro Eisengesellschaft Aktien					Haben
Datum	Vorgang	Stück	Kurs	Kurswert	Datum	Vorgang	Stück	Kurs	Kurswert
02.01.	A-Bestand	100.000	30,00	3.000.000,00	31.12.	S-Bestand	100.000	30,00	3.000.000,00
				3.000.000,00					3.000.000,00

Grundbuch					
Datum	Konten			EUR-Beträge	
	Soll		Haben	Soll	Haben
31.12.	SBK		Eigene Wertpapiere (AV)	3.000.000,00	3.000.000,00

§ 253 (3) Satz 4 HGB — Die Volksbank Göttingen eG verzichtet auf die Bewertung zum niedrigeren Stichtagskurs und nutzt damit das Wahlrecht nach § 253 (3) Satz 4 HGB, da sie von einer nur vorübergehenden Wertminderung ausgeht. Wegen des Verzichts muss sie im Anhang zum Jahresabschluss zum Bilanzposten »Aktien und andere nicht festverzinsliche Wertpapiere« angeben, wie groß der Betrag der nicht zum Niederstwert bewerteten börsenfähigen Wertpapiere ist und wie diese Papiere von den zum Niederstwert bewerteten börsenfähigen Wertpapieren abgegrenzt worden sind.

§ 35 (1) Ziff. 2 RechKredV

gemildertes Niederstwertprinzip — In der Praxis wird jedoch grundsätzlich auf den Niederstwert abgeschrieben. Kreditinstitute wollen im Allgemeinen den Gewinn so niedrig wie möglich ausweisen, um Vorsorgereserven bilden zu können. Das Wahlrecht des § 253 (3) Satz 4 führt zum **gemilderten Niederstwertprinzip**.

Nicht realisierter Kursverlust — b) Der Börsenkurs der LUX Aktien ist zum 31.12. kurzfristig auf 32,00 EUR/Stück gefallen. Der Anschaffungskurs betrug 40,00 EUR/Stück.

Soll				Skontro LUX Aktien					Haben
Datum	Vorgang	Stück	Kurs	Kurswert	Datum	Vorgang	Stück	Kurs	Kurswert
02.01.	A-Bestand	80.000	40,00	3.200.000,00	31.12.	Abschreibung	80.000	8,00	640.000,00
					31.12.	S-Bestand	80.000	32,00	2.560.000,00
				3.200.000,00					3.200.000,00

3.5 Buchung von Eigengeschäften mit Wertpapieren und Bewertung von Wertpapieren

Grundbuch				
Datum	Konten		EUR-Beträge	
	Soll	Haben	Soll	Haben
31.12.	Abschr. a.Wertp. (AV)		640.000,00	
		Eigene Wertpapiere (AV)		640.000,00
31.12.	SBK		2.560.000,00	
		Eigene Wertpapiere (AV)		2.560.000,00

Die Volksbank Göttingen eG geht von einer nur vorübergehende Wertminderung der LUX Aktien aus. Sie nutzt trotzdem das Recht nach § 253 (3) Satz 4 HGB aus, die Aktien, die wie Anlagevermögen behandelt werden, zum Niederstwert zu bewerten, und führt eine Abschreibung in Höhe der Wertminderung durch.

§ 253 (3) Satz 4 HGB

Beispiel 2

Bewertung der Wertpapiere AV bei dauerhafter Wertminderung.

Der Börsenkurs der 7%-igen EUR-Auslandsanleihe des Landes Brasilien 1.7. gzj. ist aufgrund des gestiegenen Zinsniveaus am Kapitalmarkt dauerhaft gefallen. Eine Rückzahlung zum Nennwert erscheint darüber hinaus wegen eines gestiegenen Länderrisikos als fraglich. Der Börsenkurs beträgt 92% am 31.12. Der Anschaffungskurs betrug 100%.

Nicht realisierter Kursverlust, Stückzinsen

Soll				Skontro 7% Brasilien Anleihe 1.7.gzj.					Haben
Datum	Vorgang	Nennwert	Kurs	Kurswert	Datum	Vorgang	Nennwert	Kurs	Kurswert
02.01.	A-Bestand einschließl. Stückzinsen	300.000,00	100%	310.586,30	02.01. 31.12. 31.12.	Stückzinsen Abschr. S-Bestand einschließl. Stückzinsen	300.000,00 300.000,00	8% 92%	10.586,30 24.000,00 286.586,30
31.12.	anteilige Stückzinsen			10.586,30					
				321.172,60					321.172,60

Grundbuch				
Datum	Konten		EUR-Beträge	
	Soll	Haben	Soll	Haben
31.12.	Abschreibung auf Wertpapiere (AV)		24.000,00	
		Eigene Wertpapiere (AV)		24.000,00
	Eigene Wertpapiere (AV)		10.586,30	
		Zinserträge aus Wertpapieren		10.586,30
31.12.	SBK		286.586,30	
		Eigene Wertpapiere (AV)		286.586,30

Die Volksbank Göttingen eG muss eine Bewertung zum niedrigeren Stichtagskurs nach § 253 (3) Satz 3 HGB vornehmen, da sie von einer dauernden Wertminderung auszugehen hat. Hier gilt das strenge Niederstwertprinzip.

§ 253 (3) Satz 3 HGB strenges Niederstwertprinzip

Darüber hinaus muss sie die bereits verdienten, aber noch nicht erhaltenen Zinsen für 184 Tage in der GuV-Rechnung für das abzuschließende Jahr erfassen und die **anteiligen Stückzinsen nach dem Zuordnungsprinzip** bei dem betreffenden Wertpapier in der Bilanz ausweisen (vgl. Kapitel 3.7.3.1 »Antizipative Posten der Rechnungsabgrenzung«). Bei der Wiedereröffnung der Konten müssen die anteiligen Stückzinsen aus dem Bestand der Festverzinslichen herausgenommen werden.

§ 11 RechKredV

anteilige Stückzinsen

Beispiel 3

Bewertung der Wertpapiere AV bei Wertaufholung bis zu den Anschaffungskosten.

Wertaufholungsgebot Der Börsenkurs der 10%-igen EUR-Auslandsanleihe der Republik Argentinien 1.10. gzj. ist aufgrund des gesunkenen Zinsniveaus am Kapitalmarkt im laufenden Geschäftsjahr gestiegen. Er beträgt am 31.12. ds. Jahres 115%. Der Anschaffungskurs betrug 100%. Zum letzten Bilanzstichtag erfolgte die Bewertung zum Niederstwert, da auf Grund einer kurzfristigen Marktreaktion der Kurs auf 96% gefallen war.

Soll   Skontro 10% Argentinien Anleihe 1.10.gzj.   Haben

Datum	Vorgang	Nennwert	Kurs	Kurswert	Datum	Vorgang	Nennwert	Kurs	Kurswert
02.01.	A-Bestand einschließl. Stückzinsen	100.000,00	96%	98.520,55	02.01. 31.12.	Stückzinsen S-Bestand einschließl. Stückzinsen	100.000,00	100%	2.520,55 102.520,55
31.12.	Zuschreibung			4.000,00					
31.12.	anteilige Stückzinsen			2.520,55					
				105.041,10					105.041,10

Grundbuch

Datum	Konten Soll	Konten Haben	EUR-Beträge Soll	EUR-Beträge Haben
31.12.	Eigene Wertpapiere (AV)	Erträge aus Zuschreibungen zu wie Anlagevermögen behandelten Wertpapieren	4.000,00	4.000,00
31.12.	Eigene Wertpapiere (AV)	Zinserträge aus Wertp.	2.520,55	2.520,55
31.12.	SBK	Eigene Wertpapiere (AV)	102.520,55	102.520,55

§§ 253 (1), § 253 (5) HGB Anschaffungskostenprinzip Wertaufholungsgebot Die Volksbank Göttingen eG darf die Kurssteigerung nicht als Kursgewinn ausweisen, da sie ihn noch nicht durch einen Verkauf realisiert hat **(Realisationsprinzip)** und als Obergrenze der Bewertung die Anschaffungskosten anzusetzen sind. Bis zu dieser Grenze muss sie eine Zuschreibung durchführen. Sie folgt damit dem **Wertaufholungsgebot,** da der Grund der früheren Wertminderung weggefallen ist.

RechKredV § 11 Die bereits verdienten, aber noch nicht erhaltenen Zinsen für 92 Tage muss sie in der GuV-Rechnung für das abzuschließende Jahr erfassen und die anteiligen Stückzinsen nach dem Zuordnungsprinzip bei dem betreffenden Wertpapier in der Bilanz ausweisen.

Beispiel 4

Bewertung der Wertpapiere AV bei Verkaufserfolgen.

Realisierter Kursgewinn, nicht realisierter Kursverlust Die Volksbank Göttingen eG besaß einen Anfangsbestand von 70.000 Stück Stahl Aktien, die sie zu 140,00 EUR/Stück angeschafft hatte. Am 25.08. wurden 30.000 Aktien zum Preis von 155,00 EUR/ Stück verkauft.
Der Kurs der Stahl Aktien am 31.12. beträgt 130,00 EUR/Stück.

Soll   Skontro Stahl Aktien   Haben

Datum	Vorgang	Stück	Kurs	Kurswert	Datum	Vorgang	Stück	Kurs	Kurswert
02.01.	A-Bestand	70.000	140,00	9.800.000,00	25.08.	Verkauf	30.000	155,00	4.650.000,00
31.12.	Kursgew.			450.000,00	31.12.	Abschr.	40.000	10,00	400.000,00
					31.12.	S-Bestand	40.000	130,00	5.200.000,00
				10.250.000,00					10.250.000,00

3.5 Buchung von Eigengeschäften mit Wertpapieren und Bewertung von Wertpapieren

Grundbuch				
Datum	**Konten**		**EUR-Beträge**	
	Soll	Haben	Soll	Haben
31.12.	Abschreibungen auf Wertpapiere (AV)		400.000,00	
		Eigene Wertpapiere (AV)		400.000,00
31.12.	Eigene Wertpapiere (AV)		450.000,00	
		Kursgew. aus Wertpap. (AV)		450.000,00
31.12.	SBK		5.200.000,00	
		Eigene Wertpapiere (AV)		5.200.000,00

Durch den Verkauf ist ein Kursgewinn realisiert worden, der aufgrund des **Realisationsprinzips** auszuweisen ist.

§ 252 (1) Ziff. 4 HGB Realisationsprinzip

Die Volksbank Göttingen eG geht bei den Stahl AG Aktien von einer nur vorübergehenden Wertminderung aus. Sie darf die Stahl Aktien zum Niederstwert bewerten, wenn sie das Bewertungswahlrecht des § 253 (3) Satz 4 HGB ausnutzt. Bei Annahme einer dauerhaften Wertminderung muss sie zum Niederstwert bewerten.

Die Ungleichbehandlung von nicht realisierten Kursgewinnen (vgl. Beispiel 3) und nicht realisierten Kursverlusten (vgl. Beispiel 2 und 4) wird als **Imparitätsprinzip** bezeichnet.

Imparitätsprinzip

Einzelabschlussverfahren für die Beispiele 1a, 1b, 2, 3 und 4 zum Anlagevermögen.

Einzelabschlussverfahren

Soll	Eigene Wertpapiere (Anlagevermögen)			Haben
02.01. EBK (Eisenges. AG)	3.000.000,00	02.01.	Stückzinsen	10.586,30
02.01. EBK (LUX AG)	3.200.000,00	02.01.	Stückzinsen	2.520,55
02.01. EBK (Brasilien Anl.)	310.586,30	25.08.	Umsätze	4.650.000,00
02.01. EBK (Argentinien Anl.)	98.520,55	31.12.	Abschreibungen	640.000,00
02.01. EBK (Stahl AG)	9.800.000,00	31.12.	Abschreibungen	24.000,00
31.12. Zuschreibung	4.000,00	31.12.	Abschreibungen	400.000,00
31.12. Kursgewinne	450.000,00	31.12.	SBK (Eisenges. AG)	3.000.000,00
31.12. Stückzinsen	10.586,30	31.12.	SBK (LUX AG)	2.560.000,00
31.12. Stückzinsen	2.520,55	31.12.	SBK (Brasilien Anl.)	286.586,30
		31.12.	SBK (Argentinien Anl.)	102.520,55
		31.12.	SBK (Stahl AG)	5.200.000,00
	16.876.213,70			16.876.213,70

Das **Bewertungsergebnis** der Wertpapiere, die wie Anlagevermögen behandelt werden, wird in der GuV-Rechnung (Kontoform) gemäß § 340 c (2) HGB in den Positionen Nr. 8 (Aufwandsseite) und/oder Position Nr. 7 (Ertragsseite) ausgewiesen. Eine Kompensation beider Positionen, so dass nur der Überschuss als Saldo ausgewiesen wird, ist zulässig aber nicht zwingend.

Ergebnisausweis in der GuV-Rechnung für Wertpapiere des Anlagevermögens

Eine teilweise Verrechnung ist nicht zulässig.

Die **Abschreibungen** der Beispiele 1b, 2, und 4 werden in der Aufwandsposition Nr. 8,
die **Zuschreibung** aus dem Beispiel 3 in der Ertragsposition Nr. 7,
der **Kursgewinn** aus dem Beispiel 4 wird in der Ertragsposition Nr. 7 ausgewiesen.

Alternativ kann eine **vollständige Verrechnung** der beiden Positionen erfolgen, so dass nur der Überschuss in der Aufwandsposition Nr. 8 auszuweisen ist.

Anteilige Stückzinsen Die **anteiligen Stückzinsen** sind in der Position Erträge Nr. 1b »Zinserträge aus festverzinslichen Wertpapieren und Schuldverschreibungen« auszuweisen.

Die beiden **Möglichkeiten für den Ergebnisausweis** aus den Beispielen 1 – 4 der Volksbank Göttingen eG zeigen die folgenden Auszüge der GuV-Rechnung in Kontoform:

1 Getrennter Ausweis der Erfolge

Aufwendungen		GuV-Rechnung (Kontoform)	Erträge

		1. Zinserträge aus
		  a)
		  b) festverzinslichen Wertpapieren
		     und Schuldverschreibungen
			13.106,85

8. Abschreibungen und Wertberichtigungen auf Beteiligungen, Anteile an verbundenen Unternehmen und wie Anlagevermögen behandelte Wertpapiere.	1.064.000,00	7. Erträge aus Zuschreibungen zu Beteiligungen, Anteilen an verbundenen Unternehmen und wie Anlagevermögen behandelten Wertpapieren.	454.000,00

2 Kompensierter Ausweis der Erfolge

Aufwendungen		GuV-Rechnung (Kontoform)	Erträge

		1. Zinserträge aus
		  a)
		  b) festverzinslichen Wertpapieren
		     und Schuldverschreibungen
			13.106,85

8. Abschreibungen und Wertberichtigungen auf Beteiligungen, Anteile an verbundenen Unternehmen und wie Anlagevermögen behandelte Wertpapiere.	610.000,00	7. Erträge aus Zuschreibungen zu Beteiligungen, Anteile an verbundenen Unternehmen und wie Anlagevermögen behandelten Wertpapieren.	0,00

Bei kompensiertem Erfolgsausweis ist die durchgeführte Zuschreibung (aus dem Beispiel 3) in der GuV-Rechnung aus der externen Rechnungslegung nicht zu erkennen.

Zusammenfassung

- **Zugangsbewertung**
  Wertpapiere des Anlagevermögens sind bei Anschaffung zum **Anschaffungswert** (Kurswert) auf HK »Eigene Wertpapiere (AV)« zu buchen und im Skontro der betreffenden Wertpapierkennnummer einzutragen. Anfallende Spesen können gesondert als Aufwand erfasst werden.

3.5 Buchung von Eigengeschäften mit Wertpapieren und Bewertung von Wertpapieren

- **Folgebewertung**
  Für Wertpapiere des Anlagevermögens sind in der Folge außerplanmäßige Abschreibungen zu buchen, wenn es sich um eine voraussichtlich dauernde Wertminderung handelt **(strenges Niederstwertprinzip)**. Ist die Wertminderung nur vorübergehend, darf auf den niedrigen Wert abgeschrieben werden **(gemildertes Niederstwertprinzip)**.

- Ist der Grund für eine frühere Wertminderung weggefallen, so ist eine **Wertaufholung** durchzuführen, jedoch nicht über den Anschaffungswert hinaus. Die **Wertobergrenze** stellen die Anschaffungskosten dar.

Der **Abschluss von HK »Eigene Wertpapiere (Anlagevermögen)«** kann erfolgen

- nach dem **Einzelabschlussverfahren,**
  bei dem für jede Wertpapierkennnummer eine besondere Abschlussbuchung erfolgt, oder

- nach dem **Summenabschlussverfahren,**
  bei dem für alle skontrierten Wertpapiere zusammen nur die Summen von Zuschreibungen, Kursgewinnen, Stückzinsen, Abschreibungen und Schlussbestände auf HK »Eigene Wertpapiere (Anlagevermögen)« gebucht werden.

Der **Ausweis** der **Erfolge** kann erfolgen
- mit Trennung nach Kurserfolgen, Abschreibungen und Zuschreibungen oder
- mit Kompensation von Kurserfolgen, Abschreibungen und Zuschreibungen.

Aufgaben zu Kapitel 3.5.2.1

1. a) Schließen Sie die folgenden Skontren für Wertpapiere, die wie Anlagevermögen behandelt werden, der Südbank AG ab. Wenden Sie die permanente Durchschnittsbewertung an. Die Südbank bewertet zum Niederstwert.

   b) Tragen Sie alle Buchungen im Konto Eigene Wertpapiere (Anlagevermögen) ein und schließen Sie es nach dem Einzelabschlussverfahren ab.

   c) Bilden Sie die Buchungssätze für den Abschluss der Südbank AG.

   d) Stellen Sie im GuV-Konto (Kontoform) der Südbank AG den Ausweis der Erfolge dar, wenn die Südbank AG die Aufwendungen und Erträge kompensiert.

Soll				Skontro Flugzeug Aktien				Haben
Datum	Vorgang	Stück	Kurs	Kurswert	Datum	Vorgang	Stück	Kurs	Kurswert
02.01.	Anfangsbestand	40.000	30,00	1.200.000,00	25.08.	Verkauf	30.000	35,00	1.050.000,00

Der Kurs der Flugzeug-Aktien beträgt 29,00 EUR/Stück am 31.12.

Soll				Skontro Elektro Aktien				Haben
Datum	Vorgang	Stück	Kurs	Kurswert	Datum	Vorgang	Stück	Kurs	Kurswert
02.01.	Anfangsbestand	70.000	25,00	1.750.000,00	27.08.	Verkauf	10.000	25,00	250.000,00
15.06.	Kauf	30.000	27,00	810.000,00					

Der Kurs der Elektro Aktien beträgt 32,00 EUR/Stück am 31.12.

Soll					Skontro ABC Aktien				Haben
Datum	Vorgang	Stück	Kurs	Kurswert	Datum	Vorgang	Stück	Kurs	Kurswert
02.01.	Anfangs-bestand	90.000	80,00	7.200.000,00	03.06.	Ver-kauf	30.000	85,00	2.550.000,00
09.10.	Kauf	40.000	73,00	2.920.000,00					

Der Kurs der ABC Aktien beträgt 75,00 EUR/Stück am 31.12.

(2) Die Stadtsparkasse Münster hat am 20.03.2015 (Valuta des Erfüllungstages) über BBK für eigene Rechnung nom. 80.000,00 EUR 6% Bundesanleihe 1.7. gzj. + 1.7.15 ff. zum Kurs von 102% für das Anlagevermögen erworben.
Am 12.08.15 (Valuta des Erfüllungstages) wurden 30.000,00 EUR dieser Bundesanleihe zum Kurs von 100% über BBK verkauft.

a) Tragen Sie im Konto »Zinserträge aus Wertpapieren« **alle Beträge** ein, die im Zusammenhang mit den Zinserträgen aus der Bundesanleihe für das Jahr 2015 zu berücksichtigen sind. Nur in einem **T-Konto** mit **Nennung des Buchungsdatums und des Gegenkontos.**

b) Schließen Sie das Konto »Zinserträge aus Wertpapieren« per 31.12.15 ab. Nur im **T-Konto** mit Nennung des Gegenkontos.

c) Bilden Sie die Buchungssätze für den Abschluss des Kontos »Eigene Wertpapiere«, wenn der Börsenkurs am 31.12.15 101% beträgt und die Stadtsparkasse abwertet.

3.5.2.2 Bewertung der Wertpapiere des Handelsbestandes (HB)

§ 340e (3) HGB

Wertpapiere des Handelsbestandes

Die **Wertpapiere des Handelsbestandes** sind zum beizulegenden Zeitwert (Börsenkurs am Tag der Bewertung) abzüglich eines angemessenen Risikoabschlages zu bewerten. Damit ist eine Trennung der Wertpapiere des Umlaufvermögens in Handelsbestand und Liquiditätsbestand zwingend erforderlich.
Zum Handelsbestand gehören die Wertpapiere, die die Grundlage des Eigenhandels der Kreditinstitute bilden.

Situation

Die Hamburger Sparkasse AG führt am Jahresende die Bewertung und den Abschluss für die eigenen Wertpapiere durch, die sie ihrem Handelsbestand zuordnet.

Summen-abschluss-verfahren

Sie wendet das *Summenabschlussverfahren* an, bei dem die Abschlussergebnisse der einzelnen Skontren zusammengefasst und summenmäßig im Grundbuch und im Hauptbuch der Brandenburg Bank AG gebucht werden. Kursgewinne und Kursverluste aus Handelsgeschäften werden dabei bereits verrechnet.

Beispiel 1

Bewertung nach dem strengen Niederstwert mit Hilfe der Durchschnitts-bewertung

Ermittlung des durchschnittlichen Anschaffungskurses.

Das Skontro Elektro Aktien zeigt neben dem Anfangsbestand die im laufenden Geschäftsjahr durchgeführten Käufe. Verkäufe wurden nicht durchgeführt.
Der Börsenkurs am 31.12. beträgt 110,00 EUR/Stück.
Die Hamburger Sparkasse AG berücksichtigt einen Risikoabschlag von 5% des Zeitwertes.

3.5 Buchung von Eigengeschäften mit Wertpapieren und Bewertung von Wertpapieren

Soll				**Skontro Elektro Aktien**					Haben	Nicht realisierter Kursgewinn
Datum	Vorgang	Stück	Kurs	Kurswert	Datum	Vorgang	Stück	Kurs	Kurswert	
02.01.	A-Bestand	500	99,00	49.500,00	31.12.	S-Bestand	4.000	104,50	418.000,00	
25.03.	Kauf	1.500	107,00	160.500,00						
02.09.	Kauf	2.000	104,00	208.000,00						
				418.000,00					418.000,00	

Wurden Käufe zu unterschiedlichen Kursen durchgeführt, dürfen Kreditinstitute das **Durchschnittsbewertungsverfahren** (Gruppenbewertung der Käufe innerhalb einer Wertpapierkennnummer) anwenden.

Durchschnittliche Anschaffungskursbewertung

Solange keine Verkäufe im laufenden Geschäftsjahr stattfanden, wird die Summe der Kurswerte des Anfangsbestandes und aller Käufe durch die Gesamtstückzahl der jeweiligen Wertpapiergattung zur Ermittlung des **durchschnittlichen Anschaffungskurses** geteilt.

Durchschnittlicher Anschaffungskurs der Aktien
= (Kurswert Anfangsbestand + Kurswerte aller Käufe) : Gesamtstückzahl
= (49.500,00 EUR + 368.500,00 EUR) : 4.000 Stück = **104,50 EUR/Stück**

Die konsequente Anwendung der handelsrechtlichen Bewertungsvorschrift des § 340e (3) HGB ergibt einen Bewertungskurs von 104,50 EUR/Stück (95% des beizulegenden Zeitwerts = des Börsenkurses am 31.12.).

Der Bewertungskurs am Bilanzstichtag stimmt zufällig mit dem Durchschnittskurs überein.

Die Elektro Aktien werden zum durchschnittlichen Anschaffungskurs von 104,50 EUR/Stück bewertet.

Beispiel 2

Bewertung der Wertpapiere (HB), wenn der ermittelte Bewertungskurs höher als der durchschnittliche Anschaffungskurs ist.

Das Skontro der Chemie Aktien zeigt neben dem Anfangsbestand die im laufenden Geschäftsjahr durchgeführten Käufe und Verkäufe.

Der Börsenkurs beträgt 72,00 EUR/Stück am 31.12...

Die Hamburger Sparkasse AG berücksichtigt einen Risikoabschlag von 5% des Zeitwertes.

Soll				**Skontro Chemie Aktien**					Haben	Nicht realisierter Kursgewinn
Datum	Vorgang	Stück	Kurs	Kurswert	Datum	Vorgang	Stück	Kurs	Kurswert	
02.01.	A-Bestand	1.000	65,00	65.000,00	05.04.	Verkauf	1.000	66,00	66.000,00	
25.03.	Kauf	1.500	62,00	93.000,00	10.10.	Verkauf	1.000	67,00	67.000,00	
02.09.	Kauf	2.500	70,00	175.000,00	31.12.	S-Bestand	3.000	68,40	205.200,00	
31.12.	Zuschreibung			2.850,00						
31.12.	Kursgewinn			2.350,00						
				338.200,00					338.200,00	

	Ermittlung des durchschnittlichen Anschaffungskurses: (Permanente Durchschnittsbewertung)						
Gesonderte Ermittlung	Datum	Veränderung	Stück	Kurs	Kurswert	Verkaufs-kurse	Verkaufs-erfolg
	02.01.	Bestand	1.000	65,00	65.000,00		
	25.03.	Kauf	1.500	62,00	93.000,00		
		Ø A-Kurs*	2.500	63,20	158.000,00		
	05.04.	Verkauf	1.000	**63,20**	63.200,00	66,00	+ 2.800,00
		Ø A-Kurs*	1.500	63,20	94.800,00		
	02.09.	Kauf	2.500	70,00	175.000,00		
		Ø A-Kurs*	4.000	67,45	269.800,00		
	10.10.	Verkauf	1.000	**67,45**	67.450,00	67,00	− 450,00
	31.12.	Ø A-Kurs*	3.000	67,45	202.350,00		
	31.12.	Bewertung zum Zeitwert abzgl. Risiko-abschlag	3.000	68,40	205.200,00		+ 2.350,00
	31.12.	Bewertungs-erfolg = Zuschreibg.	3.000	0,95	2.850,00		

* durchschnittlicher Anschaffungskurs

permanente Durchschnitts-bewertung

Das **Durchschnittsbewertungsverfahren** zur Festlegung des durchschnittlichen Anschaffungskurses muss die fortlaufenden Verkäufe berücksichtigen, damit nach einem späteren Hinzukauf der neue durchschnittliche Anschaffungskurs auf Grund des aktuellen Gesamtbestandes ermittelt werden kann **(permanente Durchschnittsbewertung)**.

Verrechnung realisierter Verkaufserfolge

Die Ermittlung des durchschnittlichen Anschaffungskurses erfolgt in einer **Staffel**. Die Verkäufe sind zu den jeweils aktuellen Buchwerten auszutragen. Die im Vergleich mit dem Verkaufskurs erzielten **Verkaufserfolge** werden in der Staffel in einer gesonderten Spalte errechnet. Durch den Abschluss am Jahresende werden die realisierten Kursgewinne mit den realisierten Kursverlusten verrechnet. Im Beispiel ergibt sich insgesamt ein **realisierter Kursgewinn** in Höhe von 2.350,00 EUR.

Bewertungs-erfolg

beizulegender Zeitwert

§ 340e (3) HGB

Ein **Bewertungserfolg** ergibt sich aus der Differenz zwischen dem Bewertungskurs = Börsenkurs am Jahresende abzüglich eines angemessenen Risikoabschlages gemäß § 340e (3) HGB und dem durchschnittlichen Anschaffungskurs. Im Beispiel wird ein Risikoabschlag in Höhe von 5% des beizulegenden Zeitwertes angenommen. Die Chemie Aktien sind somit mit 95% des Bilanzstichtagskurses (72,00 EUR × 95% = 68,40 EUR/Stück) zu bewerten. Die Höhe des Risikoabschlages hängt von der bankinternen Risikosteuerung gemäß bankaufsichtsrechtlicher Vorgaben ab.

Zuschreibung nicht realisierter Kursgewinne

Im Beispiel beträgt der Bewertungserfolg 0,95 EUR/Stück. Die Bewertung des **Handelsbestandes** führt zu einer **Zuschreibung** durch den verpflichtenden Ausweis von **nicht realisierten Kursgewinnen** in Höhe von 2.850,00 EUR. Diese Zuschreibung ist auf dem HK »**Erträge aus der Zuschreibung zu Wertpapieren des Handelsbestandes**« zu erfassen.

Die Verrechnung von realisierten Kursgewinnen mit realisierten Kursverlusten ist im Skontro und im Hauptbuchkonto Wertpapiere (Handelsbestand) beabsichtigt, nicht aber die Verrechnung von Verkaufserfolgen mit Bewertungserfolgen.

3.5 Buchung von Eigengeschäften mit Wertpapieren und Bewertung von Wertpapieren

Erst die Bestimmung des 340 c (1) schreibt für die GuV-Rechnung nur eine Position **(Nettoertrag oder Nettoaufwand aus Handelsgeschäften)** vor. Damit ist eine Verrechnung von Bewertungs- mit Verkaufserfolgen bei Wertpapieren des Handelsbestandes für den GuV-Ausweis vorgeschrieben.

§ 340 c (1) HGB

Beispiel 3

Bewertung der Wertpapiere (HB), wenn der ermittelte Bewertungskurs niedriger als der durchschnittliche Anschaffungskurs ist.

Das Skontro der BIO Aktien zeigt neben dem Anfangsbestand die im laufenden Geschäftsjahr durchgeführten Käufe und Verkäufe.
Der Börsenkurs am 31.12 beträgt 57,00 EUR/Stück.
Der Risikoabschlag wird mit 5% des Zeitwertes angenommen.

Bewertung zum niedrigeren Stichtagskurs

Soll — Skontro BIO Aktien — **Haben**

Datum	Vorgang	Stück	Kurs	Kurswert	Datum	Vorgang	Stück	Kurs	Kurswert
02.01.	A-Bestand	2.500	56,00	140.000,00	03.05.	Verkauf	500	54,00	27.000,00
05.06.	Kauf	2.000	64,00	128.000,00	31.12.	Kursverlust			1.000,00
					31.12.	Abschreibung	4.000	5,85	23.400,00
					31.12.	S-Bestand	4.000	54,15	216.600,00
				268.000,00					268.000,00

Realisierter Kursverlust und nicht realisierter Kursverlust

Ermittlung des durchschnittlichen Anschaffungskurses:
(Permanente Durchschnittsbewertung)

Datum	Veränderung	Stück	Kurs	Kurswert	Verkaufskurse	Kursgewinn/-verlust
02.01.	Bestand	2.500	56,00	140.000,00		
03.05.	Verkauf	500	**56,00**	28.000,00	54,00	– 1.000,00
	Ø A-Kurs	2.000	56,00	112.000,00		
05.06.	Kauf	2.000	64,00	128.000,00		
31.12.	Ø A-Kurs	4.000	60,00	240.000,00		
31.12.	Bewertung zum Zeitwert abzgl. Risikoabschlag	4.000	54,15	216.600,00		– 1.000,00
31.12.	Bewertungserfolg = Abschreibg.	4.000	5,85	23.400,00		

Durch den Verkauf unter Anschaffungskurs realisiert die Hamburger Sparkasse AG einen Kursverlust.

realisierter Kursverlust

Die Bewertung mit dem beizulegenden Zeitwert unter Berücksichtigung eines angemessenen Risikoabschlages führt zum Ausweis eines **nicht realisierten Kursverlustes**. Die Höhe der zu buchenden **Abschreibung** ergibt sich aus der Differenz zwischen dem durchschnittlichen Anschaffungskurs in Höhe von 60,00 EUR/Stück und dem Bewertungskurs 54,15 EUR/Stück (57,00 EUR × 95%), sie beträgt im Beispiel 23.400,00 EUR.

nicht realisierter Kursverlust

§ 340 c (1) HGB Ob bei einem bereits unter dem durchschnittlichen Anschaffungskurs liegenden Bilanzstichtagskurs zusätzlich ein angemessener Risikoabschlag vorgenommen werden muss, begründet sich in der konsequenten Anwendung des § 340 e (3) HGB.

Eine risikobewusste Bewertung der Handelswertpapiere bei Kreditinstituten spricht unter Berücksichtigung der Finanzmarktkrise ebenfalls dafür.

Unterstützt wird diese Auffassung durch die Verrechnung aller Aufwendungen und Erträge aus Geschäften mit Wertpapieren des Handelsbestandes.

Beispiel 4

Bewertung festverzinslicher Wertpapiere (HB), wenn der ermittelte Bewertungskurs niedriger als der durchschnittliche Anschaffungskurs ist.

Bewertung zum niedrigeren Stichtagskurs

Das Skontro der 6%-igen Bundesanleihe 01.11. gzj. zeigt neben dem Anfangsbestand die im laufenden Geschäftsjahr durchgeführten Käufe und Verkäufe.

Der Börsenkurs der Bundesanleihe beträgt am 31.12. 100,50%.

Der Risikoabschlag wird mit 2% des Zeitwertes angenommen.

Verrechnung realisierter Kursgewinne und -verluste

Soll　　　　　　　　　　　Skontro 6% Bundesanleihe 01.11.gzj.　　　　　　　　　　Haben

Datum	Vorgang	Nennwert	Kurs %	Kurswert	Datum	Vorgang	Nennwert	Kurs %	Kurswert
02.01.	A-Bestand einschl. Stückzinsen	400.000,00	101,00	408.010,96	02.01.	Stückzinsen			4.010,96
13.04.	Kauf	400.000,00	102,00	408.000,00	12.06.	Verkauf	300.000,00	101,70	305.100,00
21.08.	Kauf	100.000,00	100,30	100.300,00	01.11.	Verkauf	500.000,00	101,20	506.000,00
02.12.	Kauf	400.000,00	100,50	402.000,00	31.12.	Abschreibung			800,00
31.12.	Kursgewinn			100,00	31.12.	S-Bestand einschl. Stückzinsen	500.000,00	100,50	507.513,70
31.12.	Stückzinsen			5.013,70					
				1.323.424,66					1.323.424,66

Permanente Durchschnittsbewertung bei festverzinslichen Wertpapieren

Die permanente Durchschnittsbewertung (auch hier müssen die Verkäufe fortlaufend berücksichtigt werden, damit nach einem späteren Kauf der aktuelle Durchschnittskurs aufgrund des Gesamtbestandes ermittelt werden kann) ergibt einen durchschnittlichen Anschaffungskurs in Höhe von 100,66%.

Die zum Handelsbestand gehörende 6%-ige Bundesanleihe muss mit dem beizulegenden Zeitwert am 31.12. abzüglich eines angemessenen Risikoabschlages bewertet werden (98% von 100,5 = 98,49%).

Die Differenz zwischen dem durchschnittlichen Anschaffungskurs und dem Bewertungskurs (100,66 – 98,49 = 2,17 %-Punkte) wird durch die Buchung einer Abschreibung in Höhe von 10.850,00 EUR erfasst. Außerdem ist der realisierte Kursgewinn – nach Verrechnung mit dem realisierten Kursverlust – zu berücksichtigen.

Anteilige Stückzinsen

Die bereits verdienten, aber noch nicht erhaltenen Zinsen für 61 Tage muss sie in der GuV-Rechnung für das abzuschließende Jahr erfassen und die anteiligen Stückzinsen nach dem Zuordnungsprinzip bei dem betreffenden Wertpapier in der Bilanz ausweisen.

3.5 Buchung von Eigengeschäften mit Wertpapieren und Bewertung von Wertpapieren

Ermittlung des durchschnittlichen Anschaffungskurses: (Permanente Durchschnittsbewertung)						
Datum	Veränderung	Nennwert	Kurs %	Kurswert	Verkaufskurse %	Verkaufserfolg
02.01.	Bestand	400.000,00	101,00	404.000,00		
13.04.	Kauf	400.000,00	102,00	408.000,00		
	Ø A-Kurs	800.000,00	101,50	812.000,00		
12.06.	Verkauf	300.000,00	**101,50**	304.500,00	101,70	+ 600,00
	Ø A-Kurs	500.000,00	101,50	507.500,00		
21.08.	Kauf	100.000,00	100,30	100.300,00		
	Ø A-Kurs	600.000,00	101,30	607.800,00		
01.11.	Verkauf	500.000,00	**101,30**	506.500,00	101,20	– 500,00
	Ø A-Kurs	100.000,00	101,30	101.300,00		
02.12.	Kauf	400.000,00	100,50	402.000,00		
31.12.	Ø A-Kurs	500.000,00	100,66	503.300,00		
31.12.	Bewertung zum Zeitwert abzgl. Risikoabschlag	500.000,00	98,49	492.450,00		+ 100,00
31.12.	Bewertungserfolg = Abschreibg.	500.000,00	2,17	10.850,00		

Summenabschlussverfahren für die Beispiele 1 bis 4 zum Handelsbestand

Für den Abschluss des Kontos Eigene Wertpapiere (Handelsbestand) werden aus den entsprechenden Skontren alle gleichartigen Vorgänge in einer Übersicht geordnet und summiert.

Summenabschlussverfahren

Die Summen bilden die Grundlage für die Abschlussbuchungen.

Übersicht zum Summenabschlussverfahren						
	Bestände am 31.12.				Bewertungserfolge	Verkaufserfolge
Wertpapiergattung	Stück/ Nennwert	Kurs	Kurswert einschließlich anteiliger Stückzinsen	Stückzinsen	Abschreibungen (–) Zuschreibungen (+)	Kursverluste (–) Kursgewinne (+)
	Stück/EUR	EUR/%	EUR	EUR	EUR	EUR
Elektro-Aktien	4.000	104,50	418.000,00	0,00	0,00	0,00
Chemie Aktien	3.000	68,40	205.200,00	0,00	+ 2.850,00	+ 2.350,00
BIO-Aktien	4.000	54,15	216.600,00	0,00	– 23.400,00	– 1.000,00
6% Bundesanleihe	500.000,00	98,49	497.463,70	5.013,70	– 10.850,00	+ 100,00
			1.337.263,70	5.013,70	– 31.400,00	+ 1.450,00

Abschluss-buchuchungen im Konto Eigene Wertpapiere

Soll		Eigene Wertpapiere (Handelsbestand)			Haben
02.01.	EBK	662.510,96	02.01.	Stückzinsen	4.010,96
	Umsätze (Käufe)	1.674.800,00		Umsätze (Verkäufe)	971.100,00
31.12.	Kursgewinne	1.450,00	31.12.	Abschreibungen	31.400,00
31.12.	Stückzinsen	5.013,70	31.12.	SBK	1.337.263,70
		2.343.774,66			2.343.774,66

Grundbuch				
Datum	Konten		EUR-Beträge	
	Soll	Haben	Soll	Haben
31.12.	Abschreibungen auf Wertpapiere des HB		31.400,00	
		Eigene Wertpapiere (HB)		31.400,00
31.12.	Eigene Wertpapiere (HB)		1.450,00	
		Kursgewinne aus Wertpapieren (HB)		1.450,00
31.12.	Eigene Wertpapiere (HB)		5.013,70	
		Zinserträge aus Wertpapieren		5.013,70
31.12.	SBK		1.337.263,70	
		Eigene Wertpapiere (HB)		1.337.263,70

Der folgende Auszug der GuV-Rechnung in Kontoform verdeutlicht das Ergebnis aus den Beispielen 1 – 4 der Hamburger Sparkasse AG. Die verrechneten Bewertungserfolge (Abschreibungen minus Zuschreibungen) und die verrechneten Verkaufserfolge (Kursgewinne minus Kursverluste) ergeben zusammen den saldierten Nettoaufwand des Handelsbestands in Höhe von 29.950,00 EUR.

Ergebnisausweis für Wertpapiere des Handelsbestandes

Aufwendungen	GuV-Rechnung (Kontoform) in EUR		Erträge
		1. Zinserträge aus	
		a) …	
		b) festverzinslichen Wertpapieren	5.013,70
3. Nettoaufwand des Handelsbestands	29.950,00		
		5. Nettoertrag des Handelsbestands	0,00

§ 340 c (1) HGB

Der Bewertungs- und Handelserfolg der Wertpapiere, die zum Handelsbestand gehören, wird in der GuV-Rechnung (Kontoform) gemäß § 340 c (1) HGB in der Ertragsposition Nr. 5 »**Nettoertrag des Handelsbestands**« oder in der Aufwandsposition Nr. 3 »**Nettoaufwand des Handelsbestands**« ausgewiesen. Beide Positionen bilden eine Einheit, sodass nur der Überschuss als Saldo erscheint.

Handels-ergebnis

Diese Vorschrift ist zwingend. Der Saldo soll das sogenannte **Handelsergebnis** der Kreditinstitute zum Ausdruck bringen. Zu den Aufwendungen zählen realisierte Kursverluste und Abschreibungen, zu den Erträgen realisierte Kursgewinne und Zuschreibungen.

3.5 Buchung von Eigengeschäften mit Wertpapieren und Bewertung von Wertpapieren

Die **anteiligen Stückzinsen** sind in der Position Nr. 1 b »Zinserträge aus festverzinslichen Wertpapieren und Schuldverschreibungen« auszuweisen.

anteilige Stückzinsen

Das Handelsrecht sieht für Kreditinstitute gemäß § 340 e (4) HGB zur Absicherung des besonderen Risikos bei Wertpapieren des Handelsbestands eine jährliche Zuführung zum Sonderposten „Fonds für allgemeine Bankrisiken" nach § 340 g HGB vor. Die Zuführung muss 10% der Nettoerträge des Handelsbestands betragen. Der Posten darf nur zum Ausgleich von Nettoaufwendungen des Handelsbestands aufgelöst werden oder soweit er 50% des Durchschnitts der letzten fünf Nettoerträge des Handelsbestands übersteigt.

§ 340e (4) HGB

Ein Teil der durch Bewertung zum beizulegenden Zeitwert – abzüglich eines Risikoabschlags – entstandenen Zuschreibungen wird durch diese zusätzliche Regelung mit einer Ausschüttungssperre versehen. Zur Umsetzung dieser Ausschüttungssperre müssen die nach § 340 e HGB gebildeten Beträge von den nach § 340 g HGB gebildeten getrennt werden. Dies kann in den Erläuterungen zur Passivposition 11 »Fonds für allgemeine Bankrisiken« im Anhang erfolgen (vgl. Offene Vorsorgereserven).

Das Beispiel ergibt einen Nettoaufwand aus Handelsgeschäften, der bei Ausnutzung des Wahlrechts des § 340 e (4) HGB durch Teilauflösung eines bereits bestehenden Bestandes ausgeglichen werden kann. Hier wurde darauf verzichtet.

Zusammenfassung

Ermittlung des durchschnittlichen Anschaffungskurses (permanente Durchschnittsbewertung) bei

Aktien	festverzinslichen Wertpapieren
Summe (Stückzahl · Stückkurs in EUR) / Gesamtstückzahl	Summe (Nennwert · Kurs in Prozent) / Gesamtnennwert

Wertpapiere des Handelsbestandes werden mit folgenden Ausnahmen genauso behandelt wie Wertpapiere des Anlagevermögens:

- **Die Folgebewertung hat nach dem beizulegenden Zeitwert, abzüglich eines angemessenen Risikoabschlags, zu erfolgen.**
- **Der Bewertungserfolg ist auf HK »Erträge aus der Zuschreibung zu Wertpapieren (HB)« zu erfassen.**
- **In der GuV-Rechnung darf als Ertrag oder als Aufwand nur die Differenz aller realisierten Verkaufserfolge aus Geschäften mit Finanzinstrumenten des Handelsbestandes sowie aller zugehörigen Bewertungserfolge in einer Position**
    »Nettoaufwand aus Handelsgeschäften«
  oder
    »Nettoertrag aus Handelsgeschäften«
  ausgewiesen werden.
- **Dem »Sonderposten für allgemeine Bankrisiken« sind jährlich 10% der Nettoerträge des Handelsbestandes zuzuführen. Der Posten darf nur zum Ausgleich von Nettoaufwendungen des Handelsbestandes aufgelöst werden oder soweit er 50% des Durchschnitts der letzten fünf Nettoerträge des Handelsbestands übersteigt.**

Aufgaben zu Kapitel 3.5.2.2

① a) Schließen Sie die folgenden Skontren für Wertpapiere, die zum Handelsbestand der Volksbank Nürtingen eG gehören ab. Wenden Sie die permanente Durchschnittsbewertung an. Berücksichtigen Sie die anteiligen Stückzinsen.

b) Führen Sie das Summenabschlussverfahren durch.

c) Tragen Sie alle Buchungen im Konto Eigene Wertpapiere (Handelsbestand) ein und schließen Sie es nach dem Summenabschlussverfahren ab.

d) Bilden Sie die Buchungssätze für den Abschluss im Grundbuch der Volksbank Nürtingen eG. Berücksichtigen Sie auch eine Einstellung in den Fonds für allgemeine Bankrisiken gem. § 340 e (4) HGB.

e) Stellen Sie im GuV-Konto der Volksbank Nürtingen eG den Ausweis der Erfolge ohne Zinsertrag dar.

Soll   **Skontro Kaufhaus Aktien**   Haben

Datum	Vorgang	Stück	Kurs	Kurswert	Datum	Vorgang	Stück	Kurs	Kurswert
02.01.	Anfangsbestand	20.000	270,00	5.400.000,00	25.11.	Verkauf	15.000	300,00	4.500.000,00
04.07.	Kauf	20.000	260,00	5.200.000,00					

Der Kurs der Kaufhaus Aktien beträgt 268,00 EUR/Stück am 31.12., es wird mit einem Risikoabschlag von 5% des Zeitwertes gerechnet.

Soll   **Skontro LUX Aktien**   Haben

Datum	Vorgang	Stück	Kurs	Kurswert	Datum	Vorgang	Stück	Kurs	Kurswert
02.01.	Anfangsbestand	10.000	560,00	5.600.000,00	23.03.	Verkauf	5.000	570,00	2.850.000,00
15.06.	Kauf	25.000	545,00	13.625.000,00	21.08	Verkauf	10.000	540,00	5.400.000,00

Der Kurs der LUX Aktien beträgt 610,00 EUR/Stück am 31.12., es wird mit einem Risikoabschlag von 8% des Zeitwertes gerechnet.

Soll   **Skontro 7,5% Bundes-Obligationen 01.08. gzj.**   Haben

Datum	Vorgang	Nennwert	Kurs %	Kurswert	Datum	Vorgang	Nennwert	Kurs %	Kurswert
02.01.	Anfangsbestand	100.000	101,00	104.143,84	02.01.	Stückzinsen			3.143,84
13.04.	Kauf	400.000	102,00	408.000,00	12.06.	Verkauf	300.000	101,00	303.000,00
17.09.	Kauf	600.000	102,20	613.200,00	05.11.	Verkauf	700.000	102.50	717.500,00

Der Kurs der 7,5%-igen Bundes-Obligation 01.08. gzj. beträgt 102% am 31.12., es wird mit einem Risikoabschlag von 2% des Zeitwertes gerechnet.

② Die Kreissparkasse Jena erwarb am 20.04. eines Jahres (Montag, Handelstag) über BBK für den Handelsbestand nom. 30.000,00 EUR 6% Bundesanleihe 1.3. gzj. zum Kurs von 98%.

Am 27.07. (Montag, Handelstag) wurden nom. 10.000,00 EUR derselben Bundesanleihe über BBK zum Kurs von 99% verkauft.

a) Richten Sie das Skontro für die Bundesanleihe ein (kein Anfangsbestand) und tragen Sie den Kauf und den Verkauf ein.

3.5 Buchung von Eigengeschäften mit Wertpapieren und Bewertung von Wertpapieren

b) Richten Sie ein Konto Zinserträge aus Wertpapieren ein und tragen Sie alle Buchungen für das Jahr ein.

c) Schließen Sie das Skontro ab. Der Börsenkurs der Bundesanleihe am 31.12. beträgt 97%. Es wird mit einem Risikoabschlag von 3% gerechnet.

d) Führen Sie alle notwendigen Abschlussbuchungen zum 31.12. der Hauptbuchkonten »Eigene Wertpapiere (HB)« und »Zinserträge aus Wertpapieren« im Grundbuch der Kreissparkasse durch. Keine Berücksichtigung von 340 e (4) HGB.

e) Nennen Sie die GuV-Positionen (Kontoform) für den Ausweis aller Erfolge, und die Beträge, die die Kreissparkasse mit der Bundesanleihe erzielt.

③ Die Berliner Volksbank eG erwirbt am 22.04. (Valuta des Erfüllungstages) über BBK für den Handelsbestand
nom. 70.000,00 EUR 7% Bundesanleihe 1.2. gzj. zu 103%.

Am 23.07. (Valuta des Erfüllungstages) werden
nom. 10.000,00 EUR dieser Bundesanleihe zu 102% verkauft.
Das Geschäftsjahr ist ein Schaltjahr.

Die folgenden Abrechnungen wurden erstellt und gebucht.

Kauf

	Kurswert	72.100,00
+	Stückzinsen	1.073,97
	ausm. Betrag	73.173,97

Verkauf

	Kurswert	10.200,00
+	Stückzinsen	274,25
	ausm. Betrag	10.474,25

a) Beide Abrechnungen sind fehlerhaft. Korrigieren Sie die Abrechnungen, die Buchungen und begründen Sie die Korrekturen.

b) Nehmen Sie alle notwendigen Buchungen für den Abschluss der Konten Eigene Wertpapiere (Handelsbestand) und Zinserträge aus Wertpapieren am Jahresende vor, wenn die Bundesanleihe zum Handelsbestand gehört und der Börsenkurs am 31.12. mit 103,06% notiert wird. Es wird mit einem Risikoabschlag von 2% gerechnet.

c) Stellen Sie die T-Konten Eigene Wertpapiere und Zinserträge aus Wertpapieren für das Geschäftsjahr dar, wenn keine anderen Wertpapiergeschäfte getätigt wurden.

3.5.2.3 Bewertung der Wertpapiere der Liquiditätsreserve (LQ)

Die **Wertpapiere der Liquiditätsreserve** dienen zusammen mit dem Bestand an Forderungen gegen Kreditinstitute und Kunden als Grundlage für die Bildung stiller Reserven und für die Beschaffung von Zentralbankgeld. Neben der Zwecksetzung unterscheiden sie sich von den Wertpapieren des Handelsbestandes im Ausweis des Bewertungsergebnisses in der GuV-Rechnung. Eine Zuordnung zum Handels- oder Liquiditätsbestand wird von den Kreditinstituten bereits beim Erwerb der Wertpapiere getroffen und entsprechend dokumentiert. Begründete spätere Umordnungen sind nur in den Bestand der Wertpapiere des Anlagevermögens zulässig.

Wertpapiere der Liquiditätsreserve

§ 340e (3) Satz 2 HGB

§ 253 (4) HGB
strenges Niederstwertprinzip
Die Wertpapiere der Liquiditätsreserve sind Teil des Umlaufvermögens und daher muss gemäß den für das Umlaufvermögen geltenden handelsrechtlichen Vorschriften nach dem **strengen Niederstwertprinzip** bewertet werden.

§ 340 f HGB
stille Vorsorgereserven
Die für Kreditinstitute zusätzlich anzuwendenden Sondervorschriften – in diesem Fall die Vorschrift des § 340 f HGB – führen zu weitergehenden Bewertungsansätzen.

Kreditinstitute können die Wertpapiere der Liquiditätsreserve bis zu 4% niedriger als nach den Bestimmungen des § 253 (4) HGB bewerten.

Bei Anwendung dieser Bestimmung bilden sie stille Vorsorgereserven.

§ 340 f (3) HGB
Der **Ergebnisausweis für Wertpapiere der Liquiditätsreserve** kann entweder in gesonderten Aufwands- und Ertragspositionen oder kompensiert in einer Aufwands- oder Ertragsposition erfolgen.

§ 32 Satz 3 RechKredV
Darüber hinaus darf spartenübergreifend eine Kompensation mit den Erfolgen der Bewertung der Forderungen an andere Kreditinstitute und an Kunden vorgenommen werden.

Eine teilweise Verrechnung ist nicht zulässig.

Spartenübergreifende Kompensation

Aufwendungen	GuV-Rechnung (Kontoform)	Erträge
		6. Erträge aus Zuschreibungen zu Forderungen und bestimmten Wertpapieren sowie aus der Auflösung von Rückstellungen im Kreditgeschäft.
7. Abschreibungen und Wertberichtigungen auf Forderungen und bestimmte Wertpapiere sowie Zuführungen zu Rückstellungen im Kreditgeschäft.		

§ 340 f (1) Satz 3 HGB
Zusätzlich besteht bei Wertpapieren der Liquiditätsreserve eine ausdrückliche Ausnahmeregelung vom Wertaufholungsgebot gemäß § 340 f (2) HGB.

Zusammenfassung

Wertpapiere der Liquiditätsreserve werden mit folgenden Ausnahmen genauso behandelt wie Wertpapiere des Anlagevermögens bei voraussichtlich dauernder Wertminderung:

- Die **Kompensation der Aufwands- und Ertragsposten** ist **nicht zwingend** vorgeschrieben.

- Das **Wertaufholungsgebot** ist nicht zwingend durchzuführen.

- Durch **Bewertung bis zu 4% unter dem Niederstwert** können **stille Reserven** gebildet werden, die zum **Ausgleich von Verlusten** – spartenübergreifend – aus dem Kreditgeschäft verwendet werden dürfen.

3.5 Buchung von Eigengeschäften mit Wertpapieren und Bewertung von Wertpapieren

Bewertung der Wertpapierbestände eines Kreditinstitutes nach deutschem Handelsrecht

Wertpapiere nach der Zweckbestimmung	Wertpapiere des Anlagevermögens	Wertpapiere des Umlaufvermögens	
		Liquiditätsreserve	Handelsbestand
Zugangsbewertung	Anschaffungskosten § 253 (1) Satz 1 HGB Anschaffungskostenprinzip		
Wertobergrenze	Anschaffungskosten § 253 (1) Satz 1 HGB		Zeitwert abzüglich Risikoabschlag § 340 e (3) HGB
Folgebewertung	Bei einer voraussichtlich dauernden Wertminderung muss auf den niedrigeren Wert abgeschrieben werden.	Sofern der Börsen- oder Marktpreis niedriger ist als der Anschaffungskurs, muss auf den niedrigeren Wert abgeschrieben werden.	Es ist der aktuelle Bilanzstichtagskurs, vermindert um einen Risikoabschlag anzusetzen.
Wertminderungen	strenges Niederstwertprinzip § 253 (3) HGB Bei einer nur vorübergehenden Wertminderung kann auf den niedrigeren Wert abgeschrieben werden. gemildertes Niederstwertprinzip § 253 (3) Satz 4 HGB	strenges Niederstwertprinzip § 253 (3) HGB	Zeitwert abzüglich Risikoabschlag § 340 e (3) HGB Der Wertansatz kann zu Abschreibungen führen. Für Nettoaufwendungen darf der Sonderposten „Fonds für allgem. Bankrisiken" aufgelöst werden. § 340 e (4) HGB
Wertaufholungen	Wertaufholungsgebot bis zum Bilanzstichtagskurs, maximal bis zu den Anschaffungskosten. § 253 (5) HGB	Wahlrecht: Ausnahme vom Wertaufholungsgebot. § 340 f (1) Satz 3 HGB	Der Wertansatz kann zu Zuschreibungen führen. Bei Nettoerträgen sind mind. 10% dem Sonderposten „Fonds für allgem. Bankrisiken" zuzuführen. § 340 e (4) HGB
Zusätzliche Bildung stiller Reserven	Keine	Bis zu 4 % unter dem Niederstwert § 340 f (1) HGB	Keine
Ergebnisausweis in der GuV-Rechnung	als Aufw.posten Nr. 8 und als Ertragsposten Nr. 7 (nach Formblatt 2 RechKredV) Kompensation beider Positionen zulässig § 340 c (2) HGB	als Aufw.posten Nr. 7 und als Ertragsposten Nr. 6 (nach Formblatt 2 RechKredV) Kompensation beider Positionen zulässig § 340 f (3) HGB	als Aufw.posten Nr. 3 oder als Ertragsposten Nr. 5 (nach Formblatt 2 RechKredV) Kompensation zwingend vorgeschrieben § 340 c (1) HGB

Das Steuerrecht erlaubt außerplanmäßige Abschreibungen für Wertminderungen nur im Ausmaß voraussichtlich dauernder Wertminderung und verlangt zwingend eine Wertaufholung, wenn die Gründe für die Wertminderung entfallen.

Aufgaben zu Kapitel 3.5.2.3

(1) Die Moabiter Kreditbank AG hat ihre Forderungen und Wertpapiere nach dem strengen Niederstwertprinzip gemäß § 253 HGB bewertet.

Sie möchte zusätzlich stille Risikovorsorgen gemäß § 340f HGB in maximal zulässiger Höhe bilden.

Die folgenden Bestände stehen zur Verfügung:

	Mio. EUR
Forderungen gegenüber Kreditinstituten	860,0
Forderungen gegenüber Kunden	1.260,0
Wertpapiere des Handelsbestandes	560,0
Wertpapiere der Liquiditätsreserve	210,0
Wertpapiere des Anlagevermögens	390,0

Welche Bilanzwerte ergeben sich für die genannten Bestände, wenn die Moabiter Kreditbank AG ihre Absicht umsetzt?

(2) Die Tiergartener Kreditbank AG hat am 31.12. für die unten aufgeführten Bilanzpositionen folgende Buchbestände festgestellt, auf die gemäß § 253 HGB noch die genannten Abschreibungen zu berücksichtigen sind (Beträge in Mio. EUR).

	Buchwerte	Abschreibungen
Forderungen gegenüber Kreditinstituten	1.550,0	62,00
Forderungen gegenüber Kunden	1.280,0	320,00
Wertpapiere des Handelsbestandes	560,0	145,60
Wertpapiere der Liquiditätsreserve	210,0	25,20
Wertpapiere des Anlagevermögens	390,0	5,85

1 Welche Bilanzwerte ergeben sich für die genannten Bestände, wenn die Tiergartener Kreditbank AG zusätzlich stille Risikovorsorgen gemäß § 340f HGB in Höhe von 3% bilden möchte und diese den jeweils betroffenen Bilanzwerten direkt zuordnet?

2 Die Tiergartener Kreditbank AG hat außerdem bis zum 31.12. die folgenden Erträge mit den obigen Bilanzpositionen erwirtschaftet (Beträge in Mio. EUR):

	Erträge
Realisierte Kursgewinne aus Wertpapieren des Handelsbestandes	310,00
Erträge aus der Zuschreibung zu Forderungen gegenüber Kunden	179,20
Erträge aus der Auflösung von Rückstellungen	168,00
Erträge aus dem Eingang abgeschriebener Forderungen	25,20
Dividendenerträge aus Aktien des Anlagevermögens	33,70
Erträge aus Zuschreibungen zu Wertpapieren der Liquiditätsreserve	240,00

Welche Möglichkeiten des GuV-Ausweises hat die Tiergartener Kreditbank AG gemäß § 340f (3) HGB? Berücksichtigen Sie alle Abschreibungen und alle genannten Erträge.

(3) Die Berliner Volksbank eG hat folgende Käufe und Verkäufe in TAB Aktien getätigt, die TAB Aktien werden der Liquiditätsreserve zugeschrieben (vgl. folgendes Skontro):

3.5 Buchung von Eigengeschäften mit Wertpapieren und Bewertung von Wertpapieren   171

Soll				Skontro			Haben
Datum	Stück	Kurs	Kurswert	Datum	Stück	Kurs	Kurswert
15.01	100	250,00	25.000,00	18.04	200	290,00	58.000,00
23.02	200	280,00	56.000,00	08.08	400	292,00	116.800,00
06.05	500	300,00	150.000,00				

1 Ermitteln Sie den durchschnittlichen Anschaffungskurs nach der permanenten Durchschnittsbewertung und den realisierten Kurserfolg. (Bitte Staffel erstellen.)

2 Buchen Sie nur den **Verkaufserfolg** und den **Bewertungserfolg** per 31.12., wenn der Börsenkurs 293,00 EUR pro Stück beträgt.

3 Welche maximale Möglichkeit zur Bildung einer zusätzlichen stillen Vorsorgereserve ergibt sich für die Volksbank bei TAB Aktien? Nennen Sie den Betrag und den Buchungssatz, wenn direkt abgeschrieben wird.

4 Erläutern Sie am Beispiel TAB Aktien:
   a) das Anschaffungskostenprinzip
   b) das Imparitätsprinzip

3.5.3 Bildung von Handels- oder Bewertungseinheiten (Portfoliobewertung)

Abweichend vom Grundsatz der Einzelbewertung können Wertpapiere des Handelsbestandes mit Finanzinstrumenten, die ihrer Absicherung dienen, zu **Handels- oder Bewertungseinheiten** (Portfolios) zusammengefasst werden.

Bildung von Handelseinheiten

So können zum Beispiel festverzinsliche Wertpapiere, Zinsswaps, Forward Rate Agreements und Zins-Futures oder Aktien und aktienkursbezogene Termingeschäfte, wie Aktienoptionen und Index-Optionen jeweils zu einer Einheit zusammengefasst werden.

§ 254 HGB

Begingung ist, dass die Handelsprodukte vom Marktpreisrisiko her zusammenpassen.

Die Risiken und Chancen aller zu einer Handelseinheit gehörenden Produkte werden miteinander verrechnet (saldiert). Nur der Saldo unterliegt dann der Risiko- und Ertragssteuerung.

Das Rechnungswesen der Kreditinstitute muss eine derartig aufgebaute Organisationsstruktur berücksichtigen.

Eine strikte Einzelbewertung der Bestandteile eines Portfolios im traditionellen Sinne könnte zur Folge haben, dass einer hohen Abschreibung auf Grund des strengen Niederstwertprinzips bei dem einen Produkt ein mindestens gleicher Betrag an stillen Reserven aus den Sicherungsgeschäften desselben Portfolios gegenüberstände.

Da die stille Reserve nicht ausgewiesen werden darf, könnte diese Situation sogar zu einem Verlustausweis des Kreditinstitutes führen. Der Bilanzierungsgrundsatz, dass die Vermögens-, Finanz- und Ertragslage ein den tatsächlichen Verhältnissen entsprechendes Bild abgeben soll, wäre verfälscht.

Die Bildung von Bewertungseinheiten zur Sicherung von Risiken offener Positionen durch das Eingehen eines gegenläufigen Risikos in Form eines Sicherungsinstruments **(Hedge)** ist praxisüblich.

Bewertungseinheit in Form eines Hedges

Vereinfachend wird hierbei die Betrags- und Laufzeitgleichheit angenommen. Sie fehlt in der Handelspraxis.

Die Portfoliobewertung wird im folgenden Beispiel verdeutlicht. Im Rahmen des Abschlusses werden **Grundgeschäft und Sicherungsinstrument als Bewertungseinheit** gesehen. Dabei setzt die Bewertungskompensation voraus, dass die zur Bewertungseinheit zusammengefassten Produkte ein gemeinsames **Preisrisiko** aufweisen.

Beispiel

Die Kreissparkasse Alsfeld kauft zur Sicherung der im Bestand befindlichen 1.000 Flugzeug AG Aktien eine Verkaufsoption in entsprechendem Umfang.

Eine Bewertungseinheit liegt vor, da die Wertentwicklung des Optionsrechtes tendenziell unmittelbar mit der Kursentwicklung der Aktie zusammenhängt.

Folgende Kursbeispiele verdeutlichen die Portfoliobewertung:

(Die hier angenommenen Optionspreisentwicklungen in Relation zur Aktienkursentwicklung müssen nicht der Realität entsprechen, verdeutlichen jedoch die Portfoliobewertung.)

Kursbeispiel 1:

Anschaffungskurs der Flugzeug Aktien	30,00 EUR/Stück
Optionspreis der Verkaufsoption bei einem Basispreis von 32,00 EUR/Stück	2,00 EUR/Stück
Börsenkurs der Flugzeug Aktien am 31.12.	28,00 EUR/Stück
Optionspreis am 31.12.	4,00 EUR/Stück

Verrechnung innerhalb der Bewertungseinheit

Die Werterhöhung der Option in Höhe von 2.000,00 EUR gleicht die wegen des strengen Niederstwertprinzips durchzuführende Abschreibung für die Aktien in Höhe von 2.000,00 EUR völlig aus.

Eine Buchung ist nicht notwendig.

Auch die Ausübung der Option führt zum gleichen Ergebnis:

Aufwand des Optionsgeschäftes: 1.000 · 2,00 EUR	= 2.000,00 EUR
Vorzunehmende Abschreibung für Flugzeug Aktien	= 2.000,00 EUR
Gesamtaufwand	**= 4.000,00 EUR**

Kauf von 1.000 Stück Flugzeug Aktien an der Börse zu 28,00 EUR/Stück	= 28.000,00 EUR
Ausübung der Verkaufsoption (1.000 Aktien zu 32,00 EUR/Stück)	= 32.000,00 EUR
Gewinn aus dem Optionsgeschäft	**= 4.000,00 EUR**

Kursbeispiel 2:

Anschaffungskurs der Flugzeug Aktien	29,00 EUR/Stück
Optionspreis der Verkaufsoption bei einem Basispreis von 32,00 EUR/Stück	2,00 EUR/Stück
Börsenkurs der Flugzeug Aktien am 31.12.	28,00 EUR/Stück
Optionspreis am 31.12.	4,00 EUR/Stück

3.5 Buchung von Eigengeschäften mit Wertpapieren und Bewertung von Wertpapieren

Der notwendigen Abschreibung in Höhe von 1.000,00 EUR steht eine Erhöhung des Optionspreises in Höhe von 2.000,00 EUR gegenüber. Eine Abschreibung entfällt. Der Gewinnüberhang durch den Optionspreis in Höhe von 1.000,00 EUR darf nicht ausgewiesen werden, er stellt eine stille Reserve dar. Eine Buchung ist nicht erforderlich. *Nicht realisierter Kursgewinn*

Kursbeispiel 3:

Anschaffungskurs der Flugzeug Aktien	34,00 EUR/Stück
Optionspreis der Verkaufsoption bei einem Basispreis von 32,00 EUR/Stück	2,00 EUR/Stück
Börsenkurs der Flugzeug Aktien am 31.12.	30,00 EUR/Stück
Optionspreis am 31.12.	3,00 EUR/Stück

Der Abschreibung in Höhe von 4.000,00 EUR steht eine Erhöhung des Optionspreises in Höhe von 1.000,00 EUR gegenüber. Es ist eine Abschreibungsbuchung in Höhe von 3.000,00 EUR erforderlich. *Nicht realisierter Kursverlust*

Zusammenfassung

Die Verknüpfung von Handelsaktiva mit den Finanzinstrumenten, die ihrer Absicherung dienen, zu **Handelseinheiten (Portfolios)** mit einheitlicher Bewertung zeigt den Kreditinstituten, inwieweit ihre Risiken aus Handelsgeschäften gedeckt sind.

3.5.4 Bilanzierung des Wertpapierbestandes

Die RechKredV legt fest, unter welchen Voraussetzungen Vermögensgegenstände in der Bankbilanz als Wertpapiere ausgewiesen werden. Der bilanzielle Ausweis berücksichtigt die Unterscheidung zwischen börsenfähigen und börsennotierten Wertpapieren entsprechend § 7 (2) und (3) RechKredV. *§ 7 RechKredV*

Wertpapiere gelten als **börsenfähig**, wenn sie die Voraussetzungen einer Börsenzulassung erfüllen. Bei Schuldverschreibungen genügt es, dass alle Stücke einer Emission hinsichtlich Verzinsung, Laufzeitbeginn und Fälligkeit einheitlich ausgestattet sind. *Börsenfähige Wertpapiere*

Wertpapiere gelten als **börsennotiert**, wenn sie an einer deutschen Börse zum amtlichen Handel oder zum geregelten Markt oder an ausländischen Börsen zugelassen sind oder gehandelt werden. *Börsennotierte Wertpapiere*

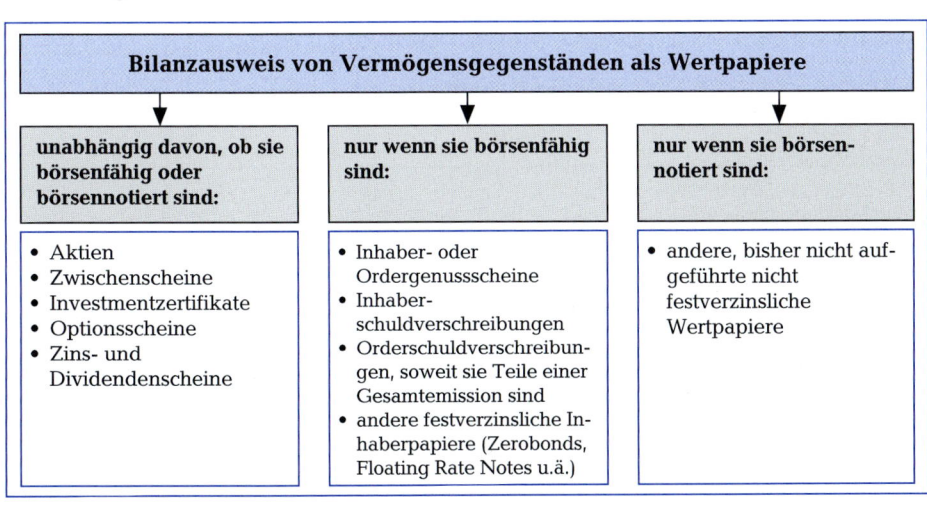

Vermögensgegenstände die als Wertpapiere auszuweisen sind

Bilanzausweis von Vermögensgegenständen als Wertpapiere

unabhängig davon, ob sie börsenfähig oder börsennotiert sind:	nur wenn sie börsenfähig sind:	nur wenn sie börsennotiert sind:
• Aktien • Zwischenscheine • Investmentzertifikate • Optionsscheine • Zins- und Dividendenscheine	• Inhaber- oder Ordergenussscheine • Inhaberschuldverschreibungen • Orderschuldverschreibungen, soweit sie Teile einer Gesamtemission sind • andere festverzinsliche Inhaberpapiere (Zerobonds, Floating Rate Notes u.ä.)	• andere, bisher nicht aufgeführte nicht festverzinsliche Wertpapiere

§§ 16, 17 RechKredV
Zuordnung der Wertpapiere zu Bilanzpositionen

Eine Zuordnung der Wertpapiere zu bestimmten Bilanzpositionen erfolgt nach der Art der Rechte gemäß § 16 und § 17 RechKredV. Aktien, die Beteiligungen oder Anteile an verbundenen Unternehmen darstellen, sind in gesonderten Bilanzpositionen zu bilanzieren.

§ 271 (1) und (2) HGB

Beteiligungen sind Anteile an anderen Unternehmen, die dazu bestimmt sind, dem eigenen Geschäftsbetrieb durch Herstellung einer dauernden Verbindung zu ihnen zu dienen.

Als Beteiligung gelten im Zweifel Anteile an einer Kapitalgesellschaft, deren Nennbeträge insgesamt den fünften Teil des Nennkapitals dieser Gesellschaft überschreiten.

Verbundene Unternehmen sind solche Unternehmen, die als Mutter- oder Tochterunternehmen in den Konzernabschluss einzubeziehen sind.

Bilanzpositionen für den Ausweis der Wertpapiere

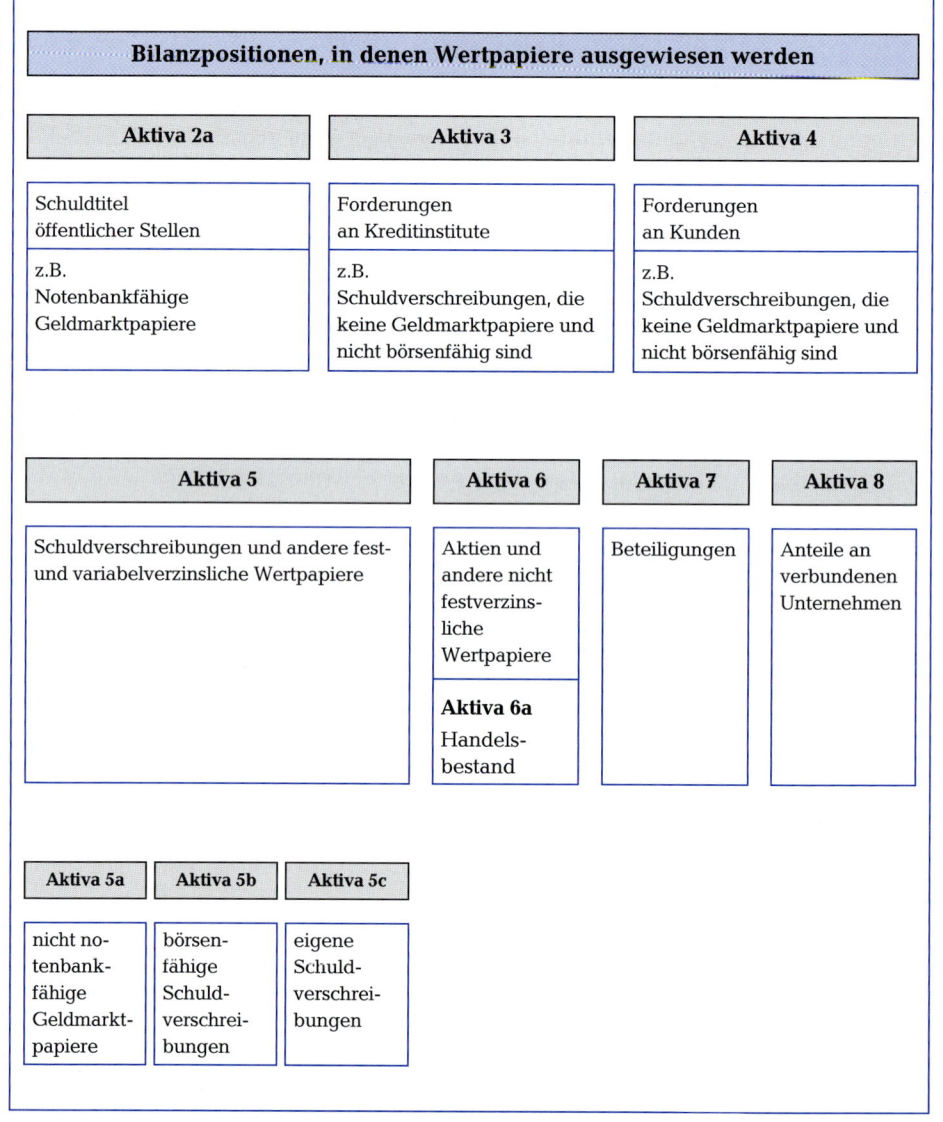

Bilanzpositionen, in denen Wertpapiere ausgewiesen werden

Aktiva 2a	Aktiva 3	Aktiva 4
Schuldtitel öffentlicher Stellen	Forderungen an Kreditinstitute	Forderungen an Kunden
z.B. Notenbankfähige Geldmarktpapiere	z.B. Schuldverschreibungen, die keine Geldmarktpapiere und nicht börsenfähig sind	z.B. Schuldverschreibungen, die keine Geldmarktpapiere und nicht börsenfähig sind

Aktiva 5	Aktiva 6	Aktiva 7	Aktiva 8
Schuldverschreibungen und andere fest- und variabelverzinsliche Wertpapiere	Aktien und andere nicht festverzinsliche Wertpapiere	Beteiligungen	Anteile an verbundenen Unternehmen
	Aktiva 6a Handelsbestand		

Aktiva 5a	Aktiva 5b	Aktiva 5c
nicht notenbankfähige Geldmarktpapiere	börsenfähige Schuldverschreibungen	eigene Schuldverschreibungen

3.5 Buchung von Eigengeschäften mit Wertpapieren und Bewertung von Wertpapieren

Aufgaben zu Kapitel 3.5.4

(1) Wertpapiere werden in der Bilanz in verschiedenen Bilanzpositionen ausgewiesen. Geben Sie die Bilanzpositionen (Bezeichnung und Ziffer) an, in denen die folgenden Wertpapiere des Eigenbestandes ausgewiesen werden.

a) EUR – Commercial-Paper einer inländischen Nichtbank, Laufzeit 30 Tage
   (Cp's sind Schuldverschreibungen, die von bonitätsmäßig einwandfreien Gesellschaften unter Abzug eines Diskonts vom Nennwert emittiert werden.)

b) Bundesobligationen, Laufzeit 5 Jahre

c) Anteile an einem verbundenen deutschen Unternehmen (Tochtergesellschaft)

d) Aktien verschiedener deutscher Unternehmen, die im DAX notiert werden, im Handelsbestand

e) Beteiligung an einer Versicherungsgesellschaft

f) Unverzinsliche Schatzanweisungen des Bundes (Bubills), Laufzeit 6 Monate

g) Zero-Bonds, die von der Deutschen Bundesbank beleihbar sind, Laufzeit 10 Jahre

h) Orderschuldverschreibung, die nicht Teil einer Gesamtemission ist, Laufzeit 12 Jahre

i) Kassenobligationen einer Kreditbank, Laufzeit 12 Monate

j) EUR – Commercial-Paper einer inländischen Kreditbank, Laufzeit 30 Tage

(2) Unter welchen Bedingungen gelten Wertpapiere als börsennotiert?

(3) Unter welchen Bedingungen gelten Wertpapiere als börsenfähig?

(4) Kennzeichnen Sie die richtigen Aussagen mit einem (R), die falschen mit einem (F).

Aktien werden in der Bankbilanz nur als Wertpapiere ausgewiesen, wenn sie auch börsennotiert sind.

Zerobonds und Floating Rate Notes müssen börsenfähig sein, damit sie als Wertpapiere in der Bankbilanz ausgewiesen werden dürfen.

Zins- und Dividendenscheine werden nicht als Wertpapiere in der Bankbilanz ausgewiesen, sondern als Forderungen gegenüber Kunden oder gegenüber Kreditinstituten.

Wertpapiere gelten nur dann als börsenfähig, wenn sie an einer deutschen Börse notiert werden.

Inhaberschuldverschreibungen dürfen als Wertpapiere in der Bankbilanz ausgewiesen werden, wenn sie börsenfähig sind.

Wertpapiere gelten nur dann als börsenfähig, wenn sie an einer deutschen Börse oder an einer ausländischen Börse notiert und gehandelt werden.

Optionsscheine werden in der Bankbilanz nur als Wertpapiere ausgewiesen, wenn sie börsenfähig und auch börsennotiert sind.

Aktien werden in der Bankbilanz nur als Wertpaiere ausgewiesen, wenn sie börsenfähig sind.

3.6 Instrumente der Risikovorsorge

Die Kreditwirtschaft betreibt ihre Geschäfte im Vergleich zu anderen Branchen auf der Passivseite mit einem besonders hohen Fremdkapitalanteil am Gesamtkapital und auf der Aktivseite mit einem besonders hohen Risiko.

§ 10 KWG   Das KWG schreibt deshalb vor, dass die Kreditinstitute im Interesse der Erfüllung ihrer Verpflichtungen gegenüber ihren Gläubigern, insbesondere zur Sicherheit der ihnen anvertrauten Vermögenswerte, angemessene Eigenmittel haben müssen.

Die Eigenmittel bestehen aus dem haftenden Eigenkapital und den Drittrangmitteln. Das haftende Eigenkapital ist die Summe aus Kernkapital und Ergänzungskapital. Als Kernkapital gelten das Grundkapital, die Rücklagen und die Sonderposten für allgemeine Bankrisiken nach § 340g HGB. Als Ergänzungskapital gelten vor allem die Vorsorgereserven nach § 340f HGB. Zu den Drittrangmitteln zählt der anteilige Gewinn, der bei einer Glattstellung aller Handelsbuchpositionen entstünde.

Ein weiteres Instrument der Risikovorsorge bilden die Rückstellungen.

3.6.1 Rückstellungen und Rücklagen

§ 249 (1) HGB

Rechtsvorschrift HGB § 249 (1)
Rückstellungen sind für **ungewisse Verbindlichkeiten** und für **drohende Verluste** aus schwebenden Geschäften zu bilden.
Ferner sind Rückstellungen zu bilden für
1. Im Geschäftsjahr unterlassene **Aufwendungen für Instandhaltung,** die im folgenden Geschäftsjahr innerhalb von drei Monaten, oder für **Abraumbeseitigung,** die im folgenden Geschäftsjahr nachgeholt werden.
2. **Gewährleistungen,** die ohne rechtliche Verpflichtung erbracht werden.

Beispiel 1

Rückstellungen für Bonussparverträge

Die Handelsbank AG schließt mit einem Kunden einen Bonussparvertrag über eine einmalige Anlage von 15.000,00 EUR ab. Neben der normalen Verzinsung verpflichtet sich die Handelsbank AG zusätzlich, bei Einhaltung einer Festlegungsfrist von fünf Jahren einen einmaligen Zinsbonus in Höhe von 8% auf den Anlagebetrag zu zahlen. Für die aufgelaufenen, aber noch nicht fälligen Bonusverpflichtungen ist eine Rückstellung zu bilden.

Grundbuch				
Datum	Konten		EUR-Beträge	
	Soll	Haben	Soll	Haben
Abschluss des Bonussparvertrages				
02.01. Jahr 1	Kasse		15.000,00	
		Spareinlagen		15.000,00
31.12. Jahr 1	Zinsaufwendungen		240,00	
		andere Rückstellungen		240,00
	Gewinn- u. Verlustkonto		240,00	
		Zinsaufwendungen		240,00
	andere Rückstellungen		240,00	
		SBK		240,00
02.01. Jahr 2	EBK		240,00	
		andere Rückstellungen		240,00
31.12. Jahr 2	Zinsaufwendungen		240,00	
		andere Rückstellungen		240,00
	Gewinn- u. Verlustkonto		240,00	
		Zinsaufwendungen		240,00
	andere Rückstellungen		480,00	
		SBK		480,00
Ablauf der vereinbarten Festlegungsfrist				
	andere Rückstellungen Zinsaufwendungen		960,00 240,00	
		Spareinlagen		1.200,00

Beispiel 2

Prozessrückstellung

Der Kunde Alfred Bäumler hat in diesem Jahr einen Prozess gegen die Handelsbank AG wegen Auszahlung eines Schecks mit gefälschter Unterschrift an einen Unbekannten angestrengt. Zum Bilanzstichtag ist das Verfahren noch nicht abgeschlossen. Da der Prozessausgang offen ist, steht noch nicht fest, ob für die Bank überhaupt eine Verbindlichkeit besteht. Selbst wenn die Bank den Prozess verliert, ist die Höhe der Verpflichtung, die vom Gericht festgelegt wird, ungewiss. Ebenso ungewiss ist der Fälligkeitstermin der Verbindlichkeit, da das Prozessende, auch wegen eventueller Rechtsmittel, nicht vorhersehbar ist.

In dem **Rechtsstreit,** den der Kunde gegen die Handelsbank AG führt, verlangt dieser eine Zahlung von 7.000,00 EUR **Schadenersatz.** Die Ursache des Rechtsstreits liegt im abgelaufenen Geschäftsjahr, aber zum Bilanzstichtag ist das Verfahren noch nicht abgeschlossen. Der Prozessausgang ist noch offen, aber unter vernünftiger kaufmännischer Beurteilung bildet die Bank eine **Rückstellung** von insgesamt 8.000,00 EUR für Schadenersatz, Prozess- und Anwaltskosten.

Auch Ende des nächsten Geschäftsjahres ist, wegen Einspruchs gegen das vom Gericht ergangene Urteil, der Rechtsstreit noch nicht abgeschlossen. Aufgrund des höheren Risikos in der nächsten Instanz und weiterer Gerichts- und Anwaltskosten erhöht die Handelsbank AG die Rückstellung um 1.000,00 EUR.

Erst im **Folgejahr** wird der **Rechtsstreit beendet.** Drei **grundlegende Varianten** sind denkbar:

1. Die Handelsbank AG wird zum Schadenersatz verurteilt und zahlt am 18. Mai des dritten Jahres an den Kunden sowie für Gerichts- und Anwaltskosten insgesamt 9.000,00 EUR über BBK.
2. Die Handelsbank AG wird zum Schadenersatz verurteilt und muss an den Kunden sowie für Gerichts- und Anwaltskosten insgesamt 10.500,00 EUR zahlen. Sie überweist am 18. Mai des dritten Jahres über BBK.
3. Die Klage des Kunden gegen die Handelsbank AG wird vom Gericht abgewiesen. Alle entstandenen Kosten sind vom Kläger zu tragen.

Grundbuch				
Datum	Konten		EUR-Beträge	
	Soll	Haben	Soll	Haben
Bildung von Rückstellungen in Jahr 1				
31.12. Jahr 1	sonst. betriebl. Aufwend.		8.000,00	
		andere Rückstellungen		8.000,00
	Gewinn- u. Verlustkonto		8.000,00	
		sonst. betriebl. Aufwend.		8.000,00
	andere Rückstellungen		8.000,00	
		SBK		8.000,00
02.01. Jahr 2	EBK		8.000,00	
		andere Rückstellungen		8.000,00
Erhöhung der Rückstellungen in Jahr 2				
31.12. Jahr 2	sonst. betriebl. Aufwend.		1.000,00	
		andere Rückstellungen		1.000,00
	Gewinn- u. Verlustkonto		1.000,00	
		sonst. betriebl. Aufwend.		1.000,00
	andere Rückstellungen		9.000,00	
		SBK		9.000,00
02.01. Jahr 3	EBK		9.000,00	
		andere Rückstellungen		9.000,00

Fortsetzung auf Seite 178

Grundbuch				
Datum	Konten		EUR-Beträge	
	Soll	Haben	Soll	Haben
Verwendung von Rückstellungen in Jahr 3				
Variante 1				
18.05. Jahr 3	andere Rückstellungen	BBK	9.000,00	9.000,00
Variante 2				
18.05. Jahr 3	andere Rückstellungen sonst. betriebl. Aufw.	BBK	9.000,00 1.500,00	10.500,00
Variante 3				
18.05. Jahr 3	andere Rückstellungen	Erträge aus der Auflösung von Rückstellungen	9.000,00	9.000,00

Bildung von Rückstellungen

Wenn beim Jahresabschluss grundsätzlich mit einem Zahlungsausgang in der Zukunft zu rechnen ist, wobei der Termin und/oder die Höhe der Zahlung erst im nächsten Geschäftsjahr bzw. in späteren Abrechnungsperioden genau feststehen werden, ist die Höhe der ungewissen Verbindlichkeiten nach vernünftiger kaufmännischer Beurteilung anzusetzen.

Dabei müssen konkrete Tatsachen eine drohende Inanspruchnahme des Unternehmens erkennen lassen. Das normale Geschäftsrisiko einer jeden Unternehmung reicht als Grund für die Bildung von Rückstellungen nicht aus.

Werden jedoch zwischen dem Bilanzstichtag und dem Termin der Aufstellung der Bilanz noch Sachverhalte bekannt, die zur Bildung von Rückstellungen führen, so sind diese in der aufzustellenden Bilanz noch mit zu berücksichtigen.

Die ungewissen Verbindlichkeiten und drohenden Verluste sind als Aufwand in der Gewinn- und Verlustrechnung und als Rückstellungen im entsprechenden Passivposten der Bilanz auszuweisen.

Rückstellungen sind zu bilden für ungewisse Verbindlichkeiten und für drohende Verluste, die aus der vergangenen Geschäftsperiode stammen, bei denen aber noch nicht endgültig feststeht,
- ob die Verbindlichkeit tatsächlich besteht und/oder
- in welcher Höhe sie besteht und/oder
- wann sie fällig ist.

Unterschiede zwischen Rückstellungen und Rücklagen

Rückstellungen und Rücklagen gehören zum Kapital und werden beide auf der Passivseite der Bilanz ausgewiesen.

Während Rückstellungen zum Fremdkapital zählen, gehören Rücklagen zum Eigenkapital der Unternehmung.

Die **Zuführung zu den Rückstellungen erfolgt zu Lasten von Aufwand** und ist somit **erfolgswirksam**. Die Bildung von Rückstellungen mindert entsprechend den Gewinn und damit in der Regel die Bemessungsbasis für die Gewinnbesteuerung.

Die **Bildung von Rücklagen erfolgt** dagegen **aus dem** bereits **versteuerten Gewinn** oder dem Aufgeld bei einer Kapitalerhöhung.

Während die Rückstellungen aus wirtschaftlichen Gründen des abgelaufenen Geschäftsjahres zweckgebunden gebildet werden, müssen Rücklagen in der Regel nicht zweckgebunden sein.

Auflösung von Rückstellungen

Rückstellungen dürfen nur aufgelöst werden, soweit der Grund entfallen ist, der zu ihrer Bildung führte.

Zahlungen bei Eintritt und Fälligkeit vorher ungewisser Verbindlichkeiten erfolgen zu Lasten der Rückstellungen.

Da die Rückstellungen jedoch auf Grund von Schätzungen gebildet wurden, können **bei Zahlung** ehemals ungewisser Verbindlichkeiten **drei Möglichkeiten** auftreten:

1. Die gebildete Rückstellung **entspricht** der fälligen Zahlung: Die Rückstellung wird vollständig aufgelöst. Der Vorgang ist ohne Auswirkungen auf den Erfolg.

2. Die gebildete Rückstellung ist **kleiner** als die fällige Zahlung: Die Rückstellung wird vollständig aufgelöst. Der nicht durch Rückstellungen gedeckte Rest der fälligen Zahlung wird zu Lasten eines Aufwandskontos gedeckt.

3. Die gebildete Rückstellung ist **größer** als die fällige Zahlung: Die fällige Zahlung wird zu Lasten der Rückstellung beglichen. Die zu hoch gebildeten Rückstellungen stellen periodenfremden Ertrag dar, der gewinn- und steuerwirksam ist.

Wirkung von Rückstellungen

▸ Durch die Bildung von Rückstellungen wird Aufwand dem Geschäftsjahr zugerechnet, in dem die Ursache für den Aufwand liegt.

▸ Dadurch erfolgt eine periodengerechte Ermittlung des Erfolges.

▸ Der Aufwand für die zu bildenden Rückstellungen mindert den Gewinn.

▸ Der geminderte Gewinn führt zu einer geringeren Steuerbelastung und Gewinnausschüttung.

▸ Durch die geringere Besteuerung und Gewinnausschüttung hat die Bildung von Rückstellungen positiven Einfluss auf die Liquidität des Unternehmens.

▸ Rückstellungen dienen dem Schutz der Gläubiger, weil ihre Ansprüche bilanziell erfasst werden, auch wenn Fälligkeit, Höhe oder Bestehen dieser Ansprüche noch nicht feststehen.

▸ Rückstellungen zählen in der Bilanz zum Fremdkapital. Mit dem Ausweis von Rückstellungen wird ein vollständiger Ausweis aller Verbindlichkeiten des Unternehmens unterstützt.

Arten der Rückstellungen

Der Ausweis der Rückstellungen erfolgt in der **Bilanz** auf der Passivseite unter

7. Rückstellungen

    a) Rückstellungen für Pensionen und ähnliche Verpflichtungen

    b) Steuerrückstellungen

    c) andere Rückstellungen

Zu den **anderen Rückstellungen** gehören:

Drohverlustrückstellungen, Kulanzrückstellungen, Garantierückstellungen, Prozessrückstellungen, Jahresabschluss- und Prüfungsrückstellungen, Aufwandsrückstellungen.

Pensionsrückstellungen sind für schriftlich zugesagte Versorgungsleistungen mit ihrem nach versicherungsmathematischen Methoden berechneten Barwert zu bilden.

Steuerrückstellungen sind zu bilden, wenn das Finanzamt den Steuerbescheid wegen Geschäften des Geschäftsjahres erst nach dem Bilanzstichtag erteilt und mit Nachzahlungen auf die Vorauszahlungen zu rechen ist.

Drohrückstellungen sind zu bilden, wenn aus schwebenden Geschäften Verluste zu befürchten sind.

Kulanzrückstellungen sind zur Behebung von Mängeln aus eigenen Lieferungen und Leistungen ohne rechtliche Verpflichtung zu bilden.

Garantierückstellungen sind zur Behebung von Mängeln aus eigenen Lieferungen und Leistungen zu bilden, wenn ein rechtlicher Grund dazu vorliegt.

Aufwandsrückstellungen dürfen nur gebildet werden, wenn Aufwendungen für Instandhaltung, die im Geschäftsjahr unterlassen wurden, innerhalb von 3 Monaten, oder für Abraumbeseitigung im folgenden Geschäftsjahr nachgeholt werden.

Gemäß IFRS (siehe Kapitel 4) dürfen überhaupt keine Aufwandsrückstellungen gebildet werden, da diese Rechnungslegungsvorschrift nicht auf den Gläubigerschutz, sondern auf die Information der Kapitalgeber ausgerichtet ist und daher nur »Außenverpflichtungen«, also Verpflichtungen gegenüber Dritten, sichtbar werden lassen will und keine »Innenverpflichtungen«.

Zusammenfassung

Rückstellungen sind Passivposten zum Ausweis

ungewisser Verbindlichkeiten gegenüber Dritten (»Außenverpflichtungen«) oder unterlassener Aufwendungen (»Innenverpflichtungen«).

Sie dienen der Risikovorsorge durch Vervollständigung des Ausweises von Fremdkapital und Erfolg.

Verbindlichkeitsrückstellungen	Aufwandsrückstellungen
sind für Verbindlichkeiten zu bilden, deren Realisation wahrscheinlich, deren Höhe jedoch ungewiss ist.	sind für Aufwendungen zur Instandhaltung oder Abraumbeseitigung zu bilden, die im Abschlussjahr beschlossen, aber nicht ausgeführt wurden.

Fällt die Ursache weg, sind Rückstellungen aufzulösen.

vorhandene Rückstellungen

< benötigte
➡ sonstige betriebliche Aufwendungen

\> benötigte
➡ Erträge aus der Auflösung von Rückstellungen

Soweit die Bildung von Rückstellungen einen Gewinnausweis reduziert, werden Gewinnteile im Abschlussjahr vor Ausschüttung und Besteuerung bewahrt.

Rückstellungen dürfen nicht mit Rücklagen verwechselt werden.

	Rückstellungen	Rücklagen
Art des Kapitals	Fremdkapital	Eigenkapital
Bildung durch	Aufwand	Gewinn oder Aufgeld
Einfluss auf den Erfolg	erfolgswirksam	erfolgsunwirksam
Zweck der Bildung	zweckgebunden	i.d.R. nicht zweckgebunden
Einfluss auf Gewinnsteuern	steuermindernd	kein Einfluss

3.6 Instrumente der Risikovorsorge

Aufgaben zu Kapitel 3.6.1

Wenn nichts anderes angegeben ist, erfolgen die Zahlungen über BBK.

1. Welche Wirkungen hat die Bildung von Rückstellungen auf den Erfolg?

2. Für welche Zwecke müssen lt. HGB Rückstellungen gebildet werden?

3. Erläutern Sie den Einfluss von Rückstellungen auf Gewinnausschüttung und Steuerzahlung.

4. Erläutern Sie den Einfluss von Rückstellungen auf die Liquidität des Unternehmens.

5. Erläutern Sie Gemeinsamkeiten und Unterschiede von Rückstellungen und sonstigen Verbindlichkeiten.

6. Erläutern Sie, inwiefern Rückstellungen stille Reserven enthalten können!

7. Erläutern Sie, wann und wie Rückstellungen aufgelöst werden.

8. Buchen Sie im Grundbuch der Handelsbank AG für die folgenden Vorgänge die Bildung der Rückstellung, den Abschluss der Konten im alten und ihre Eröffnung im neuen Jahr sowie den Zahlungsvorgang über BBK und die Auflösung der Rückstellung.

    a) Renovierungsarbeiten im Bankgebäude werden im Dezember abgeschlossen. Am 31. Dezember liegt die Rechnung der Baufirma noch nicht vor. Der Kostenvoranschlag beläuft sich auf 12.400,00 EUR. Die Rechnung für die Renovierungsarbeiten geht am 12. Januar ein und lautet auf 12.700,00 EUR. Die Handelsbank AG überweist den Betrag am 20. Januar.

    b) Die geplante Dachinstandsetzung des Bankgebäudes wird vom Oktober auf den März nächsten Jahres verschoben. Die Kosten werden auf 32.000,00 EUR geschätzt.

    Am 15. Mai des nächsten Jahres wird die entsprechende Rechnung des Dachdeckerbetriebes mit 31.500,00 EUR beglichen.

    c) Die Prüfungskosten für den Jahresabschluss werden voraussichtlich 4.500,00 EUR betragen. Am 31. Dezember wird eine entsprechende Rückstellung gebildet. Die Rechnung über 5.000,00 EUR für die Pflichtprüfung wird am 24. Mai beglichen.

    d) Zum Jahresende werden 480.000,00 EUR in die Pensionsrückstellungen eingestellt.

    e) Wegen eines schwebenden Prozesses um eine Gehaltszahlung für einen ehemaligen Mitarbeiter der Bank wird am Ende des Geschäftsjahres eine Rückstellung von 9.000,00 EUR gebildet. Der Prozess endet im nächsten Jahr mit einem Vergleich.

    Die Bank überweist am 3. März eine Gehaltsnachzahlung von 5.000,00 EUR sowie 1.000,00 EUR für anteilige Prozesskosten.

9. a) Im folgenden Geschäftsjahr rechnen wir mit einer Steuernachzahlung über ungefähr 14.000,00 EUR.

    b) 3.000,00 EUR Zinsbonus für Sparer werden mit Ablauf der Festlegungsfrist einer Anlage fällig und den Spareinlagen gutgeschrieben. Von der Bonusgutschrift betreffen nur 600,00 EUR als Zinsaufwand das aktuelle Geschäftsjahr.

3.6.2 Vorsorge für allgemeine Bankrisiken

Allgemeine Bankrisiken sind Risiken, die nicht durch gezielte Maßnahmen, wie zum Beispiel Einzelwertberichtigungen auf Forderungen oder Bildung von Rückstellungen, abgedeckt werden können.

Allgemeine Bankrisiken

Allgemeine Bankrisiken sind daher

- nicht erkennbare Forderungsausfallrisiken,
- Liquiditätsrisiken,
- Zinsänderungsrisiken,
- Wertpapierkursrisiken,
- Währungsrisiken und
- Risiken aus Termin-, Options- und Swapgeschäften.

Soweit diese Risiken nicht zum Beispiel durch Hedging aufgefangen werden können, muss Vorsorge durch Bildung stiller Reserven getroffen werden.

Reichen auch diese Reserven nicht aus, um Verluste zu decken, müssen die Rücklagen und schließlich das Eigenkapital angegriffen werden.

3.6.2.1 Stille Vorsorgereserven

Stille Vorsorgereserven

Stille Vorsorgereserven entstehen durch eine **Unterbewertung von Vermögensgegenständen.** Stille Reserven sind **Rücklagen,** die in der Bilanz **nicht ausgewiesen** werden.

Wenn Vermögensgegenstände aus Gründen der kaufmännischen Vorsicht bewusst niedriger bewertet werden, als es ihrem Wert entspricht, ist das tatsächliche Vermögen größer, als in der Bilanz ausgewiesen. Das bedeutet, dass in gleichem Maße auch das Eigenkapital niedriger ausgewiesen wird, als es tatsächlich ist. Das Kreditinstitut verfügt also über Rücklagen, die aus der Bilanz nicht ersichtlich sind.

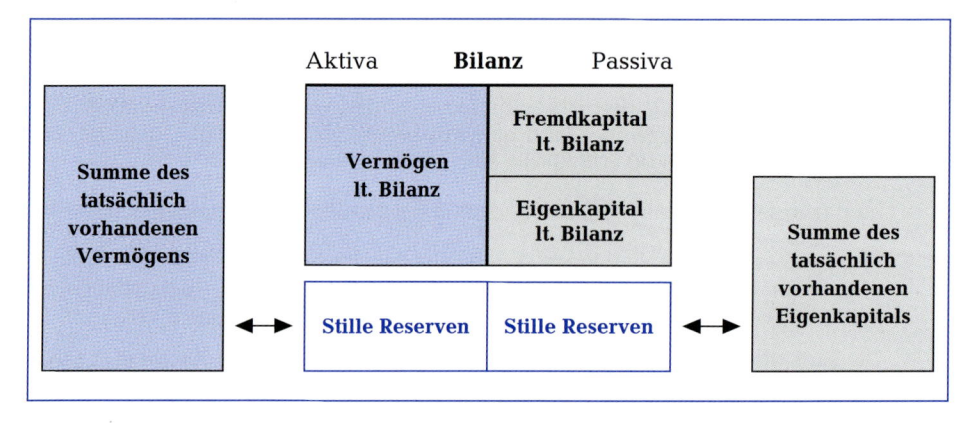

	Aktiva	**Bilanz**	Passiva	
Summe des tatsächlich vorhandenen Vermögens	Vermögen lt. Bilanz	Fremdkapital lt. Bilanz		
		Eigenkapital lt. Bilanz		**Summe des tatsächlich vorhandenen Eigenkapitals**
	Stille Reserven	Stille Reserven		

Diese Rücklagen ermöglichen es den Kreditinstituten, für die besonderen Risiken ihres Geschäftszweiges vorzusorgen und sie zu tragen, ohne eintretende Verluste in jedem Fall offen ausweisen zu müssen.

Das Vertrauen in ein Kreditinstitut wird so gestärkt. Das ist notwendig, weil das Einlagengeschäft untrennbar mit einer besonderen Vertrauensempfindlichkeit behaftet ist.

Stille Vorsorgereserven können gebildet werden durch **Unterbewertung** von Forderungen sowie Wertpapieren, die weder zum Anlagevermögen noch zum Handelsbestand, sondern zur Liquiditätsreserve gehören.

Der Wertansatz soll dabei die charakteristischen allgemeinen Risiken des Bankgeschäfts sichern, soweit dies nach vernünftiger kaufmännischer Beurteilung notwendig ist. §340f Abs. 1 Satz 1 HGB

Ausgangspunkt der Reservenbildung ist der Wert von **Forderungen an Kreditinstitute und Kunden** sowie von **Wertpapieren der Liquiditätsreserve,** wie er sich bei Beachtung des strengen Niederstwertprinzipes, ergibt.

Die Stille Reserve darf **maximal 4% dieses Gesamtwertes** betragen. Die genannten Vermögensgegenstände dürfen also maximal weitere 4% unter ihrem Niederstwert bilanziert werden. §340f Abs. 1 Satz 2 HGB

> Um **stille Vorsorgereserven** zu bilden, werden **indirekte Abschreibungen** auf Forderungen an Kreditinstitute, Forderungen an Kunden oder Wertpapiere der Liquiditätsreserve durchgeführt.
>
> Sie sind aus dem Gewinn zu bestreiten. Dadurch entstehen **versteuerte** Pauschalwertberichtigungen oder Vorsorgewertberichtigungen für allgemeine Bankrisiken.

Stille Vorsorgereserve maximal 4%

Um den Charakter der Vorsorgereserven als stille Reserven zu gewährleisten, darf die Höhe der in einem Geschäftsjahr gebildeten Vorsorgereserven für Außenstehende nicht erkennbar sein.

Angaben über die Bildung und Auflösung dieser Reserven müssen dazu im Jahresabschluss und Lagebericht nicht gemacht werden. §340f Abs. 4 HGB

Deshalb werden die **Vorsorgewertberichtigungen in der Bilanz aktivisch** von den Vermögensgegenständen **abgesetzt,** die ihre Bemessungsgrundlage bilden. Aktivische Absetzung

Von welcher konkreten Vermögensposition die Reserve abgesetzt werden soll, ist nicht vorgeschrieben.

Das Kreditinstitut kann demnach die Absetzungsbeträge individuell den Forderungen, Schuldverschreibungen oder Aktien zuordnen.

Beispiel 1

Vorsorge für allgemeine Bankrisiken unter der Annahme, dass die Bank im abgebildeten Geschäftsjahr erstmals stille Vorsorgereserven entsprechend § 340 f HGB bildet.

Bei der Weserbank AG werden per 31. Dezember folgende Bestände festgestellt, auf die noch Abschreibungen entsprechend Niederstwertprinzip zu berücksichtigen sind:

Bestand	Buchwert	Abschreibungen
Eigene Wertpapiere des Anlagevermögens	1.000 TEUR	100 TEUR
Eigene Wertpapiere des Handelsbestandes	1.500 TEUR	300 TEUR
Eigene Wertpapiere der Liquiditätsreserve	3.500 TEUR	500 TEUR
Forderungen an Kreditinstitute	20.000 TEUR	1.000 TEUR
Forderungen an Kunden	60.000 TEUR	3.000 TEUR

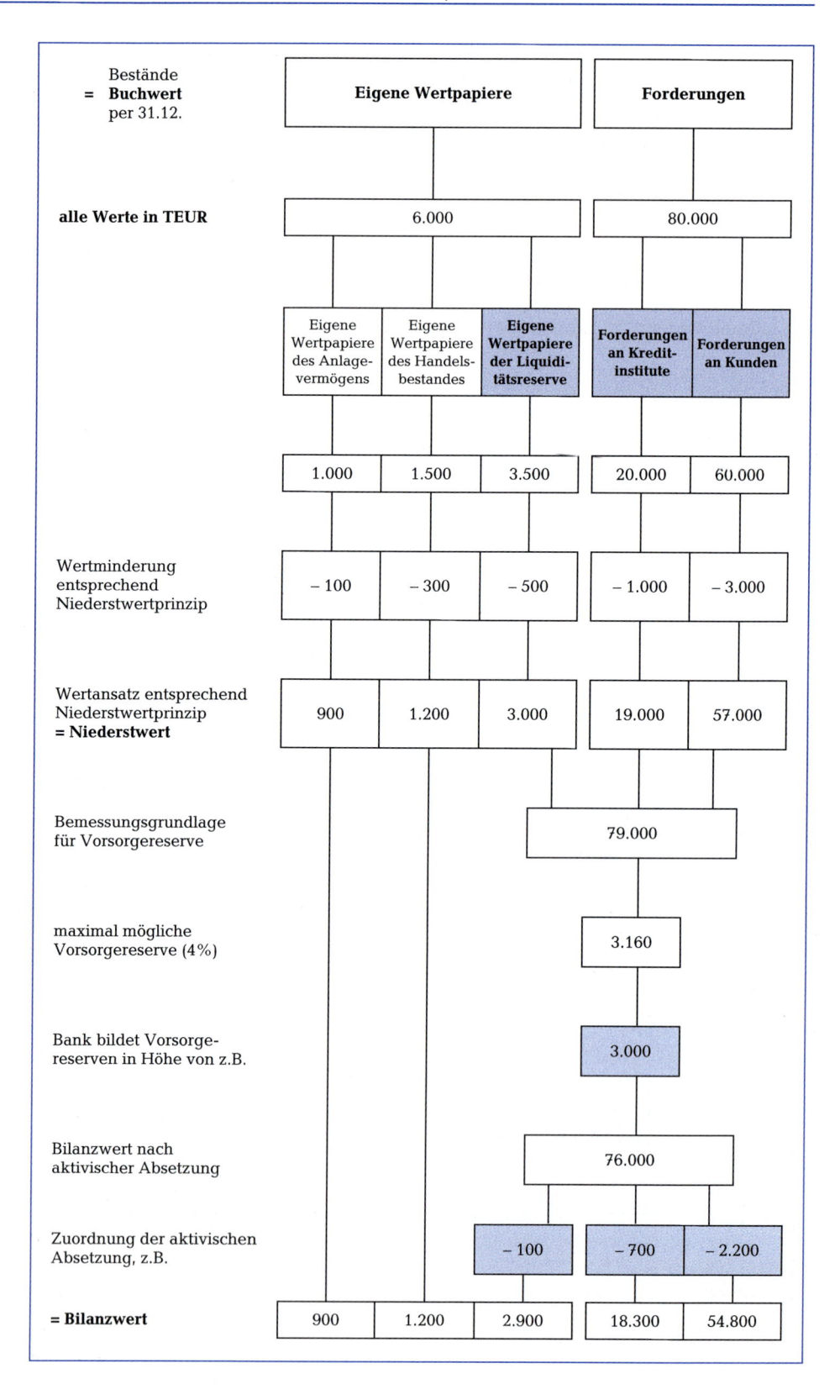

3 Jahresabschluss der Kreditinstitute nach HGB

	Eigene Wertpapiere			Forderungen	
Bestände = **Buchwert** per 31.12.					
alle Werte in TEUR	6.000			80.000	
	Eigene Wertpapiere des Anlagevermögens	Eigene Wertpapiere des Handelsbestandes	Eigene Wertpapiere der Liquiditätsreserve	Forderungen an Kreditinstitute	Forderungen an Kunden
	1.000	1.500	3.500	20.000	60.000
Wertminderung entsprechend Niederstwertprinzip	– 100	– 300	– 500	– 1.000	– 3.000
Wertansatz entsprechend Niederstwertprinzip = **Niederstwert**	900	1.200	3.000	19.000	57.000
Bemessungsgrundlage für Vorsorgereserve				79.000	
maximal mögliche Vorsorgereserve (4%)				3.160	
Bank bildet Vorsorgereserven in Höhe von z.B.				3.000	
Bilanzwert nach aktivischer Absetzung				76.000	
Zuordnung der aktivischen Absetzung, z.B.			– 100	– 700	– 2.200
= **Bilanzwert**	900	1.200	2.900	18.300	54.800

3.6 Instrumente der Risikovorsorge

Der **Bestand** stiller Vorsorgereserven ist in der Bilanz aufgrund aktivischer Absetzung von den Forderungen oder Wertpapieren der Liquiditätsreserve nicht erkennbar. Dennoch wären **Veränderungen** der Vorsorgereserven für den Außenstehenden sichtbar. Jede **Bildung von Reserven** in Geschäftsjahren mit hohen Erträgen ist verbunden mit Aufwendungen aus Abschreibungen auf Forderungen oder Wertpapiere. Diese Aufwendungen wären in der Gewinn- und Verlustrechnung deutlich erkennbar. Auch die **Auflösung stiller Vorsorgereserven** würde sich in Form von Erträgen in der Gewinn- und Verlustrechnung widerspiegeln. Damit wäre dem Charakter stiller Reserven nicht entsprochen.

Deshalb **dürfen** in der Gewinn- und Verlustrechnung die Aufwendungen oder Erträge, die aus der Bildung oder Auflösung stiller Vorsorgereserven resultieren, mit einer Reihe anderer Aufwendungen und Erträge verrechnet werden.

KREDIT-GESCHÄFT Forderungen an Kunden und Forderungen an Kredit-Institute	Aufwendungen aus Abschreibungen auf Forderungen	Z U S A M M E N F A S S U N G I N E I N E M S A L D O
	Aufwendungen aus Zuführungen zu Rückstellungen für Eventualverbindlichkeiten	
	Aufwendungen aus Zuführungen zu Rückstellungen für Kreditrisiken	
	Aufwendungen für Vorsorge lt. § 340 f HGB	
	Erträge aus Zuschreibungen zu Forderungen	
	Erträge aus der Auflösung von Rückstellungen für Eventualverbindlichkeiten	
	Erträge aus der Auflösung von Rückstellungen für Kreditrisiken	
	Erträge aus dem Eingang abgeschriebener Forderungen	
	Erträge aus der Auflösung von Vorsorgereserven lt. § 340 f HGB	
WERT-PAPIER-GESCHÄFT Wertpapiere der Liquiditätsreserve	Aufwendungen aus Abschreibungen	
	Aufwendungen aus realisierten Kursverlusten	
	Aufwendungen für Vorsorge lt. § 340 f HGB	
	Erträge aus Zuschreibungen	
	Erträge aus realisierten Kursgewinnen	
	Erträge aus der Auflösung von Vorsorgereserven lt. § 340 f HGB	

Saldierungsmöglichkeiten in der Gewinn- und Verlustrechnung

Überkreuz-kompensation

§ 340 f
Abs. 3 HGB

Das Ergebnis dieser **spartenübergreifenden Verrechnung** ist ein **einheitlicher Saldoposten** für eine Vielzahl verschiedener Aufwendungen und Erträge, der dann ausgewiesen wird. Je nachdem, ob innerhalb der zusammengefassten Erfolge die Aufwendungen oder die Erträge überwiegen, ist der einheitliche Saldo ein Aufwands- oder ein Ertragsposten. Dieses Verfahren wird auch als **Überkreuzkompensation** bezeichnet und verhindert, dass die Bilanzpolitik des Kreditinstituts Außenstehenden erkennbar wird.

Beispiel 2

Überkreuzkompensation

Aufwendungen aus Abschreibungen auf Forderungen	– 5.000
Aufwendungen aus Zuführungen zu Rückstellungen für Eventualverbindlichkeiten	– 6.000
Aufwendungen aus Zuführungen zu Rückstellungen für Kreditrisiken	– 4.000
Aufwendungen für Vorsorge lt. § 340 f HGB	– 2.900
Erträge aus Zuschreibungen zu Forderungen	+ 5.400
Erträge aus der Auflösung von Rückstellungen für Eventualverbindlichkeiten	+ 8.000
Erträge aus der Auflösung von Rückstellungen für Kreditrisiken	+ 4.000
Erträge aus dem Eingang abgeschriebener Forderungen	+ 1.000
Erträge aus der Auflösung von Vorsorgereserven lt. § 340 f HGB	
Aufwendungen aus Abschreibungen auf Wertpapiere der Liquiditätsreserve	– 500
Aufwendungen aus realisierten Kursverlusten aus Wertpapieren der Liquiditätsreserve	– 1.000
Aufwendungen für Vorsorge lt. § 340 f HGB	– 100
Erträge aus Zuschreibungen zu Wertpapieren der Liquiditätsreserve	+ 600
Erträge aus realisierten Kursgewinnen aus Wertpapieren der Liquiditätsreserve	+ 2.100
Erträge aus der Auflösung von Vorsorgereserven lt. § 340 f HGB	

ZUSAMMENFASSUNG IN EINEM SALDO

RechKredV
Formblatt 2
(Staffelform)

Posten 14: Erträge aus Zuschreibungen zu Forderungen und bestimmten Wertpapieren sowie aus der Auflösung von Rückstellungen im Kreditgeschäft   **1.600**

3.6 Instrumente der Risikovorsorge

Auch wenn dem Kreditinstitut aufgrund der Bildung von Vorsorgereserven Aufwendungen (siehe Beispiel 2) entstehen, sind diese in der Gewinn- und Verlustrechnung nicht erkennbar. Im gezeigten Fall werden im entsprechenden Posten Erträge ausgewiesen.

> **Der durch Überkreuzkompensation entstehende einheitliche Saldo wird in der Gewinn- und Verlustrechnung entweder ausgewiesen als**
>
> **Posten 13:** Abschreibungen und Wertberichtigungen auf Forderungen und bestimmte Wertpapiere sowie Zuführungen zu Rückstellungen im Kreditgeschäft
>
> oder aber als
>
> **Posten 14:** Erträge aus Zuschreibungen zu Forderungen und bestimmten Wertpapieren sowie aus der Auflösung von Rückstellungen im Kreditgeschäft.

> Durch das Recht zur Überkreuzkompensation ist im Interesse der Vertrauenswahrung für Kreditinstitute das allgemeine Verrechnungsverbot des Handelsgesetzbuches außer Kraft gesetzt, das grundsätzlich für Transparenz des Abschlusses sorgen soll.

Die Abschreibungen zur Bildung von Vorsorgereserven für allgemeine Bankrisiken dürfen nicht den zu versteuernden Gewinn mindern. **Die Vorsorgewertberichtigungen werden demnach zu Lasten des versteuerten Gewinns gebildet, also versteuert.** Da sie nicht wegen im Einzelnen erkennbarer Risiken gebildet werden, bezeichnet man sie als »**Versteuerte Pauschalwertberichtigungen**«.

Beispiel 3

Buchungstechnik bei Bildung und Auflösung stiller Vorsorgereserven gemäß § 340 f HGB

1. Die Weserbank AG (siehe Beispiel 1) bildet Vorsorgewertberichtigungen für allgemeine Bankrisiken durch **indirekte Abschreibungen** auf

   ▸ Wertpapiere der Liquiditätsreserve   100.000,00 EUR

   ▸ Forderungen an Kreditinstitute   700.000,00 EUR

   ▸ Forderungen an Kunden   2.200.000,00 EUR

   und sammelt sie auf dem Konto »**Vorsorgewertberichtigungen für allgemeine Bankrisiken**«.

Grundbuch				
Nr.	Konten		EUR-Beträge	
	Soll	Haben	Soll	Haben
1	Abschreibungen auf Wertpapiere		100.000,00	
	Abschreibungen auf Forderungen		2.900.000,00	
		Vorsorgewertberichtigungen für allgemeine Bankrisiken		3.000.000,00

2. Die Weserbank AG löst zu einem späteren Zeitpunkt **Vorsorgewertberichtigungen** für allgemeine Bankrisiken in Höhe von 700.000,00 EUR **auf**. Es entstehen **Erträge aus Zuschreibungen zu Forderungen und Wertpapieren.**

Grundbuch				
Nr.	Konten		EUR-Beträge	
	Soll	Haben	Soll	Haben
2	Vorsorgewertberichtigungen für allgemeine Bankrisiken	Erträge aus der Zuschreibung zu Forderungen und Wertpapieren	700.000,00	700.000,00

3.6.2.2 Offene Vorsorgereserven

Fonds für allgemeine Bankrisiken

Neben den stillen Reserven dürfen Kreditinstitute weitere Vorsorgereserven für die allgemeinen Risiken ihres Geschäftszweiges bilden, die jedoch offenzulegen sind. Sie sind in einem Passivposten der Bilanz, dem **Sonderposten »Fonds für allgemeine Bankrisiken«,** auszuweisen.

§ 340 g (1) HGB

Die Erkennbarkeit offener Reserven ist nicht nur durch Ausweis ihres Gesamtbestandes in einem gesonderten Bilanzposten gewährleistet, auch ihre jährliche Veränderung ist für Außenstehende direkt sichtbar.

§ 340 g (2) HGB

In der Gewinn- und Verlustrechnung sind Zuführungen zum Fonds für allgemeine Bankrisiken sowie Erträge aus der Auflösung dieses Sonderpostens **gesondert auszuweisen.** Damit besteht umfassende Transparenz bezüglich Bestand und Veränderung dieser offenen Reserven.

§ 340 g (4) HGB

Im Gegensatz zu den stillen Vorsorgereserven dürfen offene Reserven **in unbegrenzter Höhe** gebildet werden, soweit dies nach vernünftiger kaufmännischer Beurteilung wegen der besonderen Risiken der Kreditinstitute notwendig ist. In der Bilanz ist dem Sonderposten »Fonds für allgemeine Bankrisiken« in jedem Geschäftsjahr ein Betrag, der mindestens 10% der Nettoerträge des Handelsbestands entspricht, zuzuführen und dort gesondert auszuweisen. Dieser Posten darf nur aufgelöst werden:
1. zum Ausgleich von Nettoaufwendungen des Handelsbestands, oder
2. soweit er 50% des Durchschnitts der letzten fünf jährlichen Nettoerträge des Handelsbestands übersteigt.

Die offene Vorsorge kann neben der stillen Vorsorge bestehen, es können demnach beide Instrumente gleichzeitig benutzt werden. Kreditinstitute, die oberhalb der 4%-Grenze für stille Reserven weitere Vorsorge treffen möchten, haben also eine Möglichkeit dazu in offener Form. Die Aufwendungen zur Einstellung von Beträgen in den »Fonds für allgemeine Bankrisiken« werden aber, ebenso wie die Aufwendungen für stille Reserven, als **steuerlich** abzugsfähige Betriebskosten **nicht anerkannt.**

Beispiel

Buchungstechnik bei Bildung und Auflösung offener Vorsorgereserven
Die Weserbank AG hat im abgelaufenen Geschäftsjahr 1.200.000,00 EUR Nettoerträge des Handelsbestands erwirtschaftet und führt dem Sonderposten „Fonds für allgemeine Bankrisiken" 120.000,00 EUR zu. Zusätzlich bildet die Weserbank AG 380.000,00 EUR offene Vorsorgewertberichtigungen und sammelt sie im »Fonds für allgemeine Bankrisiken«.

Grundbuch				
Nr.	Konten		EUR-Beträge	
	Soll	Haben	Soll	Haben
1	Einstellungen i. d. Fonds für allg. Bankrisiken	Fonds für allgemeine Bankrisiken	500.000,00	500.000,00

Bei der Auflösung von offenen Vorsorgereserven wird das Konto »Erträge aus der Auflösung offener Vorsorgereserven« eingesetzt.

3.6 Instrumente der Risikovorsorge

Zusammenfassung

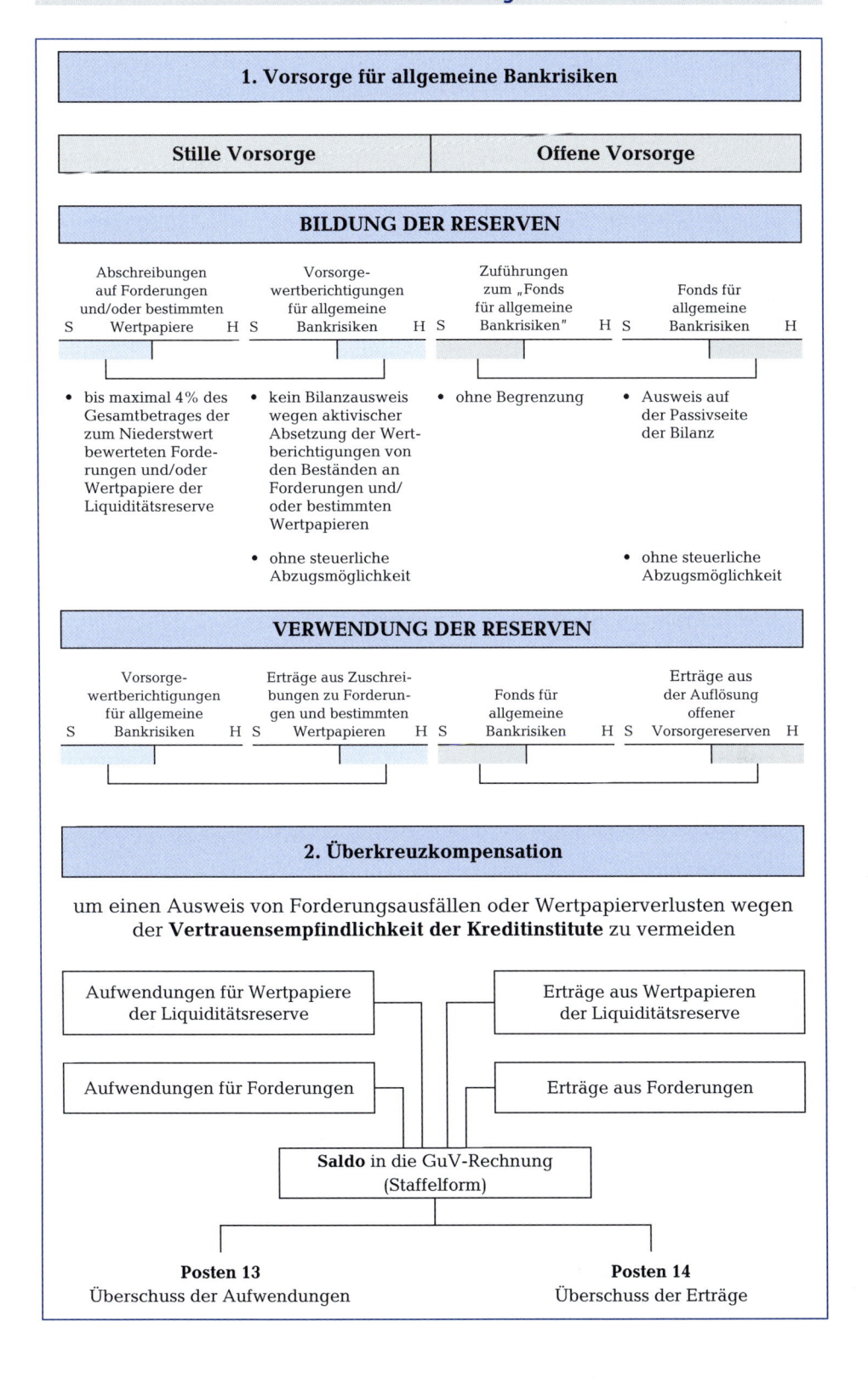

1. Vorsorge für allgemeine Bankrisiken

Stille Vorsorge | **Offene Vorsorge**

BILDUNG DER RESERVEN

S Abschreibungen auf Forderungen und/oder bestimmten Wertpapiere H	S Vorsorgewertberichtigungen für allgemeine Bankrisiken H	S Zuführungen zum „Fonds für allgemeine Bankrisiken" H	S Fonds für allgemeine Bankrisiken H
• bis maximal 4% des Gesamtbetrages der zum Niederstwert bewerteten Forderungen und/oder Wertpapiere der Liquiditätsreserve	• kein Bilanzausweis wegen aktivischer Absetzung der Wertberichtigungen von den Beständen an Forderungen und/oder bestimmten Wertpapieren	• ohne Begrenzung	• Ausweis auf der Passivseite der Bilanz
	• ohne steuerliche Abzugsmöglichkeit		• ohne steuerliche Abzugsmöglichkeit

VERWENDUNG DER RESERVEN

S Vorsorgewertberichtigungen für allgemeine Bankrisiken H	S Erträge aus Zuschreibungen zu Forderungen und bestimmten Wertpapieren H	S Fonds für allgemeine Bankrisiken H	S Erträge aus der Auflösung offener Vorsorgereserven H

2. Überkreuzkompensation

um einen Ausweis von Forderungsausfällen oder Wertpapierverlusten wegen der **Vertrauensempfindlichkeit der Kreditinstitute** zu vermeiden

Aufwendungen für Wertpapiere der Liquiditätsreserve	Erträge aus Wertpapieren der Liquiditätsreserve
Aufwendungen für Forderungen	Erträge aus Forderungen

Saldo in die GuV-Rechnung (Staffelform)

Posten 13
Überschuss der Aufwendungen

Posten 14
Überschuss der Erträge

Aufgaben zu Kapitel 3.6.2

① Die Finanzbank Böblingen AG ermittelt folgende Werte:

	Buchwert TEUR	Noch zu berücksichtigende Wertminderung lt. Niederstwertprinzip TEUR
Forderungen an Kunden	890.000,00	30.000,00
Wertpapiere des Handelsbestands	680.000,00	40.000,00
Wertpapiere der Liquiditätsreserve	560.000,00	20.000,00
Fonds für allgemeine Bankrisiken	250.000,00	
Forderungen an Kreditinstitute	770.000,00	10.000,00
Wertpapiere des Anlagevermögens	620.000,00	20.000,00

Das Kreditinstitut möchte stille Risikovorsorge in maximal zulässiger Höhe betreiben. Im abgelaufenen Geschäftsjahr wurden Nettoerträge des Handelsbestands in Höhe von 500.000,00 EUR erwirtschaftet.

Welche Bilanzwerte der genannten Bestände muss das Kreditinstitut ausweisen unter der Annahme, dass noch keine Bestände an stillen Reserven laut § 340 f HGB gebildet wurden.

② Erläutern Sie die Bedeutung der Überkreuzkompensation zwischen den Posten 13 und 14 der Gewinn- und Verlustrechnung (Staffelform).

3.7 Zeitliche Abgrenzung des Jahreserfolges

3.7.1 Grundlagen

Die Erfolgsrechnung soll den **Erfolg eines Geschäftsjahres,** das heißt einer Abrechnungsperiode, ausweisen.

Nur dann ist es möglich, den **Jahresüberschuss des entsprechenden Geschäftsjahres in seiner tatsächlichen Höhe** zu ermitteln und vergleichbare Werte mehrerer Perioden zu erhalten.

Periodengerechte Erfolgsermittlung

Deshalb müssen die **Aufwendungen und Erträge periodengerecht** erfasst werden. Sie sind dem Geschäftsjahr zuzuordnen, zu dem sie **wirtschaftlich** gehören.

Dieses Ziel lässt sich nur unvollständig mit den Erfolgsbuchungen des jeweiligen Geschäftsjahres erreichen. Mit Zahlungseingang oder -ausgang erfolgt die Buchung der Aufwendungen und Erträge.

Dabei wird unterstellt, dass die Zahlungen wirtschaftlich dem Geschäftsjahr zuzurechnen seien, in welchem die Zahlung erfolgt.

Diese Annahme ist aber nicht vollständig zutreffend, weil neben den periodengerechten Zahlungen auch noch Nachzahlungen für das vergangene Geschäftsjahr oder Vorauszahlungen für die künftige Abrechnungsperiode erfolgt sein können.

§ 252 (1) Ziff. 5 HGB

Beim Abschluss sind deshalb noch Korrekturen notwendig, um die wirtschaftlich zum Geschäftsjahr gehörenden Aufwendungen und Erträge unabhängig von den Zeitpunkten der entsprechenden Zahlungen im Jahresabschluss zu berücksichtigen.

3.7 Zeitliche Abgrenzung des Jahreserfolges

Beispiele

1. **Übersicht über den Zusammenhang zwischen *Einnahmen* und *Erträgen***   TEUR

Einnahmen des Geschäftsjahres	500
− Einnahmen des Geschäftsjahres, die wirtschaftlich zum Vorjahr gehören	100
− Einnahmen des Geschäftsjahres, die wirtschaftlich zum Folgejahr gehören	50
+ Einnahmen des Vorjahres, die wirtschaftlich zum Geschäftsjahr gehören	130
+ Einnahmen des Folgejahres, die wirtschaftlich zum Geschäftsjahr gehören	40
= **Ertrag des Geschäftsjahres**	**520**

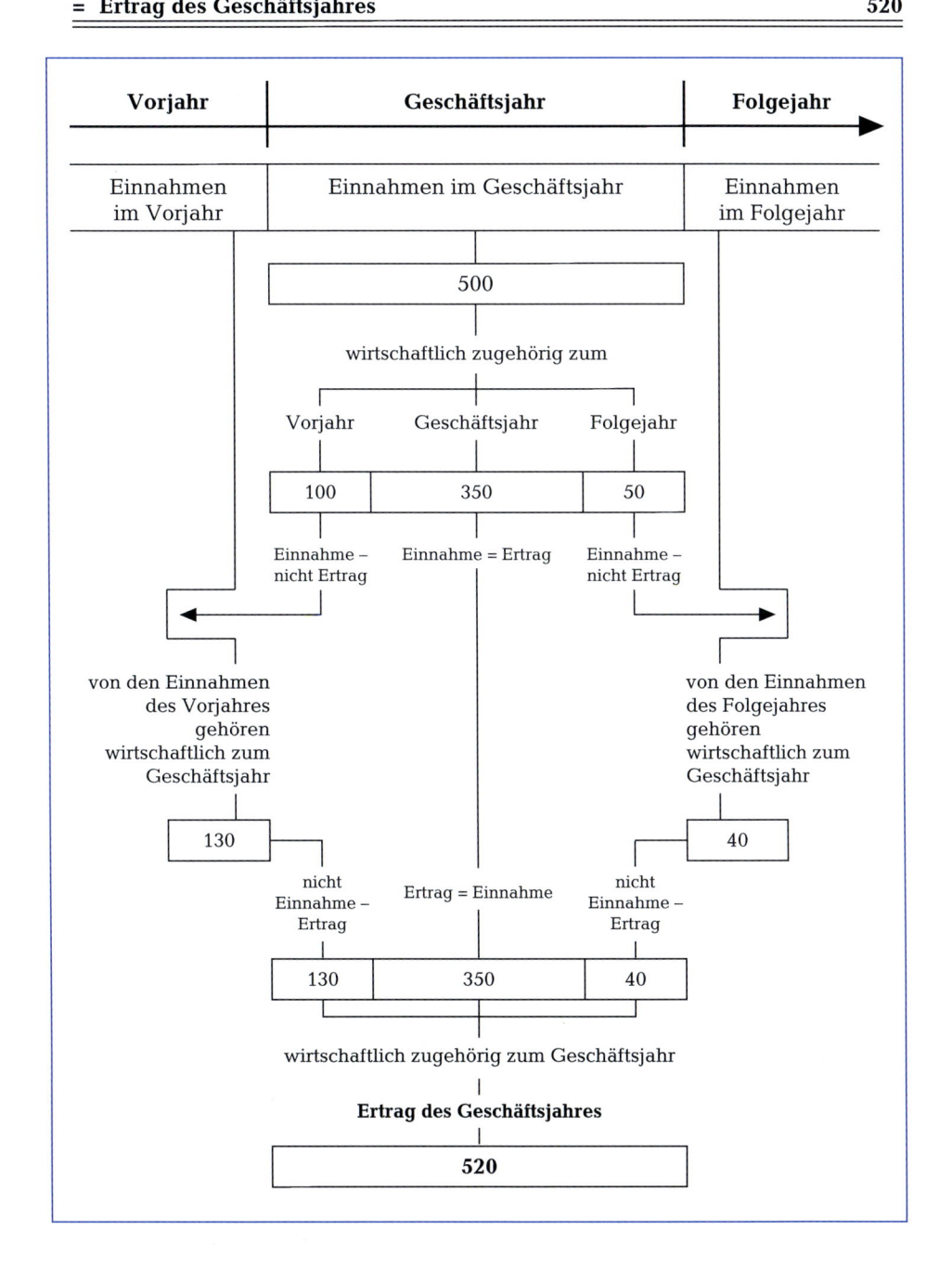

Einnahmen ≠ Erträge

```
             Vorjahr       |       Geschäftsjahr       |      Folgejahr
                           |                           |
         Einnahmen         |   Einnahmen im Geschäftsjahr  |   Einnahmen
         im Vorjahr        |                           |   im Folgejahr

                                       500

                           wirtschaftlich zugehörig zum

                     Vorjahr      Geschäftsjahr      Folgejahr

                       100            350              50

                   Einnahme –     Einnahme =       Einnahme –
                   nicht Ertrag   Ertrag           nicht Ertrag

       von den Einnahmen                              von den Einnahmen
       des Vorjahres                                  des Folgejahres
       gehören                                        gehören
       wirtschaftlich zum                             wirtschaftlich zum
       Geschäftsjahr                                  Geschäftsjahr

              130                                            40

                       nicht                         nicht
                       Einnahme –   Ertrag =         Einnahme –
                       Ertrag       Einnahme         Ertrag

                       130             350             40

                   wirtschaftlich zugehörig zum Geschäftsjahr

                           Ertrag des Geschäftsjahres

                                       520
```

2. Übersicht über den Zusammenhang zwischen *Ausgaben* u. *Aufwendungen*

Ausgaben ± Aufwendungen

	TEUR
Ausgaben des Geschäftsjahres	400
− Ausgaben des Geschäftsjahres, die wirtschaftlich zum Vorjahr gehören	30
− Ausgaben des Geschäftsjahres, die wirtschaftlich zum Folgejahr gehören	120
+ Ausgaben des Vorjahres, die wirtschaftlich zum Geschäftsjahr gehören	70
+ Ausgaben des Folgejahres, die wirtschaftlich zum Geschäftsjahr gehören	90
= **Aufwand des Geschäftsjahres**	**410**

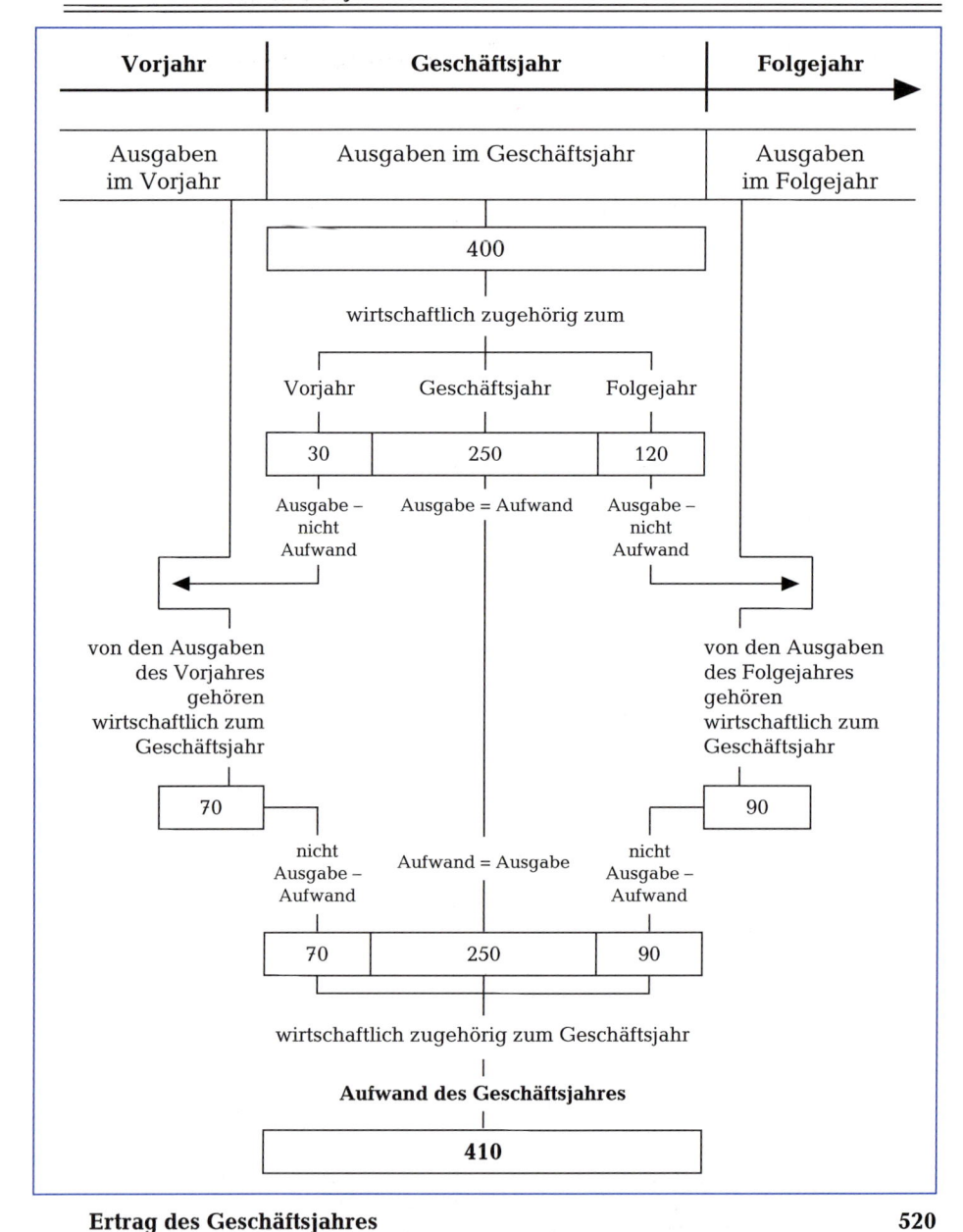

```
        Vorjahr              Geschäftsjahr              Folgejahr
   ──────────────┼──────────────────────────┼──────────────────────────▶

   Ausgaben           Ausgaben im Geschäftsjahr       Ausgaben
   im Vorjahr                                         im Folgejahr

                              ┌─────┐
                              │ 400 │
                              └─────┘
                       wirtschaftlich zugehörig zum

                   Vorjahr   Geschäftsjahr   Folgejahr
                   ┌────┐    ┌──────┐        ┌─────┐
                   │ 30 │    │ 250  │        │ 120 │
                   └────┘    └──────┘        └─────┘
                  Ausgabe –  Ausgabe =       Ausgabe –
                   nicht     Aufwand         nicht
                  Aufwand                    Aufwand

   ◀──────────────┘                          └──────────────▶

   von den Ausgaben                          von den Ausgaben
   des Vorjahres                             des Folgejahres
   gehören                                   gehören
   wirtschaftlich zum                        wirtschaftlich zum
   Geschäftsjahr                             Geschäftsjahr
   ┌────┐                                               ┌────┐
   │ 70 │                                               │ 90 │
   └────┘                                               └────┘
              nicht       Aufwand = Ausgabe     nicht
             Ausgabe –                         Ausgabe –
             Aufwand                           Aufwand

              ┌────┐      ┌──────┐             ┌────┐
              │ 70 │      │ 250  │             │ 90 │
              └────┘      └──────┘             └────┘

           wirtschaftlich zugehörig zum Geschäftsjahr

                     Aufwand des Geschäftsjahres
                            ┌──────┐
                            │ 410  │
                            └──────┘
```

Ertrag des Geschäftsjahres	**520**
− **Aufwand des Geschäftsjahres**	**410**
= **Erfolg des Geschäftsjahres (Gewinn)**	**110**

Aufwendungen und Erträge, die wirtschaftlich das Folgejahr betreffen und für die Ausgaben bzw. Einnahmen bereits erfolgt sind, dürfen nicht zum Erfolg des laufenden Jahres hinzugerechnet werden. Sie müssen als **transitorische Posten** (lat. transire = hinübergehen) in der Bilanz ausgewiesen werden. Auf diese Weise erfolgt die Übernahme in das Folgejahr, in dessen Erfolgsrechnung sie einzubeziehen sind.

Transitorische Posten

Aufwendungen und Erträge, die **wirtschaftlich das abgelaufene Geschäftsjahr betreffen** und für die noch keine Ausgaben bzw. Einnahmen erfolgt sind, sondern erst im neuen Jahr erfolgen werden, müssen noch in die Erfolgsrechnung des alten Jahres einbezogen werden. Ihre Erfassung in der Erfolgsrechnung des alten Geschäftsjahres führt zum Ausweis von **antizipativen Posten** (lat. anticipere = vorwegnehmen) in der Bilanz.

Antizipative Posten

3.7.2 Transitorische Posten der Rechnungsabgrenzung

§ 250 HGB

3.7.2.1 Transitorische Aktiva

Beispiel 1

Vorauszahlung von Miete durch Bank

Die Volksbank Ingolstadt eG bezahlt am 1. November für gemietete Geschäftsräume 4.500,00 EUR Miete vereinbarungsgemäß für 3 Monate im Voraus.

Altes Geschäftsjahr	Neues Geschäftsjahr
Ausgabe im alten Jahr 4.500,00 EUR	
Aufwand altes Jahr 3.000,00 EUR	Aufwand neues Jahr 1.500,00 EUR

Grundbuch				
Datum	Konten		EUR-Beträge	
	Soll	Haben	Soll	Haben
01.11.	Mietaufwendungen			
		BBK		4.500,00
31.12.	Gewinn- u. Verlustkonto		3.000,00	
	Aktive Rechnungsabgrenzung (ARA)		1.500,00	
		Mietaufwendungen		4.500,00
	SBK		1.500,00	
		Aktive Rechnungsabgrenzung (ARA)		1.500,00
01.01.	Aktive Rechnungsabgrenzung (ARA)		1.500,00	
		EBK		1.500,00
	Mietaufwendungen		1.500,00	
		Aktive Rechnungsabgrenzung (ARA)		1.500,00

Aktive Rechnungsabgrenzungsposten

Hauptbuch

Altes Geschäftsjahr

Mietaufwendungen (MA)

Soll			Haben
BBK	4.500,00	GuV	3.000,00
		ARA	1.500,00
	4.500,00		4.500,00

ARA

Soll			Haben
MA	1.500,00	SBK	1.500,00
	1.500,00		1.500,00

Gewinn- und Verlustkonto

Soll			Haben
MA	3.000,00		

Neues Geschäftsjahr

Mietwendungen (MA)

Soll			Haben
ARA	1.500,00	GuV	1.500,00

ARA

Soll			Haben
EBK	1.500,00	MA	1.500,00
	1.500,00		1.500,00

Gewinn- und Verlustkonto

Soll			Haben
MA	1.500,00		

▶ Der Aufwand wird zum Zeitpunkt der Zahlung zunächst auf den Aufwandskonten erfasst.

▶ Dem Folgejahr zuzurechnender Aufwand darf nicht auf dem Gewinn- und Verlustkonto erscheinen, da sonst der Jahresgewinn verfälscht würde.

▶ Dieser Aufwand wird aus dem Aufwandskonto ausgebucht und auf dem Bestandskonto »Aktive Rechnungsabgrenzung« aktiviert.

▶ Er ist auf der Aktivseite der Bilanz als Rechnungsabgrenzungsposten auszuweisen.

▶ Im neuen Jahr sind die aktiven Rechnungsabgrenzungen (anteilig) aufzulösen und erhöhen den Aufwand des neuen Jahres.

In der Praxis nehmen einige Kreditinstitute die zeitliche Abgrenzung der Aufwendungen bereits beim Zahlungsausgang vor und nicht erst am Jahresende beim Abschluss der Aufwandskonten.

Beispiel 2

Verkauf eines abgezinsten Sparbriefes

Die Volksbank Ingolstadt eG verkauft am 30. September an einen Kunden Sparbriefe im Nennwert von 10.000,00 EUR. Der Zinssatz beträgt 7 % p.a., die Laufzeit fünf Jahre. Den Ausgabepreis in Höhe von 7.129,86 EUR begleicht der Kunde zu Lasten seines Sparbuches.

Altes Geschäftsjahr

Gesamtzins der Sparbriefe
2.870,14 EUR

Zinsaufwand altes Jahr
124,77 EUR

Neues Geschäftsjahr und Folgejahre

Abgrenzung
2.745,37 EUR

Neues Geschäftsjahr

Zinsaufwand neues Jahr
507,82 EUR

Folgejahre

Abgrenzung
2.237,55 EUR

3.7 Zeitliche Abgrenzung des Jahreserfolges

Grundbuch				
Datum	Konten		EUR-Beträge	
	Soll	Haben	Soll	Haben
30.09. Jahr 1	Spareinlagen		7.129,86	
	Zinsaufwendungen		124,77	
	Aktive Rechnungs-abgrenzung (ARA)		2.745,37	
		Sparbriefe		10.000,00
31.12. Jahr 1	Gewinn- und Verlustkonto		124,77	
		Zinsaufwendungen		124,77
	SBK		2.745,37	
		Aktive Rechnungs-abgrenzung (ARA)		2.745,37
	Sparbriefe		10.000,00	
		SBK		10.000,00
02.01. Jahr 2	Aktive Rechnungs-abgrenzung (ARA)		2.745,37	
		EBK		2.745,37
	EBK		10.000,00	
		Sparbriefe		10.000,00
	Zinsaufwendungen		507,82	
		Aktive Rechnungs-abgrenzung (ARA)		507,82
31.12. Jahr 2	Gewinn- und Verlustkonto		507,82	
		Zinsaufwendungen		507,82
	SBK		2.237,55	
		Aktive Rechnungs-abgrenzung (ARA)		2.237,55
	Sparbriefe		10.000,00	
		SBK		10.000,00

Eine Rechnungsabgrenzung, die sich wie im Beispiel der abgezinsten Sparbriefe über mehrere Geschäftsjahre erstreckt, wird von Jahr zu Jahr anteilig aufgelöst. Die abgegrenzten Aufwendungen verbleiben vorerst auf dem Konto Aktive Rechnungsabgrenzung und werden in jedem Laufzeitjahr anteilig ausgebucht und auf diese Weise dem Aufwand des jeweils zutreffenden Geschäftsjahres zugebucht. Die Anteile des auf den Sparbrief entfallenden Gesamtzinses werden dadurch voneinander abgegrenzt.

In der Bilanz werden die abgegrenzten Aufwendungen auf der Aktivseite als Posten »**15. Rechnungsabgrenzungsposten**« ausgewiesen.

Zu den als Aktive Rechnungsabgrenzungsposten auszuweisenden Ausgaben gehören unter anderem Vorauszahlungen für:

Aktive Rechnungsabgrenzungsposten

- Mieten und Pachten,
- Kraftfahrzeugsteuer und
- Versicherungsbeiträge

sowie

- ein Disagio bei einem aufgenommenen Darlehen und
- die Abzinsungsbeträge bei der Ausgabe von Sparbriefen und Sparschuldverschreibungen.

3.7.2.2 Transitorische Passiva

Beispiel

Erhaltene Mietvorauszahlung

Die Volksbank Ingolstadt eG vermietet am 1. Oktober an einen Kunden ein Schließfach und bucht 60,00 EUR zuzüglich 19% USt Schließfachmiete für ein Jahr im Voraus ab.

Altes Geschäftsjahr | Neues Geschäftsjahr

Einnahme im alten Jahr
71,40 EUR

Ertrag altes Jahr
15,00 EUR

Ertrag neues Jahr
45,00 EUR

Passive Rechnungsabgrenzungsposten

Grundbuch				
Datum	Konten		EUR-Beträge	
	Soll	Haben	Soll	Haben
01.10. Jahr 1	Kunden-KK		71,40	
		Mieterträge		60,00
		sonst. Verb. (FinA) USt		11,40
31.12. Jahr 1	Mieterträge		60,00	
		Gewinn- und Verlustkonto		15,00
		Passive Rechnungsabgrenzung (PRA)		45,00
	Passive Rechnungsabgrenzung (PRA)		45,00	
		SBK		45,00
02.01. Jahr 2	EBK		45,00	
		Passive Rechnungsabgrenzung (PRA)		45,00
	Passive Rechnungsabgrenzung (PRA)		45,00	
		Mieterträge		45,00

▸ Die Umsatzsteuer ist erfolgsneutral.

▸ Die Erträge werden zum Zeitpunkt des Zahlungseingangs zunächst auf den Ertragskonten erfasst.

▸ Dem Folgejahr zuzurechnender Ertrag darf nicht auf dem Gewinn- und Verlustkonto erscheinen, da sonst der Jahresgewinn verfälscht würde.

▸ Dieser Ertrag wird aus dem Ertragskonto ausgebucht und auf dem Bestandskonto »Passive Rechnungsabgrenzung« passiviert.

▸ Er ist auf der Passivseite der Bilanz als Rechnungsabgrenzungsposten auszuweisen.

▸ Im neuen Jahr sind die passiven Rechnungsabgrenzungen (anteilig) aufzulösen und erhöhen den Ertrag des neuen Jahres.

Passive Rechnungsabgrenzungsposten

In der Bilanz werden die abgegrenzten Erträge auf der Passivseite als »**6. Rechnungsabgrenzungsposten**« ausgewiesen.

3.7.3 Antizipative Posten der Rechnungsabgrenzung

3.7.3.1 Antizipative Aktiva

Beispiel 1

Noch nicht erhaltene Miete

Die Volksbank Ingolstadt eG stellt fest, dass am 31. Dezember für vermietete Geschäftsräume 1.500,00 EUR Miete für Dezember noch nicht eingegangen sind. Am 3. Januar des neuen Jahres überweist der Mieter 3.000,00 EUR Miete für Dezember und Januar auf BBK.

Altes Geschäftsjahr

Ertrag altes Jahr 1.500,00 EUR

Neues Geschäftsjahr

Ertrag neues Jahr 1.500,00 EUR

Einnahme im neuen Jahr 3.000,00 EUR

Grundbuch

Datum	Konten Soll	Konten Haben	EUR-Beträge Soll	EUR-Beträge Haben
31.12.	Sonstige Forderungen		1.500,00	
		Mieterträge		1.500,00
	Mieterträge		1.500,00	
		Gewinn- u. Verlustkonto		1.500,00
	SBK		1.500,00	
		Sonstige Forderungen		1.500,00
01.01.	Sonstige Forderungen		1.500,00	
		EBK		1.500,00
03.01.	BBK		3.000,00	
		Sonstige Forderungen		1.500,00
		Mieterträge		1.500,00

sonstige Forderungen

Hauptbuch

Altes Geschäftsjahr

Soll	Mieterträge		Haben
GuV	1.500,00	sonst. Ford.	1.500,00
	1.500,00		1.500,00

Soll	Sonstige Forderungen		Haben
Mietertr.	1.500,00	SBK	1.500,00
	1.500,00		1.500,00

Soll	Gewinn- und Verlustkonto		Haben
		Mietertr.	1.500,00

Neues Geschäftsjahr

Soll	BBK		Haben
sonst. Ford. und Mieterträge 3.000,00			

Soll	Sonstige Forderungen		Haben
EBK	1.500,00	BBK	1.500,00
	1.500,00		1.500,00

Soll	Mieterträge		Haben
		BBK	1.500,00

Beispiel 2

Antizipative Zinsen für ein von der Bank angelegtes Termingeld

Die Volksbank Ingolstadt eG legt am 1. November bei einer Korrespondenzbank ein Festgeld in Höhe von 600.000,00 EUR für 90 Tage zu 6,5 % p.a. an. (Zinsberechnung: act/360)

Altes Geschäftsjahr

Ertrag altes Jahr
6.500,00 EUR

Neues Geschäftsjahr

Ertrag neues Jahr
3.250,00 EUR

Einnahme im neuen Jahr
9.750,00 EUR

Grundbuch

Datum	Konten Soll	Konten Haben	EUR-Beträge Soll	EUR-Beträge Haben
01.11.	Befristete Forderungen Banken	BBK	600.000,00	600.000,00
31.12.	Befristete Forderungen Banken	Zinserträge	6.500,00	6.500,00
	Zinserträge	Gewinn- und Verlustkonto	6.500,00	6.500,00
	SBK	Befristete Forderungen Banken	606.500,00	606.500,00
02.01.	Befristete Forderungen Banken	EBK	606.500,00	606.500,00
30.01.	BBK	Befristete Forderungen Banken Zinserträge	609.750,00	606.500,00 3.250,00

Am 31. Dezember sind aus dem angelegten Festgeld 606.500,00 EUR im Aktivposten »Forderungen an Kreditinstitute, Unterposten b) andere Forderungen« zu bilanzieren.

Beispiel 3

Antizipative Zinsen für eigene Wertpapiere

Die Volksbank Ingolstadt eG hat im Handelsbestand nominal 600.000,00 EUR 6% Industrieanleihe mit Jahreskupon 20.10. Der Niederstwert dieser Wertpapiere beträgt am Bilanzstichtag 594.000,00 EUR.

Die Zinsen, die erst zum nächsten Zinstermin im neuen Jahr zufließen werden, sind anteilig vom letzten Zinstermin bis zum Bilanzstichtag zu ermitteln und im Wertpapierbestand zu aktivieren.

Für diese antizipativen Zinsen ergibt sich folgende Übersicht:

Altes Geschäftsjahr	Neues Geschäftsjahr
Ertrag altes Jahr 7.200,00 EUR	Ertrag neues Jahr 28.800,00 EUR
	Einnahme im neuen Jahr 36.000,00 EUR

Grundbuch				
Datum	Konten		EUR-Beträge	
	Soll	Haben	Soll	Haben
31.12.	Eigene Wertpapiere (Handelsbestand)		7.200,00	
		Zinserträge aus Wertpapieren (HB)		7.200,00
	Zinserträge aus Wertpapieren (HB)		7.200,00	
		Gewinn- u. Verlustkonto		7.200,00
	SBK		601.200,00	
		Eigene Wertpapiere (Handelsbestand)		601.200,00
01.01.	Eigene Wertpapiere (Handelsbestand)		601.200,00	
		EBK		601.200,00
	Zinserträge aus Wertpapieren (HB)		7.200,00	
		Eigene Wertpapiere (Handelsbestand)		7.200,00
20.10.	BBK		36.000,00	
		Zinserträge aus Wertpapieren (HB)		36.000,00

- Erträge, die wirtschaftlich ins alte Geschäftsjahr gehören, sind in die Erfolgsrechnung des alten Jahres einzubeziehen, auch wenn der Zahlungseingang erst im neuen Jahr erfolgen wird.
- Diese Erträge sind auf dem Aktivkonto »**Sonstige Forderungen**« zu erfassen.
- Am Anfang des neuen Jahres ist der Bestand des Kontos Sonstige Forderungen nicht nach der Eröffnung aufzulösen. Der Ausgleich erfolgt mit dem Zahlungseingang.

sonstige Vermögensgegenstände

In der Bilanz werden die zu antizipierenden Erträge auf der Aktivseite als Posten »**14. sonstige Vermögensgegenstände**« ausgewiesen.

Können die Forderungen anderen Aktivposten der Bilanz zugeordnet werden, so sind sie in der Position auszuweisen, zu dem sie sachlich gehören. Das trifft vor allem auf **antizipative Zinsen** zu, die dadurch entstehen, dass der Jahresabschluss zeitlich vor der Zinsfälligkeit der entsprechenden Forderung liegt. Der Zinsanteil des alten Jahres ist als Ertrag zu erfassen und zum Bestand der jeweiligen Forderung hinzuzurechnen (**Zuordnungsprinzip**).

Antizipative Zinsen
§ 11 RechKredV
Zuordnungsprinzip

Antizipative Zinsen, die **nicht** unter dem Bilanzposten **Sonstige Vermögensgegenstände** ausgewiesen werden dürfen, sind:

- die bis zum Jahresende verdienten Zinsen aus Termingeldanlagen bei anderen Kreditinstituten. Sie werden mit unter dem Bilanzposten **Forderungen an Kreditinstitute** eingeordnet.
- die bis zum Jahresende verdienten Zinsen aus Wertpapieren. Sie werden mit im jeweiligen **Wertpapierbestand** bilanziert.
- die bis zum Jahresende verdienten Zinsen aus Grundschuldkrediten. Sie werden mit unter dem Bilanzposten **Forderungen an Kunden** eingeordnet.

3.7.3.2 Antizipative Passiva

Beispiel

Noch nicht bezahlte Rechnung

Für im Dezember ausgeführte Reparaturarbeiten am Bankgebäude liegt der Volksbank Ingolstadt eG eine am 25. Dezember eingegangene Rechnung über 2.300,00 EUR einschließlich 19% USt vor. Die Zahlungsfrist lt. Rechnung beträgt 14 Tage.

Am 6. Januar des neuen Jahres überweist die Volksbank Ingolstadt eG den Rechnungsbetrag über BBK.

Altes Geschäftsjahr	Neues Geschäftsjahr
Aufwand im alten Jahr 2.300,00 EUR	
	Ausgabe im neuen Jahr 2.300,00 EUR

Durch die bereits im abzuschließenden Jahr erhaltenen Leistungen sind Verbindlichkeiten entstanden. Die Umsatzsteuer gehört zum Aufwand.

3.7 Zeitliche Abgrenzung des Jahreserfolges

Grundbuch				
Datum	Konten		EUR-Beträge	
	Soll	Haben	Soll	Haben
31.12.	Aufwend. für Sachanl.		2.300,00	
		Sonstige Verbindlichkeiten		2.300,00
	Gewinn- und Verlustkonto		2.300,00	
		Aufwend. für Sachanl.		2.300,00
	Sonstige Verbindlichkeiten		2.300,00	
		SBK		2.300,00
01.01.	EBK		2.300,00	
		Sonstige Verbindlichkeiten		2.300,00
06.01.	Sonstige Verbindlichkeiten		2.300,00	
		BBK		2.300,00

Hauptbuch

Altes Geschäftsjahr

Soll	Aufwend. für Sachanl.		Haben
sonst. Verb.	2.300,00	GuV	2.300,00
	2.300,00		2.300,00

Soll	Sonstige Verbindlichkeiten		Haben
SBK	2.300,00	SAA	2.300,00
	2.300,00		2.300,00

Soll	Gewinn- und Verlustkonto		Haben
SAA	2.300,00		

Neues Geschäftsjahr

Soll	Sonstige Verbindlichkeiten		Haben
BBK	2.300,00	EBK	2.300,00
	2.300,00		2.300,00

▸ Aufwendungen, die wirtschaftlich ins alte Geschäftsjahr gehören, sind in die Erfolgsrechnung des alten Jahres einzubeziehen, auch wenn der Zahlungsausgang erst im neuen Jahr erfolgen wird. Die Vorsteuer stellt Aufwand dar, wenn kein Nachweis für die ausschließl. Verwendung für steuerpfl. Bankgeschäfte vorliegt.
▸ Diese Aufwendungen sind auf dem Passivkonto »**Sonstige Verbindlichkeiten**« bzw. auf dem aus der betreffenden Bilanzposition abgeleiteten Passivkonto zu erfassen.
▸ Der Bilanzausweis der Sonstigen Verbindlichkeiten erfolgt im Passivposten »Sonstige Verbindlichkeiten«.
▸ Antizipative Zinsen sind in dem Passivposten zu bilanzieren, dem sie sachlich gehören **(Zuordnungsprinzip).**
▸ Am Anfang des neuen Jahres ist der Bestand des Kontos Sonstige Verbindlichkeiten nicht nach der Eröffnung aufzulösen. Der Ausgleich erfolgt mit dem Zahlungsausgang.

> **sonstige Verbindlichkeiten**
>
> In der Bilanz werden die zu antizipierenden Aufwendungen auf der Passivseite als »**5. Sonstige Verbindlichkeiten**« ausgewiesen.

Antizipative Zinsen

§ 11 RechKredV

Können die Verbindlichkeiten anderen Passivposten der Bilanz zugeordnet werden, so sind sie in dem Posten auszuweisen, dem sie sachlich zugehören. Das trifft vor allem auf **antizipative Zinsen** zu, die dadurch entstehen, dass der Jahresabschluss zeitlich vor der Zinsfälligkeit der entsprechenden Verbindlichkeit liegt. Der Zinsanteil des alten Jahres ist als Aufwand zu erfassen und zum Bestand der jeweiligen Verbindlichkeit hinzuzurechnen (Zuordnungsprinzip).

Zuordnungsprinzip

> **Antizipative Zinsen**, die **nicht** unter dem **Bilanzposten Sonstige Verbindlichkeiten** ausgewiesen werden dürfen, sind:
>
> ▶ die bis zum Jahresende aufgelaufenen Zinsen für verkaufte aufgezinste Sparbriefe. Sie werden mit unter dem Bilanzposten **Verbindlichkeiten gegenüber Kunden, b) andere Verbindlichkeiten, bb) mit vereinbarter Laufzeit oder Kündigungsfrist** bilanziert.
>
> ▶ die bis zum Jahresende aufgelaufenen Zinsen für verkaufte aufgezinste Sparobligationen. Sie werden mit unter dem Bilanzposten **Verbriefte Verbindlichkeiten, a) begebene Schuldverschreibungen** eingeordnet.
>
> ▶ die bis zum Jahresende aufgelaufenen Zinsen für Termineinlagen der Nichtbankenkundschaft. Sie werden unter dem Bilanzposten **Verbindlichkeiten gegenüber Kunden, b) andere Verbindlichkeiten, bb) mit vereinbarter Laufzeit oder Kündigungsfrist** ausgewiesen.
>
> ▶ die bis zum Jahresende aufgelaufenen Zinsen für Termineinlagen der Bankenkundschaft. Sie werden mit unter dem Bilanzposten **Verbindlichkeiten gegenüber Kreditinstituten, b) mit vereinbarter Laufzeit oder Kündigungsfrist** eingeordnet.
>
> ▶ die bis zum Jahresende aufgelaufenen Zinsen für verkaufte Schuldverschreibungen aus eigenen Emissionen. Sie werden mit unter dem Bilanzposten **Verbriefte Verbindlichkeiten, a) begebene Schuldverschreibungen** bilanziert.

Zusammenfassung

▶ **Ziel der zeitlichen Erfolgsabgrenzung ist der periodenrichtige Erfolgsausweis des Geschäftsjahres.**

▶ Kriterium für die Zuordnung ist die **wirtschaftliche Zugehörigkeit** des Erfolges zu einem bestimmten Geschäftsjahr, nicht jedoch der Zeitpunkt des Zahlungsvorganges.

▶ Ausgabe und Aufwand bzw. Einnahme und Ertrag können daher in bestimmten Fällen zeitlich in unterschiedliche Abrechnungsperioden fallen.

▶ Das führt dann infolge des Jahresabschlusses zu einer Trennung des Zahlungsvorgangs und seiner Wirkung auf den Erfolg.

▶ Erfolgte die Zahlung im alten Geschäftsjahr, während der Erfolg ins Folgejahr gehört, so werden in der Bilanz »**Aktive** und **Passive Rechnungsabgrenzungsposten**« ausgewiesen.

▶ Gehört der Erfolg noch ins abgelaufene Geschäftsjahr, während die Zahlung erst im Folgejahr erfolgt, so werden in der Bilanz »**sonstige Vermögensgegenstände** und **sonstige Verbindlichkeiten**« ausgewiesen.

ZEITLICHE ERFOLGSABGRENZUNG

Transitorische* Posten der Rechnungsabgrenzung

AKTIVE Posten der Rechnungsabgrenzung	**PASSIVE** Posten der Rechnungsabgrenzung
Altes Jahr: AUSGABE → Neues Jahr: AUFWAND	Altes Jahr: EINNAHME → Neues Jahr: ERTRAG
Durch Ausgabe im alten Jahr entsteht eine Forderung auf eine Leistung im neuen Jahr, die auf Hauptbuchkonto »Aktive Rechnungsabgrenzung« zu buchen ist.	Durch Einnahme im alten Jahr entsteht eine Verbindlichkeit zu einer Leistung im neuen Jahr, die auf Hauptbuchkonto »Passive Rechnungsabgrenzung« zu buchen ist.

* lat. transire = hinübergehen

Antizipative* Posten der Rechnungsabgrenzung

Sonstige **VERBINDLICHKEITEN**	Sonstige **FORDERUNGEN**
Altes Jahr: AUFWAND ← Neues Jahr: AUSGABE	Altes Jahr: ERTRAG ← Neues Jahr: EINNAHME
Durch Aufwand im alten Jahr entsteht eine Verbindlichkeit zu einer Zahlung im neuen Jahr, die auf Hauptbuchkonto »Sonstige Verbindlichkeiten« zu buchen ist.	Durch Ertrag im alten Jahr entsteht eine Forderung auf eine Zahlung im neuen Jahr, die auf Hauptbuchkonto »Sonstige Forderungen« zu buchen ist.

* lat. anticipere = vorwegnehmen

Aufgaben zu Kapitel 3.7

1. Für die geschäftlich genutzten Fahrzeuge hat die Volksbank Dresden eG fünf Stellplätze in einer Tiefgarage gemietet. Der Mietpreis ist vereinbarungsgemäß jeweils für ein Jahr in einer Summe zu zahlen. Er beträgt pro Stellplatz 120,00 EUR monatlich und umfasst den Zeitraum vom 01. Oktober eines Jahres bis zum 30. September des Folgejahres.

   Buchen Sie zu Fall a) bis d) im Grundbuch jeweils in der Reihenfolge des zeitlichen Ablaufs
   - den Zahlungsvorgang zum entsprechenden Zahlungstermin über BBK,
   - die erforderliche zeitliche Abgrenzung,
   - den Abschluss am Ende des Geschäftsjahres,
   - die Eröffnung zu Beginn des neuen Geschäftsjahres und
   - die Auflösung der Abgrenzungskonten.

   a) Die Volksbank Dresden eG zahlt die Miete am 28. September des Geschäftsjahres für Oktober bis September im Voraus.

b) Die Volksbank Dresden eG zahlt die Miete vereinbarungsgemäß nachträglich am 30. September des folgenden Geschäftsjahres.

c) Die Volksbank Dresden eG zahlt die Miete vereinbarungsgemäß nach Ablauf des ersten Monats des Mietzeitraumes, das heißt am 31. Oktober des Geschäftsjahres.

d) Die Volksbank Dresden eG zahlt die Miete vereinbarungsgemäß in der Mitte des Mietzeitraumes, das heißt am 31. März des folgenden Geschäftsjahres.

(2) Die Volksbank Dresden eG schließt mit dem Kunden Peter Hase einen Mietvertrag für ein Schließfach. Die Schließfachmiete ist vereinbarungsgemäß jeweils für ein Jahr in einer Summe zu zahlen. Sie beträgt 35,00 EUR monatlich zuzüglich 19% Umsatzsteuer und umfasst den Zeitraum vom 01. Juni eines Jahres bis zum 31. Mai des Folgejahres.

Buchen Sie zu Fall a bis c im Grundbuch jeweils in der Reihenfolge des zeitlichen Ablaufs

– den Zahlungsvorgang zum entsprechenden Zahlungstermin über BBK,

– die erforderliche zeitliche Abgrenzung,

– den Abschluss am Ende des Geschäftsjahres,

– die Eröffnung zu Beginn des neuen Geschäftsjahres und

– die Auflösung der Abgrenzungskonten.

a) Der Kunde Peter Hase zahlt die Verwahrgebühr am 28. Mai des Geschäftsjahres im voraus für ein Jahr.

b) Der Kunde Peter Hase zahlt die Verwahrgebühr vereinbarungsgemäß nachträglich am 31. Mai des folgenden Geschäftsjahres.

c) Der Kunde Peter Hase zahlt die Verwahrgebühr vereinbarungsgemäß in der Mitte des Verwahrzeitraumes, das heißt am 30. November des Geschäftsjahres.

(3) Die Volksbank Dresden eG verkauft am 30. September einen aufgezinsten Sparbrief im Nennwert von 15.000,00 EUR an einen Kontokorrentkunden. Der Zinssatz beträgt 6,3% p.a., die Laufzeit 6 Jahre.

a) Buchen Sie im Grundbuch den Verkauf des Sparbriefes und die Abgrenzung und den Abschluss am Ende des ersten Jahres.

b) Mit welchem Betrag und in welchem Bilanzposten ist der Sparbrief am Ende des ersten Jahres zu bilanzieren?

c) Stellen Sie die erforderlichen Buchungssätze für die Eröffnung und den Abschluss im Folgejahr auf.

d) Buchen Sie die Abgrenzung und die Rückzahlung des Sparbriefes bei Fälligkeit.

(4) Die Volksbank Dresden eG legt Valuta 1. Dezember bei einer Korrespondenzbank ein Festgeld in Höhe von 850.000,00 EUR für 90 Tage zu 6,8% p.a. an.

a) Buchen Sie im Grundbuch die Anlage des Festgeldes, die zeitliche Abgrenzung und den Jahresabschluss, die Eröffnung der Konten im neuen Geschäftsjahr und die Rückzahlung des Termingeldes bei Fälligkeit.

b) In welchem Bilanzposten sind die abgegrenzten Zinsen am Jahresende auszuweisen?

3.7 Zeitliche Abgrenzung des Jahreserfolges 205

5. Die Volksbank Dresden eG verkauft am 30. April an einen Kunden abgezinste Sparbriefe im Nennwert von 13.000,00 EUR. Der Zinssatz beträgt 7% p.a., die Laufzeit fünf Jahre. Den Ausgabepreis in Höhe von 9.268,82 EUR begleicht der Kunde zu Lasten seines Kontos.

Buchen Sie im Grundbuch den Verkauf der Sparbriefe, die zeitliche Abgrenzung und den Jahresabschluss am Ende des ersten Jahres der Laufzeit, die Eröffnung der Konten und die teilweise Auflösung der Abgrenzung im neuen Geschäftsjahr sowie die Rückzahlung der Sparbriefe bei Fälligkeit.

6. Buchen Sie zu den folgenden Vorgängen jeweils in der Reihenfolge des zeitlichen Ablaufs im Grundbuch der Volksbank Dresden eG

– den Zahlungsvorgang zum entsprechenden Zahlungstermin über BBK,

– die erforderliche zeitliche Abgrenzung,

– den Abschluss am Ende des alten Geschäftsjahres,

– die Eröffnung zu Beginn des neuen Geschäftsjahres und

– die Auflösung der Abgrenzungskonten.

a) Am 1. Juni werden 9.000,00 EUR Beiträge zur Kraftfahrzeugversicherung für ein Jahr im Voraus überwiesen.

b) Valuta 15. Dezember werden 750.000,00 EUR Termingeld bei einer Korrespondenzbank für 90 Tage zu 5,8% angelegt.

c) Am 21. August (Handelstag) werden im Nennwert von 100.000,00 EUR 6,5% Hypotheken-Pfandbriefe zum Kurs von 97% gekauft. Zinstermin ist der 01. März ganzjährig. Am 31. Dezember beträgt der Kurs 98,5%.

d) Auf Grund von Vereinbarungen ist für den Monat Dezember eine Sonderzahlung an einen Dienstleister in Höhe von insgesamt 15.600,00 EUR zu leisten. Die Auszahlung erfolgt zusammen mit der Januarüberweisung in Höhe von 315.600,00 EUR am 16. Januar des nächsten Jahres.

e) Ein Kunde legt Valuta 30. November 20.000,00 EUR Festgeld für 180 Tage zu 4,8% an.

f) Wegen Kontoführungsgebühren für Dezember werden die Kunden am 10. Januar mit 2.500,00 EUR belastet.

g) Am 1. Oktober werden für die Kopierer 900,00 EUR Büromaschinenmiete vereinbarungsgemäß für das nächste Halbjahr überwiesen.

h) Im Dezember vorliegende Handwerkerrechnungen über 3.100,00 EUR einschließlich 19% Umsatzsteuer für Reparaturen werden am 8. Januar beglichen.

i) Für vermietete Büroräume gehen am 03. Januar die rückständige Dezembermiete sowie die Januarmiete in Höhe von jeweils 2.800,00 EUR ein.

j) Die Wasserwerke buchen die Abschlagszahlungen vierteljährlich nachträglich in gleichen Raten bei ihren Kunden ab. Die nächste Abschlagszahlung in Höhe von 750,00 EUR einschließlich 19% Umsatzsteuer ist am 15. Januar fällig.

k) Die Versicherungsprämie für das Bankgebäude ist jeweils am 1. September für ein Jahr im Voraus fällig. Am 01. September werden 15.000,00 EUR an das Versicherungsunternehmen überwiesen.

l) Der Vertrag mit der Reinigungsfirma sieht eine Jahressumme von 72.000,00 EUR vor, die anteilig alle zwei Monate nachträglich zu überweisen ist. Die nächste Zahlung erfolgt am 1. Februar.

m) Valuta 15. Dezember wurden 550.000,00 EUR Termingeld bei einer Korrespondenzbank für 90 Tage zu 5,4% angelegt.

n) Ein Kunde legte Valuta 30. November 10.000,00 EUR Festgeld für 180 Tage zu 4,2% an.

o) Durch Bonuszusagen für Sparer ist mit zusätzlichen Zinsen von 23.000,00 EUR zu rechnen.

p) Für vermietete Stellplätze in der Tiefgarage der Bank sind im Dezember bereits 700,00 EUR Mieten für Januar nächsten Jahres eingegangen.

4 Jahresabschluss der Kreditinstitute nach IFRS

4.1 Grundsätze der International Financial Reporting Standards (IFRS), vormals International Accounting Standards (IAS)

Die bedeutendsten **international anerkannten Normensysteme** zur **Rechnungslegung** sind

- die US-amerikanischen **Generally Accepted Accounting Principles (US-GAAP)**, deren Anwendung eine der Voraussetzungen für die Zulassung zu den US-amerikanischen Börsen ist,

US-GAAP

und

- die **International Financial Reporting Standards (IFRS),** vormals International Accounting Standards (IAS)[1], deren Anwendung für alle Konzernabschlüsse kapitalmarktorientierter Unternehmen im EU-Raum ab 01.01.2005 durch die EG-Verordnung Nr. 1606/2002 vom 19. Juli 2002 vorgeschrieben ist.

IFRS
IAS

Diese Verordnung wurde durch das **Bilanzrechtsreformgesetz (BilReG)** vom 26.11.2004 in deutsches Recht umgesetzt.

BilReG

In Zukunft werden vermutlich auch Unternehmen, die dazu nicht verpflichtet sind, nach IFRS abschließen.

Steuerbilanzen

US-GAAP und IFRS unterscheiden sich vor allem dadurch, dass die IFRS mehr Wahlrechte für die Bewertung zulassen als die US-GAAP. (Hier werden nur die IFRS behandelt.)

Die IFRS sind von dem International Accounting Standards Board **(IASB)** entwickelt worden, einem politisch unabhängigen Expertengremium. Für die Auslegung der Vorschriften der IFRS sorgt das International Financial Reporting Interpretation Committee **(IFRIC).**

IASB

IFRIC

Bei der Übernahme der IFRS in europäisches Recht wirkte das Accounting Regulatory Committee **(ACR)** mit. Dem ACR gehören Vertreter der EU-Mitgliedstaaten an. Den Vorsitz führt die EU-Kommission. Das ACR wiederum wird fachlich von der European Financial Reporting Advisory Group **(Efrag)** beraten.

ACR

Efrag

In Deutschland ist der Deutsche Standardisierungsrat **(DSR)** für die Anpassung der Deutsche Rechnungslegungs Standards **(DRS)** an internationale Grundsätze tätig. Der DSR handelt wie das Rechnungslegungs Interpretations Committee **(RIC)** im Auftrag des Deutsche Rechnungslegungs Standards Committee, **(DRSC),** eines privaten Gremiums zur Entwicklung von Standards der Rechnungslegung. Der DSR berät das Bundesministerium für Justiz und vertritt Deutschland in internationalen Gremien.

DSR
DRS
RIC
DRSC

Unterschiede zwischen den Normen für den Jahresabschluss der Kreditinstitute nach deutschem Handelsrecht und den Normen für einen Jahresabschluss nach IFRS resultieren aus unterschiedlichen Zielsetzungen.

---

[1] Alle seit 2003 weiterentwickelten IAS laufen unter der Bezeichnung IFRS, noch bestehende Standards werden weiter unter der Bezeichnung IAS geführt.

- **Zielsetzungen nach HGB**: **Ziel des Jahresabschlusses nach deutschem Handelsrecht** ist die **Gewinnermittlung**
  - auf der Basis des Prinzips kaufmännischer Vorsicht,
  - unter Beachtung des Gläubigerschutzes und
  - der besonderen Vertrauensempfindlichkeit der Kreditinstitute,
  - mit fortgeschriebenen historischen Werten.

- **Ziel des Jahresabschlusses nach den IFRS** ist **die Darstellung der aktuellen Lage eines Unternehmens** als Grundlage für Entscheidungen von Managern und Investoren gemäß folgenden **Grundsätzen**:

  - **Understandability** — **Verständlichkeit (Understandability)**
    Das heißt: Der Jahresabschluss ist klar und übersichtlich darzustellen.

  - **Relevance** — **Relevanz (Relevance)**
    Das heißt: Nur die wichtigen Posten sollen ausgewiesen werden.

  - **Comparability / Consistency** — **Vergleichbarkeit (Comparability)** durch **Stetigkeit der Bewertung (Consistency)**
    Das heißt: Die Bewertungsmethoden sollen nicht gewechselt werden.

  - **Reliability** — **Zuverlässigkeit (Reliability)**
    Das heißt: Die Vorschriften sollen objektiv und willkürfrei eingehalten werden. Unsicherheiten sollen mit maßvoller Vorsicht eingeschätzt werden. Alle wesentlichen Posten sollen vollständig dargestellt werden.

  - **Faithful Presentation** — **Vollständige Information (Faithful Presentation)**
    Das heißt: Die Informationen sollen eine vollständige Einschätzung der Lage des Unternehmens ermöglichen.

  - **Accrual Basis** — **Periodengerechte Gewinnermittlung (Accrual Basis)**
    Das heißt: Die Erfolge sollen dem Zeitraum ihrer Entstehung zugerechnet werden.

Beispiel

für die Bedeutung des Grundsatzes der Stetigkeit

Die Allgemeine Bank AG steht vor der Entscheidung, 8 % der Anteile des Unternehmens XELAG (X) oder YOTAG (Y) zu erwerben. Bei etwa gleichem Kapitaleinsatz orientiert sie sich an den Jahresüberschüssen, welche die Unternehmen in den letzten drei Jahren erzielt haben.

Zeitraum	Unternehmen X Stetige Bewertung	Unternehmen Y Unstetige Bewertung	Unternehmen Y Stetige Bewertung
Periode 1	JÜ 300.000,00	JÜ 180.000,00	JÜ 390.000,00
Periode 2	JÜ 300.000,00	JÜ 300.000,00	JÜ 300.000,00
Periode 3	JÜ 300.000,00	JÜ 420.000,00	JÜ 210.000,00

Die Übersicht zeigt, dass beide Unternehmen unabhängig von der Bewertung durchschnittlich einen Jahresüberschuss (JÜ) in Höhe von 300.000,00 EUR erwirtschaftet haben.

Wenn die Allgemeine Bank AG ihre Anlageentscheidung aufgrund der unstetigen Bewertung der Yotag trifft, wird sie sich an diesem Unternehmen beteiligen und damit eine Fehlentscheidung treffen.

Wenn die Allgemeine Bank AG ihre Anlageentscheidung aufgrund der stetigen Bewertung der YOTAG trifft, wird sie sich an der XETAG beteiligen.

Zusammenfassung

Bestandteile des Jahresabschlusses nach IFRS

Ein Jahresabschluss nach IFRS besteht aus folgenden Teilen:

Bestandteile des Jahresabschlusses nach IFRS

Originalbezeichnung	Übersetzung
1. Income Statement	1. Gewinn- und Verlustrechnung
2. Balance Sheet	2. Bilanz
3. Cash Flow Statement	3. Kapitalflussrechnung
4. Statement of Changes in Equity	4. Eigenkapitalveränderungsrechnung
5. Notes including Segment Reporting	5. Anhang mit Segmentberichterstattung

4.2 Bilanz

Die **IFRS** schreiben **kein verbindliches Schema für die Bilanzgliederung** vor. Es werden nur bestimmte Mindestinhalte festgelegt.

Die Darstellung der Informationen zur Vermögenslage **(Fair Presentation)** muss aber eine **systematische Postenanordnung** aufweisen.

Fair Presentation

Die Bilanz nach IFRS unterscheidet sich hinsichtlich des Ausweises

- der **Risikovorsorge** und
- der **Methoden zur Bewertung der Handelsaktiva und Handelspassiva**

Risikovorsorge

Handelsaktiva
Handelspassiva

grundlegend von der nach HGB.

Weitere Unterschiede gibt es bei der Behandlung

- der immateriellen Vermögenswerte,
- der Rückstellungen und
- des Eigenkapitals.

Beispiel

Allgemeine Bank AG Konzernbilanz nach IFRS			
Aktiva	1.1. – 31.12.16 Mio. EUR	1.1. – 31.12.15 Mio. EUR	Veränderung in %
Barreserve	6.320	7.070	– 10,61
Forderungen an Kreditinstitute	48.910	51.350	– 4,75
Forderungen an Kunden	145.200	160.700	– 9,65
Risikovorsorge	– 6.540	– 6.340	3,15
Handelsaktiva	78.930	98.750	– 20,07
Finanzanlagen	85.400	82.100	4,02
Immaterielle Anlagewerte	1.010	1.310	– 22,90
Sachanlagen	2.340	2.760	– 15,22
Sonstige Aktiva	2.810	2.150	30,70
Gesamt	**364.380**	**399.850**	**– 8,87**
Passiva	1.1. – 31.12.16 Mio. EUR	1.1. – 31.12.15 Mio. EUR	Veränderung in %
Verbindlichkeiten gegenüber Kreditinstituten	97.750,00	101.500	– 3,69
Verbindlichkeiten gegenüber Kunden	90.100,00	94.700	– 4,86
Verbriefte Verbindlichkeiten	65.720,00	78.900	– 16,70
Handelspassiva	65.400,00	84.900	– 22,97
Rückstellungen	3.740,00	3.630	3,03
Ertragsteuerverpflichtungen	4.380,00	3.720	17,74
Sonstige Passiva	5.290,00	3.100	70,65
Nachrangkapital	8.410,00	9.180	– 8,39
Eigenkapital	11.330,00	10.110	12,07
Gezeichnetes Kapital	1.650,00	1.370	20,44
Kapitalrücklage	4.670,00	6.210	– 24,80
Gewinnrücklagen	4.120,00	3.240	27,16
Neubewertungsrücklage	1.550,00	– 770	
Bewertungsergebnis aus Cash-flow-Hedges	200,00	0	
Konzernverlust/-gewinn	70,00	60	16,67
Gesamt	**364.380**	**399.850**	**– 8,87**

4.2 Bilanz

Die Beispielbilanz wird auf der Aktivseite von oben nach unten gemäß **abnehmender Liquidierbarkeit** bzw. **zunehmender Fristigkeit** auf der Passivseite gegliedert.

Die Forderung nach einer **systematischen Postenanordnung** ist erfüllt. Die Gliederung des Vermögens auf der Aktivseite korrespondiert mit der Gliederung der Finanzierung auf der Passivseite.

Aktiva	(mögliches) Bilanzschema nach IFRS		Passiva
Umlaufvermögen	Current Assets	**Fremdkapital**	Liabilities
Anlagevermögen	Non Current Assets	**Eigenkapital**	Equity

Current Assets
Liabilities
Non Current Assets
Equity

- **Risikovorsorge**

Die **Risikovorsorge** bezieht sich **nur auf Forderungen** an Kreditinstitute und Kunden. Sie besteht aus Einzelwertberichtigungen, Länderwertberichtigungen und unversteuerten Pauschalwertberichtigungen. Versteuerte Pauschalwertberichtigungen nach § 340 f HGB sind nicht erlaubt.

Risikovorsorge

Im Gegensatz zur HGB-Bilanz ist die **Risikovorsorge** in der IFRS-Bilanz **offen** auf der Aktivseite als Negativbetrag zu den mit Bruttobeträgen bilanzierten Forderungen **auszuweisen**.

Darüber hinaus muss **die Entwicklung der Risikovorsorge im Anhang** (Notes) detailliert dargestellt werden.

Notes

Beispiel

Allgemeine Bank AG

Ausweis der Risikovorsorge nach IFRS (in Mio. EUR)

	Ausfallrisiken	Länderrisiken	Latente Risiken	Summe
Stand zum 01.01.2016	3.400	1.710	1.230	6.340
Zugänge zulasten GuV gebildete Vorsorge	390	80	90	560
Abgänge zweckbestimme Verwendungen	– 110	– 20	– 50	– 180
zugunsten GuV aufgelöste Vorsorge	– 200	– 15	– 10	–225
Effekte aus Wechselkursveränderungen	30	10	5	45
Stand zum 31.12.2005	3.510	1.765	1.265	6.540

Die Veröffentlichung der Risikovorsorge lässt keine eindeutigen Rückschlüsse auf die Qualität der wertberichtigten Kredite zu. Es bleiben auch bei der Bewertung nach IFRS Ermessensentscheidungen. Sie bieten Gestaltungsspielräume für den Ausweis des Jahresüberschusses.

Der Bilanzleser kann Rückschlüsse auf eine risikobewusste Vorsorgepolitik nur aus einem mehrjährigen Vergleich in den Notes ziehen. Aus der Zusammenschau von Bilanzausweis und Notes kann er im Gegensatz zur HGB-Bilanz erkennen, in welcher Höhe eine Risikovorsorge gebildet wurde und wie hoch die Nettozuführung in der Gewinn- und Verlustrechnung ist, da es keine Vermischung zwischen Aufwendungen und Erträgen aus Wertpapieren gibt.

Nettoaufwand Der **Nettoaufwand (380 Mio. EUR)** bei der Allgemeine Bank AG setzt sich zusammen aus:

- dem Aufwand aus der Bildung von Wertberichtigungen (560 Mio. EUR)
- dem Aufwand aus Wechselkursveränderungen und dem (45 Mio. EUR)
- Ertrag aus der Auflösung von Wertberichtigungen (225 Mio. EUR)

Handelsaktiva und Handelspassiva

Handelsaktiva sind alle finanziellen Vermögenswerte, die zu Handelszwecken gehalten werden.

Dazu zählen

Trading Securities
- originäre Finanzinstrumente, nämlich verzinsliche Wertpapiere, Aktien und Schuldscheindarlehen (Trading Securities),
- derivative Finanzinstrumente mit positivem Marktwert sowie
- Edelmetalle.

Handelspassiva sind alle finanziellen Verbindlichkeiten, die zu Handelszwecken gehalten werden.

Dazu zählen

- Lieferverpflichtungen aus Wertpapierverkäufen,
- derivative Finanzinstrumente mit negativem Marktwert.

Derivative Finanzinstrumente sind zu bilanzieren als

- **Handelsaktiva oder Handelspassiva,**
  wenn sie zum Handel bestimmt sind.
- **Positive oder Negative Marktwerte aus derivativen Sicherungsinstrumenten,**
  wenn sie zur Absicherung eingesetzt sind.

Beispiel

Zu Trading Securities

Am 30.06.2016 kauft die Allgemeine Bank AG von einer Korrespondenzbank 1 Mio. Stück Auto-Aktien zu 50,00 EUR/St. zu Handelszwecken. Am 31.12. 2016 ist der Börsenkurs der Auto-Aktien auf 60,00 EUR/St gestiegen.

Grundbuch				
Datum	Konten		EUR-Beträge	
	Soll	Haben	Soll	Haben
30.06.16	Eigene Wertpapiere (Trading Securities)		50.000.000,00	
		BBK		50.000.000,00
31.12.16	Eigene Wertpapiere (Trading Securities)		10.000.000,00	
		Kursgew. aus Wertpap. (Trading Securities)		10.000.000,00

Handelsaktiva und Handelspassiva werden zu jedem Bilanzstichtag zum Marktwert (Fair Value) bewertet.

Die IFRS geben folgende Definition für den Fair Value:

»Fair value is the amount for which an asset could be exchanged, or a liability settled, between knowledgeable, willing parties in an arm's length transaction.«

Der Marktwert (Fair Value) ist der Betrag, zu dem Finanzinstrumente am Bilanzstichtag zu fairen Bedingungen verkauft oder gekauft werden können.

Fair Value

Hier zeigt sich der grundsätzliche Unterschied in der Bilanzauffassung zwischen deutschem Handelsrecht und IFRS:

Prinzipien für den Ausweis nicht realisierter Gewinne oder Verluste

Nach **HGB** sind aus Handelsgeschäften nicht realisiere Verluste als Kursverluste auszuweisen, nicht realisierte Gewinne nicht auszuweisen, Handelsbestände sind zum Niederstwert zu bilanzieren.	Nach **IFRS** sind aus Handelsgeschäften nicht realisierte Verluste genauso wie nicht realisierte Gewinne im Handelsergebnis auszuweisen. Handelsbestände sind zum Marktwert (Fair Value) zu bilanzieren.
⬇	⬇
Imparitätsprinzip	**Paritätsprinzip**

Handelsergebnis

Imparitätsprinzip, Paritätsprinzip

> Zins- und Dividendenerträge aus Handelsbeständen sind ebenfalls im Handelsergebnis zu erfassen.

• Finanzanlagen

Finanzanlagen umfassen den Bestand an Beteiligungen und den Wertpapieren, die Anlagezwecken dienen.

Der **Beteiligungs- und Wertpapierbestand** ist in folgende zwei Gruppen einzuteilen:

- **Available-for-Sale Securities**
  (Beteiligungen und Wertpapiere, die für unbestimmte Zeit zum Verkauf verfügbar sind.)

Available-for-Sale Securities

- **Held-to-Maturity Securities**
  (Beteiligungen und Wertpapiere, die bis zur Fälligkeit gehalten werden)

Held-to-Maturity Securities

Beispiel

Zu Available-for-Sale Securities

Am 30.10.2016 kauft die Allgemeine Bank AG von einer Korrespondenzbank 2 Mio. Stück Versicherungsaktien zu 20,00 EUR/St. zu Anlagezwecken für unbestimmte Zeit.

Am 31.12.2016 ist der Börsenkurs der Versicherungsaktien auf 30,00 EUR/Stück gestiegen.

Am 31.03.2018 verkauft die Allgemeine Bank AG an eine Korrespondenzbank 2 Mio. Stück Versicherungsaktien zu 27,00 EUR/St.

Grundbuch				
Datum	Konten		EUR-Beträge	
	Soll	Haben	Soll	Haben
31.10.16	Eigene Wertpapiere (Available-for-Sale Securities)	BBK	40.000.000,00	40.000.000,00
31.12.16	Eigene Wertpapiere (Available-for-Sale Securities)	Neubewertungsrücklage	20.000.000,00	20.000.000,00
31.12.16	SBK	Eigene Wertpapiere (Available-for-Sale Securities)	60.000.000,00	60.000.000,00
31.12.16	Neubewertungsrücklage	SBK	20.000.000,00	20.000.000,00
31.03.18	BKK Neubewertungsrücklage	Eigene Wertpapiere (Available-for-Sale Securities) Kursgewinne aus Wertpapieren (Available-for-Sale Securities)	54.000.000,00 20.000.000,00	60.000.000,00 14.000.000,00

Auch die zum **Beteiligungs- und Wertpapierbestand (Anlagevermögen: Available-for-Sale Securities)** zählenden Wertpapiere und Beteiligungen sind zum Marktwert (Fair Value) zu bewerten.

Neubewertungsrücklage

Im Unterschied zu den Handelsaktiva können Bewertungsergebnisse aus **diesen Anlagen erfolgsunwirksam innerhalb des Eigenkapitals** in die **Neubewertungsrücklage** eingestellt werden. Hierfür liegt ein einmaliges Wahlrecht vor. Die Folgebewertung ist dann entsprechend dem Grundsatz der Bewertungsstetigkeit durchzuführen.

Je nach Ausnutzung des Wahlrechts entsteht

- eine positive Neubewertungsrücklagen oder
- eine negative Neubewertungsrücklagen oder
- eine sofortige Erfolgswirkung.

Wählt der Bilanzierende die erfolgsunwirksame Erfassung von Wertveränderungen durch Bildung einer Neubewertungsrücklage, findet erst beim Verkauf die erfolgswirksame Realisierung von Gewinnen oder Verlusten statt.

Impairment

Bestehen Hinweise für eine **dauerhafte Wertminderungen** (Impairment) von Bestandteilen des Beteiligungs- und Wertpapierbestandes (z.B. mehr als 20 % Wertverlust), so ist eine **außerplanmäßige Abschreibung** nach vorheriger Auflösung der jeweiligen Rücklage durchzuführen.

Eine erforderliche Abschreibung kann in der Gewinn- und Verlustrechnung als »**Aufwendungen aus Sonderfaktoren**« (vgl. 4.8.3 Gewinn- und Verlustrechnung) ausgewiesen werden, wenn sie von erheblichem Umfang ist.

Held-to-Maturity Securities

Die Held-to-Maturity Securities sind wie alle anderen Wertpapiere bei Erwerb mit ihren Anschaffungskosten zu bewerten. Die Folgebewertung ist zu **fortgeführten Anschaffungskosten (Amortised Costs)** vorzunehmen. Diese ergeben sich z.B. bei Zero Bonds durch erfolgswirksame Zinszuschreibung.

Amortised Costs

Wertminderungen sind durch **außerplanmäßige Abschreibungen** zu erfassen. Fällt der Abschreibungsgrund später weg, ist eine **Zuschreibung** bis maximal zu den fortgeführten Anschaffungskosten durchzuführen.

Gliederung der Bestände an eigenen Wertpapieren nach IFRS		
Handelsaktiva	Beteiligungs- und Wertpapierbestand	
Trading Securities	Available-for-Sale Securities	Held-to-Maturity Securities

Immaterielle Anlagewerte (Intangible Assets)

Intangible Assets Immaterielle Anlagewerte

In der Bilanzposition »**Immaterielle Anlagewerte**« werden Firmenwerte (Goodwill), Patente und Lizenzen ausgewiesen, wenn sie entgeltlich erworben sind.

Im Gegensatz zur HGB-Bilanz ist für die IFRS-Bilanz ein Goodwill nicht mehr planmäßig abzuschreiben, sondern nur außerplanmäßig, wenn ein »**Impairment Test**« (Untersuchung der Werthaltigkeit) dies notwendig macht.

Intangible Assets Impairment Test

Im Gegensatz zum deutschen Handelsrecht lassen IFRS-Vorschriften auch die Bilanzierung selbsterstellter Software zu.

Rückstellungen

Rückstellungen Provisions

Die Bilanzposition »Rückstellungen« (Provisions) enthält

- Rückstellungen für Pensionen und
- Sonstige Rückstellungen vor allem für Kreditrisiken und Restrukturierungsmaßnahmen.

Die im HGB noch möglichen Aufwandsrückstellungen; z.B. für Instandsetzungen; sind nach IFRS nicht zulässig. Es sind dagegen nur solche Verpflichtungen zu berücksichtigen, die gegenüber Dritten bestehen (Außenverpflichtung).

Kriterien für Rückstellungen:

▶ **Vergangenheitsbezug**
   Die Verpflichtung stammt aus einem vergangenen Ereignis.

▶ **Unentziehbarkeit**
   Es liegen rechtliche oder faktische Gründe vor.

▶ **Wahrscheinlichkeit**
   Die Verpflichtung tritt mit mehr als 50%-iger Wahrscheinlichkeit ein.

▶ **Schätzbarkeit**
   Es ist eine wertmäßige Bestimmung möglich.

Liegen regelmäßig wiederkehrende Verpflichtungen vor, werden diese nicht als sonstige Rückstellungen, sondern als **sonstige Verbindlichkeiten (Accruals)** bilanziert.

Sonstige Verbindlichkeiten Accruals

Beispiel

Die Allgemeine Bank AG hat am 31.12.2016 folgende Sachverhalte zu beurteilen:

a) Für eine gemietete Anlage ist eine Reparatur notwendig geworden, die vom Mieter zu tragen ist. Die Reparaturkosten werden mit 80%-iger Wahrscheinlichkeit 8.000,00 EUR betragen.

b) Eine im Sachvermögen befindliche Tresoranlage muss repariert werden, geschätzte Kosten 3.000,00 EUR.

c) Für die gesetzliche Prüfung des Jahresabschlusses wird wie in den Vorjahren mit einem Aufwand in Höhe von 12.000,00 EUR gerechnet.

zu a) Die Kriterien für eine Rückstellung liegen vor. Die Verpflichtung besteht aus dem Mietvertrag gegenüber einem Dritten, sie ist unentziehbar, sehr wahrscheinlich und bestimmbar.

zu b) Es liegt keine Rückstellung vor, da es sich um die Instandhaltung eigener Vermögenswerte (Aufwandsrückstellung) handelt.

zu c) Es liegen zwar auch die Bedingungen für eine Verbindlichkeitsrückstellung vor, da es sich aber um eine regelmäßig wiederkehrende Verpflichtung handelt erfolgt der Ausweis unter »sonstige Verbindlichkeiten«.

- **Bestandteile des Eigenkapitals**

In der IFRS-Bilanz auszuweisen sind außer »Gezeichnetes Kapital«, »Kapitalrücklage«, »Gewinnrücklagen« und »Konzernverlust/-gewinn«:

- »**Neubewertungsrücklage**« und

- »**Bewertungsergebnis aus Cash-flow Hedges**«
  (= Bewertungsergebnis aus Instrumenten zur Absicherung künftiger Zahlungsströme).

Beispiel

eines Cash-flow Hedges

Cash-flow Hedge

Die Allgemeine Bank AG erwirbt eine Beteiligung an einer US-Supermarktkette. Der in einem Jahr zu zahlende Kaufpreis wird von der Allgemeinen Bank durch einen USD-Future abgesichert. Zwischen Beteiligungserwerb (Grundgeschäft) und Terminkauf (Sicherungsgeschäft) ist ein direkter Zusammenhang gegeben.
Stellen sich beim Sicherungsgeschäft Wertveränderungen ein, so werden diese erfolgsneutral ins Eigenkapital eingestellt.

Hedge Accounting

Die Absicherung von Risiken aus Nichthandelsgeschäften kann zur **Bilanzierung von Sicherungszusammenhängen** (Hedge Accounting) führen, wenn bestimmte Bedingungen erfüllt sind:

- klar bestimmbare Risiken, die abgesichert werden sollen,
- Nachweis, dass die Absicherung wirksam ist,
- klare Zuordnung des Sicherungsinstruments zum abgesicherten Risiko.

Handelt es sich beim Absicherungsgeschäft um die **Absicherung künftiger Zahlungsströme** und nicht um die **Absicherung des Marktwertes bestehender Aktiva oder Passiva,** erfolgt die Bilanzierung ähnlich der Neubewertungsrücklage erfolgsunwirksam als Eigenkapitalposition.

4.3 Gewinn- und Verlustrechnung

Die **Gewinn- und Verlustrechnung nach IFRS** entspricht im Wesentlichen der nach HGB.

Als Besonderheit weist sie ein

- Ergebnis der gewöhnlichen Geschäftstätigkeit **vor** Aufwendungen aus Sonderfaktoren und Restrukturierungsaufwendungen

und ein

- Ergebnis der gewöhnlichen Geschäftstätigkeit **nach** Aufwendungen aus Sonderfaktoren und Restrukturierungsaufwendungen

aus.

Nach Berücksichtigung der Steuern vom Einkommen und vom Ertrag ergibt sich dann ein Jahresüberschuss- oder Jahresfehlbetrag.

Aufwendungen aus Sonderfaktoren sind Wertkorrekturen, die durch Wertminderungen von Wertpapieren und Industriebeteiligungen notwendig geworden sind; sie entsprechen im HGB den Abschreibungen auf Wertpapieren.

Nachdem sich die Erwartung einer Werterholung nach der Baisse Anfang der Jahrtausendwende nicht erfüllt hatte, sah sich die Allgemeine Bank AG veranlasst, Wertkorrekturen in der Größenordnung von ca. 2,3 Mrd. EUR auf wesentliche Teile ihres Portfolios an Finanzanlagen und Industriebeteiligungen vorzunehmen.

Da diese Wertkorrekturen nicht durch einen Überschuss der Zins- und Provisionserträge sowie des Handelsergebnisses über die Verwaltungsaufwendungen und Abschreibungen kompensiert werden konnten, ergab sich ein Jahresfehlbetrag von ca. 2,3 Mrd. EUR, der durch Entnahme aus der Kapitalrücklage ausgeglichen wird.

(Aus dem Geschäftsbericht der Allgemeine Bank AG)

Hier zeigt sich deutlich der Unterschied in den Auffassungen, was der Abschluss leisten soll:

Während es nach den Vorschriften für den **HGB-Abschluss** möglich ist, Wertminderungen »**still**«, nämlich durch die Auflösung stiller Reserven auszugleichen, um das Vertrauen in das abschließende Kreditinstitut nicht in Frage zu stellen, fordert der **IFRS-Abschluss die Offenlegung von Wertminderungen** beim Anlagevermögen.

HGB-Abschluss

Möglichkeit, durch Auflösung stiller Reserven, eingetretetene Wertminderung beim Anlagevermögen auszugleichen.

IFRS-Abschluss

Offenlegung von Wertminderung beim Anlagevermögen, keine Bildung von »stillen Reserven«.

Restrukturierungsaufwendungen sind z.B. Aufwendungen für den Stellenabbau bei der Durchführung von Rationalisierungsmaßnahmen zur Kostensenkung.

Beispiel

Allgemeine Bank AG Gewinn- und Verlustrechnung nach IFRS			
Erfolgsrechnung	1.1. – 31.12.16 Mio. EUR	1.1. – 31.12.15 Mio. EUR	Veränderung in %
Zinserträge	11.767	18.032	– 34,7
Zinsaufwendungen	8.991	14.899	– 39,7
Zinsüberschuss	2.776	3.133	– 11,4
Risikovorsorge im Kreditgeschäft	– 1.084	– 1.321	– 17,9
Zinsüberschuss nach Risikovorsorge	1.692	1.812	– 6,6
Provisionserträge	2.505	2.416	3,7
Provisionsaufwendungen	369	296	24,7
Provisionsüberschuss	2.136	2.120	0,8
Ergebnis aus Sicherungszusammenhängen (Hedge Accounting)	40	– 56	
Handelsergebnis	737	544	35,5
Ergebnis aus Beteiligungs- und Wertpapierbestand (Available-for-Sale)	291	– 11	
Verwaltungsaufwendungen	4.511	5.155	– 12,5
Sonstiges betriebliches Ergebnis	174	938	– 81,4
Operatives Ergebnis	**559**	**192**	
Planmäßige Abschreibungen auf Geschäfts- oder Firmenwerte	110	108	1,9
Ergebnis der gewöhnlichen Geschäftstätigkeit vor Aufwendungen aus Sonderfaktoren und Restrukturierungsaufwendungen	**449**	**84**	
Aufwendungen aus Sonderfaktoren	2.325	247	
Restrukturierungsaufwendungen	104	209	– 50,2
Ergebnis der gewöhnlichen Geschäftstätigkeit nach Aufwendungen aus Sonderfaktoren und Restrukturierungsaufwendungen	**– 1.980**	**– 372**	
Außerordentliches Ergebnis	–	–	
Ergebnis vor Steuern	**– 1.980**	**– 372**	
Steuern vom Einkommen und vom Ertrag	249	– 103	
Ergebnis nach Steuern	**– 2.229**	**– 269**	
Konzernfremden Gesellschaftern zustehende Gewinne/Verluste	– 91	– 29	
Jahresfehlbetrag	**– 2.320**	**– 298**	

4.3 Gewinn- und Verlustrechnung

Zusammenfassung

Charakteristika des IFRS-Abschlusses

Forderungen

Offener Ausweis aller Wertberichtigungen in der Bilanzposition

Risikovorsorge

Handelsaktiva/Handelspassiva

Bewertung nach Marktwert **(FAIR VALUE)**.

Erfolgswirksamer Ausweis von Bewertungsdifferenzen in der Position

»**Handelsergebnis**« in der GuV-Rechnung

Beteiligungs- und Wertpapierbestand (Available-for-Sale Securities)
Bewertung nach Marktwert (Fair Value)
Ausweis von Bewertungsdifferenzen beim ...

... Verkauf

Ein Verlust ist **zuerst** zu Lasten der positiven Neubewertungsrücklage, **dann** als Abschreibung zu buchen.

Ein Gewinn ist **zuerst** zu Gunsten der negativen Neubewertungsrücklage, **dann** zu Gunsten von Kursgewinnen zu buchen.

... Abschluss

Einmaliges Wahlrecht:

Werterhöhungen sind zu Gunsten der positiven Neubewertungsrücklage zu buchen.

Wertminderungen sind zu Lasten der negativen Neubewertungsrücklage zu buchen:
erfolgsunwirksam
oder
sofort erfolgswirksam

Voraussichtliche dauerhafte Wertminderungen

sind **zuerst** zu Lasten der Neubewertungsrücklage

und **dann** als »Aufwendungen aus Sonderfaktoren« erfolgswirksam zu buchen.

Aufgaben zu Kapitel 4

Führen Sie die Buchungen und vorbereitenden Abschlussbuchungen für folgende Fälle ① und ② durch.

① a) Am 31.05.2016 kauft die Handelsbank von einer Korrespondenzbank 1 Mio. Stück Solarag-Aktien zu 70,00 EUR/ST. zu Handelszwecken.

b) Am 31.12.2016 ist der Börsenkurs der Solarag-Aktien auf 60,00 EUR/St. gefallen.

c) Am 31.12.2017 ist der Börsenkurs der Solarag-Aktien auf 100,00 EUR/St. gestiegen.

d) Am 30.06.2018 verkauft die Handelsbank die Solarag-Aktien zu 80,00 EUR/St. an eine Korrespondenzbank.

② Am 28.02.2016 kauft die Bürgerbank von einer Korrespondenzbank 3 Mio. Stück Erdgasag-Aktien zu 40,00 EUR/St. zu Anlagezwecken.

a) Am 31.12.2016 ist der Börsenkurs der Erdgasag-Aktien auf 50,00 EUR/St. gestiegen.

b) Am 31.12.2017 ist der Börsenkurs der Erdgasag-Aktien auf 20,00 EUR/St. gefallen. Wegen zunehmender Erschöpfung eines der Erdgasvorkommen, das der Erdgasag gehört, und Zweifeln an Möglichkeiten zur Ersatzbeschaffung wird die Wertminderung als dauerhaft angesehen.

c) Am 31.12.2019 ist ein weiteres Erdgasvorkommen der Erdgasag ersatzlos erschöpft. Die Erdgasag wird insolvent. Die Börsennotierung wird eingestellt.

③ Am 31.12.2016 bildet die Gewerbebank für Forderungen an Kunden in Höhe von 150 Mio. EUR Einzel- und Pauschalwertberichtigungen in Höhe von Wertberichtigungen 5 Mio. EUR.
Wie ist zu bilanzieren?

5 Kosten- und Erlösrechnung

5.1 Grundbegriffe

5.1.1 Werteverzehr und Werteschöpfung

Beispiel

Die Deutsche Bank AG gewährt der DaimlerChrysler AG einen Betriebsmittelkredit in Höhe von 100 Mio. EUR zu 8%.

Die Kreditgewährung ist eine **Marktleistung** der Deutschen Bank AG. Die Zinsen, die sie für diese Marktleistung erhält, sind **Erlöse.** Für diese Marktleistung müssen **innerbetriebliche Leistungen** erbracht werden, wie z.B. die Kreditwürdigkeitsprüfung, die Verbuchung des Kredits, die Kreditüberwachung usw. Durch diese innerbetrieblichen Leistungen entstehen ebenso wie durch die Beschaffung der Mittel, die ausgeliehen werden, **Kosten.** In der Finanzbuchhaltung (externe Rechnungslegung) werden für diese Vorgänge die Begriffe **Aufwendungen und Erträge** verwendet; die Kosten- und Erlösrechnung als interne Rechnungslegung verwendet die Begriffe **Kosten und Erlöse,** die ausschließlich die rein betriebliche Leistung betreffen.

_{Erlöse}

_{Kosten}

Der Prozess, durch den in Kreditinstituten **Werte** in Gestalt von **Produktionsfaktoren,** das heißt in Gestalt von Arbeit, produzierten Produktionsmitteln und Umweltgütern, **verzehrt** werden, damit neue **Werte** in Gestalt von Produkten, das heißt hier Bankleistungen, **entstehen** können, unterscheidet sich grundsätzlich nicht von dem Produktionsprozess in den Unternehmen anderer Wirtschaftszweige. Geld allerdings wird von den Kreditinstituten nicht nur als Zahlungsmittel, sondern auch als Produktionsfaktor angesehen.

_{Produktionsfaktoren}

Die Produktionsfaktoren werden auf den **Beschaffungsmärkten** gekauft, sofern sie nicht Umweltgüter sind, die unentgeltlich genutzt werden können. Die Produkte werden auf den **Absatzmärkten** verkauft. Werteverzehr und Werteschöpfung werden in Preisen bemessen. Preise entstehen durch das Aufeinanderwirken von Angebot und Nachfrage, das heißt, durch den Marktmechanismus. Die Unternehmen streben einerseits danach, den Werteverzehr durch billigen Einkauf und rationellen Einsatz der Produktionsfaktoren so niedrig wie möglich zu halten. Sie streben andererseits danach, ihre Produkte so teuer wie möglich zu verkaufen. Das Ergebnis aus Werteverzehr und Werteschöpfung muss auf die Dauer positiv sein.

_{Beschaffungsmärkte}

_{Absatzmärkte}

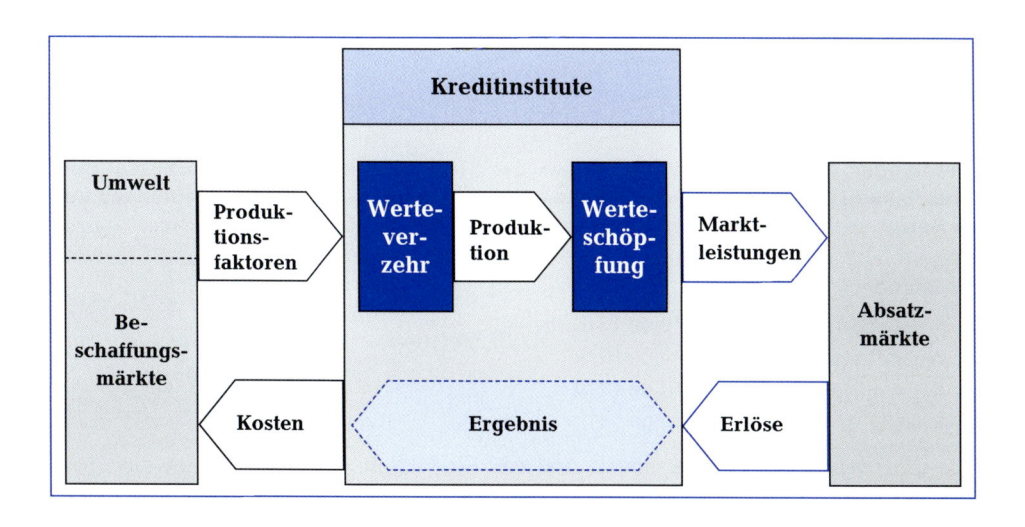

5.1.2 Auszahlungen, Ausgaben, Aufwendungen und Kosten

Auszahlungen, Ausgaben, Aufwendungen und Kosten, Stromgrößen

> Auszahlungen, Ausgaben, Aufwendungen und Kosten sind »Stromgrößen«, die »Bestandsgrößen« vermindern.

- **Auszahlungen** vermindern die Barreserve.
- **Ausgaben** vermindern das Geldvermögen
 (Geldvermögen = Barreserve + Forderungen – Verbindlichkeiten).
- **Aufwendungen** sind unternehmensbedingter Werteverzehr und vermindern daher über das Gesamtergebnis das Eigenkapital.
- **Kosten** sind betriebsbedingter Werteverzehr.

Diese Begriffe können inhaltsgleich oder inhaltsverschieden sein.

- **Neutrale Aufwendungen** sind Aufwendungen, denen keine Kosten gegenüberstehen. Dabei kann es sich um
  - betriebsfremde,
  - periodenfremde,
  - außerordentliche oder
  - bewertungsbedingte

  Aufwendungen handeln.

Außerordentliche Aufwendungen entstanden z. B. bei der Umstellung auf den Euro.

- **Zweckaufwendungen** sind Aufwendungen, denen Kosten als **Grundkosten** in gleicher Höhe gegenüberstehen.
- **Zusatzkosten** sind Kosten, denen keine Aufwendungen gegenüberstehen.
- **Anderskosten** sind Kosten, denen höhere oder niedrigere Aufwendungen gegenüberstehen.
- **Kalkulatorische Kosten** sind Kosten, die betriebsbedingten Werteverzehr unabhängig von handels- oder steuerrechtlichen Vorschriften oder bilanz- oder steuerpolitischen Zwecksetzungen erfassen. Dabei kann es sich um
  - kalkulatorische Abschreibungen,
  - kalkulatorische Miete,
  - kalkulatorische Eigenkapitalverzinsung oder
  - kalkulatorische Risikokosten

  handeln.

Beispiel 1

Der Wagen des Vorstandsvorsitzenden der Merkurbank wurde gegen Barzahlung von 70,00 EUR mit Benzin betankt, das anschließend auf einer Fahrt zu einer Sitzung in Berlin verbraucht wurde.

Wie verhielten sich »Auszahlungen«, »Ausgaben«, »Aufwendungen« und »Kosten« zueinander?

- Auszahlungen: 70,00 EUR
- Ausgaben: 70,00 EUR
- Aufwendungen: 70,00 EUR
- Kosten: 70,00 EUR

Die Barreserve, das Geldvermögen und das Eigenkapital nahmen um jeweils 70,00 EUR ab. In Höhe von 70,00 EUR entstand betriebsbedingter Werteverzehr.

Beispiel 2

Die Commerzbank AG kaufte im Jahr 2000 eine EDV-Anlage für 1 Mio. EUR. 90% dieser Kaufsumme waren am 30.06. 2000 zu bezahlen, der Rest nach 12 Monaten unter der Bedingung, dass die Anlage in dieser Zeit mängelfrei funktionierte.

Die Anlage wurde am 31.12 2000 bilanziell mit 20% und kalkulatorisch mit 10% linear vom Anschaffungswert abgeschrieben.

Wie verhielten sich »Auszahlungen«, »Ausgaben«, »Aufwendungen« und »Kosten« zueinander?

- Auszahlungen: 0,9 Mio. EUR
- Ausgabe: 1,0 Mio. EUR
- Aufwendungen: 0,2 Mio. EUR
- Kosten: 0,1 Mio. EUR

Die Barreserve nahm um 0,9 Mio. EUR ab, das Geldvermögen wegen der außerdem entstandenen Verbindlichkeit in Höhe von 0,1 Mio. EUR um insgesamt 1,0 Mio. EUR.

In Höhe von 0,1 Mio. EUR sind neutrale Aufwendungen entstanden. Die kalkulatorischen Kosten sind Anderskosten, weil sie nur zum Teil den Aufwendungen entsprechen.

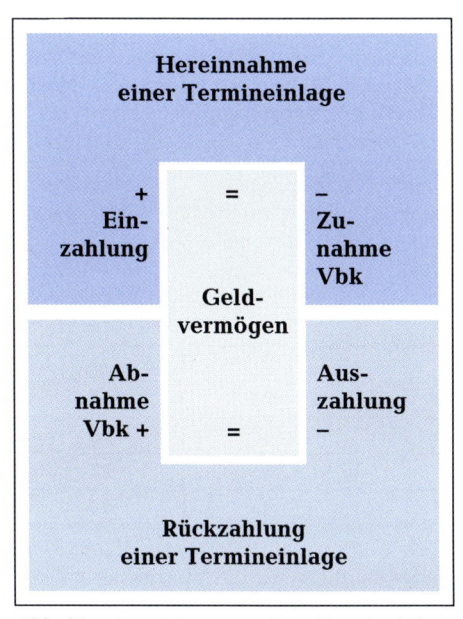

Abb. 26a: Auswirkungen einer Termineinlage auf das Geldvermögen

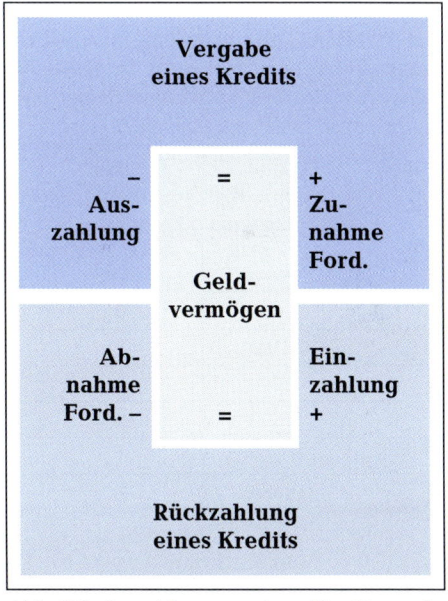

Abb. 26b: Auswirkungen einer Kreditvergabe auf das Geldvermögen

Beispiel 3

Die Verwaltung der Europäischen Industrie- und Handelsbank AG will wissen, wie hoch ihre Eigenkapitalkosten in Prozent sind, die sie in ihre Kreditzinssätze einkalkulieren muss.

Kredite mit erstklassiger Bonität müssen gemäß § 2 der Grundsätze über Eigenmittel und Liquidität der Bundesanstalt für Finanzdienstleistungsaufsicht (BAFin) in Verbindung mit § 10, (2) und (2a) KWG mit 4% Eigenkapital unterlegt werden.

Wie hoch müssen die kalkulatorischen EK-Kosten sein, die die Bank in ihre Kreditzinssätze einrechnen muss, wenn sie eine Verzinsung des Eigenkapitals in Höhe von 7% erzielen will?

Bei einer Eigenkapitalunterlegung ihrer Kredite mit 4% muss die Bank Eigenkapitalkosten in Höhe von

$$\frac{4 \cdot 7}{100} = 0{,}28\%$$

als **kalkulatorische Kosten** in ihre Kreditzinssätze einrechnen.

> **Eigenkapital** ist eine knappe und deshalb teure Ressource. Das Entgelt für die Beschaffung von Eigenkapital auf dem Aktienmarkt ist die Dividende, die aus dem Gewinn zu zahlen ist.
> **Die Eigenkapitalkosten sind deshalb kalkulatorische Zusatzkosten, denen kein Aufwand entspricht.**

Anmerkung:
Auf die Darstellung der Problematik, die aus der Berücksichtigung des Ergänzungskapitals bei der Berechnung der Eigenkapitalkosten entsteht, wird hier verzichtet.

Beispiel 4

Die TANNAG, ein mittelständisches Unternehmen der Kosmetikbranche, beantragt einen Betriebsmittelkredit in Höhe von 1,5 Mio. EUR bei der Sparkasse Nordschwarzwald. Der Sparkasse liegen folgende Daten der vergangenen 5 Jahre vor:

Jahr	Risiko-behaftete Forderungen Mio. EUR	Direktabschreibung auf Forderungen Mio. EUR	Verwendete Einzelwertberichtigungen Mio. EUR	Eingänge auf abgeschriebene Forderungen Mio. EUR	Forderungsausfall Mio. EUR
(1)	(2)	(3)	(4)	(5)	(6) = (3) + (4) − (5)
1.	2.000	0	12	2	10
2.	2.300	1	21	0	22
3.	2.900	3	10	2	11
4.	3.500	2	29	1	30
5.	5.300	1	25	3	23
	16.000	7	97	8	96

a) Mit welchem Risikokostensatz für Forderungsausfälle wird die Sparkasse kalkulieren?

Risikokostensatz: $\frac{96 \cdot 100}{16.000} = 0{,}6\%$

b) Im 6. Jahr hatte die Sparkasse risikobehaftete Forderungen in Höhe von 6.000 Mio. EUR. Ihre Forderungsausfälle betrugen 41 Mio. EUR.

Wie verhielten sich Aufwand und Kosten in diesem Jahr zueinander?

Kalkulierte Forderungsausfälle: $\frac{6.000 \cdot 0{,}6}{100}$ = 36 Mio. EUR

Tatsächliche Forderungsausfälle: 41 Mio. EUR

Aufwand − Kosten = Neutraler Aufwand   5 Mio. EUR

Es handelt sich um Anderskosten, da die kalkulatorischen Kosten niedriger sind als die Aufwendungen.

5.1 Grundbegriffe

Kreditinstitute setzen Geld ein, um durch seinen unmittelbaren Einsatz Geld zu verdienen. Industrie- und Handelsunternehmen wollen selbstverständlich auch Geld verdienen. Aber sie gehen dazu einen Umweg, indem sie zunächst Arbeit, produzierte Produktionsmittel und Waren einkaufen, um dann die mit diesen Produktionsfaktoren hergestellten Produkte zu verkaufen.

Im Gegensatz zu ihnen sehen Kreditinstitute Geld nicht als Tausch- und Zahlungsmittel an, sondern selbst als eigenen Produktionsfaktor.

Der Verlust von Geld stellt daher für sie den Verbrauch eines Produktionsfaktors dar, der sich in den **Risikokosten** ausdrückt.

Risikokosten

Die einfachste Methode, um Risikokosten kalkulationsfähig zu machen, besteht darin, für vergangene Perioden das Verhältnis zwischen Forderungsausfällen und dem Volumen der risikobehafteten Forderungen zu berechnen, dem sie als Teilmenge zugehörig sind.

Durch die Anwendung eines Durchschnitts-Risikokostensatzes werden die Risikokosten für Kredite mit niedrigem Ausfallrisiko zu hoch und die mit hohem Ausfallrisiko zu niedrig angesetzt.

Dadurch werden »gute« Kredite zurückgedrängt und »schlechte« angezogen.

Wird nicht gegengesteuert, so muss sich die Bilanz eines Kreditinstitutes systematisch verschlechtern.

Eine Möglichkeit dem entgegenzuwirken, besteht darin, Risikoklassen nach dem »Ratingmuster« zu bilden und für die verschiedenen Risikoklassen verschiedene Kalkulationssätze zu berechnen.

Zusammenfassung

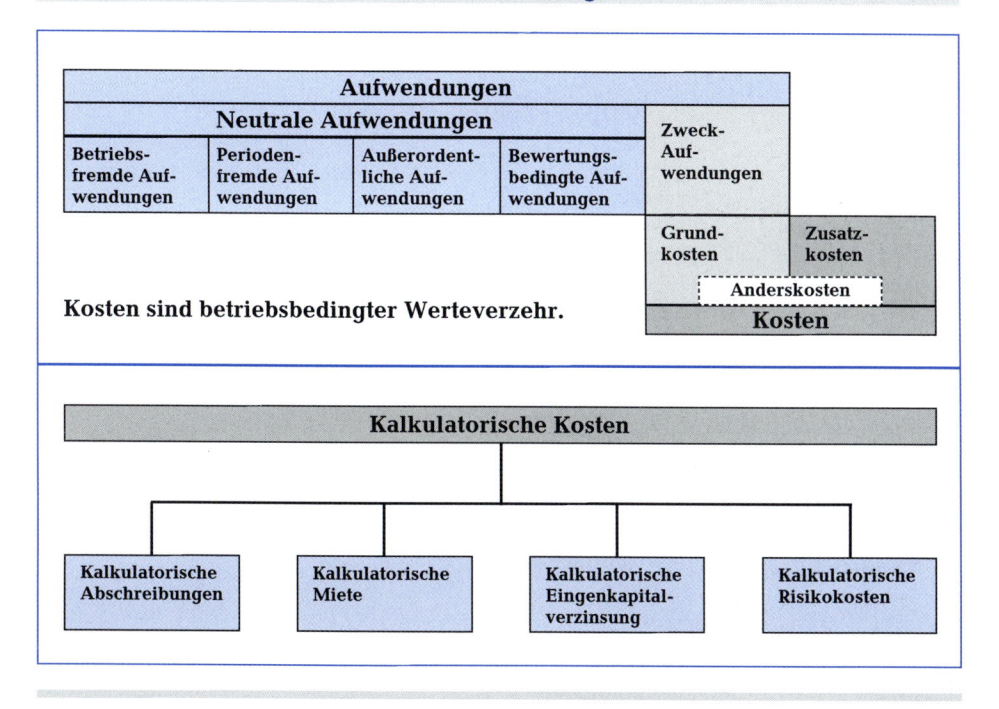

Aufwendungen					
Neutrale Aufwendungen				Zweck-Aufwendungen	
Betriebsfremde Aufwendungen	Periodenfremde Aufwendungen	Außerordentliche Aufwendungen	Bewertungsbedingte Aufwendungen		
				Grundkosten	Zusatzkosten
Kosten sind betriebsbedingter Werteverzehr.				Anderskosten	
				Kosten	

Kalkulatorische Kosten
- Kalkulatorische Abschreibungen
- Kalkulatorische Miete
- Kalkulatorische Eingenkapitalverzinsung
- Kalkulatorische Risikokosten

5.1.3 Einzahlungen, Einnahmen, Erträge, Leistungen und Erlöse

Einzahlungen, Einnahmen, Erträge und Erlöse sind »Stromgrößen«, die »Bestandsgrößen« erhöhen.

Einzahlungen
▸ **Einzahlungen** erhöhen die Barreserve.

Einnahmen, Erträge und Erlöse
▸ **Einnahmen**
erhöhen das Geldvermögen.
(Geldvermögen = Barreserve + Forderungen – Verbindlichkeiten)

▸ **Erträge**
sind unternehmensbedingter Wertezuwachs und erhöhen daher über das Gesamtergebnis das Eigenkapital.

▸ **Leistungen**
sind betriebsbedingter Wertezuwachs.

▸ **Erlöse**
sind Zunahmen des Geldvermögens durch den Verkauf von Leistungen.

In einem Industriebetrieb sind Leistungen

– Umsatzleistungen
  (= Erlöse für verkaufte Erzeugnisse) oder

– Bestandsleistungen
  (= Veränderungen der Bestände an Halb- und Fertigerzeugnissen) oder

– innerbetriebliche Eigenleistungen
  (= selbst erstellte Gebäude und Ausrüstungen).

In einem Kreditinstitut fallen keine Bestandsleistungen und nur in seltenen Fällen innerbetriebliche Eigenleistungen an.

Deshalb spricht man bei Kreditinstituten von einer »Kosten- und Erlösrechnung« und bei Industriebetrieben von einer »Kosten- und Leistungsrechnung«.

Die Begriffe »Einzahlungen«, »Einnahmen«, »Erträge« und »Erlöse« können inhaltsgleich oder inhaltsverschieden sein.

▸ **Neutrale Erträge** sind Erträge, denen keine Erlöse gegenüberstehen. Dabei kann es sich um

– betriebsfremde,
– periodenfremde,
– außerordentliche oder
– bewertungsbedingte

Erträge handeln.

Außerordentliche Erträge entstehen z. B., wenn vor Zahlung des Kaufpreises für ein ausländisches Unternehmen der Kaufpreis in einer Währung zurückgelegt wurde, deren Kurs bis zur Zahlung anstieg.

▸ Zusatzerlöse – analog zu den Zusatzkosten – kommen praktisch nicht vor.

Wie verhalten sich in den folgenden Beispielen »Einzahlungen«, »Einnahmen«, »Erträge« und »Erlöse« zueinander?

Beispiel 1

Die Volksbank Bruchsal eG hat an Frau Beate Bauer ein Schließfach vermietet. Eine Kontoverbindung besteht nicht. Heute zahlt Frau Bauer 95,00 EUR Miete bar an der Kasse ein.

- Einzahlungen: 95,00 EUR
- Einnahmen: 95,00 EUR
- Erträge: 95,00 EUR
- Erlöse: 95,00 EUR

Durch die Bareinzahlung haben die Bestandsgrößen »Barreserve«, »Geldvermögen« und »Eigenkapital« zugenommen. In Höhe von 95,00 EUR ist ein Wertzuwachs entstanden, da der Zunahme des Vermögens keine entsprechende Vermögensabnahme oder Schuldenzunahme gegenüberstand. Diesen Wertzuwachs nennt man in der Kostenrechnung **Erlös** und in der Finanzbuchhaltung **Ertrag**.

Beispiel 2

Die Nordbank AG hatte der Südbank AG über Ultimo 100 Mio. EUR zur Verfügung gestellt. Heute fließt das Geld einschließlich 0,025 Mio. EUR Zinsen auf das BBK-Konto der Nordbank AG zurück.

- Einzahlungen: 100,025 Mio. EUR
- Einnahmen: 0,025 Mio. EUR
- Erträge: 0,025 Mio. EUR
- Erlöse: 0,025 Mio. EUR

Durch die Einzahlung werden die Forderungen in Höhe von 100 Mio. EUR kompensiert, sodass das Geldvermögen nur um die Zinsen zunimmt. In Höhe von 0,025 Mio. EUR ist ein Wertezuwachs erfolgt.

Beispiel 3

Die Volksbank Lahr eG verkauft heute ein bankeigenes Grundstück, das mit 10 Mio. EUR zu Buche steht, für 70 Mio. EUR. Sie erhält einen bestätigten BBK-Scheck über 40 Mio. EUR. Der Rest ist in 12 Monaten fällig.

- Einzahlungen: 40,0 Mio. EUR
- Einnahmen: 70,0 Mio. EUR
- außerordentliche Erträge: 60,0 Mio. EUR
- Erlöse: 0,0 Mio. EUR

Das Geldvermögen nimmt um die Bareinzahlung und die Forderung zu. Es entstehen keine Erlöse, da es sich nicht um einen betriebsbedingten Wertezuwachs handelt. Der nicht betriebsbedingte Wertezuwachs in Höhe von 60,0 Mio. EUR ist neutraler Ertrag.

Zusammenfassung

Erträge				
Neutrale Erträge				**Zweck-erträge**
Betriebsfremde Erträge	Periodenfremde Erträge	Außer-ordentliche Erträge	Bewertungs-bedingte Erträge	
				Grund-leistungen ⇒ Erlöse
Erlöse sind Entgelte für betriebliche Leistungen.				

5.1.4 Betriebsbereich und Wertbereich

Die Kosten und Erlöse eines Kreditinstituts lassen sich **gedanklich** entweder einem Betriebsbereich oder einem Wertbereich zuordnen. In der Praxis ist eine eindeutige Zuordnung nicht immer möglich. So ist z.B. eine Kreditvergabe schon allein wegen ihrer buchungsmäßigen Abwicklung nicht nur mit Kosten und Erlösen des Wertbereiches, sondern auch mit denen des Betriebsbereiches verbunden.

Betriebsbereich
▸ Zum **Betriebsbereich** zählen **Leistungen**
- im inner- und zwischenstaatlichen Zahlungsverkehr,
- der allgemeinen und besonderen Unternehmensberatung, z.B. bei der Beschaffung von Umweltschutztechnik und ihrer Finanzierung durch öffentliche Fördergelder,
- bei der Begleitung von Börsengängen und bei der Beschaffung von Risikokapital,
- bei der Entwicklung von Produkten für Kapitalanleger, insbesondere zur Altersvorsorge,
- bei der Anlageberatung,
- bei der Vermittlung von Wertpapier- und Immobiliengeschäften,
- bei der Verwahrung von Wertpapieren und Wertgegenständen und
- bei der Verwaltung von Wertpapieren und Wertgegenständen.

▸ **Erlöse** für die Leistungen im Betriebsbereich sind Provisionen und Gebühren.

▸ **Kosten** für die Leistungen im Betriebsbereich sind Personal- und Sachkosten sowie Abschreibungen auf Gebäude und Ausrüstungen.

Wertbereich
▸ Zum **Wertbereich** gehören die gesamte Mittelbeschaffung im Passivgeschäft und die gesamte Mittelverwendung im Aktivgeschäft in Form von Kunden- und Eigengeschäften.

▸ **Erlöse** für die Leistungen im Wertbereich sind Zins- und Dividendenerträge sowie Handelsgewinne.

Kosten für die Leistungen im Wertbereich sind gedanklich nur die betriebsbedingten Aufwendungen für Zinsen und Risikoabsicherung. Tatsächlich gehören selbstverständlich auch die für den Betriebsbereich genannten Kosten dazu.

5.1 Grundbegriffe

Zusammenfassung 1

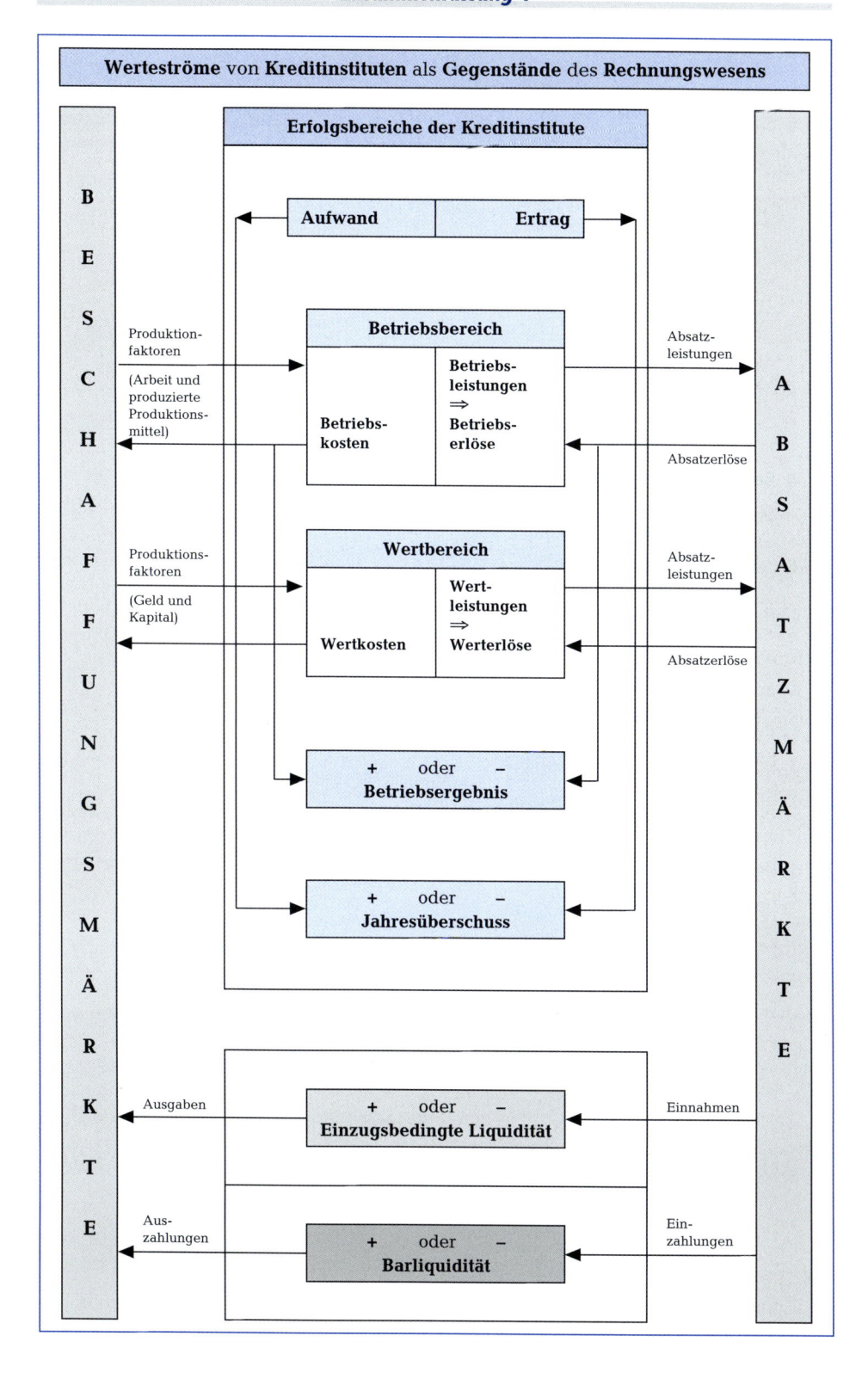

Werteströme von Kreditinstituten als Gegenstände des Rechnungswesens

Erfolgsbereiche der Kreditinstitute

	Aufwand	Ertrag	

B E S C H A F F U N G S M Ä R K T E

A B S A T Z M Ä R K T E

Betriebsbereich

Betriebskosten	Betriebsleistungen ⇒ Betriebserlöse

- Produktionfaktoren (Arbeit und produzierte Produktionsmittel) →
- ← Absatzleistungen
- ← Absatzerlöse

Wertbereich

Wertkosten	Wertleistungen ⇒ Werterlöse

- Produktionsfaktoren (Geld und Kapital) →
- ← Absatzleistungen
- ← Absatzerlöse

+ oder − Betriebsergebnis

+ oder − Jahresüberschuss

+ oder − Einzugsbedingte Liquidität

- Ausgaben ←
- → Einnahmen

+ oder − Barliquidität

- Auszahlungen ←
- → Einzahlungen

Zusammenfassung 2

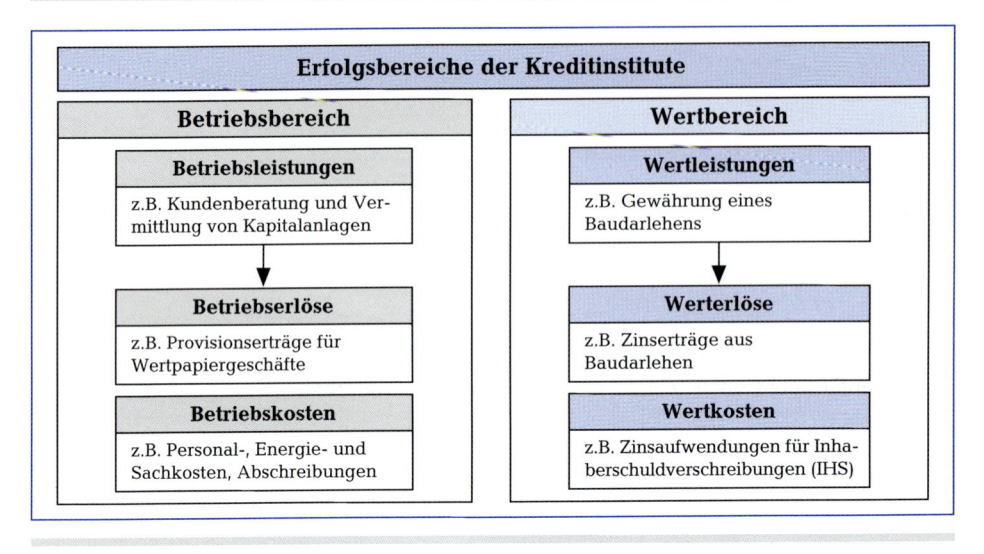

Erfolgsbereiche der Kreditinstitute

Betriebsbereich	Wertbereich
Betriebsleistungen z.B. Kundenberatung und Vermittlung von Kapitalanlagen	**Wertleistungen** z.B. Gewährung eines Baudarlehens
↓	↓
Betriebserlöse z.B. Provisionserträge für Wertpapiergeschäfte	**Werterlöse** z.B. Zinserträge aus Baudarlehen
Betriebskosten z.B. Personal-, Energie- und Sachkosten, Abschreibungen	**Wertkosten** z.B. Zinsaufwendungen für Inhaberschuldverschreibungen (IHS)

Aufgaben zu Kapitel 5.1

1 Bilden Sie je ein Beispiel aus dem Kreditwesen für

a) Auszahlungen
b) Ausgaben
c) Zweckaufwendungen
d) betriebsfremde Aufwendungen
e) periodenfremde Aufwendungen
f) außerordentliche Aufwendungen
g) bewertungsbedingte Aufwendungen
h) Grundkosten
i) Zusatzkosten
j) Anderskosten
k) kalkulatorische Kosten
l) Einzahlungen

m) Einnahmen
n) betriebsfremde Erträge
o) periodenfremde Erträge
p) außerordentliche Erträge
q) bewertungsbedingte Erträge
r) Zweckerträge
s) Erlöse
t) Betriebserlöse
u) Betriebskosten
v) Werterlöse
w) Wertkosten

2 Welche »Bestandsgrößen« werden durch die folgenden »Stromgrößen« verändert?

a) Einzahlungen – Auszahlungen
b) Einnahmen – Ausgaben
c) Erträge – Aufwendungen

3 Diskutieren Sie, ob es sinnvoll ist, zwischen »Auszahlungen« und »Ausgaben« zu unterscheiden.

5.1 Grundbegriffe

4 Welchen Auszahlungen der Sparkasse der Stadt Schleswig entsprechen Kosten in gleicher Höhe?

a) Körperschaftsteuer

b) Grundsteuer

c) Grunderwerbsteuer

d) Umsatzsteuer

e) Lohnsteuer

f) Kfz-Steuer

g) Fernsprechgebühren

h) Leistungsprämien für Firmenkundenberater

i) gepfändete Gehaltsteile an den Gläubiger einer Mitarbeiterin

j) Spende für den Wiederaufbau der Frauenkirche in Dresden

5 Was spricht dafür und was dagegen, dass die VWAG und die Deutsche Bank AG Währungsverluste in gleicher Weise als »außerordentliche Aufwendungen« ansehen?

6 Welche Aussage(n) über die Kosten- und Erlösrechnung ist (sind) richtig?

a) Die Grundkosten entsprechen in voller Höhe den Zweckaufwendungen.

b) Die Kosten- und Erlösrechnung dient dazu, den zu versteuernden Jahresüberschuss zu senken.

c) Kosten sind nur der betriebsbedingte Werteverzehr.

d) Erlöse sind bei Kreditinstituten dem betriebsbedingten Wertezuwachs gleichzusetzen.

e) Die Differenz zwischen den gesamten Aufwendungen und den neutralen Aufwendungen entspricht den Grundkosten.

f) Die neutralen Aufwendungen entsprechen den Zusatzkosten.

g) Betriebskosten und Wertkosten sind grundsätzlich gleich groß.

h) Die Kosten- und Erlösrechnung dient nur internen Zwecken und wird nicht veröffentlicht.

i) Die Kosten- und Erlösrechnung hat bestimmten Rechtsvorschriften zu folgen.

j) Die Kosten- und Erlösrechnung mündet in die Gewinn- und Verlustrechnung.

k) Allen Aufwendungen einer Periode müssen Ausgaben in der gleichen Periode entsprechen.

l) Die Leistungen eines Kreditinstituts sind grundsätzlich mit seinen Erlösen identisch.

m) Die kalkulatorische Eigenkapitalverzinsung ist nicht Bestandteil der Kosten- und Erlösrechnung.

n) Wenn die Produktivität steigt, muss notwendig auch die Wirtschaftlichkeit steigen.

o) Wenn die Wirtschaftlichkeit steigt, muss notwendig auch die Rentabilität des Eigenkapitals steigen.

p) Transitorischen Posten der Jahresabgrenzung liegen Unterschiede im Zeitpunkt von Ausgabe und Aufwand oder Einnahme und Ertrag zugrunde.

⑦ Die Eigenkapitalrentabilität US-amerikanischer und britischer Kreditinstitute liegt bei etwa 18%, die der deutschen Kreditinstitute bei etwa 12%.
Wie ist die Differenz erklärbar?

⑧ Entscheiden Sie, um welche Art von Aufwendungen oder Erträgen es sich in den folgenden Situationen handelt.

a) Die Stadtsparkasse Heidelberg erhält einen mit 10.000,00 EUR dotierten Umweltpreis des Landes Baden-Württemberg.

b) Die Deutsche Bank AG kann beim Verkauf einer Beteiligung einen »Paketzuschlag« von 15 Mio. EUR vereinnahmen.

c) Die Kreissparkasse Heidenheim bewertet ihren Liquiditätsbestand an festverzinslichen Wertpapieren nach dem Niederstwertprinzip mit 300 Mio. EUR.
Unter Ausnützung von § 340 f (1) HGB weist sie ihn jedoch nur mit 288 Mio. EUR aus.

d) Die Volksbank Nördlingen eG erhält einen anonymen Brief, in dem sich 500,00 EUR befinden. Der Anonymus schreibt, sein Gewissen plage ihn, weil er im vergangenen Jahr bei einer Auszahlung diesen Betrag zuviel erhalten habe. Der Kassenabmangel war im vergangenen Jahr ausgebucht worden.

e) Die Badische Beamtenbank eG muss Software, die durch einen Virus unbrauchbar geworden ist, durch neue Software ersetzen. Der nicht versicherte Schaden, für den auch der Hersteller nicht regresspflichtig gemacht werden kann, beläuft sich auf 230.000,00 EUR.

f) Die Sparkasse der Stadt Bremen zahlt an einen Passanten, der nach einem Überfall auf eine Filiale von dem Fluchtauto des Bankräubers überfahren wurde, 10.000,00 EUR Schmerzensgeld.

g) Die Volksbank Dortmund eG zahlt eine monatliche Pauschale von 3.500,00 EUR für Strom und Wasser. Die Abrechnung ergibt ein Defizit von 710,00 EUR.

h) Die Merkurbank AG nimmt wegen gestiegener Kurse eine Wertaufholung bis zu den Anschaffungskosten für im Vorjahr zum niedrigen Börsenpreis bewertete Wertpapiere des Handelsbestandes in Höhe von 13 Mio. EUR vor.

⑨ Welchen Sinn macht es, zwischen dem Ergebnis der betrieblichen Geschäftstätigkeit und dem neutralen Ergebnis zu unterscheiden?

⑩ Die Sparkasse der Stadt Hannover hat ihre Kunden in die Ratingklassen A, B und C eingeteilt und folgende Daten für die vergangenen 5 Jahre in Mio. EUR ermittelt:

Jahr	Risikobehaftete Forderungen	Direktabschreibungen auf Forderungen	Verwendete Einzelwertberichtigungen	Eingänge auf abgeschriebene Forderungen
Ratingklasse A				
1	4.000	0	12	1
2	3.000	1	11	3
3	4.000	0	14	2
4	5.000	1	15	3
5	8.000	1	17	3

5.1 Grundbegriffe

Jahr	Risikobehaftete Forderungen	Direktabschreibungen auf Forderungen	Verwendete Einzelwertberichtigungen	Eingänge auf abgeschriebene Forderungen
		Ratingklasse B		
1	11.000	2	61	3
2	13.000	3	72	5
3	11.000	3	51	4
4	14.000	2	74	6
5	15.000	4	80	4
		Ratingklasse C		
1	1.000	2	12	3
2	2.000	1	22	3
3	3.000	2	35	4
4	2.000	3	20	1
5	4.000	4	43	2

a) Berechnen Sie den durchschnittlichen Risikosatz für alle Forderungen zusammen und für jede Ratingklasse einzeln.

b) Welche Nachteile hätte die Anwendung des gleichen Risikosatzes für alle Ratingklassen?

c) Im 6. Jahr steigt das Volumen der risikobehafteten Forderungen um 12.000 Mio. EUR. Gleichzeitig steigt das Volumen der tatsächlichen Forderungsausfälle um 23 Mio. EUR. Wie verhalten sich im 6. Jahr Aufwendungen und Kosten zueinander?

11 Die Mitteldeutsche Bank AG besitzt ein Grundkapital von 1,8 Mrd. EUR, das in 36 Mio. Stück Aktien aufgeteilt ist, und offene Rücklagen in Höhe von 2,9 Mrd. EUR. Die Verwaltung der AG möchte eine Bruttodividende von 10,00 EUR je Aktie ausschütten und die Rücklagen um 0,1 Mrd. EUR aufstocken.

Das Kreditinstitut unterlegt Kredite mit 4% Eigenkapital. Etwa zwei Drittel des Jahresüberschusses werden im Kreditgeschäft und etwa ein Drittel im Dienstleistungsgeschäft erwirtschaftet.

Wie hoch ist der Prozentsatz, der in die Konditionenmarge einkalkuliert werden muss, um die erforderliche Eigenkapitalverzinsung zu erreichen?

12 Erläutern Sie die Begriffspaare

a) Wertkosten – Werterlöse

b) Betriebsbereich – Wertbereich

13 Ermitteln Sie für die Sparkasse Dortmund

a) die Summe der Werterlöse

b) die Summe der Betriebserlöse

aus folgenden Daten:

a) Zinserlöse aus den Krediten und Darlehen	200.000 TEUR
b) Provisionseinnahmen aus dem Wertpapiergeschäft	20.000 TEUR
c) Zinsen aus der Anlage in Wertpapieren	60.000 TEUR

d) Avalprovisionen	2.000 TEUR
e) Zinsähnliche Provisionen	7.000 TEUR
f) Überziehungszinsen	25.000 TEUR
g) Depotgebühren	5.000 TEUR
h) Kontoführungsgebühren	20.000 TEUR
i) Gebühren für Bearbeitung von Darlehen	19.000 TEUR

⑭ Ordnen Sie die folgenden Kosten und Erlöse dem Betriebsbereich (B) oder dem Wertbereich (W) zu.

	B	W
① Postentgelte	❏	❏
② Depotgebühren	❏	❏
③ Zinseinnahmen für die Zwischenfinanzierung eines Bausparvertrags	❏	❏
④ Festgeldzinsen	❏	❏
⑤ Avalprovision	❏	❏
⑥ Domizilprovision	❏	❏
⑦ Vorschusszinsen bei Spareinlagen	❏	❏
⑧ Risikokosten	❏	❏
⑨ Kursgewinne aus dem Eigenhandel mit Wertpapieren	❏	❏

⑮ Die Sparkasse der Stadt Greifswald kaufte am 30.03. (Jahr 1) einen PKW für ihren Vertriebsleiter (steuerfreie Bankgeschäfte). Der Kaufpreis betrug 60.000,00 EUR einschließlich 19 % Umsatzsteuer und wurde bei Abnahme durch Überweisung auf das Konto des Autohändlers bezahlt.

Die Nutzungsdauer des Wagens wird auf 6 Jahre geschätzt. Er wird bilanziell und kalkulatorisch linear abgeschrieben. Kalkulatorisch werden allerdings 10 % höhere Wiederbeschaffungskosten angesetzt.

Stellen Sie den Verlauf der Abschreibungen staffelmäßig dar und erläutern Sie den Unterschied zwischen Aufwendungen und Kosten.

⑯ Die Stadtsparkasse Nürnberg erwirbt am 09.01. (Jahr 1) eine EDV-Anlage für 70.000,00 EUR einschließlich 19 % Umsatzsteuer für den Einsatz im steuerfreien Bankgeschäft.

Die Stadtsparkasse kalkuliert mit einer linearen Abschreibung in Höhe von 20 % p.a.

Für die Finanzbuchführung wird die AfA-Tabelle der Finanzverwaltung zu Grunde gelegt (3 Jahre). Die Wiederbeschaffungskosten entsprechen den Anschaffungskosten.

Bestimmen Sie in der Übersicht die jeweiligen Beträge für die Jahre 1 bis 5.

Jahr	bilanzielle Abschreibung laut Afa-Tabelle Aufwand	kalkulatorische Abschreibung gemäß tatsächlicher Nutzung Kosten	leistungs- bezogener betrieblicher Aufwand Zweckaufwand/ Grundkosten	neutraler Aufwand	Zusatz- kosten
1					
2					
3					
4					
5					

⑰ Die Norddeutsche Privatbank AG erwirbt im Januar des Jahres 1 eine Sortiermaschine für 90.000,00 EUR einschließlich 19% USt. Für die Anschaffung gewährt das Land Nordrhein-Westfalen einen Barzuschuss in Höhe von 10% zur Konjunkturförderung.

Die AfA-Tabellen erlauben eine bilanzielle Abschreibung für einen Zeitraum von vier Jahren.

In der Kostenrechnung kalkuliert die Norddeutsche Privatbank mit 20% Jahresabschreibung auf Grund normaler Inanspruchnahme der Maschine. Der Barzuschuss wird bei der Kalkulation nicht berücksichtigt. Dagegen rechnet das Unternehmen mit einer Preissteigerung von 6% bei Wiederbeschaffung.

Bestimmen Sie mit der folgenden Darstellung jeweils für die Jahre 1 und 5 die Beträge für Aufwendungen, neutrale Aufwendungen, Zweckaufwendungen, Grundkosten, Zusatzkosten und Kosten.

Aufwendungen			
neutrale Aufwendungen	Zweckaufwendungen		
	Grundkosten	Zusatzkosten	
	Kosten		

5.2 Kalkulation von Bankleistungen im Wertbereich

5.2.1 Marktzinsmethode

Kreditinstitute kalkulieren ihre Angebotspreise im Wertbereich mit Hilfe der **Marktzinsmethode.**

Marktzins- methode

Sie beruht auf dem »Opportunitätsprinzip«. Kreditinstitute fragen bei ihrer Anwendung, ob der Zins, der mit einem Kundengeschäft zu erzielen ist, »opportuner«, das heißt günstiger, ist als ein Alternativgeschäft mit einem anderen Kreditinstitut – also mit »**ersten Adressen**« auf dem **Geld- und Kapitalmarkt (GKM).**

Geld- und Kapitalmarkt (GKM)

Beispiel 1

Die Handelsbank schätzt am 15.03. des aktuellen Jahres die Zinsentwicklung am Geld- und Kapitalmarkt als langfristig stabil ein.

Sie nimmt 100.000,00 EUR Tagesgeld (TG) zu 3,6% bei einer Korrespondenzbank auf. Ein Gegengeschäft zur Geldanlage auf dem GKM zum gleichen Tagesgeldsatz wäre erfolglos. Daher wählt sie eine 4-Jahres-Anlage zu 7% auf dem GKM.

Marktzinsmethode							
Aktiva			Geld- und Kapitalmarkt (GKM)-Sätze		Passiva		
Mittel-verwen-dung	Volu-men	Kunden-Zinssatz	4-Jahres-anlage	TG-Satz	Kunden-Zinssatz	Volu-men	Mittel-beschaf-fung
4-Jahres-Anlage	100.000		7%	3,6%		100.000	Tages-geld
			3,4% Strukturbeitrag Aktiva				
			3,4% Bruttozinsspanne				

Die alternative Verwendung des Tagesgeldes für eine 4-jährige Anlage anstelle einer Tagesgeldanlage ist für die Handelsbank opportuner, sie bringt ihr einen Zinserfolg in Höhe von 3,4%, der auf die **unterschiedliche Fristenstruktur** zwischen Geldaufnahme und -anlage zurückzuführen ist.

Strukturbeitrag Die Differenz zwischen einem Referenzzinssatz, das heißt einem Bezugszinssatz – das ist in der Regel der Zinssatz für Tagesgeld – und dem Geld- und Kapitalmarktzinssatz (GKM-Satz) für ein bestimmtes Geschäft heißt **Strukturmarge** oder besser **Strukturbeitrag**.

aktiver Strukturbeitrag Der hier erzielte **aktive Strukturbeitrag** ist als Versicherungsprämie für den Liquiditätsverlust und das damit verbundene Zinsänderungsrisiko anzusehen.

Die Entscheidung darüber, inwieweit das **Zinsänderungsrisiko** als tragbar anzusehen ist oder nicht, obliegt der Geschäftsleitung. **Erfolg oder Misserfolg dieser Entscheidung sind deshalb auch allein der Geschäftsleitung zuzurechnen.**

Insgesamt erzielt die Handelsbank auf Grund dieser Geschäftslage eine Bruttozinsspanne in Höhe des aktiven Strukturbeitrages von 3,4%.

Beispiel 2

Die Handelsbank ergänzt ihre Entscheidung am 15.03. des aktuellen Jahres insofern, als sie anstelle der Tagesgeldaufnahme – also gegenüber einer variablen Geldbeschaffung – ein 1-Jahres-Geld bei einer Korrespondenzbank zu 4,5% aufnimmt.

Die erneute Transformation der Fristenstruktur führt zu einem **passiven Strukturbeitrag**, der bei einem normalen Verlauf der Zinsen eine negative Auswirkung hat, da die längerfristige Refinanzierung – gegenüber der variablen – der Geldanlage eine negative Kapitalbindungs- oder Laufzeitprämie verlangt.

passiver Strukturbeitrag

5.2 Kalkulation von Bankleistungen im Wertbereich

Marktzinsmethode							
Aktiva			Geld- und Kapitalmarkt (GKM)-Sätze			Passiva		
Mittel-verwen-dung	Volu-men	Kunden-Zinssatz				Kunden-Zinssatz	Volu-men	Mittel-beschaf-fung
			4-Jahres-anlage	TG-Satz	1-Jahres-geld			
4-Jahres-Anlage	100.000		7,0%	3,6%	4,5%		100.000	1-Jahres-Geld

└─ 3,4% ─┘ └─ −0,9% ─┘
Struktur-   Struktur-
beitrag   beitrag
Aktiva   Passiva

└─ 2,5% ─┘
Bruttozinsspanne

Der Zinserfolg der Handelsbank verringert sich gegenüber der vorherigen Situation um 0,9%. Demgegenüber hat auch das Zinsänderungsrisiko abgenommen. Der der Geschäftleitung zuzurechnende Erfolg nimmt entsprechend ab. Der gesamte Strukturbeitrag und damit auch die Bruttozinsspanne betragen nur noch 2,5%.

Beispiel 3

Eine Verbesserung der Erfolgssituation erreicht die Handelsbank, wenn sie die Zinsgeschäfte mit »*ersten Adressen*« auf dem GKM ersetzt durch fristengleiche Zinsgeschäfte mit der Nichtbankenkundschaft.

Die Handelsbank wählt auf der Beschaffungsseite anstelle des 1-Jahres-Geldes am GKM eine 1-Jahres-Kunden-Einlage zu einem Zinssatz in Höhe von 4%.

Marktzinsmethode							
Aktiva			Geld- und Kapitalmarkt (GKM)-Sätze			Passiva		
Mittel-verwen-dung	Volu-men	Kunden-Zinssatz				Kunden-Zinssatz	Volu-men	Mittel-beschaf-fung
			4-Jahres-anlage	TG-Satz	1-Jahres-geld			
4-Jahres-Anlage	100.000		7,0%	3,6%	4,5%	4,0%	100.000	1-Jahres-Kunden-Einlage

└─ 3,4% ─┘ └─ −0,9% ─┘ └─ 0,5% ─┘
Struktur-   Struktur-   Kondi-
beitrag   beitrag   tionen-
Aktiva   Passiva   beitrag
                                      Passiva

└──────── 3,0% ────────┘
Bruttozinsspanne

Handelt die Handelsbank mit der Nichtbankenkundschaft Passivgeschäfte aus, kann sie weitere Zinserfolge über die bisherigen allein durch Fristentransformation gewonnenen Strukturbeiträge erzielen.

Die Kundenkondition, die der Privatkundenberater ausgehandelt hat, erbringt gegenüber dem GKM-Geschäft einen Zinsüberschuss in Höhe von 0,5%, da die Kundeneinlage um diese Differenz preiswerter ist.

passiver Konditionenbeitrag

Die Differenz zwischen Kundeneinlagengeschäft und Geldbeschaffung am GKM mit gleicher Fristigkeit ergibt den **passiven Konditionenbeitrag**. Er dient in erster Linie als Entgelt für die mit Kundengeschäften im Wertbereich verbundenen Betriebsleistungen.

Da der **Kundenberater** durch sein Verhandlungsgeschick und durch seine Einschätzung der Kundensituation die Konditionsbeiträge beeinflussen kann, sind ihm auch Erfolg und Misserfolg bei der Erwirtschaftung von **Konditionenbeiträgen zuzurechnen**.

Die Bruttozinsspanne beträgt bei dieser Geschäftslage 3,0%.

Beispiel 4

Die Handelsbank wählt auch auf der Aktivseite anstelle der Geldanlage auf dem GKM ein Kundengeschäft mit gleicher Fristigkeit, indem sie einem Kunden ein 4-Jahres-Darlehen zu 8% gewährt.

Marktzinsmethode									
Aktiva			Geld- und Kapitalmarkt (GKM)-Sätze				Passiva		
Mittel-verwen-dung	Volu-men	Kunden-Zinssatz	4-Jahres-anlage	TG-Satz	1-Jahres-geld		Kunden-Zinssatz	Volu-men	Mittel-beschaf-fung
4-Jahres-Kunden-Darlehen	100.000	8,0%	7,0%	3,6%	4,5%		4,0%	100.000	1-Jahres-Kunden-Einlage

⌞ 1,0% ⌟ ⌞ 3,4% ⌟ ⌞ – 0,9% ⌟ ⌞ 0,5% ⌟
Konditionen-beitrag Aktiva   Struktur-beitrag Aktiva   Struktur-beitrag Passiva   Konditionen-beitrag Passiva

⌞ 4,0% Bruttozinsspanne ⌟

Handelt die Handelsbank mit der Nichtbankenkundschaft Aktivgeschäfte aus, kann sie den Zinserfolg weiter steigern.

Die Kundenkondition, die der Privatkundenberater ausgehandelt hat, erbringt gegenüber dem GKM-Geschäft einen Zinsüberschuss in Höhe von 1,0%, da das fristengleiche Kundendarlehen um diese Differenz höher verzinslich ist.

aktiver Konditionenbeitrag

Die Differenz zwischen dem Kundendarlehensgeschäft und der Geldanlage am GKM mit gleicher Fristigkeit ergibt den **aktiven Konditionenbeitrag**. Er dient in erster Linie als Entgelt für die mit Kundengeschäften im Wertbereich verbundenen Betriebsleistungen, aber auch der Risikovorsorge und der Eigenkapitalverzinsung.

Die Handelsbank hat letztendlich zwei Kundengeschäfte realisiert und damit eine Bruttozinsspanne in Höhe von 4% erzielt. Diese Bruttozinsspanne lässt sich in folgende Bestandteile zerlegen, wobei die einzelnen Bestandteile unabhängig voneinander – also auch von der Qualität des Gegengeschäftes – kalkuliert werden können.

Zusammensetzung der Bruttozinsspanne			
• Zinserlöse	8,0%	von 100.000,00 EUR :	8.000,00 EUR
• Zinsaufwand	– 4,0%	von 100.000,00 EUR :	– 4.000,00 EUR
Zinsüberschuss	4,0%	von 100.000,00 EUR :	4.000,00 EUR
• Darlehen	1,0%	von 100.000,00 EUR :	1.000,00 EUR
• Einlage	0,5%	von 100.000,00 EUR :	500,00 EUR
Konditionenbeitrag	1,5%	von 100.000,00 EUR :	1.500,00 EUR
• Aktiva	3,4%	von 100.000,00 EUR :	3.400,00 EUR
• Passiva	– 0,9%	von 100.000,00 EUR :	– 900,00 EUR
Strukturbeitrag	2,5%	von 100.000,00 EUR :	2.500,00 EUR
Bruttozinsspanne	4,0%	von 100.000,00 EUR :	4.000,00 EUR

Bruttozinsspanne

Die **Bruttozinsspanne** oder der **Zinsüberschuss** in Höhe von 4.000,00 EUR lässt sich in folgende Bestandteile zerlegen:

a1) Konditionenbeitrag oder -marge des Darlehensgeschäftes

Gegenüber einem »Geldverkauf« am GKM zu 7% entsteht durch das Darlehensgeschäft mit dem Kunden zu 8% ein Zinsüberschuss in Höhe von **1% ≙ 1.000,00 EUR.**

Konditionenbeiträge

b1) Konditionenbeitrag oder -marge des Einlagegeschäftes

Gegenüber einem »Geldeinkauf« am GKM zu 4,5% entsteht durch das Einlagegeschäft mit dem Kunden zu 4% ein Zinsüberschuss in Höhe von **0,5% ≙ 500,00 EUR.**

a2) Strukturbeitrag oder -marge des Aktivgeschäfts

Der GKM verlangt eine positive Kapitalbindungs- oder Laufzeitprämie von 7% – 3,6% = **3,4%** dafür, dass die Geldanlage nicht nur für einen Tag, sondern für vier Jahre erfolgt.

Strukturbeiträge

b2) Strukturbeitrag oder -marge des Passivgeschäfts

Der GKM verlangt eine negative Kapitalbindungs- oder Laufzeitprämie von 3,6% – 4,5% = **– 0,9%** dafür, dass sich ein Anleger nicht für ein Jahr, sondern nur für einen Tag binden muss.

Die **Strukturbeiträge,** die sich auch ohne Kundengeschäfte durch Fristentransformation am GKM erzielen ließen, ergeben:

	3,4% – 0,9% =	2,5%
Die **Konditionenbeiträge** ergeben:	1,0% + 0,5% =	1,5%
Die **Bruttozinsspanne** ergibt:	8,0% – 4,0% =	4,0%

▶ Der **Strukturbeitrag** oder die Strukturmarge ist die Differenz zwischen einem »**Referenzzinssatz**«, das heißt einem »Bezugszinssatz« – das ist in der Regel der Zinssatz für Tagesgeld – und dem Geld- und Kapitalmarktzinssatz (»**GKM-Satz**«) für ein bestimmtes Geschäft. Diesen Erfolgsbeitrag könnte ein Kreditinstitut auch durch bloße Fristentransformation am Geld- und Kapitalmarkt ohne ein Kundengeschäft erzielen.

> Der Strukturbeitrag ist somit in erster Linie als »Versicherungsprämie« für den Liquiditätsverlust und das damit verbundene Zinsänderungsrisiko anzusehen.
>
> Die Entscheidung darüber, inwieweit das Zinsänderungsrisiko als tragbar anzusehen ist oder nicht, obliegt der Geschäftsleitung.
>
> **Erfolg** oder **Misserfolg** dieser Entscheidung sind deshalb auch allein der **Geschäftsleitung** und nicht dem Kundenberater zuzurechnen.

▶ Der **Konditionenbeitrag** oder die Konditionenmarge ist die Differenz zwischen dem GKM-Satz und dem mit dem Kunden vereinbarten Satz für ein bestimmtes Geschäft. Er dient in erster Linie als Entgelt für die mit Kundengeschäften im Wertbereich verbundenen Betriebsleistungen und – im Aktivgeschäft – für das Ausfallrisiko.

> Der Konditionenbeitrag spiegelt die Leistung des **Kundenberaters** wider.

Zusammenfassung

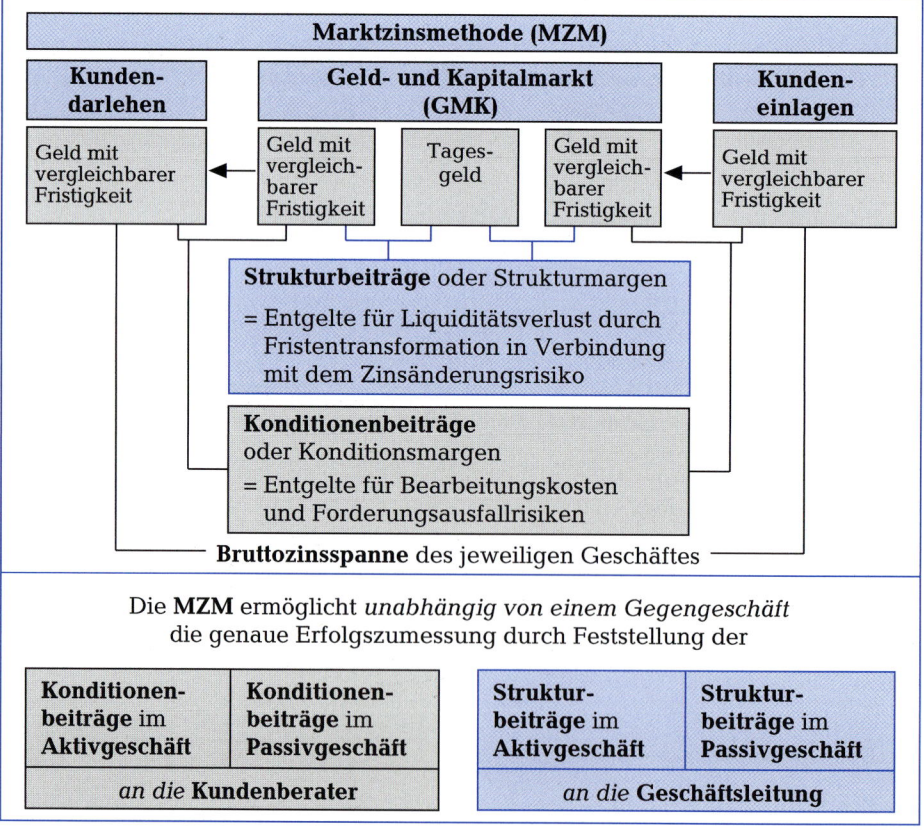

Marktzinsmethode (MZM)

Kundendarlehen	Geld- und Kapitalmarkt (GMK)			Kundeneinlagen
Geld mit vergleichbarer Fristigkeit	← Geld mit vergleichbarer Fristigkeit	Tagesgeld	Geld mit vergleichbarer Fristigkeit ←	Geld mit vergleichbarer Fristigkeit

Strukturbeiträge oder Strukturmargen
= Entgelte für Liquiditätsverlust durch Fristentransformation in Verbindung mit dem Zinsänderungsrisiko

Konditionenbeiträge oder Konditionsmargen
= Entgelte für Bearbeitungskosten und Forderungsausfallrisiken

Bruttozinsspanne des jeweiligen Geschäftes

Die **MZM** ermöglicht *unabhängig von einem Gegengeschäft* die genaue Erfolgszumessung durch Feststellung der

Konditionenbeiträge im Aktivgeschäft	Konditionenbeiträge im Passivgeschäft	Strukturbeiträge im Aktivgeschäft	Strukturbeiträge im Passivgeschäft
an die **Kundenberater**		*an die* **Geschäftsleitung**	

Struktur- und Konditionenbeiträge müssen auch zur Deckung der »Overheadkosten«, das heißt, der nicht bestimmten Geschäften zurechenbaren Kosten, und der Eigenkapitalverzinsung sowie zur Gewinnerzielung beitragen.

Die MZM ermöglicht Entscheidungen für den Abschluss von Geschäften auf Grund von aktuellen Zinssätzen.

Aufgaben zu Kapitel 5.2.1

1. Worin sind die entscheidenden Vorteile der Marktzinsmethode etwa gegenüber der Kalkulation mit Durchschnittszinssätzen der Vergangenheit zu sehen?

2. Inwiefern beschränkt die Marktform des Polypols, die für den Markt der Bankleistungen gilt, den Spielraum für die Angebotspreise der Kreditinstitute?

3. Welche Leistungen sollten die Konditionenbeiträge oder Margen in erster Linie vergüten und wem sind sie zuzurechnen?

4. Welche Leistungen sollten die Strukturbeiträge in erster Linie vergüten und wem sind sie zuzurechnen?

5. Warum ist es gerechtfertigt, neben Struktur- und Konditionenbeiträgen für Bankleistungen Provisionen und/oder Gebühren zu verlangen?

6. Berechnen Sie die Konditionen- und Strukturmargen aufgrund folgender Daten für alle Einlagen.

Volumen	Kundengeschäfte		Interbankengeschäfte auf dem GKM alternativ		Tagesgeld	Konditionenmargen		Strukturmargen	
	Art	Zinssatz %	Art	Zinssatz nominal %	%	%	TEUR	%	TEUR
TEUR									
100	Kontokorrentkredit	10	Dreimonatsgeld	5	4				
20	Realdarlehen mit Festzins für 5 Jahre	8	5-Jahresgeld	7	4				
300	Termingeld mit 3 Monaten Laufzeit	4	Dreimonatsgeld	5	4				
4	Spareinlage mit 3 Monaten Kündigungsfrist	3	Mischung kurz- u. langfristige Gelder	6	4				

5.2.2 Barwertmodell der Marktzinsmethode

Beispiel 1

Herr Walter Müller möchte Anfang des Jahres seine Baufinanzierung, deren Zinsbindung abgelaufen ist, verlängern. Die Restschuld beträgt derzeit noch 100.000,00 EUR.

Frau Inge Schmidt, Privatkundenberaterin der Baufinanzbank, bietet ihm **Festzins-Darlehen** in zwei Varianten an:

I. a) 5% für 5 Jahre oder

b) 6% für 10 Jahre.

Das Darlehen soll in gleichen Jahresraten bis zum Ende der Zinsbindung vollständig getilgt werden.

Die Kapitalmarktzinssätze, zu denen sich die Baufinanzbank bei der Nordbank AG refinanzieren kann, liegen aktuell bei

II. a) 4% für 5 Jahre bzw.

b) 5% für 10 Jahre.

Die Marge für die Baufinanzbank beträgt also in beiden Fällen 1-%-Punkt.

Wie beeinflussen die unterschiedlichen **Laufzeiten** der Darlehen die Vorteilhaftigkeit der Darlehensgewährung für die Baufinanzbank bei gleichen Konditionenbeiträgen?

Nach der **Annuitätenformel**

Annuitätenformel
$$A = D \cdot \frac{q^n \cdot (q-1)}{q^n - 1}$$

mit A = Annuität,

D = Darlehensbetrag,

$q = \left(1 + \frac{p}{100}\right)$, wobei p = Zinssatz

n = Laufzeit in Jahren

hat der Kunde folgende Annuität zu zahlen:

zu I. a) 23.097,48 EUR

b) 13.586,80 EUR.

Umgestellte Annuitätenformel

Nach der **umgestellten Annuitätenformel**

$$D = A \cdot \frac{q^n - 1}{q^n (q-1)}$$

kann die Baufinanzbank mit den Annuitäten, die Herr Müller jährlich am Jahresende an sie zu zahlen hat, folgende bei der Nordbank AG aufgenommenen Refinanzierungen bedienen:

zu II. a) 102.825,88 EUR

b) 104.913,67 EUR

Da die Baufinanzbank von der aufgenommenen Refinanzierung nur 100.000,00 EUR an Herrn Müller auszahlen muss, ergeben sich folgende **Überschüsse** der **Einzahlungen** durch die Kapitalaufnahmen am Kapitalmarkt über die **Auszahlung** des Darlehens an den Kunden:

a) 102.825,88 EUR – 100.000,00 EUR = **2.825,88 EUR**

b) 104.913,67 EUR – 100.000,00 EUR = **4.913,67 EUR**

Barwert
Der Überschuss der Einzahlungen über die Auszahlungen wird als **Barwert** bezeichnet.

Obwohl die **Marge** für die Baufinanzbank in beiden Fällen dieselbe ist, ergeben sich durch die unterschiedlichen Laufzeiten deutlich voneinander **abweichende Beträge**, welche die Baufinanzbank (vor Kosten) durch das Geschäft erwirtschaftet. Die errechneten Barwerte können der Kundenberaterin Frau Schmidt als **Erfolg** zugerechnet werden.

Die im vorhergehenden Kapitel dargestellte **Marktzinsmethode** zeigt mit ihrer Jahresbetrachtung die **Vorteilhaftigkeit** eines Kundengeschäfts daher **nicht vollständig.**

Auch eine Betrachtung über die Gesamtlaufzeit des Kundengeschäfts liefert keine einwandfreien Ergebnisse:

Bei dieser Sichtweise verteilt die Marktzinsmethode den gesamten Konditionenbeitrag eines Kundengeschäfts auf dessen Laufzeit. Wenn ein Kundenberater also zu Beginn eines Jahres eine 10-jährige Einlage in Höhe von 10 TEUR mit einer Marge von 1% herein nimmt, erhält er dafür 10 Jahre lang einen jährlichen Konditionenbeitrag von 100 EUR gutgeschrieben.

Entsprechend werden die übrigen Geschäfte aller seiner Kunden zugerechnet.

Der Berater bekommt also in jedem Jahr nicht nur die Konditionenbeiträge der in diesem Jahr abgeschlossenen Neugeschäfte zugerechnet, sondern auch die Konditionenbeiträge aller Geschäftsabschlüsse aus den Vorjahren, soweit diese noch nicht fällig waren.

Diese Vorgehensweise birgt erhebliche **Probleme für die Steuerung der Bank:**   Probleme

- Der Berater wird möglicherweise jahrelang für einen Abschluss mit einer Negativmarge bestraft oder kann sich umgekehrt auf den Erfolgen aus der Vergangenheit ausruhen. Dies ist insbesondere bei einem Beraterwechsel problematisch: Der Nachfolger erhält – positive wie negative – Ergebnisse seines Vorgängers aus der **Vergangenheit** zugerechnet, ohne dass er die Möglichkeit hätte, diese zu beeinflussen. Diese Art der Ergebniszurechnung ist **nicht verursachungsgerecht.**

- Ein weiterer Nachteil liegt in der **fehlenden Frühwarnfunktion:** Wenn ein Berater in seiner Leistung nachlässt und die Ergebnisse rückläufig sind, wird dies vom Controlling der Bank möglicherweise nicht in vollem Umfang bemerkt, weil die Summe der Konditionenbeiträge vorwiegend von den Geschäften der Vergangenheit beeinflusst wird und weniger von den Neugeschäftsmargen. Umgekehrt kann das Ergebnis auch durch wegfallende Altgeschäfte stark rückläufig sein, obwohl der Berater im Neugeschäft unverändert gute Werte erreicht.

Die genannten Nachteile können **vermieden** werden, wenn dem Berater das Ergebnis eines Geschäftsabschlusses nicht auf mehrere Jahre verteilt zugerechnet wird, sondern **sofort** zum **Abschlusszeitpunkt.**   Abschlusszeitpunkt

Beispiel 2

Herr Jonas Keck erhält zu Beginn eines Jahres zum Kauf einer Eigentumswohnung von der Sparkasse Landshut ein Annuitätendarlehen in Höhe von **300 TEUR** zum Zinssatz von **10%**. Der Kunde möchte das Darlehen innerhalb von drei Jahren vollständig tilgen. Während dieser Zeit soll der Zinssatz unveränderlich sein (Festzinssatz für 3 Jahre).

Herr Keck vereinbart mit seiner Sparkasse, dass die Raten (Zins und Tilgung) jährlich jeweils zum Jahresende gezahlt werden. Das Darlehen ist also nach der dritten Jahresrate getilgt.

Zum Zeitpunkt des Vertragsabschlusses kann sich die Sparkasse Landshut bei der Süddeutschen Landesbank zu folgenden Konditionen **refinanzieren:**

1 Jahr Laufzeit: 7%

2 Jahre Laufzeit: 8%

3 Jahre Laufzeit: 9%.

Tilgungsplan Baufinanzierungsberater Alexander Mast erstellt für Herrn Keck einen Tilgungsplan (alle Werte in EUR):

Jahr (1)	Anfangskapital (2)	Zinsen (10%) (3)	Tilgung (4)	Annuität (5) = (3) + (4)	Endkapital (6) = (2) – (4)
t_1	300.000,00	30.000,00	90.634,44	120.634,44	209.365,56
t_2	209.365,56	20.936,56	99.697,89	120.634,44	109.667,67
t_3	109.667,63	10.966,77	109.667,67	120.634,44	0,00

Die jährliche Annuität errechnet sich nach der im Beispiel 1 genannten Formel.

Bei Geschäftsabschluss zu Beginn des Jahres (t_0) fließt also Geld von der Sparkasse an den Kunden. Am Ende des Jahres (t_1) sowie am Ende der beiden Folgejahre (t_2 bzw. t_3) fließt Geld vom Kunden an die Sparkasse.

Zahlungsstrom Der **Zahlungsstrom** des Darlehens (Kundengeschäft) stellt sich – aus Sicht der Bank – also wie folgt dar:

Einzahlungen des Kunden an die Bank		+ 120.634,44	+ 120.634,44	+ 120.634,44
Auszahlungen der Bank an den Kunden	– 300.000,00			
Zeitpunkt (Jahr)	t_0	t_1	t_2	t_3

Welches Ergebnis erzielt die Bank aus dem Geschäft?

Kalkulationszeitpunkt Zur Ermittlung werden alle zukünftigen Ein- bzw. Auszahlungen auf den **Zeitpunkt des Geschäftsabschlusses (Kalkulationszeitpunkt)** abgezinst.

- **Einzahlungen** (aus Sicht der Bank) sind Gelder, die der Bank in Form von Kundeneinlagen oder Refinanzierungen zufließen sowie Zinszahlungen oder Tilgungen, die der Kunde für Kredite (z. B. Darlehen) an die Bank leistet oder welche die Bank für ihre eigenen Geldanlagen erhält.

- **Auszahlungen** resultieren aus Krediten an Kunden oder Gegenanlagen von Kundengeldern der Bank sowie aus Zinszahlungen oder Tilgungen/Rückzahlungen für Kundeneinlagen oder Refinanzierungen.

Abzinsung (Diskontierung) Da Geld, das erst in der Zukunft fließt, nicht gleich viel wert ist, wie Geld, dessen Zu- oder Abfluss heute stattfindet, werden durch die **Abzinsung (Diskontierung)** sämtliche Einzahlungen und Auszahlungen auf einen einheitlichen Zeitpunkt bezogen und damit **vergleichbar** gemacht.

Um ermitteln zu können, ob ein Kredit- oder Einlagengeschäft, das eine Bank mit einem Kunden getätigt hat oder tätigen will, vorteilhaft für die Bank ist, werden – bezogen auf den Entscheidungszeitpunkt (Abschlussdatum) – die **Zahlungsströme** des **Kundengeschäfts** und die **Zahlungsströme** eines – tatsächlich getätigten oder fiktiven – Gegengeschäfts einander gegenüber gestellt.

Die zukünftigen Zahlungsströme werden – entsprechend ihrer Laufzeit – mit den zum Abschlusszeitpunkt gültigen Marktzinssätzen abgezinst.

5.2 Kalkulation von Bankleistungen im Wertbereich

Wenn die abgezinsten Einzahlungen aus dem Kundengeschäft zusammen mit der zugehörigen Refinanzierung (bei Aktivgeschäften mit dem Kunden) bzw. Gegenanlage (bei Passivgeschäften mit dem Kunden) die abgezinsten Auszahlungen daraus übersteigen, ist das Geschäft **vorteilhaft** für die Bank.

Bei der Marktzinsmethode wird zur Berechnung des Ergebnisses das Kundengeschäft mit einem **fristenkongruenten Interbankengeschäft** verglichen.

Im Beispiel nimmt die Sparkasse Landshut zur Refinanzierung des Darlehens an Herrn Keck Geld bei der Süddeutschen Landesbank auf.

Um die zu Beginn des Kapitels beschriebenen Probleme bei der Verteilung der Konditionenbeiträge auf mehrere Jahre zu vermeiden, muss die Refinanzierung so ausgestaltet sein, dass

- die aus der Refinanzierung resultierenden zukünftigen **Zahlungsströme zeitlich genau** mit den Zahlungsströmen aus dem Kundengeschäft gemäß obiger Tabelle **zusammenfallen** und
- ein **entgegengesetztes Vorzeichen** aufweisen.

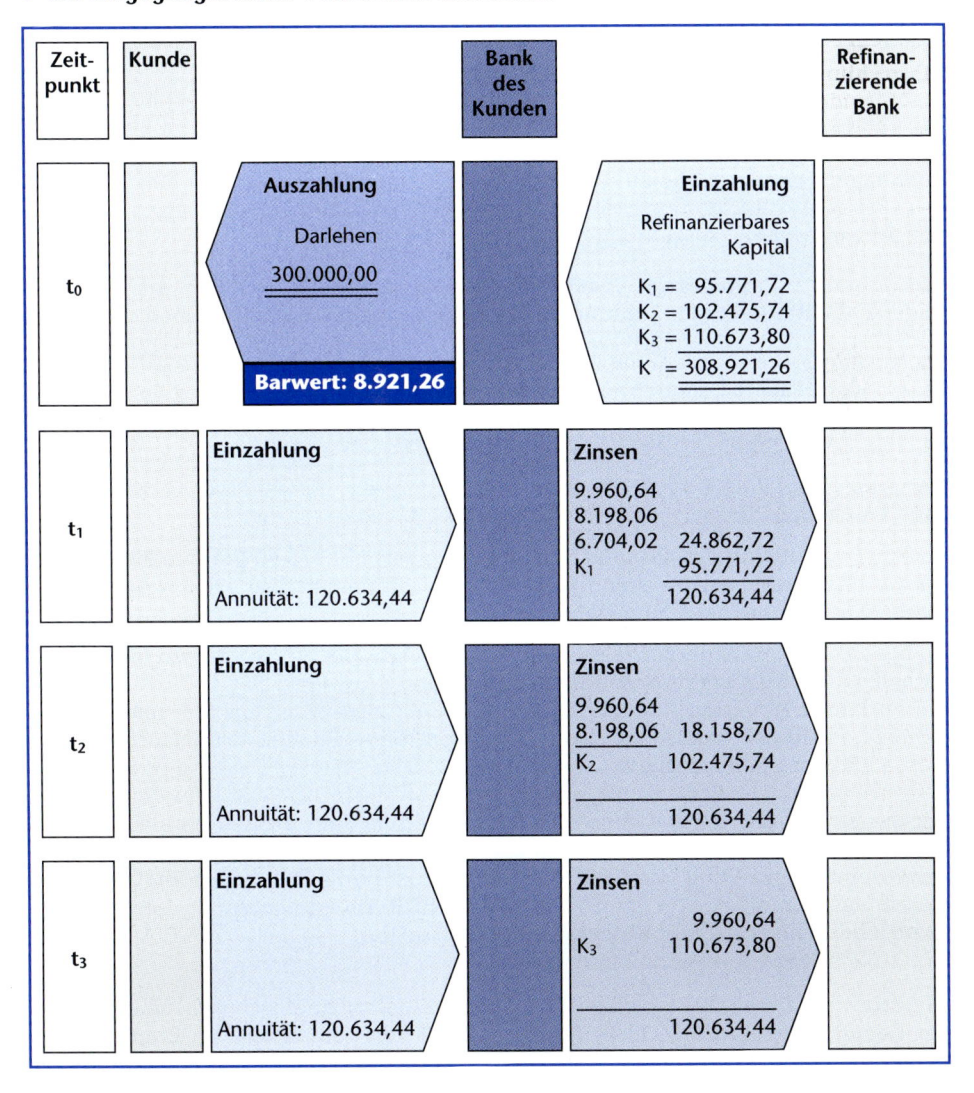

Zeitpunkt	Kunde		Bank des Kunden		Refinanzierende Bank
t_0		Auszahlung Darlehen 300.000,00 Barwert: 8.921,26		Einzahlung Refinanzierbares Kapital K_1 = 95.771,72 K_2 = 102.475,74 K_3 = 110.673,80 K = 308.921,26	
t_1		Einzahlung Annuität: 120.634,44		Zinsen 9.960,64 8.198,06 6.704,02 24.862,72 K_1 95.771,72 120.634,44	
t_2		Einzahlung Annuität: 120.634,44		Zinsen 9.960,64 8.198,06 18.158,70 K_2 102.475,74 120.634,44	

t_3		Einzahlung
		
		Annuität: 120.634,44
				Zinsen
				                  9.960,64
				K_3 110.673,80
				                  120.634,44	

Damit gleichen sich alle zukünftigen Zahlungen exakt aus. Lediglich zum Zeitpunkt des Geschäftsabschlusses (t_0) können Ein- und Auszahlungen voneinander abweichen und damit das Ausmaß der Vorteilhaftigkeit (oder der Nachteiligkeit) des Geschäfts für die Bank anzeigen. Das ist dann auch genau der Betrag, den der Kundenberater als Ergebnis zugerechnet bekommt, da dieser Ein- oder Auszahlungsüberschuss ohne die Tätigkeit des Kundenberaters nicht entstanden wäre. Somit wäre eine zeitlich und betragsmäßig verursachungsgerechte Zuordnung erreicht.

Refinanzierungsdarlehen bei der Landesbank können mit beliebigen Laufzeiten zu den oben bereits genannten Refinanzierungskonditionen aufgenommen werden.

Refinanzierungsdarlehen Aus der obigen Abbildung der Zahlungsströme aus dem Kundengeschäft ist ersichtlich, dass – neben der Auszahlung zum Vertragsabschluss – in den nächsten drei Jahren drei Einzahlungen des Kunden an die Bank erfolgen. Jede dieser Einzahlungen muss durch ein entsprechendes Interbanken-Gegengeschäft ausgeglichen werden. Es sind also drei **Refinanzierungsdarlehen** bei der Süddeutschen Landesbank aufzunehmen.

Das erste Darlehen hat eine Laufzeit von einem Jahr und ist dann mit Zinsen zur Rückzahlung fällig. Das zweite bzw. dritte Darlehen läuft entsprechend zwei bzw. drei Jahre. Hier ist zu beachten, dass während der Laufzeit eines Darlehens dessen Zinsen jährlich fällig sind.

Die Gegengeschäfte (Refinanzierungsgeschäfte) für die in der Zukunft anfallenden Zahlungsströme des Kundengeschäfts beeinflussen also alle zeitlich davor liegenden Zahlungsströme durch die anfallenden Zinszahlungen. So verursacht beispielsweise das Gegengeschäft für den Zahlungsstrom des Kundengeschäfts im Jahr 3 bereits in den Jahren 1 und 2 Zinszahlungen.

Aus diesem Grund **muss die Ermittlung der Gegengeschäfte mit dem am weitesten in der Zukunft liegenden Zahlungsstrom des Kundengeschäfts beginnen.**

Jahr 3 Um im **Jahr 3** eine Auszahlung (negatives Vorzeichen) von 120.634,44 EUR zu erreichen, muss heute (t_0) ein Betrag von 110.673,80 EUR mit einer Laufzeit von 3 Jahren aufgenommen werden. Der Marktzins für 3 Jahre ist 9 %. Diese Aufnahme führt heute zu einer Einzahlung.

Der aufzunehmende Betrag errechnet sich, indem die notwendige Auszahlung im Jahr 3 mit einem Zinssatz von 9 % abgezinst wird.

Im Jahr 3 sind damit der aufgenommene Betrag von 110.673,80 EUR und 9% Zinsen für das dritte Jahr, entsprechend 9.960,64 EUR, zusammen also 120.634,44 EUR, an die Refinanzierungsbank zu bezahlen.

Zu beachten ist, dass der im Jahr 3 zu bezahlende Betrag nur die Zinsen für ein Jahr enthält, weil die Zinszahlungen für die Jahre 1 und 2 (jeweils 9.960,64 EUR) bereits in diesen Jahren zu leisten sind. Die Summe der Zahlungsströme aus Ein- und Auszahlungen im Jahr 3 ist damit 0, d.h. die Zahlungsströme gleichen sich insgesamt aus – was ja Ziel der Maßnahme war.

Jahr 2 Für die Errechnung der notwendigen Auszahlung im **Jahr 2** ist zu berücksichtigen, dass durch die Zinszahlung aus der im vorigen Absatz beschriebenen Geldaufnahme bereits eine Auszahlung von 9.960,64 EUR im Jahr 2 anfällt. Um nun im Jahr 2 eine Gesamtauszahlung von ebenfalls 120.634,44 EUR zu erreichen, ist dieser Betrag **abzuziehen.** Die notwendige Geldaufnahme heute darf also nur zu einer Auszahlung von 110.673,80 EUR im Jahr 2 führen.

Abgezinst mit dem Marktzinssatz für 2 Jahre (8%) errechnet sich ein aufzunehmender Betrag von 102.475,74 EUR. Zusammen mit den beiden im Jahr 2 anfallenden Zinszahlungen wird wieder ein Ausgleich der Zahlungsströme erreicht.

Auch diese Geldaufnahme führt bereits im Jahr 1 zu Zinszahlungen, nämlich 8.198,06 EUR.

Zuletzt wird nun der heute aufzunehmende Betrag für das Gegengeschäft zum Zahlungsstrom im **Jahr 1** errechnet. Bei der Ermittlung des Betrages für das Gegengeschäft müssen die Zinszahlungen aus den vorherigen beiden Gegengeschäften (für die Jahre 2 und 3) berücksichtigt werden. Insgesamt fallen für beide Refinanzierungen Zinszahlungen von 9.960,64 EUR + 8.198,06 EUR = 18.158,70 EUR an, sodass das restliche Gegengeschäft nur 102.475,74 EUR beträgt. Um den heutigen Wert dieses Geschäfts zu ermitteln, wird auch dieser Betrag mit dem Marktzinssatz (in diesem Fall 7% für die einjährige Laufzeit) abgezinst. Man erhält einen heute aufzunehmenden Betrag von 95.771,72 EUR.

Jahr 1

$$t_3 : K_3 = \frac{120.634,44}{1 + \frac{9}{100}} = 110.673,80 \text{ EUR}$$

$$t_2 : K_2 = \frac{(120.634,44 - 9.960,64)}{1 + \frac{8}{100}} = 102.475,74 \text{ EUR}$$

$$t_1 : K_1 = \frac{(120.634,44 - 9.960,64 - 8.198,06)}{1 + \frac{7}{100}} = 95.771,22 \text{ EUR}$$

Um in den Jahren 1, 2 und 3 Auszahlungen zu erreichen, die betragsmäßig den Einzahlungen (Zins und Tilgung) aus dem Kundengeschäft entsprechen, können im Zeitpunkt des Abschlusses des Kundengeschäfts Geldaufnahmen von insgesamt 308.921,26 EUR getätigt werden. Die Darlehensvergabe an den Kunden führt heute zu einer Auszahlung in Höhe von 300.000,00 EUR. Die Interbanken-Refinanzierungen führen zu Einzahlungen von 308.921,26 EUR.

Die Differenz der abgezinsten Ein- und Auszahlungen ist der **Barwert (Nettokapitalwert)** des Kundengeschäfts. Er beträgt hier 8.921,26 EUR.

Barwert (Nettokapitalwert)

Bei der Konstruktion einer zahlungsstromkongruenten Refinanzierung kann heute also ein um fast 9 TEUR höherer Betrag aufgenommen werden, als an den Kunden ausgezahlt wird. Die Zahlungsstromdifferenz weist ein positives Vorzeichen (Einzahlungsüberschuss für die Bank) aus. Damit ist das mit dem Kunden getätigte Aktivgeschäft vorteilhaft für die Bank.

Der Berater bekommt im Abschlussjahr diesen Barwert als Erfolg zugerechnet.

Alle Geschäfte (Aktiv- und Passivgeschäfte), bei denen der Barwert (Nettokapitalwert), der sich aus der Zahlungsstromdifferenz bezogen auf den Abschlusszeitpunkt errechnet, positiv ist, sind vorteilhaft für die Bank.

Vor- und Nachteile/Anwendungsbereich und -grenzen der Barwertmethode

Eine reine Margenbetrachtung sieht beispielsweise zwei Darlehen, die jeweils eine Marge von einem Prozent erbringen, aber unterschiedliche Laufzeiten haben, als gleichwertig an. Dabei wird aber verkannt, dass bei einer dreijährigen Laufzeit der dreifache Konditionenbeitrag im Vergleich zu einer einjährigen Laufzeit erzielt wird. Eine Betrachtung auf der Basis von Barwerten berücksichtigt demgegenüber, dass bei längeren Laufzeiten die Marge mehrfach ertragswirksam wird.

So kann ein Geschäft mit kurzer Laufzeit und hoher Marge denselben Barwert erbringen wie ein länger laufendes Geschäft mit geringerer Marge.

Dies könnte aber den Kundenberater möglicherweise dazu veranlassen, bei länger laufenden Geschäften Konditionszugeständnisse zu machen, da die längere Laufzeit eine reduzierte Marge ausgleicht und der Barwert des Geschäfts im Vergleich zu einem kurzfristigen Geschäft ohne Sonderkonditionen möglicherweise unverändert bleibt.

> Der Barwert kann die Marge nicht ersetzen, sondern nur ergänzen.

Die Barwertmethode ist für alle Aktiv- und Passivgeschäfte mit Festzinsvereinbarung anwendbar. Auch für variabel verzinsliche Geschäfte, bei denen neben dem Zinssatz auch das Volumen im Zeitverlauf schwanken kann, ist eine Barwertberechnung möglich.

Die Darstellung der hier zum Ansatz kommenden Verfahren würde aber den Rahmen dieses Buches sprengen.

Zusammenfassung

Aus Sicht der Bank sind bei

Aktivgeschäfte
- Darlehensgewährungen an den Kunden (Aktivgeschäfte)
  Einzahlungen
  - die Zins- und Tilgungszahlungen des Kunden
  - der zufließende Betrag aus der Refinanzierung

  Auszahlungen
  - der abfließende Darlehensbetrag
  - die Zins- und Tilgungszahlungen an die refinanzierende Bank

Passivgeschäfte
- Einlagen des Kunden (Passivgeschäfte)
  Einzahlungen
  - die Einlage des Kunden
  - die Zins- und Tilgungszahlungen aus der Gegenanlage

  Auszahlungen
  - die Zins- (und Tilgungs-) zahlungen an den Kunden
  - der abfließende Betrag für die Gegenanlage

- Das Barwertmodell der Marktzinsmethode vergleicht die Anfangszahlung eines Geschäfts mit den abgezinsten Folgezahlungen unter Berücksichtigung der zugehörigen Gegenanlagen bzw. Refinanzierungen.

- Die Abzinsung erfolgt mit den Marktzinssätzen für die jeweilige Laufzeit.

- Der Barwert ist die Differenz zwischen den abgezinsten Zahlungsströmen aus dem Kundengeschäft und den zugehörigen Gegengeschäften (Interbankengeschäften).

- Ein positiver Barwert zeigt die Vorteilhaftigkeit eines Geschäftes für die Bank an.

- Ein negativer Barwert zeigt die Nachteiligkeit eines Geschäftes für die Bank an.

- Ein identischer Barwert kann durch unterschiedliche Geschäfte erzielt werden:
  - Geschäfte mit langen Laufzeiten, aber mit geringeren Margen oder
  - Geschäfte mit kurzen Laufzeiten, aber mit höheren Margen

- Es besteht eine Tendenz zu Geschäften mit längeren Laufzeiten und niedrigeren (weil kundenfreundlicheren) Margen.

- Die Vorteilhaftigkeit eines Geschäfts ist anhand von Marge und Barwert zu beurteilen.

Aufgaben zu Kapitel 5.2.2

1. Wie groß wären die Barwerte im Beispiel 1 a) und b), wenn die Baufinanzbank mit einer Marge von 2%-Punkten rechnen würde und die Kundenkonditionen entsprechend höher wären?

2. Wie groß ist der Barwert im Beispiel 2, wenn folgende Kapitalmarktzinssätze gelten:

    1 Jahr: 6%;   2 Jahre: 7%;   3 Jahre: 8%?

3. Wie groß ist der Barwert, wenn Jonas Keck im Beispiel 2 kein Darlehen erhält, sondern umgekehrt eine Einlage in derselben Höhe tätigt?

5.3 Kalkulation von Bankleistungen im Betriebsbereich mit Hilfe der Vollkostenrechnung

Um die Preise für ihre Leistungen im Betriebsbereich zu bestimmen, müssen die Kreditinstitute die Preise der Konkurrenz und die eigenen Kosten kennen. Außerdem zeigt die Kenntnis der Kosten Möglichkeiten zur Kostensenkung und damit zur Rentabilitätssteigerung.

> Zur **Ermittlung der Selbstkosten** sind drei Fragen zu beantworten:
>
> 1. **Welche** Kosten fallen an?
>   – Darauf antwortet die **Kostenartenrechnung.**
>
> 2. **Wo** fallen die Kosten an?
>   – Darauf antwortet die **Kostenstellenrechnung.**
>
> 3. **Wofür** fallen die Kosten an?
>   – Darauf antwortet die **Kostenträgerrechnung.**

Ermittlung der Selbstkosten

Je nachdem, ob die Kosten voll oder nur zum Teil erfasst und verrechnet werden, ist die Kostenrechnung ferner zu gliedern in die

▶ **Vollkostenrechnung**
 und die
▶ **Teilkostenrechnung.**

5.3.1 Kostenartenrechnung

> Die **Kostenarten können gegliedert** werden nach
>
> ▶ der Abhängigkeit vom Beschäftigungsgrad,
> ▶ der Art der verbrauchten Produktionsfaktoren,
> ▶ dem Zeitbezug,
> ▶ der Zurechenbarkeit zu Kostenträgern und Kostenstellen.

Kostenarten

5.3.1.1 Kosten nach der Abhängigkeit vom Beschäftigungsgrad

> **Variable Gesamtkosten** sind Kosten, die sich mit dem Beschäftigungsgrad ändern.

Variable Gesamtkosten

Beispiel

Ein PKW verbraucht auf 100 km 8 Liter Benzin zu 1,60 EUR/l.

fixe Gesamtkosten | **Fixe Gesamtkosten** sind Kosten, die sich mit dem Beschäftigungsgrad nicht ändern.

Beispiel

Ein PKW wird ohne Berücksichtigung der tatsächlichen Wertminderung jährlich mit 20.000,00 EUR linear abgeschrieben.

(Siehe hierzu auch nebenstehende Abbildung.)

☞ Zu den proportional variablen Gesamtkosten des Beispiels

Die grafische Darstellung der Kosten geht von der Annahme aus, dass sie um 8 l · 1,60 EUR/l = 12,80 EUR steigen, wenn die Fahrleistung um 100 km steigt. Eine derartige dem Steigen der Leistung exakt proportionale Steigerung der Benzinkosten gibt es in der Praxis nicht. In dem Maße, in dem der Anteil des »Stop-and-Go-Stadtverkehrs« an der gesamten Fahrleistung steigt, nimmt der Benzinverbrauch überproportional zu. In dem Maße, in dem der Anteil des Autobahnverkehrs an der gesamten Fahrleistung steigt, nimmt der Benzinverbrauch bei Einhaltung der optimalen Geschwindigkeit unterproportional zu.

Die Benzinkosten sind als Gesamtkosten proportional variabel und als Stückkosten konstant.

☞ Zu den fixen Gesamtkosten des Beispiels

Hier gilt, dass die Abschreibungen als Gesamtkosten fix und als Stückkosten degressiv variabel sind, weil sich die fixen Gesamtkosten mit steigender Fahrleistung auf eine immer größere Kilometerzahl verteilen.

Sprungfixe Kosten | Die fixen Gesamtkosten können jedoch nicht als absolut fix angesehen werden. Wird ein zweiter PKW angeschafft, so »springen« die Abschreibungen von 20.000,00 EUR auf 40.000,00 EUR. Eine Kapazitätserweiterung führt also zu »**sprungfixen**« und insofern auch variablen Gesamtkosten.

In den **Kreditinstituten** spielen die variablen Gesamtkosten im Betriebsbereich eine unbedeutende Rolle. Sie kommen in Gestalt von Formularkosten vor, die mit der Zahl der Geschäftsfälle variieren. Die Masse der Gesamtkosten ist fix. »Sprünge« der fixen Gesamtkosten treten bei der Erweiterung oder Verkleinerung des Geschäftsstellennetzes, des Personalbestandes, des Automatenbestandes usw. auf.

5.3.1.2 Kosten nach der Art der verbrauchten Produktionsfaktoren

Nach der Art der verbrauchten Produktionsfaktoren lassen sich die Kosten einteilen in:

▸ **Personalkosten**

▸ **Sachkosten**
- Raumkosten
- BGA-Kosten
- EDV-Kosten → insbesondere Abschreibungen, Energiekosten, Versicherungsbeiträge
- Fuhrparkkosten
- Materialkosten
- Sonstige Kosten, z.B. Werbekosten

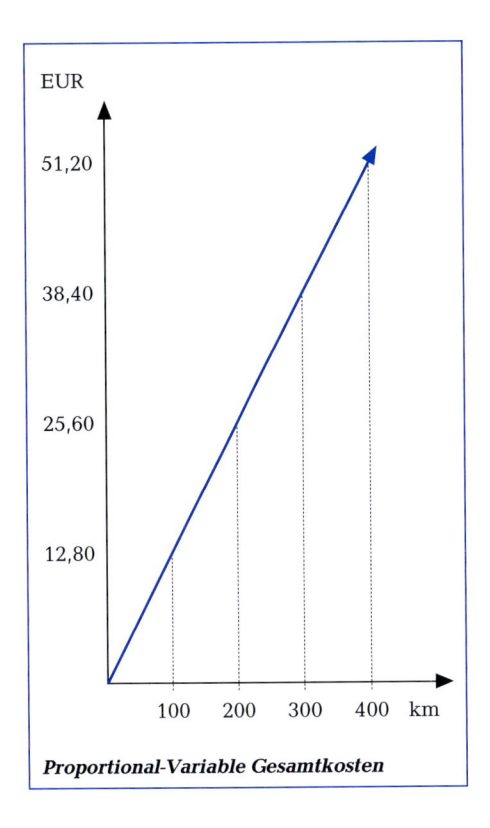

5.3 Kalkulation von Bankleistungen im Betriebsbereich mit Hilfe der Vollkostenrechnung

Proportional-Variable Gesamtkosten

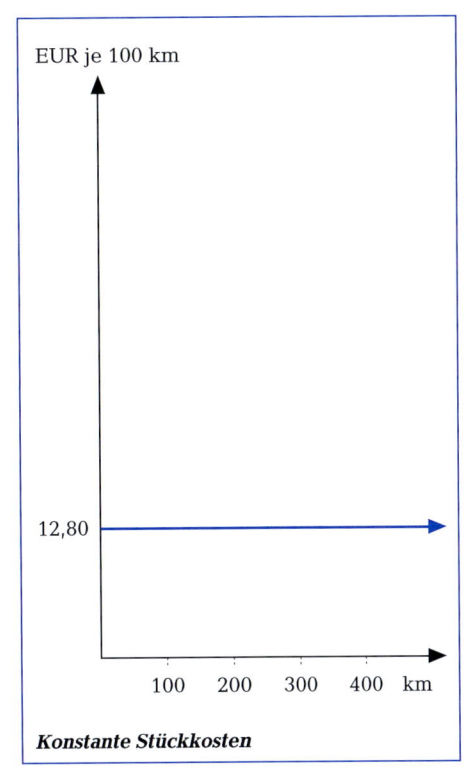

(EUR: 12,80; 25,60; 38,40; 51,20 bei 100, 200, 300, 400 km)

Konstante Stückkosten

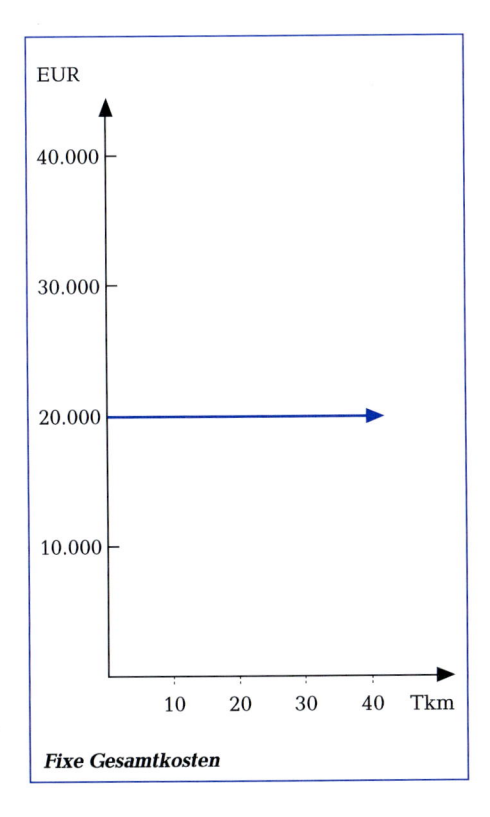

(EUR je 100 km: 12,80 konstant)

Fixe Gesamtkosten

(EUR: 20.000 konstant über 10, 20, 30, 40 Tkm)

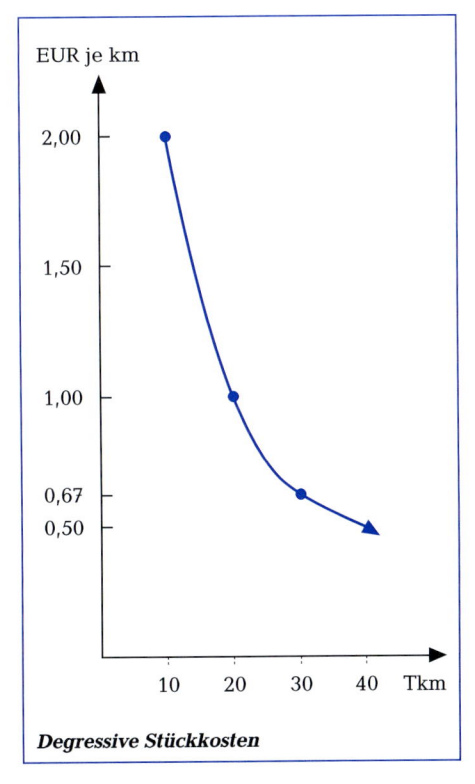

Degressive Stückkosten

(EUR je km: 2,00; 1,00; 0,67; 0,50 bei 10, 20, 30, 40 Tkm)

5.3.1.3 Kosten nach dem Zeitbezug

Die Leistungen eines Kreditinstitutes müssen vorausgeplant werden, um die für sie benötigte Personal- und Sachkapazität bereitstellen zu können. Die dabei entstehenden Kosten müssen ebenfalls vorausgeplant werden, um die Mittel zu beschaffen, die für ihre Deckung erforderlich sind. Als Basis für den Kostenansatz können **Normalkosten** dienen, die sich als Durchschnittskosten aus der Vergangenheit ableiten lassen. Diese Normalkosten sollten jedoch für die Zwecke der Vorschaurechnung entsprechend der geplanten Kapazitätsauslastung und entsprechend der zu erwartenden Veränderungen, etwa durch Tariferhöhungen oder Personaleinsparungen, modifiziert werden. Erst die so modifizierten Normalkosten sind als **Plankosten** für Vorschaurechnungen und Angebotskalkulationen brauchbar.

Normalkosten

Plankosten

Istkosten   Den Plankosten sind dann nach Abschluss einer Rechnungsperiode die **Istkosten** gegenüberzustellen, um die Planung für die nächste Periode verbessern zu können.

5.3.1.4 Kosten nach der Zurechenbarkeit

Einzelkosten

Einzelkosten sind Kosten, die einem Produkt, einer Geschäftsstelle oder einem Kunden direkt zugeordnet werden können, wie z.B. die Kosten für das Formular bei der Bearbeitung einer Scheckeinreichung.

Gemeinkosten

Gemeinkosten sind Kosten, die für mehrere Leistungen gemeinsam anfallen, wie z.B. die Kosten für die PR-Arbeit eines Kreditinstitutes. Besteht die Möglichkeit, sie wenigstens den Kostenstellen eines Kreditinstituts direkt zuzurechnen, wie z.B. die Stromkosten über Stromzähler in den einzelnen Abteilungen, so liegen **Stellen-Einzelkosten** vor. Ist auch das nicht möglich, so muss die Verteilung der Gemeinkosten, in diesem Falle der **Stellen-Gemeinkosten** nach mehr oder weniger willkürlichen Schlüsseln erfolgen, z.B. nach der Belastbarkeit einer Leistung, die sich aus der Positionierung auf dem Markt ergibt.

Stellen-Einzelkosten

Stellen-Gemeinkosten

In Anlehnung an diese Begriffsbildung unterscheidet man in den Kreditinstituten zwischen **Betriebskosten** und **Overheadkosten**.

Betriebskosten
RechKredV
Formblatt 3
Positionen
10. und 11.

Die **Betriebskosten** sind entsprechend der RechKredV, Formblatt 3, Positionen 10. und 11., die Personalaufwendungen, die Sachaufwendungen (wie Mietaufwendungen, Bürobetriebskosten und Werbekosten sowie die Kosten für Fremddienste) und die Abschreibungen und Wertberichtigungen auf immaterielle Anlagewerte und Sachanlagen.

Overheadkosten
RechKredV
Formblatt 3
Position 13.

Overheadkosten sind die Kosten eines Kreditinstituts, die nicht Betriebskosten oder Risikokosten entsprechend der RechKredV, Formblatt 3, Position 13. sind. Risikokosten in Gestalt von Kursverlusten bei Wertpapieren der Liquiditätsreserve und Vermögensbeständen in Fremdwährung sowie Verluste durch das Zinsänderungsrisiko gehören zu den Overheadkosten. (Dabei handelt es sich um Abschreibungen auf Forderungen und bestimmte Wertpapiere sowie Zuführungen zu Rückstellungen im Kreditgeschäft.)

Zusammenfassung

GLIEDERUNG der KOSTENARTEN

Kosten nach der Abhängigkeit vom Beschäftigungsgrad

Variable Kosten	**Fixe Kosten**
= beschäftigungsabhängige Kosten	= beschäftigungsunabhängige Kosten

5.3 Kalkulation von Bankleistungen im Betriebsbereich mit Hilfe der Vollkostenrechnung

Kosten nach der Art der verbrauchten Produktionsfaktoren

Personalkosten | **Sachkosten**

Kosten nach dem Zeitbezug

Istkosten
= in der Vergangenheit tatsächlich entstandene Kosten

Normalkosten
= durchschnittliche Istkosten zur Leistungsmessung

Plankosten
= Kosten, die zukünftig nicht überschritten werden sollen

Kosten nach ihrer Zurechenbarkeit

Einzelkosten
= Kosten, die
– Produkten,
– Kunden oder
– Geschäftsstellen
direkt zugerechnet werden können

Gemeinkosten
= Kosten, die
– Produkten,
– Kunden oder
– Geschäftsstellen
nicht direkt zugerechnet werden können

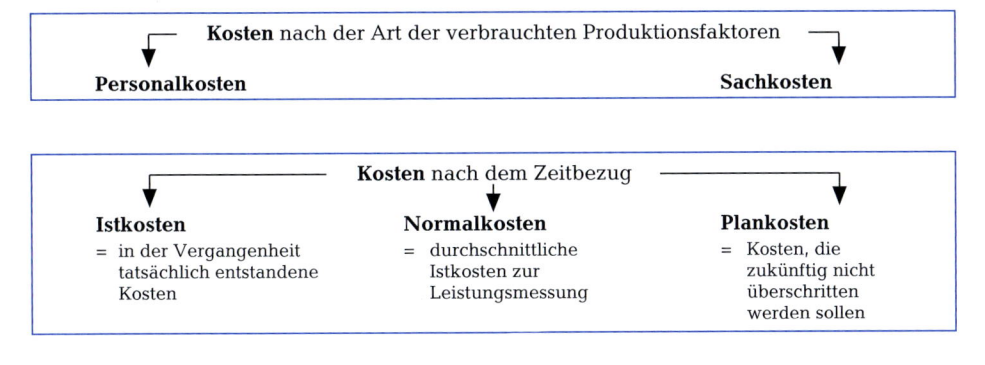

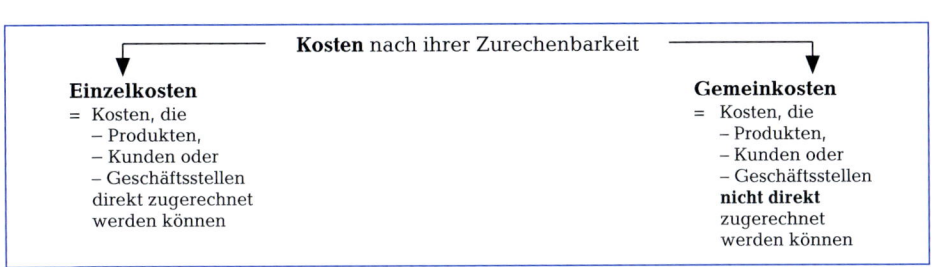

Aufgaben zu Kapitel 5.3.1

[1] Worin unterscheiden sich

a) Gemeinkosten – Einzelkosten

b) Fixe Kosten – Variable Kosten

c) Plankosten – Istkosten

d) Sachkosten – Personalkosten?

[2] Wie unterscheidet sich die Kostenstruktur der Deutsche Bank AG von der Kostenstruktur der Volkswagen AG?

Unternehmen Kosten- struktur nach	Volkswagen AG	Deutsche Bank AG
der Abhängigkeit der Kosten vom Beschäftigungsgrad		
der Zurechenbarkeit der Kosten		

③ Sind die folgenden Kosten fix oder variabel?

a) Gehälter der Vorstandsmitglieder

b) Leistungsprämien für Kundenberater

c) Kosten für Vordrucke

d) Raumpflegemittel

e) Kosten für den Druck des Geschäftsberichtes

f) Reparaturen der Geldautomaten

g) Abschreibungen auf Fahrzeuge des Fuhrparks

h) Miete für Geschäftsstellen

i) Stromkosten

④ Die Europäische Bank AG unterhält in Berlin, Unter den Linden, eine Geschäftsstelle in einem bankeigenen Gebäude, deren kalkulatorische Miete mit 1,2 Mio. EUR pro Jahr angesetzt ist.

Im Verlaufe des letzten Jahres wurden folgende Erlöse in Mio. EUR für diese Geschäftsstelle ermittelt:

Jan.	Feb.	März	April	Mai	Juni	Juli	Aug.	Sept.	Okt.	Nov.	Dez.
2	1	1	1	3	3	4	6	5	3	1	9

Zeigen Sie mit Hilfe einer Grafik, wie sich die kalkulatorische Miete pro 1,00 EUR Erlös im Laufe des Jahres gegenüber dem Durchschnitt entwickelte.

5.3.2 Kostenstellenrechnung mit Hilfe des Betriebsabrechnungsbogens (BAB)

Kostenstellen sind die Orte der Kostenentstehung. Sie werden gebildet, um die Kosten nach dem Verursachungsprinzip erfassen und verteilen zu können. Sie können nach räumlichen, funktionalen oder kalkulatorischen Kriterien oder nach Verantwortungsbereichen gegenseitig abgegrenzt werden.

Die Kostenstellen sind nach Haupt- und Hilfskostenstellen zu unterscheiden.

Hauptkostenstellen erbringen Leistungen direkt für den Markt. Dazu zählen z.B. die Privatkundenabteilung, die Firmenkundenabteilung, die Finanz- und Vermögensberatung, die Außenhandelsabteilung, die Immobilienabteilung und die Filialen.

Hilfskostenstellen erbringen Leistungen für andere Kostenstellen. Sie lassen sich weiter in Allgemeine und Besondere Hilfskostenstellen unterscheiden. Zu den **Allgemeinen Hilfskostenstellen** zählen vor allem die Geschäftsleitung und ihre Stabsabteilungen, zu den **Besonderen** z.B. die Datenerfassung, der EDV-Bereich, der Fuhrpark u.a. (Diese Abgrenzung ist jedoch nicht eindeutig und wird daher von den Kreditinstituten auf verschiedene Weise vorgenommen.)

5.3 Kalkulation von Bankleistungen im Betriebsbereich mit Hilfe der Vollkostenrechnung

Beispiel

Die Münchner Handelsbank AG stellt einen BAB nach folgenden Angaben auf:

Folgende Kosten sind im vergangenen Geschäftsjahr angefallen:

Kostenarten	Summen TEUR	Kostenstellen Einzelkosten TEUR	Kostenstellen Gemeinkosten TEUR
Personalkosten			
– Gehälter	100.000	70.000	30.000
– Sozialabgaben	30.000	20.000	10.000
Sachkosten			
– Raumkosten	90.000	60.000	30.000
– BGA-Abschreibungen	40.000	20.000	20.000
– sonstige Sachkosten	20.000	10.000	10.000
	280.000	**180.000**	**100.000**

Schlüssel für die Verteilung der Kostenstellen-Kosten in %:

	Stelleneinzelkosten				Stellen-gemeinkosten
	Personal	Raumkosten	BGA	Sonstige	
Allgemeine Verwaltung	10	15	5	10	10
Buchhaltung	5	10	10	10	5
Datenerfassung	10	5	5	10	5
EDV-Bereich	5	5	5	5	10
Zahlungsverkehr	25	25	25	15	20
Privatkunden	15	5	15	10	25
Firmenkunden	15	5	10	15	15
Auslandsgeschäft	10	5	10	15	5
Immobiliengeschäft	5	25	15	10	5
Summe	**100**	**100**	**100**	**100**	**100**

Schlüssel für die Verteilung der Hilfskostenstellen-Kosten in %:

Hilfs-kostenstellen \ Kostenstellen	1	2	3	4	5	6	7	8	9	Σ
1	–	10	10	10	20	10	20	10	10	100
2	–	–	20	10	30	10	10	10	10	100
3	–	–	–	50	10	10	10	10	10	100
4	–	–	–	–	50	20	10	10	10	100

Betriebsabrechnungsbogen (BAB) der Münchner Handelsbank AG in TEUR

Kostenstellen → Kostenarten ↓	Summe der Kosten	Hilfskostenstellen														Hauptkostenstellen								
		Allgemeine Verwaltung 1		Buchhaltung 2		Datenerfassung 3		EDV-Bereich 4		Zahlungsverkehr 5		Privatkunden 6		Firmenkunden 7		Auslandsgeschäft 8		Immobiliengeschäft 9	
	TEUR	%	TEUR	%	TEUR	%	TEUR	%	TEUR	%	TEUR	%	TEUR	%	TEUR	%	TEUR	%	TEUR
Kostenstelleneinzelkosten																			
Personalkosten																			
– Gehälter	70.000	10	7.000	5	3.500	10	7.000	5	3.500	25	17.500	15	10.500	15	10.500	10	7.000	5	3.500
– Sozialabgaben	20.000	10	2.000	5	1.000	10	2.000	5	1.000	25	5.000	15	3.000	15	3.000	10	2.000	5	1.000
Sachkosten																			
– Raumkosten	60.000	15	9.000	10	6.000	5	3.000	5	3.000	25	15.000	5	3.000	5	3.000	5	3.000	25	15.000
– BGA-Abschreibungen	20.000	5	1.000	10	2.000	5	1.000	5	1.000	25	5.000	15	3.000	10	2.000	10	2.000	15	3.000
– sonstige Sachkosten	10.000	10	1.000	10	1.000	10	1.000	5	500	15	1.500	10	1.000	15	1.500	15	1.500	10	1.000
Summe KST-Einzelkosten	180.000		20.000		13.500		14.000		9.000		44.000		20.500		20.000		15.500		23.500
Kostenstellengemeinkosten																			
Personalkosten																			
– Gehälter	30.000	10	3.000	5	1.500	5	1.500	10	3.000	20	6.000	25	7.500	15	4.500	5	1.500	5	1.500
– Sozialabgaben	10.000	10	1.000	5	500	5	500	10	1.000	20	2.000	25	2.500	15	1.500	5	500	5	500
Sachkosten																			
– Raumkosten	30.000	10	3.000	5	1.500	5	1.500	10	3.000	20	6.000	25	7.500	15	4.500	5	1.500	5	1.500
– BGA-Abschreibungen	20.000	10	2.000	5	1.000	5	1.000	10	2.000	20	4.000	25	5.000	15	3.000	5	1.000	5	1.000
– sonstige Sachkosten	10.000	10	1.000	5	500	5	500	10	1.000	20	2.000	25	2.500	15	1.500	5	500	5	500
Summe KSt-Gemeinkosten	100.000		10.000		5.000		5.000		10.000		20.000		25.000		15.000		5.000		5.000
Umlage von																			
– Allgemeine Verwaltung	30.000			10	3.000	10	3.000	10	3.000	20	6.000	10	3.000	20	6.000	10	3.000	10	3.000
– Buchhaltung	21.500					20	4.300	10	2.150	30	6.450	10	2.150	10	2.150	10	2.150	10	2.150
– Datenerfassung	26.300							50	13.150	10	2.630	10	2.630	10	2.630	10	2.630	10	2.630
– EDV-Bereich	37.300									50	18.650	20	7.460	10	3.730	10	3.730	10	3.730
Summe Hauptkostenstellen			30.000		21.500		26.300		37.300		97.730		60.740		49.510		32.010		40.010

Die Erstellung eines Betriebsabrechnungsbogens durchläuft mehrere Stufen: **Stufen des Betriebsabrechnungsbogens**

1. Die **Kostenstellen** werden voneinander abgegrenzt.
2. Die **Kosten** werden ihrer Art nach aufgrund von Belegen erfasst.

   Als Kostenbelege dienen u.a.:
   - Gehaltslisten,
   - Material-Einkaufsrechnungen,
   - Stromrechnungen,
   - Heizkostenabrechnungen,
   - Auszüge aus der Anlagenkartei für Abschreibungen usw.

3. Die **Kostenstellen-Einzelkosten** werden ebenfalls aufgrund von Belegen auf die Kostenstellen verteilt. Soweit das nicht möglich ist, müssen geeignete Bezugsbasen ausgewählt werden, wie z.B. die Raumgröße für die Raumkosten. Gegebenenfalls müssen Kostenanalysen durchgeführt werden, z.B. um den Papierverbrauch festzustellen.

   Derartige Kostenanalysen sind aufwendig. Sie machen sich aber in der Regel durch das Aufdecken von Einsparmöglichkeiten bezahlt, die zur Verminderung der Kosten und vielleicht sogar der Umweltbelastung führen.

4. Die **Kostenstellen-Gemeinkosten** können den Kostenstellen nur aufgrund mehr oder weniger grober Schätzungen zugeordnet werden. Im Beispiel ist als Verteilungsschlüssel die Verteilung der Personalkosten auf die Kostenstellen gewählt worden.

5. Die **Summen der Hilfskostenstellen** können nur aufgrund noch gröberer Schätzungen auf die Kostenstellen umgelegt werden. Im Beispiel ist einfach davon ausgegangen worden, dass etwa jeweils die Hälfte der Kosten einer Hilfskostenstelle auf den Servicebereich »Zahlungsverkehr« entfällt und die andere Hälfte etwa gleichmäßig auf die restlichen Kostenstellen zu verteilen ist. (Nur mit EDV-Unterstützung ist dabei auch das Problem der wechselseitigen Verflechtung von Kostenstellen zu lösen. Z.B. müssten Kostenteile der Hilfskostenstelle »EDV-Bereich« auch der Hilfskostenstelle »Allgemeiner Verwaltung« zugerechnet werden. Das geht aber nicht so ohne weiteres, weil die Kostensumme des EDV-Bereichs erst nach Umverteilung der Kostensumme der Allgemeinen Verwaltung berechnet werden kann. Dieses Problem ist nur mit Hilfe mathematischer Näherungsverfahren lösbar.)

6. Die **Summen der Hauptkostenstellen** sind schließlich den von ihnen erbrachten Marktleistungen, also den Kostenträgern, zuzurechnen.

Zusammenfassung

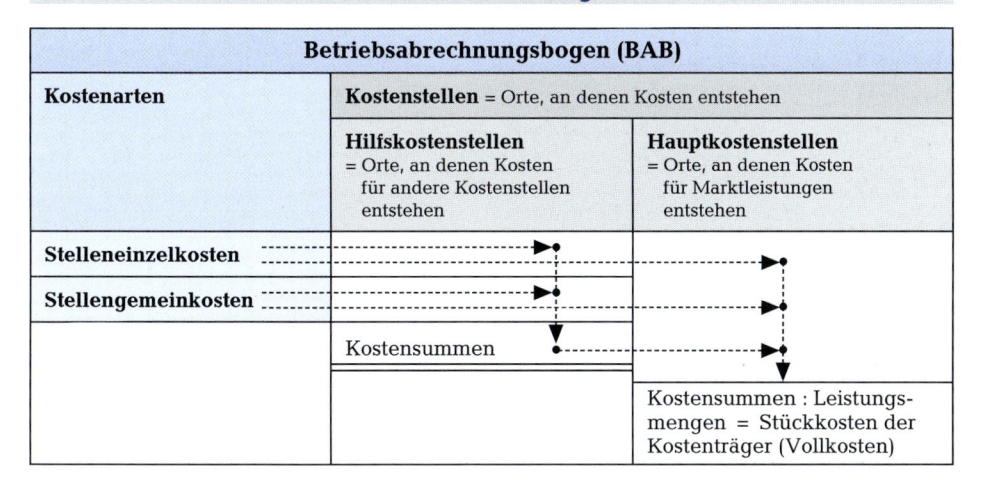

Kostenarten	Betriebsabrechnungsbogen (BAB)	
	Kostenstellen = Orte, an denen Kosten entstehen	
	Hilfskostenstellen = Orte, an denen Kosten für andere Kostenstellen entstehen	**Hauptkostenstellen** = Orte, an denen Kosten für Marktleistungen entstehen
Stelleneinzelkosten		
Stellengemeinkosten		
	Kostensummen	
		Kostensummen : Leistungsmengen = Stückkosten der Kostenträger (Vollkosten)

Aufgaben zu Kapitel 5.3.2

1. Welche Kostenstellen können für ein Kreditinstitut gebildet werden?

2. Welche Vor- und welche Nachteile hat eine große Anzahl von Kostenstellen für die Kosten- und Erlösrechnung?

3. Warum muss für jedes Profit-Center eine Kostenstelle gebildet werden?

4. Warum ist es auch für die Kosten- und Erlösrechnung zweckmäßig, zwischen Firmenkunden und Privatkunden sowie innerhalb der Privatkunden zwischen »Vermögenden Privatkunden« und »Mengenkunden« zu unterscheiden?

5. Mit welchen Schlüsseln können folgende Kosten auf die Kostenstellen verteilt werden?

    a) Stromkosten

    b) Heizkosten

    c) Abschreibungen auf Gebäude

    d) Fuhrparkkosten

    e) Gehälter der Mitarbeiter

    f) Abschreibungen auf Betriebs- und Geschäftsausstattung

6. Die Fränkische Bank AG hat folgende Kostenstellen gebildet:

    ① Vorstand und Stabsabteilungen

    ② Hausverwaltung

    ③ Fuhrpark

    ④ EDV und Buchhaltung

    ⑤ Vermögende Privatkunden

    ⑥ Sonstige Privatkunden

    ⑦ Firmenkunden

    Die Fränkische Bank AG verteilt ihre Kosten für das vergangene Jahr nach folgendem Schlüssel, den ihr ein Unternehmensberater erstellt hat:

Prozentschlüssel 1 für die Verteilung der Kosten auf die Kostenstellen								
Kostenstellen Kosten in TEUR		1 %	2 %	3 %	4 %	5 %	6 %	7 %
Provisionen	751					60	30	10
Personalkosten	44.450	20	2	1	7	10	40	20
Sachkosten	15.165	10	15	5	20	10	30	10
Abschreibungen auf Sachanlagen	3.050	4	70	6	10	1	5	4
Abschreibungen auf Forderungen	17.150					2	8	90

5.3 Kalkulation von Bankleistungen im Betriebsbereich mit Hilfe der Vollkostenrechnung

Prozentschlüssel 2 für die Verteilung der Kostensummen der Hilfskostenstellen auf							
Hilfs-kostenstellen Summen in TEUR \ Kostenstellen	1	2	3	4	5	6	7
(1)	–	5	1	4	20	40	30
(2)	–	–	5	15	5	70	5
(3)	–	–	–	2	10	8	80
(4)	–	–	–	–	5	80	15

a) Stellen Sie den BAB auf.

b) Welche Problematik der Methode wird insbesondere bei der Verteilung der Summe der Kostenstelle »Fuhrpark« sichtbar?

c) Wie viele Kilometer müsste der Fuhrpark an Fahrleistung erbringen, damit die Kosten/km –,50 EUR/km nicht übersteigen?

d) Wie viele vermögende Privatkunden müssten von der Kostenstelle »Vermögende Privatkunden« betreut werden, damit die Kosten pro Kunde 10.000,00 EUR im Jahr nicht übersteigen?

e) Wie viele Firmenkunden müssten betreut werden, damit die Kosten pro Kunde 20.000,00 EUR nicht übersteigen?

f) Warum ist die Kostenträgerrechnung, die der BAB ermöglicht, gänzlich ungeeignet, um Produkte des Massengeschäfts, wie z.B. Lastschrifteneinzug, zu kalkulieren?

5.3.3 Kostenträgerrechnung

Sollen aus dem BAB die Selbstkosten abgeleitet werden, die auf einen Kostenträger entfallen, so stehen den Kreditinstituten dafür die Divisionskalkulation und ihre verfeinerte Form, die Äquivalenzziffernkalkulation, zur Verfügung.

5.3.3.1 Divisionskalkulation

Beispiel (Fortsetzung)

In der Kostenstelle »Privatkundenberatung« wurden in der abgeschlossenen Periode 700.000 Einzelleistungen, z.B. in Gestalt von Wertpapierkäufen und -verkäufen, erbracht. Dabei sind laut BAB Gesamtkosten von 60.740 TEUR entstanden.

$$\text{Selbstkosten einer Leistung} = \frac{60.740.000}{700.000} = \underline{\underline{86{,}77 \text{ EUR/St.}}}$$

Kritische Bewertung der Divisionskalkulation

Wenn in der Kostenstelle »Privatkundenberatung« noch andere Leistungen, z.B. in Gestalt von Baufinanzierungen erbracht wurden, so ist wegen qualitativer und quantitativer Unterschiede in der Leistungserbringung die einfache Divisionskalkulation zu ungenau. Sie muss dann durch eine verfeinerte Form, die Äquivalenzziffernkalkulation, ersetzt werden.

5.3.3.2 Äquivalenzziffernkalkulation

Werden in einer Haupkostenstelle qualitativ unterschiedliche Leistungen erbracht, so müssen sie durch Äquivalenzziffern vergleichbar gemacht werden, wenn man die Einfachheit der Divisionskalkulation trotzdem nutzen will.

Beispiel

Stückkostenkalkulation für die Hauptkostenstelle »Privatkunden« in EUR

Nr.	Verkaufs-leistung	a Anzahl je Abschluss	b Aufwand je Leistung in Minuten	c Äqui-valenz-ziffer	d = a · c Rechen-einheiten	e = RE · c Stückkosten je Leistungs-einheit	f = a · e Kosten-stellen-summe
1	Fonds	120.000	30	3	360.000	91,11	10.933.200
2	Sparbriefe	220.000	10	1	220.000	30,37	6.681.400
3	IHS (= Inhaber-schuldver-schreibungen)	160.000	20	2	320.000	60,74	9.718.400
4	Aktien	40.000	60	6	240.000	182,22	7.288.800
5	Bau-finanzierung	20.000	120	12	240.000	364,44	7.288.800
6	Privatkredite	60.000	50	5	300.000	151,85	9.111.000
7	Bauspar-verträge	80.000	40	4	320.000	121,48	9.718.400
Σ		700.000			2.000.000		60.740.000

Berechnung der Stückkosten für die kleinste Leistungseinheit (1 Recheneinheit)
= Gesamtkosten der Kostenstelle : Summe der Recheneinheiten
= 60.740.000,00 EUR (vgl. Beispiel BAB) : 2.000.000 RE
= 30,37 EUR als Stückkosten für 1 Einheit der Leistung Sparbriefe

Äquivalenzziffernkalkulation

Die Äquivalenzziffernkalkulation vollzieht sich in folgenden Schritten:
1. Die unterschiedlichen Leistungen werden nach ihrer Art ermittelt und geordnet.
2. Die Anzahl der jeweiligen Leistungen wird ermittelt.
3. Durch Arbeitszeitanalysen wird die für jede Leistungsart benötigte Arbeitszeit festgestellt.
4. Die Arbeitszeiten für die einzelnen Leistungen werden zueinander ins Verhältnis gesetzt. Die gewonnenen Verhältniszahlen sind die Äquivalenzziffern. Sie werden so genannt, weil sie verschiedenartige Leistungen durch Ausdruck in der gleichen Maßgröße, nämlich der Arbeitszeit, äquivalent, das heißt, vergleichbar machen. Die Leistungsart mit dem geringsten Arbeitszeitaufwand erhält die Äquivalenzziffer 1.
5. Die Anzahl der jeweiligen Leistungen ist mit der jeweils zugehörigen Äquivalenzziffer zu multiplizieren. Auf diese Weise erhält man addierfähige Recheneinheiten.
6. Die Division der für die Hauptkostenstelle »Privatkunden« entstandenen Kosten durch die Summe der Recheneinheiten, ergibt die Kosten pro Recheneinheit.
7. Die Multiplikation der Kosten pro Äquivalenzziffer mit der Äquivalenzziffer einer Leistung ergibt die pro Leistung verursachte Kostensumme.
8. Die Multiplikation der Kosten je Leistung mit der Anzahl der betreffenden Leistungen ergibt die Kostensumme für jede Leistung.
9. Die Summe der auf die einzelnen Leistungen entfallenden Kosten ergibt wieder die Kostensumme der Hauptkostenstelle »Privatkunden«. (Die Rundungsdifferenz entsteht durch Rundung der Stückkosten je Leistungsart.)

Kritische Bewertung der Äquivalenzziffernkalkulation

Die Äquivalenzziffernkalkulation führt zu genaueren Ergebnissen als die bloße Divisionskalkulation. Beide Verfahren weisen jedoch erhebliche **Mängel** auf:

- Beide Verfahren gehen von der Kostensumme einer Hauptkostenstelle aus. Die Berechnung dieser Kostensumme aufgrund der Verteilung der Stellengemeinkosten und der Umlage der Kostensummen der Hilfskostenstellen erfolgt weitgehend willkürlich.
- Die verteilten und umgelegten Kostensummen sind fast ausschließlich Summen von fixen Kosten. Die aus ihnen errechneten Stückkosten je Leistungseinheit werden aber wie proportional-variable Kosten behandelt.
- Die Konstanz der Zeiteinheiten innerhalb einer Leistungsart ist nicht typisch.

Zusammenfassung

Die Äquivalenzziffernkalkulation ermöglicht die wegen ihrer Einfachheit vorteilhafte Divisionskalkulation auch bei unterschiedlichen Produkten, indem sie diese durch Umrechnung auf Zeiteinheiten vergleichbar macht.

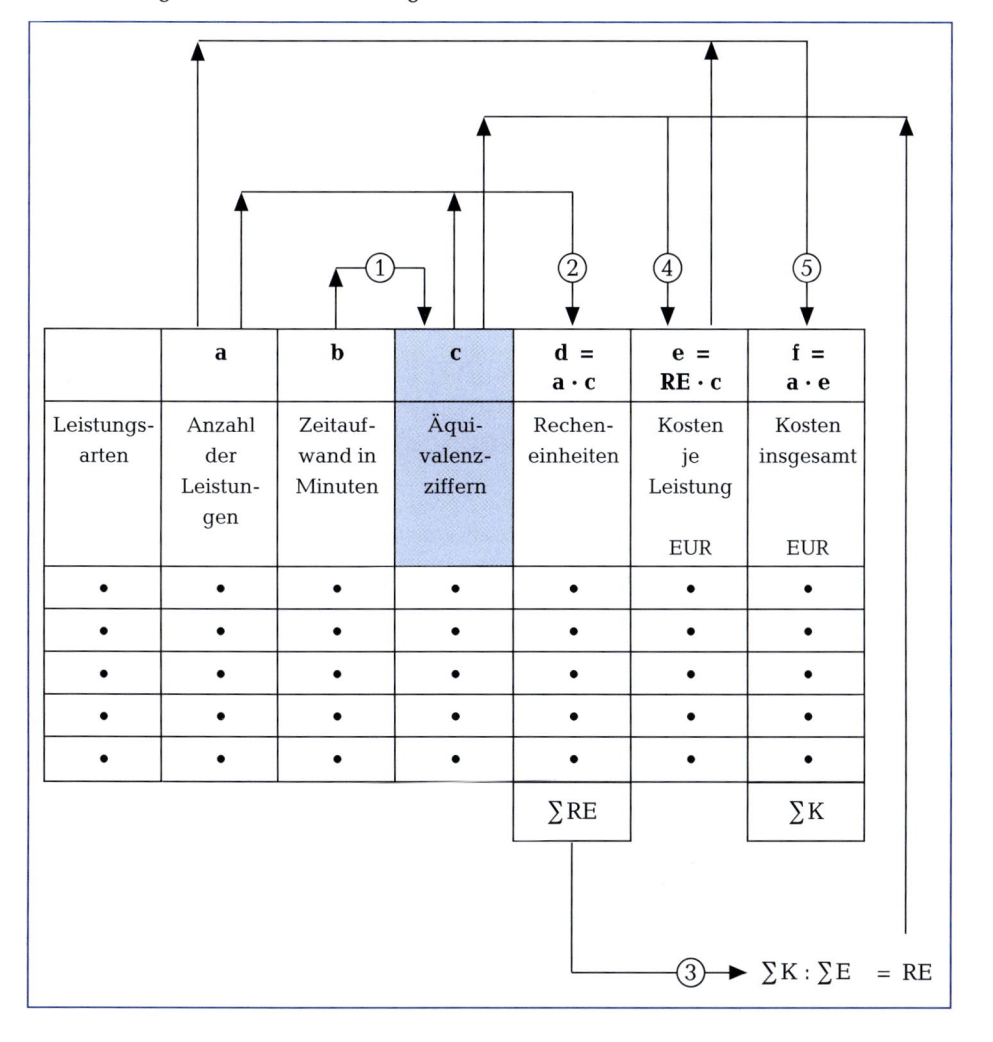

	a	b	c	d = a · c	e = RE · c	f = a · e
Leistungs-arten	Anzahl der Leistungen	Zeitaufwand in Minuten	Äquivalenzziffern	Recheneinheiten	Kosten je Leistung EUR	Kosten insgesamt EUR
•	•	•	•	•	•	•
•	•	•	•	•	•	•
•	•	•	•	•	•	•
•	•	•	•	•	•	•
•	•	•	•	•	•	•
				$\sum RE$		$\sum K$

$\sum K : \sum E = RE$

Aufgaben zu Kapitel 5.3.3

1. Berechnen Sie die Kosten je Leistung und insgesamt für jedes Produkt mit Hilfe
   a) der Divisionskalkulation
   b) der Äquivalenzziffernkalkulation

	Hauptkostenstelle Servicebereich					
	Leistung (Bearbeiten)	Anzahl	je Leistung (Min.)	Äqui- valenz- ziffer	Rechen- ein- heiten	Kosten je Leistung	Kosten insgesamt
1	Überweisungen	19.000.000	2,4				
2	Scheckein- reichungen	3.000.000					
3	Lastschriften	8.000.000	4,8				
4	Bankeneingang	9.000.000	3,6				
5	Beleglose Aufträge	10.000.000	2,4				
6	Ein-/Auszahlungen	5.000.000	7,2				
							93.000.000

2. Warum ist die Divisionskalkulation für die Berechnung der Stückkosten der einzelnen Produkte des Servicebereichs unzulänglich?

3. Warum ist auch die Äquivalenzziffernkalkulation für die Berechnung der Stückkosten der einzelnen Produkte des Servicebereichs unzulänglich, wenn die Äquivalenzziffern nur den unterschiedlichen Zeitaufwand berücksichtigen?

5.4 Kalkulation von Bankleistungen im Betriebsbereich mit Hilfe der Teilkostenrechnung als Prozessorientierter Standard-Einzelkostenrechnung (PSEK)*

Beispiel

Die Volksbank Tübingen eG will den Deckungsbeitrag für ein Schließfach ermitteln, für das sie aufgrund der Konkurrenzsituation eine Miete von 60,00 EUR im Jahr erzielen kann.

Folgende Daten stehen ihr zur Verfügung:

Arbeitszeitstudien haben ergeben, dass im Durchschnitt für die Beratung eines Mietinteressenten 5 Minuten und für den Vertragsabschluss sowie seine Registrierung – umgerechnet auf ein Jahr der Dauer des Mietvertrages – 3 Minuten erforderlich sind. Für die Begleitung eines Mieters sind pro Jahr im Durchschnitt $4 \cdot 8$ Minuten aufzuwenden.

Die Kosten (einschließlich Lohnnebenkosten) für einen höherqualifizierten Mitarbeiter betragen 80.000,00 EUR und die für einen qualifizierten Mitarbeiter 60.000,00 EUR im Jahr. Unter Berücksichtigung von Wochenenden, Feier-, Urlaubs-, Krankheits- und Fortbildungstagen wird 100.000 Minuten/Jahr gearbeitet.

---
* Vgl. H. Schierenbeck, Ertragsorientiertes Bankmanagement, Wiesbaden 1997

5.4 Kalkulation von Bankleistungen im Betriebsbereich mit Hilfe der Teilkostenrechnung

Das Formular für den Mietvertrag und der Ausweis kosten umgerechnet auf ein Jahr der Dauer des Mietvertrages 0,02 EUR und 0,18 EUR. Dem Mieter werden 2 Schlüssel ausgehändigt, die 2,50 EUR je Stück kosten. Sie können durchschnittlich 8 Jahre im Gebrauch bleiben.

Die jährlichen Raumkosten für ein Schließfach betragen 12,50 EUR und die jährlichen Kosten für die Schließfachanlage je Schließfach 5,00 EUR

Wie groß sind der Standardstückkostensatz und der Deckungsbeitrag?

Personalkosten					
Teilprozesse	Einheiten	Arbeitszeit Minuten	Standard EUR	Standard- stückkosten EUR	Summe EUR
Beratung	1	5	0,80	4,00	
Vertrag	1	3	0,60	1,80	
Begleitung	4	8	0,60	19,20	**25,00**

Sachmittelkosten					
Kostenart	Einheiten		Standard- Kostensätze EUR	Standard- stückkosten EUR	Summe EUR
Formular	1		0,02	0,02	
Ausweis	1		0,18	0,18	
Schlüssel	2		2,50	5,00	**5,20**

Anlagekosten	EUR	Summe EUR
Tresor-Gebäudeteil	12,50	
Schließfachanlage	5,00	**17,50**
Mieterlös		60,00
− Standardstückkostensatz		47,70
Deckungsbeitrag zu den Overheadkosten		**13,30**

Die prozessorientierte Standard-Einzelkostenrechnung erfordert folgende **Arbeitsschritte.**

Arbeitsschritte der prozessorientierten Standard-Einzelkostenrechnung (PSEK)

1. Die Leistungen werden bestimmt und von anderen Leistungen abgegrenzt.

2. Der gesamte für die Erstellung einer Leistung erforderliche Prozess wird aufgrund von Arbeitsablaufstudien in Teilprozesse aufgelöst, um die Arbeits-, Sach- und Anlagekosten so weit wie irgend möglich der Leistung zuordnen zu können.

   So erhält man z.B. einen Arbeitszeitaufwand von 8 Minuten, wenn ein Kunde zur Schließfachanlage begleitet werden muss. Pro Schließfach kommt das vielleicht durchschnittlich viermal im Jahr vor.

3. Die Arbeitszeiten werden mit Standardpersonalkostensätzen entsprechend der Qualifizierung der Mitarbeiter bewertet.

   Angenommen, ein Angestellter würde im Jahr unter Berücksichtigung aller Feier- und Urlaubstage sowie einer durchschnittlichen Abwesenheit wegen Krankheit oder Fortbildung 100.000 Minuten im Jahr arbeiten und weiter angenommen, er erhielte dafür unter Berücksichtigung aller Lohnnebenkosten und der vorauszusetzenden Anhebung des Gehaltstarifes ein Jahresentgelt von 80.000,00 oder 60.000,00 EUR, so wäre der

$$\text{Personaleinzelkostenfaktor} = \frac{80.000}{100.000} = \mathbf{0{,}80\ EUR/Minute}$$

oder

$$\text{Personaleinzelkostenfaktor} = \frac{60.000}{100.000} = \mathbf{0{,}60\ EUR/Minute}$$

Bei dieser Berechnung bleibt allerdings das Problem der bloßen Bereitschafts- oder Leerkosten außen vor, obwohl es praxisfremd wäre, von einer hundertprozentigen Umsetzung der Personalkapazität in Leistung auszugehen. (Ginge man von einer achtzigprozentigen Ausnützung aus, so würde der Standardpersonalkostensatz auf 1,00 EUR/Minute oder 0,75 EUR/Minute steigen.)

4. Alle direkt der Einzelleistung zurechenbaren Kosten ergeben den Standardstückkostensatz.

5. Der Standardstückkostensatz muss mit dem auf dem Markt erzielbaren Erlös (60,00 EUR) für die betreffende Leistung verglichen werden. Die Differenz ergibt im Beispiel einen Deckungsbeitrag von **13,30 EUR.**

Die **prozessorientierte Standard-Einzelkostenrechnung (PSEK)** unterscheidet sich in dreierlei Hinsicht von den Verfahren der Divisions- und der Äquivalenzziffernkalkulation:

Teilkostenrechnung

1. Die PSEK ist keine Voll- sondern eine **Teilkostenrechnung.** Die Teilkostenrechnung geht davon aus, dass einem Produkt nur ein Teil der Kosten direkt zugerechnet werden kann und dass der Erlös für ein Produkt die direkt zurechenbaren Kosten übersteigen muss, damit ein Beitrag zur Deckung der nicht direkt zurechenbaren Gemeinkosten und der notwendigen Eigenkapitalverzinsung entsteht.

Deckungsbeitrag

> *Der Begriff »Deckungsbeitrag« ist der Industriekalkulation entlehnt. Dort bedeutet er die Differenz zwischen dem Erlös, der mit einem Produkt erzielt werden kann, und den für die Herstellung dieses Produktes aufzuwendenden variablen Kosten.*
>
> *Deckt der Erlös die variablen Kosten nicht, so sollte die Herstellung des Produktes eingestellt werden. Da die variablen Kosten vermeidbar sind, entsteht ein unnötiger Verlust, wenn ein Produkt in der Produktion belassen wird, dessen Erlös seine variablen Kosten nicht deckt.*
>
> *Überdeckt dagegen der Erlös eines Produktes seine variablen Kosten, so muss es im Produktionssortiment bleiben, da es einen Beitrag zu Deckung der fixen Kosten leistet. Würde es nicht weiterproduziert, so müssten andere Produkte diesen Deckungsbeitrag übernehmen. Dadurch käme es zu einer Gewinnschmälerung oder Verlusterhöhung.*

Würde man im Beispiel die Personal- und die Sachmittelkosten als variabel und die Anlagekosten als fix ansehen, so käme man auf einen Deckungsbeitrag von 60,00 EUR – (25,00 EUR + 5,20 EUR) = 29,80 EUR.

Grundsätzlich muss jede Leistung langfristig einen positiven Deckungsbeitrag bringen. Ausnahmsweise muss eine Leistung mit einem langfristig negativen Deckungsbeitrag dann angeboten werden, wenn Kunden ohne diese Leistung andere Leistungen nicht nachfragen würden, deren positive Deckungsbeiträge den negativen Deckungsbeitrag der Einzelleistung überkompensieren.

5.4 Kalkulation von Bankleistungen im Betriebsbereich mit Hilfe der Teilkostenrechnung

Der Vorteil der Teilkostenrechnung gegenüber anderen Verfahren der Kostenrechnung liegt vor allem darin, dass einem Produkt nur die Kosten direkt zugerechnet werden, die sich auch tatsächlich für dieses Produkt erfassen lassen. Eine willkürliche Zuordnung von Kosten – und damit nicht zuletzt auch eine Demotivation von Mitarbeiterinnen und Mitarbeitern – kann so vermieden werden.

2. Die PSEK geht nicht von den Kostenstellensummen, sondern von den **Prozessen** zur Leistungserstellung aus und bezieht so die Kosten so weit wie möglich direkt auf die Leistungen.

Prozesse

3. Die PSEK rechnet nicht mit den Istkosten der Vergangenheit, sondern mit **normierten Zeit- und Mengenverbräuchen,** die mit Plankosten bewertet werden.

Normierte Zeit- und Mengenverbräuche

Kritische Bewertung der Prozessorientierten Standard-Einzelkostenrechnung

Die PSEK führt zu wesentlich genaueren Ergebnissen als die Äquivalenzziffernkalkulation, weil sie die Entstehung der Kosten an der Wurzel erfasst. Wegen des unlösbaren Problems der Leerkosteneinbeziehung, wegen der Unmöglichkeit alle Kosten direkt den einzelnen Leistungen zurechnen zu können und wegen der Unmöglichkeit, Plankosten genau bestimmen zu können, führt jedoch auch sie nur zu einer Annäherung an die tatsächlich mit der Erstellung einer Leistung verbundenen Kosten.

Zusammenfassung

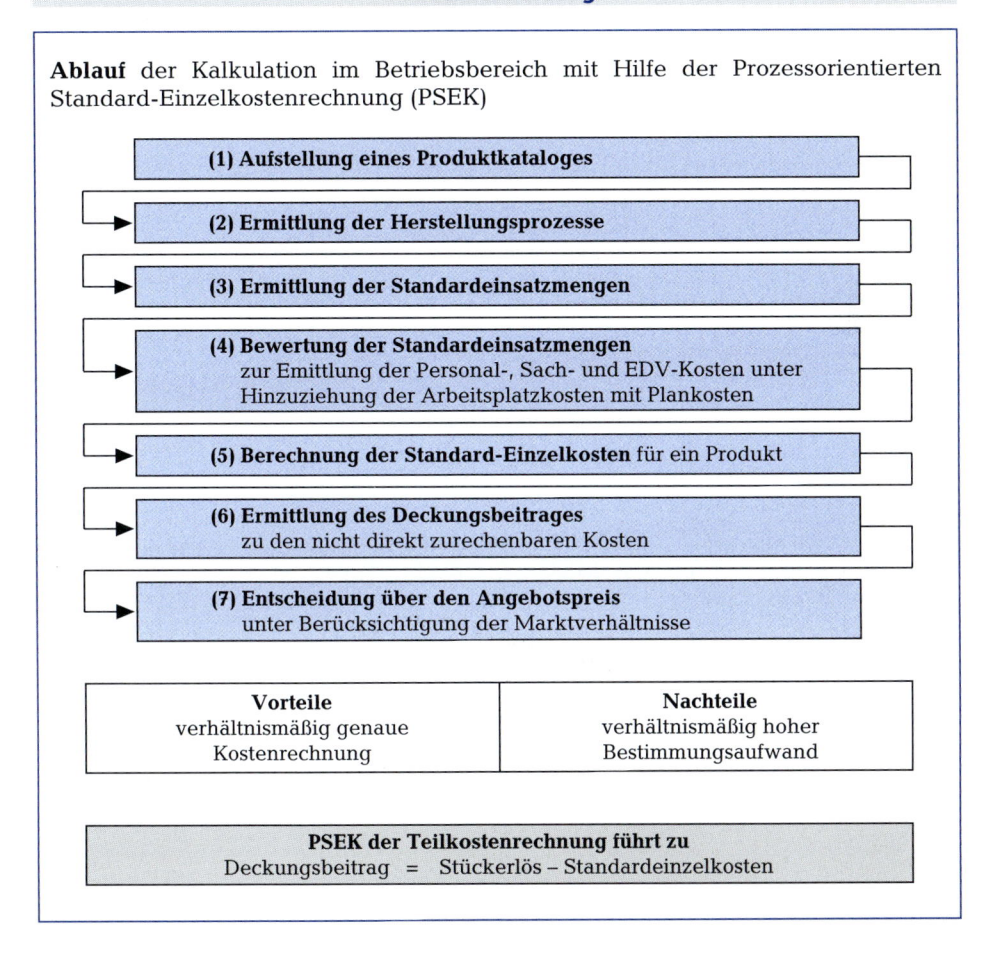

Ablauf der Kalkulation im Betriebsbereich mit Hilfe der Prozessorientierten Standard-Einzelkostenrechnung (PSEK)

(1) **Aufstellung eines Produktkataloges**

(2) **Ermittlung der Herstellungsprozesse**

(3) **Ermittlung der Standardeinsatzmengen**

(4) **Bewertung der Standardeinsatzmengen**
zur Emittlung der Personal-, Sach- und EDV-Kosten unter Hinzuziehung der Arbeitsplatzkosten mit Plankosten

(5) **Berechnung der Standard-Einzelkosten** für ein Produkt

(6) **Ermittlung des Deckungsbeitrages**
zu den nicht direkt zurechenbaren Kosten

(7) **Entscheidung über den Angebotspreis**
unter Berücksichtigung der Marktverhältnisse

Vorteile	Nachteile
verhältnismäßig genaue Kostenrechnung	verhältnismäßig hoher Bestimmungsaufwand

PSEK der Teilkostenrechnung führt zu
Deckungsbeitrag = Stückerlös – Standardeinzelkosten

Aufgaben zu Kapitel 5.4

[1][1] Frau Berta Schmidt kaufte von der Deutsche Bank AG, Filiale Baden-Baden, 500 Stück Daimler-Chrysler-Aktien.

Die Ausführung des Auftrags umfasste folgende **Teilprozesse:**

- 25 Bearbeitungsminuten für Beratung
- 10 Bearbeitungsminuten für Handel
- 4 Bearbeitungsminuten für Abrechnung
- 4 Bearbeitungsminuten für Übertragung der Rechte
- 5 CPU-Sekunden für Buchungen mit Hilfe der EDV

Die Deutsche Bank AG kalkuliert mit folgenden **Standardkostensätzen,** ermittelt durch Kostenstellenrechnung:

1,05 EUR/Minute für Beratung

0,80 EUR/Minute für Handel, Abrechnung und Übertragung der Rechte

0,50 EUR/1 CPU-Sekunde

Die Deutsche Bank AG kalkuliert außerdem mit folgenden **sonstigen Sachmittelkosten:**

1 Auftragsformular   0,50 EUR/Stück

1 Formular Kundenabrechnung   0,70 EUR/Stück

Pauschale für Porti und Telefon: 2,50 EUR

Berechnen Sie den Standardstückkostensatz für die Ausführung eines Aktienkaufs mit Girosammelverwahrung.

[2] a) Welche Kosten werden durch die Berechnung des Standardstückkostensatzes gemäß Aufg. 1 nicht erfasst und sind deshalb »Overheadkosten«?

b) Wodurch müssen die Overheadkosten langfristig gedeckt sein?

c) Was spricht dafür und was dagegen, nicht gedeckte Kosten einer Geschäftssparte durch Überschüsse anderer Geschäftssparten zu decken?

[3][2] Frau Renate Möller beantragt bei der Stadtsparkasse Magdeburg einen standardisierten Kleinkredit in Höhe von 10.000,00 EUR. Kundenberater für das Geschäft mit Kunden ist Herr Peter Klein.

Einschließlich Nebenkosten betragen die Personalkosten für Herrn Klein 48.000,00 EUR jährlich. Unter Berücksichtigung von Samstagen, Sonntagen, Feiertagen, Fortbildungstagen, Urlaubstagen und Krankheitstagen arbeitet Herr Klein 200 Tage im Jahr, bei einer täglichen Arbeitszeit von 8 Stunden.

Aufgrund von Bedarfsmessungen kalkuliert die Stadtsparkasse Magdeburg mit folgenden Leistungen für die Abwicklung des Antrags:

---

[1] Aufgabe in Anlehnung an K. Wimmer, Bankkalkulation, Berlin 1996

[2] Aufgabe in Anlehnung an H. Schierenbeck, Ertragsorientiertes Bankmanagement, Band 1, S. 340, Wiesbaden 1997

Personalleistungen:

20 Minuten für Vorgespräch

30 Minuten für Antragsbearbeitung

10 Minuten für Kontoeröffnung

15 Minuten für Schufa-Meldung

10 Minuten für Anlegen der Kreditakte

18 Minuten für Kontoauswertung

Zu den Personalkosten je Minute, die sich aus den Personalkosten für Herrn Klein ergeben, wird pauschal 1,00 EUR/Minute für Raumkosten dazugeschlagen.

EDV-Leistungen:

4 CPU-Sekunden für Kontoeröffnung

5 CPU-Sekunden für Kontoführung

1 CPU-Sekunde für Kontoabschluss

Die Kosten für 1 CPU-Sekunde werden mit 2,50 EUR angesetzt.

Sonstige Sachmittel-Leistungen:

1 Antragsformular	0,40 EUR
1 Formular zur Sicherheitenbestellung	0,20 EUR
1 Schufa-Mitteilung	0,20 EUR
1 Kreditaktenordner	1,45 EUR
1 Kreditbestätigungsformular	0,15 EUR
Pauschale für Porti und Telefon	10,00 EUR

Wie hoch sind die Standard-Stückkosten des Kleinkredits?

5.5 Einzelkalkulation

Ertragsorientiertes Bankmanagement erfordert die Kalkulation des Ergebnisses, das ein Produkt, eine Geschäftssparte, ein Kunde, eine Kundengruppe, eine Geschäftsstelle oder ein anderes Profit-Center bringen soll (Vorkalkulation) oder gebracht hat (Nachkalkulation). Dieses Ergebnis wird auch als Nettomarge bezeichnet.

5.5.1 Produktkalkulation

Die Produktkalkulation hat die Aufgabe, die **Preisuntergrenze** für ein **Aktivgeschäft** bzw. die **Preisobergrenze** für ein **Passivgeschäft** zu ermitteln.

Bei Einhaltung dieser Grenzen arbeitet die Bank gerade kostendeckend hinsichtlich der direkt zurechenbaren Kosten. Der Kundenberater hat damit in den Preisverhandlungen mit dem Kunden einen genauen Anhaltspunkt, ob die erreichten Konditionen die direkten Kosten des verkauften Produktes decken und welcher Beitrag zur Deckung der indirekten Kosten erarbeitet wurde. Der Berater erkennt so die Auswirkungen seiner Tätigkeit auf den Gesamterfolg der Bank.

5.5.1.1 Produktkalkulation im Aktivgeschäft

Beispiel

Vorkalkulation für ein Aktivprodukt

Ermittlung der Preis<u>unter</u>grenze für ein Aktivprodukt *(Vorkalkulation)*

Frau Astrid Arndt, Kundin der Volksbank Speyer eG, wünscht ein Baudarlehen in Höhe von 100.000,00 EUR gegen erstrangige Grundschuld für 5 Jahre fest bei einer Auszahlung von 100%.

Der Marktzinssatz für Alternativanlagen am GKM beträgt 6%. Die Bank rechnet mit 0,4% Bearbeitungskosten, 0,5% Risikokosten und 0,4% Eigenkapitalkosten bei Baudarlehen.

Zu welchem Zinssatz kann Herr Werner Krause, Kundenberater der Bank, das Darlehen anbieten?

	Alternativzinssatz für Anlagen am GKM		6,0%
+	Mindestkonditionenmarge, bestehend aus		
	• Direkt zurechenbare Betriebskosten	0,4%	
	• Risikokosten	0,5%	
	• Eigenkapitalkosten	0,4%	1,3%
=	Preisuntergrenze Aktivprodukt		7,3%

Betriebs-kostensatz

1. Der **Betriebskostensatz** wird nach der PSEK ermittelt. Da die Bearbeitungskosten nicht von der Darlehenshöhe, sondern dem individuellen Beratungsaufwand abhängig sind, der wiederum vor allem von der Bonität des Darlehensnehmers und seiner Sicherheiten bestimmt wird, besteht ein Spielraum für die Festlegung dieses Satzes.

Risiko-kostensatz

2. Entsprechendes gilt auch für den **Risikokostensatz**. Grundsätzlich wird er – gegebenenfalls nach Ratingklassen differenziert (vgl. 5.1) – als Verhältnis zwischen durchschnittlichen Forderungsausfällen und durchschnittlichen Kreditvolumina der Vergangenheit errechnet. Je niedriger der Kundenberater das Bonitäts- und Sicherheitsrisiko des Darlehens einschätzt, desto weiter kann er von dem Durchschnittssatz nach unten abweichen – und umgekehrt.

Eigenkapital-kostensatz

3. Das Darlehen von 100.000,00 EUR ist nach geltenden Vorschriften mit 4% Eigenkapital zu unterlegen. Bei einem angestrebten Eigenkapitalverzinsungssatz von 10% ergibt sich ein **Eigenkapitalkostensatz** von 10% aus 4% = 0,4%.

Interessen-konflikt

Immer steht der Kundenberater vor einem **Interessenkonflikt.** Setzt er den Angebotspreis hoch an, so liegt das im Interesse des Kreditinstituts. Er riskiert aber, dass der Kunde zur Konkurrenz geht. Die Gefahr ist umso kleiner, je länger die Kundenverbindung bereits besteht. Gerade aber ein langjähriger Kunde sollte für seine Treue durch einen niedrigen Preis belohnt werden.

Setzt der Kundenberater den Preis niedrig an, so werden unter Umständen die Kosten nicht gedeckt und vielleicht sogar schlechte Risiken angelockt.

Beispiel

Nachkalkulation für ein Aktivprodukt

Ermittlung des Deckungsbeitrags für ein Aktivprodukt *(Nachkalkulation)*

Frau Astrid Arndt erhält das gewünschte Baudarlehen zu einem Zinssatz von 8% sowie einer Darlehensgebühr von 1%.

Welche Deckungsbeiträge erzielt die Volksbank Speyer eG mit diesem Baudarlehen?

Positionen	%	EUR
Zinserlöse	8,0	8.000,00
– Alternativzinsen für eine Anlage am GKM	6,0	6.000,00
= **Deckungsbeitrag I** (Zins-Konditionenbeitrag)	2,0	2.000,00
+ Direkt zurechenbare Provisionserlöse	1,0	1.000,00
– Direkt zurechenbare Betriebskosten	0,4	400,00
= **Deckungsbeitrag II** (Netto-Konditionenbeitrag)	2,6	2.600,00
– Risikokosten	0,5	500,00
– Eigenkapitalkosten	0,4	400,00
= **Deckungsbeitrag III** (Beitrag zum Betriebsergebnis)	1,7	1.700,00

5.5.1.2 Produktkalkulation im Passivgeschäft

Beispiel

Ermittlung der Preisobergrenze für ein Passivprodukt *(Vorkalkulation)*

Vorkalkulation für ein Passivprodukt

Herr Dr. jur. Alwin Brandtner möchte 50.000,00 EUR für 1 Jahr fest anlegen.

Der Marktzinssatz für Alternativbeschaffung von 12-Monatsgeld am GKM liegt bei 3,94%. Die Bearbeitung der Geldanlage wird mit 0,1% kalkuliert.

Zu welchem Zinssatz kann Frau Karin Waldner, Kundenberaterin der Bank, das Festgeld hereinnehmen?

Alternativzinssatz für Beschaffung am GKM	3,94%
– Direkt zurechenbare Betriebskosten	0,10%
= Preisobergenze Passivprodukt	3,84%

1. Der **Bearbeitungsaufwand** für ein Festgeld ist im Verhältnis zu einem Darlehen wegen der fehlenden Kreditwürdigkeitsprüfung wesentlich geringer. Die Bearbeitungskosten werden deshalb nur mit einem Abschlagssatz von 0,1% berücksichtigt.

2. **Risikokosten** gibt es bei einer Einlage nicht. Ebenso entfällt ein Satz für die Eigenkapitalkosten, weil Einlagen wegen des fehlenden Risikos auch nicht mit Eigenkapital unterlegt werden müssen.

3. Der **Kundenberater** wird bei großen Beträgen und/oder guten Kunden etwas über die Preisobergrenze hinausgehen, nicht jedoch über 3,94%, weil sonst die Mittelbeschaffung auf dem GKM günstiger wird.

   Entsprechend wird er kaum nach unten abweichen, da der Kunde sonst zur Konkurrenz geht.

   Auf jeden Fall hat er einen engeren Spielraum für Abweichungen von der errechneten Preisgrenze bei Passivgeschäften im Vergleich zu Aktivgeschäften.

Beispiel

Nachkalkulation für ein Passivprodukt

Ermittlung des Deckungsbeitrags für ein Passivprodukt *(Nachkalkulation)*

Die Bank nimmt das Festgeld von Herrn Dr. jur. Alwin Brandtner zu einem Zinssatz von 3,5% herein.

Welche Deckungsbeiträge erzielt die Bank mit diesem Festgeld?

	Positionen	%	EUR
	Alternativzinsen für Beschaffung am GKM	3,94	1.970,00
−	Zinskosten	3,50	1.750,00
=	**Deckungsbeitrag I** (Zins-Konditionenbeitrag)	0,44	220,00
+	Direkt zurechenbare Provisionserlöse	0,00	0,00
−	Direkt zurechenbare Betriebskosten	0,10	50,00
=	**Deckungsbeitrag II** (Netto-Konditionenbeitrag)	0,34	170,00
=	**Deckungsbeitrag III** (Beitrag zum Betriebsergebnis)	0,34	170,00

5.5.1.3 Produktkalkulation im Dienstleistungsgeschäft

Beispiel

Deckungsbeitrag von Dienstleistungsprodukten

Ruhestandsbeamter Werner Wirth, der seinen Ruhestand in Friedrichshafen verbringen möchte, erkundigt sich bei der dortigen Volksbank, was ihn ein grundsätzlich auf Guthabenbasis geführtes Girokonto bei der Volksbank Friedrichshafen kosten würde. Er bezieht ein monatliches Ruhestandsgehalt von etwa 2.000,00 EUR. Er denkt, dass er etwa viermal im Monat Bargeld am Bankautomat abheben, etwa 10 Überweisungsaufträge erteilen und etwa einmal im Monat einen Kontoauszug ausdrucken lassen werde.

Die Volksbank Konstanz bietet ihre Kontoführung im Mengengeschäft zum **Pauschalpreis** von **5,00 EUR je Monat** an.

Sie rechnet mit folgenden **Kosten:**

- Buchung von Überweisungsgutschriften: 0,05 EUR/Stück
- Bargeldauszahlungen am Bankautomat: 0,30 EUR/Stück
- Ausführung von Überweisungsaufträgen: 0,10 EUR/Stück
- Ausdruck von Kontoauszügen: 0,07 EUR/Stück

Welchen **Deckungsbeitrag** würden die Dienstleistungsgeschäfte für Herrn Wirth im Monat liefern?

Einnahme aus Kontoführungsgebühr:		5,00 EUR
Monatliche Kosten der Bank für		
• 1 · Überweisungsgutschrift	0,05 EUR	
• 4 · Barabhebung am Bankautomat	1,20 EUR	
• 10 · Ausführung von Überweisungsaufträgen	1,00 EUR	
• 1 · Ausdruck eines Kontoauszugs	0,07 EUR	2,32 EUR
Deckungsbeitrag je Monat		**2,68 EUR**

5.5 Einzelkalkulation

Die **Regelsätze** für die Kontoführung im Mengengeschäft orientieren sich am Markt. Die **durchschnittlichen Kosten** je Monat für die Kontoführung im Mengengeschäft werden mit Hilfe der PSEK ermittelt.

Regelsätze, Durchschnittliche Kosten

Zusammenfassung

Produktkalkulation im				
Aktivgeschäft		**Passivgeschäft**		**Dienstleistungsgeschäft**
Mindestmarge	Direkt zurechenbare Betriebskosten	Preisobergrenze		Prozessorientierte Standard-Einzelkosten
	Risikokosten	Marktzinssatz		
	Eigenkapitalkosten	Mindestmarge	Mindestreservekosten	
	Marktzinssatz		Direkt zurechenbare Betriebskosten	
Preisuntergrenze				**Preisuntergrenze**

5.5.2 Kundenkalkulation

Kreditinstitute ermitteln durch Kundenkalkulation, inwieweit ein Kunde mit **einzelnen oder allen Geschäftsverbindungen** zum Gesamterfolg beigetragen hat.

Beispiel

Ermittlung des Deckungsbeitrags eines Kunden = Nachkalkulation des Erfolgs einer Kundenverbindung.

Deckungsbeitrag eines Kunden

Frau Rita Rose unterhält bei der Sparkasse der Stadt Erfurt ein Girokonto und ein Sparkonto.

Ihr **Girokonto** wies im vergangenen Jahr einen durchschnittlichen Sollsaldo von 3.000,00 EUR und folgende Bewegungen auf:

Kalkulierte Leistungen	Kosten je Leistungeinheit
– 50 Einzahlungen	0,75 EUR
– 60 Auszahlungen	0,70 EUR
– 1 Dauerauftrag	2,85 EUR
– 45 Überweisungen	0,22 EUR
– 19 Serviceleistungen	1,15 EUR

Ihr Sparkonto wies bei einem durchschnittlichen Guthaben von 15.000,00 EUR folgende Bewegungen auf:

Kalkulierte Leistungen	Kosten je Leistungeinheit
– 10 Einzahlungen	0,95 EUR
– 7 Auszahlungen	0,90 EUR
– 4 Nachträge	0,40 EUR
– 1 Verpfändung	1,75 EUR

Der Pauschalpreis für die Kontoführung des **Girokontos** betrug 10,00 EUR/Monat, der Sollzinssatz 9% bei einem Marktzinssatz von 3,25%, der Standardrisikokostensatz für Forderungsausfälle 0,25% und der Standard-Eigenkapitalkostensatz 0,4%.

Der Habenzinssatz für **Spareinlagen** betrug 2,25% bei einem Marktzinssatz von 4,75%.

Wie hoch ist der **Deckungsbeitrag,** den die Geschäftsverbindung mit Frau Rose der Sparkasse der Stadt Erfurt im vergangenen Jahr insgesamt gebracht hat?

Kalkulation der Geschäftsverbindung zwischen Kundin Rita Rose und der Sparkasse der Stadt Erfurt für das vergangene Jahr

Kontenart	Durch-schnittsvolumen EUR	Zinssatz %	Markt-zinssatz %	Marge %	Überschuss EUR
Girokonto	S 3.000,00	9,00	3,25	5,75	172,50
Sparkonto	H 15.000,00	2,25	4,75	2,50	375,00
Deckungsbeitrag I (Konditionenbeitrag)					547,50

Betriebskosten des Girokontos			
Art	Anzahl	Kosten je Leistungs-einheit in EUR	EUR
Einzahlungen	50	0,75	37,50
Auszahlungen	60	0,70	42,00
Dauerauftrag	1	2,85	2,85
Überweisungen	45	0,22	9,90
Serviceleistungen	19	1,15	21,85
			114,10

Betriebserlöse des Girokontos	EUR
Pauschalpreis 10,00 EUR/Monat · 12 =	120,00

Betriebskosten des Sparkontos			
Art	Anzahl	Kosten je Leistungs-einheit in EUR	EUR
Einzahlungen	10	0,95	9,50
Auszahlungen	7	0,90	6,30
Nachträge	4	0,40	1,60
Verpfändungen	1	1,75	1,75
			19,15

5.5 Einzelkalkulation

Deckungsbeiträge aus der Geschäftsverbindung zwischen Kundin Rita Rose und der Sparkasse der Stadt Erfurt

	EUR
Konditionenbeiträge der Aktivgeschäfte	172,50
+ Konditionenbeiträge der Passivgeschäfte	375,00
= **Deckungsbeitrag I** (Zins-Konditionenbeitrag)	547,50
+ Direkt zurechenbare Provisionserlöse	120,00
− Direkt zurechenbare Betriebskosten	133,25
= **Deckungsbeitrag II** (Netto-Konditionenbeitrag)	534,25
− Direkt zurechenbare Risikokosten	7,50
− Direkt zurechenbare Eigenkapitalkosten	12,00
= **Deckungsbeitrag III** (Deckungsbeitrag des Kunden)	**514,75**

1. Frau Rose beanspruchte im vergangenen Jahr durchschnittlich 3.000,00 EUR *Kredit* auf ihrem *Girokonto*. Dafür wurde sie mit 9% *Sollzinsen* belastet. Da der Alternativzinssatz am GKM 3,25% betrug, ergab sich ein *Konditionenbeitrag* von 5,75% aus 3.000,00 EUR = *172,50 EUR* für das *Girokonto*.

2. Frau Rose unterhielt im vergangenen Jahr ein durchschnittliches *Sparguthaben* von 15.000,00 EUR. Dafür wurden 2,25% *Habenzinsen* vergütet. Da der Alternativsatz am GKM 4,75% betrug, ergab sich für das *Sparkonto* ein *Konditionenbeitrag* von 2,5% aus 15.000,00 EUR = *375,00 EUR*.

3. Der *Deckungsbeitrag* beider Konten zusammen (DB I) betrug somit *547,50 EUR*.

4. **Deckungsbeitrag I** vermehrt um direkt zurechenbare Provisionserlöse und vermindert um direkt zurechenbare Betriebskosten ergab einen **Deckungsbeitrag II** in Höhe von 534,25 EUR.

   Im Beispiel wurde ein Pauschalpreis für die Kontoführung von 10,00 EUR je Monat angenommen. Die Betriebskosten setzen sich aus 114,10 EUR für das Girokonto und 19,15 EUR für das Sparkonto zusammen.

5. **Deckungsbeitrag II** musste um die Risikokosten für die Kundengruppe, der Frau Rose zuzurechnen ist, und die Eigenkapitalkosten vermindert werden, die sich aus der Verzinsung der für den durchschnittlichen Sollsaldo erforderlichen Eigenkapitalunterlegung in Höhe von 10% aus 4% errechnet. Das Ergebnis war ein **Deckungsbeitrag III** in Höhe von 514,75 EUR.

Zusammenfassung

Konditionenbeiträge der Aktivgeschäfte
+ Konditionenbeiträge der Passivgeschäfte
= **Deckungsbeitrag I** (Zins-Konditionenbeitrag)
+ Direkt zurechenbare Provisionserlöse
− Direkt zurechenbare Betriebskosten
= **Deckungsbeitrag II** (Netto-Konditionenbeitrag)
− Direkt zurechenbare Risikokosten
− Direkt zurechenbare Eigenkapitalkosten
= **Deckungsbeitrag III** (Deckungsbeitrag des Kunden)

5.5.3 Geschäftsstellenkalkulation

Kreditinstitute ermitteln durch **Geschäftsstellenkalkulation,** inwieweit eine einzelne Geschäftsstelle zum Gesamterfolg beigetragen hat.

Beispiel

Deckungsbeitrag einer Geschäftsstelle

Ermittlung des Deckungsbeitrags einer Geschäftsstelle

Die Geschäftsstelle der Norddeutschen Bank AG in Rostock, Marktplatz 3, stellt folgende Geschäftskalkulation in TEUR auf:

Produkte	Volumen	Konditions-beitrag	Standard-Ausfall-risikokosten	Provisions-überschuss	Standard-Betriebs-kosten	Nettomarge TEUR	%
KKK-Kredite	70.000	2.800	550	200	1.200	1.250	1,79
Baufinanzierungen	50.000	900	100	100	700	200	0,40
Privatdarlehen	10.000	300	150	150	200	100	1,00
Investitionsdarl.	20.000	500	200	250	400	150	0,75
Kredite	150.000	4.500	1.000	700	2.500	1.700	1,13
Sichteinlagen	90.000	4.000		200	500	3.700	4,11
Spareinlagen	80.000	2.800		0	1.500	1.300	1,63
Einlagen	170.000	6.800		200	2.000	5.000	2,94

Geschäftsstellen weisen gewöhnlich keine ausgeglichene Bilanz auf, sondern entweder Darlehens- oder Einlagenüberschüsse. Bei der Erfolgsermittlung unter Anwendung der Marktzinsmethode kann jedoch die daraus erwachsende Problematik für den Erfolgsvergleich zwischen verschiedenen Geschäftsstellen vermieden werden. Durch Gegenüberstellung der mit den Kunden vereinbarten Zinssätze und den Alternativzinssätzen des Geld- und Kapitalmarktes wird der Erfolg für jede Geschäftssparte ohne Verknüpfung der Bilanzseiten ermittelt. So wird ein sinnvoller Vergleich möglich.

Erzielen die Geschäftsstellen der Norddeutschen Bank AG z.B. in der Geschäftssparte »Baufinanzierungen« durchschnittlich eine Nettomarge von 0,8%, dann muss das für die Rostocker Marktplatzfiliale der Norddeutschen Bank AG ein Signal sein, bei künftigen Abschlüssen einen höheren Zinssatz durchzusetzen.

Zusammenfassung

Konditionenbeiträge der Aktivgeschäfte
+ Konditionenbeiträge der Passivgeschäfte

= **Deckungsbeitrag I** (Zins-Konditionenbeitrag)
+ Direkt zurechenbare Provisionserlöse
− Direkt zurechenbare Betriebskosten

= **Deckungsbeitrag II** (Netto-Konditionenbeitrag)
− Direkt zurechenbare Risikokosten
− Direkt zurechenbare Eigenkapitalkosten

= **Deckungsbeitrag III** (Deckungsbeitrag der Geschäftsstelle)

Aufgaben zu Kapitel 5.5

1) Herr Arnold Mayer beantragt bei der Filiale Braunschweig der Kreditbank AG einen standardisierten Ratenkredit über 12.000,00 EUR mit einer Laufzeit von 12 Monaten. Die Kreditbank AG kalkuliert für Ratenkredite mit einem Risikokostensatz von 0,65%, einem Eigenkapitalkostensatz von 0,50% und einem Bearbeitungskostensatz von 0,6%. Für Geldanlagen mit gleicher Fristigkeit werden auf dem Geld- und Kapitalmarkt 8% gezahlt.

 a) Berechnen Sie die Preisuntergrenze in Prozent für diesen Ratenkredit.

 b) Der Kredit wird zu einem Zinssatz von 10,8% p.a. und mit einem Bearbeitungsentgelt von 2% ausgereicht.

 Ermitteln Sie die Deckungsbeiträge I, II und III in Prozent und in EUR.

2) Frau Dr. med. Dagmar Hauser unterhielt im letzten Jahr bei der Ärztebank folgende Konten:

- ein Girokonto mit einem durchschnittlichen Sollbestand von 10.000,00 EUR, für das 480 Buchungsposten à 0,50 EUR und 12 Kontoauszüge à 0,30 EUR anfielen,
- ein Sparkonto mit einem durchschnittlichen Guthaben von 6.000,00 EUR,
- ein Wertpapierdepot mit einem Kurswert von 210.000,00 EUR nach der Bewertung zum letzten Bilanzstichtag.

Die Ärztebank berechnete für KKK-Kredite 12%. Der GKM-Satz für Anlagen mit gleicher Fristigkeit betrug 8,5%. Das Ausfallrisiko kalkulierte sie mit 0,1% für die Bonitäts- und Sicherheitsklasse, der sie Frau Dr. med. Hauser zurechnet, und die Eigenkapitalkosten mit 0,45%.

Die Ärztebank vergütete 3% für Spareinlagen. Eine alternative Geldbeschaffung auf dem GKM hätte 4,5% gekostet.

Für die Verwahrung und Verwaltung von Wertpapieren berechnete die Ärztebank pro Jahr einen Grundpreis von 30,00 EUR sowie 0,5% Gebühren vom Kurswert zuzüglich Umsatzsteuer.

Die Betriebskosten betrugen je Monat
für das Girokonto   16,00 EUR,
für das Sparkonto   5,00 EUR und
für das Depotkonto   12,00 EUR.

Berechnen Sie die Deckungsbeiträge I, II und III in EUR.

3) Die Sparkasse der Stadt Ulm möchte eine Tranche (= neue Ausgabe) von 450.000,00 EUR Sparbriefen zu 4% auflegen. Eine Alternativbeschaffung auf dem GKM würde 7% kosten.

An Standardbetriebskosten würden 2.700,00 EUR anfallen.

Ermittel Sie die Deckungsbeiträge I, II und III in EUR.

(4) Die Solar AG ist Kundin der Süddeutschen Bank AG. Im vergangenen Jahr ermittelte die Bank folgende Daten:

Position	Durch-schnitts-volumen TEUR	Zins-satz %	GKM-Zins-satz %	Bearbei-tungs-kosten TEUR	Risiko-kosten TEUR
Aktivgeschäft					
Kurzfristige Forderungen	5.000	7,5	5,5	16	20
Langfristige Forderungen	8.000	7,0	6,2	12	4
Passivgeschäft					
Sichteinlagen	200	0,5	4,41	0,2	–
Dienstleistungsgeschäft		Provisionserlöse TEUR		Stückkosten TEUR	
Inländischer Zahlungsverkehr		24,0		36,0	
Ausländischer Zahlungsverkehr		28,8		17,2	

Der Eigenkapitalverzinsungssatz von 5,0 % ist noch nicht berücksichtigt. Die Forderungen sind mit 8% Eigenkapital zu unterlegen.
Ermitteln Sie die Deckungsbeiträge I, II und III in EUR.

5.6 Gesamtbetriebskalkulation

Ziel der Gesamtbetriebskalkulation ist die Feststellung des zu erreichenden oder des erreichten **Gesamtbetriebsergebnisses und seiner Teile.**

5.6.1 Berechnung des Ergebnisses des Kundengeschäfts im Wertbereich, strukturiert nach Produkten, Kunden und Geschäftsstellen

Ergebnis des Kundengeschäfts im Wertbereich

Beispiel*

Die Sparkasse Elbtal ermittelte für das vergangene Jahr folgende Deckungsbeiträge und Volumina ihrer Produkte und Kunden sowie deren Verteilung auf ihre drei Geschäftsstellen:

	Deckungsbeiträge TEUR	Volumina TEUR
Produkte		
(1) Kontokorrentkredite	530	34.270
(2) Hypothekendarlehen	1.120	77.970
(3) Ratenkredite	390	27.140
(4) Spareinlagen	740	47.150
(5) Termineinlagen	210	15.180
(6) Sichteinlagen	630	28.290
	3.620	230.000
Kunden		
(A) Firmenkunden	1.300	96.884
(B) Vermögende Privatkunden	610	42.246
(C) Mengenkunden	1.710	90.870
	3.620	230.000
Geschäftsstellen		
(I)	1.220	83.030
(II)	600	40.020
(III)	1.800	106.950
	3.620	230.000

* in Anlehnung an H. Schierenbeck, Ertragsorientiertes Bankmanagement, Band 3, S. 176 ff., Wiesbaden 1997

5.6 Gesamtbetriebskalkulation

Nettomargen von Geschäftsstellen, Produkten und Kunden										
in TEUR	Geschäftsstellen	Produkte						Kunden		Σ
		Kontokorrentkredite	Hypothekendarlehen	Ratenkredite	Spareinlagen	Termineinlagen	Sichteinlagen	Firmenkunden	Vermögende Privatkunden	Mengenkunden	
Deckungsbeiträge	I	190	260	220	280	40	230	420	190	610	1.220
Volumina		17.480	22.770	14.490	15.640	2.530	10.120	47.810	7.810	27.410	83.030
Nettomargen		%	%	%	%	%	%	%	%	%	1,47 %
Deckungsbeiträge	II	70	150	110	170	30	70	310	80	210	600
Volumina		2.990	11.730	9.430	11.270	1.610	2.990	18.934	7.906	13.180	40.020
Nettomargen		%	%	%	%	%	%	%	%	%	1,50 %
Deckungsbeiträge	III	270	710	60	290	140	330	570	340	890	1.800
Volumina		13.800	43.470	3.220	20.240	11.040	15.180	30.140	26.530	50.280	106.950
Nettomargen		%	%	%	%	%	%	%	%	%	1,68 %
Deckungsbeiträge	Σ	530	1.120	390	740	210	630	1.300	610	1.710	3.620
Volumina	Σ	34.270	77.970	27.140	47.150	15.180	28.290	96.884	42.246	90.870	230.000
Nettomargen	Σ	%	%	%	%	%	%	%	%	%	1,57 %

Die Sparkasse berechnet alle Nettomargen (z.B. Geschäftsstelle I: 1,47%) und deckt Schwachstellen durch Bildung der Differenzen zum Durchschnitt (z.B. 1,57% − 1,47% = 0,1%) und zur besten Nettomarge (z.B. 1,68% − 1,47% = 0,21%) auf.

Zusammenfassung

Ergebniswürfel[*] zur Veranschaulichung der dreidimensionalen Zuordnungsmöglichkeit der Deckungsbeiträge von Geschäftsstellen – Produkten – Kunden.
(Der »Sparwürfel« der Mengenkunden der Geschäftsstelle I ist beispielhaft hervorgehoben.)

[*] Quelle: H. Schierenbeck; Ertragsorientiertes Bankmanagement, Bd. 3, S. 176

Aufgaben zu Kapitel 5.6.1

① Berechnen Sie die fehlenden Nettomargen des Beispiels.

② Wo werden Schwachstellen sichtbar?

③ Schlagen Sie Maßnahmen zur Behebung der Schwachstellen vor.

5.6.2 Berechnung des Gesamtbetriebsergebnisses und seiner Teile aus der Abschlussrechnung der Finanzbuchhaltung

5.6.2.1 Zinsspannenrechnung

Die Kreditinstitute müssen wissen, welche **Zinsspannen** sie erzielen, um eine erfolgreiche Geschäftspolitik betreiben zu können.

Beispiel

Die auf zinsbedeutsame Positionen reduzierte Bilanz der Sparkasse Donautal weist die folgenden Daten aus:

Aktiva	Mio. EUR	Zinssatz	Passiva	Mio. EUR	Zinssatz
Kurzfristige Darlehen	238	10%	Sichteinlagen	120	0,5%
Langfristige Darlehen	378	8%	Spareinlagen	540	4,0%
Wertpapiere	244	7%	IHS	200	6,5%
	860			860	

Marktzinsmethode

GKM-Zinssätze für:			
Kurzfristige Darlehen	9,0%	Sichteinlagen	0,6%
Langfristige Darlehen	6,0%	Spareinlagen	4,5%
Wertpapiere	6,0%	Bankschuldverschreibungen	7,0%
Tagesgeldzinssatz 3,0%			

Zinsspannen Wie hoch sind die Zinsspannen?

TG-Zins %	GKM-Zins %	Kunden-Zins %	Aktiva	Mio. EUR Ø	Passiva	Mio. EUR Ø	Kunden-Zins %	GKM-Zins %	TG-Zins %
3,0	9,0	10,0	Kurzfr. Darlehen *altern. GKM-Zins* *altern. TG-Zins*	238	Sichteinlagen *altern. GKM-Zins* *altern. TG-Zins*	120	0,5	0,6	3,0
3,0	6,0	8,0	Langfr. Darlehen *altern. GKM-Zins* *altern. TG-Zins*	378	Spareinlagen *altern. GKM-Zins* *altern. TG-Zins*	540	4,0	4,5	3,0
3,0	6,0	7,0	Wertpapiere *altern. GKM-Zins* *altern. TG-Zins*	244	Bankschuldver- schreibungen *altern. GKM-Zins* *altern. TG-Zins*	200	6,5	7,0	3,0
Ø 3,0	Ø 6,830	Ø 8,269	Σ Ø Aktiva	860	Σ Ø Passiva	860	Ø 4,093	Ø 4,537	Ø 3,0

Bruttozinsspanne: 4,176%

verursachungsgerechte Zuordnung:

Σ Konditionsbeitrag: 1,883%

Σ Strukturbeitrag: 2,293%

+ 1,439 % + 0,444 %

+ 3,830 % − 1,537 %

5.6 Gesamtbetriebskalkulation

Die Berechnung der jeweiligen Durchschnittszinssätze erfolgt zunächst für jedes einzelne Geschäft (auch für Alternativgeschäfte) über die absoluten Beträge des Erfolges. Die Erfolgssumme je Bilanzseite wird dann zur Bilanzsumme ins Verhältnis gesetzt.

Die Berechnungen können auch über die Margen zwischen den Alternativgeschäften erfolgen:

Konditionenbeitrag Aktiva	Kunden- zins %	−	alternativer GKM-Zins %	=	Marge %	Volumen Mio. EUR	Konditionenbeitrag Mio. EUR	Konditionenbeitrag % der Σ Volumen
Kurzfristige Darlehen	10,0		9,0		1,0	238	2,38	0,277
Langfristige Darlehen	8,0		6,0		2,0	378	7,56	0,879
Wertpapiere	7,0		6,0		1,0	244	2,44	0,283
						860	12,38	1,439
Konditionenbeitrag Passiva	Kunden- zins %	−	alternativer GKM-Zins %	=	Marge %	Volumen Mio. EUR	Konditionenbeitrag Mio. EUR	Konditionenbeitrag % der Σ Volumen
Sichteinlagen	0,5		0,6		0,1	120	0,12	0,014
Spareinlagen	4,0		4,5		0,5	540	2,70	0,314
Bankschuldverschreib.	6,5		7,0		0,5	200	1,00	0,116
						860	3,82	0,444
Strukturbeitrag Aktiva	GKM- Zins %	−	alternativer TG-Zins %	=	Marge %	Volumen Mio. EUR	Strukturbeitrag Mio. EUR	Strukturbeitrag % der Σ Volumen
Kurzfristige Darlehen	9,0		3,0		6,0	238	14,28	1,660
Langfristige Darlehen	6,0		3,0		3,0	378	11,34	1,319
Wertpapiere	6,0		3,0		3,0	244	7,32	0,851
						860	32,94	3,830
Strukturbeitrag Passiva	GKM- Zins %	−	alternativer TG-Zins %	=	Marge %	Volumen Mio. EUR	Strukturbeitrag Mio. EUR	Strukturbeitrag % der Σ Volumen
Sichteinlagen	0,6		3,0		2,4	120	2,88	0,335
Spareinlagen	4,5		3,0		− 1,5	540	− 8,10	− 0,942
Bankschuldverschreib.	7,0		3,0		− 4,0	200	− 8,00	− 0,930
						860	− 13,22	− 1,537

Zusammenfassung

Die **Marktzinsmethode** betrachtet jede Bilanzseite unabhängig von der Gegenseite. Sie arbeitet nicht mit Bilanzposten, sondern bewertet die Vorteilhaftigkeit eines Geschäfts nach dem Opportunitätsprinzip. Eine Zinsertragsbilanz wird nicht benötigt. Darüber hinaus teilt sie den Erfolg nicht nur verursachungsgerecht zwischen Aktiv- und Passivgeschäft (Konditionenbeitrag) auf, sondern berücksichtigt auch die Geschäftsleitung als Erfolgsquelle, da dieser ein Anteil am Erfolg durch die Bildung der Bilanzstruktur (Fristentransformation = Strukturbeitrag) zusteht. Die Marktzinsmethode kann damit als ein modernes Zinsverrechnungskonzept bezeichnet werden.

Opportunitätsprinzip der Marktzinsmethode

Aufgaben zu Kapitel 5.6.2.1

① Der Controller der Ostseebank AG möchte die Marktzinsmethode (MZM) einführen. Als Berechnungsgrundlage dienen folgende Informationen:

Aktiva			Passiva		
	TEUR	Zinssatz		TEUR	Zinssatz
Saisonkredite	25.000	8,5 %	Sichteinlagen	60.000	0,7 %
Ratenkredite	40.000	10,9 %	Spareinlagen	210.000	2,5 %
Investitionsdarlehen	100.000	9,8 %	Termineinlagen	20.000	4,5 %
Baufinanzierungen	250.000	9,5 %	Sparbriefe	125.000	8,5 %
	415.000			415.000	

Bezugsobjekt	Geld- und Kapitalmarktzinssätze
Saisonkredite	5,0 %
Ratenkredite	7,0 %
Investitionsdarlehen	7,8 %
Baufinanzierungen	8,5 %
Sichteinlagen	4,0 %
Spareinlagen	6,0 %
Termineinlagen	5,2 %
Sparbriefe	7,6 %

Referenzzinssatz ist der Tagesgeldzins (4,0 %).

a) Ermitteln Sie die Konditionen- und die Strukturbeiträge jeweils in EUR und in Prozent.

b) Wie kann der Controller den Vorstand von der Überlegenheit der Marktzinsmehtode überzeugen?

② Die Kreissparkasse Göppingen hat folgende Daten ermittelt:

Geschäftsabschluss		Volumen	Alternativgeschäft	
Kontokorrentkredit	10 %	300.000,00	3-Monats-Geld	5 %
Realdarlehen	8 %	700.000,00	5-Jahres-Kapitalmarktpapier	7 %
Termingeld	4 %	600.000,00	3-Monats-Geld	5 %
Spareinlagen	3 %	400.000,00	Kurz- und langfristige Anlage	5,82 %
Referenzzinssatz ist der Tagesgeldzins 4 %				

Berechnen Sie die Konditionen- und die Strukturbeiträge jeweils in EUR und in Prozent.

③ Im vergangenen Jahr wurden am Frankfurter Bankplatz durchschnittlich folgende Marktzinssätze und GKM-Sätze erzielt:

	Tagesgeld	Kontokorrentkredite	Langfristige Festzinskredite an Unternehmen	Spareinlagen mit vereinbarter Kündigungsfrist von 3 Monaten
Niedrigstsätze		7,90 %	5,90 %	1,50 %
Höchstsätze		11,75 %	8,50 %	2,00 %
GKM-Sätze für Alternativgeschäfte	3,46 %	9,98 %	6,81 %	1,62 %

Die Hessische Bank AG ermittelte im gleichen Jahr folgende Durchschnittsbestände (gerundet):

Kontokorrentkredite 100 Mrd. EUR

Langfristige Festzinskredite an Unternehmen 30 Mrd. EUR

Spareinlagen mit vereinbarter Kündigungsfrist von 3 Monaten 20 Mrd. EUR

Berechnen Sie jeweils nach der Marktzinsmethode:

① die Konditionenbeiträge und

② die Strukturbeiträge

wenn die Kundenberater abschließen

Ⓐ in allen Sparten zu Niedrigstsätzen,

Ⓑ in allen Sparten zu Höchstsätzen,

Ⓒ bei den Krediten zu Niedrigstsätzen und
bei den Einlagen zu Höchstsätzen,

Ⓓ bei den Krediten zu Niedrigstsätzen und
bei den Einlagen zu Niedrigstsätzen,

Ⓔ bei den Krediten zu Höchstsätzen und
bei den Einlagen zu Höchstsätzen,

Ⓕ bei den Krediten zu Höchstsätzen und
bei den Einlagen zu Niedrigstsätzen.

④ Die Volksbank Nürtingen eG hat die folgende Zinsertragsbilanz erstellt.

\multicolumn{10}{c	}{Zinsertragsbilanz}
TG Zins %	GKM Zins %	Kunden Zins %	Aktiva	TEUR	TEUR	Passiva	Kunden Zins %	GKM Zins %	TG Zins %
3,000	8,000	9,500	Kundendarlehen	800,00	900,00	Termineinlagen	4,500	5,500	3,000
3,000	6,500	8,500	Wertpapiere	1.700,00	1.600,00	Sichteinlage	1,000	0,600	3,000
			Summe	2.500,00	2.500,00	Summe			

a) Ermitteln Sie für die Volksbank die Bruttozinsspanne in Prozent (3 Dezimalstellen) und in EURO auf Grund der vorliegenden Zinsertragsbilanz.

b) Ermitteln Sie nach der Marktzinsmethode den durchschnittlichen Konditionenbeitrag sowie den durchschnittlichen Strukturbeitrag für jede Bilanzseite.

⑤ Die Norddeutsche Kreditbank AG führt die Zinsspannenrechnung nach der MZM durch. Die folgende Zinsertragsbilanz stellt die Berechnungsgrundlage dar.

\multicolumn{8}{c	}{Zinsertragsbilanz}
Aktiva	Zinserlöse TEUR	Zinserlöse %	Ø Volumen TEUR	Ø Volumen TEUR	Zinskosten %	Zinskosten TEUR	Passiva
Forderungen	19.000,00		170.000,00	130.000,00	1,750		Spareinlagen
Wertpapiere I	24.500,00		217.000,00	120.000,00	0,500		Sichteinlagen
Wertpapiere II	8.700,00		213.000,00	350.000,00	3,000		Befr. Einlagen
Summe							Summe

a) Ermitteln Sie in der obigen Zinsertragsbilanz die Bruttozinsspanne in EUR und in Prozent.

b) Ermitteln Sie mit Hilfe folgender Angaben alle Konditionenbeiträge und den durchschnittlichen aktiven sowie den durchschittlichen passiven Konditionenbeitrag je Bilanzseite.

c) Ermitteln Sie den durchschnittlichen Strukturbeitrag. Der Tagesgeldsatz beträgt für beide Bilanzseiten 1,5%. Die GKM-Zinssätze für jeweils gleiche Fristen betragen gegenüber den Kundengeschäften:

Forderungen	9,000 %	Spareinlagen	1,600 %
Wertpapiere I	8,750 %	Sichteinlagen	1,000 %
Wertpapiere II	5,000 %	Befriste Einlagen	5,500 %

5.6.2.2 Teilbetriebsergebnis und Betriebsergebnis sowie Bruttozins-, Risiko-, Nettozins- und Bruttobedarfsspanne

Teilbetriebsergebnis

Während Gegenstand der Zinsspannenrechnung lediglich der Erfolg des Wertbereiches ist, bezieht die Berechnung des **Teilbetriebsergebnisses** auch den Provisionsüberschuss und die Allgemeinen Verwaltungsaufwendungen ein.

Betriebsergebnis

Durch Vergrößerung oder Verminderung des Teilbetriebsergebnisses um das Netto-Ergebnis aus Finanzgeschäften (Handelsspanne), den Saldo der Sonstigen Erfolge sowie das Bewertungsergebnis (= Risikovorsorge) lässt sich das **Betriebsergebnis** bestimmen.

Nach Vergrößerung oder Verminderung des Betriebsergebnisses um den Saldo der außerordentlichen Aufwendungen und Erträge sowie nach Abzug der Steuern vom Einkommen und vom Ertrag erhält man den Jahresüberschuss, aus dem die Rücklagen und die Gewinnausschüttung zu speisen sind.

Kennzahlen

Indem man das Verhältnis zwischen den genannten Größen und dem durchschnittlichen Geschäftsvolumen bildet, erhält man **Kennzahlen** für innerbetriebliche Zeitraum- und außerbetriebliche Zeitpunktvergleiche.

Die benötigten Daten werden durch **Ableitung aus der Gewinn- und Verlustrechnung der Finanzbuchhaltung** gewonnen, die gemäß RechKredV aufgestellt wird.

Bruttozinsspanne

Die **Bruttozinsspanne** ist das Verhältnis zwischen dem Zinsüberschuss und dem durchschnittlichen Geschäftsvolumen.

Risikospanne

Die **Risikospanne** ist das Verhältnis zwischen dem Bewertungsergebnis (= Risikovorsorge) und dem durchschnittlichen Geschäftsvolumen.

Die Bruttozinsspanne muss das Forderungsausfall- und Zinsänderungsrisiko überdecken. Andernfalls wäre die Rentabilität kleiner als das Risiko, das zu ihrer Erzielung eingegangen wurde.

Um diese Beziehung sichtbar zu machen, wird die Nettozinsspanne als Differenz zwischen Bruttozinsspanne und Risikospanne ermittelt.

Nettozinsspanne

Die **Nettozinsspanne** ist die Differenz zwischen Bruttozinsspanne und Risikospanne.[*]

Bruttobedarfsspanne

Die **Bruttobedarfsspanne** ist das Verhältnis zwischen den Allgemeinen Verwaltungsaufwendungen und dem durchschnittlichen Geschäftsvolumen.

---

[*] Definition nach H. Schierenbeck, Ertragsorientiertes Bankmanagement, Bd. I, S. 404 ff.

5.6 Gesamtbetriebskalkulation

Beispiel

Die Stadtsparkasse Frankfurt am Main ermittelte folgende Aufwendungen und Erträge für das vergangene Geschäftsjahr:

Gewinn- und Verlustrechnung
(gemäß RechKredV, Formblatt 3)

	Mio. EUR	Mio. EUR	Mio. EUR
1. Zinserträge aus			
a) Kredit- und Geldmarktgeschäften	901		
b) festverzinslichen Wertpapieren und Schuldbuchforderungen	245	1.146	
2. Zinsaufwendungen		696	450
3. Laufende Erträge aus			
a) Aktien u. anderen nicht festverzinslichen Wertpapieren		17	
b) Beteiligungen		9	
c) Anteilen an verbundenen Unternehmen		1	27
4. Erträge aus Gewinngemeinschaften, Gewinnabführungs- oder Teilgewinnabführungsverträgen			3
5. Provisionserträge		80	
6. Provisionsaufwendungen		4	76
7. Nettoergebnis des Handelsbestands			
– Erträge aus Geschäften mit Wertpapieren des Handelsbestandes		23	
– Aufwendungen aus Geschäften mit Devisen		4	19
8. Sonstige betriebliche Erträge			24
9. Allgemeine Verwaltungsaufwendungen			
a) Personalaufwand			
aa) Löhne und Gehälter	153		
ab) Soziale Abgaben und Aufwendungen für Altersversorgung und für Unterstützung	51	204	
darunter: für Altersversorgung 22 Mio. EUR			
b) andere Verwaltungsaufwendungen		88	292
10. Abschreibungen und Wertberichtigungen auf immaterielle Anlagewerte und Sachanlagen			35
11. Sonstige betriebliche Aufwendungen			16
12. Abschreibungen und Wertberichtigungen auf Forderungen und bestimmte Wertpapiere sowie Zuführungen zu Rückstellungen im Kreditgeschäft			
– Zuschreibungen zu Wertpapieren der Liquiditätsreserve		7	
– Abschreibungen auf Forderungen		50	43
Durchschnittliches Geschäftsvolumen			**19.100**

Aufgaben

Unter Verwendung des folgenden Ableitungsschemas sind zu bestimmen:

1. das Teilbetriebsergebnis,
2. das Betriebsergebnis,
3. die Bruttoertragsspanne
4. die Bruttobedarfsspanne und
5. die Nettogewinnspanne.

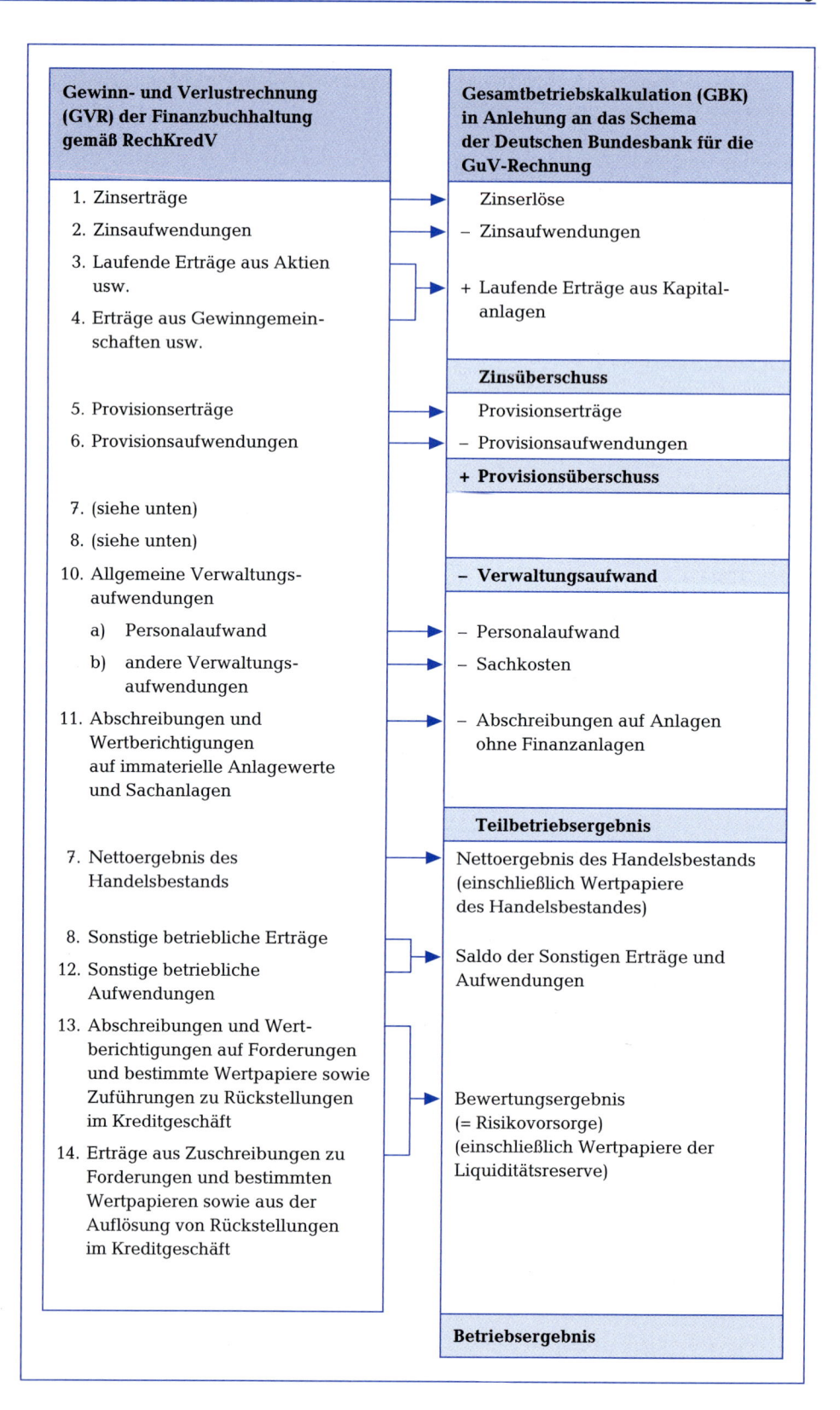

Gewinn- und Verlustrechnung (GVR) der Finanzbuchhaltung gemäß RechKredV	Gesamtbetriebskalkulation (GBK) in Anlehung an das Schema der Deutschen Bundesbank für die GuV-Rechnung
1. Zinserträge	Zinserlöse
2. Zinsaufwendungen	− Zinsaufwendungen
3. Laufende Erträge aus Aktien usw.	+ Laufende Erträge aus Kapitalanlagen
4. Erträge aus Gewinngemeinschaften usw.	
	Zinsüberschuss
5. Provisionserträge	Provisionserträge
6. Provisionsaufwendungen	− Provisionsaufwendungen
	+ Provisionsüberschuss
7. (siehe unten)	
8. (siehe unten)	
10. Allgemeine Verwaltungsaufwendungen	**− Verwaltungsaufwand**
a) Personalaufwand	− Personalaufwand
b) andere Verwaltungsaufwendungen	− Sachkosten
11. Abschreibungen und Wertberichtigungen auf immaterielle Anlagewerte und Sachanlagen	− Abschreibungen auf Anlagen ohne Finanzanlagen
	Teilbetriebsergebnis
7. Nettoergebnis des Handelsbestands	Nettoergebnis des Handelsbestands (einschließlich Wertpapiere des Handelsbestandes)
8. Sonstige betriebliche Erträge	Saldo der Sonstigen Erträge und Aufwendungen
12. Sonstige betriebliche Aufwendungen	
13. Abschreibungen und Wertberichtigungen auf Forderungen und bestimmte Wertpapiere sowie Zuführungen zu Rückstellungen im Kreditgeschäft	Bewertungsergebnis (= Risikovorsorge) (einschließlich Wertpapiere der Liquiditätsreserve)
14. Erträge aus Zuschreibungen zu Forderungen und bestimmten Wertpapieren sowie aus der Auflösung von Rückstellungen im Kreditgeschäft	
	Betriebsergebnis

5.6 Gesamtbetriebskalkulation

Ermittlung des Teilbetriebsergebnisses und des Betriebsergebnisses der Stadtsparkasse Frankfurt (M)
(vgl. Deutsche Bundesbank, Monatsbericht)

	Mio. EUR	prozentuale Auswertungen zur durchschnittlichen Bilanzsumme:	Mio. EUR 19.100,00
Zinserträge	1.146,0		
+ lfd. Erträge aus Aktien u. Beteiligungen	27,0	Zinserträge	6,16 %
+ Erträge aus Gewinngemeinschaften, Gewinnabführungs- oder Teilgewinnabführungsverträgen	3,0		
− Zinsaufwendungen	696,0	→ Zinsaufwendungen	3,64 %
= **Zinsüberschuss** ①	**480,0**	→ Bruttozinsspanne	2,51 %
Provisionserträge	80,0		
− Provisionsaufwendungen	4,0		
= **Provisionsüberschuss** ②	**76,0**	→ Provisionsspanne	0,40 %
Personalaufwand	204,0	→ Personalaufwandsspanne	1,07 %
+ Andere Verwaltungsaufwendungen	88,0	Sachaufwandsspanne	0,64 %
+ Abschreibungen und Wertberichtigungen auf immater. Anlagewerte u. Sachanlagen	35,0		
= **Verwaltungsaufwand** ③	**327,0**	→ Bruttobedarfsspanne	1,71 %
Teilbetriebsergebnis ① + ② − ③	**229,0**		
Erträge des Handelsbestands	23,0		0,12 %
− Aufwendungen des Handelsbestands	4,0		0,02 %
Nettoergebnis des Handelsbestands ④	**19,0**	→ Handelsspanne	0,10 %
Sonstige betriebliche Erträge	24,0		0,12 %
− Sonstige betriebliche Aufwendungen	16,0		0,08 %
= **Saldo der sonstigen betrieblichen Aufwendungen und Erträge** ⑤	**8,0**	→ sonstige Ertragsspanne	0,04 %
Abschreibungen und Wertberichtigungen auf Forderungen und bestimmte Wertpapiere sowie Zuführungen zu Rückstellungen im Kreditgeschäft	50,0		0,26 %
− Erträge aus Zuschreibungen zu Forderungen und bestimmten Wertpapieren sowie aus der Auflösung von Rückstellungen im Kreditgeschäft	7,0		0,03 %
= **Bewertungsergebnis (Risikovorsorge)** ⑥	**43,0**	→ Bewertungsspanne (Risikospanne)	0,23 %
Betriebsergebnis aus normaler Geschäftstätigkeit ① bis ⑥	**213,0**	→ Nettogewinnspanne	1,12 %

Bruttozinsspanne	①	2,51 %			
+ Provisionsspanne	②	0,40 %			
+ Handelsspanne	④	0,10 %	Personalaufwandsspanne		1,07 %
+ Sonstige Ertragsspanne	⑤	0,04 %	+ Sachaufwandsspanne		0,64 %
= **Bruttoertragsspanne**		**3,05 %**	= **Bruttobedarfsspanne** ③		**1,71 %**

Bruttoertragsspanne		3,05 %
− Bruttobedarfsspanne	③	− 1,71 %
= Bruttogewinnspanne		1,34 %
− Bewertungsspanne	⑥	− 0,23 %
= **Nettogewinnspanne**		**1,12 %**

Teilbetriebs- und Betriebsergebnisrechnung

1. Die **Erlöse** des **Wertbereichs** setzen sich aus Zinserträgen, Dividendenerträgen und ähnlichen Erträgen aus dem Aktivgeschäft zusammen.

   Von diesen Werterlösen sind die Zinsaufwendungen aus dem Passivgeschäft als Wertkosten abzusetzen

   Zinsüberschuss — Der daraus resultierende **Zinsüberschuss** ist das Ergebnis des Wertbereichs.

2. Die **Erlöse** für die Dienstleistungen des **Betriebsbereiches** sind die Provisionserträge. Nach Abzug der Provisionsaufwendungen ergibt sich der **Provisionsüberschuss** als Ergebnis des Betriebsbereiches.

   Provisionsüberschuss

   § 30, (1) RechKredV

   Provisionen entspringen
   - dem Zahlungsverkehr,
   - dem Außenhandelsgeschäft,
   - den Wertpapierkommissions- und Botengeschäften sowie den Depotgeschäften,
   - Treuhand- und Verwaltungskrediten,
   - der Veräußerung von Devisen, Sorten und Edelmetallen,
   - der Vermittlertätigkeit bei Kredit-, Spar-, Bauspar- und Versicherungsverträgen,
   - der Platzierung von Wertpapieren,
   - der Bürgschaftsübernahme,
   - der Kontoführung und
   - der Begleitung von Börsengängen sowie Mergers and Acquisitions.

3. Die Erwirtschaftung von Erlösen im Wert- und im Betriebsbereich führt zu **betriebsbedingten Verwaltungsaufwendungen** in Gestalt von Personalkosten und anderen Verwaltungsaufwendungen.

   Betriebsbedingte Verwaltungsaufwendungen

   § 30, (2) RechKredV

   Zu den **anderen Verwaltungsaufwendungen** zählen die gesamten Aufwendungen sachlicher Art, nämlich
   - Abschreibungen auf Anlagen, die nicht Finanzanlagen sind,
   - Raumkosten,
   - Bürobetriebskosten,
   - Kraftfahrzeugbetriebskosten,
   - Porti,
   - Verbandsbeiträge einschließlich der Beiträge zur Sicherungseinrichtung eines Verbandes,
   - Kosten für Werbung und Repräsentation,
   - Aufsichtsratsvergütungen,
   - Versicherungsprämien,
   - Rechts-, Prüfungs- und Beratungskosten u.a.

   Nach Abzug der Verwaltungsaufwendungen vom Zins- und Provisionsüberschuss ergibt sich das **Teilbetriebsergebnis**.

4. Wird das **Teilbetriebsergebnis** modifiziert durch
   - das Nettoergebnis des Handelsbestands,
   - den Saldo aus Sonstigen Erträgen und Aufwendungen und
   - das Bewertungsergebnis (= Risikovorsorge),

   Betriebsergebnis — so ergibt sich das **Betriebsergebnis**.

5.6 Gesamtbetriebskalkulation

Das **Nettoergebnis des Handelsbestands** ist der Unterschiedsbetrag zwischen

§ 340c, (1) HGB
Nettoergebnis des Handelsbestands

Erträgen aus	Aufwendungen aus
Geschäften mit – Wertpapieren des Handelsbestands, – Finanzinstrumenten, – Devisen und Edelmetallen	Geschäften mit – Wertpapieren des Handelsbestands, – Finanzinstrumenten, – Devisen und Edelmetallen
Zuschreibungen zu diesen Vermögensgegenständen	Abschreibungen von diesen Vermögensgegenständen
der Auflösung von Rückstellungen für drohende Verluste aus diesen Geschäften	der Bildung von Rückstellung für drohende Verluste aus diesen Geschäften

Der **Saldo zwischen den Sonstigen Erträgen** und **den Sonstigen Aufwendungen** ist der Unterschiedsbetrag zwischen

Saldo zwischen den Sonstigen Erträgen und den Sonstigen Aufwendungen

Erträgen aus	Aufwendungen aus
– Leasinggeschäften (vor allem von sogenannten „Autobanken")	– der Bildung von Rückstellungen für nicht Kredit- oder Wertpapiergeschäfte betreffende Verluste
– Warengeschäften der Kreditgenossenschaften	– Vorruhestandsleistungen
– Immobiliengeschäften (Vermietungen, Verpachtungen, Veräußerungen)	– Schadensersatzleistungen

Das **Bewertungsergebnis (= Risikovorsorge)** ist der Unterschiedsbetrag zwischen

Bewertungsergebnis
§ 340 f., (3) HGB

Erträgen aus	Aufwendungen aus
– Zuschreibungen zu Forderungen und Wertpapieren der Liquiditätsreserve	– Abschreibungen auf Forderungen und Wertpapieren der Liquiditätsreserve
– dem Eingang abgeschriebener Forderungen und der Auflösung von Rückstellungen im Kreditgeschäft	– der Bildung von Rückstellungen im Kreditgeschäft
– der Auflösung von Wertberichtigungen wegen allgemeiner Bankrisiken	– der Bildung von Wertberichtigungen wegen allgemeiner Bankrisiken

Das *Handelsrecht* erlaubt für die *externe Rechnungslegung* wegen der besonderen Vertrauensempfindlichkeit der Kreditinstitute *Saldierungen* (= »Überkreuzkompensationen«) von Aufwendungen und Erträgen der Risikovorsorge. Für Zwecke der *internen Rechnungslegung* bleiben die Aufwendungen und Erträge *unsaldiert*.

Überkreuzkompensation

Von den *neutralen Aufwendungen und Erträgen* werden nur die *außerordentlichen Aufwendungen und Erträge* gesondert ausgewiesen, die Finanzanlagen betreffen, also z.B. als Gewinne oder Verluste bei der Veräußerung von Beteiligungen entstehen. Ihr Saldo wird dem Betriebsergebnis zugerechnet. Das Ergebnis ist der *Jahresüberschuss vor Steuern.* Nach Abzug der Steuern vom Einkommen und Ertrag ergibt sich der *Jahresüberschuss nach Steuern.* Er wird auf die Rücklagenspeisung, die Gewinnausschüttung und den Gewinn- oder Verlustvortrag verteilt.

Jahresüberschuss vor und nach Steuern

Zusammenfassung

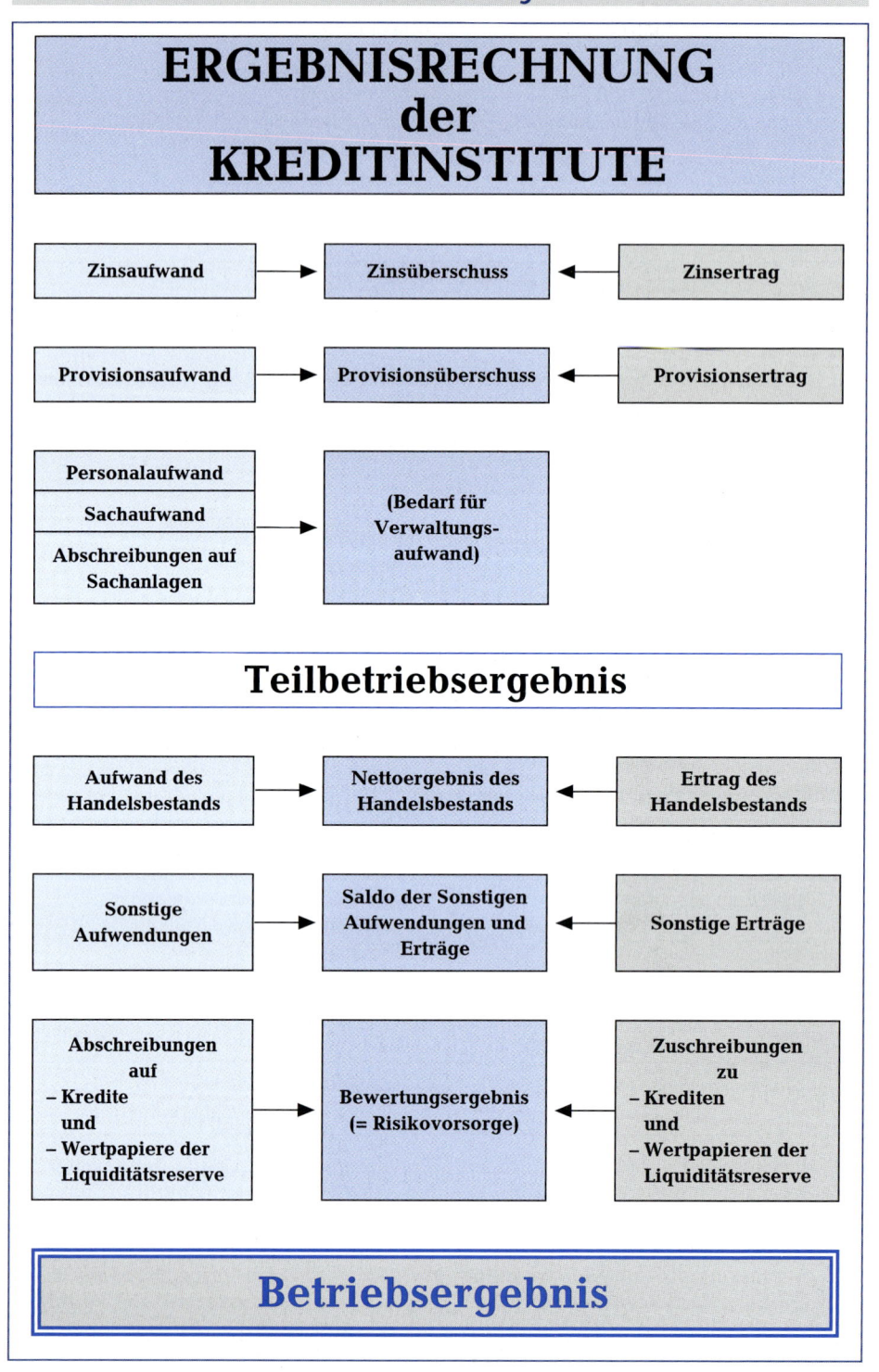

ERGEBNISRECHNUNG der KREDITINSTITUTE

Zinsaufwand → Zinsüberschuss ← Zinsertrag

Provisionsaufwand → Provisionsüberschuss ← Provisionsertrag

Personalaufwand
Sachaufwand
Abschreibungen auf Sachanlagen
→ (Bedarf für Verwaltungsaufwand)

Teilbetriebsergebnis

Aufwand des Handelsbestands → Nettoergebnis des Handelsbestands ← Ertrag des Handelsbestands

Sonstige Aufwendungen → Saldo der Sonstigen Aufwendungen und Erträge ← Sonstige Erträge

Abschreibungen auf
– Kredite und
– Wertpapiere der Liquiditätsreserve
→ Bewertungsergebnis (= Risikovorsorge) ←
Zuschreibungen zu
– Krediten und
– Wertpapieren der Liquiditätsreserve

Betriebsergebnis

Bruttoertragsspanne – (Bruttobedarfs- + Bewertungsspanne) = **Nettogewinnspanne**

5.6 Gesamtbetriebskalkulation

Aufgaben zu Kapitel 5.6.2.2

1. Warum ist es sinnvoll, zwischen Teilbetriebsergebnis und Betriebsergebnis zu unterscheiden?

2. Warum ist es notwendig, eine Nettozinsspanne zu berechnen?

3. Ordnen Sie folgende Geschäftsvorfälle den Positionen der Gesamtbetriebskalkulation zu:
   a) Avalprovision
   b) Vorschusszinsen
   c) Differenz zwischen Nennwert und Ausgabebetrag eines abgezinsten Sparbriefes
   d) Paketzuschlag bei Veräußerung einer Beteiligung
   e) Bonifikation bei der Platzierung einer Anleihe
   f) Gebühren für Fremdbenutzung der eigenen Bankautomaten
   g) Prämie für ausgezeichnete Leistungen eines Auszubildenden
   h) Spende für das Rote Kreuz
   i) Prämie für Verkauf einer Kaufoption
   j) Gewinn durch Verkauf von Wertpapieren des Handelsbestandes
   k) Maklergebühr für die Vermittlung eines Hauses an einen Kunden
   l) Abschreibung auf Bestand an eigenen Goldmünzen
   m) Gewinn aus eigenem Devisentermingeschäft

4. Ein Zinsanstieg macht Abschreibungen auf Rentenpapiere des
   a) Handelsbestandes,
   b) Liquiditätsbestandes und
   c) Anlagebestandes notwendig.

   Auf welche Positionen der Gesamtbetriebskalkulation wirken sich diese Abschreibungen aus?

5. In welchem Verhältnis stehen die Bedarfsspannen für Personalaufwendungen und andere Verwaltungsaufwendungen sowie Abschreibungen auf Sachanlagen im Beispiel zueinander?

6. Die Volksbank Dessau eG ermittelte folgende Daten in Mio. EUR:

Zinsüberschuss	967
Handelsergebnis	79
Provisionsüberschuss	169
Bewertungsaufwand	14
Verwaltungsaufwand	746
Bilanzsumme	45.000

   Berechnen Sie Sie nach dem Schema der Deutschen Bundesbank (2 Dezimalstellen)
   a) das Teilbetriebsergebnis in EUR
   b) das Betriebsergebnis aus normaler Geschäftstätigkeit in EUR
   c) die Bruttoertragsspanne in Prozent
   d) die Bruttobedarfsspanne in Prozent
   e) die Bewertungsspanne in Prozent
   f) die Nettogewinnspanne in Prozent

⑦ Die Merkurbank AG ermittelte folgende Daten

Bilanzsumme 2.573 Mio. EUR

	Mio. EUR	Mio. EUR	Mio. EUR

1. Zinserträge aus
   a) Kredit- und Geldmarktgeschäften
   b) festverzinslichen Wertpapieren und
      Schuldbuchforderungen
	135
	
	22
		
		157

2. Zinsaufwendungen		90	67

3. Laufende Erträge aus
   a) Aktien u. anderen nicht festverzinsl. Wertpapieren
   b) Beteiligungen
   c) Anteilen an verbundenen Unternehmen
		5
		1
		1
			
			7

4. Erträge aus Gewinngemeinschaften, Gewinnabführungs- o. Teilgewinnabführungsverträgen			1
5. Provisionserträge 6. Provisionsaufwendungen		13 1	 12

7. Nettoergebnis des Handelsbestands
  – Aufwendungen aus Geschäften mit Finanzinstrumenten
  – Zuschreibungen zu Wertpapieren des Handelsbestands
		
		3
		
		4
			
			1

8. Sonstige betriebliche Erträge			3

9. Allgemeine Verwaltungsaufwendungen
   a) Personalaufwand
      aa) Löhne und Gehälter
      ab) Soziale Abgaben und Aufwendungen für Altersversorgung und für Unterstützung
   b) andere Verwaltungsaufwendungen
	
	23
	
	6
		
		29
		15
			
			44

10. Abschreibungen und Wertberichtigungen auf immaterielle Anlagewerte und Sachanlagen			3
11. Sonstige betriebliche Aufwendungen			5

12. Abschreibungen und Wertberichtigungen auf Forderungen und bestimmte Wertpapiere sowie Zuführung zu Rückstellungen im Kreditgeschäft
  – Zuschreibungen zu Wertpapieren der Liquiditätsreserve
  – Abschreibungen auf Forderungen
		
		2
		19
			
			17

Berechnen Sie in vom Hundert der Bilanzsumme

  a) die Bruttozinsspanne   f) die Handelsspanne

  b) die Provisionsspanne   g) die sonstige Ertragsspanne

  c) die Personalaufwandsspanne   h) die Bewertungsspanne

  d) die Sachaufwandsspanne   i) die Nettogewinnspanne

  e) die Bruttobedarfsspanne   j) die Nettozinsspanne

5.6 Gesamtbetriebskalkulation

⑧ Die Handelsbank AG ermittelte folgende Aufwendungen und Erträge von drei ihrer Filialen in TEUR:

Positionen der GuV-Rechnung	Handels-bank AG		darunter Filialen					
			Filiale 1		Filiale 2		Filiale 3	
Saldo der sonstigen betrieblichen Aufwendungen und Erträge	−	1.460	−	150	−	252	+	618
Saldo der außerordentlichen Aufwendungen und Erträge	−	4.355	−	430	−	980	+	156
Bewertungsergebnis	−	20.311	−	1.702	−	8.549	−	3.044
Zinsaufwendungen	−	366.119	−	40.566	−	138.316	−	42.922
Provisionsaufwendungen	−	4.055	−	728	−	720	−	632
Zinserträge	+	499.005	+	59.348	+	177.287	+	69.847
Provisionserträge	+	31.920	+	8.732	+	8.639	+	5.691
Nettoergebis des Handelsbestands	+	4.033	+	1.154	+	1.311	+	553
Personalaufwendungen	−	61.259	−	12.437	−	21.721	−	13.195
Andere Verwaltungsaufwendungen	−	42.038	−	7.750	−	13.035	−	9.003
Geschäftsvolumen		**8.227.797**		**1.099.382**		**3.015.306**		**1.143.471**

a) Berechnen Sie für die Handelsbank AG und für die drei Filialen (2 Dezimalstellen).

1. die Teilbetriebsergebnisse
2. die Betriebsergebnisse
3. die Nettogewinnspannen
4. die Provisionspannen
5. die Personalaufwandsspannen
6. die Sachaufwandsspannen
7. die Bruttobedarfsspannen

b) Vergleichen und kommentieren Sie.

⑨ Ermitteln Sie im vorgegebenen Schema für die Ostsee Sparkasse Rostock aus den Zahlen der GuV-Rechnung:

a) die Kosten und Erlöse

b) das Gesamtergebnis

c) das neutrale Ergebnis

d) das Betriebsergebnis

e) die Bruttozinsspanne in Prozent vom Geschäftsvolumen (3 Dezimalstellen)

Folgende Erklärungen zu den Aufwands- und Ertragspositionen sind zu berücksichtigen:

Pos.

② Ein Teilbetrag der AfA auf BGA in Höhe von 180.000,00 EUR entspricht dem steuerlich zulässigen Höchstwert. Bei Berücksichtigung der tatsächlichen Nutzungsdauer ergibt sich ein um 1/3 geringerer Wert.

② Der andere Teilbetrag der AfA auf BGA in Höhe von 80.000,00 EUR ist für Personalcomputer gebildet worden. Hier sind steuerlich nur 20% Jahresabschreibung angesetzt worden, die Rostocker Bank kalkuliert aber mit 25% Jahresabschreibung.

③ Der Betrag enthält 20.000,00 EUR für die regelmäßig im Jahr stattfindende Weihnachtsfeier. Der restliche Betrag stammt aus Anlagenverkäufen unter Buchwert.

④ Sponsoring für den Jugendsportverein der Stadt Rostock.

⑤ Die offenen Vorsorgereserven werden um diesen Betrag verstärkt.

⑦ Verkaufserlöse aus einem Immobiliengeschäft.

⑧ Die im Vorjahr gebildeten stillen Vorsorgereserven sind um 20% zu kürzen, da das Risiko behaftete Kreditvolumen zurückgegangen ist.

Die Bilanzsumme beträgt 35.450 TEUR.

a)

Aufwendungen	TEUR	Neutrale Aufwendungen	Zweckaufwendungen	Grundkosten	Zusatzkosten	Kosten
① Zinsaufwendungen	1.590					
② AfA auf BGA	260					
③ Sonst. betriebliche Aufwendungen	540					
④ außerordentliche Aufwendungen	80					
⑤ Zuführung zum Fonds für allgem. Bankrisiken	270					
Summe						
Erträge	TEUR	Neutrale Erträge	Zweckerträge	Grunderlöse	Zusatzerlöse	Erlöse
⑥ Zinserträge	3.700					
⑦ Sonst. betriebl. Erträge	1.390					
⑧ Erträge aus der Auflösung von § 340f HGB Vorsorgereserven	130					
Summe						

b) Gesamtergebnis

c) Neutrales Ergebnis

d) Betriebsergebnis

e) Bruttozinsspanne

6 Bankcontrolling

6.1 Bankcontrolling als integratives System von Zielsetzung, Planung, Kontrolle und Steuerung (Regelkreis) zur Unterstützung der Entscheidungsfindung der Geschäftsleitung

Beispiel

Die Leiterin des Rechnungswesens der Volksbank Düsseldorf eG, Frau Wagner, stellt am 31.12... die für das nächste Quartal zu erwartenden ein- und ausgehenden Zahlungsströme einander gegenüber. Sie ermittelt einen Liquiditätsüberschuss von 300 Mio. EUR. Dieser Liquiditätsüberschuss wird voraussichtlich auch in den folgenden Quartalen nicht zum Ausgleich von Liquiditätsdefiziten benötigt und kann daher langfristig angelegt werden. Sie informiert den Leiter der Abteilung Controlling, Herrn Scholz, über ihre Berechnung.

Herr Scholz gibt diese Information an den Leiter des Depot-A-Managements, Herrn Weber, weiter. Dabei informiert er ihn zusätzlich darüber, dass im Rahmen der **Planung** für die Erträge der Bank und der damit verbundenen Risikoübernahmen noch ein Risikolimit von 3 Mio. EUR für Depot-A-Anlagen verfügbar ist.

Herr Weber steht vor der Alternative, ob er in eine Bundesanleihe mit einer Rendite von 6% oder in eine Südafrika-Anleihe mit einer Rendite von 11% investieren soll. Aufgrund ihrer Analysen bewertet die Rating-Agentur Standard & Poors gegenwärtig die Bundesanleihe mit »Aaa« und die Südafrika-Anleihe mit »Ba1«.

Die Noten von Standard & Poors (S & P) haben folgende Bedeutung:
- »Aaa«: kein erkennbares Risiko
- »Ba1«: noch ausreichende Bonität, Risiko langfristig bedenklich
- »Caa«: ungenügende Bonität, Zahlungsausfall wahrscheinlich

Das Controlling der Volksbank Düsseldorf eG ordnet den Noten aufgrund statistischer Beobachtungen folgende **Ausfallwahrscheinlichkeiten** zu:
- »Aaa-Rating«: 0,1%
- »Ba1-Rating«: 0,8%
- »Caa-Rating«: 2,5%

Emittentin	Rating	Ausfallwahrscheinlichkeit	Rendite
Bundesrepublik Deutschland	Aaa	0,1%	6%
Republik Südafrika	Ba1	0,8%	11%

Kauft Herr Weber die Bundesanleihe zur Anlage des Liquiditätsüberschusses von 300 Mio. EUR, so wird sein Risiko-Limit mit 0,3 Mio. EUR beansprucht. Wählt er die Südafrika-Anleihe, vermindert sich sein Risiko-Kontingent um 2,4 Mio. EUR. Zur Erhöhung der Rentabilität der Depot-A-Anlagen entscheidet er sich für die Südafrika-Anleihe.

Zunächst bedient die Republik Südafrika ihre Anleihe vertragsgemäß. Dann führt ein Crash am Goldmarkt zu einem beträchtlichen Defizit in der Handelsbilanz des Landes. S & P stufen daher die Südafrika-Anleihe auf »Caa« herab. Die **Kontrolle** der Risikoveränderung führt Herrn Scholz zu dem Schluss, dass die Südafrika-Anleihe (bei einer Ausfallwahrscheinlichkeit von 2,5%) jetzt ein Risikokontingent von 7,5 Mio. EUR beansprucht. Es steht aber nach wie vor nur ein Risikolimit von 3 Mio. EUR für Depot-A-Anlagen zur Verfügung. Herr Scholz meldet dem Vorstand, dass zur **Steuerung** von Ertrag und Risiko Herr Weber zum Verkauf von 180 Mio. EUR Südafrika-Anleihe anzuweisen wäre. Die verbleibenden 120 Mio. EUR sind dann durch das Risikolimit von 3 Mio. EUR gedeckt.

Bankcontrolling als integratives System

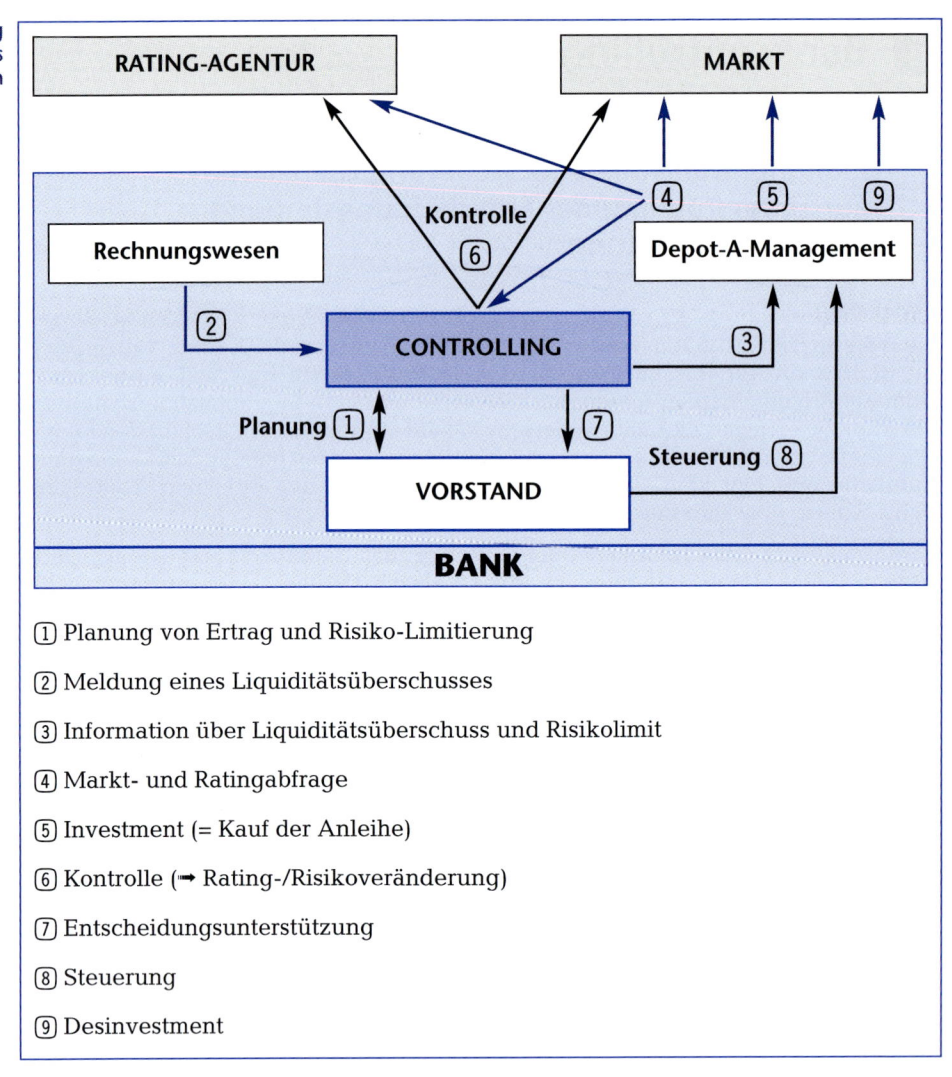

```
        RATING-AGENTUR                    MARKT
                      ↖    ↗        ↑    ↑    ↑
                                    ④    ⑤    ⑨
                       Kontrolle
   Rechnungswesen         ⑥         Depot-A-Management
              ②  →                      ↑
                        CONTROLLING  ③
                    ↕                ↓
              Planung ①                  ⑦
                                            Steuerung ⑧
                        VORSTAND
                          BANK
```

① Planung von Ertrag und Risiko-Limitierung

② Meldung eines Liquiditätsüberschusses

③ Information über Liquiditätsüberschuss und Risikolimit

④ Markt- und Ratingabfrage

⑤ Investment (= Kauf der Anleihe)

⑥ Kontrolle (→ Rating-/Risikoveränderung)

⑦ Entscheidungsunterstützung

⑧ Steuerung

⑨ Desinvestment

Oberstes **Ziel der Geschäftstätigkeit** eines jeden Unternehmens ist die Erhaltung und Mehrung seines Kapitals. Um die Erreichung dieses Ziels zu sichern, muss ein Unternehmen **Erträge** erwirtschaften, die seine Aufwendungen übersteigen.

Kreditinstitute setzen im **Betriebsbereich** Personen und Sachen zur Leistung von Diensten für Kunden ein. Im **Wertbereich** übernehmen sie spezielle Risiken, wie z.B. Ausfallrisiko bei Krediten, Marktrisiko im Handel mit Wertpapieren und Devisen sowie das Liquiditätsrisiko, wenn sie kurzfristig beschaffte Mittel langfristig anlegen.

In allen Geschäftsbereichen sind sie **operationellen Risiken** ausgesetzt. Sie riskieren, dass sie Produkte anbieten, die sich nicht verkaufen lassen, dass sie zu große Kapazitäten vorhalten, dass sich die Rahmenbedingungen für ihre Geschäftstätigkeit durch technischen Fortschritt oder Änderungen von Rechtsvorschriften verändern, dass Mitarbeiter wegen mangelnden Fachkenntnissen oder zur Erzielung von Boni ohne Genehmigung Verlust bringende Geschäfte tätigen. Und schließlich besteht für Kreditinstitute in besonderer Weise die Gefahr, Opfer betrügerischer Machenschaften von Fremden, Kunden oder sogar Mitarbeitern zu werden.

6.1 Bankcontrolling als integratives System

Risiken der Kreditinstitute im Wertbereich — Risiken der Kreditinstitute

Kreditrisiken	**Marktrisiken**	**Liquiditätsrisiken**
Forderungsausfallrisiken, Länderrisiken	Zinsänderungsrisiken, Handelsrisiken (Kursrisiken)	

Operationelle Risiken

Infrastruktur	**Mitarbeiter**	**Interne Verfahren**	**Externe Einflüsse**
z.B. Systemausfall oder Virusbefall der EDV	z.B. Unterschlagungen, Bearbeitungsfehler oder Falschberatung	z.B. Überkapazitäten, verspäteter Informationsfluss oder Verwendung veralteter Vordrucke	z.B. Hochwasser/Feuer, Betrug durch Kunden, Ausfall eines externen Dienstleisters oder Gesetzesänderungen

Die Kreditinstitute können diese Risiken durch geeignete Geschäfte »hedgen«, das heißt, begrenzen. Sie können z.B. – um ein einfaches Beispiel zu nennen – Forderungen gegen Ausfall versichern. Durch Versicherungen entstehen jedoch Aufwendungen. Würde ein Kreditinstitut alle Risiken zu 100% versichern, bliebe kein Ertrag mehr übrig. Würde ein Kreditinstitut andererseits seine Geschäfte ohne jegliche Begrenzung und Absicherung der mit ihnen verbundenen Risiken betreiben, gliche es einem Roulettespieler, der sein ganzes Vermögen auf Zero setzt und damit sein Schicksal der rollenden Kugel, also dem Zufall, überlässt.

Die Leitung eines Kreditinstitutes hat darüber zu entscheiden, ob es sich lohnt,
- für einen bestimmten Ertrag einen bestimmten Aufwand zu tragen oder
- für eine bestimmte Rendite ein bestimmtes Risiko zu übernehmen.

Controlling hat die Funktion, die Geschäftsleitung bei der Entscheidungsfindung zu unterstützen. — Aufgaben von Controlling

Controlling hat insbesondere folgende Aufgaben zu erfüllen:

- Ausarbeitung von Vorschlägen zur **Zielsetzung** aufgrund einer Analyse von
  - Vergangenheitsdaten, die das Rechnungswesen liefert,
  - Daten, die von Konkurrenzunternehmen veröffentlicht werden,
  - prognostizierten Entwicklungen der Märkte;
- Erarbeitung der **Planung** für die Erreichung der festgelegten Ziele,
- **Kontrolle** der **Planerfüllung** durch einen **Soll-Ist-Vergleich,**
- Ausarbeitung von Vorschlägen für die Geschäftsleitung zur Ergreifung von **Steuerungsmaßnahmen** oder zur **Zielveränderung.**

»*Controller leisten begleitenden betriebswirtschaftlichen Service für das Management zur zielorientierten Planung und Steuerung.*«
(Leitbild der International Group of Controlling)

»*Der Controller ist vergleichbar mit einem Navigator, der den Flugkapitän immer mit den steuerungsrelevanten Informationen versorgt.*«
(Prof. Dr. P. Horvath, »Der Controller: Navigator der Führung«, in Frankfurter Allgemeine Zeitung vom 28.05.2001)

Der Controller kann seine Aufgaben nur erfüllen, wenn er ständig mit allen anderen Abteilungen seines Kreditinstitutes kommuniziert und voll in den Geschäftsablauf **integriert** ist.

Zusammenfassung

Regelkreis des Controlling

Controlling hat eine Entscheidungsunterstützungsfunktion bei

ZIELSETZUNG

im Spannungsfeld von

Rendite : Risiko

STEUERUNG — Regelkreis des Controlling — PLANUNG

KONTROLLE

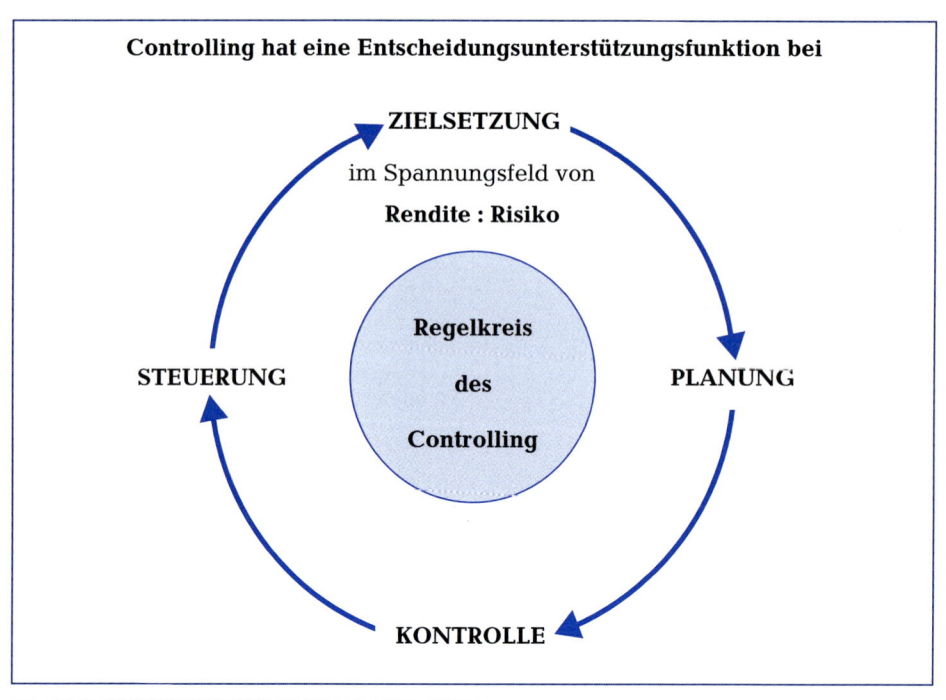

Aufgaben zu Kapitel 6.1

1. Ein Onkel möchte Ihnen zum Geburtstag Geld schenken. Um den Teilnehmern der Geburtstagsfeier Spaß zu bereiten, bietet er Ihnen folgende Alternative:
   I. 100 EUR in bar auf die Hand oder
   II. Wahl zwischen zwei Umschlägen, von denen einer leer ist, der andere aber 200 EUR enthält.

   a) Welche Möglichkeit würden Sie wählen?

   b) Nehmen Sie an, die Alternative wäre:
   I. 1 Mio. EUR sicher oder
   II. zwei Umschläge: Einer ist leer, der andere enthält 2 Mio. EUR.

   Wofür würden Sie sich entscheiden?

   c) Haben Sie sich in beiden Situationen für dieselbe Möglichkeit entschieden? Wenn nein: Woran könnte das liegen?

2. Bei der Durchsicht seiner Kundenkartei hat der Privatkundenberater Michael Schneider festgestellt, dass die von der Abteilung Controlling erstellte Kalkulation für die Kundin Susanne Huber ein deutlich negatives Ergebnis aufweist. Eine genauere Analyse der Daten ergibt, dass Frau Huber nahezu jeden zweiten Tag kleinere Geldbeträge abhebt – und dies jedesmal an der Kasse. Der Geldautomat wird von der Kundin nicht genutzt, da sie über keine Karte verfügt.

Herr Schneider weiß, dass Barabhebungen an der Kasse wegen des hohen Personalaufwandes mit drei EUR in die Kundenkalkulation einfließen. Abhebungen am Geldautomaten können wesentlich kostengünstiger abgewickelt werden, sodass eine Abhebung daher nur mit einem EUR in der Kalkulation berücksichtigt werden muss.

Mit welchen Argumenten kann Herr Schneider die Kundin zur Nutzung des Geldautomaten veranlassen?

(3) Unter Hinweis auf ein Konkurrenzangebot fordert Bettina Seyfried, Kundin der Sparkasse Bonn, von ihrem Kundenberater eine entsprechende Sonderkondition.

Martin Becker, der zuständige Berater, entnimmt einer von der Abteilung Controlling erarbeiteten Übersicht, dass bei der geforderten Kondition eine Negativ-Marge und damit ein negativer Deckungsbeitrag entstehen würde. Das Geschäft wäre also – isoliert betrachtet – nachteilig für die Sparkasse Bonn.

Was könnte Herrn Becker dazu bewegen, das Geschäft dennoch zu der von der Kundin geforderten Kondition abzuschließen?

(4) In jeder Bank existiert eine Abteilung „Rechnungswesen/Hauptbuchhaltung", die für die Erstellung des Jahresabschlusses verantwortlich ist. Aus ihm lässt sich das Ergebnis des entsprechenden Jahres ablesen. Ist eine Abteilung „Controlling" überhaupt sinnvoll und notwendig – die Ertragssituation kann doch bereits dem Rechnungswesen entnommen werden?

(5) Die Zinsen in Deutschland bewegen sich seit längerer Zeit auf einem sehr niedrigen Niveau. Ein deutlicher Zinsanstieg ist kurzfristig nicht zu erwarten. Der Vorstand der Berliner Industriebank AG hält den Kauf von deutschen festverzinslichen Wertpapieren wegen der niedrigen Zinsen für unattraktiv und berät darüber, welche Möglichkeiten zur Anlage eigener Gelder sonst noch bestehen.

Frau Susanne Richter, Depot-A-Managerin der Industriebank, schlägt als Alternative den Kauf von EUR-Auslandsanleihen vor. Um nennenswert höhere Zinsen als derzeit in Deutschland erzielen zu können, sollen Anleihen von Ländern, deren Bonität nur als mittelmäßig eingestuft wird, erworben werden. Aufgrund des Länderrisikos (Risiko, dass ein Land seine Schulden nicht mehr begleicht), werden derartige Anleihen höher verzinst, als solche von Ländern mit unzweifelhafter Bonität.

Die höhere Rendite wird also mit einem höheren Risiko erkauft.

Um nicht alles auf eine Karte zu setzen, überlegt sich der Vorstand der Industriebank, ob das vorgesehene Anlagevolumen von 10 Mio. EUR in fünf Teilbeträgen zu je 2 Mio. EUR auf mehrere Länder verteilt werden soll. Als Laufzeit ist jeweils ein Zeitraum von 5 Jahren vorgesehen.

Der Zinssatz (Rendite) für fünfjährige Laufzeiten in Deutschland liegt derzeit bei 5%.

Frau Richter legt dem Vorstand folgende Angebote vor:

Land	Rendite (5 Jahre)
Türkei	7,0%
Argentinien	8,0%
Brasilien	8,5%
Mexiko	9,0%
Südafrika	7,5%

Die durchschnittliche Rendite liegt also bei 8,0%.

Der Vorstand der Industriebank geht davon aus, dass im schlechtestmöglichen Fall am Ende der Laufzeit **ein** Land nicht mehr in der Lage ist, das Kapital zurückzubezahlen, also ein Betrag von 2 Mio. EUR verloren ist.

Damit die Anlage der 10 Mio. EUR in Anleihen dieser fünf Länder also auch in einem solchen Fall noch lohnend ist, muss der Zinsvorteil während dieser fünf Jahre einen Betrag von 2 Mio. EUR übersteigen.

a) Reicht – ohne Einbeziehung von Zinseszinsen – eine durchschnittliche Rendite von 8% aus, um dieses Erfordernis zu erfüllen?

b) Wie hoch müsste die durchschnittliche Rendite der Auslandsanleihen unter Berücksichtigung eines Ausfalls von 2 Mio. EUR sein, damit genau dasselbe Ergebnis erzielt werden würde, wie bei einer Anlage in Deutschland (bei Vernachlässigung eines Zinseszinseffekts)?

6.2 Strategisches und Operatives Controlling

Strategisches Controlling

Das **strategische Controlling** befasst sich damit, nach Analyse der Ausgangssituation und der Interessen der Stakeholder (vgl. Kapitel 9.1) künftige Handlungsmöglichkeiten der Bank vorauszudenken und sie in Abstimmung mit der Geschäftsleitung in einem Leitbild zusammenzufassen, daraus für die einzelnen Unternehmenseinheiten langfristige Teilziele festzulegen, die Zielerfüllung zu kontrollieren und bei Abweichungen zwischen Soll und Ist Steuerungsmaßnahmen oder eine Neufestlegung der Teilziele vorzuschlagen.

Operatives Controlling

Das **operative Controlling** befasst sich vor allem damit, die gegenwärtig vorliegenden Ergebnisse der Kosten- und Erlösrechnung im Hinblick auf das Verhältnis des Ertrages zu den eingesetzten Mitteln und übernommenen Risiken zu analysieren und bei Fehlentwicklungen Steuerungsmaßnahmen vorzuschlagen.

6.2.1 Strategisches Controlling mit Stärken-Schwächen-Analyse

Beispiel 1

Die Hannoversche Kreditbank hat ihre Kunden – abhängig von bestimmten Kriterien – in verschiedene **Kundengruppen (»Zielgruppen«)** eingeteilt:

1 Privatkunden
   11 Vermögensberatungskunden
      (Einkommen über 5 TEUR p.m. oder Vermögen über 250 TEUR)
   12 Standardkunden
      (Einkommen zwischen 2,5 und 5 TEUR p.m. oder Vermögen zwischen 50 TEUR und 250 TEUR)
   13 Servicekunden
      (Einkommen unter 2,5 TEUR p.m. und Vermögen unter 50 TEUR)
   14 Kinder und Jugendliche
      (Alter unter 18 Jahre; unabhängig von Einkommen und Vermögen)

2 Firmenkunden
   21 Gewerbekunden und Freiberufler
      (Firmenumsatz unter 1 Mio. EUR)
   22 Kleinere Firmen
      (Firmenumsatz zwischen 1 Mio. EUR und 10 Mio. EUR)
   23 Großfirmen
      (Firmenumsatz über 10 Mio. EUR)

3 Sonstige
   31 Vereine
   32 Öffentlich-rechtliche Anstalten, Körperschaften etc.
   33 Eigene Mitarbeiter

Die Kundengruppen-Rechnung zum 31.12. weist für die einzelnen Zielgruppen folgende **Konditionenbeiträge** auf:

Zielgruppe	Konditionenbeitrag des vergangenen Jahres in Mio. EUR	Kosten des vergangenen Jahres in Mio. EUR
11	16	5
12	12	
13	10	
14	− 3	18
21	2	
22	10	
23	27	15
31	1	
32	− 2	
33	− 3	2
Gesamt	70	40

Die Analyse dieser Zahlen zeigt, dass die Vermögensberatungskunden über 20% der Konditionenbeiträge bringen, aber nur 12,5% der Kosten verursachen, während die übrigen Privatkunden nur knapp 30% Anteil am gesamten Konditionsbeitrag, aber einen Anteil von 45% an den Kosten erreichen.

Wenig erfolgversprechend wäre es, für die Vielzahl unterschiedlicher Kunden einer Bank die gleichen Ziele festlegen zu wollen. Die einzelnen Kunden tragen unterschiedlich stark zum Gesamterfolg der Bank bei und stellen differenzierte Ansprüche an Beratung und Service. Würden alle Kunden auf dieselbe Art und Weise und mit der gleichen Intensität betreut, so würden Kunden, die jetzt und in Zukunft nur wenig zum Gesamterfolg der Bank beitragen, zu personalintensiv und daher mit zu hohem Aufwand betreut werden. Für die wirklich ertragbringenden und zukünftig ertragversprechenden Kunden bliebe dann zu wenig Zeit übrig, beispielsweise für eine persönliche Beratung. Sinnvoll kann daher nur eine **selektive Strategie** sein.

Die EDV macht es möglich, jedem Kunden maßgeschneiderte Produkte anzubieten.

Wegen der Notwendigkeit, die Geschäftsprozesse rationell zu gestalten, müssen **Kundengruppen** gebildet werden.

Kriterien für die Bildung von Kundengruppen können z.B. sein:

- bei Privatkunden
  - Beruf,
  - Einkommen und Vermögen,
  - Alter,
  - Familienstand usw.

- bei Firmenkunden
  - Firmenumsatz
  - Branche,
  - Standort usw.

Kriterien für die Bildung von Kundengruppen

> Je nachdem, inwieweit ein Kunde oder eine Kundengruppe zum Erfolg der Bank beigetragen hat und voraussichtlich beitragen wird, muss eine Differenzierung von **Betreuungsintensität** und **Produktangebot** erfolgen.

Beispiel 2

Der Controller der Allbank stellt fest, dass das »strategische Geschäftsfeld (SGF)« »Effekten-Dispositions-Kredit (EDK)« für vermögende Privatkunden« gegenwärtig nur einen geringen Deckungsbeitrag liefert und sich daran auch in Zukunft wegen fehlender Marktattraktivität und Wettbewerbsstärke kaum etwas ändern lassen wird. Der Controller positioniert das SGF daher in dem Feld 1 des untenstehenden Tableaus. Solange sich mit diesem SGF ein positiver Deckungsbeitrag erzielen lässt, wird die Geschäftsleitung es nicht aufgeben, aber keine weiteren Mittel in dieses investieren.

Strategische Geschäftsfelder

Für jedes Strategische Geschäftsfeld ist eine

Stärken-Schwächen-Analyse

mit den Kriterien

- **Marktattraktivität**

und

- **Wettbewerbsstärke**

durchzuführen.

Entsprechend dem Ergebnis der Analyse kann ein Strategisches Geschäftsfeld in folgender Matrix positioniert werden.

Markt-attraktivität				
hoch	7	8	9	
mittel	4	5	6	
niedrig	1	2	3	Wettbewerbs-stärke
	niedrig	mittel	hoch	

Abhängig von der Lage des Punktes, dem die Stärken-Schwächen-Analyse ein SGF zuordnet, können **Basisstrategien** formuliert werden:

Felder 1, 2, 4 ➡ Bereich der **Abschöpfungs-** oder **Desinvestitionsstrategien**

Felder 3, 5, 7 ➡ Bereich der **selektiven** Strategien

Felder 6, 8, 9 ➡ Bereich der **Wachstums-** und **Investitionsstrategien.**

Bewertungsfaktoren von Marktattraktivität und Wettbewerbsstärke

Zur Beurteilung von Marktattraktivität und Wettbewerbsstärke kann eine Vielzahl von **Bewertungsfaktoren** herangezogen werden. Welche Faktoren zu wählen sind, kann nicht allgemeingültig festgelegt werden. Jede Bank muss sie entsprechend ihrer individuellen Situation selbst auswählen. Ein Bewertungsfaktor macht nämlich für sie nur dann Sinn, wenn sie auch das für ihn notwendige Datenmaterial beschaffen kann.

Hat sich eine Bank für bestimmte Faktoren entschieden, muss sie definieren, mit welcher **Gewichtung** sie in die Gesamtbewertung eingehen sollen.

Professor Henner **Schierenbeck** schlägt folgende Bewertungsfaktoren mit den ihnen zuzuordnenden Gewichtungen vor.

	Bewertungsfaktoren	Gewichtung	Interpretation
Markt	– Marktvolumen	25%	z.B. Summe aus Einlagen und Ausleihungen
	– Nicht ausgeschöpftes Marktpotential		z.B. potentielles zusätzliches Volumen an Einlagen und Ausleihungen
	– Marktwachstum/ Entwicklungsdynamik		jährliche Veränderungsrate des Marktvolumens/Marktpotentials
	– Konjunkturstabilität		z.B. Veränderung des Deckungsbeitrages im Wirtschaftszyklus
	– Staatliches Eingriffspotential		Wie stark ist die Beziehung zum SGF politischen Einflüssen ausgesetzt?
Kunden	– Anzahl und Struktur der potentiellen Abnehmer	15%	z.B. Alters-, Größenklassen- und Branchenverteilung innerhalb der Kundengruppe
	– Demoskopische Entwicklung		z.B. Veränderungsrate der Anzahl potentieller Abnehmer
	– Werte, Einstellungen		Inwieweit ist das Verhalten der Kundengruppe von speziellen Wertmaßstäben geprägt?
	– Wertewandel		Stabilität der verhaltensrelevanten Wertmaßstäbe
	– Verhaltensstabilität		z.B. Stabilität relevanter Verbrauchergewohnheiten
Ertrag	– Margenattraktivität	30%	Welche (Netto-)Margen sind potentiell zu erwirtschaften (in Prozent des Durchschnittsbestandes)?
	– Zukünftige Ertragsstabilität		Wie sind die Perspektiven der Margenentwicklung einzuschätzen?
	– Kostenelastizitäten		Wie ist die zukünftige geschäftsfeldspezifische Kostenentwicklung einzuschätzen?
	– Notwendigkeit hoher Vorlaufinvestitionen		Wie stark muss in ein SGF vor Erreichen des Break-Even-Punktes, d.h., des Punktes, von dem an die Erlöse die Kosten überdecken, investiert werden?
Ressourcen	– Verfügbarkeit geeigneten Personals	15%	In welchem Maße ist ausreichend qualifiziertes Personal am Markt verfügbar?
	– Verfügbarkeit einer organisationstechnischen Infrastruktur		Inwieweit existieren EDV-Lösungen zur Bewältigung geschäftsfeldspezifischer Problemstellungen?
Synergie-Potential	– Image	15%	Wie sehr ist es dem Image der Bank dienlich, im jeweiligen SGF vertreten zu sein?
	– Know how		Lässt sich spezifisches Know how eines SGF auch in anderen Bereichen anwenden?
	– Kosten		z.B.: Inwieweit ist es möglich, Ressourcen für mehrere SGF zu nutzen?
		100%	

(aus Schierenbeck, Henner: »Ertragsorientiertes Bankmanagement«, Band 1, S. 486, Wiesbaden 1997)

	Bewertungsfaktoren	Gewichtung	Interpretation
Marktposition	– Marktgewicht	35%	Aktueller Marktanteil
	– Entwicklung des Marktanteils		Durchschnittliche Veränderungsrate des Marktanteils in den vergangenen Perioden
	– Image		Image der Bank bei der Kundengruppe
	– Marketingperformance		Ist es der Bank gelungen, bei den Kunden des SGF Präferenzen aufzubauen?
	– Intensität der Kundenbearbeitung		Durchschnittliche Cross-Selling-Quote
	– Abdeckungsgrad der Kundenbedürfnisse		Deckt das Sortiment alle segmentspezifischen Kundenbedürfnisse ab?
Infrastruktur	– Qualität des Mitarbeiterstandes	30%	Umfang, Qualifikation und Flexibilität des Mitarbeiterstammes
	– Qualität der Organisation		z.B. Kürze der Entscheidungswege, Ausgleich von Flexibilität und Stabilität
	– Qualität des Management-Informationssystems		Aktualität, Vollständigkeit und Entscheidungsrelevanz der verfügbaren Steuerungsinformation
Ertrag	– Ergebnishöhe	35%	z.B. Höhe des segmentspezifischen Periodenergebnisses
	– Ergebnisdynamik		z.B. durchschnittliche Ergebnisveränderungsrate der vergangenen Perioden
	– Ergebnisstabilität		Schwankungsbreite des Periodenergebnisses um einen Durchschnitt der vergangenen Perioden
		100%	

(aus Schierenbeck, Henner: »Ertragsorientiertes Bankmanagement«, Band 1, S. 486, Wiesbaden 1997)

Abhängig vom **Ergebnis des Bewertungsvorgangs** kann eine **selektive Strategie** für jedes einzelne SGF konzipiert werden.

6.2.2 Operatives Controlling am Beispiel des Rentabilitätsmanagements

Beispiel

Frau Simone Tiemann, Anlageberaterin der Stadtsparkasse Hamburg, verkauft einem Kunden einen einjährigen Sparkassenbrief über 100 TEUR zum Zinssatz von 4%.

Der Marktzinssatz für 1-Jahres-Geld liegt zu diesem Zeitpunkt bei 5,35%.

Am selben Tag vereinbart ihre Kollegin, Frau Claudia Neumayer, mit einem Kreditkunden eine vierjährige Finanzierung über ebenfalls 100 TEUR zu einem Festzinssatz von 7,75%.

Der Marktzinssatz für 4-Jahres-Gelder beträgt 6,8%, der für Tagesgeld 5,1%.

6.2 Strategisches und Operatives Controlling

Der Controller hatte folgende Planzahlen vorgegeben:
- für das Anlagegeschäft eine Mindestmarge von 1,5%,
- für das Kreditgeschäft eine Mindestmarge von 0,9%,
- für die Gesamtbilanz einen Strukturbeitrag von 1,6%.

Der Controller führt einen Soll-/Ist-Vergleich durch.

Welches Ergebnis bekommen die Kundenberater als Erfolg zugerechnet (Konditionenbeitrag) und welcher Teil des Ergebnisses entfällt auf die Fristentransformation (Strukturbeitrag)?

Aktiva					Passiva				
4-Jahres-Kunden-Kredit	Volumen EUR	vereinbarter Zinssatz (fest)	GKM-Satz für 4-Jahres-Geld	GKM-Satz für Tages-Geld	1-Jahres-Kunden-einlage	Volumen EUR	vereinbarter Zinssatz (fest)	GKM-Satz für 1-Jahres-Geld	GKM-Satz für Tages-Geld
	100.000	7,75%	6,80%	5,10%		100.000	4,00%	5,35%	5,10%

Zinsertrag	7.750,00 EUR
Zinsaufwand	− 4.000,00 EUR
Zinsüberschuss	= 3.750,00 EUR
Konditionenbeitrag	
Kredit	+ 950,00 EUR
Einlage	+ 1.350,00 EUR
	+ 2.300,00 EUR
Strukturbeitrag	
Aktiva	+ 1.700,00 EUR
Passiva	− 250,00 EUR
	+ 1.450,00 EUR
Zinsspanne	= 3.750,00 EUR

Der Gesamterfolg (Zinsüberschuss) für die Stadtsparkasse Hamburg aus beiden Geschäften beträgt 3.750,00 EUR, da einem Zinsaufwand für die Einlage von 4.000,00 EUR ein Zinsertrag aus dem Kredit von 7.750,00 EUR gegenübersteht.

Frau Tiemann erzielt durch ihren Abschluss eine Marge von 1,35%. Diese errechnet sich gemäß Marktzinsmethode, indem der Kundenkondition (4,00%) der Marktzins für dieselbe Laufzeit (5,35%) gegenübergestellt wird. Die vorgegebene Mindestmarge wird nicht erreicht.

Eine Berechnung nach der Marktzinsmethode ergibt für Frau Neumayer eine Marge von 7,75% − 6,80% = 0,95%. Die vorgegebene Mindestmarge wird überschritten.

Der **Konditionenbeitrag** aus der Einlage beträgt 1.350,00 EUR, der aus dem Kredit 950,00 EUR. Der gesamte Konditionenbeitrag beider Geschäfte liegt also bei 2.300,00 EUR.

Der Rest, 3.750,00 EUR Gesamtergebnis − 2.300,00 EUR Konditionenbeitrag = 1.450,00 EUR, ist der Strukturbeitrag.

Dieser kann nun noch zwischen Aktiv- und Passivseite aufgeteilt werden, indem die Marktzinsen für den 4-Jahres-Kunden-Kredit und die 1-Jahres-Kundeneinlage dem Marktzinssatz für Tagesgeld (im Beispiel 5,10%) gegenübergestellt werden. Mit dieser Vorgehensweise soll die »Laufzeitprämie« für die längerfristigen Marktzinssätze herausgerechnet werden.

Für die Aktivseite ergibt sich ein **Strukturbeitrag** von 6,80% – 5,10% = 1,70% entsprechend 1.700,00 EUR. Der Strukturbeitrag für die Passivseite ist negativ, nämlich 5,10% – 5,35% = – 0,25%, entsprechend – 250,00 EUR. Der **gesamte Strukturbeitrag** beträgt also 1.450,00 EUR und liegt damit unter der Planzahl.

> Das **operative Controlling** untersucht fortlaufend (beispielsweise monatlich) die Rentabilität der einzelnen Rentabilitätsträger einer Bank.

Kundengeschäft

Die **Rentabilitätsträger** können aufgegliedert werden nach:

- Produkten ➞ **Geschäftsarten**kalkulation
- Kunden ➞ **Kundengruppen**kalkulation
- Stellen ➞ **Profitcenter**kalkulation

Rentabilitätsträger

Kleinere Einheiten (z.B. Spareinlagen mit 3-monatiger Kündigungsfrist, Einzelkunde, Team) können zu übergeordneten Einheiten (z.B. Spareinlagen, Firmenkunden, Geschäftsstellen) zusammengefasst werden.

Je nach Kombination der unterschiedlichen Stufen lassen sich die verschiedensten Verknüpfungen erreichen:

Beispielsweise
– Giroeinlagen von Individualkunden der Filiale Hauptstraße
– Kontokorrentkredite an Firmenkunden im Marktbereich Nord
– Spareinlagen von Jugendlichen insgesamt usw.

Analyse

Hierdurch lassen sich Rentabilitätsergebnisse nach vielfältigen Gesichtspunkten analysieren:

Rentabilitätsergebnisse

– Welchen Anteil haben die einzelnen Produkte am gesamten Geschäftsvolumen?
– Welche Kunden/Stellen/Produkte tragen wie viel zum Gesamtertrag bei?
– Woher kommen Abweichungen des Ergebnisses bei vergleichbaren Geschäftsstellen (Unterschiedliche Volumina? Höhere Margen? Größerer Anteil von Produkten mit höheren Margen? usw.)?

Daneben werden ausgehend von Vergangenheitswerten durch mathematische Hochrechnungen der Ist-Werte oder eigene Beurteilungen der zukünftigen Marktentwicklungen **Prognosen** für die Entwicklung der einzelnen Positionen von Bilanz sowie Gewinn- und Verlustrechnung erstellt.

Ausgehend von dieser – meist für mehrere Jahre erstellten – Prognose kann dann eine zielgerichtete **Steuerung** (Marketingmaßnahmen zur Forcierung des Kundengeschäfts, Interbankengeschäfte etc.) der Bilanzstruktur oder der Risikopositionen zur Erhaltung oder Verbesserung der Ertragssituation erfolgen.

Gesamtbanksteuerung

Ein weiterer wichtiger Teil des Rentabilitätscontrolling sind **Maßnahmen zur Gesamtbanksteuerung.**

Maßnahmen zur Gesamtbanksteuerung

Das Konzept der Marktzinsmethode sieht vor, dass jedes Kundengeschäft fristenkongruent am Geld- und Kapitalmarkt angelegt bzw. refinanziert wird.

Dies würde jedoch dazu führen, dass **nur** die **Konditionenmargen** aus dem Kundengeschäft zum Gesamterfolg einer Bank beitragen würden. Je nach Einschätzung der erwarteten Zinsentwicklung lassen sich zusätzliche Erträge durch **unterschiedliche Fristenstrukturen** auf Aktiv- und Passivseite erzielen. Wenn beispielsweise am Markt eine »normale« Zinsstruktur vorliegt (die langfristigen Zinsen sind höher als die Zinsen für kurze Laufzeiten) kann eine kurzfristig hereingenommene Einlage langfristig ausgeliehen werden. Die Differenz zwischen Aktiv- und Passivverzinsung wird größer – das Zinsergebnis der Bank steigt.

Nun kann dieser zusätzliche Ertrag *nicht* **dem Kundengeschäft** zugerechnet werden, da der Anlageberater **keinerlei Einfluss** darauf hat, ob und in welcher Form sein Kollege aus der Kreditabteilung das Geld verwendet. Möglicherweise steht dem Kundengeschäft auch ein Interbankengeschäft (beispielsweise Anlage der hereingenommenen Gelder bei einer anderen Bank) gegenüber, auf das der Berater ebenfalls keinen Einfluss hat. Art und Laufzeit der »Gegengeschäfte« liegen also außerhalb der Verantwortungsbereiche der Kundenberater, welche Anlage- oder Kreditgeschäfte mit Kunden abschließen.

Jedes Geschäft muss daher »zweigeteilt« werden:

Ein Teil des Ergebnisses ergibt sich aus einem – zumindest theoretisch erfolgten – Abschluss eines fristenkongruenten Gegengeschäfts. Dies ist das Konzept der Marktzinsmethode. Der Erfolg, welcher sich aus dieser Gegenüberstellung ergibt, ist der **Konditionenbeitrag.** Da insoweit das Ergebnis in direkter Verantwortung des Kundenberaters liegt – je nachdem, welche Spanne zwischen Kundenzinssatz und Marktzinssatz liegt – wird ihm der Konditionenbeitrag direkt zugerechnet.

Konditionenbeitrag

Der Teil des Ergebnisses, welcher dadurch entsteht, dass beispielsweise eine 1-Jahres-Kundeneinlage in Form eines 4-Jahres-Kundenkredites wieder ausgeliehen wird, darf dem einzelnen Kundenberater nicht zugerechnet werden, da er nicht von ihm zu verantworten ist.

Dieser Teil des Ergebnisses wird, da Aktiv- und Passivgeschäft unterschiedliche Laufzeiten haben, als **Fristentransformationsergebnis** (Strukturbeitrag) bezeichnet.

Fristentransformationsergebnis

Zusammenfassung

CONTROLLING	
Strategisches (= langfristiges) **Controlling**	**Operatives** (=kurzfristiges) **Controlling**
Bildung von Kundengruppen und strategischen Geschäftsfeldern (SGF)	Erfassung von – Geschäftsarten – Kundengruppen – Profitcentern
Analyse der Ausgangssituation von Marktattraktivität und Wettbewerbsstärke	Analyse der Ausgangssituation von Kosten und Erlösen
Festlegung von Planzielen und Maßnahmen zu ihrer Erreichung	
Durchführung von Soll-/Ist-Vergleichen	
Maßnahmen zur Gegensteuerung bei negativen Abweichungen	

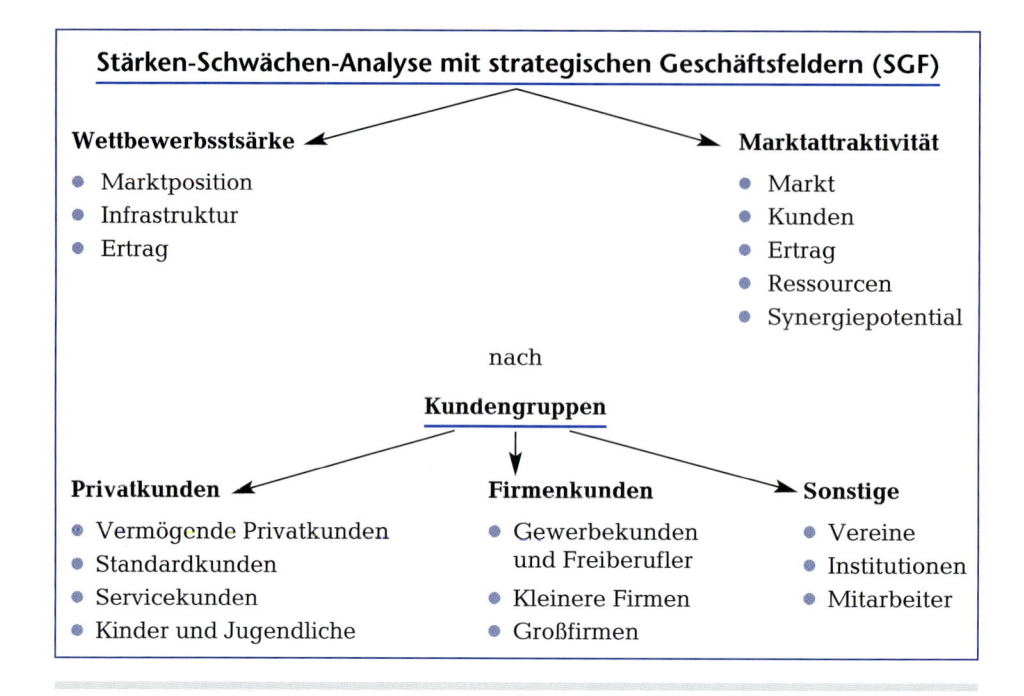

Stärken-Schwächen-Analyse mit strategischen Geschäftsfeldern (SGF)

Wettbewerbsstärke
- Marktposition
- Infrastruktur
- Ertrag

Marktattraktivität
- Markt
- Kunden
- Ertrag
- Ressourcen
- Synergiepotential

nach

Kundengruppen

Privatkunden
- Vermögende Privatkunden
- Standardkunden
- Servicekunden
- Kinder und Jugendliche

Firmenkunden
- Gewerbekunden und Freiberufler
- Kleinere Firmen
- Großfirmen

Sonstige
- Vereine
- Institutionen
- Mitarbeiter

Aufgaben zu Kapitel 6.2

1) Der Controller der Allgemeinen Handelsbank AG beobachtet, dass am Gesamtbestand der Sparkonten mit dreimonatiger Kündigungsfrist der Anteil der Sparkonten wächst, über die bei einem Durchschnittsguthaben von 1.000,00 EUR im Schnitt mehr als fünfmal im Monat verfügt wird. Andererseits stagniert die Zahl der Geldmarktkonten, über die bei einem Durchschnittsguthaben von 10.000,00 EUR im Schnitt nur zweimal im Monat verfügt wird.

Welche Maßnahmen würden Sie als Controller dem Vorstand zur Entscheidung vorschlagen?

2) Die Stadtsparkasse Freiburg hat für die Kundengruppe »Jugendliche im Alter von 12 bis 18 Jahren« ein eigenes strategisches Geschäftsfeld gebildet.

Die Anzahl der Kunden in diesem Bereich ist relativ hoch. Da es sich bei den Kunden dieser Kundengruppe fast ausschließlich um Schüler oder Berufsanfänger mit geringem Einkommen handelt, sind die Einlagen je Kunde meist eher gering. Girokonten von Schülern und Auszubildenden werden zudem gebührenfrei geführt. Dies führt dazu, dass das Gesamtergebnis dieser Kundengruppe negativ ist. Zudem werden jedes Jahr erhebliche Summen für Veranstaltungen und andere Werbemaßnahmen im Jugendmarkt ausgegeben.

Es ist zu erwarten, dass diese Zielgruppe auch in den nächsten Jahren negative Deckungsbeiträge erwirtschaften wird.

Hinzu kommt, dass auch die Konkurrenz diese Kundengruppe aktiv und mit aufwendigen Werbemaßnahmen umwirbt.

Warum darf dieses SGF trotz seines negativen Deckungsbeitrages nicht als unwichtig eingestuft werden?

6.3 Analyse und Management von Forderungsausfallrisiken

③ Welche Schlüsse würden Sie als Controller aus dem Soll-/Ist-Vergleich in dem Beispiel ziehen, das dem Unterkapitel 6.2.2 »Operatives Rentabilitätscontrolling« vorangestellt ist?

④ **Gegeben**

Position	Volumen Mio. EUR	∅ Zins %	Marktzins %
Geldanlagen	50	4,00	4,00
KK-Kredite	150	12,00	6,00
Darlehen	500	7,00	6,00
Wertpapiere	300	5,00	5,50
Geldaufnahme	300	4,50	4,50
Spar (3 Monate)	300	3,00	5,00
Spar (andere)	200	5,00	5,25
Sparkassenbriefe	200	6,00	7,00

Gesucht

Zinsertrag
Zinsaufwand
Zinsüberschuss
Konditionenbeitrag Aktiva
Konditionenbeitrag Passiva
Konditionenbeitrag insgesamt
Fristentransformationsergebnis

⑤ Warum könnte die Anlage in Wertpapieren auch im unter ④ dargestellten Fall sinnvoll sein?

6.3 Analyse und Management von Forderungsausfallrisiken

Beispiel 1

Die Industrie- und Handelsbank AG hat an die EuroChemie GmbH einen Kredit in Höhe von 1 Mio. EUR zum Bau einer Produktionsanlage vergeben. Als Sicherheit wurde eine Grundschuld auf dem Betriebsgrundstück eingetragen.

Als Umweltschützer und Verbraucherverbände die Öffentlichkeit auf die Schädlichkeit der von der EuroChemie GmbH hergestellten Produkte hinweisen, geht der Absatz nahezu auf Null zurück. Die EuroChemie muss Insolvenz anmelden und die Produktion einstellen.

Die Industrie- und Handelsbank will zur Rückführung des Krediten das Betriebsgrundstück verwerten. Bei einer Bodenuntersuchung stellt sich heraus, dass das Grundstück in erheblichem Maße durch Chemikalienrückstände verunreinigt ist.

Für die Beseitigung dieser Altlasten muss die Industrie- und Handelsbank 800 TEUR aufwenden, so dass der Erlös aus dem Grundstücksverkauf nur noch 200 TEUR beträgt.

Der Kredit kann damit nur zu einem geringen Teil getilgt werden.

Die Industrie- und Handelsbank erleidet einen Verlust aus diesem Geschäft, weil sie die verbleibende Forderung an die EuroChemie GmbH abschreiben muss.

Beispiel 2

Diplom-Kaufmann Günter Kurz, Geschäftsführer der Firma MegaTec GmbH, fragt bei der Hausbank der Firma, der Schwarzwälder Regionalbank AG, wegen eines 10-jährigen Festzins-Darlehens über 3 Mio. EUR zur Finanzierung des Neubaus einer neuen Produktionshalle an. Das Unternehmen, das Klimageräte für Kraftfahrzeuge herstellt, wird hervorragend geführt und verfügt über eine gute Eigenkapitalquote von 40 %. Herr Kurz hat von verschiedenen anderen Banken Angebote eingeholt und möchte nun wissen, welche Konditionen ihm seine Hausbank bieten kann.

Zu welchem Satz wird die Schwarzwälder Regionalbank AG das Darlehen anbieten?

Lösungshinweise:

Rainer Fischer, der zuständige Firmenkundenberater, weiß, dass sein Vorstand im Kreditgeschäft eine Mindestmarge von 0,5%-Punkten erzielen möchte. Der Marktzins liegt aktuell bei 6%.

Um die Kundenkonditionen ermitteln zu können, müssen noch die Risikokosten mit in die Berechnung einbezogen werden.

Diese wurden von der Controlling-Abteilung der Schwarzwälder Regionalbank wie folgt ermittelt:

Risikoträger Die Schwarzwälder Regionalbank AG hat an ihre Firmenkunden (= Risikoträger) Kredite im Gesamtvolumen von 500 Mio. EUR ausgegeben.

Risikoaufwendungen Im letzten Jahr mussten insgesamt 1,75 Mio. EUR an Abschreibungen aus Forderungen an Firmenkunden und Verwendungen von Einzelwertberichtigungen verbucht werden (= Risikoaufwendungen).

Risikokosten Wenn diese Risikoaufwendungen nun gleichmäßig auf alle Risikoträger verteilt werden, ergibt sich eine Risikoprämie von 1,75 : 500 · 100 = 0,35% (Risikokosten).

Gegenüber einer sicheren Anlage (beispielsweise bei anderen Banken) müssen die Kredite an Firmenkunden also durchschnittlich eine um 0,35%-Punkte höhere Marge erbringen, da andernfalls unter Einbeziehung der wahrscheinlich anfallenden Abschreibung die sichere Alternative rentabler wäre.

Nun sind aber nicht alle Kredite der Schwarzwälder Regionalbank an ihre Kunden gleich ausfallgefährdet. Es wäre daher nicht verursachungsgerecht, wenn alle Firmenkunden den gleichen Risikoaufschlag zu bezahlen hätten. Dies hätte zur Folge, dass Kredite mit gutem Risiko solche mit schlechtem Risiko subventionieren würden.

Die Bank hat daher ihre Firmenkunden abhängig von deren Bonität sowie Art und Umfang der gestellten Sicherheiten in fünf Risikoklassen eingestuft.

Zur Einstufung der Bonität werden Kennziffern aus der Bilanz sowie der Gewinn- und Verlustrechnung herangezogen (vgl. Kap. 8.3). Daneben fließen weitere Kriterien, wie z.B. Kontoführung, Qualität des Firmen-Managements, Produkte und Marktposition des Unternehmens sowie Zukunftsaussichten, Konjunktur- und Branchenlage ein.

Zusammen mit der Sicherheiteneinstufung (Qualität und Quantität) ergibt sich die Gesamtbeurteilung (Rating).

Rating-Ergebnis Abhängig von der **Risikoklasse (Rating-Ergebnis)** wird bei der Festlegung der Kundenkondition der **Risikozuschlag** ermittelt:

Rating-Tabelle der Schwarzwälder Regionalbank AG		
Risiko-Klasse	**Beurteilung**	**Risiko-Zuschlag**
A	Engagement von unzweifelhafter Bonität (»Top-Kunde«)	0,10%
B	Gutes Engagement, Risiko ohne Bedenken vertretbar	0,20%
C	Vertretbares Kreditrisiko, aber Negativmerkmale erkennbar (»Durchschnitt«)	0,35%
D	Gefährdetes Engagement	0,50%
E	Akut gefährdetes Engagement (Abgabe an Kreditüberwachung)	2,00%

Insgesamt werden so wieder **sämtliche** Risikoaufwendungen auf die Risikoträger **verteilt.** Durch das **Rating** findet jedoch eine **ungleichmäßige** und damit **verursachungsgerechtere Verteilung** statt.

Für die Firma MegaTec GmbH (ein Top-Kunde in der Risikoklasse A) sieht nun die Kalkulation für ein 10-Jahres-Festzinsdarlehen wie folgt aus:

Marktzinssatz	6,00%	
+ Mindest-Marge	0,50%	(diese Marge möchte der Vorstand im Kreditgeschäft nicht unterschreiten)
+ Risikozuschlag	0,10%	(für Kunden der Risikoklasse A)
ergibt	6,60%	

Die Schwarzwälder Regionalbank AG wird der MegaTec GmbH das Darlehen also zu 6,60% anbieten.

> Das **Forderungsausfallrisiko** bezeichnet die Gefahr, dass Forderungen der Bank (insbesondere aus Krediten an Kunden) nicht oder nicht vollständig erfüllt werden.

Forderungsausfallrisiko

Bei jeder Kreditvergabe vertraut die Bank auf die Fähigkeit und den Willen des Kreditnehmers, den Kredit termingerecht zu tilgen. Wenn die Tilgungszahlungen des Kunden jedoch ausbleiben und Zwangsvollstreckungsmaßnahmen der Bank ohne Erfolg bleiben, muss die Bank diesen Kredit abschreiben. Das führt zu einem Aufwand in der Gewinn- und Verlustrechnung. Je nach Größenordnung des Krediets kann dadurch unter Umständen der Gewinn der Bank teilweise oder vollständig aufgezehrt werden, so dass möglicherweise ein Verlust ausgewiesen werden muss.

Zur **Begrenzung des Forderungsausfallrisikos** hat die Bank mehrere Möglichkeiten:

Begrenzung des Forderungsausfallrisiko

- Zum einen kann das **Kreditvolumen** (also die Summe aller Kredite) möglichst **breit gestreut** werden. Das bedeutet, dass Kredite an eine Vielzahl von Firmen aus unterschiedlichen Branchen und Privatpersonen aus den verschiedensten Berufsgruppen vergeben werden. Wenn dann ein einzelner Kredit ausfällt, wirkt sich dieser Ausfall wesentlich geringer aus, als wenn die Bank ihr Kreditvolumen nur auf einige wenige Kunden konzentriert hätte. Selbst wenn eine ganze Branche mit Auftrags- und Gewinneinbrüchen konfrontiert wird oder ein bestimmter Berufszweig verstärkt von Arbeitslosigkeit betroffen ist, kann das gesamte Ausfallrisiko bei allen Kunden trotzdem in einem vertretbaren Rahmen gehalten werden **(Risikostreuung)**.

- Zum anderen wird die Bank vor einer Kreditvergabe die persönlichen und wirtschaftlichen Verhältnisse des Kunden **(Bonität)** untersuchen und bei kritischen oder zweifelhaften Fällen gegebenenfalls auf die Kreditvergabe verzichten. Daneben erfolgt in den meisten Fällen eine **Absicherung** des Kredites durch geeignete Sicherheiten (beispielsweise Grundschulden).

Wenn eine Bank Kredite an Kreditnehmer mit Sitz im **Ausland** vergibt, kommt zu dem oben beschriebenen Bonitätsrisiko das **Länderrisiko** hinzu.

Länderrisiko

Beispiel 3

Die Deutsch-Argentinische Bank AG hatte ausschließlich argentinischen Unternehmen Darlehen von insgesamt 700 Mio. EUR gewährt.

Die argentinische Regierung erlässt ein Zahlungsverbot für die Tilgung ausländischer Forderungen in Höhe von 50 %, weil sich anders das chronische Defizit in der argentinischen Zahlungsbilanz nicht reduzieren lässt.

Mit der Aufhebung des Zahlungsverbots in naher Zukunft ist nicht zu rechnen.

Die Deutsch-Argentinische Bank AG muss wegen des Verlustes Insolvenz anmelden.

> Das **Länderrisiko** bezeichnet das Risiko, dass Zins- und Tilgungszahlungen des ausländischen Schuldners wegen gesetzlicher Beschränkungen, welche der ausländische Staat erlassen hat, nicht nach Deutschland transferiert werden können.

Das Länderrisiko liegt somit **nicht** im Verantwortungsbereich eines einzelnen **Schuldners,** sondern in dem der **ausländischen Regierung.**

Eine Begrenzung des Länderrisikos kann durch breite **Streuung** des Kreditvolumens auf eine Vielzahl von Ländern, **Limitierung** der Kredite an alle Schuldner aus einem bestimmten Land insgesamt sowie Einschätzung und **Klassifizierung** des potentiellen Risikos (»Wie groß ist das Risiko, dass eine Rückführung des Kredites wegen staatlicher Reglementierungen nicht möglich ist?«) erfolgen **(Länder-Rating).**

Länder-Rating

Die **Steuerung** von Forderungsausfallrisiken und Länderrisiken im Controlling erfolgt wegen der Ähnlichkeiten bei beiden Risikoarten oftmals gemeinsam:

Um die unterschiedlichen Risiken der Kredite an verschiedene Kunden bei der Kalkulation des Zinssatzes zu berücksichtigen, werden alle Kunden – abhängig von deren Bonität – einer von mehreren **Risikoklassen** zugeordnet. Je nach Risikoklasse wird bei der Ermittlung des Kundenzinssatzes ein **Risikozuschlag** eingerechnet. Top-Kunden, also Kunden, bei welchen das Ausfallrisiko nahezu Null ist, erhalten nur einen minimalen Zuschlag, während Kunden mit schlechter Bonität einen entsprechend höheren Risikozuschlag zu bezahlen haben. Der Risikozuschlag ist also vergleichbar mit einer **Versicherungsprämie** für eine Versicherung, welche das **Ausfallrisiko** abdeckt.

Risikoklassen
Risikozuschlag

Ebenso kann beim Länderrisiko verfahren werden: Abhängig vom Länder-Rating des Landes, in welchem der Kreditnehmer seinen Wohn- oder Geschäftssitz hat, wird ein das jeweilige Risiko berücksichtigender Zuschlag erhoben, der die potentielle Ausfallwahrscheinlichkeit abdecken soll.

- Das Controlling hat zur Steuerung des Kreditbereichs die Aufgabe, die **Struktur der Kreditnehmer** (also die Aufteilung der Kredite auf die verschiedenen Branchen, Berufsgruppen bzw. Länder) zu untersuchen und die verantwortliche Stelle (z. B. Geschäftsleitung) regelmäßig zu informieren, damit diese bei unverhältnismäßig hohen Konzentrationen bei einer einzelnen Gruppe entsprechende Gegensteuerungs-Maßnahmen einleiten kann. Dies kann insbesondere über die **Konditionen** erfolgen. Kunden aus einer bereits überdurchschnittlich am gesamten Kreditvolumen beteiligten Gruppe erhalten dementsprechend schlechtere Konditionen als unterrepräsentierte Gruppen.

- Härteste Maßnahme – wenn durch differenzierte Konditionen allein der gewünschte Effekt nicht erreicht werden kann – ist die **Limitierung.** Kredite an eine bestimmte Gruppe werden auf ein maximales Volumen limitiert. Wenn diese Grenze erreicht wird, werden für dieses Kundensegment keine Kredite mehr vergeben **(Risikolimitierung).**

Risikolimitierung

- Außerdem hat der Gesetzgeber eine Reihe von Vorschriften zur Begrenzung der bankbetrieblichen Risiken und zur Sicherstellung der Zahlungsfähigkeit erlassen (Bestimmungen über Groß- und Millionenkredite im KWG, Finanzierungs- und Liquiditätsgrundsätze sowie Mindestanforderungen an Handelsgeschäfte etc.).

Risikotransfer
- Daneben können die Risiken – ganz oder teilweise – durch den Abschluss einer entsprechenden Versicherung an Dritte (meist Versicherungsgesellschaft oder anderes Kreditinstitut – siehe folgendes Beispiel 4) transferiert werden.

Beispiel 4

Kreditversicherung durch »Credit Default Swaps (CDS)«
(in Anlehnung an Deutsche Bundesbank, Monatsbericht Dezember 2004, S. 42 ff.)

1. Die Deutsche Handelsbank gewährt der Arzt-Soft GmbH, die zur Entwicklung von Software für Arztpraxen neu gegründet wurde, einen Betriebsmittelkredit in Höhe von 1 Mio. EUR.
2. Die Luxemburgische Handelsbank bietet »Credit Default Swaps (CDS)« für 90/150 Basispunkte an.
3. Da eine Beurteilung der neu gegründeten Arzt-Soft GmbH für die Bemessung des Risikozuschlagssatzes nicht hinreichend möglich ist, empfiehlt das Controlling der Deutschen Handelsbank dem Vorstand die Annahme des Angebots der Luxemburgischen Handelsbank.
4. Der Vorstand entscheidet sich für den Kauf eines CDS-Kontrakts gegen eine Prämie von 150 Basispunkten = 15 TEUR und berechnet der Arzt-Soft GmbH einen jährlichen Risikozuschlag in entsprechender Höhe.
5. Die Arzt-Soft GmbH kann sich gegen die bereits bestehende Konkurrenz nicht durchsetzen und muss Insolvenz anmelden.
6. Die Luxemburgische Handelsbank zahlt die Versicherungssumme in Höhe von 1 Mio. EUR an die Deutsche Handelsbank aus und übernimmt die Forderung an die Arzt-Soft GmbH.

Charakteristika von Credit Default Swaps (CDS)

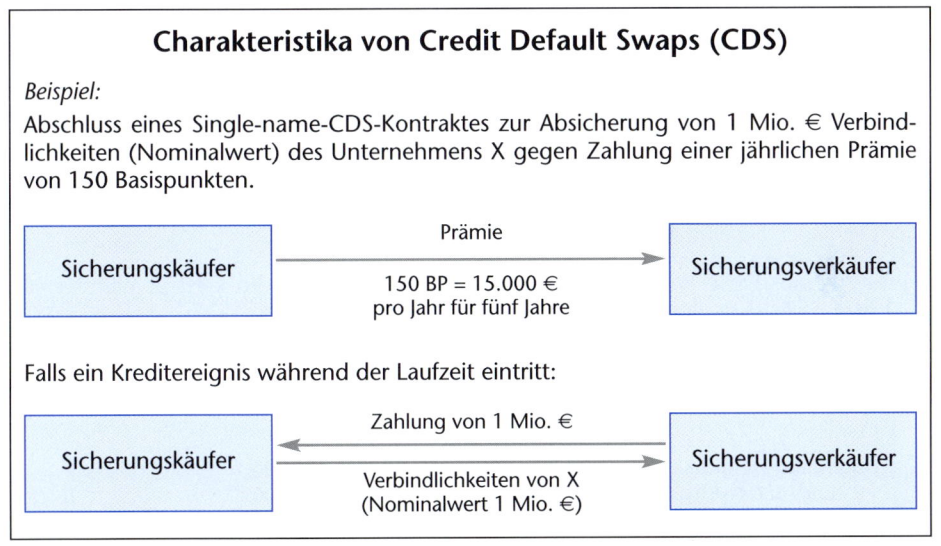

Beispiel:
Abschluss eines Single-name-CDS-Kontraktes zur Absicherung von 1 Mio. € Verbindlichkeiten (Nominalwert) des Unternehmens X gegen Zahlung einer jährlichen Prämie von 150 Basispunkten.

Sicherungskäufer → Prämie (150 BP = 15.000 € pro Jahr für fünf Jahre) → Sicherungsverkäufer

Falls ein Kreditereignis während der Laufzeit eintritt:

Sicherungskäufer ← Zahlung von 1 Mio. € / Verbindlichkeiten von X (Nominalwert 1 Mio. €) → Sicherungsverkäufer

Grafik aus: Deutsche Bundesbank Monatsbericht Dezember 2004, Seite 44

Um die Wirkung möglicher Forderungsausfälle auf die GuV-Rechnung zu erfassen, sind

- **Einzelwertberichtigungen** für zweifelhafte Forderungen,
- **Rückstellungen** für Eventualverbindlichkeiten mit zweifelhafter Rückgriffsmöglichkeit,
- **unversteuerte Pauschalwertberichtigungen** gemäß Schreiben des Bundesministers der Finanzen vom 10. Januar 1994 sowie
- **versteuerte Pauschalwertberichtigungen** gemäß § 340 f HGB

zu bilden.

Zusammenfassung

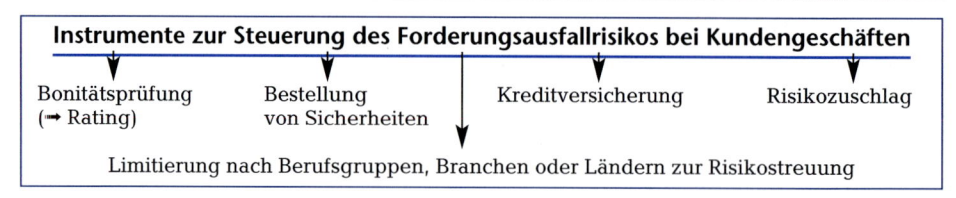

Instrumente zur Steuerung des Forderungsausfallrisikos bei Kundengeschäften

- Bonitätsprüfung (→ Rating)
- Bestellung von Sicherheiten
- Kreditversicherung
- Risikozuschlag

Limitierung nach Berufsgruppen, Branchen oder Ländern zur Risikostreuung

Das **Forderungsausfallrisiko** ist durch einen **Zins-Zuschlag** zu berücksichtigen, der aus Daten der Vergangenheit berechnet wird:

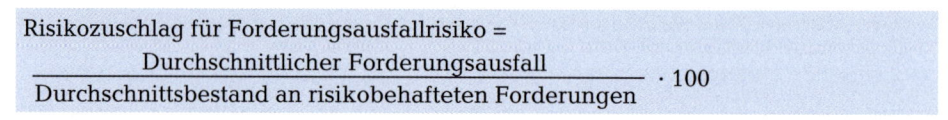

$$\text{Risikozuschlag für Forderungsausfallrisiko} = \frac{\text{Durchschnittlicher Forderungsausfall}}{\text{Durchschnittsbestand an risikobehafteten Forderungen}} \cdot 100$$

Der Risikozuschlag ist zu **modifizieren** nach dem
- **Rating** des **Kunden,**
- **Rating** des **Landes,** in dem der Kunde seinen Sitz hat.

Aufgaben zu Kapitel 6.3

1. *Fortsetzung zu Beispiel 2:* Im folgenden Jahr sind die Risikoaufwendungen auf 2,7 Mio. EUR angestiegen. Die Risikoaktiva haben sich auf 600 Mio. EUR erhöht.

   a) Wie viel Prozent beträgt nun der durchschnittliche Risikozuschlag? Wie groß ist die Veränderung gegenüber dem Vorjahr?

   b) Auf Grund des Ergebnisses von a) überlegt sich der Vorstand, die Risikokosten für alle Risikoklassen linear um die in a) errechnete Veränderung anzuheben, um sämtliche Risikoaufwendungen in der Kalkulation zu berücksichtigen.
   Halten Sie diese Vorgehensweise für sinnvoll?

   c) Schlagen Sie eine Alternative zu b) vor.

2. Die Kreissparkasse Neuhausen hat an ihre Kunden Kredite im Gesamtvolumen von 1 Mrd. EUR ausgegeben (Anteil Inland = 100%).
   Eine Untersuchung, wie sich diese Kredite auf verschiedene Gruppen von Kreditnehmern bzw. Branchen verteilen, ergab folgende Aufgliederung:

Kreditnehmer/Branche	Kreditvolumen (TEUR)	Anteil (%)
Unternehmen und Selbstständige	650.000	65
Land- und Forstwirtschaft, Fischerei	6.000	1
Energie- und Wasserversorgung, Bergbau	12.000	1
Verarbeitendes Gewerbe	183.000	18
Baugewerbe	220.000	22
Handel	32.000	3
Verkehr und Nachrichtenübermittlung	9.000	1
Versicherungen	5.000	1
Dienstleistungen und freie Berufe	183.000	18
Nichtselbstständige Privatpersonen	320.000	32
Wohnungsbaukredite	240.000	24
Sonstige Kredite	80.000	8
Organisationen ohne Erwerbszweck	30.000	3
Summe	1.000.000	100

Wo liegt das Hauptrisiko der Kreissparkasse Neuhausen?

6.4 Analyse und Management von Zinsänderungsrisiken und -chancen

6.4.1 Wirkungen von Zinsänderungen

6.4.1.1 Zinselastizitätsrisiken und -chancen

Beispiel 1

Die Handelsbank AG weist folgende Bilanz und Zinsspannenrechnung aus:

Aktiva	Bilanz (in Mio. EUR)		Passiva
Barreserve und BGA	10	Eigenkapital	10
vorwiegend langfristige Kredite an Kunden	100	vorwiegend kurzfristige Einlagen von Kunden	100
	110		110

	Zinsspanne		
	Durchschnittsverzinsung Kundenkredite	Durchschnittsverzinsung Kundeneinlagen	
Zinsertrag: 3 Mio. EUR	3%	0,5%	Zinsaufwand: 0,5 Mio. EUR
	→ Zinsüberschuss: 2,5 Mio. EUR ←		

Das Zinsniveau bewegt sich momentan auf einem sehr niedrigen Niveau.

Allgemein werden in den nächsten Jahren deutliche Zinssteigerungen erwartet.

Um sich die niedrigen Zinsen zu sichern, haben die Kreditkunden der Bank überwiegend langfristige Festzinssätze vereinbart.

So können sie sicher sein, dass die Bank selbst bei stark steigenden Zinsen ihren Darlehenszins konstant halten muss.

Demgegenüber haben die Anlagekunden ihre Gelder zum größten Teil in kurzfristigen Anlagen »geparkt«, um bei steigenden Zinsen schnell in Anlageformen mit höherer Verzinsung umsteigen zu können.

Beispiel 2 (Fortsetzung)

Einige Zeit später steigt der Marktzinssatz.

Bei neuen Krediten und Einlagen muss sich jede Bank an diesen Zinsen orientieren, um wettbewerbsfähig zu bleiben.

Jetzt kann der Kreditzins langsamer (Fall 2a) oder schneller (Fall 2b) steigen als der Einlagenzins.

Risiko und Chance in Abhängigkeit von der Zinselastizität

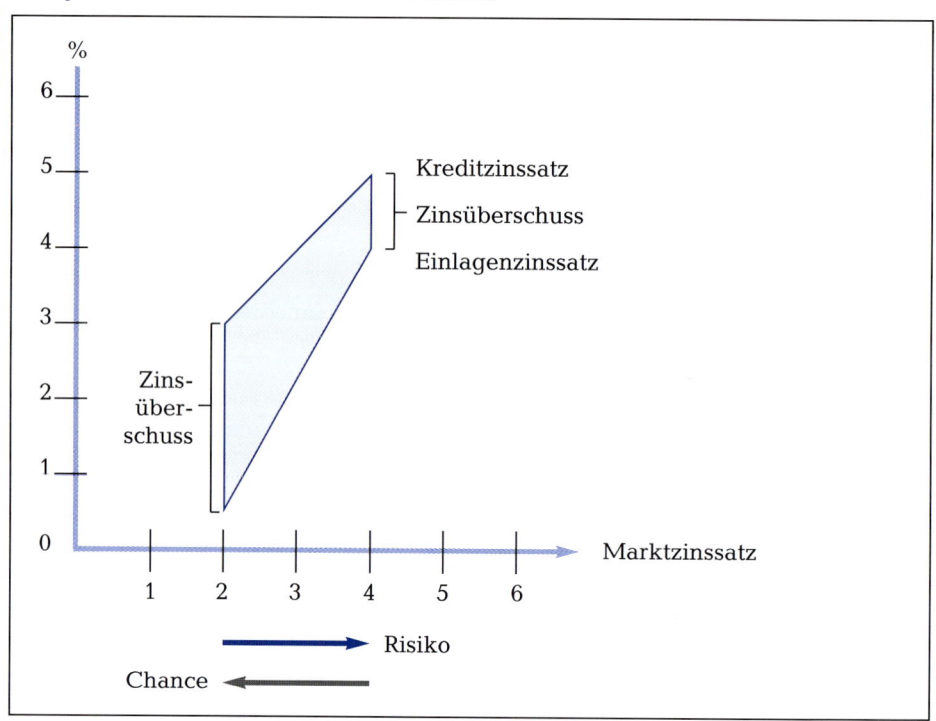

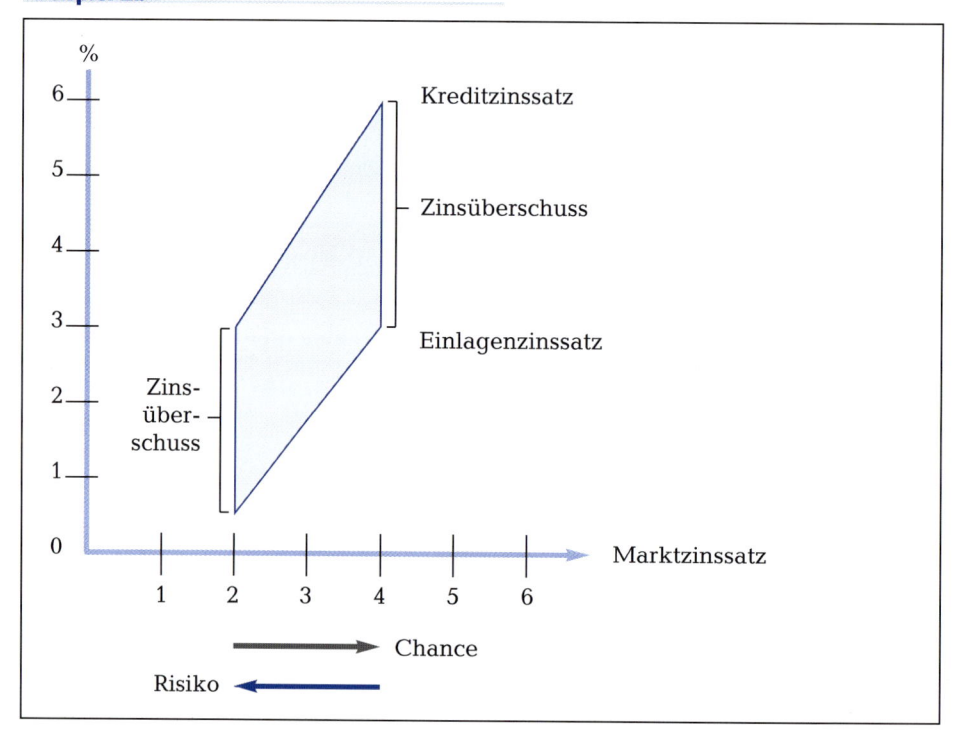

Beispiel 2a

- Kreditzinssatz
- Zinsüberschuss
- Einlagenzinssatz
- Zinsüberschuss
- Marktzinssatz
- Risiko →
- ← Chance

Beispiel 2b

- Kreditzinssatz
- Zinsüberschuss
- Einlagenzinssatz
- Zinsüberschuss
- Marktzinssatz
- Chance →
- ← Risiko

Fall 2a:

Marktzinssatz steigt von 2% auf	4%
Kreditzinssatz steigt von 3% auf	5%
➠ Zinselastizität: 1 : 1	
Einlagenzinssatz steigt von 0,5% auf	4%
➠ Zinselastizität: 1,75 : 1	

Elastizität Kreditzins < Elastizität Einlagenzins

Fall 2b:

Marktzinssatz steigt von 2% auf	4%
Kreditzinssatz steigt von 3% auf	6%
➠ Zinselastizität: 1,5 : 1	
Einlagenzinssatz steigt von 0,5% auf	3%
➠ Zinselastizität: 1,25 : 1	

Elastizität Kreditzins > Elastizität Einlagenzins

> **Risiken und Chancen hängen davon ab, ob der Marktzinssatz steigt oder fällt und ob die Elastizität Kreditzins größer oder kleiner als die Elastizität Einlagenzins ist.**

Welche Auswirkungen ergeben sich auf den Zinsüberschuss der Handelsbank AG?

Fall 2a

Auf der **Passivseite** profitieren die Kunden überwiegend von der Zinssteigerung. Sie hatten ihre Gelder größtenteils kurzfristig angelegt. Somit wirkten sich alle Zinserhöhungen der Bank schnell auch als Zinserhöhungen für die Anlagen der Kunden aus. Einige Kunden sind sogar schon wieder dazu übergegangen, ihre Gelder langfristig anzulegen, weil ihnen das derzeitig recht hohe Zinsniveau wieder attraktiv erscheint.

Auf der **Aktivseite** dagegen konnte die Bank die Zinssteigerung bei der überwiegenden Anzahl der Kunden nicht an diese weitergeben, da die in der Vergangenheit vereinbarten langjährigen Festzinssätze sie daran hinderten. Lediglich von denjenigen Kunden, deren Festzinssatz zwischenzeitlich abgelaufen war oder mit denen ein variabler Zins vereinbart wurde sowie bei neuen Darlehen kann der gestiegene Zins berechnet werden. Soweit jedoch neue Darlehen vergeben werden oder abgelaufene Festzinssätze neu vereinbart werden, tendieren die Kunden wegen der hohen Zinsen teilweise bereits wieder zu kurzen Laufzeiten, weil sie in Zukunft wieder mit fallenden Zinsen rechnen und dann nicht langfristig gebunden sein wollen.

Für die Einlagen der Kunden müssen 4 Mio. EUR an Zinsen aufgewendet werden, während die Kredite nur noch einen Ertrag von 5 Mio. EUR erbringen. Der Zinsüberschuss beträgt nur noch 1 Mio. EUR.

Zinsspanne nach der Erhöhung des Marktzinssatzes (Fall A)			
	Durchschnitts-verzinsung Aktiva	Durchschnitts-verzinsung Passiva	
Zinsertrag: 5 Mio. EUR	5%	4%	4 Mio. EUR Zinsaufwand
→ Zinsüberschuss: 1 Mio. EUR ←			

Zinselastizitätskoeffizient	
der **Aktivseite:** $\frac{5\% - 3\%}{4\% - 2\%} = \frac{2\%}{2\%} = 1$	der **Passivseite:** $\frac{4\% - 0{,}5\%}{4\% - 2\%} = \frac{3{,}5\%}{2\%} = \mathbf{1{,}75}$

Fall 2b
Der Zinselastizitätskoeffizient der Aktivseite beträgt 1,5.
Der Zinselastizitätskoeffizient der Passivseite beträgt 1,25.
Der Zinsüberschuss steigt von 2,5 Mio. EUR auf (6 Mio. – 3 Mio.) = 3 Mio. EUR.

Die Reagibilität der Produktzinssätze auf Veränderungen des Marktzinssatzes kann gemessen werden durch den

Zinselastizitätskoeffizient

Zinselastizitätskoeffizienten: $\frac{\text{Veränderung des Produktzinssatzes}}{\text{Veränderung des Marktzinssatzes}}$

Zinsänderungsrisiko und -chance

Das **Zinsänderungsrisiko** bezeichnet die **Gefahr,** dass sich durch Marktzinsänderungen der Zinsüberschuss verringert.

Die **Zinsänderungschance** bezeichnet die **Möglichkeit,** dass sich durch Marktzinsänderungen der Zinsüberschuss erhöht.

Um beurteilen zu können, ob eine Chance oder ein Risiko vorliegt, muss neben der Prognostizierung künftiger Marktzinsveränderungen (»Ist in Zukunft eher mit steigenden oder eher mit fallenden Zinsen zu rechnen?«) analysiert werden, in welchem Umfang Aktiv- und Passivseite Änderungen der Marktzinsen mitmachen.

Dies hängt unter anderem davon ab, wie groß der Anteil der Festzinssätze bei den jeweiligen Bilanzpositionen ist. Festzinssätze sind – wie der Name bereits sagt – für eine vereinbarte Frist unveränderlich. Die Bank kann diese Zinssätze also erst nach Ablauf dieser Frist an Veränderungen des Marktzinssatzes anpassen.

Anlagekunden sind eher an dauerhaft hohen Zinsen interessiert, während das Interesse der Kreditkunden genau gegenteilig ist – je niedriger die Zinsen, desto besser.

In Zeiten **hoher Zinsen** werden **Anlagekunden** also tendenziell versuchen, sich diese für einen möglichst langen Zeitraum zu erhalten und mit der Bank einen langjährigen Festzinssatz vereinbaren.

Kreditkunden demgegenüber werden langfristige Festzinssätze hauptsächlich in Phasen **niedriger Zinsen** vereinbaren, um sich diese für die nächsten Jahre zu sichern.

Zusammenfassung

Zinsänderung	Zinselastizität	Zinsüberschuss	Risiko/Chance
Zinsanstieg			
	Aktivseite < Passivseite	➡ sinkt	➡ Risiko
	Aktivseite > Passivseite	➡ steigt	➡ Chance
Zinssenkung			
	Aktivseite < Passivseite	➡ steigt	➡ Chance
	Aktivseite > Passivseite	➡ sinkt	➡ Risiko

Aufgaben zu Kapitel 6.4.1.1

① Die Handelsbank AG weist in einem späteren Jahr Kredite in Höhe von 120 Mio. EUR und Einlagen in Höhe von 120 Mio. EUR aus. Die Kredite werden durchschnittlich erst zu 6%, dann zu 8% vergeben, die Einlagen erst zu 3%, dann zu 4% hereingenommen.

Welche Wirkung hat die Änderung der Zinssätze?

② Die Bayerische Bank AG verlangt für variable Realdarlehen 7% bei einem Marktzinssatz von 4%.

In der Vergangenheit konnte die Bayerische Bank folgende Reaktion beobachten:

Die durchschnittliche Verzinsung der Bilanzposition »variable Realdarlehen« hat sich in einem bestimmten Zeitraum um 3%-Punkte erhöht. Im selben Zeitraum ist der Marktzinssatz um 5%-Punkte angestiegen.

Für das folgende Jahr wird erwartet, dass der Marktzins von 4% um 2 Prozentpunkte auf 6% ansteigt.

Wie werden Darlehenszinssatz und Konditionenmarge voraussichtlich darauf reagieren?

③ Tragen Sie die Wirkung der unterschiedlichen Zinsinteressen von Kunden und Kreditinstituten in die abgebildete Tabelle ein.

Zins-phase	Zinsinteressen von				Wirkungen bei Berücksichtigung der Zinsinteressen der Kunden auf		
	Bank		Kunden		Bilanzstruktur und Zinselastizität	Erfolg der Bank	
	Kreditzins	Einlagenzins	Kreditzins	Einlagenzins		Risiko	Chance
Niedrigzinsphase							
Hochzinsphase							

6.4.1.2 Abschreibungsrisiken und Wertaufholungschancen bei Wertpapieren

Beispiel

Die Mecklenburger Bank AG besitzt einen Handelsbestand von 1 Mio. EUR 6% Bundesanleihe mit einer Restlaufzeit von 5 Jahren, angeschafft, rückzahlbar und bislang bilanziert zu 100%.

Der Kapitalmarktzins ist auf 7% gestiegen.

Wie hoch ist der **Abschreibungsbedarf?**

$$\text{Rendite} = \frac{\left(\text{Nominalzinssatz} + \dfrac{\text{Rückzahlungskurs} - \text{Verkaufskurs}}{\text{Laufzeit}}\right) \cdot 100}{\text{Verkaufskurs}}$$

Die Renditeformel, nach »Verkaufskurs« aufgelöst, ergibt (zur näherungsweisen Berechnung):

$$\text{Verkaufskurs} = \frac{100 \cdot \text{Rückzahlungskurs} + \text{Laufzeit} \cdot \text{Nominalzinssatz} \cdot 100}{\text{Laufzeit} \cdot \text{Rendite} + 100}$$

Im Beispiel:

$$\text{Verkaufskurs} = \frac{100 \cdot 100 + 5 \cdot 6 \cdot 100}{5 \cdot 7 + 100} = \frac{13.000}{135} \approx \mathbf{96\%}$$

Abschreibungsbedarf, Wertaufholungschance Das Ansteigen des Kapitalmarktzinssatzes von 6% auf 7% führt also im Beispiel zu einem Kursverlust von 4% und damit zu einem **Abschreibungsbedarf von 40 TEUR**.

Andererseits ergibt sich dadurch eine **Wertaufholungschance,** dass der Kapitalmarktzinssatz in den nächsten 5 Jahren wieder fallen kann und die Papiere zu dem dadurch gestiegenen Kurs zu bilanzieren sind, allerdings nicht über den Anschaffungskurs hinaus.

Unabhängig von Zinsänderungen entsteht ein Einlösungsgewinn, weil die Rückzahlung zu 100% erfolgt.

Außer dem Abschreibungsrisiko besteht bei Anlagen in festverzinslichen Wertpapieren auch noch ein Festzinsrisiko, da sie ebenso wie Anlagen in festverzinslichen Darlehen auf Veränderungen des Kapitalmarktzinssatzes nicht reagieren können.

Zinsänderungen gehören zu den Faktoren, die auch die Kurse von **Aktien** beeinflussen. Steigen die Kapitalmarktzinsen, so ist die Wahrscheinlichkeit groß, dass die Aktienkurse fallen und damit auch für sie ein Abschreibungsrisiko in Abhängigkeit von Zinsänderungen besteht. Umgekehrt ist die Wahrscheinlichkeit groß, dass fallende Kapitalmarktzinsen zu einem Anstieg der Aktienkurse führen.

(Für die Richtigkeit dieser Annahmen spricht, dass in der Praxis Hoffen und Bangen von Anlegern, die in Aktien investieren, in starkem Maße von der Zinsfestsetzung der FED, der Zentralbank der USA, abhängen.)

Aufgabe des Controllings ist es, Risiken und Chancen von Kursveränderungen möglichst genau vorauszuberechnen.

Das ist jedoch nur für **festverzinsliche Papiere** einigermaßen zuverlässig möglich, weil nur bei ihnen die kursbeeinflussenden Faktoren feststehen, nämlich der Nominalzinssatz, die Laufzeit und der Rückzahlungskurs.

Value-at-Risk (VaR) Prognosen für Kursänderungsrisiken- und -chancen von **Aktien** dagegen müssen in der Praxis im wesentlichen auf Vergangenheitswerte gestützt werden. Dazu bedient man sich des sogenannten »Value-at-Risk« (vgl. Kapitel 6.5).

Zusammenfassung

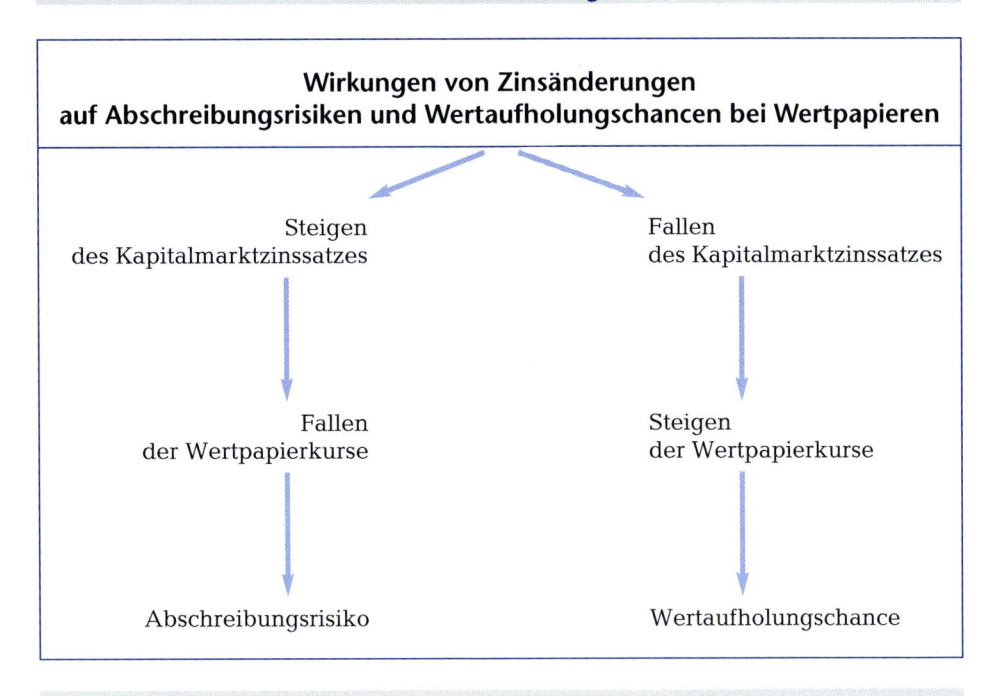

Wirkungen von Zinsänderungen auf Abschreibungsrisiken und Wertaufholungschancen bei Wertpapieren

Steigen des Kapitalmarktzinssatzes → Fallen der Wertpapierkurse → Abschreibungsrisiko

Fallen des Kapitalmarktzinssatzes → Steigen der Wertpapierkurse → Wertaufholungschance

Aufgaben zu Kapitel 6.4.1.2

① Warum könnte eine Bank daran interessiert sein, festverzinsliche Wertpapiere für den Anlagebestand zu einem Kurs unter Pari (unter 100%) zu kaufen?

② Sie sind Depot-A-Manager einer Bank. Zur Anlage freier Liquidität für einen Zeitraum von 5 Jahren wurde Ihnen ein festverzinsliches Wertpapier angeboten.

Sie haben Bedenken, dass bei Kursrückgängen möglicherweise ein Abschreibungsbedarf entstehen könnte.

Wie können Sie das Problem auf einfache Art lösen und das Abschreibungsrisiko vermeiden?

③ Wegen Kursrückgängen musste die Universalbank AG folgende Abschreibungen vornehmen:

100 Aktien der HighTec AG
Kursrückgang von 500 EUR auf 400 EUR.

1 Mio. Anleihe der Bundesrepublik Deutschland
Kursrückgang von 98% auf 97%.

In beiden Fällen beträgt der Abschreibungsbedarf 10 TEUR.

Worin liegt der Unterschied?

6.4.2 Analyse von Ungleichgewichten in der Bankbilanzstruktur als Ursachen für Zinsänderungsrisiken und -chancen

6.4.2.1 Positionen mit fester oder variabler Verzinsung

Bei der Darstellung der Wirkungen von Zinsänderungen in den vorangegangenen Kapiteln wurde die Durchschnittsverzinsung der gesamten Aktivseite der Durchschnittsverzinsung der gesamten Passivseite gegenübergestellt.

Für eine genauere Analyse müssen die Bilanzseiten mindestens aufgegliedert werden in

- Positionen mit fester Verzinsung (F) und
- Positionen mit variabler Verzinsung (V)

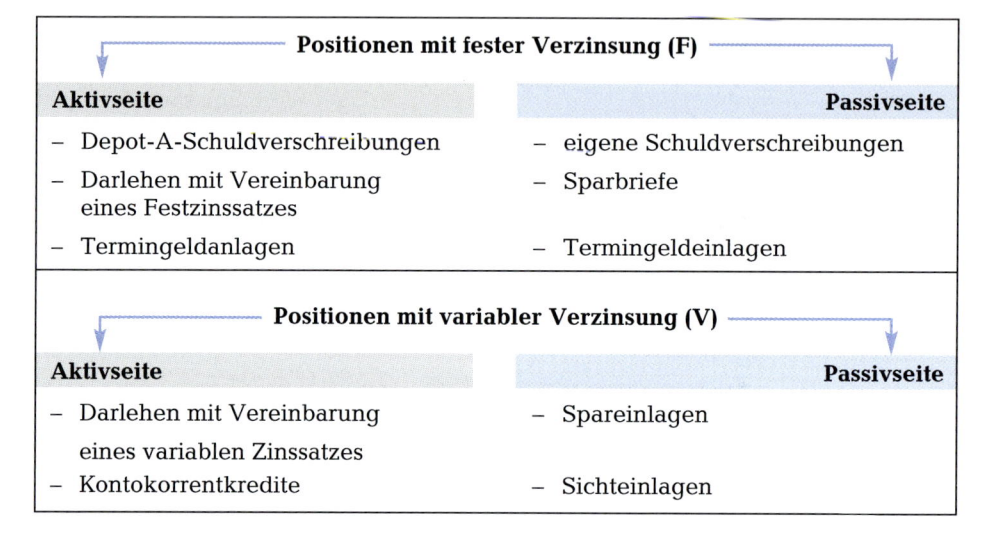

Positionen mit fester Verzinsung (F)

Aktivseite	Passivseite
– Depot-A-Schuldverschreibungen	– eigene Schuldverschreibungen
– Darlehen mit Vereinbarung eines Festzinssatzes	– Sparbriefe
– Termingeldanlagen	– Termingeldeinlagen

Positionen mit variabler Verzinsung (V)

Aktivseite	Passivseite
– Darlehen mit Vereinbarung eines variablen Zinssatzes	– Spareinlagen
– Kontokorrentkredite	– Sichteinlagen

Beispiel A

▸ Aktiv-Festzinsüberhang
und
▸ Anstieg der Marktzinsen

Aktiva	Passiva	Verhältnis der Zinsblöcke
fest	fest	F/F
fest	variabel	F/V
variabel	variabel	V/V

Festzinsrisiko Die **Ursache des Festzinsrisikos** liegt hier in der mit »F/V« bezeichneten Schicht: Bei einem Anstieg der Marktzinsen steigt die Verzinsung der blau unterlegten Passiva an, während die Verzinsung der entsprechenden Aktivposition wegen der Festzinsvereinbarung **nicht** angepasst werden kann. Der Zinsüberschuss sinkt.

Wenn dagegen beide Festzinspositionen **betragsmäßig identisch** sind, kann ein Festzinsrisiko in der beschriebenen Art nicht auftreten, da bei Veränderungen der Marktzinsen die Verzinsung auf beiden Seiten der Bilanz nicht angepasst werden kann. Zinserträge und -aufwendungen verändern sich somit nicht, so dass auch der Zinsüberschuss aus diesen Bilanzpositionen unverändert bleibt.

Ein **Festzinsrisiko** kann also nur dann entstehen, wenn die Festzinsblöcke auf Aktiv- und Passivseite nicht dasselbe Volumen erreichen – wenn also ein Aktiv- oder Passiv-Festzinsüberhang besteht.

Bei einem **Aktiv-Festzinsüberhang** ist ein Teil der Festzins-Aktiva durch variabel verzinsliche Passiva finanziert. Wenn nun die Marktzinsen **ansteigen,** führt dies dazu, dass die Zinssätze auf der Aktivseite wegen der Festzinsvereinbarung nicht angehoben werden können. Auf der Passivseite muss dagegen der variable Teil in seiner Verzinsung der Marktzinsentwicklung angepasst werden. Das führt dazu, dass sich die Passivmittel verteuern, während die Erträge aus den Festzins-Aktiva unverändert bleiben.

<small>Aktiv-Festzinsüberhang</small>

Umgekehrt stellt sich die Situation bei einem **Passiv-Festzinsüberhang** dar: Hier ist ein Teil der festverzinslichen Passivmittel variabel verzinslich ausgeliehen. Bei einer solchen Konstellation führen **sinkende Zinsen** zu einem Rückgang der Zinsspanne und damit zu Ertragseinbußen. Während nämlich bei einem Rückgang der Marktzinsen die Verzinsung der Passivmittel wegen der Festzinsvereinbarungen nicht angepasst werden kann, müssen die Aktivzinsen – soweit sie den variabel verzinslichen Teil betreffen – gesenkt werden.

<small>Passiv-Festzinsüberhang</small>

Einen **Sonderfall des Festzinsrisikos** stellt das **Kurswertrisiko festverzinslicher Wertpapiere** dar:

<small>Kurswertrisiko</small>

Wenn das **Zinsniveau steigt, sinken die Kurse** festverzinslicher Wertpapiere. Gegebenenfalls ergibt sich hierdurch ein **Abschreibungsbedarf** (vgl. Kapitel 6.4.1.2).

Beispiel B

– Senkung der Marktzinsen

Aktiva	Passiva	Verhältnis der Zinsblöcke
fest	fest	F/F
fest	variabel	F/V
variabel	variabel	V/V

Die Ursache des **variablen Zinsänderungsrisikos** liegt hier in der mit »V/V« bezeichneten Schicht, wenn bei einem Rückgang der Marktzinsen die Bank bei den variabel verzinslichen Produkten der **Aktivseite stärker** reagieren muss als sie es bei den variabel verzinslichen Produkten der Passivseite kann. Der Zinsertrag geht dann stärker zurück als die Zinsaufwendungen. Somit vermindert sich der Zinsüberschuss.

Denkbar wäre natürlich auch die umgekehrte Situation: Die **Passivseite** reagiert **stärker** auf eine Senkung der Marktzinsen als die Aktivseite. Dies führt dazu, dass die Zinsaufwendungen im Vergleich zu den Zinserträgen stärker zurückgehen und der Zinsüberschuss steigt.

Untersuchungen der Entwicklungen in der Vergangenheit zeigen, dass bei den meisten Banken die Aktivseite – und hier insbesondere die Kontokorrentkredite – weit stärker auf Veränderungen der Marktzinsen reagiert als die Passivseite, die vor allem bei einem hohen Anteil von (3-Monats-) Spareinlagen – in ihrer Reaktion vergleichsweise »träge« ist.

Eine weitere mögliche Ursache für das Auftreten eines variablen Zinsänderungsrisikos sind die bereits angesprochenen **zeitlichen Verzögerungen** bei der Reaktion auf Marktzinsveränderungen.

<small>Zeitliche Verzögerungen bei der Reaktion auf Marktzinsveränderungen</small>

Sie können ihre Ursache darin haben, dass Kunden, welche ihre Gelder in Form von Sichteinlagen oder 3-Monats-Spareinlagen angelegt haben, in der Regel **wenig zinsempfindlich** sind. Sie werden auf Marktzinsveränderungen kaum reagieren und ihre Einlagen auch dann nicht in höher verzinsliche Anlageformen umschichten, wenn die Bank bei Steigerungen der Marktzinsen ihre Konditionen nicht (bei Sichteinlagen) oder erst mit einer erheblichen zeitlichen Verzögerung (bei 3-Monats-Spareinlagen) nach oben anpasst. Banken nutzen diese Erkenntnis und geben steigende Marktzinsen bei diesen Produkten entsprechend langsam oder gar nicht weiter.

Ein variables Zinsänderungsrisiko (oder eine Chance) entsteht also dadurch, dass die Verzinsung von variablen Bilanzpositionen auf der Aktivseite bei Veränderungen der Marktzinsen stärker oder schwächer als die der Passivseite reagiert. Zudem kann die Zeitverzögerung (der »time lag«), die zwischen der Marktzinsänderung und der Reaktion der Bank in Form einer Anpassung der Produktzinsen liegt, bei Aktivprodukten länger oder kürzer als bei Passivprodukten sein.

time lag

Beispiel C

- Anstieg der Marktzinsen
- Durchschnittliche Festzinsbindung der Aktivseite: 6 Jahre
- Durchschnittliche Festzinsbindung der Passivseite: 4 Jahre

Aktiva	Passiva	Verhältnis der Zinsblöcke
fest	fest	F/F
fest	variabel	F/V
variabel	variabel	V/V

Das Risiko liegt hier im Bereich der mit »F/F« bezeichneten Schicht: Bei einem Anstieg der Marktzinsen muss die Verzinsung der Festzins-Passiva früher angepasst (erhöht!) werden als die der Festzins-Aktiva. Durch den früheren Anstieg der Zinsaufwendungen vermindert sich der Zinsüberschuss.

Zinsfestschreibungsdauer der Aktivseite bedeutend länger als die der Passivseite

Analysen lassen erkennen, dass bei der Mehrzahl der Banken die durchschnittliche **Zinsfestschreibungsdauer** auf der Aktivseite bedeutend länger ist als die der Passivseite. Dies führt dazu, dass bei Veränderungen der Marktzinsen zunächst im Anlagebereich eine Anpassung stattfindet, da hier die Festzinsvereinbarungen früher auslaufen als bei den Ausleihungen. Die Verzinsung der Aktivseite folgt einer Marktzinsveränderung also mit einer größeren zeitlichen Verzögerung im Vergleich zur Passivseite.

Bei steigenden Marktzinsen führt dies zu negativen Effekten, da eine Steigerung des Zinsaufwandes einige Zeit vor einer entsprechenden Reaktion beim Zinsertrag stattfindet. Bei fallenden Marktzinsen reduziert sich der Zinsaufwand früher als der Zinsertrag, was zu positiven Effekten beim Zinsüberschuss führt.

Zusammenfassung

Aktiva	Passiva	(Zinsänderungs-)Risiko
fest	fest	Festzinsbindungen von Aktiva und Passiva sind unterschiedlich lang.
fest	variabel	Festzinsüberhang auf Aktivseite (wie dargestellt) oder Passivseite, dessen Verzinsung bei Veränderungen der Marktzinsen nicht angepasst werden kann.
variabel	variabel	Reaktion der Aktiva auf Marktzinsveränderung entspricht zeitlich oder intensitätsmäßig nicht der Reaktion der Passiva.

6.4.2.2 Zinsbindungs- und Zinselastizitätsbilanz
Beispiel 1

Die Bilanz der Süddeutschen Bank weist zum 31.12. Festzins-Aktiva in Höhe von 600 Mio. EUR, Festzins-Passiva dagegen nur in Höhe von 450 Mio. EUR aus.

Der Festzins-Überhang (hier: Aktiv-Überhang) beträgt demnach 150 Mio. EUR.

Es besteht daher eine geschlossene Festzinsposition von 450 Mio. EUR und eine offene Festzinsposition (auf der Aktivseite) bzw. eine Festzinslücke (auf der Passivseite) von 150 Mio. EUR.

Der durchschnittliche Zins des Festzinsblocks beträgt auf der Aktivseite 8%, auf der Passivseite 7%, woraus eine Zinsspanne der geschlossenen Festzinsposition von 1% (= 4,5 Mio. EUR) resultiert.

Wenn nun der Marktzins um 1% steigt, müssen die der Festzinslücke entsprechenden Passiva (150 Mio. EUR) dieser Entwicklung angepasst werden, da es sich annahmegemäß nicht um Festzinspositionen, sondern um variabel verzinsliche Passivwerte handelt. Auf der Aktivseite ist demgegenüber eine Anhebung der Zinssätze nicht möglich, weil der Aktivüberhang einer Festzinsbindung unterliegt. Dies führt dazu, dass der Bank Zinserträge in Höhe von 1% bezogen auf die Festzinslücke von 150 Mio. EUR, d.h. 1,5 Mio. EUR, entgehen.

Das sonstige marktzinsabhängige Geschäft, also die Positionen der Aktiv- und Passivseite, die weder einer Festzinsbindung unterliegen noch der Deckung der Festzinslücke dienen, verhält sich »neutral«, d.h. die bei einer Marktzinserhöhung notwendigen Zinserhöhungen auf der Passivseite können durch die parallel dazu möglichen Zinserhöhungen auf der Aktivseite kompensiert werden.

Diese Möglichkeit, das **Zinsänderungsrisiko** betragsmäßig zu quantifizieren, ist das Konzept der Zinsänderungsbilanz **(Zinsbindungsbilanz).** Dabei werden zu einem bestimmten Stichtag alle Festzinsgeschäfte auf der Aktiv- und Passivseite zusammengefasst und einander in Form einer Bilanz gegenübergestellt.

Zinsbindungsbilanz

Das Risiko liegt hier ausschließlich im Bereich des **Festzinsüberhangs** (offene Festzinsposition auf der einen Seite der Bilanz – Festzinslücke auf der anderen Seite).

»Gedeckte« Festzinspositionen oder der betragsmäßig identische Teil der variablen Positionen auf beiden Bilanzseiten beinhalten definitionsgemäß kein Risiko.

Dieses Konzept der Zinsbindungsbilanz hat jedoch deutliche Schwächen, weil es nur unter bestimmten Bedingungen der Realität entspricht:

Schwächen der Zinsbindungsbilanz

So geht man bei der Ermittlung des Zinsänderungsrisikos mit Hilfe der Zinsbindungsbilanz von der **Annahme** aus, dass sich bei Veränderungen der Marktzinsen die Verzinsung **aller variabel verzinslichen Produkte in exakt gleichem Umfang verändert.** Es darf also annahmegemäß keine variabel verzinsliche Position geben, welche stärker oder schwächer auf Marktzinsveränderungen reagiert als eine andere. Nur unter dieser Annahme besteht im Bereich der variabel verzinslichen Positionen kein Zinsänderungsrisiko!

Diese **Annahme** erweist sich jedoch bei näherer Betrachtung als **falsch.** Es lässt sich nämlich bei Untersuchungen der Zinsentwicklungen in der Vergangenheit nachweisen, dass sich das Anpassungsverhalten der einzelnen variabel verzinslichen Positionen teilweise erheblich voneinander unterscheidet. Insbesondere im Einlagenbereich wirken sich bei einigen »variablen« Positionen Veränderungen der Marktzinsen nur sehr langsam und dann auch in deutlich geringerem Umfang als bei anderen Positionen aus.

Gängigstes Beispiel hierfür sind die Sichteinlagen (Guthaben auf Girokonten), welche bei den meisten Banken nicht oder nur mit einer »Minimalverzinsung« (z.B. 0,5%) verzinst werden. Selbst in extremen Hochzinsphasen wurden diese Sätze nicht nach oben angepasst, obwohl die Verzinsung an sich variabel ist. Ähnlich verhält es sich bei den Spareinlagen mit dreimonatiger Kündigungsfrist. Hier erfolgen zwar gelegentlich Anpassungen der Verzinsung an die Marktentwicklung – sie halten sich jedoch in recht engem Rahmen und folgen dem Marktzins auch erst mit teilweise erheblicher Verzögerung, während andere Produkte – beispielsweise Kontokorrentkredite – recht deutlich und zeitnah auf Veränderungen der Marktzinsen reagieren.

Auch bei den anderen Bilanzpositionen dürfte es kaum Produkte geben, welche der Marktzinsentwicklung sofort und in vollem Umfang folgen.

Die Zinsbindungsbilanz berücksichtigt also nur einen **Teil** der möglicherweise auftretenden **Zinsänderungsrisiken** und liefert somit **falsche Steuerungsinformationen**.

	Aktiva	Passiva	
Zinsbindungsbilanz	Geschlossene Festzinsposition		Gesamtbilanz
	Offene Festzinsposition	Festzinslücke	
	Sonstiges marktzinsabhängiges Geschäft		

	Steigende Zinsen	Fallende Zinsen
Aktivischer Festzinsüberhang	Risiko	Chance
Passivischer Festzinsüberhang	Chance	Risiko

Um den **Nachteilen** der **Zinsbindungsbilanz** zu begegnen, wurde das Konzept der **Zinselastizitätsbilanz** entwickelt.

Beispiel 2
(aus Schierenbeck, Henner: »Ertragsorientiertes Bankmanagement«, Band 2, S. 101, Wiesbaden 1997)

Elastizitätsbilanz									
Aktiva									**Passiva**
Block	Position	Volumen (Mio. EUR)	Zins-elas-tizität	Ertrags-veränderung bei 1%-Punkt Marktzins-steigerung (TEUR)	Block	Position	Volumen (Mio. EUR)	Zins-elas-tizität	Aufwands-veränderung bei 1%-Punkt Marktzins-steigerung (TEUR)
(0)	(1)	(2)	(3)	(4) = (2)·(3):100	(5)	(6)	(7)	(8)	(9) = (7)·(8):100
F Fest	Kundenkredite	200	0	0	**F** Fest	Sparbriefe	100	0	0
	Interbankenkredite	100	0	0		Interbankengelder	100	0	0
	„Fest"	300	0	0		„Fest"	200	0	0
V Variabel	Darlehen	50	0,60	+ 300	**V** Variabel	Spareinlagen	200	0,25	+ 500
	Kontokorrentkredite	100	0,90	+ 900		Interbanken-Tages-Geld	50	1,00	+ 500
	„Variabel"	150	0,80	+ 1.200		„Variabel"	250	0,40	+ 1.000
	unverzinsliche Aktiva	50	0	0		unverzinsliche Passiva	50	0	0
	Bilanzsumme	500	0,24	+ 1.200		Bilanzsumme	500	0,20	+ 1.000
Zinsergebnisveränderung Gesamt: 200 TEUR (1.200 TEUR − 1.000 TEUR) **(Verbesserung)**									

Bei einer Marktzinssteigerung um einen Prozentpunkt ergibt sich bei der oben dargestellten Bilanzstruktur insgesamt eine Zinsänderungschance von 200 TEUR.

Die zinsvariablen Aktiva reagieren auf die Erhöhung des Marktzinses um 1% mit einer Steigerung der Durchschnittsverzinsung um 0,8%, was bei einem Volumen von 150 Mio. EUR den Zinsertrag um 1.200 TEUR erhöht. Da die zinsvariablen Passiva mit einem Volumen von 250 Mio. EUR jedoch auch auf die Marktzinserhöhung reagieren – nämlich mit einer Erhöhung der Durchschnittsverzinsung um 0,4%, durch welche der Zinsaufwand um 1.000 TEUR zunimmt – verbleibt per Saldo eine **Verbesserung** des Zinsergebnisses um 200 TEUR.

Eine Erhöhung des Marktzinses um 1% bedeutet demnach in einer durch die obige Elastizitätsbilanz abgebildeten Situation eine **Chance**. Bei einer **Senkung** des Marktzinses um 1% wird aus der Zinsänderungschance ein Zinsänderungs**risiko**.

Das **gesamte Zinsänderungsrisiko/die gesamte Zinsänderungschance lässt sich aufteilen** in einen **variablen** und einen **festen Teil**:

Fester Teil des Zinsänderungsrisikos/der Zinsänderungschance:
Wie dargestellt übersteigen im Beispiel die Festzinsaktiva die Festzinspassiva. Die entstandene Festzinslücke muss also durch variable Passiva geschlossen werden.

Bei Aktivwerten in Höhe von 300 Mio. EUR und Passivwerten von 200 Mio. EUR ergibt sich eine durch variable Passiva zu schließende Lücke in Höhe von 100 Mio. EUR.

Wenn nun ausschließlich der Festzinsblock betrachtet wird (allerdings einschließlich des Teils an variabler Passiva, welcher zum Schließen der Lücke benötigt wird – somit wäre diese Teil-Bilanz ausgeglichen) ergibt sich bei einer Marktzinserhöhung um 1% folgende Situation: Der Zinsertrag auf der Aktivseite ändert sich nicht, da die Elastizitäten aller Festzins-Passiva Null sind. Der Zinsaufwand für die Passivseite erhöht sich jedoch um die Veränderung bei dem zur Lückenschließung benötigten variablen Teil. Bei einem Volumen von 100 Mio. EUR und einer Zinselastizität von 0,4% resultiert daraus eine Aufwandserhöhung um 400 TEUR. Dies führt insgesamt zu einer Verschlechterung des Zinsergebnisses um 400 TEUR.

Zusammengefasst lässt sich also ein »Risiko fest« in Höhe von 400 TEUR ermitteln.

Variabler Teil des Zinsänderungsrisikos/der Zinsänderungschance:
Für den variablen Bereich verbleiben auf der Aktivseite noch 150 Mio. EUR, auf der Passivseite ebensoviel, da ein Teilbetrag zum Schließen der Festzinslücke benötigt wurde. Bei einer Zinselastizität von 0,8% für die Aktivseite und 0,4% für die Passivseite verbleibt ein »Vorteil«, d.h. eine Erhöhung des Zinsüberschusses, von 0,8% – 0,4% = 0,4% für die Aktivseite. Bezogen auf ein variables Volumen von 150 Mio. EUR ergibt sich aus der variablen Teil-Bilanz eine »Chance variabel« von 600 TEUR.

Insgesamt – bei Einbeziehung aller Bilanzpositionen – stellt sich die Risikosituation wie folgt dar:

Fall A:	Marktzins**steigerung** + *1%*			
	Risiko	fest	–	400 TEUR
	Chance	variabel	+	600 TEUR
	Chance	gesamt	+	200 TEUR

Alternative Marktzinsentwicklung

Fall B:	Marktzins**senkung** – *1%*			
	Chance	fest	+	400 TEUR
	Risiko	variabel	–	600 TEUR
	Risiko	gesamt	–	200 TEUR

Für analytische Zwecke müssen die Zinsblöcke zu einem bestimmten Stichtag nach Bilanzpositionen in einer Elastizitätsbilanz aufgefächert werden. Aus Elastizität und Volumen einer jeden einzelnen Bilanzposition werden dann für die Aktiva Ertragsveränderungen und für die Passiva die Aufwandsveränderungen für jeweils 1%-Punkt Marktzinssteigerung errechnet. Aus der Gegenüberstellung der Summen aller Ertragsveränderungen und aller Aufwandsveränderungen lässt sich dann das gesamte **Zinsänderungsrisiko** bzw. die gesamte **Zinsänderungschance** einer Bank errechnen (siehe Beispiel 2).

Dynamische Elastizitätsbilanz Eine erweiterte Form der Darstellung ist die **dynamische Elastizitätsbilanz.** Werden ausreichend lange Zeiträume betrachtet, gibt es **keine Festzinspositionen,** da auch die längste Festzinsvereinbarung irgendwann **abläuft** und dann – zum gerade aktuellen Zinssatz – verlängert werden kann oder zurückbezahlt wird. Da nicht alle Festzinspositionen zu einem einzigen Zeitpunkt abgeschlossen wurden, sondern im Verlauf mehrerer Monate und Jahre, führt dies dazu, dass laufend Festzinspositionen **fällig** werden. Je nachdem, wie groß der Anteil der im betrachteten Zeitraum neu abgeschlossenen bzw. fällig werdenden Festzinspositionen ist und wie stark die Neugeschäfts-Zinsen bzw. die Zinsen für Verlängerungen auf Marktzinsveränderungen reagieren, lassen sich unter Zugrundelegung einer bestimmten Zeitspanne auch für Festzinspositionen Elastizitäten berechnen.

Zusammenfassung

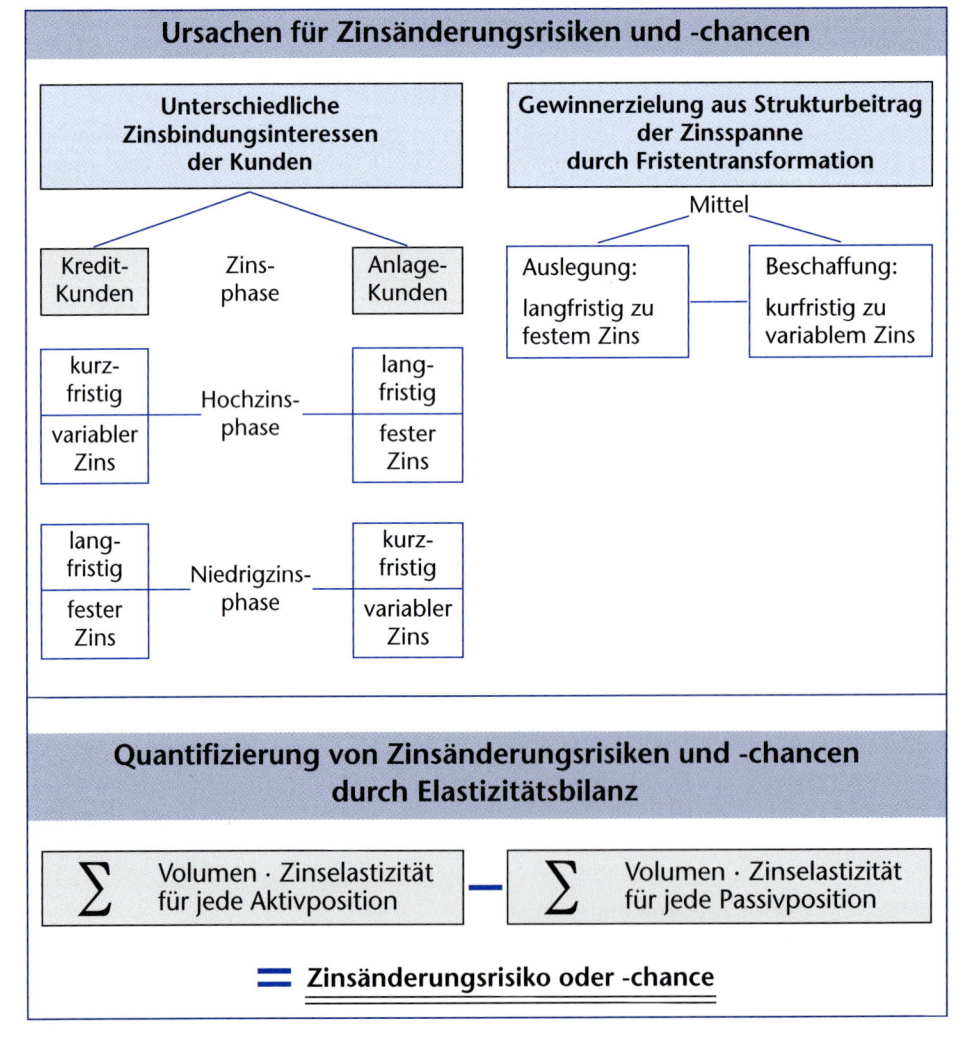

Ursachen für Zinsänderungsrisiken und -chancen

Unterschiedliche Zinsbindungsinteressen der Kunden

Gewinnerzielung aus Strukturbeitrag der Zinsspanne durch Fristentransformation

Zinsphase:
- Kredit-Kunden
- Anlage-Kunden

Hochzinsphase:
- kurzfristig / variabler Zins
- langfristig / fester Zins

Niedrigzinsphase:
- langfristig / fester Zins
- kurzfristig / variabler Zins

Mittel:
- Auslegung: langfristig zu festem Zins
- Beschaffung: kurzfristig zu variablem Zins

Quantifizierung von Zinsänderungsrisiken und -chancen durch Elastizitätsbilanz

$$\sum \text{Volumen} \cdot \text{Zinselastizität für jede Aktivposition} \quad - \quad \sum \text{Volumen} \cdot \text{Zinselastizität für jede Passivposition}$$

$$= \text{Zinsänderungsrisiko oder -chance}$$

Aufgaben zu Kapitel 6.4.2

① Wählen Sie ein beliebiges Bankprodukt, beispielsweise »Kontokorrentkredit« oder »Sparbrief«, aus.

Zeichnen Sie alle Kombinationen aus dem Produktzinssatz des gewählten Produktes und dem zugrunde liegenden Referenzzinssatz (Marktzinssatz), welche sich in einem Zeitraum von mehreren Wochen bzw. mehreren Monaten ergeben haben, in ein Koordinatensystem ein (mindestens 20 – 30 Werte).

Versuchen Sie, in das Koordinatensystem eine Gerade einzuzeichnen, die Lage und Steigung der eingezeichneten »Punktewolke« möglichst genau abbildet.

Ermitteln Sie anhand der Steigung der Geraden die Elastizität des von Ihnen gewählten Produktes in Bezug auf den zugrunde liegenden Marktzinssatz (»Wie verändert sich der Produktzinssatz, wenn der Marktzinssatz um einen Prozentpunkt steigt?«).

② Die Badische Bank weist in ihrer Bilanz zum Monatsultimo nebenstehende Werte aus.

a) Erstellen Sie eine (statische) Elastizitätsbilanz.

b) Wie wirkt sich eine Erhöhung der Marktzinsen um 1 Prozentpunkt auf Zinsertrag, Zinsaufwand und Zinsüberschuss aus?

Bilanzposition	Volumen (Mio. EUR)	Elastizität
Barreserve	200	0,00
Interbankforderungen	600	0,90
Kontokorrentkredite	1.500	0,80
Kurzfristige Darlehen	1.300	0,60
Anleihen u. Schuldverschr.	300	0,00
Kommunaldarlehen	400	0,00
Hypothekendarlehen	700	0,00
Interbankverbindlichkeiten	300	0,90
Sichteinlagen	200	0,00
Termineinlagen	1.100	0,70
Spareinlagen	2.400	0,40
Sparbriefe	500	0,00
Schuldverschreibungen	300	0,00
Eigenkapital	200	0,00

③ Die Sparkasse Nordschwarzwald weist in ihrer Bilanz folgende Bestände aus (in Mio. EUR):

Festzins-Darlehen an Kunden	300
Darlehen mit variabler Verzinsung an Kunden	400
Kontokorrentkredite	200
Festverzinsliche Wertpapiere	300
Sparkassenbriefe	500
Langfristige Geldaufnahme bei der Landesbank (Festzins)	200
Spareinlagen	400
außerdem noch eine Tagesgeldaufnahme bei der Landesbank	?

Folgende Informationen liegen Ihnen vor:

In den letzten fünf Jahren sind die den Festzinsdarlehen zugrunde gelegten Marktzinsen um 4% gefallen. Die Verzinsung der Festzinsdarlehen der Sparkasse lag damals bei 9%, während sie heute 6% beträgt.

Veränderungen des Marktzinssatzes hat die Sparkasse ihren Kontokorrentkunden immer sofort und in vollem Umfang weitergegeben.

Die Verzinsung der Wertpapiere hat sich exakt gleich entwickelt, wie die der Festzinsdarlehen. Der Marktzins ist jedoch im Betrachtungszeitraum um 6% gefallen.

Bei den Darlehen mit variabler Verzinsung ist die Elastizität um 0,15%-Punkte kleiner als bei den Festzinsdarlehen.

Die Festzins-Passiva haben bei den Interbankengeschäften Marktzinsveränderungen zu 80% mitgemacht, während Kundengeschäfte um 10%-Punkte stärker *als Interbankengeschäfte (= 0,9)* reagierten.

Die Elastizität der Spareinlagen beträgt 0,30%.

Tagesgelder der Landesbank orientieren sich immer exakt an der Entwicklung der Marktzinsen.

a) Erstellen Sie die (statische) Elastizitätsbilanz der Sparkasse Nordschwarzwald.

b) Ermitteln Sie daraus das Zinsänderungsrisiko bei einer Erhöhung des Marktzinses um 1%-Punkt.

c) Wie setzt sich das gesamte Zinsänderungsrisiko zusammen (fest/variabel)?

d) Wie würde sich das Zinsänderungsrisiko verändern, wenn die Sparkasse – bei ansonsten unveränderten Beständen und Elastizitäten – das bei der Landesbank aufgenommene Tagesgeld in ein langfristiges Festzins-Darlehen umwandeln würde?

[4] Was ändert sich an der Ergebnissen der vorherigen Aufgaben, wenn Sie eine dynamische Betrachtung – d.h. Berechnung von Elastizitäten auch für Festzins-Positionen – zu Grunde legen?

6.4.3 Instrumente des Managements von Zinsänderungsrisiken und -chancen

Unterschiedliche Interessenslage von Banken und Kunden

Die **Interessen** der **Kunden** und die der **Bank** hinsichtlich **Laufzeit** und **Zinsfestschreibung** eines Abschlusses sind gewöhnlich **gegenläufig**:

> Während der Kunde in **Niedrigzinsphasen** im Anlagebereich eher an variabel verzinslichen oder kürzerlaufenden Anlagen interessiert ist, möchte die Bank möglichst langfristige Gelder hereinnehmen. Ein Kreditkunde dagegen wird versuchen, sich die niedrigen Zinsen für einen möglichst langen Zeitraum zu sichern, was wiederum dem Interesse der Bank entgegensteht, bei steigenden Marktzinsen auch die Darlehenszinsen zeitnah anheben zu können.
>
> In einer **Hochzinsphase** ist die Interessenlage genau umgekehrt.

Eine Bank muss ihre Kunden fair beraten.

Beispielsweise darf sie deshalb nicht in einer Niedrigzinsphase zur Sicherung ihres Zinsänderungsrisikos einem Anlagekunden zum Kauf eines langfristigen Sparbriefes und einem Kreditkunden zur Aufnahme eines Darlehens mit variablem Zinssatz raten.

Eine Bank kann ihr Zinsänderungsrisiko nicht durch Kundengeschäfte, sondern nur durch Interbankengeschäfte absichern.

6.4.3.1 Interbanken-Darlehensgeschäfte

Beispiel

Die – vereinfachte und auf wesentliche Positionen reduzierte – Bilanz der Volksbank Kiel weist zum 31.12. Kundeneinlagen in Höhe von 100 Mio. EUR und Kundenausleihungen in ebensolcher Höhe aus.

Fall A:

Entwicklung des Zinsüberschusses bei steigenden Marktzinsen **ohne** Absicherung des Zinsänderungsrisikos durch Interbankengeschäfte.

Ohne Abschluss von Interbankengeschäften

Interbankengeschäfte werden nicht getätigt: Das Volumen der Geldanlagen bei und der Geldaufnahmen von anderen Banken ist jeweils 0.

Bilanzen der Volksbank Kiel eG											
Aktiva	Mio. EUR	Jahr 1 in %	Jahr 2 in %	Jahr 3 in %	Jahr 4 in %	Passiva	Mio. EUR	Jahr 1 in %	Jahr 2 in %	Jahr 3 in %	Jahr 4 in %
Ausleihungen an Kunden	100	6,00	6,30	6,60	6,90	Einlagen von Kunden	100	4,00	4,80	5,60	6,40
Anlagen bei Banken	0					Kredite von Banken	0				
Bilanzsumme	**100**	**6,00**	**6,30**	**6,60**	**6,90**	**Bilanzsumme**	**100**	**4,00**	**4,80**	**5,60**	**6,40**

	Mio. €	Mio. €	Mio. €	Mio. €
Zinsertrag Kunden	6,0	6,3	6,6	6,9
Zinsertrag Banken	0,0	0,0	0,0	0,0
Zinsertrag gesamt	**6,0**	**6,3**	**6,6**	**6,9**
Zinsaufwand Kunden	4,0	4,8	5,6	6,4
Zinsaufwand Banken	0,0	0,0	0,0	0,0
Zinsaufwand gesamt	**4,0**	**4,8**	**5,6**	**6,4**
Zinsspanne	**2,0**	**1,5**	**1,0**	**0,5**
Zinsertrag Kunden	6,0	6,3	6,6	6,9
Zinsaufwand Kunden	4,0	4,8	5,6	6,4
Ergebnis Kunden	**2,0**	**1,5**	**1,0**	**0,5**
Zinsertrag Banken	0,0	0,0	0,0	0,0
Zinsaufwand Banken	0,0	0,0	0,0	0,0
Ergebnis Banken	**0,0**	**0,0**	**0,0**	**0,0**
Zinsspanne	**2,0**	**1,5**	**1,0**	**0,5**

1. Jahr
Die Kundeneinlagen werden mit 4% verzinst, für die Ausleihungen wird ein Zinsertrag von 6% erzielt. Hieraus ergibt sich ein Zinsüberschuss von 2% aus 100 Mio. EUR = 2 Mio. EUR.

2. Jahr
Im folgenden Jahr ist das Zinsniveau um einen Prozentpunkt gestiegen. Die Volksbank Kiel hat für die Aktivseite eine Elastizität von 0,3, für die Passivseite eine solche von 0,8 errechnet. Genau diese Entwicklung ist eingetreten. Dies hat zur Folge, dass die durchschnittliche Verzinsung der Ausleihungen auf 6,3% angestiegen ist, während die Durchschnittsverzinsung der Einlagen nun 4,8% beträgt. Der Zinsüberschuss ist auf 1,5 Mio. EUR zurückgegangen.

3. und 4. Jahr
In den folgenden zwei Jahren setzt sich diese Entwicklung fort: Die Marktzinsen steigen jeweils um einen Prozentpunkt pro Jahr an. Die Elastizitäten bleiben unverändert.

Dies hat zur Folge, dass der Zinsüberschuss im Jahr 4 auf nur noch 0,5 Mio. EUR zurückgegangen ist – ein Viertel dessen, was noch im Jahr 1 erzielt wurde.

Angenommen, die Personal- und Sachkosten würden konstant bei 1 Mio. EUR liegen, wäre nach einem Überschuss von 1 Mio. EUR im Jahr 1 im Jahr 3 bereits eine »schwarze Null« auszuweisen. Im folgenden Jahr 4 wäre dann die Verlustzone erreicht.

Fall B:

Entwicklung des Zinsüberschusses bei steigenden Marktzinsen **mit** Absicherung des Zinsänderungsrisikos durch Interbankengeschäfte

Mit Abschluss von Interbankengeschäften

Nachdem die Controlling-Abteilung der Volksbank Kiel bereits frühzeitig entsprechende Berechnungen zur Ermittlung des Zinsänderungsrisikos erstellt hat, ist die im Fall A dargestellte Entwicklung in der Realität nicht eingetreten.

Bilanzen der Volksbank Kiel eG											
Aktiva	Mio. EUR	Jahr 1 in %	Jahr 2 in %	Jahr 3 in %	Jahr 4 in %	**Passiva**	Mio. EUR	Jahr 1 in %	Jahr 2 in %	Jahr 3 in %	Jahr 4 in %
Ausleihungen an Kunden	100	6,00	6,30	6,60	6,90	Einlagen von Kunden	100	4,00	4,80	5,60	6,40
Anlagen bei Banken	50	4,00	5,00	6,00	7,00	Kredite von Banken	50	5,00	5,00	5,00	5,00
Bilanzsumme	**150**	**5,33**	**5,87**	**6,40**	**6,93**	**Bilanzsumme**	**150**	**4,33**	**4,87**	**5,40**	**5,93**

	Mio. €	Mio. €	Mio. €	Mio. €
Zinsertrag Kunden	6,0	6,3	6,6	6,9
Zinsertrag Banken	2,0	2,5	3,0	3,5
Zinsertrag gesamt	**8,0**	**8,8**	**9,6**	**10,4**
Zinsaufwand Kunden	4,0	4,8	5,6	6,4
Zinsaufwand Banken	2,5	2,5	2,5	2,5
Zinsaufwand gesamt	**6,5**	**7,3**	**8,1**	**8,9**
Zinsspanne	**1,5**	**1,5**	**1,5**	**1,5**
Zinsertrag Kunden	6,0	6,3	6,6	6,9
Zinsaufwand Kunden	4,0	4,8	5,6	6,4
Ergebnis Kunden	**2,0**	**1,5**	**1,0**	**0,5**
Zinsertrag Banken	2,0	2,5	3,0	3,5
Zinsaufwand Banken	2,5	2,5	2,5	2,5
Ergebnis Banken	**– 0,5**	**0,0**	**0,5**	**1,0**
Zinsspanne	**1,5**	**1,5**	**1,5**	**1,5**

1. Jahr
Bereits zu Beginn des Jahres 1 sind die zuständigen Stellen der Volksbank Kiel von einem deutlichen Anstieg der Zinsen in den nächsten Jahren ausgegangen.

Es wurden daher rechtzeitig Vorsorgemaßnahmen ergriffen. Anfang des Jahres 1 wurde bei der Genossenschaftlichen Zentralbank in Hamburg ein langfristiges Darlehen über 50 Mio. EUR zu einem Festzinssatz von 5% aufgenommen. Das aufgenommene Geld wurde kurzfristig angelegt um bei steigenden Zinsen sofort profitieren zu können. Da das Zinsniveau im Jahr 1 noch recht niedrig war, konnte die Gegenanlage nur zu 4% erfolgen.

Auf den ersten Blick ein schlechtes Geschäft für die Volksbank Kiel: Der Zinserfolg aus dem Kundengeschäft im Jahr 1 lag unverändert bei 2 Mio. EUR. Durch die beiden Interbankengeschäfte reduzierte sich der gesamte Zinsüberschuss jedoch um 0,5 Mio. EUR auf 1,5 Mio. EUR: Während man nämlich für die Geldaufnahme 2,5 Mio. EUR bezahlen musste, erbrachte die Gegenanlage nur 2 Mio. EUR, ein Verlust von 0,5 Mio. EUR.

2. Jahr
Bereits im Jahr 2 zeigte sich dann, dass die Volksbank Kiel mit ihrer Zinsprognose richtig lag: Die Zinsen stiegen wie erwartet an. Während für die Geldaufnahme wegen der langfristigen Festzinsvereinbarung unverändert 5% Zinsen bezahlt werden mussten, konnte die Gegenanlage zu den neuen, gestiegenen Zinssätzen

6.4 Analyse und Management von Zinsänderungsrisiken und -chancen

erfolgen. Die beiden Interbankengeschäfte waren damit zusammen gesehen zwar noch immer nicht lohnend, sie wirkten sich vom Gesamtergebnis her aber immerhin neutral aus.

3. Jahr
Spätestens im Jahr 3 wurde dann klar, dass die Interbankengeschäfte lohnend waren: Das Zinsniveau stieg weiter an und die Gegenanlage konnte nun zu 6 % erfolgen, obwohl für die Geldaufnahme nach wie vor nur 5 % bezahlt werden musste.

Während der Zinsüberschuss aus dem Kundengeschäft wie erwartet auf 1 Mio. EUR zurückging, konnte durch das Interbankengeschäft ein Ausgleich erreicht werden: Durch seinen positiven Beitrag zum Ergebnis konnte der gesamte Zinsüberschuss unverändert bei 1,5 Mio. EUR gehalten werden.

4. Jahr
Im Jahr 4 reduzierte sich durch die weiterhin steigenden Zinsen das Ergebnis aus dem Kundengeschäft nochmals. In gleichem Umfang stieg jedoch das Ergebnis aus dem Interbankengeschäft, was dazu führte, dass der gesamte Zinsüberschuss wiederum unverändert bei 1,5 Mio. EUR lag.

Vergleich zwischen beiden Fällen
Durch die getätigten Interbankengeschäfte konnte die Volksbank Kiel ihr Ergebnis über alle vier Jahre hinweg auf konstantem Niveau halten. Ohne diese Geschäfte wäre ein deutlicher Ergebnisrückgang und letztendlich ein Verlust unvermeidbar gewesen.

Die Interbankengeschäfte führten darüber hinaus nicht nur dazu, dass Schwankungen im Zinsüberschuss vermieden werden konnten. Sie führten auch – bei Gesamtbetrachtung aller vier Jahre – zu einem absolut gesehen höheren Zinsüberschuss:

Bei der ersten Variante konnte in den Jahren 1–4 insgesamt ein Zinsüberschuss von 2 + 1,5 + 1 + 0,5 = 5 Mio. EUR erzielt werden.

Bei der Variante 2 dagegen von 1,5 + 1,5 + 1,5 + 1,5 = 6 Mio. EUR, also 1 Mio. EUR mehr als ohne die Interbankengeschäfte!

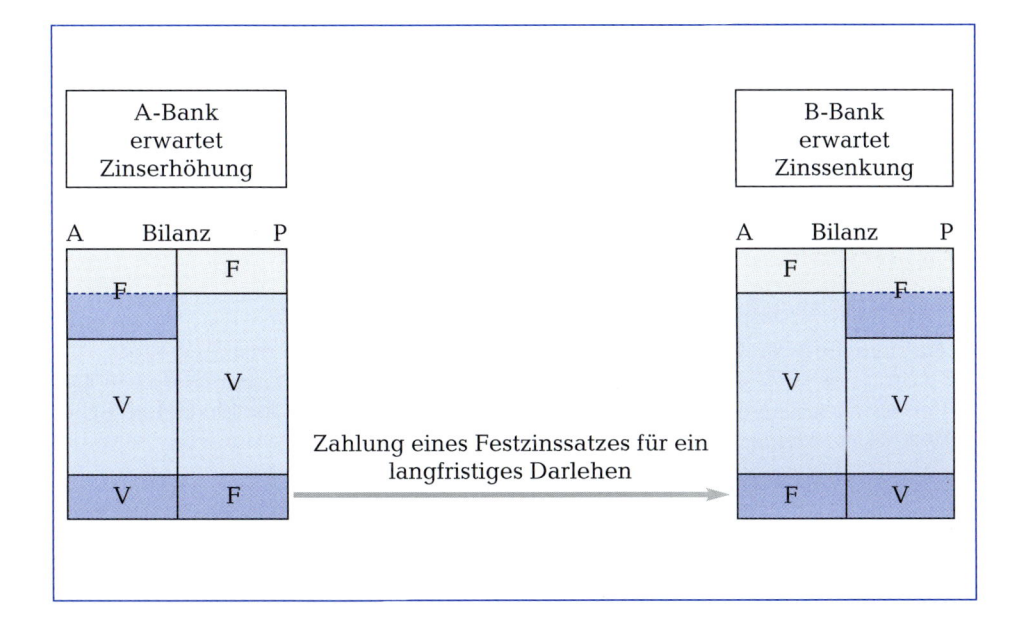

6.4.3.2 Geschäfte mit Derivaten (Swaps und Futures)

Zinsswap

Ein *Zinsswap-Geschäft* ist ein Geschäft, bei dem unterschiedliche Zinsen ausgetauscht werden, z.B. Zinsen zu festen gegen Zinsen zu variablen Zinssätzen.

Beispiel 1

Die Allgemeine Bank AG **(A-Bank)** hat einen **aktivischen Festzinsüberhang** und erwartet eine Zinssteigerung. Tritt diese Erwartung ein, schrumpft ihr Zinsüberschuss, weil sie die Steigerung der Einlagenzinsen nicht durch Steigerung der Kreditzinsen kompensieren kann.

Die Bremer Bank **(B-Bank)** hat einen **passivischen Festzinsüberhang** und erwartet eine Zinssenkung. Tritt diese Erwartung ein, schrumpft ihr Zinsüberschuss, weil sie das Sinken der Kreditzinsen nicht durch Senkung der Einlagenzinsen kompensieren kann.

In dieser Situation können die beiden Banken ihr Zinsänderungsrisiko durch einen **Zinsswap** (= Austausch von Zinszahlungen) decken:

- Die A-Bank verpflichtet sich der B-Bank gegenüber, auf einen bestimmten Betrag, z.B. 120 Mio. EUR, Zinsen zu einem Festzinssatz von z.B. 4% nach Ablauf von einem Monat zu zahlen.

- Die B-Bank verpflichtet sich der A-Bank gegenüber, auf den gleichen Betrag, also z.B. 120 Mio. EUR, Zinsen zu einem variablen Zinssatz, in der Regel EURIBOR (= Marktzinssatz für Interbankgeschäfte in Europa), nach Ablauf von einem Monat zu zahlen.

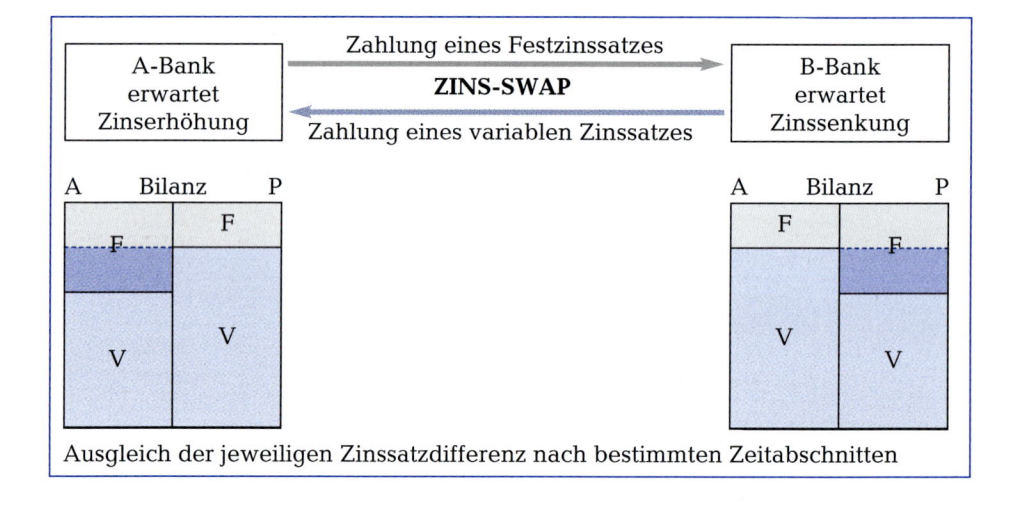

```
┌──────────────┐   Zahlung eines Festzinssatzes    ┌──────────────┐
│   A-Bank     │ ────────────────────────────────▶ │   B-Bank     │
│  erwartet    │           ZINS-SWAP               │  erwartet    │
│ Zinserhöhung │ ◀──────────────────────────────── │ Zinssenkung  │
└──────────────┘  Zahlung eines variablen Zinssatzes └────────────┘
```

A   Bilanz   P   A   Bilanz   P
┌──────┬───────┐   ┌──────┬───────┐
│   │   F   │   │   F │   │
│ F   ├───────┤   ├──────┤   F   │
│   │   │   │   │   │
├──────┤   V   │   │   V ├───────┤
│ V   │   │   │   │   V   │
└──────┴───────┘   └──────┴───────┘

Ausgleich der jeweiligen Zinssatzdifferenz nach bestimmten Zeitabschnitten

Folgende Zinsänderungen treten nach Ablauf eines Monats ein:

- *Fall 1:* EURIBOR **steigt** auf 5%.

   Die B-Bank muss jetzt die Differenz von 1% zwischen dem Festzinssatz von 4%, den sie zu erhalten hat, und dem variablen Zinssatz von 5% (= 100.000,00 EUR), den sie zu zahlen hat, an die A-Bank zahlen. Mit diesem Zinsgewinn kann die A-Bank ihren durch den aktivischen Festzinsblock verursachten Zinsverlust decken.

   Die B-Bank kompensiert den entsprechend bei ihr durch den Zinsswap entstehenden Zinsverlust mit der Zunahme des Zinsüberschusses infolge eines passivischen Festzinsüberhangs bei steigendem Marktzinssatz.

6.4 Analyse und Management von Zinsänderungsrisiken und -chancen

- **Fall 2:** EURIBOR **fällt** auf 3%.

  Die A-Bank muss jetzt die Differenz von 1% zwischen dem Festzinssatz von 4%, den sie zu zahlen hat, und dem variablen Zinssatz von 3% (= 100.000,00 EUR), den sie zu fordern hat, an die B-Bank zahlen. Mit diesem Zinsgewinn kann die B-Bank ihren durch den passivischen Festzinsblock verursachten Zinsverlust decken.

  Die A-Bank kompensiert den entsprechend bei ihr durch den Zinsswap entstehenden Zinsverlust mit der Zunahme des Zinsüberschusses infolge des aktivischen Festzinsüberschusses.

> Ein Geschäft mit **Euro-Bund-Futures** ist ein Termingeschäft auf Anleihen des Bundes, das unbedingt zu erfüllen ist. Basis des Termingeschäftes ist eine fiktive 6% Bundesanleihe. Zur Erfüllung des Geschäfts kann jede Bundesanleihe geliefert werden, deren Rendite mit der Rendite der fiktiven Anleihe übereinstimmt.

Future

Beispiel 2

In der gleichen Situation wie in Beispiel 1 verkauft die A-Bank 100 Kontrakte (Kontraktwert: 100.000,00 EUR Nennwert) auf den Euro-Bund-Future zur Lieferung am 10. Kalendertag des folgenden Monats und geht damit eine »Short-Position« ein.

Die B-Bank kauft 100 Kontrakte mit gleichem Liefertermin und geht damit eine »Long-Position« ein.

Bei einem EURIBOR von 4% beträgt der Kurs des Euro-Bund-Futures

$\frac{6 \cdot 100}{4}$ = **150 EUR je 100 EUR Nennwert,** der Kurswert ist also 150.000,00 EUR.

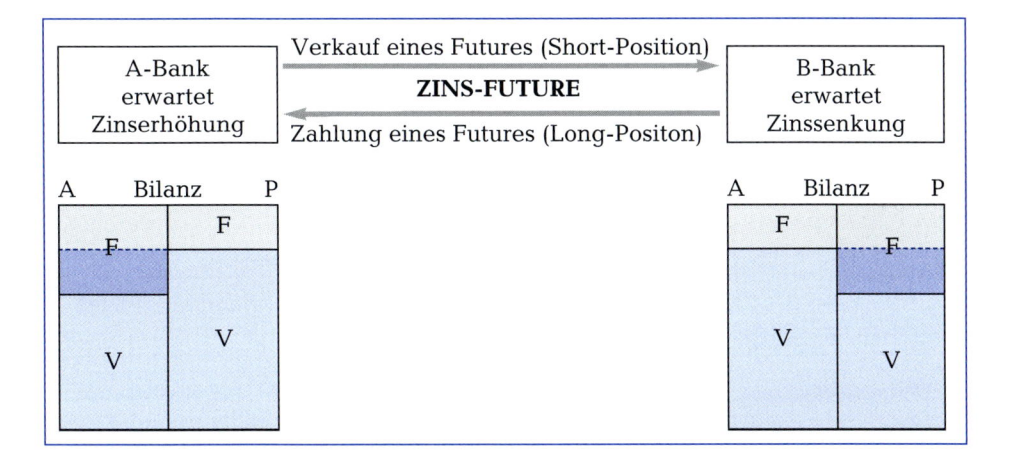

- **Fall 1:** EURIBOR **steigt** bis zum Erfüllungstag auf 5%

  Der Kurs fällt durch den Zinsanstieg auf $\frac{6 \cdot 100}{5}$ = **120 EUR je 100 EUR Nennwert**

  und der Kurswert damit auf 120.000,00 EUR. Die A-Bank kann jetzt für 120.000,00 EUR im Kassamarkt Bundesanleihe kaufen, die ihr die B-Bank für 150.000,00 EUR abnehmen muss. Die A-Bank erzielt somit einen Gewinn von 30.000,00 EUR, mit dem sie den Kursverlust auf ihren aktivischen Festzinsüberschuss decken kann.

  Die B-Bank erleidet einen Verlust durch das Termingeschäft, den sie jedoch durch den Gewinn aus ihrem passivischen Festzinsüberschuss kompensieren kann.

- *Fall 2:* EURIBOR **fällt** bis zum Erfüllungstag auf 3%.

  Der Kurs steigt durch den Zinsrückgang auf $\frac{6 \cdot 100}{3}$ = **200 EUR je 100 EUR Nennwert**

  und der Kurswert auf 200.000,00 EUR. Die B-Bank erhält jetzt von der A-Bank Bundesanleihe zu 150.000,00 EUR, die sie für 200.000,00 EUR verkaufen kann. Die B-Bank erzielt somit einen Gewinn von 50.000,00 EUR, mit dem sie den Verlust aus ihrem passiven Festzinsüberschuss decken kann.

  Die A-Bank erleidet einen Verlust durch das Termingeschäft, den sie jedoch durch den Gewinn aus ihrem aktivischen Festzinsüberschuss kompensieren kann.

Die **Abdeckung des Zinsänderungsrisikos** durch die Aufnahme bzw. Gewährung von **Krediten** im Interbankengeschäft ist **bilanzwirksam.** Sie führt bei den Geschäftspartnern zu einer Bilanzverlängerung.

Zinsswaps und Terminkontrakte sind Derivate. Die **Abdeckung des Zinsänderungsrisikos** durch Kauf bzw. Verkauf von **Derivaten** ist **bilanzunwirksam.** Trotzdem verlangt der Gesetzgeber eine Unterlegung von Derivatengeschäften mit Eigenkapital wegen der Gefahr, dass ein Geschäftspartner seinen Verpflichtungen nicht nachkommen kann.

Derivate

Die Praxis **bevorzugt** zur Absicherung des Zinsänderungsrisikos unter anderem aus folgenden Gründen die **Derivate:**

- Für die Absicherung durch Darlehen sind zwei Geschäfte mit zwei zu zahlenden Margen notwendig, nämlich
  die Hereinnahme des Darlehens und die Ausleihe der aufgenommenen Mittel.
  Für die Absicherung durch Derivate ist dagegen nur ein Geschäft mit einer Marge notwendig.

- Die Marktgängigkeit von Darlehen ist kleiner als die von Derivaten.
  Es ist ungleich schwieriger für große Volumina an einem Tag Partner für bilanzwirksame Geschäfte zu finden als einen Derivat-Partner, zumal der Derivate-Handel standardisiert ist.

Zusammenfassung

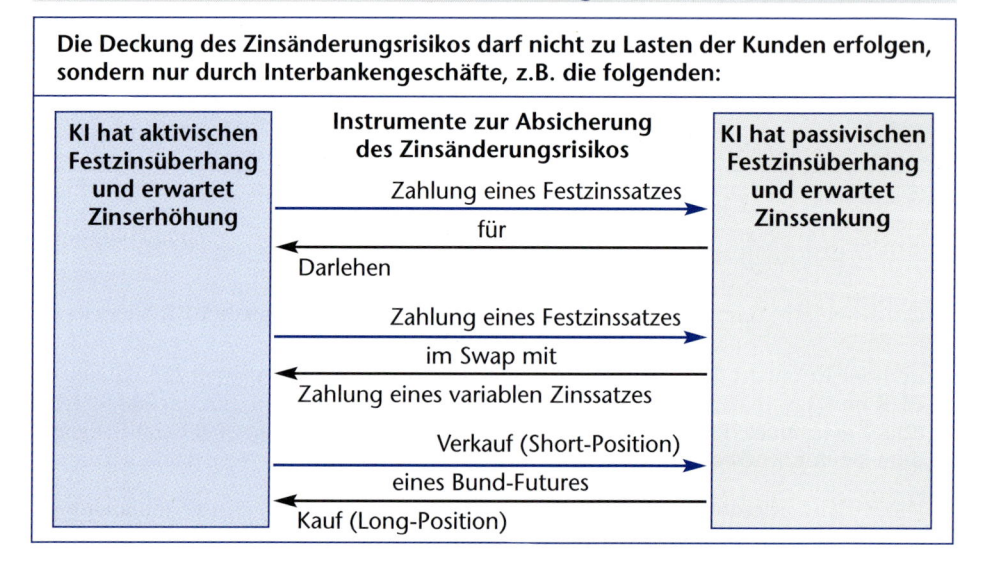

Die Deckung des Zinsänderungsrisikos darf nicht zu Lasten der Kunden erfolgen, sondern nur durch Interbankengeschäfte, z.B. die folgenden:

KI hat aktivischen Festzinsüberhang und erwartet Zinserhöhung	Instrumente zur Absicherung des Zinsänderungsrisikos	KI hat passivischen Festzinsüberhang und erwartet Zinssenkung
	Zahlung eines Festzinssatzes → ← für Darlehen	
	Zahlung eines Festzinssatzes → im Swap mit ← Zahlung eines variablen Zinssatzes	
	Verkauf (Short-Position) → eines Bund-Futures ← Kauf (Long-Position)	

Effekte der Instrumente im Hinblick auf

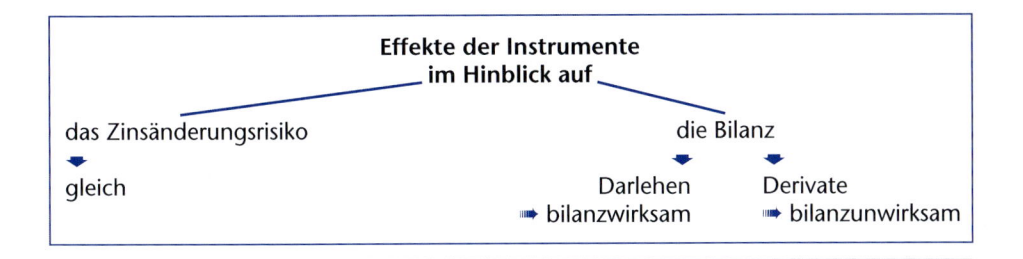

- das Zinsänderungsrisiko
  - gleich
- die Bilanz
  - Darlehen ⇒ bilanzwirksam
  - Derivate ⇒ bilanzunwirksam

Aufgaben zu Kapitel 6.4.3

(1) Die Zinsen in Deutschland befinden sich momentan auf einem historisch niedrigen Niveau. Bei der Sparkasse Weimar macht sich dies deutlich bemerkbar: Während im Kreditgeschäft fast ausschließlich 10-jährige Zinsbindungen verkauft werden, »parken« die meisten Passivkunden ihre Gelder in kurzfristigen Anlageformen, um bei steigenden Zinsen problemlos umschichten zu können.

Der Vorstand der Sparkasse Weimar beobachtet diese Entwicklung mit großer Sorge, da er in den nächsten Jahren wieder mit deutlich steigenden Zinsen rechnet und befürchtet, dass der Zinsüberschuss der Sparkasse stark zurückgehen wird.

Der Vorstand der Sparkasse weist deshalb alle Kundenberater an, ab sofort nur noch Kredite mit maximal 4-jähriger Laufzeit zu verkaufen. Außerdem streicht er sämtliche kurzlaufenden Anlageprodukte aus dem Angebot.

Was halten sie von dieser Maßnahme?

(2) Erweitern Sie die Bilanzen der Volksbank Kiel aus Fall B des Kapitels 6.4.3.1 um folgende Positionen:

Festverzinsliche Wertpapiere (Depot-A)   30 Mio. EUR
Durchschnittsverzinsung   7%
Restlaufzeit   5 Jahre

»finanziert« durch Kundeneinlagen.

Pro Prozentpunkt einer Marktzinssteigerung entsteht ein Abschreibungsbedarf von 300 TEUR.

Im zweiten Jahr wird ein zusätzliches Interbankengeschäft abgeschlossen:

Geldaufnahme, langfristig   20 Mio. EUR
Gegengeschäft: Geldanlage, kurzfristig.

Die Elastizität der Kundeneinlagen beträgt 0,7%, die der Ausleihungen an Kunden 0,4%. Die Personal- und Sachkosten im ersten Jahr betragen 500 TEUR und erhöhen sich jedes Jahr um 250 TEUR.
Die Marktzinsen steigen jedes Jahr um einen Prozentpunkt.

a) Erstellen Sie die Bilanzen sowie die Gewinn- und Verlustrechnungen der Volksbank Kiel für die Jahre 1 bis 4.

b) Wären ein Verkauf der Wertpapiere am Ende des ersten Jahres (bevor im zweiten Jahr ein Abschreibungsbedarf entsteht) und eine langfristige Anlage zu 6% sinnvoll?
Wie würde sich das Ergebnis der Jahre 2 bis 4 verändern?

(3) Wie kann die Elbebank, die einen aktivischen Festzinsüberschuss hat, das Zinsänderungsrisiko absichern durch

a) ein Zinsswap-Geschäft

b) ein Geschäft mit Euro-Bund-Futures?

6.5 Risikolimitierung

Beispiel 1

Bestimmung des Globallimits

Aufgrund der Jahresabschlussdaten der vergangenen Jahre und der voraussichtlichen künftigen Veränderung dieser Daten errechnet der Controller der Bodensee-Sparkasse für das kommende Jahr ein Betriebsergebnis vor Steuern – ohne Nettoergebnis aus Finanzgeschäften – von 80 Mio. EUR. Die gewinnabhängigen Steuern betragen etwa 50% des Betriebsergebnisses. Der Vorstand möchte einen Jahresüberschuss von 21 Mio. EUR zur Erweiterung der Eigenkapitalbasis für das Wachstum des Geschäftsvolumens im nächsten Jahr ausweisen.

Wie hoch ist die Risikotragfähigkeit (Basis für Globallimit)?

	Mio. EUR
① Betriebsergebnis vor Steuern – ohne Nettoergebnis aus Finanzgeschäften	80
– gewinnabhängige Steuern (50% des Betriebsergebnisses)	40
Jahresüberschuss nach Steuern (errechnet)	40
– gewollter Jahresüberschuss (Mindestausweis)	21
② Risikotragfähigkeit nach Steuern	19
③ **Risikotragfähigkeit vor Steuern**	**38**

① Da ein negatives Nettoergebnis aus Finanzgeschäften sowie das Bewertungsergebnis aus Wertpapiergeschäften durch das Globallimit begrenzt werden soll, muss es aus dem Betriebsergebnis herausgerechnet werden.

② Der gewollte Jahresüberschuss soll auch dann zur Verfügung stehen, wenn Marktpreisrisiken und die Verengung der Zinsspanne das Globallimit ausschöpfen.

③ Da Verluste steuermindernd wirken, sind die im Falle eines Verlustes ersparten Steuern dem Globallimit hinzuzurechnen.

Beispiel 2

Verteilung des Globallimits auf die Risikopositionen

Gestützt auf die Berechnungen des Controllers (siehe Beispiel 1) und nach Hinzurechnung von Bewertungsreserven gemäß § 340f HGB hat sich der Vorstand der Bodensee-Sparkasse dafür entschieden, das Globallimit

- mit 45 Mio. EUR festzusetzen und
- wie folgt auf die Risikopositionen zu verteilen:

Risikopositionen	Limite		
	Einzellimite	Gesamtlimite	Globallimit
Verengung der Zinsspanne (Zinsänderungsrisiko)	Kein separates Limit	Kein separates Limit	45
Marktpreisrisiken			
Wertpapier-Anlagebestand/ Liquiditätsreserve			
Wertpapier-Eigenhandelsbestand	2	5	
Derivatehandel	1		
Devisenhandel	2		

6.5 Risikolimitierung

Zu **Jahresbeginn** schätzt die Bodensee-Sparkasse die mögliche Veränderung des Zinsniveaus auf

Mio. EUR

a) **1,5 Prozentpunkte nach unten** mit der Wirkung einer **Erhöhung der Zinsspanne** um 30,0 Mio. EUR oder

b) **1,0 Prozentpunkte nach oben** mit der Wirkung
   - einer **Verminderung der Zinsspanne** um   20,0
   - eines **Abschreibungsbedarfs** für die festverzinslichen Wertpapiere des Anlagebestands und der Liquiditätsreserve von   10,0
   - einer **Wertminderung der Wertpapiere des Handelsbestandes** um   1,0

   Das Limit von 45 Mio. EUR ist also ausgelastet mit   31,0

Ende Juni ist aufgrund einer Zinsänderung eine Verengung der Zinsspanne eingetreten und mit einer weiteren Zinsniveauerhöhung um 0,5% zu rechnen.

Daraus ergeben sich folgende Wirkungen: Mio. EUR

- eingetretene Verengung der Zinsspanne   10.0
- geschätzte weitere Verminderung der Zinsspanne   11,0
- geschätztes Abschreibungsrisiko für die festverzinslichen Wertpapiere des Anlagebestandes und der Liquiditätsreserve von   5,0
- einer Wertminderung dieser Wertpapiere von   4,9
- geschätztes Abschreibungsrisiko für die Wertpapiere des Handelsbestands   0,8
- einer Wertminderung dieser Wertpapiere um   0,5
- realisierte Verluste bei diesen Wertpapieren   0,7

Außerdem hat die Bodensee-Sparkasse im Handelsbereich einen nicht realisierten Buchgewinn von 2 Mio. EUR und einen realisierten Gewinn von 1 Mio. EUR erzielt.

Somit ist das Globallimit zur Jahresmitte wie folgt ausgeschöpft:

Risiko-positionen	Verlust-potential	Zins-span-nen-veränd.[1]	Verluste		Gewinne		Limit-auslas-tung	Limit
			realisiert	nicht realisiert	realisiert	nicht realisiert		
	Mio. EUR	Mio. EUR	Mio. EUR	Mio. EUR	Mio. EUR	Mio. EUR	Mio. EUR	Mio. EUR
Zinsänderungsrisiko mit Auswirkung auf die Zinsspanne	11	10					21	
Abschreibungsrisiko (Liquiditätsreserve und Anlagebestand)	5		–	4,9	–	–	9,9	
Eigenhandelsgeschäfte	0,8		0,7	0,5	1	(2)	1	5
Marktpreisrisiken insgesamt	16,8	10	0,7	5,4	1	(2)	31,9	45

[1] eingetretene Veränderung der Zinsspanne

> Das **Zinsspannenrisiko** liegt darin, dass eine Bank, die durch Fristentransformation Gewinne erzielen will, beim Ersatz der zunächst zu niedrigem Zinssatz beschafften kurzfristigen Mittel die langfristig ausgeliehen wurden, nach einer Zinsänderung einen höheren Zins zahlen muss. Dadurch verengt sich die reale Zinsspanne gegenüber der kalkulierten.
>
> Umgekehrt ergibt sich bei einer Senkung des Zinssatzes für kurzfristige Mittel eine **Zinsspannenchance** durch die Fristentransformation.

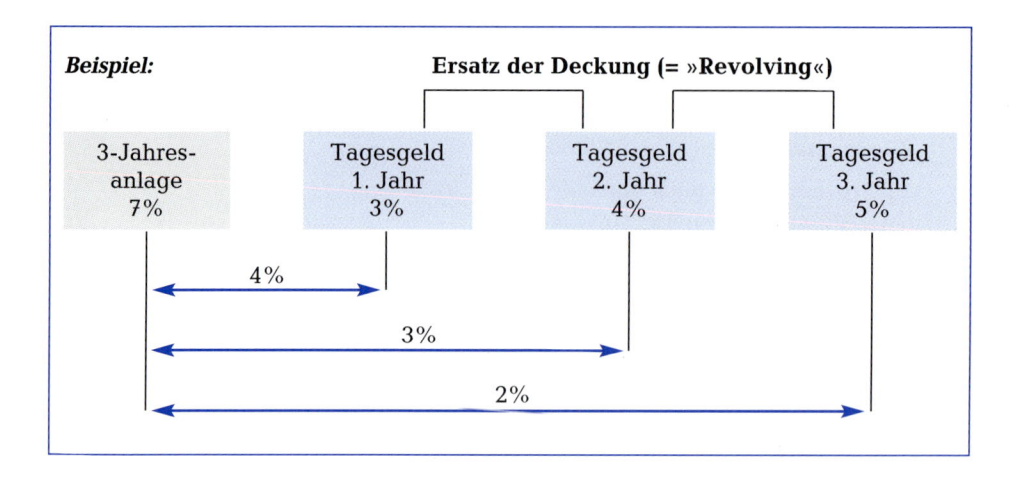

```
Beispiel:                    Ersatz der Deckung (= »Revolving«)

  ┌─────────┐    ┌─────────┐    ┌─────────┐    ┌─────────┐
  │3-Jahres-│    │Tagesgeld│    │Tagesgeld│    │Tagesgeld│
  │ anlage  │    │ 1. Jahr │    │ 2. Jahr │    │ 3. Jahr │
  │   7%    │    │   3%    │    │   4%    │    │   5%    │
  └─────────┘    └─────────┘    └─────────┘    └─────────┘
         ←────4%────→
         ←────────3%─────────→
         ←──────────────2%──────────────→
```

Das **Kursrisiko** liegt darin, dass durch eine Zinserhöhung der Kurs von Handelswerten im Bestand sinkt. Die **Kurschance** liegt darin, dass durch eine Zinssenkung der Kurs von Handelswerten im Bestand steigt.

Verlautbarung über Mindestanforderungen an das Betreiben von Handelsgeschäften der Kreditinstitute (MaH)

Die BAFin schreibt in ihrer »**Verlautbarung über Mindestanforderungen an das Betreiben von Handelsgeschäften der Kreditinstitute (MaH)**« vor, dass zur Begrenzung der mit den Handelsgeschäften verbundenen Risiken ein System

- zur Messung und Überwachung der Risikopositionen,
- zur Analyse des mit ihnen verbundenen Verlustpotentials und
- zu deren Steuerung einzurichten ist.

Handelsgeschäfte

Nach der Definition der BAFin gelten als **Handelsgeschäfte** alle Kontrakte, die ein

▸ Geldmarktgeschäft

▸ Wertpapiergeschäft

▸ Devisengeschäft

▸ Edelmetallgeschäft

▸ Geschäft in Derivaten

zur Grundlage haben und die in eigenem Namen und für eigene oder fremde Rechnung (also für Kunden) abgeschlossen werden.

Trennung der Bereiche

Oberster Grundsatz für den Arbeitsablauf im Bereich der Handelstätigkeit ist die klare funktionale (personelle) **Trennung** der verschiedenen Bereiche, wobei der Handel von den anderen Bereichen auch organisatorisch zu trennen ist:

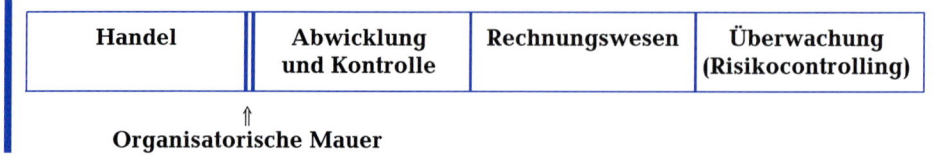

Handel	Abwicklung und Kontrolle	Rechnungswesen	Überwachung (Risikocontrolling)

⇑
Organisatorische Mauer

Die **funktionale** und **organisatorische** Trennung des **Handels** von den anderen Bereichen ist bis einschließlich der Ebene der **Geschäftsleitung** zu gewährleisten.

Ohne Übernahme von Fristentransformations- und Handelsrisiken kann eine Bank im Wertbereich nicht rentabel wirtschaften. Andererseits kann eine Bank für die Rentabilität keine unbegrenzten Risiken übernehmen. Die Grenze setzt das Globallimit.

6.5 Risikolimitierung

> **Globallimit**
>
> Das **Globallimit** ist die **Verlustobergrenze** für das Fristentransformationsrisiko und die Marktpreisrisiken.
> Überschreiten der Risikotragfähigkeit gefährdet die Existenz der Bank.

Das Globallimit wird durch die Geschäftsleitung festgesetzt.

Für die **Bestimmung des Globallimits** sind maßgebend:

- die Berechnungen des Controllers über die wahrscheinliche Entwicklung des Jahresüberschusses,

- die Reservierung eines Teils des Jahresüberschusses für die Unterlegung des prognostizierten Wachstums des Geschäftsvolumens mit Eigenmitteln,

- die Risikobereitschaft der Geschäftsleitung, die
  - in Risikozuschlägen zum errechneten Globallimit oder
  - in Risikoabschlägen vom errechneten Globallimit
  zum Ausdruck kommt und

- die Risikotragfähigkeit (vorhandene Reserven) als absolute Obergrenze.

Die **Verteilung des Globallimits durch die Geschäftsleitung** aufgrund von Vorschlägen des Controllers richtet sich vor allem

Verteilung des Globallimits auf die Risikopositionen

- nach dem Grundsatz »**Risikominderung durch Risikostreuung**« und

- nach den **Deckungsbeiträgen,** die sich durch die Übernahme von Risiken voraussichtlich erzielen lassen.

Eine Bank wird allerdings gegebenenfalls ein Kreditgeschäft mit einem Kunden auch dann abschließen, wenn es einem im Verhältnis zum Risiko zu niedrigen Deckungsbeitrag liefert, aber die Verhandlungsposition für den Abschluss eines lukrativen Investmentgeschäftes verbessert (»cross selling«).

Aufgabe des Controllers ist es, die Ausschöpfung der Risiko-Teillimite zu **überwachen.** Droht eine Limitüberschreitung, wird aufgrund seiner Meldung die Geschäftsleitung oder eine andere zuständige Stelle (Händler) **Maßnahmen zur Gegensteuerung** einleiten.

Je nach Größe der Bank wird das Globallimit über die Risikopositionen (»Fristentransformation« und »Marktpreisrisiken«) hinaus **weiter** auf einzelne Geschäftsarten oder Händler **heruntergebrochen,** beispielsweise bis zum Handel mit Auslandsanleihen oder noch weiter bis zum Handel mit südamerikanischen Staatsanleihen oder schließlich bis zum Handel mit Anleihen der Bundesrepublik Brasilien. Bei einer so weit gehenden Aufteilung lässt sich ein elektronisches System zur Überwachung der Limiteinhaltung installieren, das Händler und Controller alarmiert, wenn eine Überschreitung droht.

Messgröße dabei ist der »**Value-at-Risk (VaR)**«.

> **VaR**
>
> Der VaR drückt aus, welches Risiko innerhalb einer bestimmten Haltedauer mit einer bestimmten Wahrscheinlichkeit nicht überschritten wird.

Beispiel

Ein VaR von 10 Mio. EUR bei einer Haltedauer von 20 Tagen bei 95% Wahrscheinlichkeit bedeutet, dass ein möglicher Verlust in diesem Zeitraum in 95 % aller Fälle 10 Mio. EUR nicht überschreitet.

Zusammenfassung

Das Globallimit ist die Obergrenze, die Verlustpotentiale aus Marktpreisrisiken und Fristentransformation zur Existenzsicherung der Bank nicht überschreiten dürfen.

Berechnung des Globallimits

	① vom Crontroller errechneter Jahresüberschuss nach Steuern
−	② Mindestausweis zur Erhöhung des Eigenkapitals zur Unterlegung des Wachstums des Geschäftsvolumens
	③ Manövriermasse nach Steuern
+	④ Steuerersparnis bei Einsatz von ③
	⑤ Manovriermasse vor Steuern = Basis für Verlustobergrenze
−	⑥ Sicherheitsabschlag oder
+	⑦ Teilbetrag der stillen Reserven/Bewertungsreserven
	⑧ Verlustobergrenze (Globallimit)

Risikotragfähigkeit (Globallimit) < Risikopotential

Wenn das Risikopotential die Risikotragfähigkeit zu überschreiten droht, muss der Controller die Geschäftsleitung bei der Einleitung von Maßnahmen zur Gegensteuerung unterstützen.

Verteilung des Globallimits auf die Risikopositionen

Marktpreisrisiken
- Geldmarktpapieren
- Wertpapieren
- Devisen
- Edelmetallen

Fristentransformation von kurzfristig beschafften Mitteln in langfristige Investments

Fortlaufende Kontrolle der Ausschöpfung der Risiko-Teillimite durch das Controlling

Aufgaben zu Kapitel 6.5

① Die Controlling-Abteilung der Stadtsparkasse Bonn prognostiziert für die folgenden 5 Geschäftsjahre folgende Zahlen der Gewinn- und Verlustrechnung:

in Mio. EUR	1	2	3	4	5
Zinserträge	95	97	93	97	103
Zinsaufwendungen	67	67	62	64	69
Provisionsüberschuss (netto) und sonstiger ordentlicher Ertrag	5	6	4	5	5
ordentlicher Aufwand	19	20	22	24	23
Bewertungsergebnis	2	3	2	2	2

Der Vorstand möchte in jedem Jahr mindestens einen Jahresüberschuss in Höhe von 4 Mio. EUR ausweisen. Der Steuersatz der Sparkasse beträgt 60%.

6.5 Risikolimitierung

Im Anlagevermögen der Stadtsparkasse befinden sich Wertpapiere im Gesamtwert von 140 Mio. EUR. Die Wertpapiere wurden für insgesamt 110 Mio. EUR erworben. Der Buchwert beträgt 100 Mio. EUR.

Notfalls wäre der Vorstand bereit, eine Zuschreibung in Höhe der Hälfte des höchstmöglichen Wertes vorzunehmen.

a) Wie hoch ist die Verlustobergrenze der Stadtsparkasse Bonn, wenn sie über die nächsten Jahre möglichst konstant gehalten werden soll?

b) Kurz nachdem die Verlustobergrenze nach a) errechnet wurde, wird bekannt, dass ein größerer Kreditkunde, welcher bisher als bonitätsmäßig gut eingestuft wurde, Konkursantrag gestellt hat. Die ungesicherten Forderungen betragen 5 Mio. EUR.

Wie wirkt sich diese Information auf die Berechnung der Verlustobergrenze aus?

(2) Im Depot-A der Heidelberger Bank befinden sich 10.000 Stück Aktien der Windkraft AG.

Die Heidelberger Bank hat diese Aktien Anfang des Jahres zum Kurs von 50 EUR/Stück gekauft.

Zwischenzeitlich sind die Aktien auf 60 EUR gestiegen.

Die Controlling-Abteilung der Heidelberger Bank rechnet für Windkraft-Aktien mit einer Risiko-Kennzahl von 10%, d.h. es wird davon ausgegangen, dass die Aktien innerhalb einer gewissen Haltedauer mit einer bestimmten Wahrscheinlichkeit maximal 10% an Wert verlieren können.

Zur Begrenzung der Marktpreisrisiken hat die Heidelberger Bank für ihr gesamtes Depot-A ein Risiko-Limit vorgegeben. Risiken über dieses Limit hinaus möchte sie nicht eingehen.

a) Wie viel EUR betragen die stillen Reserven bei den Windkkraft-Aktien?

b) Wie groß ist das momentane Risiko aus dem Bestand an Windkraft-Aktien?

c) Angenommen, die Heidelberger Bank rechnet die stillen Reserven entlastend auf das Risiko an.

Wie groß ist das verbleibende Risiko?

d) Einige Zeit später ist der Kurs auf 52 EUR gefallen.

Wie groß ist nun das Risiko vor und nach Berücksichtigung der stillen Reserven (bei unveränderter Risiko-Kennzahl)?

e) Infolge eines Crashs am Aktienmarkt bricht auch der Kurs der Windkraft-Aktien auf 30 EUR ein. Wegen der starken Kursschwankungen der letzten Monate hat sich auch die Risiko-Kennzahl auf 20% erhöht.

Mit welchem Betrag wird der Bestand an Windkraft-Aktien nun auf das Risiko-Limit angerechnet?

f) Durch den Crash wurde das Risiko-Limit der Heidelberger Bank erreicht. Wegen der momentan schwachen Ertragslage kann der Vorstand der Heidelberger Bank das Limit nicht weiter erhöhen. Der Depot-A-Manager rechnet allerdings mit einer baldigen Erholung der Aktienmärke, von der die Windkraft AG seiner Meinung nach überproportional profitieren würde. Was ist zu tun?

6.6 Analyse und Management von Liquiditätsrisiken

Beispiel 1

Die Volksbank Leipzig eG hat über mehrere Jahre hinweg beobachtet, dass der Bestand an Sichteinlagen von Kunden im Zeitverlauf zwar erheblich schwankt, jedoch nie unter einen »Sockelbetrag« von 50 Mio. EUR fällt (»Bodensatz«). Da dieser Teil der Sichteinlagen demnach langfristig zur Verfügung steht, wurde er auch wieder langfristig an Kunden ausgeliehen.

Eines Tages erscheint in den Zeitungen eine Anzeige der Universalbank AG, worin diese ihr neues Geldmarktkonto mit einer Guthabenverzinsung von 3% bei kostenloser Kontoführung bewirbt. Sichteinlagen der Volksbank werden dagegen nur mit 0,5% verzinst; für ein Girokonto wird eine monatliche Pauschale von 10 EUR berechnet.

Die erheblichen Konditionsunterschiede führen dazu, dass ein Großteil der Giro-Kunden zur Universalbank wechselt. Durch die stark ansteigenden Auszahlungswünsche der Kunden, welche die Volksbank völlig unerwartet treffen, sinken die Sichteinlagen unter den angenommenen »Bodensatz« von 50 Mio. EUR. Somit fehlt der Volksbank ein Teil der für die Refinanzierung der langfristigen Darlehen eingeplanten Sichteinlagen. Da die Volksbank jedoch über eine nicht ausgenutzte Kreditlinie bei der Genossenschaftlichen Zentralbank verfügt, kann sie die Finanzierung ihrer langfristigen Ausleihungen über ein dort aufgenommenes Darlehen sicherstellen.

Beispiel 2

Nachdem die Tagesschau von einem größeren Kreditausfall der Hanseatischen Bank AG berichtet hat, dessen genaues Ausmaß noch nicht bekannt ist, fürchten die Kunden um ihre Einlagen. Die Hanseatische Bank AG kann mangels ausreichender Kassenbestände nicht alle Auszahlungswünsche ihrer Kunden erfüllen. Als sich herumspricht, dass der Bank »das Geld ausgegangen ist«, bricht eine Panik aus. Die Einlagen der Kunden sind zum größten Teil langfristig ausgeliehen, so dass kurzfristig nur ein geringer Teil liquidiert werden kann. Die Hanseatische Bank AG wird zahlungsunfähig.

Diese Beispiele zeigen, wie wichtig es für eine Bank ist, liquide – d.h. »flüssig« **(zahlungsfähig)** – zu sein und zu bleiben.

Liquidität

Liquidität ist die **Fähigkeit,** allen **Zahlungsverpflichtungen uneingeschränkt** in vollem Umfang und **fristgerecht** zum vereinbarten Termin nachkommen zu können.

Speziell für Banken gehört die Aufrechterhaltung stetiger und ausreichender Liquidität zu den wichtigsten Zielen, da sie überwiegend vom **Vertrauen** der Kunden in ihre jederzeitige und unbedingte Zahlungsfähigkeit leben. Die Vermeidung oder Begrenzung von **Liquiditätsrisiken** wird damit zu einer zentralen Aufgabe des Bankmanagements, bei deren Erfüllung das Controlling zu unterstützen hat.

Liquiditätsrisiken

Liquiditätsrisiken lassen sich in drei Kategorien unterteilen:

Refinanzierungsrisiko

▶ Das **Refinanzierungsrisiko** ist ein Problem der **Fristentransformation:** Das bedeutet, es kann dann auftreten, wenn eine Bank Gelder längerfristig ausleiht und sie dagegen nur kürzerfristig als Einlagen hereinnimmt. Wenn dann ein Kunde seine angelegten Gelder bei Fälligkeit abzieht und es der Bank nicht gelingt, neue Kundengelder zu erhalten, ist die Finanzierung der noch nicht fälligen Ausleihungen liquiditätsmäßig nicht sichergestellt.

6.6 Analyse und Management von Liquiditätsrisiken

- Ein **Terminrisiko** kann dann entstehen, wenn die Kunden **Zins- oder Tilgungsleistungen** für Kredite erst **später erbringen** als geplant und vereinbart. Da auf der Passivseite Zinszahlungen oder Kapitalrückzahlungen von der Bank ausgehen, kann das Terminrisiko **nur bei Aktivgeschäften** entstehen.

   Terminrisiko

- Demgegenüber kann das **Abrufrisiko** sowohl bei Aktiv- als auch bei Passivprodukten auftreten: Ein Risiko der Bank besteht dann, wenn Kunden ihre **Einlagen** (beispielsweise Sicht- oder 3-Monats-Spareinlagen) zu einem **unerwarteten Zeitpunkt** oder in **unerwarteter Höhe** abrufen oder **Kreditzusagen** (beispielsweise Dispositionskredite) **zeitlich oder betragsmäßig unerwartet** in Anspruch nehmen.

   Abrufrisiko

Zur Eingrenzung von Liquiditätsrisiken hat die BAFin den sogenannten **Liquiditätsgrundsatz** erlassen. Dieser Grundsatz legt fest, dass die Banken monatliche Meldungen über das Verhältnis von Zahlungsmitteln zu Zahlungsverpflichtungen in bestimmten Laufzeitbereichen abzugeben haben und schreibt eine Mindestquote für den Bereich bis zu einem Monat vor.

Liquiditätsgrundsatz

Außerdem kann eine **Steuerung des Liquiditätsrisikos** dadurch erfolgen, dass der Dispositionsspielraum der Anleger durch geeignete Maßnahmen wie beispielsweise **Vereinbarung von Kündigungs- oder Festlegungsfristen,** der der Kreditkunden durch zeitliche und betragsmäßige **Limitierung der offenen Kreditzusagen,** begrenzt wird.

Steuerung des Liquiditätsrisikos

Jedoch ist zu beachten, dass selbst bei Limitierung durch eigene oder von der BAFin vorgegebene Regelungen immer ein gewisses »Restrisiko« verbleiben wird.

Dieses ist anhand eines **Liquiditätsplanes** fortlaufend zu überwachen.

Liquiditätsplan

In diesem Liquiditätsplan werden alle zu bestimmten Zeitpunkten sicheren oder möglicherweise auftretenden **Abflüsse** oder **Zuflüsse** von Liquidität festgehalten, um für verschiedene in der Zukunft liegende Zeitpunkte die wahrscheinliche oder im schlechtestmöglichen Fall auftretende **Liquiditätsüber-** oder **-unterdeckung** ermitteln zu können.

Abhängig von diesen Werten und den getroffenen Maßnahmen zur Steuerung der Liquiditätsrisiken sind dann Liquiditätsreserven in ausreichendem Umfang vorzuhalten.

Liquiditätsreserven können beispielsweise bestehen aus

Liquiditätsreserven

- Kurzfristig verfügbaren **Guthaben** bei anderen Kreditinstituten,
- Freien **Kreditlinien** bei anderen Kreditinstituten,
- Beständen an marktgängigen und jederzeit veräußerlichen **Wertpapieren.**

Zusammenfassung

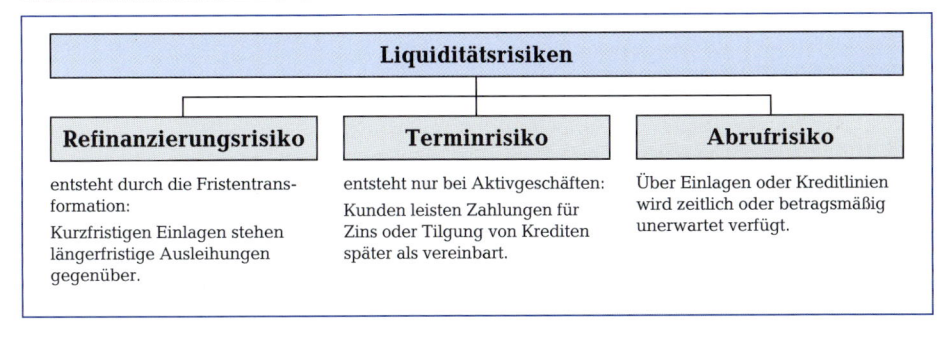

Liquiditätsrisiken		
Refinanzierungsrisiko	**Terminrisiko**	**Abrufrisiko**
entsteht durch die Fristentransformation: Kurzfristigen Einlagen stehen längerfristige Ausleihungen gegenüber.	entsteht nur bei Aktivgeschäften: Kunden leisten Zahlungen für Zins oder Tilgung von Krediten später als vereinbart.	Über Einlagen oder Kreditlinien wird zeitlich oder betragsmäßig unerwartet verfügt.

Aufgaben zu Kapitel 6.6

(1) Warum eignen sich Aktien – selbst wenn es sich um börsengängige Werte handelt – weniger als Liquiditätsreserve?

(2) Dem für die Disposition und Liquiditätsplanung zuständigen Sachbearbeiter der Kölner Bank liegen folgende Daten für den folgenden Tag vor:

a) Ein Wertpapier aus dem Anlagebestand im Nominalwert von 10 Mio. EUR wird zurückbezahlt.

b) Ein bei der Bonner Bank aufgenommenes Darlehen über 50 Mio. EUR wird fällig.

c) Eine Geldanlage bei der Leipziger Bank im Volumen von 30 Mio. EUR wird zurückgezahlt.

d) Einkommensteuervorauszahlungen werden fällig, erfahrungsgemäß in einer Größenordnung von 5 Mio. EUR. Die Kunden überweisen auf das bei der Kölner Bank geführte Konto des Finanzamtes.

e) Gehaltszahlungen eines Großunternehmens erfolgen zu Lasten des Kontos bei der Kölner Bank in Höhe von insgesamt 25 Mio. EUR. 40% der Mitarbeiter des Unternehmens führen ihr Konto bei der Kölner Bank. Erfahrungsgemäß wird über 5% der Gehaltszahlungen sofort bar verfügt.

f) Das Mindestreservesoll der Kölner Bank bei der Bundesbank liegt für den laufenden Monat bei 30 Mio. EUR.

Der aktuelle Kontostand des BBK der Kölner Bank beträgt heute, 5 Arbeitstage vor Monatsende, 34 Mio. EUR.

Welche Auswirkungen haben diese Geschäftsvorfälle auf die Liquidität der Kölner Bank?

7 Rücklagen- und Ausschüttungspolitik von Kreditinstituten

7.1 Eigenkapital und Ergebnisverwendung von Kreditinstituten

Das Eigenkapital wird dem Kreditinstitut von den Eigentümern zur Verfügung gestellt. Es entsteht durch Kapitaleinlagen und nicht ausgeschüttete Gewinne. Rechnerisch ergibt sich das Eigenkapital als Saldo zwischen den Vermögenswerten und den Schulden.

> Das **Eigenkapital** setzt sich nach dem Bilanzformblatt gemäß RechKredV zusammen aus:
> a) dem gezeichneten Kapital,
> b) der Kapitalrücklage,
> c) den Gewinnrücklagen und
> d) dem Bilanzgewinn/Bilanzverlust.

§ 266 HGB und Formblatt 1 RechKredV

7.1.1 Gezeichnetes Kapital

> Im Unterposten **Gezeichnetes Kapital** sind, ungeachtet ihrer genauen Bezeichnung im Einzelfall, alle Beträge auszuweisen, die entsprechend der Rechtsform des Kreditinstitutes als von den Gesellschaftern oder anderen Eigentümern **gezeichnete Eigenkapitalbeträge** gelten.

Gezeichnetes Kapital

Hierzu gehören auch die **Einlagen stiller Gesellschafter,** das **Dotationskapital** bei öffentlich-rechtlichen Kreditinstituten (von Kommunen, Ländern und dem Bund zur Verfügung gestellt) sowie die **Geschäftsguthaben** der Mitglieder von Genossenschaftsbanken.

§ 25 (1) RechKredV

Das Gezeichnete Kapital umfasst den Teil des Eigenkapitals, auf den die Haftung der Gesellschafter für die Verbindlichkeiten der Kapitalgesellschaft gegenüber den Gläubigern beschränkt ist oder den ein unbeschränkt persönlich haftender Gesellschafter in das Unternehmen eingebracht hat.

§ 272 (1) HGB

> **Eine Aktiengesellschaft darf eigene Aktien erwerben.**
> Motive dafür können sein:
> – Schutz vor feindlicher Übernahme,
> – Schaffung einer »Akquisitionswährung« für Fusionen,
> – Bildung eines Pools für die Bedienung von Aktienoptionen zugunsten leitender Angestellter

§ 71 AktG

Dieser Erwerb ist nur zulässig, wenn die Gesellschaft zum Zeitpunkt des Erwerbs eine Rücklage in Höhe der Aufwendungen für den Erwerb bilden könnte, ohne das Grundkapital oder eine nach Gesetz oder Satzung zu bildende Rücklage zu mindern.

§ 272 (1a, 1b) HGB

Der Nennbetrag oder rechnerische Wert von erworbenen eigenen Anteilen ist offen vom Posten »Gezeichnetes Kapital« abzusetzen. Der Unterschiedsbetrag zwischen dem Nennbetrag und den Anschaffungskosten der eigenen Anteile ist mit frei verfügbaren Rücklagen zu verrechnen; die Anschaffungsnebenkosten sind Aufwand des Geschäftsjahres.

Nach der Veräußerung der eigenen Anteile entfällt dieser Ausweis. Veräußerungserlöse sind wieder mit Rücklagen zu verrechnen bzw. in die Kapitalrücklage einzustellen; Nebenkosten sind Aufwand des Geschäftsjahres.

7.1.2 Kapitalrücklage

> Die **Kapitalrücklage** entsteht durch von **außen** zugeführte Eigenmittel der Aktionäre oder Gesellschafter, wenn die Einzahlungen über den Betrag des gezeichneten Kapitals hinausgehen.

Kapitalrücklage

Außen-finanzierung	Diese Eigenkapitalerhöhung durch **Außenfinanzierung** tritt ein durch Einstellung des Betrages, der bei der Ausgabe von Anteilen über den Nennbetrag hinaus erzielt wird (= »Agio«). Bei nennwertlosen Stückaktien wird ein rechnerischer Nennwert zur Ermittlung des Agios angesetzt, der durch Division des gezeichneten Kapitals durch die Anzahl der umlaufenden Aktien ermittelt wird.
§ 272 (2) HGB	

7.1.3 Gewinnrücklagen

Gewinnrück-lagen Innen-finanzierung

Die **Gewinnrücklagen** entstehen aus Beträgen, die im laufenden Geschäftsjahr oder in früheren Geschäftsjahren aus dem Ergebnis gebildet worden sind.

Da diese Beträge aus einbehaltenen Gewinnen des Unternehmens selbst stammen, sind sie eine Form der **Innenfinanzierung**

§ 272 (3) HGB

§ 266 (3) HGB

Die Gewinnrücklagen setzen sich zusammen aus:
1. der gesetzlichen Rücklage,
2. den Rücklagen für Anteile an einem herrschenden oder mehrheitlich beteiligtem Unternehmen,
3. den satzungsmäßigen Rücklagen und
4. anderen Gewinnrücklagen.

§ 25 (2) RechKredV

Im Unterposten »Gewinnrücklagen« sind auch die **Sicherheitsrücklage der Sparkassen** sowie die **Ergebnisrücklagen der Kreditgenossenschaften** auszuweisen. Die genaue Bezeichnung im Einzelfall kann zusätzlich zu der Postenbezeichnung »Gewinnrücklagen« in das Bilanzformblatt eingetragen werden.

7.1.3.1 Gesetzliche Rücklage

§ 150 (1/2) AktG

Das Aktiengesetz schreibt für Aktiengesellschaften die Bildung einer gesetzlichen Rücklage zwingend vor. **5%** des um einen Verlustvortrag aus dem Vorjahr geminderten **Jahresüberschusses,** das heißt des Überschusses der Erträge über die Aufwendungen, sind in die gesetzliche Rücklage einzustellen. Das hat so lange zu erfolgen, bis die **Summe aus gesetzlicher Rücklage und Kapitalrücklage 10% des Grundkapitals** erreicht. Sollte die Satzung des Unternehmens einen höheren Betrag vorsehen, so ist dieser zu erreichen.

Beispiel

Berechnung der Zuführungen zur gesetzlichen Rücklage
Jahresabschluss der Industriebank AG

Grundkapital	40.000.000,00 EUR
Kapitalrücklage	2.500.000,00 EUR
Gesetzliche Rücklage	1.000.000,00 EUR
Andere Gewinnrücklagen	15.000.000,00 EUR
Gewinnvortrag aus dem Vorjahr	300.000,00 EUR
Summe der Aufwendungen und der Steuern vom Einkommen und vom Ertrag	83.000.000,00 EUR
Summe der Erträge	90.000.000,00 EUR

Ermittlung der gesetzlichen Rücklage

Grundkapital	40.000.000,00 EUR
davon 10% = Vorgeschriebene Summe von gesetzlicher Rücklage und Kapitalrücklage	4.000.000,00 EUR
– Kapitalrücklage	2.500.000,00 EUR
= Vorgeschriebene Höhe der gesetzlichen Rücklage	1.500.000,00 EUR
– Bestand der gesetzlichen Rücklage	1.000.000,00 EUR
= Noch erforderliche Zuweisung zur gesetzlichen Rücklage	500.000,00 EUR

7.1 Eigenkapital und Ergebnisverwendung von Kreditinstituten

Ermittlung des Jahresüberschusses und der Zuweisung zur gesetzlichen Rücklage

Summe der Erträge	90.000.000,00 EUR
− Summe der Aufwendungen und der Steuern vom Einkommen und vom Ertrag	83.000.000,00 EUR
= Jahresüberschuss	7.000.000,00 EUR
davon 5 %	350.000,00 EUR
Zuweisung zur gesetzlichen Rücklage	**350.000,00 EUR**
Bilanzierung der gesetzlichen Rücklage mit	**1.350.000,00 EUR**

Der in die gesetzliche Rücklage einzustellende Betrag mindert den zur Ausschüttung an die Gesellschafter zur Verfügung stehenden Bilanzgewinn. In der Praxis ist die Bestimmung des § 150 AktG in der Regel bereits erfüllt, da durch den Ausgabeaufschlag bei Emission von Aktien die Kapitalrücklage bereits 10% des Gezeichneten Kapitals erreicht hat.

Ein eventueller Gewinnvortrag geht nicht in die Bemessungsgrundlage ein, da er bereits in einem vergangenen Geschäftsjahr Bestandteil der Bemessungsgrundlage war und damit der Rücklagenbildung diente.

> Die Möglichkeiten zur **Verwendung von gesetzlicher Rücklage und Kapitalrücklage** sind vom Aktiengesetz vorgeschrieben und liegen damit nicht im Ermessen der Gesellschaft.

Verwendung von gesetzlicher Rücklage und Kapitalrücklage

Haben beide Rücklagen zusammen noch nicht die in Gesetz oder Satzung vorgeschriebene Höhe erreicht, dürfen sie nur verwandt werden

1. zum **Ausgleich eines Jahresfehlbetrages,** soweit er nicht durch einen Gewinnvortrag aus dem Vorjahr **und** Auflösung anderer Gewinnrücklagen ausgeglichen werden kann;
2. zum **Ausgleich eines Verlustvortrages** aus dem Vorjahr, soweit er nicht durch einen Jahresüberschuss **und** Auflösung anderer Gewinnrücklagen ausgeglichen werden kann.

Übersteigen gesetzliche Rücklage und Kapitalrücklage zusammen die vorgeschriebene Höhe, darf der übersteigende Betrag außerdem verwandt werden

§ 150 (3/4) AktG

3. zur **Kapitalerhöhung aus Gesellschaftsmitteln.**

7.1.3.2 Rücklage für Anteile an einem herrschenden oder mehrheitlich beteiligten Unternehmen

Für Anteile an einem herrschenden oder mit Mehrheit beteiligten Unternehmen ist eine Rücklage zu bilden. In die Rücklage ist ein Betrag einzustellen, der dem auf der Aktivseite der Bilanz für die Anteile an dem herrschenden oder mit Mehrheit beteiligten Unternehmen angesetzten Betrag entspricht. Die Rücklage darf aus vorhandenen frei verfügbaren Rücklagen gebildet werden. Die Rücklage ist aufzulösen, soweit die Anteile an dem herrschenden oder mit Mehrheit beteiligten Unternehmen veräußert, ausgegeben oder eingezogen werden oder auf der Aktivseite ein niedrigerer Betrag angesetzt wird.

§ 272 (4) HGB

7.1.3.3 Satzungsmäßige Rücklagen

Die Bildung einer **satzungsmäßigen Rücklage** wird von der Gesellschaft durch Gesellschaftsvertrag oder Satzung **selbst bestimmt.** Die Rücklage kann zweckgebunden oder zweckfrei gebildet werden.

Satzungsmäßige Rücklage

Sind Teile des Jahresüberschusses in die satzungsmäßige Rücklage einzustellen, ist dies bereits bei der Aufstellung der Bilanz zu berücksichtigen.

§ 270 (2) HGB

§ 152 (3) AktG — Die Art und Weise der Auflösung der satzungsmäßigen Rücklage ist ebenfalls in der Satzung festgelegt. Beträge, die in die Rücklage eingestellt oder aus dieser entnommen werden, sind in der Bilanz oder im Anhang jeweils gesondert anzugeben.

7.1.3.4 Andere Gewinnrücklagen

> Die **anderen Gewinnrücklagen** sind Rücklagen, die weder gesetzlich vorgeschrieben noch aufgrund der Satzung zu bilden sind. Sie können nach freiem Ermessen aus dem Jahresüberschuss gebildet werden, ohne dass eine Zweckbindung erforderlich ist.

§ 58 (2) AktG — Stellen **Vorstand und Aufsichtsrat** den Jahresabschluss fest, so können sie bis zur Hälfte des um den Verlustvortrag und um die Einstellungen in die gesetzliche Rücklage verminderten Jahresüberschusses in die anderen Gewinnrücklagen einstellen. Durch Festlegung in der Satzung ist es jedoch auch möglich, dass mehr als die Hälfte des Jahresüberschusses den anderen Gewinnrücklagen zugewiesen wird, sofern sie die Hälfte des Grundkapitals nicht übersteigen.

§ 58 (3) AktG — Durch diese Vorschriften ist es Vorstand und Aufsichtsrat möglich, Einstellungen in die Rücklage vorzunehmen, ohne dass die Zustimmung der Hauptversammlung zur Gewinnverwendung notwendig ist. Es erfolgt eine Gewinnthesaurierung, die den zur Gewinnausschüttung an die Aktionäre verbleibenden Bilanzgewinn vermindert. Dies dient der Selbstfinanzierung des Unternehmens. Es erfolgt ein Interessenausgleich zwischen den Aktionären, die eine möglichst hohe Dividende wünschen, und der Verwaltung, die die Substanzerhöhung des Unternehmens durch Gewinnthesaurierung sichern will. Die **Hauptversammlung** kann im Beschluss über die Verwendung des Bilanzgewinns weitere Beträge in die Gewinnrücklagen einstellen. Die Auflösung der anderen Gewinnrücklagen liegt im eigenen Ermessen der Gesellschaft.

7.1.4 Bilanzgewinn/Bilanzverlust

Gewinnvortrag / Verlustvortrag — Sind im Vorjahr Teile des Bilanzgewinns nicht den Rücklagen zugeführt oder anderweitig, z.B. zur Ausschüttung an die Aktionäre, verwendet worden, so werden sie im Posten **Gewinnvortrag** ausgewiesen. Nicht abgedeckte Verluste des Vorjahres finden sich im Posten **Verlustvortrag.** Gewinn- oder Verlustvortrag erhöhen oder vermindern das Eigenkapital der Gesellschaft.

Jahresüberschuss / Jahresfehlbetrag

> Der **Jahresüberschuss/Jahresfehlbetrag** entspricht dem Ergebnis der Gewinn- und Verlustrechnung.

Er wird in der Bilanz nur dann ausgewiesen, wenn noch kein endgültiger Beschluss über die volle oder teilweise Gewinnverwendung vorliegt. Wird die Bilanz aufgestellt, ohne dass ein Beschluss über die Gewinnverwendung vorliegt, sind der Jahresüberschuss/Jahresfehlbetrag und ein eventueller Gewinn- oder Verlustvortrag auszuweisen.

§ 268(1) HGB Bilanzgewinn Bilanzverlust

> Wird die Bilanz unter Berücksichtigung der teilweisen Verwendung des Jahresergebnisses aufgestellt, so tritt an die Stelle der Posten Jahresüberschuss/Jahresfehlbetrag und Gewinnvortrag/Verlustvortrag der Posten **Bilanzgewinn/Bilanzverlust.**

Ein vorhandener Gewinn- oder Verlustvortrag ist in den Posten Bilanzgewinn/Bilanzverlust einzubeziehen und in der Bilanz oder im Anhang gesondert anzugeben.

Ableitung des Bilanzgewinns aus dem Jahresüberschuss

```
      Jahresüberschuss/Jahresfehlbetrag
 +/−  Gewinnvortrag/Verlustvortrag aus dem Vorjahr
  +   Entnahmen aus der Kapitalrücklage
  +   Entnahmen aus Gewinnrücklagen
  −   Einstellungen in Gewinnrücklagen
  +   Entnahme aus Genussrechtskapital
  −   Wiederauffüllung von Genussrechtskapital
  =   Bilanzgewinn/Bilanzverlust
```

Stellt das Unternehmen die Bilanz nach vollständiger Gewinnverwendung auf, erscheinen die Posten Jahresüberschuss/Jahresfehlbetrag bzw. Bilanzgewinn/Bilanzverlust nicht mehr. Die entsprechenden Beträge sind als Gewinnverwendung anderen Bilanzpositionen zugeordnet, z.B. der gesetzlichen Rücklage oder der satzungsmäßigen Rücklage. Die an die Aktionäre auszuschüttende Dividende stellt bis zur Auszahlung Fremdkapital dar und wird als Verbindlichkeit ausgewiesen.

Zu beachten ist, dass der ausgewiesene Jahresüberschuss/-fehlbetrag den bereits um die Ergebnissteuern geminderten Saldo aus Aufwendungen und Erträgen zeigt.

Beispiel (Fortsetzung)

Ermittlung des Bilanzgewinns

Die Industriebank AG (siehe Beispiel zu 7.1.3.1) **ermittelt folgenden Bilanzgewinn:**

Summe der Erträge	90.000.000,00 EUR
− Summe der Aufwendungen und der Steuern vom Einkommen und vom Ertrag	83.000.000,00 EUR
= Jahresüberschuss	7.000.000,00 EUR
− Zuweisung zur gesetzlichen Rücklage § 150, (2) AktG 5% auf 7.000.000,00 EUR	350.000,00 EUR
− Zuweisung zu anderen Gewinnrücklagen § 58, (2) AktG 50% des verbleibenden Jahresüberschusses	3.325.000,00 EUR
	3.325.000,00 EUR
+ Gewinnvortrag aus dem Vorjahr	300.000,00 EUR
= ausschüttbarer Bilanzgewinn	3.625.000,00 EUR

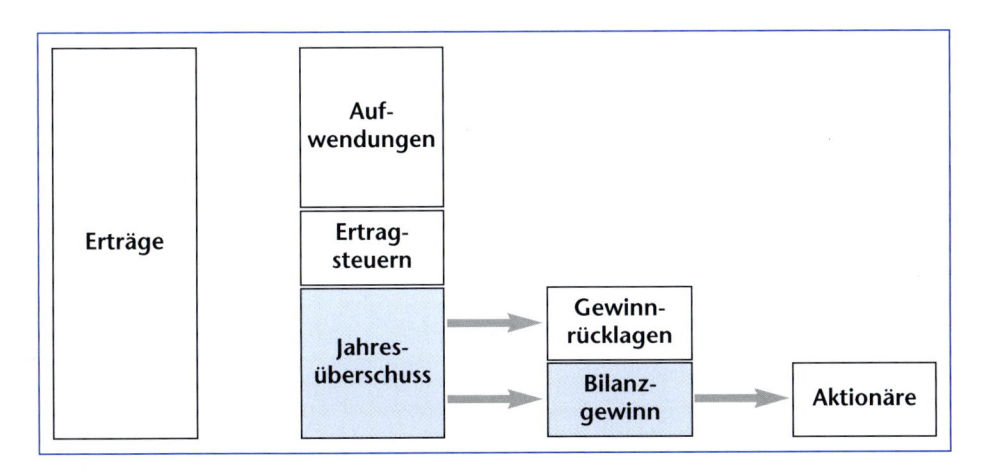

7.1.5 Besonderheiten von Eigenkapital und Gewinnverwendung bei Sparkassen und Genossenschaftsbanken

Sparkassen haben kein Grundkapital oder Stammkapital, sondern weisen **Rücklagen** aus. Diese stellen das haftende Eigenkapital der Sparkassen dar. Die Rücklagen unterteilen sich in **Sicherheitsrücklage** und **andere Rücklagen.** Sie sind aus dem Jahresüberschuss zu bilden.

Die genaue Verteilung des Jahresüberschusses ist in den Sparkassengesetzen der einzelnen Bundesländer unterschiedlich geregelt.

Kreditgenossenschaften

Bei **Kreditgenossenschaften** setzt sich das Eigenkapital aus den **Geschäftsguthaben** und den **Ergebnisrücklagen** zusammen. Das Geschäftsguthaben besteht aus den eingezahlten Geschäftsanteilen der Mitglieder. In der Kapitalrücklage werden alle Beträge erfasst, die nicht aus erwirtschafteten Gewinnen gebildet worden sind. Die Ergebnisrücklagen setzen sich aus der gesetzlichen Rücklage sowie anderen Ergebnisrücklagen zusammen.

In der Satzung einer Genossenschaft wird festgelegt, in welcher Höhe die **gesetzliche Rücklage** zu dotieren ist und welche Anteile des Jahresüberschusses einzustellen sind, um die geforderte Höhe zu erreichen. Weitere Teile des Jahresüberschusses werden den **anderen Ergebnisrücklagen** zugeführt.

Über die Gewinnverteilung entscheidet die General- oder Vertreterversammlung. Die Ausschüttung von Gewinnen an die Mitglieder erfolgt im Verhältnis ihrer Geschäftsguthaben.

Zusammenfassung

vgl. auch § 10 (2) KWG

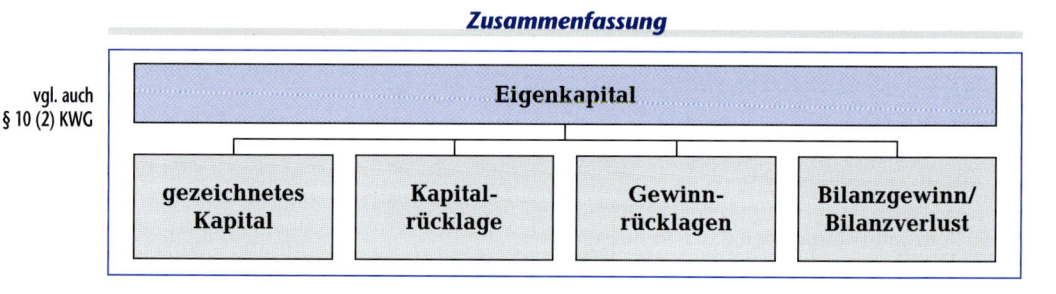

Eigenkapital
- gezeichnetes Kapital
- Kapitalrücklage
- Gewinnrücklagen
- Bilanzgewinn/Bilanzverlust

Das **Gezeichnete Kapital** stammt als Einlage von den Eigentümern.

Die **Kapitalrücklage** entsteht, wenn Einzahlungen der Eigentümer über das Gezeichnete Kapital hinaus erfolgen (Agio).

Die **Gewinnrücklagen** stammen aus einbehaltenen Gewinnen des Unternehmens. Sie setzen sich wie folgt zusammen:

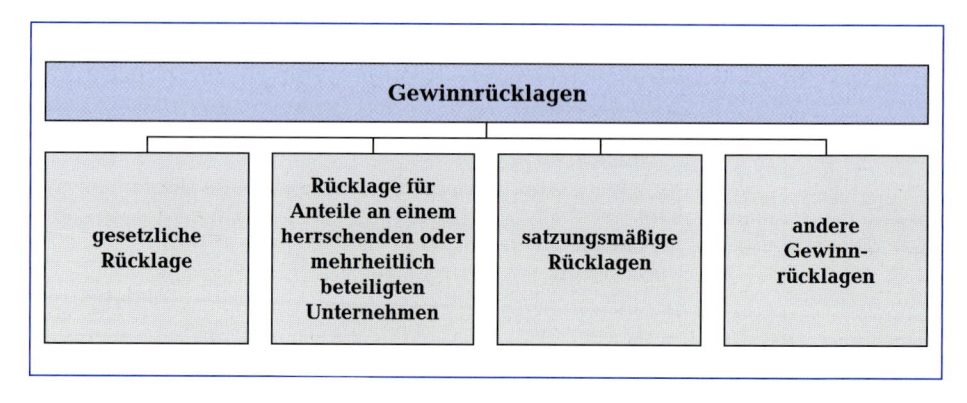

Gewinnrücklagen
- gesetzliche Rücklage
- Rücklage für Anteile an einem herrschenden oder mehrheitlich beteiligten Unternehmen
- satzungsmäßige Rücklagen
- andere Gewinnrücklagen

Gemäß Aktiengesetz müssen **Aktiengesellschaften 5% des um einen Verlustvortrag geminderten Jahresüberschusses in die Gesetzliche Rücklage einstellen,** bis Gesetzliche Rücklage und Kapitalrücklage zusammen 10% des Grundkapitals erreichen.

Vorstand und Aufsichtsrat können ohne Zustimmung der Hauptversammlung **bis zur Hälfte des um den Verlustvortrag und die Zuführung zur Gesetzlichen Rücklage geminderten Jahresüberschusses in die Anderen Gewinnrücklagen einstellen.**

Bilanzgewinn oder Bilanzverlust werden nur ausgewiesen, wenn die Bilanz erstellt wird, bevor der Gewinn vollständig verwendet, das heißt den Rücklagen zugeführt oder zur Ausschüttung bereitgestellt ist.

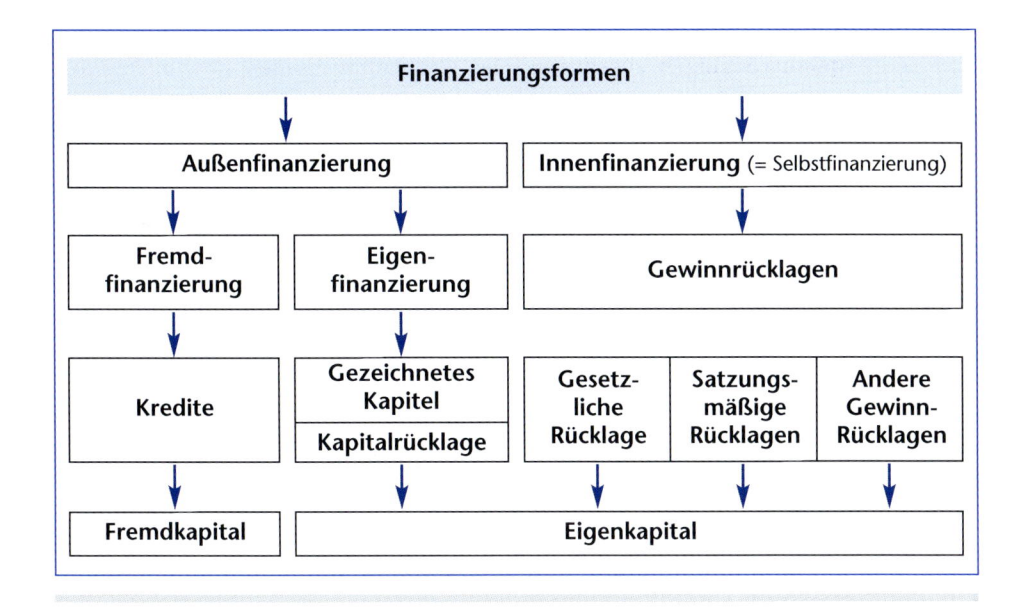

```
                        Finanzierungsformen
                               │
            ┌──────────────────┴──────────────────┐
            ▼                                     ▼
     Außenfinanzierung            Innenfinanzierung (= Selbstfinanzierung)
            │                                     │
     ┌──────┴──────┐                               │
     ▼             ▼                               ▼
   Fremd-        Eigen-                      Gewinnrücklagen
finanzierung  finanzierung                         │
     │             │                               │
     ▼             ▼                   ┌───────────┼───────────┐
                Gezeichnetes            ▼           ▼           ▼
  Kredite         Kapital            Gesetz-    Satzungs-    Andere
              ─────────────           liche      mäßige      Gewinn-
              Kapitalrücklage        Rücklage   Rücklagen   Rücklagen
     │             │                   │           │           │
     ▼             └───────────────────┴───────────┴───────────┘
                                       ▼
 Fremdkapital                      Eigenkapital
```

7.2 Riskmanagement nach Basel III

Am 01.01.2014 trat das Reformpaket Basel III als Neufassung der EU-Direktive „Capital Requirements Directive" (CDR) in Kraft.

Capital Requirements Directive

Von besonderer Bedeutung für das Controlling der Kreditinstitute sind die Vorschriften für die Deckung der risikogewichteten Aktiva durch **„hartes Kernkapital"** und die Vorschriften für die Bildung eines **Kapitalerhaltungspuffers**.

Risikoaktiva sind überwiegend Geldanlagen in Wertpapiere sowie Kreditgewährungen, die eine Bank herauslegt. Risikoaktiva besitzen ein unterschiedliches Ausfallrisiko (Risikoprofil). Ausschlaggebend für das Risikoprofil ist vor allem das Rating des Kreditnehmers bzw. des Wertpapieremittenten.

Risikoaktiva

Je besser das Rating, desto geringer das Risikogewicht.

Kreditinstitute gewichten die Risikoaktiva durch externes Rating über Ratingagenturen oder durch eigenes, internes Rating. Ihr Ziel ist es, die Gesamtheit der risikogewichteten Aktiva mit ausreichenden Eigenmitteln zu unterlegen.

Für die Berechnung wird daher das jeweilige Risikogewicht eines Geschäfts mit dem zu berücksichtigenden Forderungsbetrag dieses Geschäfts multipliziert. Die Gesamtsumme der **risikogewichteten Aktiva** ergibt sich aus der Summe der einzelnen risikogewichteten Aktiva über alle Geschäfte.

Risikogewichtete Aktiva

Das **harte Kernkapital** (bei Aktiengesellschaften gleicht es der Summe von gezeichnetem Kapital und den offenen Rücklagen) soll im Jahr 2015 mindestens 4,5% der risikogewichteten Aktiva erreicht haben.

Hartes Kernkapital

Das harte Kernkapital ist durch einen **Kapitalerhaltungspuffer** aufzustocken, der ebenfalls die Anforderungen an das harte Kernkapital erfüllen muss. Im Jahr 2019 soll dieser mindestens 2,5% der risikogewichteten Aktiva betragen.

Kapitalerhaltungspuffer

Damit sollen nach Basel III die risikogewichteten Aktiva bis 2019 zu mindestens 7% durch hartes Kernkapital gedeckt sein.

7.3 Ziele der Rücklagen- und Gewinnausschüttungspolitik

Zur Rücklagen- und Gewinnausschüttungspolitik gehören alle **Entscheidungen** über das **Verhältnis** zwischen einbehaltenen und auszuschüttenden Jahresüberschüssen.

Im Falle einer Aktiengesellschaft werden diese Entscheidungen im Rahmen der Vorschriften des Aktienrechts von **Vorstand und Aufsichtsrat** getroffen. Die **Hauptversammlung** entscheidet über Höhe, Form und Zeitpunkt der **Dividendenzahlung** und damit über die **Verwendung des Bilanzgewinns.** Die Höhe des Bilanzgewinns kann sie nicht bestimmen.

Rücklagen- und Gewinnausschüttungspolitik

Mit der **Rücklagen- und Gewinnausschüttungspolitik** können dabei folgende **Ziele** verfolgt werden:

▸ In Höhe der Einstellungen in die offenen Rücklagen werden Teile des Jahresüberschusses nicht ausgeschüttet, sondern verbleiben im Unternehmen. Dadurch wird die **Liquidität** des Unternehmens verbessert.

Liquidität

▸ Die im Unternehmen verbleibenden Teile des Jahresüberschusses stehen für Investitionen und Akquisitionen zur Verfügung und dienen damit der **Selbstfinanzierung.**

Selbstfinanzierung

▸ Durch eine Erhöhung der offenen Rücklagen steigt das haftende Eigenkapital. Da Kredite entsprechend den Vorschriften mit Eigenkapital zu unterlegen sind, wird für ein Kreditinstitut dadurch eine Grundlage für das an den Solvabilitätskoeffizienten gebundene **Wachstum des Geschäftsvolumens** geschaffen.

Wachstum des Geschäftsvolumens

▸ Aus gebildeten Rücklagen können die besonderen Risiken der Kreditwirtschaft abgesichert werden. Damit erhöht sich für die Gläubiger des Kreditinstitutes die **Sicherheit der Einlagen.**

Sicherheit der Einlagen

▸ Durch den Kapitalzuwachs verbessern sich insgesamt wirtschaftliche Lage und Zukunftschancen des Unternehmens, was sich in einer Erhöhung des Shareholder Value und damit in einer positiven Beurteilung des Unternehmens durch den Markt widerspiegelt, z.B. in **steigenden Aktienkursen.**

Steigende Aktienkurse

▸ Sicherheit für die Gläubiger und eine positive Unternehmensentwicklung sind Voraussetzung für die Gewinnung weiterer Kapitalgeber und somit für die **zukünftige Mittelbeschaffung** über die Selbstfinanzierung hinaus.

Zukünftige Mittelbeschaffung

▸ Mit Hilfe der Bildung bzw. Auflösung von Rücklagen können die in verschiedenen Geschäftsjahren unterschiedlich hoch ausfallenden Jahresüberschüsse so beeinflusst werden, dass sich das Unternehmen durch eine **Dividendenkontinuität** in Form von gleichbleibenden bzw. gleichmäßig steigenden Dividendenzahlungen auszeichnet. Dividendenkontinuität macht eine Aktiengesellschaft für langfristig disponierende Kapitalanleger attraktiv.

Dividendenkontinuität

Ein anderer Ansatz könnte aber auch die Favorisierung einer gewinnorientierten und damit **variablen Dividende** sein. Die Wünsche der eigenen Aktionäre oder die Dividendenpolitik der Konkurrenz können dazu führen, dass sich das Unternehmen entschließt, die Überschüsse besonders ertragreicher Geschäftsjahre unmittelbar in hohe Ausschüttungen für die Eigentümer umzusetzen.

Zu beachten ist hierbei allerdings in bestimmten Fällen die Signalwirkung für die Gewerkschaften und die nächsten Tarifverhandlungen.

Andererseits sind schwirige Perioden sofort mit einer niedrigen Dividendenzahlung für den Eigentümer verbunden bzw. es wird keine Ausschüttung stattfinden.

7.3 Ziele der Rücklagen- und Gewinnausschüttungpolitik

Zusammenfassung

Die **Rücklagen- und Gewinnausschüttungspolitik** beeinflusst das Verhältnis zwischen einbehaltenen und auszuschüttenden Gewinnen.

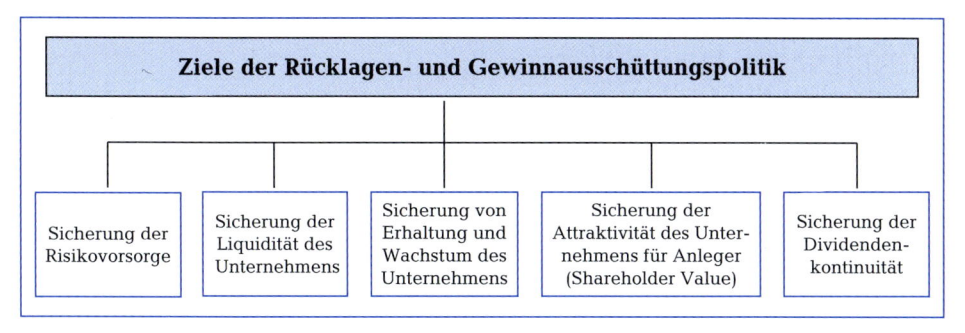

Ziele der Rücklagen- und Gewinnausschüttungspolitik
- Sicherung der Risikovorsorge
- Sicherung der Liquidität des Unternehmens
- Sicherung von Erhaltung und Wachstum des Unternehmens
- Sicherung der Attraktivität des Unternehmens für Anleger (Shareholder Value)
- Sicherung der Dividendenkontinuität

Aufgaben zu Kapitel 7

Die Ertragbesteuerung ist aus Vereinfachungsgründen zu vernachlässigen.

(1) Erläutern Sie die Begriffe »Jahresüberschuss« und »Bilanzgewinn«.

(2) Welche Möglichkeiten zur Verwendung des Jahresüberschusses gibt es für eine Aktienbank?
Nennen Sie mindestens sechs Möglichkeiten.

(3) Erläutern Sie die Ziele, die ein Kreditinstitut bei der Rücklagen- und Gewinnausschüttungspolitik verfolgt.

(4) Unterscheiden Sie, welche Vorteile sich für die Aktionäre aus der Einbehaltung bzw. Ausschüttung von Gewinnen ergeben können.

(5) Erläutern Sie die Bedeutung der Vorschriften in § 58 Abs. 2 AktG für den Vorstand und die Aktionäre des Kreditinstitutes.

(6) Nehmen Sie die Berechnungen zum Jahresabschluss der Sachsenbank AG vor.

Gezeichnetes Kapital	380 Mio. EUR
Zinserträge aus Kredit- und Geldmarktgeschäften	318 Mio. EUR
Gewinnvortrag aus dem Vorjahr	9 Mio. EUR
Zinsaufwendungen	213 Mio. EUR
Kapitalrücklage	16 Mio. EUR
Provisionsaufwendungen	4 Mio. EUR
Sonstige betriebliche Erträge	12 Mio. EUR
Gesetzliche Rücklage	7 Mio. EUR
Allgemeine Verwaltungsaufwendungen	14 Mio. EUR
Provisionserträge	9 Mio. EUR
Andere Gewinnrücklagen	112 Mio. EUR
Abschreibungen auf Forderungen und Sachanlagen	10 Mio. EUR
Sonstige betriebliche Aufwendungen	2 Mio. EUR
Zuweisung zu den anderen Gewinnrücklagen durch Vorstand und Aufsichtsrat	17 Mio. EUR
Erträge aus Anteilsrechten	15 Mio. EUR
Anteilige Einstellung von Bilanzgewinn in die anderen Gewinnrücklagen durch Beschluss der Hauptversammlung	25 Mio. EUR
Anzahl der Stückaktien	76 Mio. Stück

a) Berechnen Sie den Jahresüberschuss.

b) Berechnen Sie die Einstellung in die gesetzliche Rücklage.

c) Berechnen Sie den neuen Bestand der gesetzlichen Rücklage

d) Berechnen Sie den Bilanzgewinn.

e) Berechnen Sie den neuen Bestand der anderen Gewinnrücklagen.

f) Berechnen Sie den Dividendenbetrag in Cent, der auf jede Aktie entfällt, sowie den Gewinnvortrag.

7) Die Industrie AG hat im Vorjahr in der Bilanz folgende Eigenkapitalwerte ausgewiesen:

Gezeichnetes Kapital	500 Mio. EUR
Kapitalrücklage	24 Mio. EUR
Gewinnrücklagen	
Gesetzliche Rücklage	16 Mio. EUR
Andere Gewinnrücklage	236 Mio. EUR

Der Jahresüberschuss nach Körperschaftsteuern für das aktuelle Geschäftsjahr beträgt 100,8 Mio. EUR. Das gezeichnete Kapital ist in 100 Mio. Aktien aufgeteilt. Für das Geschäftsjahr wird von Vorstand und Aufsichtsrat der AG der Hauptversammlung ein Bilanzgewinn in Höhe von 48,0 Mio. EUR vorgeschlagen. Die Hauptversammlung stimmt diesem Vorschlag zu.

a) Mit welchem Wert sind die gesetzlichen Rücklagen in der Bilanz für das aktuelle Geschäftsjahr anzugeben? (Beachten Sie § 150 AktG.)

b) Um welchen Betrag wachsen »Andere Gewinnrücklagen« an?

8) Welche der folgenden Aussagen zur Rücklagen- und Ausschüttungspolitik sind richtig?

a) In ergebnisschwachen Jahren kann die Kapitalrücklage teilweise aufgelöst werden, damit die AG eine gleichbleibende Dividende ausschütten kann.

b) Stille Reserven entstehen durch die Unterbewertung von Aktiva und Passiva in der Bilanz.

c) Das Agio bei der Ausgabe von neuen Stückaktien im Rahmen einer Kapitalerhöhung gegen Einlagen erhöht die Kapitalrücklage.

d) Gesetzliche Gewinnrücklagen dürfen maximal in Höhe von 50 Prozent des Jahresüberschusses gebildet werden.

e) Ist die im Aktiengesetz geforderte Höhe der gesetzlichen Gewinnrücklage und Kapitalrücklage erreicht, kann der Jahresüberschuss nach Steuern als Bilanzgewinn ausgewiesen werden, wenn kein Verlustvortrag auszugleichen ist.

f) Erreicht der erzielte Jahresüberschuss nicht die Höhe der bestehenden Gewinnrücklagen, so ist eine Ausschüttung an die Aktionäre nicht zulässig.

8 Jahresabschluss von Kreditnehmern

8.1 Gemeinsamkeiten der Bilanzen verschiedener Unternehmen

8.1.1 Begriff und formaler Aufbau der Bilanz

> Die **Bilanz** ist eine kurzgefasste Gegenüberstellung von Vermögen und Kapital eines Unternehmens.

Das **Vermögen** ist die Gesamtheit aller Wirtschaftsgüter und Geldmittel des Betriebes – die **Aktiva**. Das **Kapital** ist die Summe aller von den Eigentümern bzw. Gläubigern des Betriebes beschafften Mittel – die **Passiva**.

Beide Seiten der Bilanz zeigen ein und dieselbe Wertegesamtheit einerseits unter dem Aspekt der Herkunft und andererseits dem der Verwendung. Sie müssen demzufolge die gleiche Summe ausweisen.

Die **Passivseite** zeigt die **Herkunft** der finanziellen Mittel in Form von Eigenkapital der Eigentümer und Fremdkapital der Kreditgeber des Unternehmens. Die **Aktivseite** zeigt die **Verwendung** dieser beschafften Mittel in Form von Anlage- und Umlaufvermögen.

Das **Anlagevermögen** wird von den Wirtschaftsgütern gebildet, die dem Betrieb für eine längere Zeit dienen sollen. §247 (2) HGB

Zum **Umlaufvermögen** gehören die Vermögensteile, die dem Unternehmen nur kurzfristig zur Verfügung stehen oder von einer häufigen Veränderung, Umsetzung oder Umformung gekennzeichnet sind.

Das **Anlagevermögen** kann man in drei große Gruppen untergliedern: *Anlagevermögen*

1. Das **Materielle Anlagevermögen (Sachanlagen)** wird langfristig genutzt und unterliegt während seiner Nutzungsdauer einer Wertminderung, z.B. Gebäude, Maschinen, Geschäftsausstattung. Nur bei der Nutzung von Grundstücken tritt grundsätzlich keine Wertminderung ein.
2. Das **Immaterielle Anlagevermögen** besteht vor allem in Form von Rechten wie z.B. Patenten oder Lizenzen, die gegen Entgelt erworben wurden und vom Unternehmen längere Zeit genutzt werden können.
3. Das **Finanzanlagevermögen** setzt sich aus Beteiligungen, Wertpapieren des Anlagevermögens und langfristigen Forderungen zusammen.

Das **Umlaufvermögen** lässt sich in vier Gruppen von Bilanzpositionen gliedern: *Umlaufvermögen*

1. Die **Vorräte** bestehen z.B. aus Roh-, Hilfs- und Betriebsstoffen (RHB), Halb- und Fertigerzeugnissen sowie Handelswaren.
2. Die **Forderungen** beinhalten alle Arten von Forderungen, die nicht bereits dem Finanzanlagevermögen oder den Wertpapieren des Umlaufvermögens zugeordnet wurden.
3. Die **Wertpapiere** des Umlaufvermögens werden nur kurzfristig als Liquiditätsreserve gehalten.
4. Die **Zahlungsmittel** bestehen aus dem Bankguthaben und dem Kassenbestand.

§ 250 (1) u. (3) HGB — Neben Anlage- und Umlaufvermögen können auf der Aktivseite der Bilanz die nach § 250 (1) und (3) HGB gebildeten aktiven **Rechnungsabgrenzungsposten** ausgewiesen werden sowie **Korrekturposten,** mit denen z.B. bestimmte Kapitalposten der Passivseite berichtigt werden.

§ 250 (2) HGB — Auf der **Passivseite** der Bilanz werden neben **Eigenkapital** und **Fremdkapital Korrekturposten** ausgewiesen, mit denen bestimmte Posten der Aktivseite korrigiert werden, sowie passive **Rechnungsabgrenzungsposten** nach § 250 (2) HGB.

Eigenkapital — Der Ausweis des **Eigenkapitals** hängt von der Rechtsform der Unternehmung ab. Bei Personengesellschaften wird für den Unternehmer oder die Gesellschafter je eine Eigenkapitalposition ausgewiesen, der Einlagen und Gewinnanteile zugeschrieben werden und die um Entnahmen bzw. Verlustanteile gekürzt wird.

Bei Kapitalgesellschaften wird das **gezeichnete Kapital** zum Nennwert ausgewiesen. Den Nennwert übersteigende Einlagen, zum Beispiel ein Agio bei der Emission von Aktien, und nicht ausgeschüttete Gewinne werden in **Rücklageposten** ausgewiesen.

Verluste können von diesen Rücklageposten abgesetzt werden. Übersteigen die Verluste den Wert der Rücklagen, werden sie als **Verlustvortrag** ausgewiesen.

Haftendes Eigenkapital — Werden Teile des Gewinns nicht ausgeschüttet oder nicht in die Rücklagen eingestellt, erscheinen sie auf der Passivseite als **Gewinnvortrag**. Die Summe dieser Positionen stellt das **haftende Eigenkapital** dar.

§ 268 (3) HGB — Sind Verluste nicht einmal mehr durch Eigenkapital gedeckt, muss ein Posten »**Nicht durch Eigenkapital gedeckter Fehlbetrag**« am Schluss der Bilanz auf der Aktivseite gesondert ausgewiesen werden.

Fremdkapital — Der Ausweis des **Fremdkapitals** erfolgt in den Gruppen **Rückstellungen** und **Verbindlichkeiten.** Rückstellungen sind z.B. zu bilden für ungewisse Verbindlichkeiten und drohende Verluste aus schwebenden Geschäften.

§ 266 (3) HGB — Soweit es sich nicht um Rückstellungen handelt, sind die Verbindlichkeiten entsprechend § 266 Abs. 3 HGB in der Bilanz auszuweisen und zu gliedern. Dabei haben kleine und mittelgroße Kapitalgesellschaften Erleichterungen bei der Untergliederung.

Im Anhang sind deshalb bestimmte Angaben über die Fristigkeit von Verbindlichkeiten sowie ihre Besicherung gefordert.

Fremdkapital Informationen — Aus der Bilanz sind über das **Fremdkapital** des Unternehmens verschiedene **Informationen** zu entnehmen, so unter anderem über

- die **Fristigkeit** (langfristig: über 5 Jahre, mittelfristig: über 1 Jahr bis zu 5 Jahren oder kurzfristig: bis zu 1 Jahr),
- die **Art der Verbindlichkeit** (Lieferantenschulden, Verbindlichkeiten gegenüber Kreditinstituten),
- die **Besicherung** (Sicherung durch Grundpfandrechte),
- die **besondere Verbindung mit dem Gläubiger** (Verbindlichkeiten gegenüber verbundenen Unternehmen) und
- **besondere Verbindlichkeiten,** wie zum Beispiel Verbindlichkeiten aus Steuern oder noch abzuführenden Sozialversicherungsbeiträgen.

8.1.2 Arten von Bilanzen und ihre Aufgaben

Arten von Bilanzen

Die Art einer Bilanz ergibt sich aus dem Anlass ihrer Erstellung und den Zielen, die mit der Aufstellung verfolgt werden. Eine grundlegende Unterscheidung ist die Gliederung in ordentliche und außerordentliche Bilanzen.

Ordentliche Bilanzen werden regelmäßig aufgestellt. Sie sind auf Grund gesetzlicher Vorschriften in Form von Jahresbilanzen zu erstellen oder, in kürzeren Abständen, auf Grund von vertraglichen Vereinbarungen, zum Beispiel mit der kreditgebenden Hausbank. Für betriebsinterne Zwecke werden ebenfalls in regelmäßigen Abständen Bilanzen als Grundlage für Unternehmensentscheidungen erstellt; diese Bilanzierung erfolgt freiwillig.
<small>Ordentliche Bilanzen</small>

Außerordentliche Bilanzen werden nur einmalig oder bei besonderen Anlässen aufgestellt. Solche Anlässe können Unternehmensgründungen, Fusionen, Kapitalerhöhungen, Kreditwürdigkeitsprüfungen oder die Auflösung des Unternehmens sein.
<small>Außerordentliche Bilanzen</small>

Die wichtigste Art der ordentlichen Bilanzen sind die **Jahresbilanzen.** Sie bilden zusammen mit der Gewinn- und Verlustrechnung, bei Kapitalgesellschaften und Genossenschaften ergänzt durch den Anhang, den **Jahresabschluss.**
<small>Jahresbilanzen</small>

Jahresbilanzen werden für verschiedene Personenkreise erstellt. Diese besitzen einerseits ein Informationsrecht, wie zum Beispiel Gesellschafter oder Gläubiger, oder haben andererseits ein berechtigtes Interesse an den Informationen, wie zum Beispiel potentielle Anleger oder die Mitarbeiterinnen und Mitarbeiter. Die Jahresbilanzen werden deshalb eingeteilt nach dem Personenkreis, an den sie adressiert sind. Für die bereits genannten Personen werden **Handelsbilanzen** erstellt, für die Finanzbehörden **Steuerbilanzen.**
<small>Handelsbilanzen Steuerbilanzen</small>

Beide Bilanzen werden auch als **externe Bilanzen** bezeichnet, weil sie ursächlich für außerhalb des Betriebes stehende Personen aufgestellt werden und erst in zweiter Linie betriebsinternen Zwecken dienen. Im Gegensatz dazu stehen **interne Bilanzen,** die ausschließlich der Information der Geschäftsführung dienen und Außenstehenden nicht zugänglich sind. Interne Bilanzen sind nicht an gesetzliche Bilanzierungsvorschriften gebunden und können deshalb entsprechend den jeweiligen Zielsetzungen gestaltet werden.
<small>Externe Bilanzen</small>

Werden die Jahresbilanzen mehrerer rechtlich selbständiger Unternehmen, die aber eine wirtschaftliche Einheit bilden, zu einer einheitlichen Bilanz zusammengefasst, bezeichnet man diese Bilanzzusammenfassung als **konsolidierte Bilanz** oder **Konzernbilanz.**
<small>Konsolidierte Bilanz oder Konzernbilanz</small>

Wie die **Einzelbilanz** einer Unternehmung soll sie Informationen über die Vermögens-, Ertrags- und Finanzlage des gesamten Konzerns den Gesellschaftern, Gläubigern und Interessenten der jeweiligen Konzernunternehmen zugänglich machen. In einer konsolidierten Bilanz werden die Positionen aus den Einzelbilanzen nicht einfach addiert, sondern Positionen, die das Resultat von Beziehungen der Konzernunternehmen untereinander sind, werden aufgerechnet, da sich sonst im Konzernabschluss Doppelzählungen ergäben.

Auch wenn ein Konzernjahresabschluss aufgestellt wurde, bleiben die Einzeljahresabschlüsse der Konzernunternehmen maßgeblich für die Ansprüche der Gesellschafter, Gläubiger oder Finanzbehörden.

> **Beispiel**
>
> **für eine Konzernverrechnung in Mio. EUR**
>
> | Soll | Unternehmen A | | Haben | Soll | Unternehmen B | | Haben |
> |---|---|---|---|---|---|---|---|
> | Forderungen an Unternehmen X | 100 | Verb. geg. Unternehmen B | 20 | Forderungen an Unternehmen A | 20 | Verb. geg. Unternehmen Y | 70 |
>
> | Soll | Konzern aus A und B | | Haben |
> |---|---|---|---|
> | Forderungen | 100 | Verbindlichkeiten | 70 |

Aufgaben von Bilanzen

Gesetzliche Vorschriften gewährleisten, dass die Bilanzen der verschiedensten Unternehmen einer Reihe von gleichen Anforderungen genügen und gleiche Aufgaben erfüllen.

Schutz der Gläubiger

Die erste Aufgabe ist der **Schutz der Gläubiger** des Unternehmens. Sie sollen ein wahrheitsgetreues Bild der Vermögens-, Finanz- und Ertragslage gewinnen können.

So besteht für Unternehmen bestimmter Rechtsformen und Größenordnungen eine Publizitätspflicht.

Im zu veröffentlichenden Jahresabschluss können die Gläubiger überprüfen, ob zum Beispiel Teile des haftenden Eigenkapitals ausgeschüttet wurden. Vorschriften zur Bewertung und über Wertobergrenzen sollen die Vorspiegelung einer guten Vermögenslage des Unternehmens verhindern.

Schutz der Gesellschafter

Neben dem Gläubigerschutz ist der **Schutz der Gesellschafter** eine Aufgabe der Bilanz. Das ist notwendig, wenn die Geschäftsführung nicht von den Eigentümern, sondern von Vorständen oder Geschäftsführern wahrgenommen wird.

Die Geschäftsführung muss ein reales Bild der Unternehmenslage darstellen und darf berechtigte Gewinnansprüche der Eigentümer nicht kürzen oder auf Folgejahre verschieben.

Diesem Ziel dienen gesetzliche Vorschriften über die Ergebnisermittlung und Ergebnisverwendung. So ist es der Geschäftsführung nur begrenzt möglich, Gewinnausschüttungen durch die Bildung von Rücklagen zu verhindern.

Schutz der Finanzbehörden

Eine weitere Aufgabe der Bilanzierung ist der **Schutz der Finanzbehörden** vor falschen Informationen über die steuerlichen Bemessungsgrundlagen.

Dem dienen steuerliche Bilanzierungs- und Bewertungsvorschriften, die den Ausweis des erwirtschafteten Gewinns verlangen und eine Gewinnverlagerung in spätere Geschäftsjahre verhindern sollen.

Interessen der am Unternehmen interessierten Personen

Auch den **Interessen der am Unternehmen interessierten Personen,** wie vor allem Mitarbeitern, potentiellen Anlegern oder Gläubigern, soll durch die Bilanzen gedient werden. Wahrheitsgemäße und aussagekräftige Unterlagen über die bisherige Entwicklung des Unternehmens werden benötigt, um die künftige Unternehmensentwicklung und damit die Vorteile der Kapitalanlage abschätzen zu können.

8.1.3 Gliederung der Bilanz

Mindestgliederungsschema der Bilanz für große und mittelgroße Kapitalgesellschaften lt. § 266 Abs. 2 und 3 HGB

Aktivseite

A. Anlagevermögen:
  I. Immaterielle Vermögensgegenstände:
    1. Selbst geschaffene gewerbliche Schutzrechte und ähnliche Rechte und Werte;
    2. entgeltlich erworbene Konzessionen, gewerbliche Schutzrechte und ähnliche Rechte und Werte sowie Lizenzen an solchen Rechten und Werten;
    3. Geschäfts- oder Firmenwert;
    4. geleistete Anzahlungen;
  II. Sachanlagen:
    1. Grundstücke, grundstücksgleiche Rechte und Bauten einschließlich der Bauten auf fremden Grundstücken;
    2. technische Anlagen und Maschinen;
    3. andere Anlagen, Betriebs- und Geschäftsausstattung;
    4. geleistete Anzahlungen und Anlagen im Bau;
  III. Finanzanlagen:
    1. Anteile an verbundenen Unternehmen;
    2. Ausleihungen an verbundene Unternehmen;
    3. Beteiligungen;
    4. Ausleihungen an Unternehmen, mit denen ein Beteiligungsverhältnis besteht;
    5. Wertpapiere des Anlagevermögens;
    6. sonstige Ausleihungen;
B. Umlaufvermögen:
  I. Vorräte:
    1. Roh-, Hilfs- und Betriebsstoffe;
    2. unfertige Erzeugnisse, unfertige Leistungen;
    3. fertige Erzeugnisse und Waren;
    4. geleistete Anzahlungen;
  II. Forderungen und sonstige Vermögensgegenstände:
    1. Forderungen aus Lieferungen und Leistungen;
    2. Forderungen gegen verbundene Unternehmen;
    3. Forderungen gegen Unternehmen, mit denen ein Beteiligungsverhältnis besteht;
    4. sonstige Vermögensgegenstände;
  III. Wertpapiere:
    1. Anteile an verbundenen Unternehmen;
    2. eigene Anteile;
    3. sonstige Wertpapiere;
  IV. Schecks, Kassenbestand, Bundesbankguthaben, Guthaben bei Kreditinstituten;
C. Rechnungsabgrenzungsposten.
D. Aktive latente Steuern
E. Aktiver Unterschiedsbetrag aus der Vermögensverrechnung

Passivseite

A. Eigenkapital:
  I. Gezeichnetes Kapital;
  II. Kapitalrücklage;
  III. Gewinnrücklagen:
    1. gesetzliche Rücklage;
    2. Rücklage für Anteile an einem herrschenden oder mehrheitlich beteiligten Unternehmen;
    3. satzungsmäßige Rücklagen;
    4. andere Gewinnrücklagen;
  IV. Gewinnvortrag/Verlustvortrag;
  V. Jahresüberschuss/Jahresfehlbetrag.
B. Rückstellungen:
  1. Rückstellungen für Pensionen und ähnliche Verpflichtungen;
  2. Steuerrückstellungen;
  3. sonstige Rückstellungen.
C. Verbindlichkeiten:
  1. Anleihen, davon konvertibel;
  2. Verbindlichkeiten gegenüber Kreditinstituten;
  3. erhaltene Anzahlungen auf Bestellungen;
  4. Verbindlichkeiten aus Lieferungen und Leistungen;
  5. Verbindlichkeiten aus der Annahme gezogener Wechsel und der Ausstellung eigener Wechsel;
  6. Verbindlichkeiten gegenüber verbundenen Unternehmen;
  7. Verbindlichkeiten gegenüber Unternehmen, mit denen ein Beteiligungsverhältnis besteht;
  8. sonstige Verbindlichkeiten,
      davon aus Steuern,
      davon im Rahmen der sozialen Sicherheit.
D. Rechnungsabgrenzungsposten.
E. Passive latente Steuern

Neben dem Aufbau der Bilanz richten sich auch Art und Umfang ihrer Gliederung nach den Zielen des Jahresabschlusses und den Interessen der Personen, für die er bestimmt ist.

Dabei muss ein Kompromiss zwischen einer möglichst weitgehenden Gliederung mit vielen Informationen einerseits, und einer möglichst übersichtlichen und wirtschaftlichen Bilanzierung andererseits gefunden werden.

§ 240 HGB
In jedem Falle muss sich ein externer Betrachter ein wahrheitsgetreues Bild über die Vermögens-, Finanz- und Ertragslage machen können. Dazu benötigt er unter anderem Informationen über die Vermögens- und Kapitalstruktur, die finanzielle Struktur, die Liquidität sowie die Beziehungen zu verbundenen Unternehmen.

Vom Gesetz ist kein bestimmtes Gliederungsschema der Bilanz vorgegeben, das für **alle** Rechtsformen von Unternehmen gilt.

Dem HGB ist lediglich zu entnehmen, dass **jeder Kaufmann** zu Beginn seines Handelsgewerbes seine Grundstücke, seine Forderungen und Schulden, den Betrag seines baren Geldes sowie seine sonstigen Vermögensgegenstände genau zu verzeichnen und dabei den Wert der einzelnen Vermögensgegenstände und Schulden anzugeben hat.

§ 247 (1) HGB
Zum **Inhalt der Bilanz** wird vorgeschrieben, dass das Anlage- und das Umlaufvermögen, das Eigenkapital, die Schulden sowie die Rechnungsabgrenzungsposten gesondert auszuweisen und hinreichend aufzugliedern sind.

§ 243 (1) u. (2) HGB
§ 246 (1) u. (2) HGB
Für die **Bilanzgliederung** in allen Unternehmen gelten jedoch allgemeine Vorschriften über die Aufstellung der Bilanz nach den **Grundsätzen ordnungsmäßiger Buchführung,** die Prinzipien **der Klarheit, Übersichtlichkeit** und **Vollständigkeit** sowie über das **Bruttoprinzip,** das eine Saldierung von Posten der Aktivseite mit Posten der Passivseite verbietet.

Auch wenn es **keine allgemeingültigen** Vorschriften zur Bilanzgliederung gibt, sind für **bestimmte** Unternehmen **gesetzliche Gliederungsvorschriften** vorhanden, die sich nach der Rechtsform oder nach der Größe des Betriebes richten. So haben zum Beispiel kleine oder mittelgroße Kapitalgesellschaften bestimmte Erleichterungen bei den Publizitätsvorschriften. Besondere Gliederungsvorschriften gibt es auch für bestimmte Wirtschaftszweige wie Kreditinstitute oder Versicherungen.

Gliederungskontinuität
§ 265 HGB
Die Form der Darstellung aufeinanderfolgender Bilanzen, insbesondere die Gliederung ist beizubehalten. Abweichungen sind im Anhang zu begründen. Bei jedem Posten ist der entsprechende Vorjahresbetrag anzugeben.

Mindestvorschriften für große und mittelgroße Kapitalgesellschaften
Für **große und mittelgroße Kapitalgesellschaften** schreibt das HGB ein **Mindestgliederungsschema** vor. Für bestimmte Geschäftszweige, z.B. für Kreditinstitute, gibt es auch **Bilanzformblätter,** die eine Gliederung verbindlich vorgeben. In jedem Falle ist die Bilanz in Kontoform aufzustellen, ist die vorgeschriebene Reihenfolge der Bilanzposten einzuhalten und sind alle vorgegebenen Posten gesondert auszuweisen.

§§ 266 (1), 267 HGB
§ 340a (1) HGB
Kreditinstitute, auch wenn sie nicht in der Rechtsform einer Kapitalgesellschaft betrieben werden, haben auf ihren Jahresabschluss die für große Kapitalgesellschaften geltenden Vorschriften des HGB anzuwenden, soweit dies nicht ausdrücklich ausgeschlossen ist.

§ 266 (1) Satz 3 HGB
Größenabhängige Erleichterungen gibt es bei der Bilanzgliederung nur für kleine Kapitalgesellschaften. Sie dürfen eine verkürzte Bilanz aufstellen, in die nur die mit Buchstaben und römischen Zahlen bezeichneten Posten gesondert und in der vorgeschriebenen Reihenfolge aufgenommen werden müssen.

Abweichungen vom Gliederungsschema sind nur zulässig, um z.B. Bilanzposten weiter zu untergliedern oder neue Posten hinzuzufügen, weil ihr Inhalt nicht von einem vorgeschriebenen Posten abgedeckt wird. Eine Änderung der Gliederung und Bezeichnung oder eine Zusammenfassung der mit arabischen Zahlen versehen Posten ist zulässig, wenn dies wegen Besonderheiten im Interesse von Klarheit und Übersichtlichkeit notwendig ist. Wenn bestimmte Posten der Gliederung keinen Betrag ausweisen, sind diese Leerposten nur zu führen, wenn im Vorjahr unter diesem Posten ein Betrag ausgewiesen wurde.

§ 265 (4 – 8) HGB

Zusammenfassung

Bilanzarten	▶ ordentliche Bilanz, z.B. Jahresabschlussbilanz ▶ außerordentliche Bilanz, z.B. bei einer Fusion

Aufgaben der Bilanz	Informationsbereitstellung für
	   ▶ Vorstand und Aufsichtsrat
	   ▶ Gläubiger
	   ▶ Anteilseigner
	   ▶ Belegschaft
	   ▶ Steuerbehörde

Gliederungsvorschriften	▶ Mindestvorschriften ⎫ für große und mittelgroße ▶ Formblätter ⎭ Kapitalgesellschaften ▶ Abweichungen für kleine Kapitalgesellschaften und für Kreditinstitute

Aufgaben zu Kapitel 8.1

1️⃣ Erstellen Sie für die Textilwerke GmbH, Ludwigshafen, aus den Abschlussangaben eine Bilanz gemäß dem Mindestgliederungsschema des HGB.

	Berichtsjahr (EUR)	Vorjahr (EUR)
Technische Anlagen	354.600,00	359.200,00
Rückstellungen für Steuern	6.800,00	6.500,00
Maschinen	212.500,00	176.200,00
Verbindl. gegenüber d. Sozialversicherungsträgern	17.800,00	19.600,00
Fahrzeuge	341.800,00	312.400,00
Geschäftsausstattung	165.400,00	172.300,00
Stammkapital	1.000.000,00	1.000.000,00
Bestand an Betriebsstoffen	2.400,00	1.900,00
Unfertige Leistungen	2.100,00	1.800,00
Forderungen aus Lieferungen	32.900,00	30.700,00
Gewinnrücklagen	1.489.200,00	1.363.800,00
Unfertige Erzeugnisse	12.700,00	13.500,00
Wertpapiere des Anlagevermögens	320.000,00	320.000,00
Bestand an Hilfsstoffen	8.600,00	9.700,00
Verbindlichkeiten aus Leistungen	21.800,00	22.300,00
Wertpapiere des Umlaufvermögens	17.800,00	16.300,00
Rohstoffbestand	36.400,00	35.800,00

	Berichtsjahr (EUR)	Vorjahr (EUR)
Forderungen aus Leistungen	3.100,00	2.400,00
Schecks	2.000,00	1.500,00
Fertige Erzeugnisse	65.700,00	74.300,00
Jahresüberschuss	184.600,00	175.400,00
Rückstellungen für Pensionen	876.400,00	865.700,00
Aktive Rechnungsabgrenzungsposten	1.700,00	1.600,00
Bankguthaben	25.900,00	26.400,00
Gewinnvortrag	50.000,00	0,00
Passive Rechnungsabgrenzungsposten	35.400,00	34.900,00
Gebäude	1.870.000,00	1.895.000,00
Sonstige Rückstellungen	114.300,00	110.700,00
Darlehensverbindl. gegenüber Kreditinstituten	841.800,00	716.700,00
Anlagen im Bau	12.800,00	65.300,00
Verbindlichkeiten gegenüber dem Finanzamt	14.500,00	17.300,00
Hypothekenverbindl. gegenüber Kreditinstituten	1.821.300,00	1.832.400,00
Erhaltene Anzahlungen von Bestellern	5.400,00	2.800,00
Beteiligungen	400.000,00	400.000,00
Kassenbestand	4.300,00	3.500,00
Grundstücke	2.650.000,00	2.310.000,00
Verbindlichkeiten aus Lieferungen	63.400,00	61.700,00

② Erstellen Sie für die Kieswerke AG, Schleswig, aus den Abschlussangaben eine Bilanz gemäß dem Mindestgliederungsschema des HGB.

	Berichtsjahr (EUR)	Vorjahr (EUR)
Verbindlichkeiten gegenüber den Sozialversicherungsträgern	24.920,00	27.440,00
Fahrzeuge	478.520,00	437.360,00
Hypothekenverbindlichk. gegenüber Kreditinstituten	2.549.820,00	2.565.360,00
erhaltene Anzahlungen von Bestellern	7.560,00	3.920,00
Verbindlichkeiten gegenüber dem Finanzamt	20.300,00	24.220,00
Geschäftsausstattung	231.560,00	241.220,00
Gezeichnetes Kapital	1.400.000,00	1.400.000,00
Unfertige Leistungen	2.940,00	2.520,00
Wertpapiere des Anlagevermögens	448.000,00	448.000,00
Bestand an Hilfsstoffen	12.040,00	13.580,00
Technische Anlagen	496.440,00	502.880,00
Bestand an Betriebsstoffen	3.360,00	2.660,00
Rückstellungen für Steuern	9.520,00	9.100,00
Maschinen	297.500,00	246.680,00
Verbindlichkeiten aus Leistungen	30.520,00	31.220,00
Wertpapiere des Umlaufvermögens	24.920,00	22.820,00
Forderungen aus Lieferungen	46.060,00	42.980,00
Gewinnrücklagen	2.084.880,00	1.909.320,00
Unfertige Erzeugnisse	17.780,00	18.900,00
Rohstoffbestand	50.960,00	50.120,00
Forderungen aus Leistungen	4.340,00	3.360,00
Schecks	2.800,00	2.100,00
Fertige Erzeugnisse	91.980,00	104.020,00
Jahresüberschuss	258.440,00	245.560,00
Rückstellungen für Pensionen	1.226.960,00	1.211.980,00

	Berichtsjahr (EUR)	Vorjahr (EUR)
Aktive Rechnungsabgrenzungsposten	2.380,00	2.240,00
Bankguthaben	36.260,00	36.960,00
Gewinnvortrag	70.000,00	0,00
Passive Rechnungsabgrenzungsposten	49.560,00	48.860,00
Gebäude	2.618.000,00	2.653.000,00
Sonstige Rückstellungen	160.020,00	154.980,00
Darlehensverbindlichkeiten gegenüber Kreditinstituten	1.178.520,00	1.003.380,00
Anlagen im Bau	17.920,00	91.420,00
Beteiligungen	560.000,00	560.000,00
Kassenbestand	6.020,00	4.900,00
Grundstücke	3.710.000,00	3.234.000,00
Verbindlichkeiten aus Lieferungen	88.760,00	86.380,00

8.2 Besonderheiten der Bilanzen von verschiedenen Unternehmen

Die Bilanzen verschiedener Unternehmen aus Industrie, Handel oder Handwerk unterscheiden sich von der Bankbilanz zum einen durch die **Anordnung der Positionen auf der Aktiv- und der Passivseite der Bilanz.**

Reihenfolge der Bilanzpositionen

Während bei der **Bankbilanz** die **Aktivseite** nach **abnehmender Liquidität** und die **Passivseite** nach **zunehmender Verfügbarkeit** geordnet sind, so ist diese Anordnung **bei anderen Unternehmen genau umgekehrt.** Die besondere Anordnung der Posten in der Bankbilanz lässt sich unter anderem von der großen Bedeutung liquider Mittel für das Bankgeschäft und der sorgfältigen Beachtung der Verfügbarkeit der beschafften Mittel herleiten.

Weitere **Unterschiede** zwischen den Bilanzen der verschiedenen Unternehmen zeigen sich rein äußerlich bei den belegten Posten, einschließlich der **Bezeichnung dieser Bilanzposten,** sowie inhaltlich in der **Struktur der Mittel.** Beide Aspekte sind auf die Branche, die Tätigkeit, den Unternehmenszweck und die Größe der jeweils bilanzierenden Unternehmung zurückzuführen. Während Produktionsbetriebe den Schwerpunkt ihres Umlaufvermögens in Rohstoffen, unfertigen und fertigen Erzeugnissen haben, werden Handelsunternehmen besonders in Warenbestände investieren und Dienstleistungsunternehmen weniger materielles, sondern mehr finanzielles Umlaufvermögen bilanzieren.

Struktur der Mittel

Zur Beurteilung der Mittelstruktur, z.B. Vermögensstruktur, Kapitalstruktur oder Finanzstruktur, lassen sich verschiedene Kennzahlen berechnen. Damit sind dann Vergleiche mit ähnlichen Unternehmen innerhalb der Branche oder Aussagen zur Unternehmensentwicklung in unterschiedlichen Geschäftsjahren möglich.

Neben den Unterschieden sind aber ebenso **Gemeinsamkeiten** in den Bilanzen der verschiedenen Unternehmen zu erkennen. Dies ist auf **einheitl. Bilanzierungs-** und **Bewertungsgrundsätze** (vgl. Kapitel 3.2) zurückzuführen, die trotz der entsprechenden Unternehmensspezifika eine Bilanzauswertung ermöglichen und dem externen Betrachter ein möglichst wahrheitsgetreues Bild über die Vermögens-, Finanz- und Ertragslage liefern sollen.

einheitliche Bilanzierungs- und Bewertungsgrundsätze

»Wahr« ist diese Bilanz dann, wenn sie den Rechtsvorschriften genügt. Den tatsächlichen Verhältnissen muss sie dadurch nicht entsprechen. So sind zum Beispiel unter Eigentumsvorbehalt gelieferte Rohstoffe beim Käufer zu bilanzieren, dem sie noch nicht gehören und nicht beim Verkäufer, obwohl sie ihm noch gehören.

Beispiel 1
Bilanz eines Industrieunternehmens

Elektromotorenfabrik Ulm GmbH

Aktiva	Bilanz per 31. 12...		Passiva
	EUR		EUR
I. Anlagevermögen		I. Eigenkapital	
1. Grundstücke und Gebäude	920.000,00	1. Gezeichnetes Kapital	3.000.000,00
2. Maschinen	3.650.000,00	2. Gewinnrücklagen	500.000,00
3. Fuhrpark	360.000,00	II. Fremdkapital	
4. Betriebs- und Geschäftsausstattung	130.000,00	1. Darlehen	2.240.000,00
II. Umlaufvermögen		2. Verbindlichkeiten aus Lieferungen und Leistungen	402.000,00
1. Rohstoffe	278.000,00		
2. Hilfsstoffe	10.000,00		
3. Betriebsstoffe	30.000,00		
4. Unfertige Erzeugnisse	80.000,00		
5. Fertige Erzeugnisse	315.000,00		
6. Forderungen aus Lieferungen und Leistungen	310.000,00		
7. Kasse	12.000,00		
8. Bankguthaben	47.000,00		
	6.142.000,00		**6.142.000,00**

Ulm, 08. Januar ..

Peter Ducke

Beispiel 2
Bilanz eines Handelsunternehmens

Heinz Werner Spielwaren-Großhandel oHG

Aktiva	Bilanz per 31. 12. ..		Passiva
	EUR		EUR
I. Anlagevermögen		I. Eigenkapital	
1. Grundstücke und Gebäude	680.000,00	1. Einlage Heinz Werner	400.000,00
2. Fuhrpark	630.000,00	2. Einlage Inge Werner	300.000,00
3. Betriebs- und Geschäftsausstattung	460.000,00	3. Einlage Paul Werner	300.000,00
II. Umlaufvermögen		II. Fremdkapital	
1. Warenbestand	1.620.000,00	1. Darlehen	1.315.000,00
2. Forderungen aus Warenlieferungen	110.000,00	2. Verbindlichkeiten aus Lieferungen und Leistungen	1.240.000,00
3. Kasse	15.000,00		
4. Bankguthaben	40.000,00		
	3.555.000,00		**3.555.000,00**

Nürnberg, 15. Januar ..

Heinz Werner
Inge Werner
Paul Werner

Beispiel 3
Bilanz eines Dienstleistungssunternehmens

Otto Lehmann Gebäudereinigung KG, Berlin

Aktiva		Bilanz per 31. 12. ..		Passiva
	EUR			EUR
I. Anlagevermögen		I. Eigenkapital		
1. Fuhrpark	630.000,00	1. Komplementärkapital Otto Lehmann	200.000,00	
2. Betriebs- und Geschäftsausstattung	90.000,00	2. Kommanditkapital Frank Schröder	25.000,00	225.000,00
II. Umlaufvermögen				
1. Hilfs- und Betriebsstoffe	35.000,00	II. Fremdkapital		
2. Forderungen aus Lieferungen und Leistungen	370.000,00	1. Darlehen		880.000,00
3. Kasse	5.000,00	2. Verbindlichkeiten aus Lieferungen und Leistungen		45.000,00
4. Bankguthaben	20.000,00			
	1.150.000,00			1.150.000,00

Berlin, 20. Januar ..

Otto Lehmann

Beispiel 4
Bilanz eines Handwerksunternehmens

Steffen Noack, Dachdeckermeister, Koblenz

Aktiva		Bilanz per 31.12. ..	Passiva
	EUR		EUR
I. Anlagevermögen		I. Eigenkapital	710.000,00
1. Grundstücke und Gebäude	420.000,00	II. Fremdkapital	
2. Fuhrpark	240.000,00	1. Darlehen	930.000,00
3. Betriebs- und Geschäftsausstattung	330.000,00	2. Verbindlichkeiten aus Lieferungen und Leistungen	110.000,00
II. Umlaufvermögen			
1. Vorräte	90.000,00		
2. Forderungen aus Lieferungen und Leistungen	640.000,00		
3. Kasse	10.000,00		
4. Bankguthaben	20.000,00		
	1.750.000,00		1.750.000,00

Koblenz, 30. Januar ..

Steffen Noack

Zusammenfassung

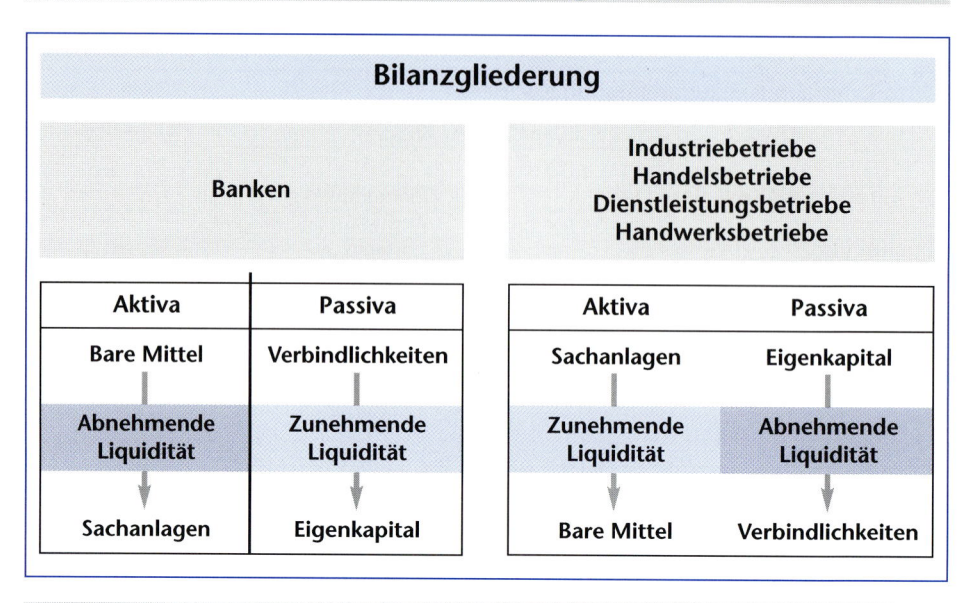

Bilanzgliederung

Banken

Aktiva	Passiva
Bare Mittel	Verbindlichkeiten
↓ Abnehmende Liquidität	↓ Zunehmende Liquidität
Sachanlagen	Eigenkapital

Industriebetriebe / Handelsbetriebe / Dienstleistungsbetriebe / Handwerksbetriebe

Aktiva	Passiva
Sachanlagen	Eigenkapital
↓ Zunehmende Liquidität	↓ Abnehmende Liquidität
Bare Mittel	Verbindlichkeiten

Aufgabe zu Kapitel 8.2

[1] a) Vergleichen Sie die Bilanzen in den aufgeführten Beispielen hinsichtlich ihrer Gemeinsamkeiten und Unterschiede.

b) Leiten Sie Begründungen für die Besonderheiten in der jeweiligen Bilanz ab.

8.3 Auswertung eines Jahresabschlusses im Hinblick auf Kredit- und Anlageentscheidungen

8.3.1 Die Jahresabschlussanalyse

8.3.1.1 Begriff und Aufgaben der Jahresabschlussanalyse

Jahresabschlussanalyse

Zur **Jahresabschlussanalyse** gehören alle Verfahren der Informationsgewinnung und -auswertung, mit deren Hilfe aus den Angaben des Jahresabschlusses **Erkenntnisse über die Vermögens- und Kapitalstruktur** und die **Ertragslage** des Unternehmens gewonnen werden. Das benutzte Verfahren wird als »Bilanzanalyse« bezeichnet.

Hat der Analyst nicht nur Zugang zu den vorliegenden Abschlusszahlen, sondern auch Zugang zu internen Unterlagen sowie Kenntnisse der internen Betriebsverhältnisse, besonders der internen Entscheidungsprozesse bei der Erstellung des Abschlusses, so handelt es sich um eine **interne Bilanzanalyse.** Zu den internen Bilanzanalysten gehören Eigentümer, Gesellschafter, Vorstände, der Aufsichtsrat und die Steuerbehörde.

Interne Bilanzanalyse

Ist der Analyst ein Außenstehender, dem nur die veröffentlichten oder anderweitig zugänglich gemachten Abschlusszahlen vorliegen und der keinen Zugang zu internen Unterlagen und Informationen hat, so spricht man von einer **externen Bilanzanalyse.** Zu den externen Bilanzanalysten gehören Aktionäre, Gläubiger, die Belegschaft, Kreditinstitute und andere.

Externe Bilanzanalyse

8.3 Auswertung eines Jahresabschlusses im Hinblick auf Kredit- und Anlageentscheidungen

Die Interessenten an einer Jahresabschlussanalyse verfolgen verschiedene Ziele. **Anteilseigner und Aktionäre** erwarten Gewinne, haben aber auch eintretende Verluste zu tragen. Deshalb sind sie besonders interessiert an einer Analyse des Unternehmenserfolges, der Ertragskraft und der Kapitalrendite.

Lieferanten wünschen einen zuverlässigen Abnehmer ihrer Produkte. **Kreditgeber** erwarten Zinseinnahmen und eine regelmäßige Tilgung der Verbindlichkeiten. Beide Interessenten benötigen Informationen über die Zahlungsfähigkeit, die Finanzkraft und das Finanzgebaren des Unternehmens.

Arbeitnehmer, die an sicheren Arbeitsplätzen und guten Verdienstmöglichkeiten interessiert sind, sowie andere an dauerhaften Beziehungen zum bilanzierenden Unternehmen interessierte Gruppen benötigen Informationen über Analysen der Vermögens-, Kapital- und Finanzstruktur sowie der Unternehmenslage und der Zukunftsaussichten.

Die Steuerbehörde benötigt wahrheitsgetreue Unterlagen für eine gerechte Besteuerung. Auswertungen werden auch von **sonstigen Interessenten** durchgeführt. Zu ihnen gehören vor allem Unternehmen, die die Analyse von Jahresabschlüssen gewerbsmäßig betreiben, wie Broker oder Research-Firmen.

Sonstige Interessenten sind aber auch Konkurrenten, Verbände, die Medien, Behörden oder staatliche Institutionen. Diese sonstigen Interessenten nutzen zusätzlich zu den oben genannten Analysen zum Beispiel Wachstumsprognosen, Analysen von Marktchancen oder Kreditwürdigkeitsprognosen.

8.3.1.2 Probleme einer externen Jahresabschlussanalyse

Für eine **externe Analyse** stehen vor allem der aktuelle Jahresabschluss und die Jahresabschlüsse der zurückliegenden Jahre zur Verfügung, d.h. die Bilanzen, die Gewinn- und Verlustrechnungen und bei Kapitalgesellschaften zusätzlich die Anhänge und die Lageberichte.

Als weiteres Informationsmaterial dienen die Jahresabschlüsse vergleichbarer Unternehmen, Veröffentlichungen von Industrie- und Handelskammern oder Verbänden, Konjunkturberichte, wie z. B. die Monatsberichte der Deutschen Bundesbank und andere.

Trotz der Nutzung weiterer Informationen bleibt die externe Bilanzanalyse in ihrem Aussagewert wesentlich beschränkter als die interne Bilanzanalyse.

① Dem bilanzierenden Unternehmen erwächst aus den gesetzlichen Vorschriften eine Vielzahl von **Bilanzierungswahlrechten.** — Bilanzierungswahlrechte

So gibt es bei Vermögensgegenständen und Schulden solche, die bilanziert werden müssen, solche, die bilanziert werden dürfen und zusätzlich solche, die nicht bilanziert werden dürfen.

Die Umsetzung der gesetzlichen Vorschriften beeinflusst beim bilanzierenden Unternehmen die Höhe des Vermögens, der Schulden und des Erfolges.

Steht dem Unternehmen ein **Aktivierungswahlrecht** zu, bedeutet eine Entscheidung für die Aktivierung den Ausweis eines im Vergleich zur Nichtaktivierung höheren Vermögens und damit eines höheren Gewinns. — Aktivierungswahlrecht

Beispiel

Die Elektromotorenfabrik Ulm GmbH entwickelt ein neues Softwareprodukt für die Markteinführung. Es entstehen Aufwendungen in Höhe von 200.000,00 EUR als Entwicklungskosten.

Diese Aufwendungen **kann** das Unternehmen als »selbst geschaffene immaterielle Vermögensgegenstände« in der Bilanz aktivieren.

Der Posten ist im Anlagevermögen auszuweisen.

Das Vermögen und der Gewinn der Software Ulm GmbH steigen um 200.000,00 EUR, wenn sich das Unternehmen für eine Aktivierung der Aufwendungen entscheidet.

Bewertungswahlrechte

② Nach der Frage, ob ein Vermögensgegenstand oder eine Schuld bilanziert werden muss oder darf, ist zu entscheiden, mit welchem Wert dieser zu bilanzierende Posten dann auszuweisen ist.

Einerseits bestehen hier Bewertungsgebote, wonach dem jeweiligen Bilanzposten eindeutig ein bestimmter Wert zuzumessen ist.

Andererseits sind dem bilanzierenden Unternehmen für bestimmte Vermögensgegenstände und Schulden **Bewertungswahlrechte** eingeräumt.

§§ 253 (2), 279 (1) HGB

Güter des Anlagevermögens dürfen zum Beispiel bei einer voraussichtlich nur vorübergehenden Wertminderung entweder auf den niedrigeren Wert abgeschrieben oder aber weiterhin zu ihrem bisherigen Buchwert bilanziert werden.

Beispiel

Die Elektromotorenfabrik Ulm GmbH kauft Wertpapiere im Gesamtwert von 120.000,00 EUR für das Anlagevermögen.

Zum Bilanzstichtag ergibt sich durch Kursschwankungen ein Wert der Papiere von 110.000,00 EUR. Die Differenz von 10.000,00 EUR ist voraussichtlich eine nur vorübergehende Wertminderung.

Die Elektromotorenfabrik Ulm GmbH **darf** die Papiere entweder auf den **niedrigeren Wert** von 110.000,00 EUR abschreiben. Sie **kann** sie aber auch weiterhin zum **bisherigen Buchwert** von 120.000,00 EUR bilanzieren.

Entscheidet sich die GmbH für eine Abschreibung der Wertpapiere, sinken das Anlagevermögen und der Gewinn um 10.000,00 EUR.

Bewertungsspielräume

③ Neben den Bewertungswahlrechten hat das bilanzierende Unternehmen **Bewertungsspielräume.**

Diese entstehen, wenn vom Gesetz zwar ein bestimmter Wertansatz zwingend vorgeschrieben ist, nicht aber die Art und Weise, wie dieser Wert zu ermitteln ist.

Dies kann zu unterschiedlichen Werten führen, die aber trotzdem gesetzlich zulässig sind.

Wirtschaftliche Zugehörigkeit

④ Für eine Bilanzierung **entscheidend ist nur die wirtschaftliche Zugehörigkeit** zum Unternehmen, nicht aber die rechtliche Zugehörigkeit.

Deshalb sind rechtliche Bindungen, wie zum Beispiel der Erwerb des treuhänderischen Eigentums bei einer Sicherungsübereignung oder auch ein Eigentumsvorbehalt, nicht aus der Bilanz ersichtlich.

8.3 Auswertung eines Jahresabschlusses im Hinblick auf Kredit- und Anlageentscheidungen

⑤ **Schwebende Geschäfte** werden nicht bilanziert.

Das sind Rechtsgeschäfte, bei denen Leistung und Gegenleistung noch nicht erbracht worden sind.

Das trifft zum Beispiel auf Lieferverträge, aber auch auf Miet- und Pachtverhältnisse zu.

Schwebende Geschäfte

⑥ Aus der Bilanz werden **Stille Reserven,** die aus der Unterbewertung von Aktiva oder der Überbewertung von Passiva entstanden sind, nicht ersichtlich.

Stille Reserven

⑦ Bei einer Analyse ist die **mangelnde Zukunftsbezogenheit der Daten** zu berücksichtigen.

Die der Analyse zugrundegelegten Daten stammen aus einem vergangenen Zeitraum. Aussagen über die künftige Entwicklung des Unternehmens entstehen unter anderem aus dem Vergleich mehrerer aufeinanderfolgender Jahresabschlüsse.

Diese Aussagen beruhen auf der Annahme, dass eine in der Vergangenheit sichtbare Tendenz auch auf zukünftige Zeiträume hochgerechnet werden kann.

Mangelnde Zukunftsbezogenheit der Daten

⑧ Der Jahresabschluss bezieht sich auf einen Zeitraum: das Geschäftsjahr.

Dieser Zeitraum wird widergespiegelt mit Hilfe einer **Zeitpunktbetrachtung.**

Die Zeitpunkte, der Anfang und das Ende des Geschäftsjahres, liegen fest und kehren regelmäßig wieder.

Betrachtet man aber die lange Entwicklung des Unternehmens, so ist der Stichtag, an dem Bilanz gezogen wird, doch immer ein willkürlicher Punkt.

Zeitpunktbetrachtung

⑨ Aus den vorgelegten Unterlagen ist nicht ersichtlich, ob und wie stark sogenanntes **window-dressing** betrieben wurde.

Das bilanzierende Unternehmen hat die Möglichkeit, die im Jahresabschluss ausgewiesenen Daten zu beeinflussen, indem zum Beispiel bestimmte Einnahmen bzw. Ausgaben vorgezogen oder auf einen Termin nach dem Jahresabschluss verschoben werden.

window-dressing

⑩ Ein weiteres Problem der Analyse ist die **Unvollständigkeit der Daten.**

Nicht alle Werte des Unternehmens sind in der Handelsbilanz enthalten.

Bilanzierungsfähig sind nur Wirtschaftsgüter, Sachen und Rechte, die umsatz- und verkehrsfähig sind und bewertet werden können.

Damit bleiben bei der Bilanzierung solche Werte außer Ansatz wie zum Beispiel technisches know-how, die Qualität von Belegschaft und Management, ein fester Kundenstamm usw., die den originären Firmenwert (»goodwill«) bestimmen, die Differenz zwischen dem tatsächlichen und dem bilanziellen Wert eines Unternehmens.

Unvollständigkeit der Daten

Insgesamt ist bei jeder externen Analyse zu beachten, dass der Jahresabschluss nur bedingt Auskunft über die Lage des Unternehmens geben kann.

Zusammenfassung

Bilanzanalyse

zur Gewinnung von Erkenntnissen über die Vermögens- und Kapitalstruktur

- **Interne Bilanzanalyse**
  mit allen Daten, also auch solchen, die nur Insidern zur Verfügung stehen.

- **Externe Bilanzanalyse**
  mit Daten, die Outsidern zur Verfügung stehen, also vor allem Daten aus dem Jahresabschluss.

  *Beschränkungen der Aussagekraft einer **externen Bilanzanalyse** wegen*

  ① Aktivierungs- und Passivierungswahlrechten

  ② Bewertungswahlrechten

  ③ Bewertungsspielräumen

  ④ Bilanz nach der wirtschaftlichen Zugehörigkeit

  ⑤ schwebender Geschäfte

  ⑥ stiller Reserven

  ⑦ mangelnder Zukunftsbezogenheit

  ⑧ Zeitpunktbretrachtung

  ⑨ window-dressing

  ⑩ Unvollständigkeit der Daten

Aufgaben zu Kapitel 8.3.1.2

[1] Erläutern Sie den Begriff der stillen Rücklagen an Beispielen.

[2] Ein Unternehmen hat vor 12 Jahren ein Baugrundstück von 2.000 qm zum Preis von 300,00 EUR je m^2 angeschafft. Eine Bebauung erfolgte noch nicht. Ein gleichwertiges Grundstück könnte das Unternehmen heute für 700.000,00 EUR erwerben. Gleichzeitig liegen dem Unternehmen für sein eigenes Grundstück Kaufangebote über 375,00 EUR je m^2 vor.

Erläutern Sie, mit welchem Wert das Grundstück in der Bilanz des Unternehmens ausgewiesen wird und in welcher Höhe stille Reserven bestehen.

[3] Ein Straßenbauunternehmen finanziert die Anschaffung einer neuen Baumaschine mit einem Bankdarlehen. Zur Kreditbesicherung wird die Baumaschine dem Kreditinstitut sicherungsübereignet.

Erläutern Sie die Auswirkungen der Sicherungsübereignung auf die Bilanzen von Bauunternehmen und Kreditinstitut.

[4] Erläutern Sie Bewertungswahlrechte an Beispielen.

8.3.1.3 Kennzahlen als Hilfsmittel der Analyse

Als Instrumente der Jahresabschlussanalyse dienen **Kennzahlen.** Sie drücken betriebswirtschaftliche Vorgänge und Zusammenhänge in komprimierter Form aus.

Absolute Kennzahlen ergeben sich aus der Differenz zweier Zahlen.

Absolute Kennzahlen

Beispiel

Die Vorräte stiegen in einem analysierten Unternehmen in der letzten Rechnungsperiode von 4.682.360,00 EUR auf 4.894.254,00 EUR. Sie stiegen um 211.894,00 EUR.

Relative Kennzahlen stellen das Verhältnis zweier Zahlen dar und werden deshalb auch als **Verhältniszahlen** bezeichnet. Sie haben oft größere Aussagekraft als absolute Werte, weil sie unterschiedliche Größen berücksichtigen und somit Vergleiche ermöglichen. Zu den relativen Kennzahlen gehören Gliederungszahlen, Beziehungszahlen, Messzahlen und Indexzahlen.

Relative Kennzahlen

Gliederungszahlen entstehen, wenn eine Teilmenge zu einer Gesamtmenge ins Verhältnis gesetzt wird, wobei die Gesamtmenge 100% beträgt.

Gliederungszahlen

Beispiel

In einem analysierten Unternehmen beträgt das Anlagevermögen 15.905.001,00 EUR und das Gesamtvermögen 24.090.256,00 EUR. Das Anlagevermögen beträgt 66,02% des Gesamtvermögens.

Beziehungszahlen entstehen als Quotienten, wenn sachlich verschiedene Größen, zwischen denen aber eine logische Beziehung besteht, zueinander ins Verhältnis gesetzt werden.

Beziehungszahlen

Beispiel

Der erwirtschaftete Jahresgewinn eines analysierten Unternehmens beträgt im Berichtsjahr 6.588.800,00 EUR. Im Unternehmen waren 116 Mitarbeiter beschäftigt. Der erwirtschaftete Jahresgewinn wird ins Verhältnis zur Anzahl der Beschäftigten des Unternehmens gesetzt. Der Quotient zeigt einen erwirtschafteten Jahresgewinn von 56.800,00 EUR je Mitarbeiter.

Durch **Messzahlen** werden sachlich gleichartige Größen, die aber verschiedenen Zeiten oder Orten zuzuordnen sind, zueinander in Beziehung gesetzt. Gegenüberstellungen gleichartiger Größen zu verschiedenen Zeitpunkten oder Zeiträumen ergeben dynamische Messzahlen, mit denen sich Trends darstellen lassen. Bei der Berechnung bezieht man sich auf ein Basisjahr. Der Wert des Basisjahres wird mit 100% gleichgesetzt. Beziehen sich mehrere Messzahlen auf dasselbe Basisjahr, liegt eine Messzahlreihe vor.

Messzahlen

Beispiel

In einem Unternehmen beträgt das Anlagevermögen im Berichtsjahr 15.905.001,00 EUR und im Basisjahr 15.147.620,00 EUR. Der Wert des Anlagevermögens im Berichtsjahr wird prozentual am Wert des Anlagevermögens im Basisjahr gemessen. Der Quotient sagt aus, dass das Anlagevermögen um 5% bzw. auf 105% gestiegen ist.

Indexzahlen

Indexzahlen charakterisieren, ebenso wie dynamische Messzahlen, zeitliche Entwicklungen. Während bei den Messzahlen lediglich die prozentuale Entwicklung eines Einzelwertes dargestellt wird, erfassen Indexzahlen die durchschnittliche zeitliche Entwicklung eines Wertes, der selbst durch eine Vielzahl von Einzelwerten bestimmt wird. Außerdem können durch Indexzahlen qualitativ verschiedene Größen vergleichbar gemacht werden.

Beispiel

Der erwirtschaftete Jahresgewinn eines analysierten Unternehmens beträgt im Berichtsjahr 6.588.800,00 EUR. Im Unternehmen waren 116 Mitarbeiter beschäftigt. Es wurde ein Jahresgewinn von 56.800,00 EUR je Mitarbeiter erwirtschaftet. Im Basisjahr erwirtschafteten 110 Mitarbeiter einen Gewinn von 6.160.000,00 EUR und damit 56.000,00 EUR Gewinn je Mitarbeiter. Wenn der Index »Jahresgewinn je Mitarbeiter« im Basisjahr den Wert 1 hatte, so stieg er im Berichtsjahr auf 1,0143.

Bilanzkennzahlen

Einseitige bzw. vertikale Bilanzkennzahlen

Zur Beurteilung eines Unternehmens auf Basis der vorliegenden Bilanz lassen sich ebenfalls verschiedene Verhältniszahlen, so genannte **Bilanzkennzahlen**, bilden, die eine Bilanzanalyse ermöglichen sollen. Grundsätzlich lassen sich solche Verhältniszahlen aus den Posten derselben Bilanzseite bilden; man spricht hier von **einseitigen bzw. vertikalen Bilanzkennzahlen.**

Zweiseitige bzw. horizontale Bilanzkennzahlen

Werden Posten von verschiedenen Bilanzseiten ins Verhältnis gesetzt, entstehen **zweiseitige bzw. horizontale Bilanzkennzahlen.** Zusätzlich lassen sich noch Kennzahlen innerhalb der Gewinn- und Verlustrechnung ermitteln sowie zwischen Werten der Gewinn- und Verlustrechnung und der Bilanz.

Zusammenfassung

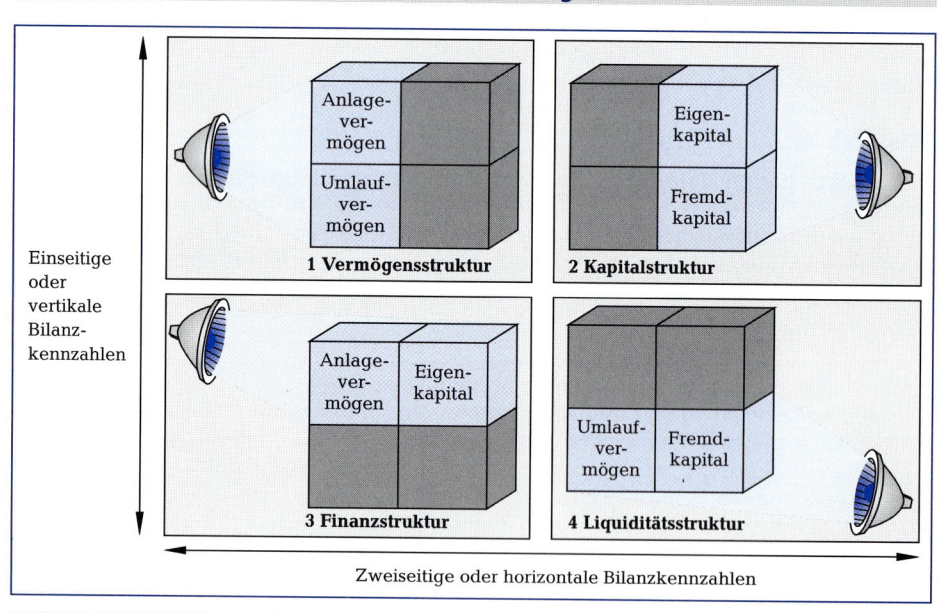

Einseitige oder vertikale Bilanzkennzahlen:
- 1 Vermögensstruktur (Anlagevermögen / Umlaufvermögen)
- 2 Kapitalstruktur (Eigenkapital / Fremdkapital)

Zweiseitige oder horizontale Bilanzkennzahlen:
- 3 Finanzstruktur (Anlagevermögen / Eigenkapital)
- 4 Liquiditätsstruktur (Umlaufvermögen / Fremdkapital)

Aufgabe zu Kapitel 8.3.1.3

Erläutern Sie den Unterschied zwischen vertikalen und horizontalen Bilanzkennzahlen.

8.3.2 Die Aufbereitung der Bilanz

Eine nach HGB § 266 Abs. 2 und 3 gegliederte Bilanz eignet sich kaum für betriebswirtschaftliche Untersuchungen. Sie muss für Analysezwecke und eine kritische Beurteilung zunächst entsprechend aufbereitet bzw. umstrukturiert werden.

Die Aufbereitung der Bilanz bedeutet einerseits, dass die Vielzahl der Bilanzposten nach bestimmten Gesichtspunkten aufzuspalten, umzugliedern und gruppenmäßig zusammenzufassen ist. Andererseits ist das Zahlenmaterial durch Saldierung und Ergänzung zu bereinigen.

Beispiel

Bilanz der Eisenwerke Osnabrück AG

AKTIVA	Berichtsjahr EUR	Vorjahr EUR
A. Anlagevermögen		
I. Sachanlagen		
1. Grundstücke, grundstücksgleiche Rechte und Bauten einschließlich der Bauten auf fremden Grundstücken	3.387.500,00	3.875.800,00
2. technische Anlagen und Maschinen	2.364.425,00	1.951.267,00
3. andere Anlagen, Betriebs- und Geschäftsausstattung	1.428.225,00	1.688.358,00
II. Finanzanlagen		
1. Wertpapiere des Anlagevermögens	1.254.600,00	1.360.855,00
2. Sonstige Ausleihungen	470.250,00	624.570,00
Summe Anlagevermögen	**8.905.000,00**	**9.500.850,00**
B. Umlaufvermögen		
I. Vorräte		
1. Roh-, Hilfs- und Betriebsstoffe	5.894.254,00	5.682.360,00
2. unfertige Erzeugnisse	1.125.364,00	1.087.652,00
3. fertige Erzeugnisse und Waren	1.327.425,00	1.345.987,00
II. Forderungen und sonstige Vermögensgegenstände		
1. Forderungen aus Lieferungen und Leistungen	3.314.550,00	3.288.495,00
2. sonstige Vermögensgegenstände	198.940,00	115.608,00
III. Wertpapiere		
1. sonstige Wertpapiere	1.640.360,00	1.675.230,00
IV. Schecks, Kassenbestand, Guthaben bei Kreditinstituten	2.365.602,00	2.326.970,00
Summe Umlaufvermögen	**15.866.495,00**	**15.522.302,00**
C. Rechnungsabgrenzungsposten	18.760,00	10.690,00
SUMME AKTIVA	24.790.255,00	25.033.842,00

Bilanz der Eisenwerke Osnabrück AG

PASSIVA	Berichtsjahr EUR	Vorjahr EUR
A. Eigenkapital		
I. Gezeichnetes Kapital	2.000.000,00	2.000.000,00
II. Kapitalrücklage	300.000,00	300.000,00
III. Gewinnrücklagen		
1. gesetzliche Rücklage	200.000,00	200.000,00
2. satzungsmäßige Rücklage	200.000,00	200.000,00
3. andere Gewinnrücklagen	3.820.000,00	3.560.000,00
Summe Eigenkapital	**6.520.000,00**	**6.260.000,00**
B. Rückstellungen		
1. Rückstellungen für Pensionen und ähnliche Verpflichtungen	4.416.851,00	3.861.019,00
2. Steuerrückstellungen	55.250,00	63.890,00
3. sonstige Rückstellungen	350.687,00	348.553,00
Summe Rückstellungen	**4.822.788,00**	**4.273.462,00**
C. Verbindlichkeiten		
1. Verbindlichkeiten gegenüber Kreditinstituten	10.650.570,00	10.816.926,00
2. Verbindlichkeiten aus Lieferungen und Leistungen	2.163.662,00	2.786.655,00
3. sonstige Verbindlichkeiten	631.585,00	895.523,00
Summe Verbindlichkeiten	**13.445.817,00**	**14.499.104,00**
D. Rechnungsabgrenzungsposten	1.650,00	1.276,00
SUMME PASSIVA	24.790.255,00	25.033.842,00

Anmerkungen:

Die Pensionsrückstellungen sind zu 70% langfristig.

Die sonstigen Rückstellungen sind zu 50% kurzfristig.

Die Verbindlichkeiten gegen Kreditinstitute sind zu 50% langfristig.

Die sonstigen Verbindlichkeiten sind zu 80% kurzfristig.

8.3 Auswertung eines Jahresabschlusses im Hinblick auf Kredit- und Anlageentscheidungen

STRUKTURBILANZ	Berichtsjahr		Vorjahr		Zu- oder Abnahme
	EUR	%	EUR	%	EUR
AKTIVA					
Sachanlagen	7.180.150,00	29,0	7.515.425,00	30,0	– 335.275,00
Finanzanlagen	1.724.850,00	7,0	1.985.425,00	7,9	– 260.575,00
ANLAGEVERMÖGEN	**8.905.000,00**	**35,9**	**9.500.850,00**	**38,0**	**– 595.850,00**
Vorräte	8.347.043,00	33,7	8.115.999,00	32,4	+ 231.044,00
Forderungen inkl. RAP	5.172.610,00	20,9	5.090.023,00	20,3	+ 82.587,00
Flüssige Mittel	2.365.602,00	9,5	2.326.970,00	9,3	+ 38.632,00
UMLAUFVERMÖGEN	**15.885.255,00**	**64,1**	**15.532.992,00**	**62,0**	**+ 352.263,00**
Gesamtvermögen	24.790.255,00	100,0	25.033.842,00	100,0	– 243.587,00
PASSIVA					
Gezeichnetes Kapital	2.000.000,00	8,1	2.000.000,00	8,0	0,00
Rücklagen	4.520.000,00	18,2	4.260.000,00	17,0	+ 260.000,00
EIGENKAPITAL	**6.520.000,00**	**26,3**	**6.260.000,00**	**25,0**	**+ 260.000,00**
Pensionsrückstellungen	3.091.795,70	12,5	2.702.713,30	10,8	+ 389.082,40
Sonst. Langfrist. Rückst.	175.343,50	0,7	174.276,50	0,7	+ 1.067,00
Langfristige Rückstellungen	3.267.139,20	13,2	2.876.989,80	11,5	+ 390.149,40
Langfr. Verb. gegen KI	5.325.285,00	21,5	5.408.463,00	21,6	– 83.178,00
sonstige langfristige Verbindlichkeiten	126.317,00	0,5	179.104,60	0,7	– 52.787,60
Langfristige Verbindlichkeiten	5.451.602,00	22,0	5.587.567,60	22,3	– 135.965,60
LANGFRISTIGES FREMDKAPITAL	**8.718.741,20**	**35,2**	**8.464.557,40**	**33,8**	**+ 254.183,80**
Pensionsrückstellungen	1.325.055,30	5,3	1.158.305,70	4,6	+ 166.749,60
Steuerrückstellungen	55.250,00	0,2	63.890,00	0,3	– 8.640,00
Sonstige kurzfristige Rückstellungen	175.343,50	0,7	174.276,50	0,7	+ 1.067,00
Kurzfristige Rückstellungen	1.555.648,80	6,3	1.396.472,20	5,6	+ 159.176,60
Kurzfr. Verb. gegen KI	5.325.285,00	21,5	5.408.463,00	21,6	– 83.178,00
Verb. aus Lieferungen und Leistungen	2.163.662,00	8,7	2.786.655,00	11,1	– 622.993,00
Sonstige Verb. incl. RAP	506.918,00	2,0	717.694,40	2,9	– 210.776,40
Kurzfristige Verbindlichkeiten	7.995.865,00	32,3	8.912.812,40	35,6	– 916.947,40
KURZFRISTIGES FREMDKAPITAL	**9.551.513,80**	**38,5**	**10.309.284,60**	**41,2**	**– 757.770,80**
FREMDKAPITAL	18.270.255,00	73,7	18.773.842,00	75,0	– 503.587,00
Gesamtkapital	24.790.255,00	100,0	25.033.842,00	100,0	– 243.587,00

Strukturbilanz   Als Ergebnis der Aufbereitung entsteht eine **Strukturbilanz**.

Um Vergleiche zu ermöglichen, werden die Aktiva nach der Liquidität, die Passiva nach ihrer Herkunft und Verfügbarkeit ausgewiesen. Gleiche oder vergleichbare Bilanzposten werden verdichtet und unter einem gemeinsamen Oberbegriff zusammengefasst. Wertberichtigungen werden vorab mit den entsprechenden Aktivposten saldiert. Aktive Rechnungsabgrenzungsposten werden den Forderungen, passive Rechnungsabgrenzungsposten den kurzfristigen Verbindlichkeiten zugeordnet. Somit lässt sich bereits deutlich der Vermögens- und Kapitalaufbau des Unternehmens erkennen.

Um eine bessere Vergleichbarkeit und Übersichtlichkeit zu erzielen, wird die Bilanzstruktur nicht nur in absoluten Zahlen dargestellt, sondern auch in Prozentzahlen. Dadurch wird die relative Zusammensetzung der Vermögens- und Kapitalseite aufgezeigt und es wird erkennbar, welches Gewicht die einzelnen Hauptgruppen innerhalb des Gesamtvermögens und Gesamtkapitals haben. Die Bilanzsumme bildet dabei die Basis und entspricht 100 Prozent. Zusätzlich werden die Vorjahreswerte in die Strukturbilanz aufgenommen, um auch eine dynamische Analyse zu ermöglichen.

Zusammenfassung

Aktiva	Strukturbilanz					Passiva			
	Berichtsjahr		Vorjahr			Berichtsjahr		Vorjahr	
	EUR	%	EUR	%		EUR	%	EUR	%

I. Anlagevermögen
  1. Sachanlagen
  2. Finanzanlagen
II. Umlaufvermögen
  1. Vorräte
  2. Forderungen
  3. Flüssige Mittel
					I. Eigenkapital
					II. Fremdkapital
					  1. Langfristiges
					     Fremdkapital
					  2. Kurzfristiges
					     Fremdkapital					

Aufgaben zu Kapitel 8.3.2

[1] Warum ist es notwendig, aus einer vorliegenden Unternehmensbilanz eine Strukturbilanz zu entwickeln?

[2] Die NORDBAU AG legt für die beiden letzten Geschäftsjahre folgende Abschlusszahlen vor:

Bilanz der NORDBAU AG, Rostock AKTIVA	Berichtsjahr (EUR)	Vorjahr (EUR)
A. Anlagevermögen		
I. Sachanlagen		
1. Grundstücke, grundstücksgleiche Rechte und Bauten einschließlich der Bauten auf fremden Grundstücken	4.437.625,00	5.232.330,00
2. technische Anlagen und Maschinen	3.191.974,00	2.692.748,00
3. andere Anlagen, Betriebs- und Geschäftsausstattung	1.970.951,00	2.211.749,00
II. Finanzanlagen		
1. Wertpapiere des Anlagevermögens	1.643.526,00	1.837.154,00
2. Sonstige Ausleihungen	634.838,00	861.907,00
Summe Anlagevermögen	**11.878.914,00**	**12.835.888,00**

	Berichtsjahr (EUR)	Vorjahr (EUR)
B. Umlaufvermögen		
I. Vorräte		
1. Roh-, Hilfs- und Betriebsstoffe	8.134.071,00	7.443.892,00
2. unfertige Erzeugnisse	1.474.227,00	1.468.330,00
3. fertige Erzeugnisse und Waren	1.792.024,00	1.857.462,00
II. Forderungen und sonstige Vermögensgegenstände		
1. Forderungen aus Lieferungen und Leistungen	4.574.079,00	4.307.928,00
2. sonstige Vermögensgegenstände	260.611,00	156.071,00
III. Wertpapiere		
1. sonstige Wertpapiere	2.214.486,00	2.261.561,00
IV. Schecks, Kassenbestand, Guthaben bei Kreditinstituten	3.264.531,00	3.048.331,00
Summe Umlaufvermögen	**21.714.029,00**	**20.543.575,00**
C. Rechnungsabgrenzungsposten	24.576,00	14.432,00
SUMME AKTIVA	**33.617.519,00**	**33.393.895,00**

PASSIVA

	Berichtsjahr (EUR)	Vorjahr (EUR)
A. Eigenkapital		
I. Gezeichnetes Kapital	2.620.000,00	2.620.000,00
II. Kapitalrücklage	405.000,00	405.000,00
III. Gewinnrücklagen		
1. gesetzliche Rücklage	276.000,00	276.000,00
2. satzungsmäßige Rücklage	262.000,00	262.000,00
3. andere Gewinnrücklagen	5.157.000,00	4.663.600,00
Summe Eigenkapital	**8.720.000,00**	**8.226.600,00**
B. Rückstellungen		
1. Rückstellungen für Pensionen und ähnliche Verpflichtungen	6.124.001,00	5.430.300,00
2. Steuerrückstellungen	76.245,00	86.252,00
3. sonstige Rückstellungen	459.400,00	481.003,00
Summe Rückstellungen	**6.659.644,76**	**5.997.555,00**
C. Verbindlichkeiten		
1. Verbindlichkeiten gegenüber Kreditinstituten	14.378.270,00	14.170.173,00
2. Verbindlichkeiten aus Lieferungen und Leistungen	2.985.854,00	3.761.984,00
3. sonstige Verbindlichkeiten	871.587,00	1.235.822,00
Summe Verbindlichkeiten	**18.235.711,00**	**19.167.979,00**
D. Rechnungsabgrenzungsposten	2.162,00	1.761,00
SUMME PASSIVA	**33.617.519,00**	**33.393.895,00**

Anmerkungen:

Die Pensionsrückstellungen sind zu 70% langfristig.
Die sonstigen Rückstellungen sind zu 50% kurzfristig.
Die Verbindlichkeiten gegen Kreditinstitute sind zu 50% kurzfristig.
Die sonstigen Verbindlichkeiten sind zu 80% kurzfristig.

Erstellen Sie die Strukturbilanz der Nordbau AG Rostock. Ermitteln Sie die absoluten und relativen Veränderungen aller angegebenen Werte.

③ Die SÜDWESTBAU AG, Heidenheim, legt für die beiden letzten Geschäftsjahre folgende Abschlusszahlen vor:

Bilanz der SÜDWESTBAU AG, Heidenheim **A K T I V A**	Berichtsjahr (EUR)	Vorjahr (EUR)
A. Anlagevermögen		
I. Sachanlagen		
1. Grundstücke, grundstücksgleiche Rechte und Bauten einschließlich der Bauten auf fremden Grundstücken	6.266.875,00	7.286.504,00
2. technische Anlagen und Maschinen	4.445.119,00	3.531.793,00
3. andere Anlagen, Betriebs- und Geschäftsausstattung	2.585.087,00	3.123.462,00
II. Finanzanlagen		
1. Wertpapiere des Anlagevermögens	2.321.010,00	2.558.407,00
2. Sonstige Ausleihungen	884.070,00	1.130.472,00
Summe Anlagevermögen	**16.502.161,00**	**17.630.638,00**
B. Umlaufvermögen		
I. Vorräte		
1. Roh-, Hilfs- und Betriebsstoffe	10.668.600,00	10.512.366,00
2. unfertige Erzeugnisse	2.081.923,00	2.044.786,00
3. fertige Erzeugnisse und Waren	2.495.559,00	2.436.236,00
II. Forderungen und sonstige Vermögensgegenstände		
1. Forderungen aus Lieferungen und Leistungen	5.999.336,00	6.083.716,00
2. sonstige Vermögensgegenstände	368.039,00	217.343,00
III. Wertpapiere		
1. sonstige Wertpapiere	3.083.877,00	3.149.432,00
IV. Schecks, Kassenbestand, Guthaben bei Kreditinstituten	4.281.734,00	4.304.895,00
Summe Umlaufvermögen	**28.979.074,00**	**28.748.774,00**
C. Rechnungsabgrenzungsposten	34.706,00	20.097,00
SUMME AKTIVA	**45.515.941,00**	**46.399.509,00**

PASSIVA	Berichtsjahr (EUR)	Vorjahr (EUR)
A. Eigenkapital		
I. Gezeichnetes Kapital	3.700.000,00	3.700.000,00
II. Kapitalrücklage	564.000,00	564.000,00
III. Gewinnrücklagen		
1. gesetzliche Rücklage	362.000,00	362.000,00
2. satzungsmäßige Rücklage	370.000,00	370.000,00
3. andere Gewinnrücklagen	7.181.600,00	6.586.000,00
Summe Eigenkapital	**12.177.600,00**	**11.582.000,00**
B. Rückstellungen		
1. Rückstellungen für Pensionen und ähnliche Verpflichtungen	7.504.045,00	7.130.398,00
2. Steuerrückstellungen	100.003,00	120.113,00
3. sonstige Rückstellungen	648.771,00	630.881,00
Summe Rückstellungen	**8.252.819,00**	**7.881.392,00**
C. Verbindlichkeiten		
1. Verbindlichkeiten gegenüber Kreditinstituten	20.023.072,00	20.011.313,00
2. Verbindlichkeiten aus Lieferungen und Leistungen	3.916.228,00	5.238.911,00
3. sonstige Verbindlichkeiten	1.143.169,00	1.683.583,00
Summe Verbindlichkeiten	**25.082.469,00**	**26.933.807,00**
D. Rechnungsabgrenzungsposten	3.053,00	2.310,00
SUMME PASSIVA	**45.515.941,00**	**46.399.509,00**

Anmerkungen:

Die Pensionsrückstellungen sind zu 70% langfristig.

Die sonstigen Rückstellungen sind zu 50% kurzfristig.

Die Verbindlichkeiten gegen Kreditinstitute sind zu 50% kurzfristig.

Die sonstigen Verbindlichkeiten sind zu 80% kurzfristig.

Erstellen Sie die Strukturbilanz für die SÜDWESTBAU AG, Heidenheim. Ermitteln Sie die absoluten und relativen Veränderungen aller angegebenen Werte.

[4] Vergleichen Sie die Veränderungen der Werte bei der Nordbau AG, Rostock mit denen der Südwestbau AG, Heidenheim.

8.3.3 Die Beurteilung der Bilanz

8.3.3.1 Vermögensstruktur

Bei einer Analyse der Vermögensstruktur werden Bilanzposten der Aktivseite sowohl zueinander als auch zum Gesamtvermögen in Beziehung gesetzt.

Kennzahlen der Vermögensstruktur

$$\text{Anlagenintensität} = \frac{\text{Anlagevermögen} \cdot 100}{\text{Gesamtvermögen}}$$

$$\text{Anteil des Umlaufvermögens} = \frac{\text{Umlaufvermögen} \cdot 100}{\text{Gesamtvermögen}}$$

$$\text{Vorratsquote} = \frac{\text{Vorräte} \cdot 100}{\text{Gesamtvermögen}}$$

$$\text{Forderungsquote} = \frac{\text{Forderungen} \cdot 100}{\text{Gesamtvermögen}}$$

$$\text{Anteil der flüssigen Mittel} = \frac{\text{Flüssige Mittel} \cdot 100}{\text{Gesamtvermögen}}$$

Die Zusammensetzung des Vermögens resultiert in erster Linie aus der Zugehörigkeit des analysierten Unternehmens zu einer bestimmten Branche. So sind zum Beispiel Unternehmen der Kohleförderung besonders anlagenintensiv, während sich bei Handels- und Dienstleistungsunternehmen der überwiegende Teil des Vermögens im Umlaufvermögen befindet.

Anlagenintensität

Die **Anlagenintensität** ergibt sich aus dem Verhältnis des Anlagevermögens zum Gesamtvermögen.

In Unternehmen der Automobilindustrie z. B. lässt ein hohes Anlagevermögen auf einen hohen Grad der Rationalisierung und Automatisierung sowie auf einen umfangreichen Bestand neuer Maschinen schließen. Daraus ergeben sich relativ niedrige Personalkosten und ein hoher Umsatz pro Mitarbeiter.

Anlagen binden aber langfristig Kapital und verursachen deshalb hohe fixe Kosten. Diese fixen Kosten, wie zum Beispiel Abschreibungen, Instandhaltungen und Zinskosten für das investierte Kapital, fallen unabhängig von der Beschäftigungs- und Ertragslage des Unternehmens an. Um den Anteil der hohen Fixkosten pro Stück niedrig zu halten muss ein Unternehmen seine Kapazitäten möglichst weitgehend auslasten. Absatzschwankungen können sich solche Unternehmen nur schwer anpassen. Das bringt besondere Risiken im Konjunkturabschwung mit sich. Für den externen Bilanzanalytiker ist nicht erkennbar, inwieweit die Anlagenintensität auf Leasing beruht.

Fixkostendegression

Je geringer die Anlagenintensität ist, umso anpassungsfähiger und flexibler kann ein Unternehmen auf veränderte Marktverhältnisse reagieren. Selbst bei steigenden Absatzzahlen wird das Unternehmen deshalb erst zuletzt das Risiko langfristiger Investitionen in zusätzliches Anlagevermögen eingehen und zuerst versuchen, vorhandene Kapazitäten auszulasten. Das gilt auch für die Mitarbeiter, die nicht je nach Beschäftigungslage eingestellt und entlassen werden können. Aufgrund der **Fixkostendegression** bei zunehmender Kapazitätsauslastung steigen die Gewinnmöglichkeiten. Vor Neueinstellungen von Mitarbeitern wird deshalb geprüft, ob Produktionsspitzen durch Überstunden bewältigt werden können.

8.3 Auswertung eines Jahresabschlusses im Hinblick auf Kredit- und Anlageentscheidungen

Das **Umlaufvermögen** setzt sich vor allem aus Vorräten, Forderungen und flüssigen Mitteln zusammen. Im Vergleich zum Anlagevermögen ist das Umlaufvermögen relativ anpassungsfähig an eine sich verändernde Marktlage. Es ist grundsätzlich durch einen häufigeren Umschlag und damit durch eine kürzere Verweildauer im Unternehmen gekennzeichnet. Der Unternehmensleitung erwachsen aus dieser kürzeren Bindungsfrist des Vermögens bessere Dispositionsmöglichkeiten als beim Anlagevermögen.

Umlaufvermögen

Umschlagshäufigkeit

Eine pauschale und isolierte Betrachtung der Entwicklung der **Vorratsquote** hat keine Aussagekraft. Geht z.B. eine Abnahme der **Fertigungserzeugnisse** mit einer Zunahme der **Unfertigen Erzeugnisse** und steigendem Umsatz einher, so deutet das daraufhin, dass die Produktion hochgefahren wird, um steigende Nachfrage zu befriedigen. Andererseits lässt eine Zunahme des Bestandes an Fertigerzeugnissen bei sinkendem Bestand an Unfertigen Erzeugnissen und sinkendem Umsatz darauf schließen, dass die Produktion wegen Verschlechterung der Auftragslage gedrosselt wird.

Vorratsquote

Sinken die Bestände an **RHB (Roh-, Hilfs- und Betriebsstoffe)**, so kann das entweder ebenfalls auf Produktionsdrosselung, ebenso gut aber auch auf die Einführung von »just-in-time-production« zur Verringerung der Kosten der Lagerhaltung hindeuten. Die damit verbundene Verlagerung der Lagerhaltung auf die Straße verschlimmert die Umweltbelastung durch den Verkehr.

Ein Sinken der **Forderungsquote** ist immer positiv zu bewerten, weil dadurch ein schnellerer Rückfluss der investierten Mittel wegen steigender Schuldnermoral signalisiert wird.

Forderungsquote

Aussagekraft hat eine Analyse der **Vermögensstruktur** insgesamt nur dann, wenn die Entwicklung über mehrere Jahre verfolgt und mit dem Branchendurchschnitt verglichen wird.

Vermögensstruktur

Beispiel

Für die Eisenwerke Osnabrück AG ergeben sich folgende Kennzahlen der Vermögensstruktur:

Kennzahlen der Vermögensstruktur	Berichtsjahr	Vorjahr	Branchendurchschnitt
Anlagenintensität	35,9%	37,9%	36,0%
Anteil des Umlaufvermögens	64,1%	62,1%	64,0%
Vorratsquote	33,7%	32,4%	35,0%
Forderungsquote	20,9%	20,3%	20,0%
Anteil der flüssigen Mittel	9,5%	9,3%	9,0%

Die **Anlagenintensität** der Eisenwerke Osnabrück AG hat sich im Berichtsjahr von 37,9% auf 35,9% verringert. Das Unternehmen hat im Berichtsjahr seine Produktionskapazitäten nicht aufgestockt, sondern weiter planmäßig abgeschrieben.

Das Umlaufvermögen wurde ausgeweitet. Dabei stiegen die **Vorratsquote** um 1,3-%-Punkte bzw. 4,0% und die **Forderungsquote** um 0,6-%-Punkte bzw. 3,0%. Unter Beachtung der Steigerung der Umsatzerlöse um 11,5% und der Gesamtleistung um 11,6% ist davon auszugehen, dass es dem Unternehmen gelungen ist, seinen

Absatz stark zu erhöhen und dafür die Produktion zu steigern. Gleichzeitig wurden Bestände an Fertigerzeugnissen abgebaut. Die Forderungen stiegen nicht in gleichem Maße wie der Umsatz, was unter anderem auf eine Vereinbarung von kürzeren Zahlungszielen mit den Abnehmern und einen Ausbau des betrieblichen Mahnwesens schließen lässt.

Insgesamt hat sich die Vermögensstruktur des Unternehmens im Berichtsjahr verbessert. Die Steigerung des Absatzes wurde mit einer unterproportionalen Erhöhung der Vorräte und Forderungen erreicht sowie mit den vorhandenen Produktionskapazitäten. Die verbesserte Auslastung des Anlagevermögens wirkt sich einerseits positiv auf die Kostenstruktur aus, andererseits verringert sie das Risiko bei einer eventuellen Verschlechterung der Absatzlage.

Zusammenfassung

• **Anlagenintensität und Forderungsquote sind stark branchenabhängig**	
Hohe Anlagenintensität	
Vorteile	Nachteile
Rationalisierung durch Anlagen ermöglicht Senkung der fixen Stückkosten.	Sinkende Auslastung der Anlagenkapazität führt zur Steigerung der fixen Stückkosten.
• In allen Branchen – außer der Kreditwirtschaft – deutet eine steigende Forderungsquote auf sinkende Schuldnermoral hin.	
• Aus der isoliert betrachteten und unspezifischen **Vorratsquote** lassen sich keine Schlüsse auf die Lage eines Unternehmens ziehen.	
Abhängigkeit der Vorratshaltung von der Entwicklung	
Umsätze	Anlieferung »just-in-time«

Spezifizierung der Vorräte nach		
Roh-, Hilfs- und Betriebsstoffen	Unfertigen Erzeugnissen	Fertigerzeugnissen

Aufgaben zu Kapitel 8.3.3.1

1. Ermitteln Sie für die NORDBAU AG, Rostock (siehe Aufgabe 2 zu Kapitel 8.3.2), die Kennzahlen der Vermögensstruktur und interpretieren Sie diese. Ermitteln und interpretieren Sie die absoluten und relativen Veränderungen der Werte vom Vorjahr zum Berichtsjahr.

2. Ermitteln Sie für die SÜDWESTBAU AG, Heidenheim (siehe Aufgabe 3 zu Kapitel 8.3.2), die Kennzahlen der Vermögensstruktur und interpretieren Sie diese. Ermitteln und interpretieren Sie die absoluten und relativen Veränderungen der Werte vom Vorjahr zum Berichtsjahr.

3. Vergleichen Sie die Werte der NORDBAU AG, Rostock mit denen der SÜDWESTBAU AG, Heidenheim.

8.3.3.2 Kapitalstruktur

Bei einer Analyse der Kapitalstruktur werden nur Bilanzposten der Passivseite sowohl zueinander als auch zum Gesamtkapital in Beziehung gesetzt.

Kennzahlen der Kapitalstruktur

$$\text{Eigenkapitalquote} = \frac{\text{Eigenkapital} \cdot 100}{\text{Gesamtkapital}}$$

$$\text{Fremdkapitalquote} = \frac{\text{Fremdkapital} \cdot 100}{\text{Gesamtkapital}}$$

$$\text{Verschuldungsgrad} = \frac{\text{Fremdkapital} \cdot 100}{\text{Eigenkapital}}$$

$$\text{Anteil des langfristigen Fremdkapitals} = \frac{\text{langfr. Fremdkapital} \cdot 100}{\text{Gesamtkapital}}$$

$$\text{Anteil des kurzfristigen Fremdkapitals} = \frac{\text{kurzfr. Fremdkapital} \cdot 100}{\text{Gesamtkapital}}$$

$$\text{Grad der Selbstfinanzierung} = \frac{\text{Gewinnrücklagen} \cdot 100}{\text{Gesamtkapital}}$$

Diese Kennzahlen geben Auskunft über die **Kapital- bzw. Finanzierungsverhältnisse** des Unternehmens. Bei der Beurteilung der Finanzierung oder Kapitalausstattung geht es vor allem darum, in welchem Maße das Unternehmen mit eigenen oder fremden Mitteln arbeitet.

Kapital- bzw. Finanzierungsverhältnisse

Das **Eigenkapital** ist unkündbar und steht dem Unternehmen unbefristet zur Verfügung. Deshalb erfüllt es eine wichtige Funktion für die Finanzierung des langfristig angelegten Vermögens, besonders des Anlagevermögens. Weiterhin hat das Eigenkapital eine **Haftungs- oder Garantiefunktion** gegenüber den Gläubigern des Unternehmens.

Eigenkapital

Deshalb ist es Grundlage und Sicherheit für die Aufnahme von Fremdkapital. Es erhöht die Kreditwürdigkeit des Betriebes.

Gleichzeitig ist die **Eigenkapitalquote** ein Maßstab für den potentiellen Kreditspielraum des Unternehmens, denn je niedriger die Verschuldung, um so größer die Möglichkeit, bei Bedarf weitere Kredite aufnehmen zu können.

Eigenkapitalquote

Weiterhin zeigt die Eigenkapitalquote die wirtschaftliche und finanzielle Stabilität des Unternehmens. Ein hoher Eigenkapitalanteil macht den Betrieb finanziell unabhängiger gegenüber den Gläubigern und einem unerwarteten Fremdkapitalentzug. Außerdem hilft das Eigenkapital, eventuelle Verluste zu überstehen, sichert das Unternehmen in Krisenzeiten und ermöglicht eine höhere finanzwirtschaftliche Flexibilität.

Die Eigenkapitalkosten drücken sich in der Erwartung der Eigenkapitalgeber auf anteilige Ausschüttung von erwirtschaftetem Gewinn aus.

Fremdkapital Fremdkapitalquote Verschuldungsgrad

Das **Fremdkapital** zeigt, ins Verhältnis zum Gesamtkapital gesetzt, die **Fremdkapitalquote**. Um den **Verschuldungsgrad** zu ermitteln, wird das Fremdkapital oft auch ins Verhältnis zum Eigenkapital gesetzt.

Fremdkapital ist kündbar oder auf Termin zurückzuzahlen. Es ist mit festen Zins- und Tilgungsleistungen verbunden, die auch in Verlustjahren erbracht werden müssen. Ein hohes Fremdkapital engt den finanziellen Spielraum des Unternehmens ein, und jede weitere Kreditaufnahme erhöht die Abhängigkeit von den Gläubigern.

Für die Beurteilung der Finanzierung ist vor allem die Struktur des Fremdkapitals von Bedeutung. Sie wird einerseits ermittelt mit den oben genannten Kennzahlen, die das langfristige und kurzfristige Fremdkapital jeweils in Relation zum Gesamtkapital setzen. Noch deutlicher wird die Fremdkapitalstruktur, wenn das lang- bzw. kurzfristige Fremdkapital jeweils zum Fremdkapital in Beziehung gesetzt wird. Besondere Beachtung verdient ein relativ hohes kurzfristiges Fremdkapital, denn es bedingt eine kurzfristige Bereitstellung von entsprechend hohen flüssigen Mitteln und belastet daher die Liquidität des Unternehmens erheblich.

Grad der Selbstfinanzierung

Der **Grad der Selbstfinanzierung** ist eine besondere Kennzahl der Kapitalstruktur. Sie zeigt an, in welchem Maße die Unternehmung erwirtschaftete Gewinne nicht ausgeschüttet, sondern einbehalten und in die Rücklagen eingestellt hat.

Diese thesaurierten Gewinne dienen vor allem der Selbstfinanzierung von Investitionen und damit der Stärkung der Eigenkapitalbasis aus eigener Kraft. Selbstfinanzierung schafft einerseits eine größere Unabhängigkeit des Unternehmens von den Kapitalgebern, birgt andererseits aber die Gefahr von Kapitalfehlleitung in sich.

Kapitalstruktur

Aussagekraft hat eine Analyse der **Kapitalstruktur** insgesamt nur dann, wenn die Entwicklung, ebenso wie bei der Vermögensstruktur, über mehrere Jahre verfolgt und mit dem Branchendurchschnitt verglichen wird.

Der Anteil des Eigenkapitals am Gesamtkapital wird weitgehend auch von der Anlagenintensität des Unternehmens bestimmt. Sehr anlageintensive Unternehmen brauchen zur fristgerechten Finanzierung des langfristigen Vermögens eine höhere Eigenkapitalausstattung als zum Beispiel ein Handelsbetrieb mit relativ niedriger Anlagenintensität. Ein bestimmtes Verhältnis zwischen Eigenkapital und Fremdkapital lässt sich dabei nicht vorgeben, sondern unter dem Aspekt der **Sicherheit** für die Fremdkapitalgeber die Forderung aufstellen, dass das Eigenkapital so hoch wie möglich sein sollte.

Rentabilität des eingesetzten Eigenkapitals

Oft wird als eine Art Finanzierungsregel die Forderung aufgestellt, dass das Eigenkapital mindestens die gleiche Höhe wie das Fremdkapital erreichen müsse. Diese Regel wird damit begründet, dass die Eigentümer des Unternehmens durch Kapitaleinlagen und Selbstfinanzierung mindestens ebensoviel zur Finanzierung beitragen müssen wie die Gläubiger. Dies ist vom Standpunkt der Sicherheit für die Gläubiger und damit für die Erhaltung der Fremdkapitalquellen sehr sinnvoll. Andererseits kollidiert diese Forderung mit dem Ziel jeder Unternehmung, vor allem die **Rentabilität** des eingesetzten Eigenkapitals zu sichern.

Das ins Unternehmen eingebrachte Fremdkapital erhält über die vereinbarte Frist bis zur Fälligkeit den vereinbarten Zins. Diese Verzinsung des Fremdkapitals muss das Unternehmen unabhängig von der Ertragslage gewährleisten. Realisiert das Unternehmen im Verhältnis zum eingesetzten Gesamtkapital prozentual mehr Erträge, das heißt, ist die Verzinsung des eingesetzten Gesamtkapitals höher als die fest vereinbarte Verzinsung des beschafften Fremdkapitals, ist der zusätzlich verdiente Ertragsanteil dem Eigenkapital zuzurechnen. Die Eigenkapitalrentabilität oder Eigenkapitalverzinsung liegt dann über der Fremdkapitalverzinsung.

8.3 Auswertung eines Jahresabschlusses im Hinblick auf Kredit- und Anlageentscheidungen

> Die Eigenkapitalrentabilität wird, bei gegebener Gesamtkapitalrentabilität, prozentual größer, wenn der Anteil des Eigenkapitals am Gesamtkapital kleiner wird. Dies widerspricht der oben aufgestellten Forderung nach Eigenkapital in maximaler Höhe.

Zielkonflikt zwischen Rentabilität und Sicherheit

Da zur weiteren Erarbeitung dieser Kennzahlen aber Werte aus der Gewinn- und Verlustrechnung benötigt werden, soll die Betrachtung der Relation von Eigen- und Fremdkapital unter Einbeziehung von Rentabilitätsgesichtspunkten im Abschnitt 8.3.5 fortgesetzt werden.

Beispiel

Für die Eisenwerke Osnabrück AG ergeben sich folgende Kennzahlen der Kapitalstruktur:

Kennzahlen der Kapitalstruktur	Berichtsjahr	Vorjahr	Branchendurchschnitt
Eigenkapitalquote	26,3%	25,0%	25,0%
Fremdkapitalquote	73,7%	75,0%	75,0%
Verschuldungsgrad	280,2%	299,9%	300,0%
Anteil des langfristigen Fremdkapitals	35,2%	33,8%	35,0%
Anteil des kurzfristigen Fremdkapitals	38,5%	41,2%	40,0%
Grad der Selbstfinanzierung	17,0%	15,8%	15,0%

Die Eigenkapitalquote der Eisenwerke Osnabrück AG wurde im Berichtsjahr von 25,0% auf 26,3% erhöht. Gleichzeitig fiel der Anteil des Fremdkapitals am Gesamtkapital von 75,0% auf 73,7%. Das Unternehmen hat im Berichtsjahr offensichtlich Anstrengungen unternommen, das Verhältnis von Eigenkapital zu Fremdkapital zu verbessern.

Erreicht wurde die **Veränderung der Kapitalstruktur** vor allem durch Tilgung kurz- und langfristiger Kredite. Die Steigerung des Anteils des langfristigen Fremdkapitals ist zurückzuführen auf eine Zuführung zu den langfristigen Pensionsrückstellungen, die die Tilgung langfristiger Kredite noch übersteigt.

Umgekehrt ist das Verhältnis im kurzfristigen Finanzierungsbereich. Hier wurden in so großem Umfang Verbindlichkeiten abgebaut, dass die Zuführungen zu den kurzfristigen Pensionsrückstellungen einerseits mehr als ausgeglichen werden und andererseits zusätzlich noch der Anstieg des langfristigen Fremdkapitals kompensiert wird, so dass insgesamt das Fremdkapital sinkt. Der Abbau der unter dem Gesichtspunkt der Liquidität besonders risikoreichen kurzfristigen Verbindlichkeiten ist besonders positiv zu beurteilen.

Der gesamte Prozess der Umstrukturierung im Passivbereich wurde noch unterstützt durch mit einer Erhöhung des Eigenkapitals durch Selbstfinanzierung. Der Grad der Selbstfinanzierung stieg von 15,8% auf 17,0%.

Insgesamt hat sich die Kapitalstruktur des Unternehmens im Berichtsjahr verbessert. Dies ist auf eine Tilgung von Verbindlichkeiten, besonders im kurzfristigen Bereich, sowie auf eine Eigenkapitalerhöhung durch die Einstellung von Teilen des Gewinns in die Rücklagen, zurückzuführen.

Zusammenfassung

- Die **Eigenkapitalquote** zeigt die Stabilität und die wirtschaftliche Unabhängigkeit des Unternehmens. Je höher die Eigenkapitalquote, desto sicherer ist das Unternehmen finanziert.
- Der **Grad der Selbstfinanzierung** zeigt die Unabhängigkeit des Unternehmens von Kapitalgebern.
- Ein **relativ hohes kurzfristiges Fremdkapital,** belastet die **Liquidität** des Unternehmens.

Aufgaben zu Kapitel 8.3.3.2

1. a) Ermitteln Sie für die NORDBAU AG, Rostock (siehe Aufgabe 2 zu Kapitel 8.3.2), die Kennzahlen der Kapitalstruktur und interpretieren Sie diese.

   b) Ermitteln und interpretieren Sie die absoluten und relativen Veränderungen der Werte vom Vorjahr zum Berichtsjahr.

2. a) Ermitteln Sie für die SÜDWESTBAU AG, Heidenheim (siehe Aufgabe 3 zu Kapitel 8.3.2), die Kennzahlen der Kapitalstruktur und interpretieren Sie diese.

   b) Ermitteln und interpretieren Sie die absoluten und relativen Veränderungen der Werte vom Vorjahr zum Berichtsjahr.

3. Wie beurteilen Sie die Entwicklung des Selbstfinanzierungsgrades bei beiden Unternehmen?

8.3.3.3 Finanzstruktur

Zur Beurteilung der Finanzstruktur eines Unternehmens werden Aktiv- und Passivseite der Bilanz zueinander in Beziehung gesetzt.

Kennzahlen der Finanzstruktur (Anlagendeckung)

$$\text{Anlagendeckungsgrad I} = \frac{\text{Eigenkapital} \cdot 100}{\text{Anlagevermögen}}$$

$$\text{Anlagendeckungsgrad II} = \frac{(\text{Eigenkapital} + \text{langfr. Fremdkapital}) \cdot 100}{\text{Anlagevermögen}}$$

Finanzierung des Anlagevermögens

Das **Anlagevermögen** ist in jedem Unternehmen **langfristig gebundenes Vermögen,** weil es dazu bestimmt ist, dem Betrieb dauernd zu dienen. Demnach muss es auch mit Mitteln finanziert sein, die dem Unternehmen ebenfalls dauernd zur Verfügung stehen.

Anlagendeckungsgrad I

Ist das langfristig gebundene Vermögen durch Eigenkapital gedeckt, hat der Betrieb keine Tilgungsverpflichtungen gegenüber den Gläubigern. Der **Anlagendeckungsgrad I** zeigt, in welchem Maße das Anlagevermögen durch Eigenkapital gedeckt ist.

8.3 Auswertung eines Jahresabschlusses im Hinblick auf Kredit- und Anlageentscheidungen

Zum langfristigen Kapital gehört neben dem Eigenkapital auch noch das langfristig zur Verfügung stehende Fremdkapital. Im **Anlagendeckungsgrad II** ist deshalb das langfristige Fremdkapital als Finanzierungsquelle für Anlagevermögen mit in die Beurteilung der Finanzstruktur einbezogen.

<small>Anlagendeckungsgrad II</small>

Übersteigt der **Anlagendeckungsgrad 100%,** stehen **langfristige Finanzierungsmittel** auch noch **für Teile des Umlaufvermögens** zur Verfügung. Dies ist insofern zu begrüßen, als auch Teile des Umlaufvermögens langfristig gebunden sind. Ein Grundbestand an Rohstoffen oder an Waren sichert als »**eiserner Bestand**« die Betriebsbereitschaft des Unternehmens. Er muss langfristig finanziert werden.

<small>Eiserner Bestand</small>

Die **Entscheidung, ob mit Eigenkapital oder mit Fremdkapital finanziert** wird, hängt im konkreten Fall von einer Vielzahl von Faktoren ab, so zum Beispiel von der Höhe der Zinsen für das Fremdkapital im Vergleich zur Gesamtkapitalrentabilität. Weiterhin ist die Lage am Kapitalmarkt zu berücksichtigen, die Selbstfinanzierungs- oder Ausschüttungspolitik des Unternehmens sowie die Frage, ob durch Aufnahme weiteren Eigenkapitals eine Verschiebung in den Beherrschungsverhältnissen des Unternehmens eintreten kann.

Beispiel

Für die Eisenwerke Osnabrück AG ergeben sich folgende Kennzahlen der Finanzstruktur:

Kennzahlen der Finanzstruktur	Berichtsjahr	Vorjahr	Branchendurchschnitt
Anlagendeckungsgrad I	73,2%	65,9%	70,0%
Anlagendeckungsgrad II	171,1%	155,0%	160,0%

Die Anlagendeckung durch Eigenkapital hat sich im Berichtsjahr von 65,9% auf 73,2% verbessert. Ursachen für diese Entwicklung sind einerseits die Erhöhung des Eigenkapitals durch Rücklagenbildung aus dem erwirtschafteten Gewinn des Vorjahres sowie andererseits die Verminderung des Anlagevermögens.

Die gleiche Tendenz zeigt sich auch bei Ermittlung des Anlagendeckungsgrades II: dieser stieg von 155,0% auf 171,1%. Die beim Anlagendeckungsgrad I wirkenden Ursachen werden hier noch verstärkt durch einen Anstieg des langfristigen Fremdkapitals im Berichtsjahr.

Insgesamt kann die Anlagendeckung des Unternehmens positiv beurteilt werden, auch weil noch Teile des Umlaufvermögens langfristig finanziert sind.

Zusammenfassung
Anlagendeckung

Anlagevermögen	Eigenkapital
	Langfristiges Fremdkapital
Umlaufvermögen	
	Kurzfristiges Fremdkapital

Aufgaben zu Kapitel 8.3.3.3

① a) Ermitteln Sie für die NORDBAU AG, Rostock (siehe Aufgabe 2 zu Kapitel 8.3.2), die Kennzahlen der Finanzstruktur und interpretieren Sie diese.

b) Ermitteln und interpretieren Sie die absoluten und relativen Veränderungen der Werte vom Vorjahr zum Berichtsjahr.

② a) Ermitteln Sie für die SÜDWESTBAU AG, Heidenheim (siehe Aufgabe 3 zu Kapitel 8.3.2), die Kennzahlen der Finanzstruktur und interpretieren Sie diese.

b) Ermitteln und interpretieren Sie die absoluten und relativen Veränderungen der Werte vom Vorjahr zum Berichtsjahr.

③ Vergleichen Sie die Werte der NORDBAU AG, Rostock mit denen der SÜDWESTBAU AG, Heidenheim.

8.3.3.4 Liquidität

Liquidität ist die Fähigkeit eines Unternehmens, seinen kurzfristigen Zahlungsverpflichtungen termingerecht nachzukommen. Sie wird ermittelt als Verhältnis der liquiden Mittel zu den fälligen Verbindlichkeiten.

Die Vermögenswerte eines Unternehmens unterscheiden sich voneinander durch ihre Liquidität. Auch hier wird der Begriff der Liquidität benutzt, allerdings nicht im oben genannten Sinne, sondern im Sinne der Liquidierbarkeit der Vermögenswerte. Die Vermögenswerte werden danach unterschieden, wie leicht oder schwer sie als Zahlungsmittel verwendet oder in Zahlungsmittel umgewandelt werden können.

Grad der Liquidierbarkeit Die Werte des Umlaufvermögens lassen sich nach dem **Grad der Liquidierbarkeit** einteilen.

- Zu den **liquiden Mitteln ersten Grades** gehören alle **flüssigen Mittel** wie Bargeld, Bankguthaben und Schecks.
- **Liquide Mittel zweiten Grades** sind alle liquiden Mittel ersten Grades, das heißt die flüssigen Mittel, und dazu die Forderungen, die Wertpapiere des Umlaufvermögens, Wechsel, geleistete Anzahlungen und aktive Rechnungsabgrenzungen.
- Zu den **liquiden Mitteln dritten Grades** gehört das gesamte Umlaufvermögen.

Die Eigenschaft der Vermögensteile, sich in Zahlungsmittel umwandeln zu lassen, hat großen Einfluss auf die Zahlungsfähigkeit des Unternehmens. Deshalb lässt sich aus dem Grad der Liquidierbarkeit bestimmter Vermögensteile der Grad der Liquidität des Unternehmens ableiten. Entsprechend werden verschiedene Kennzahlen der Liquidität berechnet.

Kennzahlen der Liquidität

$$\text{Liquidität 1. Grades} = \frac{\text{Flüssige Mittel} \cdot 100}{\text{kurzfristiges Fremdkapital}}$$

$$\text{Liquidität 2. Grades} = \frac{\text{Liquide Mittel 2. Grades} \cdot 100}{\text{kurzfristiges Fremdkapital}}$$

$$\text{Liquidität 3. Grades} = \frac{\text{Umlaufvermögen} \cdot 100}{\text{kurzfristiges Fremdkapital}}$$

8.3 Auswertung eines Jahresabschlusses im Hinblick auf Kredit- und Anlageentscheidungen

Zur Beurteilung dieser Kennzahlen werden bestimmte Richtwerte benutzt. So soll die auch als **Barliquidität** bezeichnete Liquidität 1. Grades mindestens **20%** betragen. Das Verhältnis zwischen flüssigen Mitteln und kurzfristigem Fremdkapital beträgt hier 1 : 5, so dass diese Regel auch **1 : 5-Regel** oder »one-to-five-rule« genannt wird. *Barliquidität*

Die Liquidität 2. Grades wird auch als **einzugsbedingte Liquidität** bezeichnet, weil die hier zu den flüssigen Mitteln hinzugerechneten Vermögensgegenstände – zum Beispiel Forderungen – derzeit noch nicht Geldcharakter haben, sondern erst eingezogen werden müssen. Hier gilt die, auch »**quick ratio**« genannte, **1 : 1-Regel,** nach der die liquiden Mittel zweiten Grades mindestens die Höhe des kurzfristigen Fremdkapitals erreichen sollen. Die Kennziffer müsste also mindestens **100%** betragen. *Einzugsbedingte Liquidität*

Die Liquidität 3. Grades wird auch als **umsatzbedingte Liquidität** bezeichnet, weil hier zu den einzugsbedingt liquiden Mitteln zusätzlich noch solche Vermögensgegenstände wie Vorräte an Rohstoffen, unfertigen und fertigen Erzeugnissen hinzugezählt werden. Vorräte werden erst wieder zu flüssigen Mitteln nach Abschluss der Produktion und anschließendem Verkauf, das heißt nach vollständigem Umsatz. Für die Liquidität 3. Grades gilt die, auch »**current ratio**« genannte, **2 : 1-Regel,** wonach das gesamte Umlaufvermögen mindestens zu einer **200%-igen** Deckung des kurzfristigen Fremdkapitals führen müsste. *Umsatzbedingte Liquidität*

Trotz der genannten Regeln ist eine Analyse der Liquiditätskennzahlen stets nur unter verschiedenen Vorbehalten möglich. So haben diese Kennzahlen nur einen begrenzten **Aussagewert,** weil sie die Zahlungsfähigkeit des Unternehmens nur für den Bilanzstichtag widerspiegeln. Zum einen liegt dieser Bilanzstichtag in der Vergangenheit, besonders weil die Bilanz erst weit im nächsten Geschäftsjahr zur Analyse zur Verfügung steht. Benötigt werden aber vor allem Aussagen über die zukünftige Liquidität. Die nach dem Stichtag entstehenden Aktiva und Passiva, die zukünftigen Einnahmen und Ausgaben, bereits zugesagte Kredite oder bevorstehende Investitionen sind jedoch nicht aus der Bilanz ersichtlich. *Aussagewert*

Zum anderen ist Liquidität weniger das Problem eines bestimmten Zeitpunktes, zu dem das Unternehmen seine kurzfristigen Verbindlichkeiten mit liquiden Mitteln verschiedenen Grades decken können muss, sondern **Liquidität ist vielmehr ein dynamisches Problem.** Das Unternehmen muss sein finanzielles Gleichgewicht so planen und überwachen, dass die Zahlungsbereitschaft nicht nur zu einem bestimmten Zeitpunkt, sondern ständig gewährleistet ist.

> Für Kreditinstitute hat die BAFin im Grundsatz II festgelegt, dass die Liquidität auf der Grundlage eines **zeitlich gegliederten Erfassungsschemas** berechnet wird, das **vier Laufzeitbänder** umfasst.
>
> Eine **monatlich** zu ermittelnde **Liquiditätskennzahl** zeigt, ob die Liquidität des Instituts ausreichend ist.
>
> Die Liquiditätskennzahl gibt das Verhältnis zwischen den **im ersten Laufzeitband** verfügbaren Zahlungsmitteln und den während dieses Zeitraumes abrufbaren Zahlungsverpflichtungen an. *Laufzeitbänder*

Außerdem werden **Beobachtungskennzahlen** berechnet, die die Verhältnisse zwischen Zahlungsmitteln und Zahlungsverpflichtungen in den anderen Laufzeitbändern angeben.

Die ständige Zahlungsbereitschaft ist für das Unternehmen von größter Bedeutung. Eine vorübergehende Unterliquidität kann mit Hilfe von Bankkrediten eventuell noch überbrückt werden. Liegt jedoch eine dauerhafte Zahlungseinstellung des Unternehmens aufgrund von Illiquidität vor, so führt diese Zahlungsunfähigkeit in der Regel zum Vergleich oder zur Insolvenz.

Das finanzielle Gleichgewicht des Unternehmens ist aber nicht nur gestört, wenn zu wenig liquide Mittel vorhanden sind, sondern auch, wenn die Zahlungsmittel die Zahlungsverpflichtungen übersteigen.

Liquidität Rentabilität

> Je höher die **Liquidität** eines Vermögensgegenstandes, desto geringer ist in der Regel seine **Rentabilität**.

Zielkonflikt zwischen Liquidität und Rentabilität

Die geringere Verzinsung nicht benötigter liquider Mittel widerspricht dem Ziel des Unternehmens nach Gewinnmaximierung. Sind also überflüssige Liquiditätsreserven vorhanden, bedeutet dies, dass Teile der finanziellen Mittel des Unternehmens nicht optimal eingesetzt sind.

Wenn auch aus den genannten Gründen eine bilanzmäßige Liquiditätsanalyse nur unter Vorbehalt herangezogen werden kann, so lassen sich doch aus dem Vergleich der Kennzahlen über mehrere Jahre hinweg Schlussfolgerungen über die Liquiditätspolitik des Unternehmens ziehen.

Beispiel

Für die Eisenwerke Osnabrück AG ergeben sich folgende Kennzahlen der Liquidität:

Kennzahlen der Liquidität	Berichtsjahr	Vorjahr	Branchen-durchschnitt
Liquidität 1. Grades	24,8%	22,6%	ist hier
Liquidität 2. Grades	78,9%	71,9%	nicht
Liquidität 3. Grades	166,3%	150,7%	aussagekräftig

Die Liquiditätslage der Unternehmung zeigt sich, trotz einer Verbesserung um jeweils etwa 10% in allen drei Kennzahlen, als etwas angespannt.

Die Richtwerte für die Liquidität werden nur für die erste Kennzahl eingehalten.

Die Liquidität zweiten und dritten Grades entspricht weder im Berichtsjahr noch im Vorjahr den Richtwerten.

Ursachen für diese Entwicklung liegen in den sehr hohen Vorräten an Rohstoffen. Der Abbau dieser Bestände durch ihre Verarbeitung und der schnelle Absatz der Fertigprodukte würden die Liquidität zweiten Grades verbessern. Der Liquidität dritten Grades käme dies allerdings nur indirekt zugute, wenn die Verkaufserlöse zur Tilgung kurzfristiger Verbindlichkeiten genutzt würden.

Unabhängig davon leidet die Liquidität des Unternehmens unter dem relativ hohen Anlagevermögen. Die Tendenz zum Abbau der kurzfristigen Verbindlichkeiten, fast 1 Mio. EUR kurzfristige Schulden wurden getilgt, zeigt eine Analyse der absoluten Bilanzwerte. Weiterhin ist die Stichtagsbezogenheit der Werte zu beachten.

Unter Berücksichtigung der ausreichenden Bestände an flüssigen Mitteln und der immer noch vorhandenen Überdeckung der kurzfristigen Finanzierungsmittel durch das gesamte Umlaufvermögen, sollte die Liquidität als noch ausreichend betrachtet werden.

Trotzdem wird das Unternehmen auch in Zukunft sehr große Anstrengungen unternehmen müssen, um das finanzielle Gleichgewicht zu halten und vor allem zu festigen.

Zusammenfassung

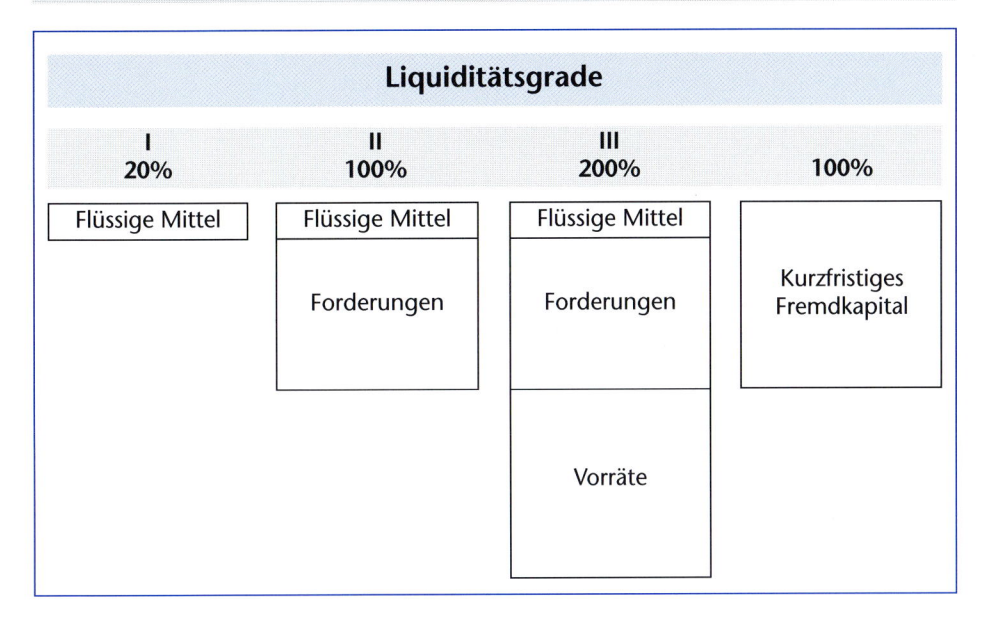

Liquiditätsgrade

I	II	III	
20%	100%	200%	100%
Flüssige Mittel	Flüssige Mittel / Forderungen	Flüssige Mittel / Forderungen / Vorräte	Kurzfristiges Fremdkapital

- **Liquidität** bedeutet, dass die flüssigen Mittel eines Unternehmens ausreichen, die fälligen kurzfristigen Zahlungsverpflichtungen termingerecht zu decken.

- Die Mittel des Umlaufvermögens lassen sich nach dem **Grad ihrer Liquidität** untergliedern. Die verschiedenen Kennzahlen der Liquidität setzen den unterschiedlichen Liquiditätsgrad ins Verhältnis zum kurzfristigen Fremdkapital.

- Die **aktuelle** und die **zukünftige Zahlungsfähigkeit** lassen sich mit den vergangenheits- und stichtagsbezogenen bilanziellen Liquiditätskennzahlen nur bedingt ermitteln.

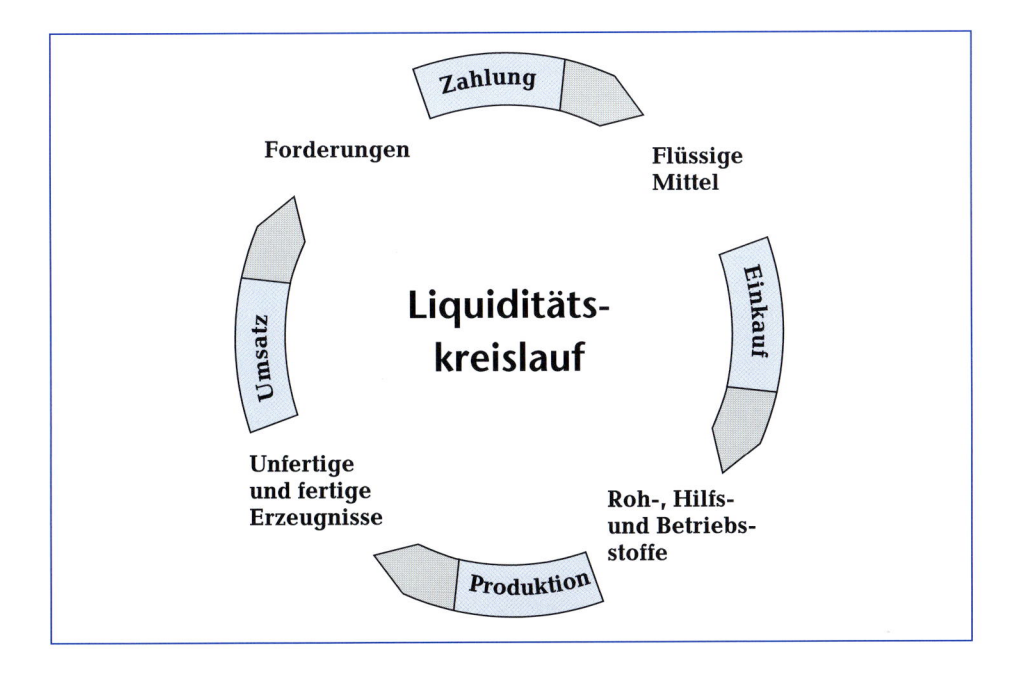

Liquiditätskreislauf: Zahlung → Flüssige Mittel → Einkauf → Roh-, Hilfs- und Betriebsstoffe → Produktion → Unfertige und fertige Erzeugnisse → Umsatz → Forderungen → Zahlung

Aufgaben zu Kapitel 8.3.3.4

① a) Ermitteln Sie für die NORDBAU AG, Rostock (siehe Aufgabe 2 zu Kapitel 8.3.2), die Kennzahlen der Liquidität und interpretieren Sie diese.

b) Ermitteln und interpretieren Sie die absoluten und relativen Veränderungen der Werte vom Vorjahr zum Berichtsjahr.

② a) Ermitteln Sie für die SÜDWESTBAU AG, Heidenheim (siehe Aufgabe 3 zu Kapitel 8.3.2), die Kennzahlen der Liquidität und interpretieren Sie diese.

b) Ermitteln und interpretieren Sie die absoluten und relativen Veränderungen der Werte vom Vorjahr zum Berichtsjahr.

③ Vergleichen Sie die Werte der NORDBAU AG, Rostock mit denen der SÜDWESTBAU AG, Heidenheim.

8.3.4 Die Aufbereitung der Gewinn- und Verlustrechnung

Um die Lage und Entwicklung eines Unternehmens beurteilen zu können, reichen die Angaben der Bilanz und der daraus abgeleiteten Kennzahlen nicht aus. Auch aus ihnen ist die Höhe des Erfolges abzulesen, sie erklären aber nicht das Zustandekommen des Erfolges. Dies erfolgt in der Gewinn- und Verlustrechnung.

Während die Bilanz den Erfolg der Abrechnungsperiode durch die Gegenüberstellung von Vermögens- und Kapitalpositionen an einem Stichtag ermittelt, **zeigt die Gewinn- und Verlustrechnung** den Erfolg nicht nur als Saldo, sondern auch seine Ursachen und Quellen.

Entstehung des Erfolgs

Durch die Gegenüberstellung sämtlicher Aufwendungen und Erträge des Berichtsjahres lässt sich **die Entstehung des Erfolges** nachvollziehen. Zur vollständigen und aussagekräftigen Auswertung eines Jahresabschlusses gehört deshalb unbedingt die Analyse der Gewinn- und Verlustrechnung.

Wirtschaftlichkeit des betrieblichen Leistungsprozesses

Zur Auswertung werden einerseits Kennzahlen gebildet, die nur aus Werten der Gewinn- und Verlustrechnung entstehen, andererseits werden aber vor allem Kennzahlen ermittelt, die Aussagen der Gewinn- und Verlustrechnung mit den Werten der Bilanz in Verbindung bringen. Auf diese Weise lassen sich Erkenntnisse über die **Wirtschaftlichkeit des betrieblichen Leistungsprozesses** und die **Rentabilität des Kapitaleinsatzes** der Unternehmung gewinnen.

Bruttoprinzip
§ 246 (2) HGB

Die **Gewinn- und Verlustrechnung** ist entsprechend den handelsrechtlichen Vorschriften nach dem **Bruttoprinzip** aufgebaut. Sämtliche Aufwendungen und Erträge werden ohne Saldierung gegenübergestellt.

Ergebnis der gewöhnlichen Geschäftstätigkeit

Weiterhin erfolgt eine genaue Trennung der Aufwendungen und Erträge, die mit der Erstellung und dem Absatz der Betriebsleistung zusammenhängen **(Ergebnis der gewöhnlichen Geschäftstätigkeit),** von jenen, die neutralen Charakter besitzen und demnach also betriebsfremd oder außerordentlich sind, z.B. Spenden. Dadurch wird genau ersichtlich, welcher Teil des Gesamterfolges letztlich das Ergebnis der eigentlichen betrieblichen Tätigkeit ist und welcher Teil aus anderen Quellen stammt.

Gesamtkosten-/ Umsatzkostenverfahren
§ 275 (1) Satz 1 HGB

Die Gewinn- und Verlustrechnung darf sowohl nach dem **Gesamtkostenverfahren** als auch nach dem **Umsatzkostenverfahren** aufgestellt werden. Im Ergebnis stimmen beide Verfahren überein, sie unterscheiden sich danach, welche Aufwands- bzw. Ertragsbestandteile einbezogen werden, um das Ergebnis zu ermitteln.

8.3 Auswertung eines Jahresabschlusses im Hinblick auf Kredit- und Anlageentscheidungen

Generell ist davon auszugehen, dass **Produktion und Absatz** innerhalb eines Geschäftsjahres nicht übereinstimmen. Es bilden sich **Bestände an unfertigen und fertigen Erzeugnissen.** Wird in der jeweiligen Geschäftsperiode mehr produziert als verkauft, steigen die Bestände an unfertigen Erzeugnissen und Fertigerzeugnissen; wird mehr verkauft als produziert, sinken diese Bestände. Wenn sich also innerhalb einer Abrechnungsperiode Produktion und Absatz unterscheiden, entsprechen bei mengenmäßiger Betrachtung die durch die Produktion verursachten Aufwendungen nicht den aus dem Absatz stammenden Umsatzerlösen.

Die Differenz beider Größen folgt also letztlich aus der jeweiligen Höhe der **Bestandsveränderung** an fertigen und unfertigen Erzeugnissen. Demzufolge lässt sich der Betriebserfolg auf zwei Wegen ermitteln. Dabei sind aber in jedem Falle **mengenmäßig vergleichbare Erfolgskomponenten** anzusetzen, das heißt, entweder müssen sich Aufwand und Ertrag auf die **Produktionsmenge** beziehen, oder aber beide auf die **Absatzmenge.**

<small>Bestandsveränderung</small>

Beim **Gesamtkostenverfahren** beziehen sich Aufwand und Ertrag auf die **Produktion.** Allen bei der Erstellung der Betriebsleistung entstandenen Aufwendungen müssen auch sämtliche Leistungen zur Ermittlung des Erfolgs gegenüber gestellt werden. Das betrifft nicht nur die beim Absatz realisierten Umsatzerlöse, sondern auch die Veränderungen der Bestände. Dem gesamten Produktionsaufwand der Periode wird die **Gesamtleistung der Periode** gegenübergestellt.

<small>Gesamtkostenverfahren</small>

Die **Gesamtleistung** ergibt sich aus den **Umsatzerlösen** zuzüglich den **Bestandserhöhungen,** wenn der Absatz geringer als die Produktion war oder abzüglich von **Bestandsminderungen** im umgekehrten Fall.

<small>Gesamtleistung</small>

Hinzu kommen noch die **aktivierten Eigenleistungen,** wie z.B. selbst errichtete Bauten oder selbst gefertigte Maschinen. Auf der einen Seite erhöhen sie die Leistung eines Unternehmens, auf der anderen Seite gehen die benötigten Aufwendungen in die GuV-Rechnung ein.

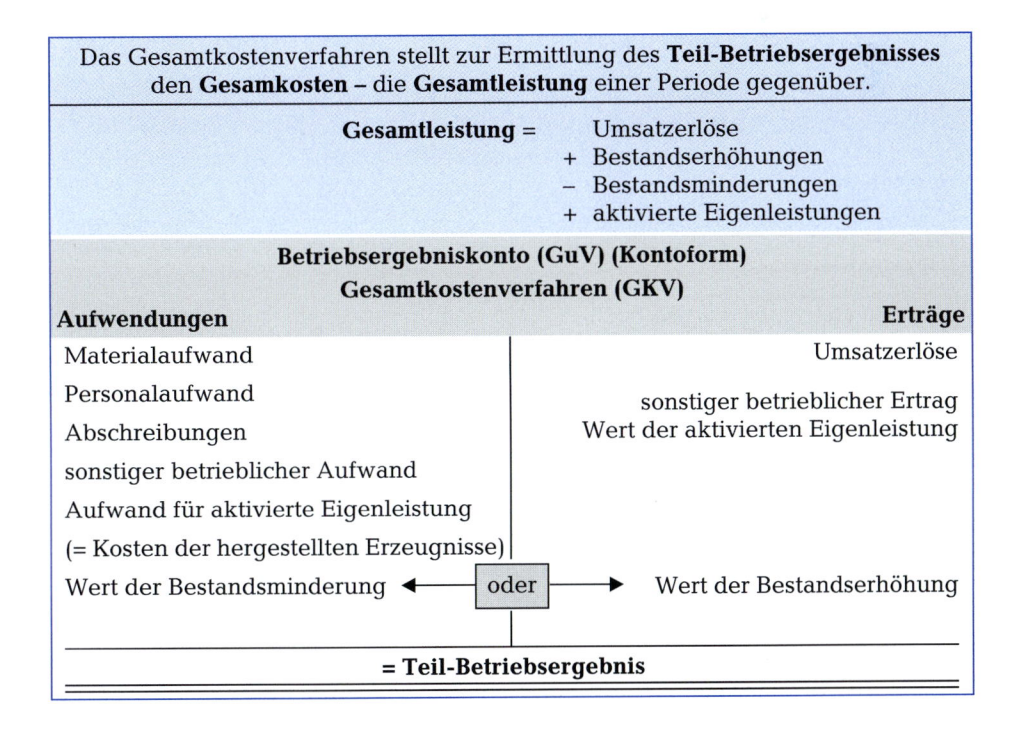

<small>Aktivierte Eigenleistungen</small>

Das Gesamtkostenverfahren stellt zur Ermittlung des **Teil-Betriebsergebnisses** den **Gesamtkosten** – die **Gesamtleistung** einer Periode gegenüber.

Gesamtleistung =   Umsatzerlöse
   + Bestandserhöhungen
   − Bestandsminderungen
   + aktivierte Eigenleistungen

Betriebsergebniskonto (GuV) (Kontoform)
Gesamtkostenverfahren (GKV)

Aufwendungen	Erträge
Materialaufwand	Umsatzerlöse
Personalaufwand	sonstiger betrieblicher Ertrag
Abschreibungen	Wert der aktivierten Eigenleistung
sonstiger betrieblicher Aufwand	
Aufwand für aktivierte Eigenleistung	
(= Kosten der hergestellten Erzeugnisse)	
Wert der Bestandsminderung ← oder →	Wert der Bestandserhöhung

= Teil-Betriebsergebnis

Der Ausweis der im Geschäftsjahr angefallen betrieblichen Erträge und Aufwendungen ist beim Gesamtkostenverfahren auf die Periode bezogen und unabhängig davon, in welcher Beziehung sie zu den Umsatzerlösen des Berichtsjahres stehen. Dadurch ist es notwendig, die Bestandsveränderungen und die anderen aktivierten Leistungen in der GuV-Rechnung auszuweisen.

Umsatzkostenverfahren

> Beim **Umsatzkostenverfahren** beziehen sich Aufwand und Ertrag auf den **Absatz**. Hier wird nicht die gesamte Periodenleistung der Abrechnungsperiode angesetzt, sondern nur der Umsatzerlös. Der Umsatzerlös ist größer als der Periodenertrag, wenn mehr Erzeugnisse verkauft als hergestellt wurden; er ist kleiner im umgekehrten Fall. Dem Umsatzerlös ist also auch der durch ihn bedingte **Umsatzaufwand** gegenüberzustellen.

Der Umsatzaufwand ergibt sich aus dem **Produktionsaufwand** zuzüglich der **Bestandsminderungen** beim zusätzlichen Absatz von Erzeugnissen oder abzüglich der **Bestandsmehrungen**, wenn weniger abgesetzt als produziert wurde.

Der **Produktionsaufwand** der **nicht abgesetzten Erzeugnisse** wird mit Hilfe der **Kostenrechnung** den jeweiligen Erzeugnissen zugerechnet und in der Bilanz unter **Fertigerzeugnissen bzw. Unfertigen Erzeugnissen aktiviert**.

Der **Produktionsaufwand** (Umsatzaufwand) der **abgesetzten Erzeugnisse** wird in der **GuV-Rechnung nach Funktionsbereichen** und nicht wie beim **Gesamtkostenverfahren nach Aufwandsarten** ausgewiesen.

> Das Umsatzkostenverfahren stellt zur Ermittlung des Teil-Betriebsergebnisses
> dem PRODUKTIONSAUFWAND für den Umsatz –
> den ERTRAG für den Umsatz
> gegenüber.
>
> Der PRODUKTIONSAUFWAND wird nach **Funktionsbereichen gegliedert**.
>
> Bestandserhöhungen werden in der Bilanz unter der Position Fertigerzeugnisse bzw. Unfertige Erzeugnisse aktiviert.
>
> Bestandsminderungen erhöhen den Produktionsaufwand.

Betriebsergebniskonto (GuV) (Kontoform) Umsatzkostenverfahren (UKV)	
Aufwendungen	**Erträge**
Kosten der verkauften Erzeugnisse	Umsatzerlöse
Vertriebskosten Verwaltungskosten sonstiger betrieblicher Aufwand	sonstiger betrieblicher Ertrag
= Teil-Betriebsergebnis	

Abb. 40: Erfolgsberechnung nach dem Umsatzkostenverfahren

Im Vergleich zum Gesamtkostenverfahren bietet das Umsatzkostenverfahren eine Darstellung des Umsatzes und der zu ihm in unmittelbarer Beziehung stehenden betrieblichen Aufwendungen. Die Herstellungskosten der zur Erzielung der Umsatzerlöse erbrachten Leistungen werden unabhängig davon ausgewiesen, ob sie im Berichtsjahr oder in früheren Jahren angefallen sind. Damit gewährt das Umsatzkostenverfahren – zumindest bei Einproduktunternehmungen – einen Einblick in die Kalkulationsstruktur.

GuV-Rechnung in Staffelform

§ 275 (2) u. (3) HGB

Die **GuV-Rechnung** muss gemäß § 275 HGB in **Staffelform** erstellt werden. Je nachdem welches Verfahren angewandt wird, ergibt sich der Ausweis folgender Positionen:

GuV-Rechnung[1]

Gesamtkostenverfahren § 275 (2) HGB	Umsatzkostenverfahren § 275 (3) HGB
1. Umsatzerlöse	1. Umsatzerlöse
2. Erhöhung oder Verminderung des Bestands an fertigen und unfertigen Erzeugnissen	2. Herstellungskosten der zur Erzielung der Umsatzerlöse erbrachten Leistungen (Funktionskosten)
3. Andere aktivierte Eigenleistungen	**3. Bruttoergebnis vom Umsatz**
4. Sonstige betriebliche Erträge **= Gesamtleistung**	4. Vertriebskosten (Funktionskosten)

5. Materialaufwand:
  a. Aufwendungen für Roh-, Hilfs- und Betriebsstoffe und für bezogene Waren
  b. Aufwendungen für bezogene Leistungen
	5. Allgemeine Verwaltungskosten (Funktionskosten)

6. Personalaufwand:
  a. Löhne und Gehälter
  b. soziale Abgaben und Aufwendungen für Altersversorgung und für Unterstützung
	6. Sonstige betriebliche Erträge

7. Abschreibungen:
  a. auf immaterielle Vermögensgegenstände des Anlagevermögens und Sachanlagen sowie auf aktivierte Aufwendungen für die Ingangsetzung und Erweiterung des Geschäftsbetriebes
  b. auf Vermögensgegenstände des Umlaufvermögens, soweit diese die in der Kapitalgesellschaft üblichen Abschreibungen überschreiten
	7. Sonstige betriebliche Aufwendungen

8. Sonstige betriebliche Aufwendungen	
= Teil-Betriebsergebnis	**= Teil-Betriebsergebnis**
= EBIT (Earnings Before Interest and Taxes)	

9./8.	Erträge aus Beteiligungen, davon aus verbundenen Unternehmen
10./9.	Erträge aus anderen Wertpapieren und Ausleihungen des Finanzanlagevermögens, davon aus verbundenen Unternehmen
11./10.	Sonstige Zinsen und ähnliche Erträge, davon aus verbundenen Unternehmen
12./11.	Abschreibungen auf Finanzanlagen und auf Wertpapiere des Umlaufvermögens
13./12.	Zinsen und ähnliche Aufwendungen, davon an verbundene Unternehmen
	= Finanzergebnis
14./13.	**Ergebnis der gewöhnlichen Geschäftstätigkeit** **= Betriebsergebnis (EBT = Earnings Before Taxes)**
15./14.	außerordentliche Erträge
16./15.	außerordentliche Aufwendungen
17./16.	**außerordentliches Ergebnis**
18./17.	Steuern vom Einkommen und vom Ertrag
19./18.	sonstige Steuern
	= Steuern
20./19.	**Jahresüberschuss/Jahresfehlbetrag**

---

[1] Alle Positionen in der GuV-Rechnung ohne fortlaufende Nummerierung sind nicht Bestandteil des § 275 HGB

§ 276 (1) HGB
Rohergebnis

Kleine und mittelgroße Kapitalgesellschaften dürfen die Posten 1 bis 5 beim Gesamtkostenverfahren oder 1 bis 3 und 6 beim Umsatzkostenverfahren zu einem Posten unter der Bezeichnung »Rohergebnis« zusammenfassen. Dadurch bleiben zum Beispiel Konkurrenzunternehmen so wichtige Angaben wie die Höhe des Umsatzes und des Materialaufwandes verborgen.

Da die beiden Verfahren im Ergebnis übereinstimmen, soll in den folgenden Abschnitten ausschließlich auf die Gewinn- und Verlustrechnung nach dem **Gesamtkostenverfahren** eingegangen werden.

Strukturerfolgsrechnung

> Wie die Bilanz in Form einer Strukturbilanz aufbereitet wurde, ist auch die Gewinn- und Verlustrechnung in Form einer **Strukturerfolgsrechnung** aufzubereiten. Ziel ist es, eine bessere Vergleichbarkeit und Übersicht zu erzielen, um das Jahresergebnis nach seinen Ursachen zu analysieren.

Hierzu kann auch das Teil-Betriebsergebnis weiter nach den wesentlichen Erfolgen strukturiert werden, indem das **Finanzergebnis** und die **sonstigen Steuern** (= Kostensteuern = Betriebssteuern) mit einbezogen werden.

Das zur Ermittlung der Kennzahlen verwendete **strukturierte Betriebsergebnis** entspricht dem **Ergebnis der gewöhnlichen Geschäftstätigkeit abzüglich sonstiger Steuern nach § 275 HGB**.

Beispiel

GEWINN- UND VERLUSTRECHNUNG

Eisenwerke Osnabrück AG

		Berichtsjahr (EUR)	Vorjahr (EUR)
1.	Umsatzerlöse	53.854.658,00	48.307.628,23
2.	Erhöhung oder Verminderung des Bestandes an fertigen und unfertigen Erzeugnissen	19.150,00	– 30.046,35
3.	Andere aktivierte Eigenleistungen	12.680,00	10.828,72
4.	Sonstige betriebliche Erträge	46.535,85	39.415,86
5.	Materialaufwand:		
	a) Aufwendungen für Roh-, Hilfs- und Betriebsstoffe und für bezogene Waren	30.559.624,50	25.670.084,58
	b) Aufwendungen für bezogene Leistungen	1.674.425,00	1.456.749,75
6.	Personalaufwand:		
	a) Löhne und Gehälter	13.870.600,00	13.593.188,00
	b) soziale Abgaben und Aufwendungen für Altersversorgung und für Unterstützung	3.328.944,00	3.262.365,12
7.	Abschreibungen:		
	a) auf immaterielle Vermögensgegenstände des Anlagevermögens und Sachanlagen	902.580,75	911.606,56
	b) auf Vermögensgegenstände des Umlaufvermögens	170.680,00	166.413,00
8.	Sonstige betriebliche Aufwendungen	1.630.470,00	1.667.970,81
9.	Erträge aus anderen Wertpapieren und Ausleihungen und des Finanzanlagevermögens	149.199,53	171.739,26
10.	Sonstige Zinsen und ähnliche Erträge	124.339,29	126.982,43
11.	Abschreibungen auf Finanzanlagen und Wertpapiere des Umlaufvermögens	43.747,73	47.588,52
12.	Zinsen und ähnliche Aufwendungen	737.852,94	765.994,16
13.	Ergebnis der gewöhnlichen Geschäftstätigkeit	**1.287.637,75**	**1.084.587,65**
14.	Außerordentliche Erträge	82.680,00	76.065,60
15.	Außerordentliche Aufwendungen	72.758,40	66.937,73
16.	Außerordentliches Ergebnis	**9.921,60**	**9.127,87**
17.	Steuern vom Einkommen und vom Ertrag	430.789,70	363.113,56
18.	Sonstige Steuern	34.214,20	33.187,77
19.	Jahresüberschuss/Jahresfehlbetrag	**832.555,45**	**697.414,19**

Aus der vorliegenden Gewinn- und Verlustrechnung lässt sich zum Beispiel das folgende Schema einer Strukturerfolgsrechnung erstellen, die für die Ermittlung der Kennzahlen zur Ertragslage wichtige Zwischenwerte bereitstellt:

STRUKTURERFOLGSRECHNUNG				
Eisenwerke Osnabrück AG	Berichtsjahr EUR	Vorjahr EUR	Entwicklung EUR	%
Umsatzerlöse	53.854.658,00	48.307.628,23	5.547.029,77	11,48
Bestandsveränderungen an Erzeugnissen	19.150,00	– 30.046,35	49.196,35	
Aktivierte Eigenleistungen	12.680,00	10.828,72	1.851,28	17,10
Gesamtleistung	**53.886.488,00**	**48.288.410,60**	**5.598.077,40**	**11,59**
Sonstige betriebliche Erträge	46.535,85	39.415,86	7.119,99	18,06
Materialaufwand	32.234.049,50	27.126.834,33	5.107.215,17	18,83
Personalaufwand	17.199.544,00	16.855.553,12	343.990,88	2,04
Abschreibungen a. Sachanlagen und a. Verm.gegenstände des UV	1.073.260,75	1.078.019,56	– 4.758,81	– 0,44
Sonstige betriebliche Aufwendungen	1.630.470,00	1.667.970,81	– 37.500,81	– 2,25
Sonst. Steuern (Betriebs-/Kostensteuern)	34.214,20	33.187,77	1.026,43	3,09
Teil-Betriebsergebnis (EBIT)	**1.761.485,40**	**1.566.260,87**	**195.224,53**	**12,46**
Erträge aus Finanzanlagen	273.538,82	298.721,69	– 25.182,87	– 8,43
Zinsen und ähnliche Aufwendungen	737.852,94	765.994,16	– 28.141,22	– 3,67
Abschreibungen auf Finanzanlagen des Umlaufvermögens	43.747,73	47.588,52	– 3.840,79	– 8,07
Finanzergebnis	**– 508.061,85**	**– 514.860,99**	**6.799,14**	**– 1,32**
Betriebsergebnis (EBT)	**1.253.423,55**	**1.051.399,88**	**202.023,67**	**19,21**
Außerordentliche Erträge	82.680,00	76.065,60	6.614,40	8,70
Außerordentliche Aufwendungen	72.758,40	66.937,73	5.820,67	8,70
Außerordentliches Ergebnis	**9.921,60**	**9.127,87**	**793,73**	**8,70**
Gesamtergebnis vor Steuern vom Einkommen und vom Ertrag	**1.263.345,15**	**1.060.527,75**	**202.817,40**	**19,12**
Steuern vom Einkommen und Ertrag	430.789,70	363.113,56	67.676,14	18,64
Jahresüberschuss/ Jahresfehlbetrag	**832.555,44**	**697.414,20**	**135.141,24**	**19,38**

Um eine bessere Vergleichbarkeit und Übersichtlichkeit zu erzielen, wird die Entwicklung der Werte der Gewinn- und Verlustrechnung nicht nur in absoluten Zahlen dargestellt, sondern auch in Prozentzahlen. Dadurch wird die relative Veränderung der Erfolge aufgezeigt und die Unternehmensentwicklung erkennbar. Die Aufnahme der Vorjahreswerte soll auch eine dynamische Analyse ermöglichen.

Die sonstigen Steuern (Kostensteuern) sind als Aufwandsposten im Teil-Betriebsergebnis zu berücksichtigen. (»Betriebssteuern« und »Kostensteuern« sind synonyme Begriffe.)

Zusammenfassung

Die Ergebnisbegriffe der Gewinn- und Verlustrechnung nach dem Gesamtkostenverfahren und die Entstehung des Bilanzgewinns bei Kapitalgesellschaften gemäß § 275 HGB.

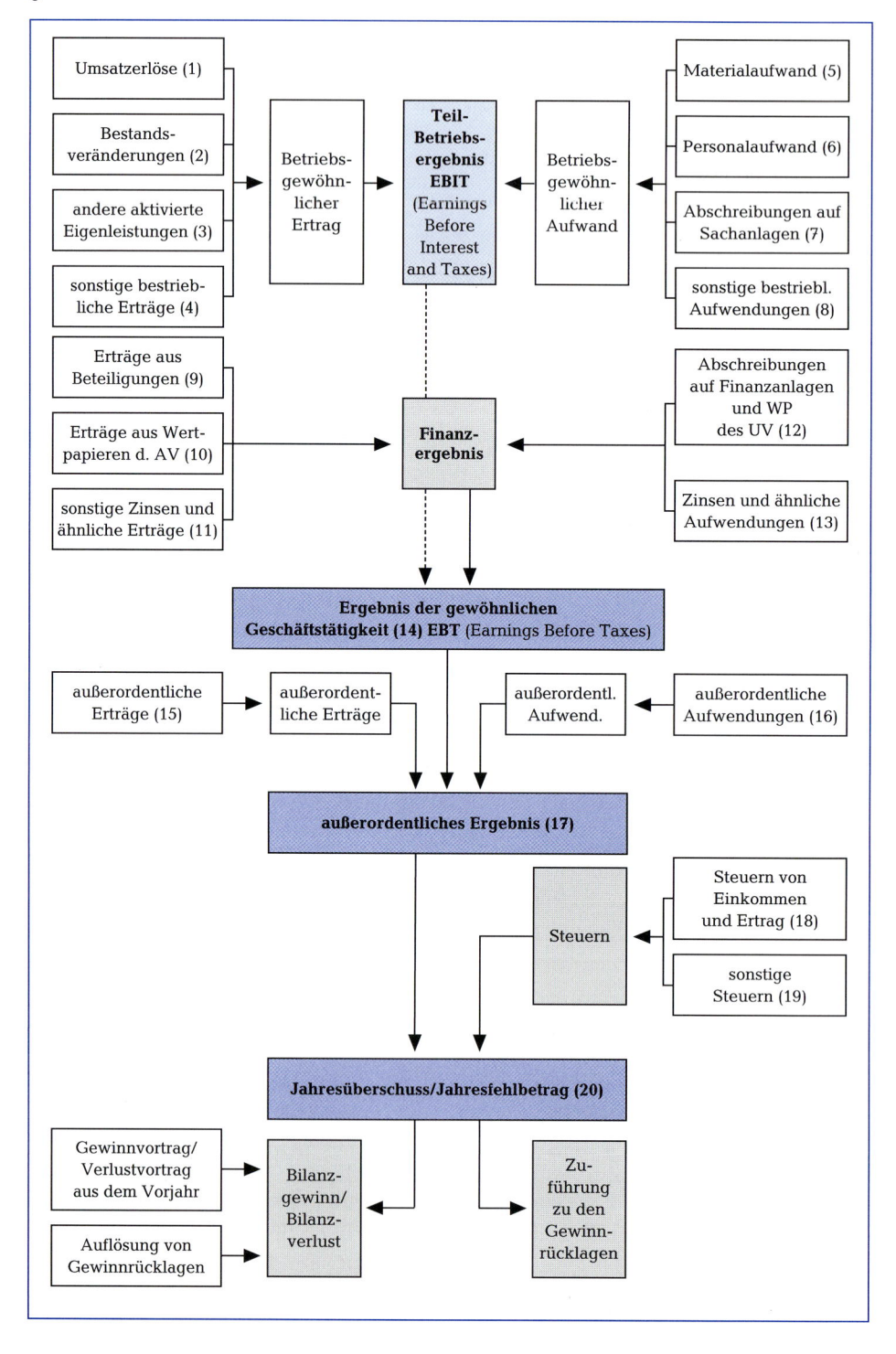

- Umsatzerlöse (1)
- Bestandsveränderungen (2)
- andere aktivierte Eigenleistungen (3)
- sonstige betriebliche Erträge (4)

→ Betriebsgewöhnlicher Ertrag

- Materialaufwand (5)
- Personalaufwand (6)
- Abschreibungen auf Sachanlagen (7)
- sonstige bestriebl. Aufwendungen (8)

→ Betriebsgewöhnlicher Aufwand

→ **Teil-Betriebsergebnis EBIT** (Earnings Before Interest and Taxes)

- Erträge aus Beteiligungen (9)
- Erträge aus Wertpapieren d. AV (10)
- sonstige Zinsen und ähnliche Erträge (11)

- Abschreibungen auf Finanzanlagen und WP des UV (12)
- Zinsen und ähnliche Aufwendungen (13)

→ **Finanzergebnis**

→ **Ergebnis der gewöhnlichen Geschäftstätigkeit (14) EBT** (Earnings Before Taxes)

- außerordentliche Erträge (15) → außerordentliche Erträge
- außerordentliche Aufwendungen (16) → außerordentl. Aufwend.

→ **außerordentliches Ergebnis (17)**

- Steuern von Einkommen und Ertrag (18)
- sonstige Steuern (19)

→ Steuern

→ **Jahresüberschuss/Jahresfehlbetrag (20)**

- Gewinnvortrag/Verlustvortrag aus dem Vorjahr
- Auflösung von Gewinnrücklagen

→ Bilanzgewinn/Bilanzverlust

→ Zuführung zu den Gewinnrücklagen

Aufgaben zu Kapitel 8.3.4

① Die NORDBAU AG, Rostock, legt für die beiden letzten Geschäftsjahre folgende Abschlusszahlen vor:

GEWINN- UND VERLUSTRECHNUNG NORDBAU AG, Rostock	Berichtsjahr (EUR)	Vorjahr (EUR)
1. Umsatzerlöse	70.549.602,00	63.282.993,00
2. Erhöhung oder Verminderung des Bestandes an fertigen und unfertigen Erzeugnissen	− 59.541,00	93.420,00
3. Andere aktivierte Eigenleistungen	15.977,00	13.644,00
4. Sonstige betriebliche Erträge	62.823,00	53.211,00
5. Materialaufwand:		
a) Aufwendungen für Roh-, Hilfs- und Betriebsstoffe und für bezogene Waren	40.033.108,00	33.627.811,00
b) Aufwendungen für bezogene Leistungen	2.109.776,00	1.835.505,00
6. Personalaufwand:		
a) Löhne und Gehälter	18.725.310,00	18.350.804,00
b) soziale Abgaben und Aufwendungen für Altersversorgung und für Unterstützung	4.494.074,00	4.404.193,00
7. Abschreibungen:		
a) auf immaterielle Vermögensgegenstände des Anlagevermögens und Sachanlagen sowie auf aktivierte Aufwendungen für die Ingangsetzung und Erweiterung des Geschäftsbetriebes	1.219.409,00	1.231.603,00
b) auf Vermögensgegenstände des Umlaufvermögens	223.591,00	218.001,00
8. Sonstige betriebliche Aufwendungen	2.054.392,00	2.101.643,00
9. Erträge aus anderen Wertpapieren und Ausleihungen und des Finanzanlagevermögens	197.078,00	233.469,00
10. Sonstige Zinsen und ähnliche Erträge	167.858,00	171.426,00
11. Abschreibungen auf Finanzanlagen und Wertpapiere des Umlaufvermögens	58.407,00	64.488,00
12. Zinsen und ähnliche Aufwendungen	997.341,00	1.007.552,00
13. Ergebnis der gewöhnlichen Geschäftstätigkeit	**1.018.389,00**	**1.006.563,00**
14. Außerordentliche Erträge	111.618,00	102.689,00
15. Außerordentliche Aufwendungen	98.224,00	113.862,00
16. Außerordentliches Ergebnis	**13.394,00**	**− 11.173,00**
17. Steuern vom Einkommen und vom Ertrag	342.552,00	330.469,00
18. Sonstige Steuern	43.110,00	41.817,00
19. Jahresüberschuss/Jahresfehlbetrag	**646.121,00**	**623.104,00**

a) Erstellen Sie die Strukturerfolgsrechnung der NORDBAU AG, Rostock.

b) Ermitteln Sie die absoluten und relativen Veränderungen aller angegebenen Werte.

② Die SÜDWESTBAU AG, Heidenheim, legt für die beiden letzten Geschäftsjahre folgende Abschlusszahlen vor:

GEWINN- UND VERLUSTRECHNUNG SÜDWESTBAU AG HEIDENHEIM	Berichtsjahr (EUR)	Vorjahr (EUR)
1. Umsatzerlöse	99.631.117,00	89.369.112,00
2. Erhöhung oder Verminderung des Bestandes an fertigen und unfertigen Erzeugnissen	96.460,00	– 151.346,00
3. Andere aktivierte Eigenleistungen	23.838,00	20.358,00
4. Sonstige betriebliche Erträge	84.230,00	71.343,00
5. Materialaufwand:		
a) Aufwendungen für Roh-, Hilfs- und Betriebsstoffe und für bezogene Waren	56.535.305,00	47.489.656,00
b) Aufwendungen für bezogene Leistungen	3.147.919,00	2.738.690,00
6. Personalaufwand:		
a) Löhne und Gehälter	25.105.786,00	24.603.670,00
b) soziale Abgaben und Aufwendungen für Altersversorgung und für Unterstützung	6.025.389,00	5.904.881,00
7. Abschreibungen:		
a) auf immaterielle Vermögensgegenstände des Anlagevermögens und Sachanlagen sowie auf aktivierte Aufwendungen für die Ingangsetzung und Erweiterung des Geschäftsbetriebes	1.674.911,00	1.691.660,00
b) auf Vermögensgegenstände des Umlaufvermögens	315.758,00	307.864,00
8. Sonstige betriebliche Aufwendungen	3.065.284,00	3.135.786,00
9. Erträge aus anderen Wertpapieren und Ausleihungen und des Finanzanlagevermögens	277.239,00	319.088,00
10. Sonstige Zinsen und ähnliche Erträge	233.758,00	238.727,00
11. Abschreibungen auf Finanzanlagen und Wertpapiere des Umlaufvermögens	81.756,00	88.898,00
12. Zinsen und ähnliche Aufwendungen	1.384.272,00	1.418.846,00
13. Ergebnis der gewöhnlichen Geschäftstätigkeit	**3.010.262,00**	**2.487.331,00**
14. Außerordentliche Erträge	149.651,00	137.679,00
15. Außerordentliche Aufwendungen	131.693,00	227.776,00
16. Außerordentliches Ergebnis	**17.958,00**	**– 90.097,00**
17. Steuern vom Einkommen und vom Ertrag	1.005.369,00	795.882,00
18. Sonstige Steuern	64.323,00	62.393,00
19. Jahresüberschuss/Jahresfehlbetrag	**1.958.528,00**	**1.538.959,00**

a) Erstellen Sie die Strukturerfolgsrechnung der SÜDWESTBAU AG, Heidenheim.

b) Ermitteln Sie die absoluten und relativen Veränderungen aller angegebenen Werte.

③ Vergleichen Sie die Veränderungen der Werte bei der NORDBAU AG, Rostock mit denen der SÜDWESTBAU AG, Heidenheim.

8.3.5 Kennzahlen unter Einbeziehung der Gewinn- und Verlustrechnung

8.3.5.1 Kennzahlen der Kostenstruktur

Da aus den absoluten Zahlen der Gewinn- und Verlustrechnung kaum Erkenntnisse gezogen werden können, werden die einzelnen Größen mit den Werten aus anderen Geschäftsjahren verglichen. Daraus lassen sich Rückschlüsse auf eine positive oder negative Entwicklung ziehen, besonders wenn ein Vergleich mit Zahlen anderer Unternehmen der Branche erfolgt.

Analysen sind auch möglich, indem die wichtigsten Kostenarten ins Verhältnis zu den Gesamtkosten oder zur Gesamtleistung gesetzt werden. Damit werden die Kostenstruktur sowie die Intensität der jeweiligen Kostenart deutlich. Die Aufwandsquoten lassen den Beitrag der einzelnen Kostenart zur Gesamtleistung des Unternehmens erkennen. In der Tendenz erbringen beide Arten von Kennziffern ähnliche Ergebnisse.

Kennzahlen der Kostenintensität

$$\text{Materialkostenintensität} = \frac{\text{Materialaufwand} \cdot 100}{\text{Gesamtkosten}}$$

$$\text{Personalkostenintensität} = \frac{\text{Personalaufwand} \cdot 100}{\text{Gesamtkosten}}$$

$$\text{Abschreibungsintensität} = \frac{\text{Planmäßige Abschreibungen} \cdot 100}{\text{Gesamtkosten}}$$

Aufwandsquoten

$$\text{Materialaufwandsquote} = \frac{\text{Materialaufwand} \cdot 100}{\text{Gesamtleistung}}$$

$$\text{Personalaufwandsquote} = \frac{\text{Umlaufvermögen} \cdot 100}{\text{Gesamtleistung}}$$

$$\text{Abschreibungsquote} = \frac{\text{Planmäßige Abschreibungen} \cdot 100}{\text{Gesamtleistung}}$$

Beispiel

Für die Eisenwerke Osnabrück AG ergeben sich folgende Kennzahlen:

Kostenarten	Berichtsjahr			Vorjahr		
	1	2	3	4	5	6
Materialaufwand	32.234.049,50	60,87%	59,82%	27.126.834,33	57,02%	56,18%
Personalaufwand	17.199.544,00	32,48%	31,92%	16.855.553,12	35,43%	34,91%
Abschreibungen auf Sachanlagen	1.073.260,75	2,03%	1,99%	1.078.019,56	2,27%	2,23%
Sonstige betriebl. Aufwendungen	1.630.470,00	3,08%	3,03%	1.667.970,81	3,51%	3,45%
Sonstige Steuern	34.214,20	0,06%	0,06%	33.187,77	0,07%	0,07%
Zinsen und ähnliche Aufwendungen	737.852,94	1,39%	1,37%	765.994,16	1,61%	1,59%
Abschreibungen auf Finanzanlagen des UV	43.747,73	0,08%	0,08%	47.588,52	0,10%	0,10%
Gesamtleistung	53.886.488,00		100,00%	48.288.410,60		100,00%
Gesamtkosten	52.953.139,12	100,00%		47.575.148,27	100,00%	

Spalte 1 Aufwendungen des Berichtsjahres in EUR
Spalte 2 Kostenintensität des Berichtsjahres
Spalte 3 Aufwandsquoten des Berichtsjahres

Spalte 4 Aufwendungen des Vorjahres in EUR
Spalte 5 Kostenintensität des Vorjahres
Spalte 6 Aufwandsquoten des Vorjahres

Bei den Eisenwerken Osnabrück AG handelt es sich um einen Betrieb mit sehr materialintensiver Produktpalette. Die Materialaufwendungen sind in absoluter Höhe gestiegen, weil die Produktion aufgrund steigenden Absatzes ausgeweitet wurde. Die Steigerung des Materialeinsatzes kann Folge einer Steigerung des Materialeinsatzes pro Fertigprodukt und/oder Folge einer Steigerung der Materialpreise sein.

Zusammenfassung

Die **Kennzahlen der Kostenintensität** zeigen, in welchem Maße die betrieblichen Produktionsfaktoren (Material, Arbeit, Sachkapital) am Produktionsprozess für das Zustandekommen der Gesamtleistung beteiligt sind.

Ein **innerbetrieblicher Zeitvergleich** liefert Anhaltspunkte für die Frage, ob der Produktionsprozess im Zeitablauf effizienter gestaltet werden konnte.

Grundlegende Erkenntnisse über die Effizienz des Produktionsprozesses lassen sich jedoch nur aus einem **zwischenbetrieblichen Vergleich** mit durchschnittlichen Kennzahlen der Branche gewinnen.

Aufgaben zu Kapitel 8.3.5.1

1 a) Ermitteln Sie für die NORDBAU AG, Rostock (siehe 8.3.4, Aufgabe 1), die Kennzahlen der Kostenstruktur und interpretieren Sie diese.

   b) Ermitteln und interpretieren Sie die absoluten und relativen Veränderungen der Werte vom Vorjahr zum Berichtsjahr.

② a) Ermitteln Sie für die SÜDWESTBAU AG, Heidenheim (siehe 8.3.4, Aufgabe 2), die Kennzahlen der Kostenstruktur und interpretieren Sie diese.

b) Ermitteln und interpretieren Sie die absoluten und relativen Veränderungen der Werte vom Vorjahr zum Berichtsjahr.

③ Vergleichen Sie die Werte der NORDBAU AG, Rostock mit denen der SÜDWESTBAU AG, Heidenheim.

8.3.5.2 Umschlagskennzahlen

Umschlagskennzahlen sind ein Maßstab für die Beurteilung der Wirtschaftlichkeit des Betriebsprozesses im Unternehmen. Sie geben Auskunft über die Dauer der Kapitalbindung sowohl im Bereich des Umlaufvermögens als auch im Kapitalbereich.

Kennzahlen des Materialumschlags

$$\text{Lagerumschlagshäufigkeit} = \frac{\text{Materialaufwand}}{\text{Durchschnittsbestand an Roh-, Hilfs- und Betriebsstoffen}}$$

$$\text{Durchschnittliche Lagerdauer} = \frac{365 \text{ Tage}}{\text{Lagerumschlagshäufigkeit}}$$

Wenn bestimmte Beziehungen zwischen Werten der Gewinn- und Verlustrechnung sowie Beständen aus der Bilanz hergestellt werden, rechnet man mit dem Mittelwert aus dem Anfangsbestand und dem Endbestand eines Jahres. Dadurch sollen Zufallsschwankungen bei den Stichtagsbeständen der Bilanz ausgeglichen werden.

Die **Lagerumschlagshäufigkeit** der Vorräte an Roh-, Hilfs- und Betriebsstoffen ergibt sich aus dem Verhältnis des Materialaufwands zum Durchschnittsbestand der Vorräte. Die Kennzahl gibt an, wie oft in einem Jahr der Lagerbestand umgesetzt wurde, das heißt, wie oft im Durchschnitt das Material verbraucht und wieder ersetzt wurde. Indem die Umschlagshäufigkeit auf ein Jahr bezogen wird, ergibt sich die **durchschnittliche Lagerdauer** der Stoffe. Beide Kennzahlen ergeben letztlich die gleichen Erkenntnisse.

Eine hohe Umschlagshäufigkeit bewirkt, dass die Lagerdauer sinkt. Das Material wird für kürzere Zeit gelagert, so dass das Lagerrisiko in Form von Schwund und anderen Verlusten abnimmt. Die Kosten für die Lagerhaltung sind geringer. Der Kapitaleinsatz für Material wird insgesamt geringer, weil das Kapital weniger lange in den Vorräten gebunden ist, schneller zurückfließt und erneut im Produktionsprozess eingesetzt werden kann. Damit sinken gleichzeitig die Kosten für die Kapitalbeschaffung in Form von Zinsen.

Letztlich bewirkt eine hohe Umschlagshäufigkeit eine bessere Wirtschaftlichkeit des Unternehmens; Gewinn und damit Rentabilität steigen. In Konsequenz dieser Erkenntnis sind viele Unternehmen zu »just-in-time-production« übergegangen. Dabei werden die Stoffe dann angeliefert, wenn sie für die Produktion gebraucht werden. Die Lagerhaltung tendiert dann gegen Null.

Kennzahlen des Umschlags der Forderungen

$$\text{Umschlagshäufigkeit der Forderungen} = \frac{\text{Materialaufwand}}{\text{Durchschnittsbestand an Forderungen aus Lieferungen und Leistungen}}$$

$$\text{Debitorenziel (Kundenziel)} = \frac{\text{Durchschnittsbestand an Forderungen aus Lieferungen und Leistungen} \cdot 365 \text{ Tage}}{\text{Umsatzerlöse}}$$

Umschlagshäufigkeit der Forderungen

Die **Umschlagshäufigkeit der Forderungen** ergibt sich aus dem Verhältnis der Umsatzerlöse zum durchschnittlichen Forderungsbestand. Sie zeigt, wie oft die Forderungen aus Lieferungen und Leistungen im Schnitt wieder durch Erlöse gedeckt werden. Daraus lässt sich die durchschnittliche Laufzeit der Forderungen ermitteln, das heißt das **Debitorenziel (= Kreditdauer)** oder das Zahlungsziel, das von den Kunden des Unternehmens durchschnittlich in Anspruch genommen wird.

Debitorenziel

Eine hohe Umschlagshäufigkeit der Forderungen bewirkt, dass die durchschnittliche Kreditdauer sinkt. Die Forderung besteht für kürzere Zeit, so dass das Kreditrisiko abnimmt. Der Durchschnittsbestand der Forderungen sinkt, dadurch ist der Aufwand für die Überwachung der Forderungen geringer. Der Kapitaleinsatz für Forderungen wird insgesamt geringer, weil das Kapital weniger lange gebunden ist, schneller zurückfließt und erneut im Produktionsprozess eingesetzt werden kann. Die eigene Liquidität des Unternehmens verbessert sich.

Damit sinken gleichzeitig die Kosten für die Kapitalbeschaffung in Form von Zinsen. Letztlich bewirkt eine hohe Umschlagshäufigkeit eine bessere Wirtschaftlichkeit des Unternehmens; Gewinn und damit Rentabilität steigen. Allerdings bewirkt der Skonto, der als Anreiz gewährt werden muss, eine Verminderung der Rentabilität.

Kennzahlen des Umschlags der Verbindlichkeiten

$$\text{Umschlagshäufigkeit der Verbindlichkeiten} = \frac{\text{Materialaufwand bzw. Wareneinsatz}}{\text{Durchschnittsbestand an Verbindlichkeiten aus Lieferungen und Leistungen}}$$

$$\text{Kreditorenziel (Lieferantenziel)} = \frac{\text{Durchschnittsbestand an Verbindlichkeiten aus Lieferungen u. Leistungen} \cdot 365 \text{ Tage}}{\text{Materialaufwand bzw. Wareneinsatz}}$$

Umschlagshäufigkeit der Verbindlichkeiten

Kreditorenziel (Lieferantenziel)

Die **Umschlagshäufigkeit der Verbindlichkeiten** ergibt sich aus dem Verhältnis der Umsatzerlöse zum durchschnittlichen Forderungsbestand. Das **Kreditorenziel** zeigt, nach wie viel Tagen eingekauftes Material durchschnittlich an den jeweiligen Lieferanten bezahlt wird. Es zeigt, wie lange die vom Lieferanten eingeräumten Zahlungsziele in Anspruch genommen werden und gibt somit Aufschluss über das Zahlungsverhalten des analysierten Unternehmens gegenüber seinen Zulieferern. Ist beim Vergleich mehrerer Abrechnungsperioden ein Anstieg der Kennzahl Kreditorenziel festzustellen, kann dies auf Zahlungsschwierigkeiten des Unternehmens hindeuten.

Bei der Betrachtung der Kennzahl Kreditorenziel ist gleichzeitig zu untersuchen, ob das Unternehmen überhaupt die vom Lieferer eingeräumten Zahlungsziele in Anspruch nehmen oder besser zu Lasten des Betriebmittelkredites schneller zahlen und dafür Skonto ausnutzen sollte. Grundsätzlich rentiert sich die Skontoausnutzung immer, selbst wenn dafür Kredit aufgenommen werden müsste.

> Der **Skonto** (Mehrzahl: Skonti) ist ein Nachlass für die Nichtinanspruchnahme eines eingeräumten Zahlungsziels.

Er wird einerseits als Verzinsung für die vorzeitige Zahlung gewährt, andererseits ist er auch ein Preisnachlass für die Einsparung von Verwaltungskosten und die Minderung des Kreditrisikos. Der einem Kunden (Abnehmer) gewährte Preisnachlass für vorzeitige Zahlung wird **Kundenskonto** genannt, der vom Lieferer eingeräumte Preisnachlass heißt **Liefererskonto**. Kundenskonto
Liefererskonto

Kennzahlen des Kapitalumschlags

> Umschlagshäufigkeit des Eigenkapitels =
> $$\frac{\text{Umsatzerlöse}}{\text{Durchschnittsbestand an Eigenkapital}}$$

> Durchschnittliche Umschlagsdauer des Eigenkapitals =
> $$\frac{365 \text{ Tage}}{\text{Umschlagshäufigkeit des Eigenkapitals}}$$

> Umschlagshäufigkeit =
> $$\frac{\text{Umsatzerlöse}}{\text{Durchschnittsbestand an Gesamtkapital}}$$

> Durchschnittliche Umschlagsdauer des Gesamtkapitals =
> $$\frac{365 \text{ Tage}}{\text{Umschlagshäufigkeit des Gesamtkapitals}}$$

Um die **Umschlagshäufigkeit des Eigen- bzw. Gesamtkapitals** zu ermitteln, werden die Umsatzerlöse zum jeweiligen Durchschnittsbestand an Kapital ins Verhältnis gesetzt. Die Kennzahl gibt an, wie oft das eingesetzte Eigen- bzw. Gesamtkapital im Jahresdurchschnitt über die Umsatzerlöse zurückgeflossen ist. Die **Umschlagsdauer** zeigt, nach wie viel Tagen der Kapitalrückfluss erfolgt. Umschlagshäufigkeit des Eigen- bzw. Gesamtkapitals

Umschlagsdauer

Eine große Umschlagshäufigkeit des Kapitals bewirkt, dass das Kapital weniger lange gebunden ist, schneller zurückfließt und erneut im Produktionsprozess eingesetzt werden kann. Es ist insgesamt weniger Kapital notwendig, um einen bestimmten Umsatz zu erbringen. Damit sinken gleichzeitig die Kosten für die Kapitalbeschaffung. Die eigene Liquidität des Unternehmens verbessert sich. Letztlich bewirkt eine hohe Umschlagshäufigkeit eine höhere Wirtschaftlichkeit des Unternehmens. Der Gewinn und damit die Rentabilität steigen.

Beispiel

Umschlagskennzahlen der Eisenwerke Osnabrück AG:

	Berichtsjahr	Vorjahr
Lagerumschlagshäufigkeit	5,6 mal	4,8 mal
Durchschnittliche Lagerdauer	65,2 Tage	76,0 Tage
Bestand an Stoffen am 1.1. des Vorjahres		5.511.889,20
Umschlagshäufigkeit der Forderungen	16,3 mal	15,5 mal
Debitorenziel (Kundenziel)	22,4 Tage	23,6 Tage
Bestand an Forderungen aus Lieferungen und Leistungen am 1.1. des Vorjahres		2.959.645,50
Umschlagshäufigkeit der Verbindlichkeiten	13,0 mal	9,8 mal
Kreditorenziel (Lieferantenziel)	28,1 Tage	37,2 Tage
Bestand an Verbindlichkeiten aus Lieferungen und Leistungen am 1.1. des Vorjahres		2.730.921,90
Umschlagshäufigkeit des Eigenkapitals	8,4 mal	8,1 mal
Durchschnittliche Umschlagsdauer des Eigenkapitals	43,5 Tage	45,1 Tage
Bestand an Eigenkapital am 1.1. des Vorjahres		5.634.000,00
Umschlagshäufigkeit des Gesamtkapitals	2,2 mal	1,9 mal
Durchschnittliche Umschlagsdauer des Gesamtkapitals	165,9 Tage	192,1 Tage
Bestand an Gesamtkapital am 1.1. des Vorjahres		25.784.857,26

Bestände an Vorräten Im Berichtszeitraum haben sich die **Bestände an Vorräten** gegenüber dem Vorjahr infolge der Umsatzsteigerung erhöht. Gleichzeitig konnte aber die Umschlagshäufigkeit der Bestände verbessert werden, sodass die durchschnittliche Lagerdauer sank. Beide Kennzahlen weisen auf eine positive Entwicklung hin.

Bestände an Forderungen Die **Bestände an Forderungen** aus Warenlieferungen und Leistungen haben sich im Berichtsjahr gegenüber dem Vorjahr erhöht. Ursache dafür ist der gestiegene Absatz infolge der Umsatzsteigerung. Gleichzeitig konnte aber die Umschlagshäufigkeit der Forderungen verbessert werden, sodass die durchschnittliche Kreditdauer, das Debitorenziel, sank. Ein Grund dafür ist, dass Kunden lieber Skonto in Anspruch nahmen, als das üblicherweise eingeräumte Zahlungsziel von 30 Tagen auszunutzen. Die Kennzahlen des Forderungsumschlags lassen eine positive Unternehmensentwicklung erkennen.

Kapitalumschlag Auch die Kennzahlen des **Kapitalumschlags** zeigen die positive Entwicklung des Unternehmens. Sowohl beim Eigen- als auch beim Gesamtkapital hat sich der Kapitalrückfluss über die Umsatzerlöse und damit die durchschnittliche Kapitalbindungsfrist verbessert. Dies trifft zwar auch auf die Kennzahl Kreditorenziel zu, trotzdem ist dieser Wert insgesamt zu hoch. Veränderungen würde eine stärkere Inanspruchnahme von Lieferersonti bringen.

Vorteilhaft ist, dass die Kunden der Eisenwerke Osnabrück AG schneller zahlen als die AG an ihre Lieferanten. Dadurch wird Kapital für andere Zwecke frei.

Zusammenfassung

Umschlagskennzahlen dienen der Beurteilung der Liquidität und der Rentabilität des Unternehmens.

Die Kennzahlen des **Materialumschlags** zeigen die Umschlagshäufigkeit des Lagerbestandes. Ein hoher Umschlag mindert die Lagerkosten und den Kapitaleinsatz und verbessert die Rentabilität.

Die Kennzahlen des **Forderungsumschlags** einschließlich des **Debitorenziels** zeigen die Kreditinanspruchnahme durch die Kunden des Unternehmens. Ein hoher Forderungsumschlag bedingt eine verkürzte Kreditdauer der Kunden. Er mindert das Risiko des Unternehmens und verbessert dessen Liquidität, führt aber zur Ergebnis mindernden Skontogewährung.

Die Kennzahlen des **Kapitalumschlags** zeigen, wie schnell das eingesetzte Kapital über die Erlöse zurückfließt. Ein hoher Kapitalumschlag mindert den notwendigen Kapitaleinsatz und erhöht Rentabilität und Liquidität des Unternehmens.

Das **Kreditorenziel** zeigt, welche Zahlungsziele durchschnittlich bei Lieferern in Anspruch genommen werden. Diese Kennzahl lässt sich senken, indem das Unternehmen zu Lasten des Betriebsmittelkredites schneller an den Lieferer zahlt und dafür Skonto ausnutzt.

Aufgaben zu Kapitel 8.3.5.2

① Ermitteln Sie für die NORDBAU AG, Rostock (siehe Aufgabe 2, Kapitel 8.3.2 und Aufgabe 1, Kapitel 8.3.4), die Umschlagskennzahlen und interpretieren Sie diese. Ermitteln und interpretieren Sie die absoluten und relativen Veränderungen der Werte vom Vorjahr zum Berichtsjahr.

Bestände am 1.1. des Vorjahres:

Roh-, Hilfs- und Betriebsstoffe	7.220.575,00
Forderungen aus Lieferungen und Leistungen	3.877.135,00
Verbindlichkeiten aus Lieferungen und Leistungen	4.025.323,00
Eigenkapital	7.403.940,00
Gesamtkapital	34.395.712,00

② Ermitteln Sie für die SÜDWESTBAU AG, Heidenheim (siehe Aufgabe 3, Kapitel 8.3.2 und Aufgabe 2, Kapitel 8.3.4), die Umschlagskennzahlen und interpretieren Sie diese. Ermitteln und interpretieren Sie die absoluten und relativen Veränderungen der Werte vom Vorjahr zum Berichtsjahr.

Bestände am 1.1. des Vorjahres:

Roh-, Hilfs- und Betriebsstoffe	13.793.917,00
Forderungen aus Lieferungen und Leistungen	5.475.344,00
Verbindlichkeiten aus Lieferungen und Leistungen	5.134.133,00
Eigenkapital	10.423.800,00
Gesamtkapital	47.791.494,00

③ Vergleichen Sie die Werte der NORDBAU AG, Rostock, mit denen der SÜDWESTBAU AG, Heidenheim.

④ Die Eisenwerke Osnabrück AG bezieht von einem Lieferer Material zum Preis von 100.000,00 EUR. Der Lieferer räumt ein Zahlungsziel von 30 Tagen ein. Bei Zahlung binnen 10 Tagen kann die Eisenwerke Osnabrück AG 2% Skonto abziehen. Der Kontokorrentkredit der Eisenwerke ist mit 10% p.a. zu verzinsen.

8.3.5.3 Kennzahlen der Rentabilität

Der **Analyse der Rentabilität** eines Unternehmens kommt besondere Bedeutung zu, weil **die Erwirtschaftung von Gewinn das wichtigste wirtschaftliche Unternehmensziel** ist. Es muss geprüft werden, ob und in welchem Maße der Betrieb dieses Ziel erreicht hat. Eine positive Entwicklung aller anderen Kennzahlen, zum Beispiel der Kostenstruktur, Liquidität oder Vermögenslage, ist für das Unternehmen letztlich nutzlos, wenn kein ausreichender Gewinn für das eingesetzte Kapital erzielt werden konnte.

Kennzahlen der Rentabilität sind ein Maßstab zur Beurteilung der Ertragskraft. Dieser Maßstab ist notwendig, weil absolute Zahlen zur Höhe des Jahresgewinns wenig Aussagekraft besitzen. **Der Gewinn muss deshalb ins Verhältnis zum eingesetzten Kapital oder zum realisierten Umsatz** gesetzt werden. Damit wird die wirtschaftliche Lage des Unternehmens sichtbar. Es zeigt sich, **welchen Ertrag das eingesetzte Kapital erbracht hat.**

Als **Kapitaleinsatz** kann entweder der Bestand aus der Schlussbilanz des Vorjahres, oder der durchschnittliche Kapitaleinsatz des Geschäftsjahres, das heißt ein Mittelwert der Bestände aus den Bilanzen von Vorjahr und Berichtsjahr, angesetzt werden. Sind im Geschäftsjahr Kapitalerhöhungen durchgeführt worden und wird der Jahresüberschuss des Berichtsjahres bereits in den Eigenkapitalpositionen ausgewiesen, liefert der Ansatz des Durchschnittskapitals ein besseres Spiegelbild der Realität, als das Kapital zu Beginn der Geschäftsperiode. Denn die Kapitalerhöhungen und die laufenden Umsatzerlöse stellen Mittelzuflüsse dar, die dem Unternehmen zur Ertragserzielung während der gesamten Geschäftsperiode zur Verfügung standen.

Als **Gewinn** sollte das **Ergebnis der gewöhnlichen Geschäftstätigkeit abzüglich sonstiger Steuern** (also das **Betriebsergebnis = EBT** der Strukturerfolgsrechnung, vgl. S. 401 ff.) gewählt werden, damit außerordentliche Erfolge das betrieblich bedingte Ergebnis nicht verfälschen und Steuern vom Ergebnis und Ertrag eine Vergleichbarkeit zu anderen Unternehmen unterschiedlicher Rechtsform gewährleisten.

Kennzahlen der Kapitalrentabilität

$$\text{Eigenkapitalrentabilität} = \frac{\text{Betriebsergebnis} \cdot 100}{\text{Durchschnittsbestand an Eigenkapital}}$$

$$\text{Gesamtkapitalrentabilität} = \frac{(\text{Betriebsergebnis} + \text{Zinsaufwand}) \cdot 100}{\text{Durchschnittsbestand an Gesamtkapital}}$$

Rentabilität des Eigenkapitals
Die Eigenkapitalrentabilität zeigt, ob sich der Einsatz des Eigenkapitals für den Unternehmer gelohnt hat.

Beurteilung der Eigenkapitalrentabilität
- GUT = 31% und besser
- MITTEL = 10% bis 30%
- SCHLECHT = bis 10%

Die **Eigenkapitalrentabilität** sollte über dem Kapitalmarktzinssatz für langfristige Anlagen liegen, weil der Unternehmer nicht nur für den Einsatz seines Kapitals entschädigt werden muss, sondern auch für das allgemeine Unternehmerwagnis, das er mit dem Einsatz seines Kapitals eingegangen ist. Dafür steht ihm eine Art Versicherungsprämie zu.

Risikoprämie = Eigenkapitalrentabilität − Zinssatz für langfristige Kapitalanlage

Rentabilität des Gesamtkapitals
Die **Gesamtkapitalrentabilität** zeigt, ob sich der Einsatz des Gesamtkapital, also des Eigenkapitals und des Fremdkapitals für den Unternehmer gelohnt hat. Da das Entgelt für die Fremdkapitalgeber der Zins ist, muss in den Ertrag, der auf den gesamten Kapitaleinsatz bezogen wird, auch der Zins für das Fremdkapital eingerechnet werden. Das Gesamtkapital muss nicht nur den Gewinn für die Eigentümer, sondern zusätzlich die **Fremdkapitalzinsen** für die Gläubiger erwirtschaften.

Benotung der Gesamtkapitalrentabilität
- 1 = 16 % und besser
- 2 = 13 % bis 15 %
- 3 = 9 % bis 12 %
- 4 = 0 % bis 8 %
- 5 = negativ

Bei der **Analyse der Passivseite der Bilanz** war unter anderem das **Verhältnis von Eigenkapital zu Fremdkapital** betrachtet worden. Das eingebrachte Fremdkapital erhält über die vereinbarte Frist bis zur Fälligkeit den vereinbarten Zins. Liegt die Verzinsung des Gesamtkapitals, das heißt die Gesamtkapitalrentabilität, über dem fest vereinbarten Zins für das Fremdkapital, so fällt der Überschuss dem Eigenkapital zu. Die Eigenkapitalrentabilität oder Eigenkapitalverzinsung liegt dann über der Fremdkapitalverzinsung.

Die Eigenkapitalrentabilität ist also abhängig von der Gesamtkapitalrentabilität, der Verzinsung des Fremdkapitals und dem Verhältnis zwischen Eigen- und Fremdkapital. Solange die Fremdkapitalverzinsung unter der Gesamtkapitalrentabilität liegt, bewirkt eine zusätzliche Aufnahme von Fremdkapital bei gleich bleibendem Eigenkapital, bzw. abnehmendem Eigenkapital, d.h. eine steigende Fremdkapitalquote, eine Verbesserung der Eigenkapitalrentabilität.

Dieser auch als **Leverage-Effekt** bezeichnete Hebel bewirkt, dass die Eigenkapitalrentabilität dann umso größer wird, wenn die Eigenkapitalquote sinkt bzw. die Fremdkapitalquote steigt. Voraussetzung dafür ist eine ausreichende Gesamtkapitalrentabilität. Der Unternehmer muss sich also vor jeder großen Investition fragen, ob diese mit Eigenkapital oder zusätzlichem Fremdkapital finanziert werden sollte.

Leverage-Effekt

Unabhängig von den positiven Einflüssen zusätzlichen Fremdkapitals auf die Eigenkapitalrentabilität, ist in der Praxis das Risikopotential einer hohen Fremdkapitalquote zu berücksichtigen. Wenn die Gesamtrentabilität aus konjunkturellen Gründen unter die fest vereinbarte Verzinsung des Fremdkapitals fällt, wirkt der Hebel mit gleicher Stärke auch in negativer Richtung. Das bedeutet, dass jetzt die Eigenkapitalrentabilität sinkt, und zwar umso stärker, je höher die Fremdkapitalquote ist.

Beispiele zum Leverage-Effekt

Variante 1:
Abhängigkeit der Eigenkapitalrentabilität von der Fremdkapitalquote:
Gesamtkapitalrentabilität und Fremdkapitalzinssatz bleiben konstant.

	Gesamt-kapital	Eigen-kapital	Eigen-kapital-quote	Fremd-kapital	Fremd-kapital-quote	Gesamt-kapital-rentabilität	Betriebs-Ergebnis	Zins-satz	Fremd-kapital-zinsen	Eigen-kapital-renta-bilität
	Mio. EUR	Mio. EUR	in %	Mio. EUR	in %	in %	Mio. EUR	in %	Mio. EUR	in %
	a	b	c = b : a	d	e = d : a	f = (g + i) : a	g	h	i = d · h	j = g : b
A	70,0	70,0	100,00	0,0	0,00	12	8,4	8	0,0	12,00
B	70,0	60,0	85,71	10,0	14,29	12	7,6	8	0,8	12,67
C	70,0	50,0	71,43	20,0	28,57	12	6,8	8	1,6	13,60
D	70,0	40,0	57,14	30,0	42,86	12	6,0	8	2,4	15,00
E	70,0	30,0	42,86	40,0	57,14	12	5,2	8	3,2	17,33
F	70,0	20,0	28,57	50,0	71,43	12	4,4	8	4,0	22,00
G	70,0	10,0	14,29	60,0	85,71	12	3,6	8	4,8	36,00

Bei gleichmäßiger Zunahme der Fremdkapitalquote erhöht sich die Eigenkapitalrentabilität überproportional.

Variante 2:
Abhängigkeit der Eigenkapitalrentabilität von der Gesamtkapitalrentabilität:
Fremdkapitalquote und Fremdkapitalzinssatz bleiben konstant.

	Gesamt-kapital	Eigen-kapital	Eigen-kapital-quote	Fremd-kapital	Fremd-kapital-quote	Gesamt-kapital-rentabilität	Betriebs-Ergebnis	Zins-satz	Fremd-kapital-zinsen	Eigen-kapital-rentabilität
	Mio. EUR	Mio. EUR	in %	Mio. EUR	in %	in %	Mio. EUR	in %	Mio. EUR	in %
	a	b	c = b : a	d	e = d : a	f = (g + i) : a	g	h	i = d · h	k = g : b
A	70,0	20,0	28,57	50,0	71,43	12	8,4	8	4,0	22,00
B	70,0	20,0	28,57	50,0	71,43	11	7,7	8	4,0	18,50
C	70,0	20,0	28,57	50,0	71,43	10	7,0	8	4,0	15,00
D	70,0	20,0	28,57	50,0	71,43	9	6,3	8	4,0	11,50
E	70,0	20,0	28,57	50,0	71,43	8	5,6	8	4,0	8,00
F	70,0	20,0	28,57	50,0	71,43	7	4,9	8	4,0	4,50
G	70,0	20,0	28,57	50,0	71,43	6	4,2	8	4,0	1,00
H	70,0	20,0	28,57	50,0	71,43	5	3,5	8	4,0	– 2,50
I	70,0	20,0	28,57	50,0	71,43	4	2,8	8	4,0	– 6,00
J	70,0	20,0	28,57	50,0	71,43	3	2,1	8	4,0	– 9,50
K	70,0	20,0	28,57	50,0	71,43	2	1,4	8	4,0	– 13,00
L	70,0	20,0	28,57	50,0	71,43	1	0,7	8	4,0	– 16,50

Bei gleichmäßiger Abnahme der Gesamtkapitalrentabilität fällt die Eigenkapitalrentabilität proportional.

Variante 3:
Abhängigkeit der Eigenkapitalrentabilität vom Fremdkapitalzinssatz:
Fremdkapitalquote und Gesamtkapitalrentabilität bleiben konstant.

	Gesamt-kapital	Eigen-kapital	Eigen-kapital-quote	Fremd-kapital	Fremd-kapital-quote	Gesamt-kapital-rentabilität	Betriebs-Ergebnis	Zins-satz	Fremd-kapital-zinsen	Eigen-kapital-rentabilität
	Mio. EUR	Mio. EUR	in %	Mio. EUR	in %	in %	Mio. EUR	in %	Mio. EUR	in %
	a	b	c = b : a	d	e = d : a	f = (g + i) : a	g	h	i = d · h	k = g : b
A	70,0	20,0	28,57	50,0	71,43	12	5,4	6	3,0	27,00
B	70,0	20,0	28,57	50,0	71,43	12	4,9	7	3,5	24,50
C	70,0	20,0	28,57	50,0	71,43	12	4,4	8	4,0	22,00
D	70,0	20,0	28,57	50,0	71,43	12	3,9	9	4,5	19,50
E	70,0	20,0	28,57	50,0	71,43	12	3,4	10	5,0	17,00
F	70,0	20,0	28,57	50,0	71,43	12	2,9	11	5,5	14,50
G	70,0	20,0	28,57	50,0	71,43	12	2,4	12	6,0	12,00
H	70,0	20,0	28,57	50,0	71,43	12	1,9	13	6,5	9,50
I	70,0	20,0	28,57	50,0	71,43	12	1,4	14	7,0	7,00
J	70,0	20,0	28,57	50,0	71,43	12	0,9	15	7,5	4,50
K	70,0	20,0	28,57	50,0	71,43	12	0,4	16	8,0	2,00
L	70,0	20,0	28,57	50,0	71,43	12	– 0,1	17	8,5	– 0,50

Steigt der Fremdkapitalzins bei gleich bleibender Gesamtkapitalrentabilität, sinkt die Eigenkapitalrentabilität proportional.

Umsatzrentabilität

Umsatzrentabilität
Umsatzverdienstrate

Die Kennzahl **Umsatzrentabilität** setzt den Gewinn ins Verhältnis zur Gesamtleistung und zeigt, wie viel Prozent der Gesamtleistung dem Unternehmen als Gewinn zur Verfügung stehen. Die Kennzahl wird auch als **Umsatzverdienstrate** bezeichnet, weil sie angibt, wie viel EUR Gewinn das Unternehmen an 100,00 EUR Gesamtleistung verdient hat. Besondere Aussagekraft gewinnt die Kennzahl beim Vergleich mit anderen Abrechnungsperioden oder anderen Unternehmen der Branche.

$$\text{Umsatzrentabilität} = \frac{\text{Betriebsergebnis} \cdot 100}{\text{Gesamtleistung/Umsatzerlöse}}$$

8.3 Auswertung eines Jahresabschlusses im Hinblick auf Kredit- und Anlageentscheidungen

Beurteilung der Umsatzrentabilität
- GUT   = 5% und besser
- MITTEL   = 1% bis 4%
- SCHLECHT   = bis 1%

Beispiel

Für die Eisenwerke Osnabrück AG ergeben sich folgende Kennzahlen der Rentabilität:

	Berichtsjahr	Vorjahr
Eigenkapitalrentabilität	19,6%	17,7%
Bestand an Eigenkapital am 1.1. des Vorjahres		5.634.000,00 EUR
Gesamtkapitalrentabilität	8,0%	7,2%
Bestand an Gesamtkapital am 1.1. des Vorjahres		25.784.857,26 EUR
Umsatzrentabilität	2,3%	2,2%

Die Rentabilität des Eigenkapitals hat sich verbessert. Dies auf Basis der gestiegenen Gesamtkapitalrentabilität ist besonders positiv zu beurteilen, weil die Erhöhung der Eigenkapitalquote im Berichtsjahr sich negativ auf die Eigenkapitalrentabilität auswirkt.

Die Umsatzrentabilität zeigt, dass der Gewinn pro 100,00 EUR Gesamtleistung/Umsatzerlös von 2,18 EUR auf 2,33 EUR gestiegen ist. Diese Tendenz ergibt sich auch beim Vergleich der absoluten Zahlen, aus denen hervorgeht, dass der Gewinn schneller gestiegen ist als der Umsatz.

Kurs-Gewinn-Verhältnis (KGV)

$$\text{Kurs-Gewinn-Verhältnis} = \frac{\text{Börsenkurs der Aktie}}{\text{Erwarteter Gewinn je Aktie}}$$

Das auch als **Price-Earnings-Ratio (PER)** bezeichnete **Kurs-Gewinn-Verhältnis** zeigt, wie »teuer« die Aktie des analysierten Unternehmens im Vergleich mit anderen Unternehmen oder früheren Geschäftsjahren ist.

Kurs-Gewinn-Verhältnis (KGV)

Der Anleger kann am KGV ablesen, nach wie viel Jahren sein Kapitaleinsatz in Höhe des Börsenkurses der Aktie theoretisch über den Gewinn je Aktie zurückgeflossen sein wird, wenn der Gewinn konstant bliebe.

Beispiel

Erwarteter Gewinn von 5,20 EUR je Aktie

Börsenkurs 67,60 EUR je Aktie

KGV = 67,20 : 5,20 = **13**

Je niedriger das KGV, desto preiswerter erscheint die Aktie.

Dividendenrendite

$$\text{Dividendenrendite} = \frac{\text{Veröffentlichte Dividende} \cdot 100}{\text{Kapitaleinsatz}}$$

Dividendenrendite Die **Dividendenrendite** dient dazu, den Ertrag der Aktie des analysierten Unternehmens im Vergleich mit anderen Anlagemöglichkeiten zu beurteilen. Der Anleger kann an der Dividendenrendite ablesen, wie sich sein Kapitaleinsatz in Höhe des Börsenkurses der Aktie über die Dividende je Aktie verzinst.

Beispiel

Veröffentlichte Dividende von 2,50 EUR je Aktie
Börsenkurs 67,60 EUR je Aktie
Dividendenrendite = 2,50 · 100 : 67,60 : = **3,7%**

Zusammenfassung

Kennzahlen der Rentabilität
dienen dem

innerbetrieblichen Zeitvergleich	**zwischenbetrieblichen Vergleich**
zur Darstellung Der Entwicklung eines Unternehmens	zur Darstellung der Attraktivität eines Unternehmens für Kapitalanleger

- Die **Eigenkapitalrentabilität**
  setzt das Betriebsergebnis vor Steuern (EBT = Earnings Before Taxe) in Beziehung zu dem zur Erzielung des EBTs erforderlichen Einsatz an Eigenkapital.

- Die **Gesamtkapitalrentabilität**
  setzt das Betriebsergebnis vor Zinsen und Steuern (EBIT = Earnings Before Interests and Taxes) in Beziehung zu dem zur Erzielung des EBITs erforderlichen Einsatz an Gesamtkapital.

Wirkungen der Kapitalstruktur auf die Eigenkapitalrentabilität
Leverage-Effekt
mit wachsender Fremdkapitalquote bzw. sinkender Eigenkapitalquote

steigt die Eigenkapitalrentabilität, wenn Gesamtrentabilität > Fremdkapitalzinssatz	sinkt die Eigenkapitalrentabilität, wenn Gesamtrentabilität < Fremdkapitalzinssatz

- Die **Umsatzrentabilität**
  setzt das Betriebsergebnis in Beziehung zur Gesamtleistung bzw. zu den Umsatzerlösen. Dadurch wird ersichtlich, wie viel Prozent einem Unternehmen als Verdienst am Umsatz verbleiben.

- Das **Kurs-Gewinn-Verhältnis (KGV) oder Price-Earnings-Ratio (PER)**
  zeigt, in welcher Zeit sich eine Aktie durch den erwarteten Gewinn voraussichtlich bezahlt macht. Es ist damit ein Indikator dafür, ob eine Aktie »teuer« oder »billig« ist.

- Die **Dividendenrendite**
  zeigt, wie sich bei isolierter Betrachtung die Anlage von Kapital in einer bestimmten Aktie beim derzeitigen Kurs und der zu erwartenden Dividende rentiert.

Aufgaben zu Kapitel 8.3.5.3

1. Ermitteln Sie für die NORDBAU AG, Rostock (siehe Aufgabe 2, Kapitel 8.3.2 und Aufgabe 1, Kapitel 8.3.4), die Rentabilitätskennzahlen und interpretieren Sie diese.

   Ermitteln und interpretieren Sie die absoluten und relativen Veränderungen der Werte vom Vorjahr zum Berichtsjahr.

Bestände am 1.1. des Vorjahres:	EUR
Eigenkapital	7.403.940,00
Gesamtkapital	34.395.712,00

2. Ermitteln Sie für die SÜDWESTBAU AG, Heidenheim (siehe Aufgabe 3, Kapitel 8.3.2 und Aufgabe 2, Kapitel 8.3.4), die Rentabilitätskennzahlen und interpretieren Sie diese.

   Ermitteln und interpretieren Sie die absoluten und relativen Veränderungen der Werte vom Vorjahr zum Berichtsjahr.

Bestände am 1.1. des Vorjahres:	EUR
Eigenkapital	10.423.800,00
Gesamtkapital	47.791.494,00

3. Vergleichen Sie die Werte der NORDBAU AG, Rostock mit denen der SÜDWESTBAU AG, Heidenheim.

8.3.5.4 Cash-flow-Analyse

> Der **Cash-flow** ist eine Kennzahl, die Einblick in die Liquiditätslage und die Ertragskraft eines Unternehmens geben soll.

Cash-flow

Cash-flow bedeutet so viel wie Kassenfluss. Er soll zeigen, in welchem Maße sich ein Unternehmen aus eigener Kraft finanzieren kann. Cash-flow ist der Teil der Umsatzeinnahmen, der nicht in derselben Abrechnungsperiode zur Bezahlung laufender Aufwendungen verwendet wird, sondern dem Betrieb zur Finanzierung von Investitionen, zur Tilgung von Schulden und zur Ausschüttung von Gewinnen wirklich zur Verfügung steht. Er ist deshalb Maßstab für die **Kreditwürdigkeit** und die **Eignung eines Unternehmens als Anlageobjekt.**

Allein aus dem Betriebsergebnis ist nicht zu entnehmen, welche selbst erwirtschafteten Mittel das Unternehmen im Geschäftsjahr zur Verfügung hatte. Deshalb ist es zu erhöhen um Mittel, die zwar erwirtschaftet, aber nicht ausgezahlt wurden, das heißt alle **nicht ausgabewirksamen Aufwendungen.** Dazu zählen vor allem Abschreibungen auf Anlagen und Zuführungen zu langfristigen Rückstellungen.

Demgegenüber sind alle **nicht einzahlungswirksamen Erträge** abzuziehen, weil diese Mittel zwar den ausgewiesenen Gewinn erhöhen, aber nicht ausgegeben werden können, wie z.B. Zuschreibungen und Auflösungen von Rückstellungen.

Da die absolute Höhe des Cash-flow wenig Aussagekraft besitzt, muss seine Entwicklung wieder über mehrere Jahre betrachtet werden. Zusätzlich wird er zu solchen Kennzahlen wie Eigen- und Gesamtkapital oder Gesamtleistung/Umsatzerlöse in Beziehung gesetzt.

Kennzahlen des Cash-flow

> Betriebsergebnis
> + Ordentliche Abschreibungen
> + Zuführungen zu den langfristigen Rückstellungen
> Cash-flow

$$\text{Cash-flow in Prozent des Eigenkapitals} = \frac{\text{Cash-flow} \cdot 100}{\text{Durchschnittsbestand an Eigenkapital}}$$

$$\text{Cash-flow in Prozent des Gesamtkapitals} = \frac{\text{Cash-flow} \cdot 100}{\text{Durchschnittsbestand an Gesamtkapital}}$$

$$\text{Cash-flow-Rate} = \frac{\text{Cash-flow} \cdot 100}{\text{Gesamtleistung/Umsatzerlöse}}$$

Aufschlussreich ist es auch zu ermitteln, wie sich der Cash-flow im Verhältnis zu Anlageinvestitionen oder zu Tilgung und Verzinsung des Fremdkapitals verhält.

Selbstfinanzierungskraft Je kleiner Werte diese Kennzahlen annehmen, desto geringer ist die **Selbstfinanzierungskraft** des Unternehmens und um so abhängiger ist der Betrieb von der Beschaffung neuen Eigen- und Fremdkapitals.

Beispiel

Für die Eisenwerke Osnabrück AG ergeben sich folgende Kennzahlen für den Cash-flow:

	Berichtsjahr	Vorjahr
Cash-flow	2.716.833,70 EUR	2.201.344,18 EUR
Bestand der langfristigen Rückstellungen am 1.1. des Vorjahres		2.805.065,06 EUR
Cash-flow in Prozent des Eigenkapitals	42,5 %	37,0 %
Bestand an Eigenkapital am 1.1. des Vorjahres		5.634.000,00 EUR
Cash-flow in Prozent des Gesamtkapitals	10,9 %	8,7 %
Bestand an Gesamtkapital am 1.1. des Vorjahres		25.784.857,26 EUR
Cash-flow-Rate	5,0 %	4,6 %

Im abgelaufenen Geschäftsjahr hat sich der Cash-flow um beachtliche 23,4 % verbessert. Dies ist zurückzuführen auf das um 19,4 % gestiegene Betriebsergebnis und die Zuführungen zu den langfristigen Rückstellungen. Die Abschreibungen sind im Berichtszeitraum geringfügig zurückgegangenen.

Die Steigerung des Cash-flow wirkt sich positiv auf die weiteren Kennzahlen aus, die sich verbessert haben. Dabei stieg der Cash-flow in Bezug auf das Gesamtkapital um 25,9 % und damit schneller als in Bezug auf das Eigenkapital. Die hier mit 14,9 % erkennbare geringere Zunahme ist begründet in der absoluten Zunahme des Eigenkapitals, während im Berichtsjahr das Fremdkapital und damit das Gesamtkapital sanken.

Zusammenfassung

- Der **Cash-flow** dient der **Beurteilung der Finanzkraft und Liquiditätslage** einer Unternehmung.

- Der **Cash-flow** als **Summe von Betriebsergebnis, ordentlichen Abschreibungen und Zuführungen zu langfristigen Rückstellungen** zeigt die vom Unternehmen selbst erwirtschafteten Mittel.

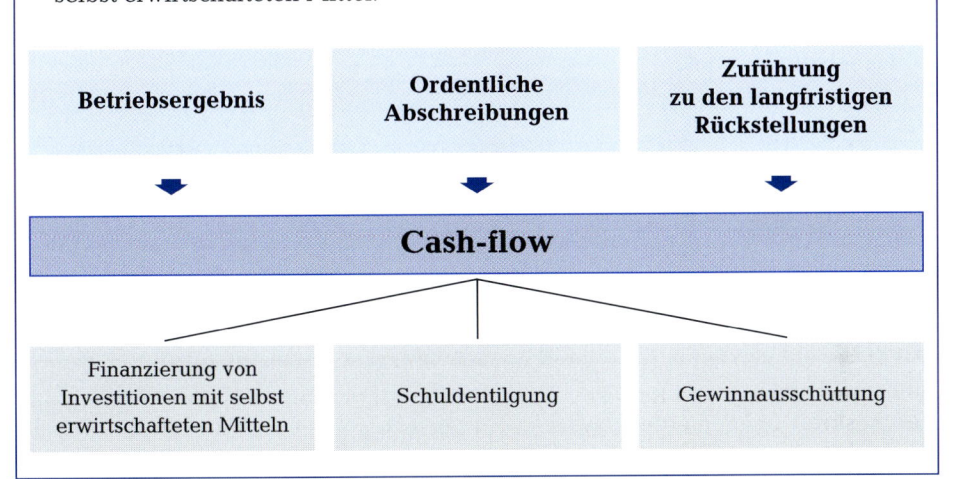

```
   Betriebsergebnis     Ordentliche        Zuführung
                        Abschreibungen     zu den langfristigen
                                           Rückstellungen
                            ↓
                        Cash-flow

   Finanzierung von     Schuldentilgung    Gewinnausschüttung
   Investitionen mit selbst
   erwirtschafteten Mitteln
```

Aufgaben zu Kapitel 8.3.5.4

① a) Ermitteln Sie für die NORDBAU AG, Rostock (siehe Aufg. 2, Kap. 8.3.2 und Aufg. 1, Kap. 8.3.4), die Kennzahlen des Cash-flow und interpretieren Sie diese.

b) Ermitteln und interpretieren Sie die absoluten und relativen Veränderungen der Werte vom Vorjahr zum Berichtsjahr.

Bestände am 1.1. des Vorjahres: EUR

Langfristige Rückstellungen	3.940.669,00
Eigenkapital	7.403.940,00
Gesamtkapital	34.395.712,00

② a) Ermitteln Sie für die SÜDWESTBAU AG, Heidenheim (s. Aufg. 3, Kap. 8.3.2 u. Aufg. 2, Kap. 8.3.4), die Kennzahlen des Cash-flow und interpretieren Sie diese.

b) Ermitteln und interpretieren Sie die absoluten und relativen Veränderungen der Werte vom Vorjahr zum Berichtsjahr.

Bestände am 1.1. des Vorjahres: EUR

Langfristige Rückstellungen	5.174.051,00
Eigenkapital	10.423.800,00
Gesamtkapital	47.791.494,00

③ Vergleichen Sie die Werte der NORDBAU AG, Rostock, mit denen der SÜDWESTBAU AG, Heidenheim.

Kennzahlen zur Beurteilung der Bilanz und der Gewinn- und Verlustrechnung

Eigenkapitalquote $= \dfrac{\text{Eigenkapital} \cdot 100}{\text{Bilanzsumme}}$

Anlagendeckungsgrad I $= \dfrac{\text{Eigenkapital} \cdot 100}{\text{Anlagevermögen}}$

Anlagendeckungsgrad II $= \dfrac{(\text{Eigenkapital} + \text{langfristiges Fremdkapital}) \cdot 100}{\text{Anlagevermögen}}$

Betriebsergebnis = Umsatzerlöse (netto)
± Bestandsveränderungen
+ andere aktivierte Eigenleistungen

= Gesamtleistung
− Materialaufwand
− Personalaufwand
− Planmäßige Abschreibungen auf Sachanlagen
− Betriebssteuern
  [= Kostensteuern = sonstige Steuern]
− sonstige ordentliche Aufwendungen
+ sonstige ordentliche Erträge

= Teil-Betriebsergebnis
+ Zinserträge
− Zinsaufwendungen

= **Betriebsergebnis**

Cash-flow = Betriebsergebnis
+ ordentliche Abschreibungen
+ Zuführung zu den langfristigen Rückstellungen

Cash-flow-Rate $= \dfrac{\text{Cash-flow} \cdot 100}{\text{Gesamtleistung [oder Umsatzerlöse]}}$

Eigenkapitalrentabilität $= \dfrac{\text{Betriebsergebnis} \cdot 100}{\text{[durchschnittliches] Eigenkapital}}$

Gesamtkapitalrentabilität $= \dfrac{(\text{Betriebsergebnis} + \text{Zinsaufwand}) \cdot 100}{\text{[durchschnittliche] Bilanzsumme}}$

8.3 Auswertung eines Jahresabschlusses im Hinblick auf Kredit- und Anlageentscheidungen

Umsatzrentabilität $= \dfrac{\text{Betriebsergebnis} \cdot 100}{\text{Gesamtleistung}}$

Debitorenziel (Kundenziel) =

$\dfrac{\text{[Durchschnittsbestand an] Forderungen aus Lieferungen und Leistungen} \cdot 365 \text{ Tage}}{\text{Umsatzerlöse}}$

Kreditorenziel (Lieferantenziel) =

$\dfrac{\text{[Durchschnittsbestand an] Verbindlichkeiten aus Lieferungen und Leistungen} \cdot 365 \text{ Tage}}{\text{Materialaufwand bzw. Wareneinsatz}}$

KGV $= \dfrac{\text{Börsenkurs}}{\text{erwarteter Gewinn pro Aktie}}$

Dividendenrendite $= \dfrac{\text{veröffentlichte Dividende} \cdot 100}{\text{Kapitaleinsatz}}$

ANHANG

1 Grundlagen des Bankrechnens

1.1 Prozent- und Promillerechnung

Die Prozentrechnung und die Promillerechnung sind Vergleichsrechnungen. Sie ermöglichen Vergleiche verschiedener Größen durch Umrechnung auf hundert (»pro centum«) oder tausend (»pro mille«) Einheiten.

Beispiel

Herr Arndt, Frau Bohl und Frau Cromer sind Angestellte der Volksbank Neustadt e.G. Das Monatseinkommen von Herrn Arndt beträgt 4.000,00 EUR, das von Frau Bohl 3.000,00 EUR und das von Frau Cromer 2.000,00 EUR.

Zum fünfzigjährigen Firmenjubiläum erhalten alle Angestellten der Volksbank Neustadt e.G. eine Einmalzahlung von 720,00 EUR.

Wer von den drei Angestellten erhält die vergleichsweise höchste und wer die vergleichsweise niedrigste Zuwendung?

a) $x : 100 = 720{,}00 \text{ EUR} : 4.000{,}00 \text{ EUR} \Rightarrow x = \dfrac{720{,}00 \text{ EUR}}{4.000{,}00 \text{ EUR}} \cdot 100 =$ **18%**

b) $x : 100 = 720{,}00 \text{ EUR} : 3.000{,}00 \text{ EUR} \Rightarrow x = \dfrac{720{,}00 \text{ EUR}}{3.000{,}00 \text{ EUR}} \cdot 100 =$ **24%**

b) $x : 100 = 720{,}00 \text{ EUR} : 2.000{,}00 \text{ EUR} \Rightarrow x = \dfrac{720{,}00 \text{ EUR}}{2.000{,}00 \text{ EUR}} \cdot 100 =$ **36%**

720,00 EUR	werden als Prozentwert,
4.000,00 EUR, 3.000,00 EUR und 2.000,00 EUR	werden als Grundwerte und
18%, 24% und 36%	werden als Prozentsätze bezeichnet.

Prozentsatz $= \dfrac{\text{Prozentwert}}{\text{Grundwert}} \cdot 100$

Prozentwert $= \dfrac{\text{Grundwert}}{100} \cdot \text{Prozentsatz}$

Grundwert $= \dfrac{\text{Prozentwert}}{\text{Prozentsatz}} \cdot 100$

Aufgaben zu 1.1

① Der Stadtsparkasse Friedrichshafen wird die gleiche Computeranlage zu 4.000,00 EUR von drei verschiedenen Händlern mit 30 Tagen Ziel angeboten.

Händler A bietet 3% Skonto bei Barzahlung in 7 Tagen,
Händler B bietet 2% Skonto bei Barzahlung in 14 Tagen und
Händler C bietet 1% Skonto bei Barzahlung in 21 Tagen.

Welches Angebot ist am günstigsten?

② Im Berichtsjahr betrug die Bruttowertschöpfung in Deutschland 2.033 Mrd. EUR. Der Dienstleistungssektor hatte daran einen Anteil von 69,8%. Wie hoch war dann die Bruttowertschöpfung des Dienstleistungssektors in EUR? (auf drei Dezimalstellen runden)

③ In Deutschland wurden u.a. folgende Bilanzsummen ermittelt:

alle Bankengruppen	6.725,3 Mrd. EUR
Großbanken	1.122,2 Mrd. EUR
Landesbanken und Sparkassen	2.394,7 Mrd. EUR
Genossenschaftliche Zentralbanken und Kreditgenossenschaften	779,9 Mrd. EUR

Berechnen Sie die prozentualen Anteile der Bankengruppen an der gesamten Bilanzsumme.*)

④ Im Jahresdurchschnitt waren im früheren Bundesgebiet 2.753.100 Personen, entsprechend einer Quote von 8,4 v.H., und in den neuen Bundesländern 1.623.700 Personen, entsprechend einer Quote von 18,5 v.H., arbeitslos. Wie hoch war demnach die Zahl der Erwerbspersonen in den beiden Gebieten?

⑤ Ein Kaufmann gewährt bei Abnahme bestimmter Mengen von Waren 10% Rabatt und bei Barzahlung noch 3% Skonto auf den zu zahlenden Betrag. Wie viel % beträgt der Nachlass, wenn ein Kunde Rabatt und Skonto ausnützt?

⑥ Nach Abzug von 25% Rabatt und 2% Skonto vom Restbetrag zahlt ein Kunde 992,25 EUR. Wie hoch war der Bruttoverkaufspreis der Ware?

⑦ Die Spareinlagen einer Bank stiegen in diesem Jahr um 5,54 Mill. EUR. Dies entsprach einem Plus von 4,2%. Wie hoch waren die Spareinlagen am Anfang des Jahres?

⑧ Der Wert eines Wertpapierdepots stieg im vergangenen Monat um 15% auf 19.021,00 EUR. Welchen Wert hatte das Depot am Anfang des Monats?

⑨ Um wie viel Prozent stieg die Bilanzsumme eines Kreditinstituts, wenn die Bilanzsumme im Vorjahr 940.980.000,00 EUR und in diesem Jahr 1.240.340.000,00 EUR betrug?*)

⑩ Wie groß ist ein Darlehen, das nach Abzug von 2% Verwaltungskosten mit 2.940,00 EUR ausbezahlt wird?

⑪ Die Miete für die Geschäftsräume eines Kreditinstituts wurde um 12% auf 1.440,00 EUR je Monat erhöht. Wie hoch war die Miete vor der Erhöhung?

⑫ Die Spareinlagen eines Kreditinstituts erhöhten sich um 46,1 Mio. EUR ≙ 18,5%. Wie groß waren die Spareinlagen vorher?

⑬ Die Geschäftskosten eines Kreditinstituts konnten durch Rationalisierungsmaßnahmen um 2,5% auf 12.350.000,00 EUR gesenkt werden. Wie groß waren die Geschäftskosten vorher?

⑭ Bei der Schlussverteilung in einer Insolvenz sind vorhanden:
Schulden 75.000,00 EUR, Vermögen 13.265,00 EUR.
 1. Wie viel % beträgt die Insolvenzquote, wenn 3.800,00 EUR bevorrechtigte Forderungen zu berücksichtigen sind?*)
 2. Wie viel EUR bekommt ein Gläubiger, der an der Insolvenz mit einer Forderung von 1.555,00 EUR beteiligt ist?

⑮ Eine Ware wird mit 15% Gewinn zu 69,00 EUR verkauft. Wie viel EUR und % gewinnt oder verliert man bei einem Verkaufspreis von 48,00 EUR?

---

*) auf drei Dezimalstellen runden

1.2 Zinsrechnung

Kreditinstitute bestimmen Anfang und Ende einer Zinslaufzeit durch die Angabe einer **Wertstellung** (z. B. Wert oder Valuta: 27.5.).

Für die Berechnung der Zeit gilt gemäß §§ 187 und 188 BGB, dass der erste Tag einer Zinsstrecke nicht mitgerechnet wird, dagegen der letzte.

Die Wertstellung ist daher der Tag, auf den Anfang oder Ende der Verzinsung folgen.

Rechtsvorschriften zur Zinsrechnung

Bürgerliches Gesetzbuch vom 18. August 1896

Stand 1. Oktober 1991 (Auszug)

§ 186

Für die in Gesetzen, gerichtlichen Verfügungen und Rechtsgeschäften enthaltenen Frist- und Terminbestimmungen gelten die Auslegungsvorschriften der §§ 187 bis 193.

§ 187 (Anfang einer Frist)

(1) Ist für den Anfang einer Frist ein Ereignis oder ein in den Lauf eines Tages fallender Zeitraum maßgebend, so wird bei der Berechnung der Frist der Tag nicht mitgerechnet, in welchen das Ereignis oder der Zeitpunkt fällt.

§ 188 (Ende einer Frist)

(1) Eine nach Tagen bestimmte Frist endigt mit dem Ablauf des letzten Tages der Frist.

Die **Wertstellung** oder **Valuta** ist

- am **Anfang** einer Zinsstrecke der Tag, auf den der Beginn der Verzinsung folgt (z. B. Wertstellung: 31.12.05 ➡ erster verzinster Tag 01.01.06),
- am **Ende** einer Zinsstrecke der Tag, mit dem die Zinslaufzeit endet (z. B. Wertstellung: 31.12.06 ➡ letzter verzinster Tag: 31.12.06).

Aufgabe zu 1.2

Frau Ruth Merz überzieht ihr Girokonto bei der Allbank AG von Valuta: 31.12. (1. Jahr) bis Valuta 10.01. (2. Jahr).

a) Welcher Kalendertag ist der erste zu verzinsende Tag?
b) Welcher Kalendertag ist der letzte zu verzinsende Tag?
c) Für wie viele Tage ist Zins zu berechnen?

1.2.1 Zinsrechnung *vom* Hundert

Beispiel

Wie viel Zinsen bringen 120,00 EUR in 72 Tagen zu 6%?

100,00 EUR bringen in 360 Tagen 6,00 EUR Zinsen
120,00 EUR bringen in 72 Tagen x EUR Zinsen

$$x \text{ EUR Zinsen} = \frac{6 \cdot 120 \cdot 72}{100 \cdot 360} = 1{,}44 \text{ EUR Zinsen}$$

Ohne Zusatzangabe ist ein Zinssatz immer ein **Jahreszinssatz**. Zinssatz 6% bedeutet also, dass ein Kapital von 100,00 EUR im Jahr 6,00 EUR Zinsen bringt. 1 EUR bringt 100-mal weniger, 120 EUR bringen 120-mal mehr Zinsen.

Wäre das Kapital nur für einen Tag angelegt, würde es 360-mal weniger Zinsen bringen. In 72 Tagen bringt es 72-mal mehr.

Die Zinsrechnung ist eine um die Zeit erweiterte Prozentrechnung.

	Zinstageermittlung		
Deutsche Zinsmethode:	Monatstage:	30	Privatkunden, Altemissionen
		= 30/360 ➡	
	Jahrestage:	360	
Französische Zinsmethode: = Eurozinsmethode	Monatstage:	kalendermäßig genau	Firmenkunden, Interbankenanlagen, U-Schätze, Floater Anleihen mit Gesamtlaufzeit unter 2 Jahren
		= act(ual)/360 ➡	
	Jahrestage:	360	
Englische Zinsmethode:	Monatstage:	kalendermäßig genau	Bundeswertpapiere (ohne U-Schätze und Floater), Euro-Renten
		= act(ual)/act(ual) ➡	
	Jahrestage:	kalendermäßig genau	

Allgemeine Zinsformel			
	$Z = \dfrac{K \cdot t \cdot p}{100 \cdot 360}$		Z = Zins K = Kapital
$K = \dfrac{Z \cdot 100 \cdot 360}{t \cdot p}$	$p = \dfrac{Z \cdot 100 \cdot 360}{K \cdot t}$	$t = \dfrac{Z \cdot 100 \cdot 360}{K \cdot p}$	p = Zinssatz t = Zeit

ANHANG – 1.2 Zinsrechnung

1.2.2 Zinsrechnung *auf* Hundert

Beispiel

Welches Kapital wächst zu 6% in 120 Tagen auf 1.785,00 Euro an?

	%	%	EUR
K		100	1.750,00
+ Zeitzinssatz	$\frac{6 \cdot 120}{360}$	2	35,00
vermehrtes k		102	1.785,00

Nebenrechnung:

102% ≙ 1.785,00 EUR
100% ≙   x   EUR

$$x\ EUR = \frac{1.785,00\ EUR \cdot 100}{102}$$

x EUR = **1.750,00 EUR**

$$Kapital = \frac{vermehrtes\ Kapital}{100 + Zeitzinssatz} \cdot 100$$

1.2.3 Zinsrechnung *im* Hundert

Beispiel

Welches Kapital wird nach Abzug von 6% für 120 Tage mit 1.960,00 EUR ausgezahlt?

	%	%	EUR
K		100	2.000,00
– Zeitzinssatz	$\frac{6 \cdot 120}{360}$	2	40,00
vermindertes k		98	1.960,00

Nebenrechnung:

98% ≙ 1.960,00 EUR
100% ≙   x   EUR

$$x\ EUR = \frac{1.960,00\ EUR \cdot 100}{98}$$

x EUR = **2.000,00 EUR**

$$Kapital = \frac{vermindertes\ Kapital}{100 - Zeitzinssatz} \cdot 100$$

1.2.4 Summarische Zinsrechnung

Beispiel

Die Kreissparkasse Landshut hat an ihren Kunden Behr folgende Beträge zu 3% ausgeliehen:

① 10.000,00 EUR für 30 Tage

② 20.000,00 EUR für 24 Tage und

③ 30.000,00 EUR für 12 Tage.

Wie viel Zinsen hat sie insgesamt zu fordern?

▶ **Lösung durch Einzel-Zinsrechnung**

Nr.	Kapital	Zeit	Zins
①	10.000,00 EUR	30 Tage	25,00 EUR
②	20.000,00 EUR	24 Tage	40,00 EUR
③	30.000,00 EUR	12 Tage	30,00 EUR
			95,00 EUR

▶ **Lösung durch summarische Zinsrechnung**

Nr.	Kapitalhundertstel ·	Zeit	=	Zinszahlen
①	100	· 30 Tage	=	3.000 #
②	200	· 24 Tage	=	4.800 #
③	300	· 12 Tage	=	3.600 #
				11.400 #

(11.400 # · 3) : 360 = **95,00 EUR** oder 11.400 # : 120 = **95,00 EUR**

Ableitung der kaufmännischen Zinsformel

Die allgemeine Zinsformel $Z = \dfrac{K \cdot t \cdot p}{100 \cdot 360}$ wird zerlegt in

$Z = \dfrac{K}{100} \cdot t \cdot \dfrac{p}{360}$ oder $Z = \dfrac{K}{100} \cdot t : \dfrac{360}{p}$.

Das Produkt $\dfrac{K}{100} \cdot t$ wird als Zinszahl (#) und der Divisor $\dfrac{360}{p}$ wird als Zinsdivisor (d) bezeichnet.

Der Zinsdivisor ergibt für viele Zinssätze glatte Zahlen, wenn das Jahr zu 360 Tagen gerechnet wird.

Die Zinszahlen werden nach üblicher Regel auf glatte Zahlen gerundet. Der Vorteil der summarischen Zinsrechnung liegt darin, dass nur eine Division durchgeführt werden muss.

> **Kaufmännische Zinsformel**
>
> **Zins = Zinszahl : Zinsteiler**   oder   **Zins = Zinszahl · Zinssatz : 360**
>
> **Z   =   #   :   d**   oder   **Z   =   #   ·   p   : 360**
>
> (bei »glatten« Zinsteilen)

Aufgaben zu 1.2

In den Aufgaben ist die Methode »30/360« anzuwenden.

1. Ein Kunde steht beim Kauf eines PCs vor der Wahl, entweder in 20 Monatsraten zu 165,00 EUR pro Monat zu zahlen oder zur Begleichung der Rechnung über 2.890,00 EUR einen Bankkredit aufzunehmen, der mit 7,5% zu verzinsen und in einer Rate einschließlich Zinsen nach 20 Monaten zu tilgen ist.
   Welche Finanzierungsform ist günstiger, wenn die Bank nach 12 Monaten die erste Zinsbelastung durchführt?

ANHANG – 1.2 Zinsrechnung 425

② Ein Kunde erhält eine Rechnung über 90.000,00 EUR mit folgenden Zahlungsbedingungen: Zahlbar innerhalb 10 Tagen mit 2% Skonto oder in 30 Tagen netto.
Soll der Kunde einen Kontokorrentkredit in Anspruch nehmen, um dadurch den Skontoabzug ausnützen zu können, wenn ihn dieser zur Zeit 8,75% kostet?

③ Ein Kaufmann benötigt ein Darlehen von 110.000,00 EUR für 16 Monate. Auf Anfrage bei verschiedenen Banken erhält er 3 Kreditangebote:
Bank A: Zins 8,5%,
Bank B: Zins 7,5% und Bearbeitungsgebühr 1,5% von der Kreditsumme,
Bank C: Zins 6% und Bearbeitungsgebühr 2,5% von der Kreditsumme.
Welches Angebot ist das günstigste?

④ Ein Kaufmann hat einen Bankkredit in Höhe von 56.000,00 EUR am 19.02. aufgenommen. Valuta 25.05. reduzierte sich der Zinssatz von bisher 8% auf 7,5%. Am 10.09. zahlte er 10.000,00 EUR zurück.
Wie viel Zins ist bis zum 31.12. angefallen?

⑤ Für ein Darlehen in Höhe von 150.000,00 EUR mit einer **Endfälligkeit** nach 3 Jahren zum Kauf eines Grundstückes liegen zwei Kreditangebote vor.
Kreditinstitut A verlangt 6% Zinsen zuzüglich 0,5% der Kreditsumme Bearbeitungsgebühr bei einer Auszahlung von 98%.
Kreditinstitut B verlangt 5,5 % Zinsen im 1. Jahr, 6% Zinsen im 2. Jahr und 6,5% Zinsen im 3. Jahr bei einer Auszahlung von 97%.
Welches Kreditangebot ist das günstigste?

⑥ Ein Kapital von 7.200,00 EUR ist nach einer gewissen Zeit mit den Zinsen auf 7.854,00 EUR angewachsen. 1/3 der Zeit stand es zu 4%, 1/4 derselben zu 4,5% und die übrige Zeit zu 5%.
Wie lange wurde das Kapital verzinst?

⑦ Die Zahlungsbedingungen bei einem Warengeschäft lauten: Ziel 30 Tage, bei Zahlung innerhalb 10 Tagen 3% Skonto. Der Käufer könnte zur Zahlung innerhalb 10 Tagen einen Bankkredit zu 9% netto benützen.
Soll er das Ziel des Lieferers oder den Bankkredit in Anspruch nehmen?

⑧ Für einen Kredit, der Valuta 05.09. bis Valuta 20.12. in Anspruch genommen wurde, zahlte ein Kunde einschließlich 9% Zinsen 22.577,50 EUR zurück.
Wie hoch waren der Kredit und die Zinsen?

⑨ Ein Kunde zahlt Valuta 23.07. 8.918,93 EUR für ein Darlehen zurück, das ihm Valuta 15.01. zu einem Zinssatz von 8% zuzüglich Bearbeitungsgebühr 2% von der Darlehenssumme gewährt wurde.
Wie groß waren die Darlehenssumme, die Zinsen und die Bearbeitungsgebühr?

⑩ Nach 9 Monaten wird der Zinssatz eines Darlehens, das auf 1 Jahr gewährt wurde, von 8% auf 7,5% ermäßigt. Nach Ablauf des Jahres zahlt der Kunde 45.307,50 EUR zurück.
Wie hoch war das Darlehen?

⑪ Ein Hausbesitzer musste ein Darlehen von 27.600,00 EUR früher zu 6,25 % verzinsen. Nach Herabsetzung des Zinssatzes zahlt er vierteljährlich 120,75 EUR Zinsen weniger als bisher.
Wie hoch ist der neue Zinssatz?

⑫ Ein Kapital von 36.000,00 EUR bringt Valuta 31.03. bis Valuta 30.06. 481,25 EUR Zinsen. Es ist in 2 Teilen ausgeliehen, davon 23.000,00 EUR zu 5%.
Zu wie viel % ist der Rest ausgeliehen?

⑬ Am 05.01. hebt ein Sparer die zum 31.12. kapitalisierten Zinsen in Höhe von 110,00 EUR von seinem Sparkonto ab. Im vergangenen Jahr hatte er das Sparkonto mit einer Einzahlung von 5.500,00 EUR eröffnet, Danach erfolgte keine Einzahlung mehr.
Wann eröffnete der Kunde sein Sparkonto, wenn die Bank auf Spareinlagen 3% Zinsen gewährt?

⑭ Eine Bank bietet für Spareinlagen mit einjähriger Kündigungsfrist 3,25 % Zinsen.
Wie viel EUR muss ein Sparer anlegen, damit er nach einem halben Jahr 250,00 EUR Zinsen erhält?

⑮ Ein Kunde benötigt ein Darlehen vom 10.03. bis zum 31.10. Eine Bearbeitungsgebühr von 2% der Darlehenssumme und 8% Zinsen werden ihm am 31.10. mit 355,56 EUR belastet.
Wie hoch war das Darlehen?

⑯ Ein Darlehen, das zu einem Zinssatz von 8% gewährt wurde, erbrachte in einem Jahr gleich viel Zinsen wie ein um 5.000,00 EUR höheres Darlehen, das zu 7% ausgeliehen wurde.
Wie hoch waren die beiden Darlehen?

⑰ Ein Kaufmann schuldet einem Lieferanten folgende Beträge: 2.590,00 EUR seit 19.04., 3.800,00 EUR seit 29.05., 2.760,00 EUR seit 02.07. und 3.540,00 EUR seit 15.08. Am 01.09. begleicht der Kaufmann alle offen stehenden Rechnungen.
Welchen Betrag muss der Kaufmann überweisen, wenn mit dem Lieferer 7,5% Verzugszinsen vereinbart wurden?

⑱ Ein Sparer zahlte auf ein neu eröffnetes Sparkonto folgende Beträge ein: 500,00 EUR am 12.02., 720,00 EUR am 05.05., 480,00 EUR am 08.09. und 950,00 EUR.
Wann wurde der letzte Betrag über 950,00 EUR einbezahlt, wenn das Sparkonto mit 3% verzinst wurde und am 31.12. dem Sparkonto 33,89 EUR Zinsen gut geschrieben wurden?

⑲ Eine Bank vergab am 30.04. einen Kredit über 55.000,00 EUR. Am 05.06. wurden 20.000,00 EUR zurückgezahlt, am 08.08. weitere 20.000,00 EUR und am 20.10. der Rest einschließlich Zinsen.
Wie viel EUR waren am 20.10. noch zu zahlen, wenn ein Kreditzins von 8,25% vereinbart war?

1.3 Zinseszinsrechnung

Zahlt ein Kreditinstitut Zinsen am Ende einer Zinsperiode nicht aus, sondern schlägt sie dem Kapital zu, so verzinst es in der nächsten Zinsperiode nicht nur das Anfangskapital, sondern auch die Zinsen daraus. Mit Zinseszinsrechnung können je nach Fragestellung das Endkapital, das Anfangskapital, der Zinssatz oder die Laufzeit ermittelt werden.

1.3.1 Endkapital gesucht (Aufzinsung)

Zur Berechnung des Endkapitals müssen bekannt sein:

- das Anfangskapital K_0,
- der Zinssatz p,
- die Laufzeit n.

ANHANG – 1.3 Zinseszinsrechnung

Beispiel

Bedingungen für *aufgezinste Sparbriefe*:
- Ausgabe zum Nennwert
- Rückzahlung zum Nennwert zuzüglich Zinsen und Zinseszinsen und
- keine laufenden Zinszahlungen.

Wie hoch ist der Rückzahlungsbetrag für einen aufgezinsten Sparbrief im Nennwert von 10.000,00 EUR bei einem Zinssatz von 4% und einer Laufzeit von 6 Jahren?

▶ **Lösung mit Zinsrechnung:**

Jahr	Kapital am Jahresanfang	4% Zinsen	Kapital am Jahresende
1	10.000,00	400,00	10.400,00
2	10.400,00	416,00	10.816,00
3	10.816,00	432,64	11.248,64
4	11.248,64	449,95	11.698,59
5	11.698,59	467,94	12.166,53
6	12.166,53	486,66	**12.653,19**

▶ **Lösung mit Zinseszinsformel:**

Ableitung der Aufzinsungsformel:

Bezeichnet man das Anfangskapital von 10.000,00 EUR mit K_0, den Zinssatz mit p, so wächst K_0 nach einem Jahr um die Zinsen, also um $K_0 \cdot \frac{p}{100}$ auf

$$K_1 = K_0 + K_0 \cdot \frac{p}{100} = K_0 \cdot \left(1 + \frac{p}{100}\right).$$

Im zweiten Jahr wird dieser angewachsene Betrag wieder verzinst. Er wächst auf

$$K_2 = K_1 \cdot \left(1 + \frac{p}{100}\right) = K_0 \cdot \left(1 + \frac{p}{100}\right) \cdot \left(1 + \frac{p}{100}\right) = K_0 \cdot \left(1 + \frac{p}{100}\right)^2$$

Im dritten Jahr wächst K_2 auf

$$K_3 = K_2 \cdot \left(1 + \frac{p}{100}\right) = K_0 \cdot \left(1 + \frac{p}{100}\right)^2 \cdot \left(1 + \frac{p}{100}\right) = K_0 \cdot \left(1 + \frac{p}{100}\right)^3$$

usw. bis schließlich nach n Jahren das Endkapital

$$K_n = K_0 \cdot \left(1 + \frac{p}{100}\right)^n \text{ erreicht ist.}$$

Wird $\left(1 + \frac{p}{100}\right) = q$ gesetzt, so erhält man die

Aufzinsungsformel: $\quad K_n = K_0 \cdot q^n$

»q^n« wird als **Aufzinsungsfaktor** bezeichnet.

Im **Beispiel** beträgt das Endkapital $K_6 = 10.000,00 \text{ EUR} \cdot 1{,}04^6 = \textbf{12.653,19 EUR}$.

1.3.2 Anfangskapital gesucht (Abzinsung)

Zur Berechnung des Anfangskapitals müssen bekannt sein:

- das Endkapital K_n
- der Zinssatz p und
- die Laufzeit n.

Beispiel

Bedingung für *abgezinste Sparbriefe*:
- Ausgabe zum Nennwert abzüglich Zinsen und Zinseszinsen
- Rückzahlung zum Nennwert
- keine laufenden Zinszahlungen.

Wie hoch ist der Ausgabepreis für einen abgezinsten Sparbrief im Nennwert von 5.000,00 EUR bei einem Zinssatz von 4% und einer Laufzeit von 5 Jahren?

Die Auflösung der Zinseszinsformel nach K_0 ergibt die

Abzinsungsformel:
$$K_0 = \frac{K_n}{q^n}$$

»$\frac{1}{q^n}$« wird als **Abzinsungsfaktor** bezeichnet.

Im obigen **Beispiel** beträgt das Anfangskapital $K_0 = \dfrac{5.000,00 \text{ EUR}}{1,04^5}$ = **4.109,64 EUR.**

1.3.3 Zeit gesucht

Zur Berechnung der Zeit müssen bekannt sein:

- das Anfangskapital K_0
- das Endkapital K_n und
- der Zinssatz p.

Beispiel

In welcher Zeit wächst ein Kapital von 50.000,00 EUR bei einer Verzinsung von 10% auf 100.000,00 EUR an?

Die Auflösung der Zinseszinsformel nach n ergibt:

$$K_n = K_0 \cdot q^n \Rightarrow q^n = \frac{K_n}{K_0} \Rightarrow n \cdot \log q = \log \frac{K_n}{K_0}$$

Zeitformel:
$$n = \frac{\log \dfrac{K_n}{K_0}}{\log q}$$

Im obigen **Beispiel** ist n = $\dfrac{\log 2}{\log 1,1} = \dfrac{0,3010}{0,0414} \approx$ **7,3 Jahre.**

1.3.4 Zinssatz gesucht

Zur Berechnung des Zinssatzes p müssen bekannt sein

- das Anfangskapital K_0
- das Endkapital K_n und
- die Laufzeit n.

Beispiel

Zu welchem Zinssatz wächst ein Kapital von 10.000,00 EUR in 10 Jahren auf 20.000,00 EUR an?

Die Auflösung der Zinseszinsformel nach q ergibt:

$$K_n = K_0 \cdot q^n \quad \Rightarrow \quad q^n = \frac{K_n}{K_0}$$

die n-te Wurzel: $\quad q = \sqrt[n]{\frac{K_n}{K_0}} \quad$ oder $\quad 1 + \frac{p}{100} = \sqrt[n]{\frac{K_n}{K_0}}$

Zinssatzformel:

$$p = \left(\sqrt[n]{\frac{K_n}{K_0}} - 1\right) \cdot 100$$

Im obigen **Beispiel** ist: $\quad p = \left(\sqrt[10]{\frac{20.000}{10.000}} - 1\right) \cdot 100 \approx \mathbf{7{,}18\%}$

Aufgaben zu 1.3

① Berechnen Sie die fehlenden Werte bei sinnvoller Rundung:

	K_0	p %	n	K_n
a)	18.000,00 EUR	5,75	12 Jahre	
b)		6,5	8 Jahre	23.000,00 EUR
c)	450,00 EUR	7	25 Jahre	
d)	23.500,00 EUR		8 Jahre	33.419,36 EUR
e)	34.947,43 EUR	5,25		50.000,00 EUR
f)		6,5	7 Jahre	15.000,00 EUR

② Auf welchen Endbetrag ist ein Kapital von 8.400,00 EUR bei 4,75% Zinsen pro Jahr in 5 Jahren angewachsen?

③ Ein Kunde will seinem Enkel zu dessen 18. Geburtstag 25.000,00 EUR zukommen lassen. Welchen Betrag muss er am Tag der Geburt des Enkels auf ein Sparbuch einzahlen, wenn mit einem Zinssatz von 5% gerechnet wird?

④ In welcher Zeit verdoppelt sich ein Vermögen bei einem Zinssatz von 6%?

⑤ Bei welchem Zinssatz verdoppelt sich ein Kapital in 10 Jahren?

⑥ Welches Kapital muss man anlegen, um 50.000,00 EUR bei einem Zinssatz von 6% nach 10 Jahren ununterbrochener Anlage mit Zins und Zinseszins zu erhalten?

⑦ Eine heute fällige Schuld von 28.000,00 EUR wird 6 Jahre gestundet. Wie viel EUR muss der Schuldner bei Fälligkeit zahlen, wenn 3,5 % Zinseszinsen zu rechnen sind?

⑧ Auf welches Kapital wachsen 35.000,00 EUR bei einem Zinssatz von 4% nach 6 Jahren ununterbrochener Anlage mit Zins und Zinseszins an?

⑨ Ein Vater erkundigt sich am 10. Geburtstag seiner Tochter, welchen Betrag er an diesem Tag einzahlen muss, damit der Tochter an ihrem 20. Geburtstag durch Zins und Zinseszinsen bei einem Zinssatz von 4% ein Betrag von 20.000,00 EUR zur Verfügung steht.

⑩ Ein Friseurgeselle möchte in 10 Jahren über ein Kapital von 100.000,00 EUR verfügen, um sich selbstständig machen zu können. Aus einem Vermächtnis stehen ihm nach 6 Jahren 60.000,00 EUR zu, die er von dieser Zeit ab zu 4,5 % bei jährlichem Zinszuschlag anlegen kann.
Welchen Betrag muss er heute außerdem noch bei jährlichem Zinszuschlag von 4% anlegen?

⑪ Ein Kreditinstitut will ein nicht mehr benötigtes Geschäftsgebäude verkaufen. Folgende Angebote liegen vor:

A bietet 1.250.000,00 EUR in bar.

B will in 4 Jahren 1.300.000,00 EUR zahlen.

C bietet 500.000,00 EUR in bar und in Abständen von 2 Jahren 2 Raten von je 390.000,00 EUR.

Welches Angebot ist bei einem Zinssatz von 6% das günstigste?

1.4 Rentenrechnung

> Eine **Rente** ist ein gleich bleibender Betrag, der in gleich bleibenden Abständen gezahlt wird.

Erfolgt in einem bestimmten Zahlungszeitraum keine Auszahlung von Rentenzahlungen, sondern werden sie zu einem bestimmten Zinssatz auf Zinseszins angelegt, so erhält man am Ende des Zahlungszeitraums einen **Rentenendwert.**

> Der **Rentenendwert** ist die Summe der auf Zinseszins angelegten Renten am Ende eines Zahlungszeitraumes.

Umgekehrt lässt sich der **Rentenbarwert** als der Wert berechnen, der in der Gegenwart zu einem bestimmten Zinssatz auf Zinseszins angelegt werden muss, um in einem bestimmten Zeitraum bestimmte Rentenzahlungen zu erhalten.

> Der **Rentenbarwert** ist die Einmalzahlung am Anfang eines Zahlungszeitraumes, die auf Zinseszins angelegt werden muss, um eine bestimmte Rente zu erhalten.

Nach dem Zahlungstermin sind zu unterscheiden
- die **vorschüssige** Rente (= Praenumerandorente) und
- die **nachschüssige** Rente (= Postnumerandorente).

ANHANG – 1.4 Rentenrechnung

1.4.1 Rentenendwert gesucht

• **Vorschüssiger Rentenendwert** •

Beispiel

Frau Ruth Schmidt schließt mit der Stadtsparkasse Kehl am 30.06.15 einen Sparvertrag ab, in dem sie sich verpflichtet, 10 Jahre lang, beginnend mit dem 30.06.15 jeweils am 30.06. 1.000,00 EUR einzuzahlen. Die Stadtsparkasse verpflichtet sich, die Einzahlungen zu 5% auf Zinseszins zu legen und den Endbetrag ein Jahr nach der 10. Zahlung auszuzahlen.

Welcher Betrag steht Frau Schmidt bei Ablauf des Sparvertrages zur Verfügung?

▶ **Lösung mit Zinseszinsrechnung:**

Renten-zahlung	Einzahlungen EUR	zu verzinsen EUR	Zinsen EUR	Kapital EUR		r EUR	q^n	k_n EUR
1	1.000,00	1.000,00	50,00	1.050,00		1.000,00	$(1 + \frac{5}{100})^{10}$	1.628,89
2	1.000,00	2.050,00	102,50	2.152,50		1.000,00	$(1 + \frac{5}{100})^{9}$	1.551,33
3	1.000,00	3.152,50	157,63	3.310,13		1.000,00	$(1 + \frac{5}{100})^{8}$	1.477,46
4	1.000,00	4.310,13	215,51	4.525,63		1.000,00	$(1 + \frac{5}{100})^{7}$	1.407,10
5	1.000,00	5.525,63	276,28	5.801,91	ODER	1.000,00	$(1 + \frac{5}{100})^{6}$	1.340,10
6	1.000,00	6.801,91	340,10	7.142,01		1.000,00	$(1 + \frac{5}{100})^{5}$	1.276,28
7	1.000,00	8.142,01	407,10	8.549,11		1.000,00	$(1 + \frac{5}{100})^{4}$	1.215,51
8	1.000,00	9.549,11	477,46	10.026,56		1.000,00	$(1 + \frac{5}{100})^{3}$	1.157,63
9	1.000,00	11.026,56	551,33	11.577,89		1.000,00	$(1 + \frac{5}{100})^{2}$	1.102,50
10	1.000,00	12.577,89	628,89	**13.206,79**		1.000,00	$(1 + \frac{5}{100})^{1}$	1.050,00
						$r \cdot \Sigma (q^1 + ... + q^n)$		**13.206,79**

▶ **Lösung mit Formel:**

Ableitung der Formel

Die erste Rente (r) wird 10 Jahre verzinst $r \cdot q^{10}$
Die zweite Rente (r) wird 9 Jahre verzinst $r \cdot q^9$
usw.
Die vorletzte Rente (r) wird 2 Jahre verzinst $r \cdot q^2$
Die letzte Rente (r) wird 1 Jahr verzinst $r \cdot q^1$

Die Summe dieser r zusammen mit Zins und Zinseszinsen ergibt demnach:
$r \cdot q^1 + r \cdot q^2 + r \cdot q^3 + ... + r \cdot q^{10} = \boldsymbol{r \cdot (q^1 + q^2 + ... + r \cdot q^{10})}$

Allgemein beträgt die Summe:
$r \cdot q^1 + r \cdot q^2 + r \cdot q^3 + ... + r \cdot q^n = \boldsymbol{r \cdot (q^1 + q^2 + ... + r \cdot q^n)}$

Um die Summe der Klammer
$$s = q^1 + q^2 + \ldots + q^n \qquad \text{(Gleichung 1)}$$
zu berechnen, multipliziert man die Gleichung auf beiden Seiten mit q und erhält:
$$s \cdot q = q^2 + \ldots + q^n + q^{n+1} \qquad \text{(Gleichung 2)}$$
Nun wird die Differenz der Gleichungen (2 – 1) gebildet:

Gleichung 2	$s \cdot q$	=	$q^2 + \ldots + q^n + q^{n+1}$
Gleichung 1	s	=	$q^1 + q^2 + \ldots + q^n$
Gleichung 2 – 1	$s \cdot (q-1)$	=	$-q^1 \qquad\qquad\quad + q^{n+1}$

$$s = q \cdot \frac{q^n - 1}{q - 1}$$

Nach Hinzufügen des Faktors **r** vor der Klammer ergibt sich:

> **Vorschüssiger Rentenendwert:**
> $$R = r \cdot q \cdot \frac{q^n - 1}{q - 1}$$

R = Rentenendwert, r = Rente, $q = (1 + \frac{P}{100})$, n = Anzahl der Rentenzahlungen

Im **Beispiel** beträgt der vorschüssige Rentenendwert:
$$1000 \cdot 1{,}05 \cdot 0{,}628894627 : 0{,}05 = \mathbf{13.206{,}79\ EUR}$$

● **Nachschüssiger Rentenendwert** ●

Beispiel

Frau Ruth Schmidt schließt mit der Stadtsparkasse Kehl am 30.06.15 einen Sparvertrag ab, in dem sie sich verpflichtet, 10 Jahre lang, beginnend mit dem 30.06.16 jeweils am 30.06. 1.000,00 EUR einzuzahlen. Die Stadtsparkasse verpflichtet sich, die Einzahlungen zu 5 % auf Zinseszins zu legen.

Welcher Betrag steht Frau Schmidt bei Ablauf des Sparvertrages zur Verfügung, wenn sie unmittelbar nach Einzahlung der 10. Rate die Auszahlung des Rentenendwerts wünscht?

▶ **Lösung mit Formel:**

Jede Einzahlung wird im Vergleich zum Beispiel für die Berechnung des vorschüssigen Rentenendwertes um 1 Jahr weniger verzinst, die letzte Einzahlung überhaupt nicht.

Daraus folgt:

> **Nachschüssiger Rentenendwert:**
> $$R = r \cdot \frac{q^n - 1}{q - 1}$$

Im **Beispiel** beträgt der nachschüssige Rentenendwert:
$$1.000 \cdot 0{,}628894627 : 0{,}05 = \mathbf{12.577{,}89\ EUR}$$

Kontrolle zum vorschüssigen Rentenendwert, bei dem eine Rente mehr verzinst wird:
$$12.577{,}89 \cdot 1{,}05 = 13.206{,}79\ EUR$$

ANHANG – 1.4 Rentenrechnung

1.4.2 Rentenbarwert gesucht

• **Vorschüssiger Rentenbarwert** •

Beispiel

Herr Werner Müller hat im trunkenen Zustand mit seinem Auto Frau Irene Schneider schwer verletzt. Er wird verurteilt, dem Verkehrsunfallopfer 12 Jahre hindurch jedes Jahr ein Schmerzensgeld von 3.000,00 EUR zu zahlen. Er möchte die jährlichen Zahlungen durch eine sofortige Einmalzahlung ersetzen.

Wie hoch ist die Einmalzahlung bei einem Zinssatz von 4%, wenn die jährlichen Zahlungen vorschüssig zu leisten sind?

▶ **Lösung mit Zinseszinsrechnung:**

Die Rentenbarwerte lassen sich durch Abzinsung aus den Rentenendwerten errechnen.

Zahlungen	Rente	Zinsabschläge	Rentenbarwerte
1	3.000,00	0,00	3.000,00
2	3.000,00	115,38	2.884,62
3	3.000,00	226,33	2.773,67
4	3.000,00	333,01	2.666,99
5	3.000,00	435,59	2.564,41
6	3.000,00	534,22	2.465,78
7	3.000,00	629,06	2.370,94
8	3.000,00	720,25	2.279,75
9	3.000,00	807,93	2.192,07
10	3.000,00	892,24	2.107,76
11	3.000,00	973,31	2.026,69
12	3.000,00	1.051,26	1.948,74
	vorschüssige Rentenbarwertsumme		**29.281,42**

▶ **Lösung mit Formel:**

$$B = r \cdot q \cdot \frac{q^n - 1}{q - 1} \cdot \frac{1}{q^n}$$

Vorschüssiger Rentenbarwert:

$$B = r \cdot q \cdot \frac{q^n - 1}{q^n \cdot (q - 1)}$$

B = Rentenbarwert, r = Rente, $q = (1 + \frac{P}{100})$, n = Anzahl der Rentenzahlungen

Im **Beispiel** beträgt der vorschüssige Rentenbarwert:

$$3.000 \cdot 1{,}04 \cdot 0{,}601032218 : (1{,}601032218 \cdot 0{,}04) = \mathbf{29.281{,}43 \text{ EUR}}$$

• **Nachschüssiger Rentenbarwert** •

Beispiel (Fortsetzung)

Wie hoch ist die Einmalzahlung, wenn die jährlichen Zahlungen nachschüssig zu leisten sind?

▶ **Lösung mit Zinseszinsrechnung:**

Die Rentenbarwerte lassen sich durch Abzinsung aus den Rentenendwerten errechnen.

Zahlungen	Rente	Zinsabschläge	Rentenbarwerte
1	3.000,00	115,38	2.884,62
2	3.000,00	226,33	2.773,67
3	3.000,00	333,01	2.666,99
4	3.000,00	435,59	2.564,41
5	3.000,00	534,22	2.465,78
6	3.000,00	629,06	2.370,94
7	3.000,00	720,25	2.279,75
8	3.000,00	807,93	2.192,07
9	3.000,00	892,24	2.107,76
10	3.000,00	973,31	2.026,69
11	3.000,00	1.051,26	1.948,74
12	3.000,00	1.126,21	1.873,79
	vorschüssige Rentenbarwertsumme		**28.155,21**

▶ **Lösung mit Formel:**

$$B = r \cdot \frac{q^n - 1}{q - 1} \cdot \frac{1}{q^n}$$

Nachschüssiger Rentenbarwert:

$$B = r \cdot \frac{q^n - 1}{q^n \cdot (q - 1)}$$

Im **Beispiel** beträgt der nachschüssige Rentenbarwert:

$3.000 \cdot 0{,}601032218 : (1{,}601032218 \cdot 0{,}04) = $ **28.155,22 EUR**

Aufgaben zu 1.4

① Die Stadtsparkasse Husum hat mit Frau Ahrens einen Sparvertrag abgeschlossen. Frau Ahrens hat sich verpflichtet, an fünf aufeinander folgenden Jahresenden jeweils 1.000,00 EUR einzuzahlen. Die Sparkasse hat sich verpflichtet, die Zahlungen zu 4 % auf Zinseszins zu legen. Mit der 5. Zahlung ist der Sparvertrag fällig. Welchen Betrag muss die Sparkasse nach Erfüllung des Sparvertrages auszahlen?

② Herr Schulze schenkt seinem Enkelsohn zu dessen Geburt ein Sparbuch mit 500,00 EUR. An jedem weiteren Geburtstag zahlt er weitere 500,00 EUR auf das Sparkonto ein. Das Sparbuch wird zu 6 % verzinst. Über welchen Betrag kann der Enkel an seinem 18. Geburtstag verfügen?

③ Frau Maier möchte ihrem Sohn für sein Studium heute ein zu 5 % verzinsliches Kapital zur Verfügung stellen, das 6 Jahre lang, beginnend heute in einem Jahr, eine jährlich Ausschüttung von 18.000,00 EUR ermöglicht. Wie hoch muss das Kapital sein?

④ Die Lebensversicherung von Frau Baer in Höhe von 100.000,00 EUR ist heute fällig geworden. Sie bittet ihren Privatkundenberater um Auskunft, ob dieses Kapital bei einer Anlage zu 6 % 10 Jahre lang eine vorschüssige Jahresrente in Höhe von 12.000,00 EUR ermöglicht. Berechnen Sie den vorschüssigen Rentenbarwert für die gewünschte Rentenhöhe.

2 Berechnung und Buchung von Bankgeschäften mit Kunden

2.1 Sichteinlagen, Termineinlagen, Spareinlagen und Sparbriefe

In Deutschland wird, wie in vielen anderen Ländern auch, eine **Abgeltungsteuer** für **Einkünfte aus Kapitalvermögen** erhoben. Die Abgeltungsteuer ist eine Form der Kapitalertragsteuer.
Abgeltungsteuer (§ 20 EStG)

Der einheitliche **Steuersatz** beträgt **25 %**. Dazu kommen der Solidaritätszuschlag (SolZ) und gegebenenfalls die Kirchensteuer, sodass sich der effektive Steuersatz auf maximal ca. 28 % belaufen kann. Dieser Steuersatz ist unabhängig vom individuellen Steuersatz des Einkommensteuerpflichtigen. Die Steuer auf die Einkünfte aus Kapitalvermögen ist mit dem **Abzug von Abgeltungsteuer durch die auszahlende Stelle abgegolten.**
Steuersatz
§ 32d EStG

Für alle Steuerpflichtigen, deren individueller Steuersatz über dem Abgeltungsteuersatz liegt, bedeutet dies einen Steuervorteil. Liegt er jedoch darunter, so müssen die Steuerpflichtigen ihre Kapitaleinkünfte bei der Steuererklärung angeben, um im Wege einer **Günstigerprüfung** die Steuererstattung zu erreichen.
§ 32d (6) EStG
Günstigerprüfung

Kapitalanleger können bei ihrer Hausbank auch die Kirchensteuer abgelten lassen. Sie müssen ihr dazu ihre Religionszugehörigkeit und ihren Kirchensteuersatz mitteilen. Die Hausbank berechnet dann die Kirchensteuer und führt sie zusammen mit der Abgeltungsteuer und dem Solidaritätszuschlag an das Bundesamt für Finanzen ab. Da die Kapitalanleger die pauschalierte Kirchensteuer als Sonderausgabe geltend machen, mindern sich die zu berücksichtigenden Kapitalerträge. Nach Sonderausgabenabzug ergeben sich dann für 100,00 EUR Kapitalertrag: 24,45 EUR Abgeltungsteuer, 1,34 EUR SolZ und 2,20 EUR 9 %-ige Kirchensteuer gleich insgesamt 27,99 EUR.
Kirchensteuer

Um die Ausführungen zur Abgeltungsteuer nach Möglichkeit übersichtlich zu gestalten, werden die Kapitalanleger in den Beispielen und Aufgaben dieses Buches als konfessionslos angesehen, wenn nicht etwas anderes angegeben ist.

Kapitalanleger, die das 64. Lebensjahr vollendet haben, können zusätzlich zum Sparer-Pauschbetrag einen Altersentlastungsbetrag als Freibetrag für ihre Kapitalerträge geltend machen. Dazu müssen sie eine Einkommensteuererklärung abgeben.
Altersentlastungsbetrag

Zu den **Einkünften aus Kapitalvermögen,** für die Abgeltungsteuer zu entrichten ist, zählen vor allem

- **Zinserträge aus Geldeinlagen bei Kreditinstituten**
- **Erträge aus Forderungswertpapieren**
- **Dividenden**
- **Gewinne bei Wertpapieren**

Auszug aus dem Einkommensteuergesetz (EStG)

§ 20 (9) Sparer-Pauschbetrag

Bei der Ermittlung der Einkünfte aus Kapitalvermögen ist als Werbungskosten ein Betrag von 801,00 Euro abzuziehen (Sparer-Pauschbetrag); der Abzug der tatsächlichen Werbungskosten ist ausgeschlossen.
§ 20 (9) EStG
Sparer-Pauschbetrag

Ehegatten, die zusammen veranlagt werden, wird ein gemeinsamer Sparer-Pauschbetrag von 1.602,00 Euro gewährt.

Freistellungsauftrag

(Bei der Berechnung der Abgeltungsteuer durch die Zahlstelle der Kapitaleinkünfte wirkt sich der Sparer-Pauschbetrag nur in Höhe des gestellten **Freistellungsauftrages – FSt-Auftrag –** aus.)

§ 32 d Gesonderter Steuertarif für Einkünfte aus Kapitalvermögen

§ 32d (1) EStG

(1) Die Einkommensteuer für Einkünfte aus Kapitalvermögen (Kapitalertragsteuer) beträgt 25 Prozent.

§ 43 Kapitalerträge mit Steuerabzug

§ 43 (1) EStG

(1) Bei den Kapitalerträgen wird die Einkommensteuer durch Abzug vom Kapitalertrag (Kapitalertragsteuer) erhoben

§ 43 (5) EStG

(5) Für Kapitalerträge, die der Kapitalertragsteuer unterlegen haben, ist die Einkommensteuer mit dem Steuerabzug abgegolten.

§ 43a Bemessung der Kapitalertragsteuer

§ 43a (3) EStG

(3) Die auszahlende Stelle hat im Kalenderjahr negative Kapitalerträge einschließlich gezahlter Stückzinsen bis zur Höhe der positiven Kapitalerträge auszugleichen. Der nicht ausgeglichene Verlust ist auf das nächste Kalenderjahr zu übertragen.

§ 20 (6) EStG

Aktien-Verlustverrechnungstopf

Allgemeiner Verlustverrechnungstopf

Kreditinstitute ermitteln die **Bemessungsgrundlage** zur Berechnung der Abgeltungsteuer unter Berücksichtigung von **Verlustverrechnungstöpfen**. Dabei sind die Verluste aus Aktienverkäufen **(Aktien-Verlustverrechnungstopf)** nur mit Gewinnen aus Aktienverkäufen verrechenbar (§ 20 (6) EStG). Alle anderen negativen Kapitalerträge **(Allgemeiner Verlustverrechnungstopf)** mindern die Bemessungsgrundlage aller Kapitalerträge, also auch von Aktienkursgewinnen. Zusätzlich ist der Freistellungsauftrag zu berücksichtigen.

Nichtveranlagungs-Bescheinigung

Kapitalanleger, die eine **Nichtveranlagungs-Bescheinigung** vorlegen, sind von der Abgeltungsteuer befreit, § 44a (1) EStG.

§ 44a (1) EStG

Eine **NV-Bescheinigung** erhalten Personen, bei denen anzunehmen ist, dass eine Veranlagung zur Einkommensteuer unter Berücksichtigung des Sparer-Pauschbetrages nicht in Betracht kommt.

§ 44 Entrichtung der Kapitalertragsteuer

§ 44 (1) EStG

(1) Schuldner der Kapitalertragsteuer ist der Gläubiger der Kapitalerträge. Die Kapitalertragsteuer entsteht in dem Zeitpunkt, in dem die Kapitalerträge dem Gläubiger zufließen. In diesem Zeitpunkt haben der Schuldner der Kapitalerträge bzw. sein Kreditinstitut oder die die Kapitalerträge auszahlende Stelle den Steuerabzug für Rechnung des Gläubigers der Kapitalerträge vorzunehmen.

Die innerhalb eines Kalendermonats einbehaltene Steuer ist jeweils bis zum zehnten des folgenden Monats an das Finanzamt abzuführen.

Dabei ist die Abgeltungsteuer, die zu demselben Zeitpunkt abzuführen ist, jeweils auf den nächsten vollen Eurobetrag abzurunden.

ANHANG – 2.1 Sichteinlagen, Termineinlagen, Spareinlagen und Sparbriefe

Beispiele

Herr und Frau Schmid sind Kunden der Kreissparkasse (KSK) Südland. Sie haben einen Freistellungsauftrag über 1.602,00 EUR gegeben. Sie unterhalten bislang nur ein Girokonto, dessen Guthaben mit 0,5 % verzinst wird. Negative Kapitalerträge haben sie nicht, der Allgemeine Verlustverrechnungstopf weist daher keinen Bestand auf.

Am 10.10. führt die KSK folgende Geschäfte für sie aus:

a) BBK-Eingang von 55.000,00 EUR auf dem **Girokonto** aus einer Erbschaft.

b) Anlage von 40.000,00 EUR als **Festgeld** für 180 Tage zu 3 %. (Das Folgejahr ist kein Schaltjahr.) Buchungen bei Anlage, Abschluss, Eröffnung und Fälligkeit.

c) Kauf eines zu 4,5 % verzinslichen **Sparbriefes** im Nennwert von 5.000,00 EUR mit einer Laufzeit von 4 Jahren. Buchungen bei Kauf, Abschluss **(Jahr 1)** und Eröffnung **(Jahr 2)**.

d) Eröffnung eines **Sparkontos** mit einer Kündigungsfrist von 3 Monaten.
Auf diesem Sparkonto finden folgende Bewegungen statt:
Ein- und Auszahlungen werden mit dem Datum des Vortages valutiert.

1. Jahr (Zinssatz: 2 %)

① 11.10.: Einzahlung 10.000,00 EUR
② 31.12.: Zinskapitalisierung und Abschluss

2. Jahr (Zinssatz: 2 %, ab 30.06. 1,5 %)

③ 31.12.: Saldovortrag
④ 22.01.: Abhebung der Zinsen
⑤ 01.02.: Abhebung ohne Kündigung 3.000,00 EUR
⑥ 12.02.: Abhebung ohne Kündigung 5.000,00 EUR
⑦ 30.06.: Zinssatzwechsel
⑧ 31.12.: Zinskapitalisierung
⑨ 31.12.: Abschluss

Grundbuch

Nr.	Datum	Konten		EUR-Beträge	
		Soll	Haben	Soll	Haben
a)	10.10.	BBK	KKK	60.000,00	60.000,00
b)	10.10.	KKK	Festgelder	40.000,00	40.000,00
	31.12.	Zinsaufwendungen	Festgelder	266,67	266,67
		Festgelder	SBK	40.266,67	40.266,67
	02.01.	EBK	Festgelder	40.266,67	40.266,67
		Festgelder	Zinsaufwendungen	266,67	266,67
	10.04.	Zinsaufwendungen	Festgelder	600,00	600,00
		Festgelder	KKK	40.600,00	40.600,00

Fortsetzung siehe Seite 456

a) Nach der Ausführung aller Aufträge weist das **Girokonto** kein Guthaben auf, eine Zinsgutschrift entfällt.

b) Die antizipierten Zinsen müssen gemäß § 11 RechKredV zusammen mit den Termineinlagen ausgewiesen werden. Abgesehen von der Eröffnungsbuchung am 02.01. sind alle Daten als Wertstellungen zu verstehen.

Die Zinsen für **Termineinlagen** werden von der Kreissparkasse nach der deutschen Zinsmethode (= »30/360«-Zinsmethode) ermittelt und dem Kunden bei Fälligkeit gutgeschrieben.

Die Zinsgutschrift erfolgt hier ohne Abzug von Abgeltungsteuer, da der erteilte Freistellungsauftrag für den Zinsbetrag ausreicht. Die Veränderung des **Freistellungsauftrages** wird für das Kalenderjahr in einer Nebenrechnung vorgenommen. Dies kann zusammen mit dem **Allgemeinen Verlustverrechnungstopf** geschehen, obwohl in diesem Fall keine negativen Kapitalerträge vorliegen, mit denen die Zinserträge zuerst zu verrechnen wären.

Allgemeiner Verlustverrechnungstopf

Grundbuch					
Nr.	Datum	\multicolumn{2}{c}{Konten}	\multicolumn{2}{c}{EUR-Beträge}
		Soll	Haben	Soll	Haben
Fortsetzung von Seite 455					
c)	10.10.	KKK		5.000,00	
			Sparbriefe		5.000,00
	31.12.	Zinsaufwendungen		50,00	
			KKK		50,00
		Sparbriefe		5.000,00	
			SBK		5.000,00
	02.01.	EBK		5.000,00	
			Sparbriefe		5.000,00

Sparbriefe gehören zu den Termineinlagen. Die Zinsen werden von der Kreissparkasse nach der deutschen Zinsmethode (= »30/360«-Zinsmethode) ermittelt und dem Kunden am Jahresende gutgeschrieben.

Die Zinsgutschrift erfolgt hier ohne Abzug von Abgeltungsteuer, da der erteilte Freistellungsauftrag für den Zinsbetrag ausreicht. Die Veränderung des Freistellungsauftrages wird für das Kalenderjahr in der Nebenrechnung fortgesetzt.

d) **Zinsstaffel**

Nr.	Wert	S/H	Betrag (EUR)	Tage	Zinszahlen (#) ./.	Zinszahlen (#) +	Vorschüsse
(1)	10.10.	H	10.000,00	80		8.000	
(2)	31.12.	H	44,44				
	31.12.	H	10.044,44				
(3)	31.12.	H	10.044,44	360		36.160	
(4)	21.01.	S	44,44	339	151		
		H	10.000,00				
(5)	31.01.	S	3.000,00	330	9.900		900
		H	7.000,00				
(6)	11.02.	S	5.000,00	319	15.950		2.700
		H	2.000,00				
(7)	30.06.	S	2.000,00	180	3.600		
			0,00		6.559		
			0,00		36.160	36.160	3.600
	30.06.	H	2.000,00	180		3.600	
(8)	31.12.	H	46,44				
(9)	31.12.		2.046,44			3.600	

ANHANG – 2.1 Sichteinlagen, Termineinlagen, Spareinlagen und Sparbriefe

Abschlussrechnung (2. Jahr)						EUR
2%	Habenzinsen	vom 31.12. bis 30.06.	a/	6.559	#	36,44
+ 1½%	Habenzinsen	vom 30.06. bis 31.12.	a/	3.600	#	15,00
						51,44
− ½%	Vorschusszinsen	(4.000,00 EUR für 90 Tage =)	a/	3.600	#	5,00
Zinssaldo						46,44

Grundbuch				
Datum	Konten		EUR-Beträge	
	Soll	Haben	Soll	Haben
10.10.	KKK		10.000,00	
		Spareinlagen 3M		10.000,00
31.12.	Zinsaufwendungen		44,44	
		Spareinlagen 3M		44,44
	Spareinlagen 3M		10.044,44	
		SBK		10.044,44
02.01.	EBK		10.044,44	
		Spareinlagen 3M		10.044,44
21.01.	Spareinlagen 3M		44,44	
		Kasse		44,44
31.01.	Spareinlagen 3M		3.000,00	
		Kasse		3.000,00
11.02.	Spareinlagen 3M		5.000,00	
		Kasse		5.000,00
31.12.	Zinsaufwendungen		46,44	
		Spareinlagen 3M		46,44
	Spareinlagen 3M		2.046,44	
		SBK		2.046,44

Berechnung der Zinstage für Spareinlagen:

- Die Verzinsung **beginnt** mit dem Tag der Einzahlung.
- Die Verzinsung **endet** mit dem der Rückzahlung vorhergehenden Kalendertag.

Die Berechnung der Kündigungsfrist beginnt mit dem auf den Tag der Kündigung folgenden Tag.

Berechnung der Zinsen:

Die Zinsen werden nach der »**progressiven Postenmethode**« »**30/360**« berechnet. Das heißt: Für jeden Posten werden Zinsen bis zum Jahresende nach der Methode 30/360 berechnet. Für Abhebungen werden die bereits vorgerechneten Zinsen wieder abgezogen.

Berechnung von Vorschusszinsen.

Für nicht eingehaltene Kündigungsfristen werden Vorschusszinsen (Vorfälligkeitsentgelt) zu einem Satz verlangt, der ein Viertel des zu vergütenden Habenzinssatzes beträgt.
Die Vorschusszinsen werden nach der 90-Tage-Methode berechnet.
Die Vorschusszinsen werden am Jahresende mit den Habenzinsen verrechnet.
Ausnahmen von der Vorschusszinsberechnung:
- Bei Sparkonten mit vereinbarter Kündigungsfrist von 3 Monaten können 2.000,00 EUR je Kalendermonat vorschusszinsfrei abgehoben werden.
- Zinsabhebung im Januar oder Februar
- Abhebung von gekündigten Beträgen nach Ablauf der Kündigungsfrist innerhalb eines Monats
- individuelle Entscheidung der Kreditinstitute in Sonderfällen.

Die Zinsgutschriften beim **Sparkonto** erfolgen hier ohne Abzug von Abgeltungsteuer, da der erteilte Freistellungsauftrag für den jeweiligen Zinsbetrag ausreicht. Die Veränderung des Freistellungsauftrages wird für das Kalenderjahr in der Nebenrechnung fortgesetzt.

Allgemeiner Verlustverrechnungstopf für Kapitalerträge mit Freistellungsauftrag Jahr 1									
Datum	Vorgang	Allgemeiner Verlust-verrechnungstopf		Freistellungsauftrag (Sparer-Pauschbetrag)		Abgeltungsteuer und SolZ		Gutschrift
EUR	EUR	EUR	EUR	EUR	EUR	EUR	EUR	EUR
		Veränderung	Bestand	Veränderung	Bestand 1.602,00	Bemessung	Steuer	
31.12.	Festgeldzinsen 50,00	–	0,00	– 50,00	1.552,00	–	–	50,00
31.12.	Sparzinsen 44,44	–	0,00	– 44,44	1.507,56	–	–	44,44

Allgemeiner Verlustverrechnungstopf für Kapitalerträge mit Freistellungsauftrag Jahr 2									
Datum	Vorgang	Allgemeiner Verlust-verrechnungstopf		Freistellungsauftrag (Sparer-Pauschbetrag)		Abgeltungsteuer und SolZ		Gutschrift
EUR	EUR	EUR	EUR	EUR	EUR	EUR	EUR	EUR
		Veränderung	Bestand	Veränderung	Bestand 1.602,00	Bemessung	Steuer	
10.04.	Festgeldzinsen 600,00	–	0,00	– 600,00	1.002,00	–	–	600,00
31.12.	Sparzinsen 46,44	–	0,00	– 46,44	955,56	–	–	46,44

Bilanzausweis

Passivseite

2. Verbindlichkeiten gegenüber Kunden
   a) Spareinlagen
      aa) mit vereinbarter Kündigungsfrist von drei Monaten
      ab) mit vereinbarter Kündigungsfrist von mehr als drei Monaten
   b) andere Verbindlichkeiten
      ba) täglich fällig
      bb) mit vereinbarter Laufzeit oder Kündigungsfrist

3. Verbriefte Verbindlichkeiten
   a) begebene Schuldverschreibungen

Sparbriefe sind Namenspapiere und werden deshalb wie Buchverbindlichkeiten unter 2.bb) ausgewiesen.

Sparobligationen sind Inhaber- oder Orderschuldverschreibungen und werden deshalb unter 3.a) ausgewiesen.

Aufgaben zu 2.1

(In den folgenden Aufgaben haben die Kunden Freistellungsaufträge vorgelegt.
Der Allgemeine Verlustverrechnungstopf weist keinen Bestand auf.
Die Zinsen sind nach der Methode »30/360« zu berechnen.)

ANHANG – 2.2 Wertpapiergeschäfte

① Die Kreissparkasse Heidenheim schließt das folgende Sparkonto mit vereinbarter zwölfmonatiger Kündigungsfrist zum 31.12. ab. Die Kündigungssperrfrist beträgt 180 Tage.
Wie ist einschließlich Abschluss zu buchen?
15.09. Kündigung von 1.500,00 EUR
Zinssatz: bis 26.03. 2,25 %, dann 3,5 %

Datum	Text	Kapital		
		Abgang EUR	Zugang EUR	Bestand EUR
01.03.	Kontoeröffnung		1.000,00	
15.03.	Scheckgutschrift		8.765,34	
26.03.	Einzahlung		600,00	
30.06.	Abhebung ohne Kündigung	3.000,00		
17.11.	Abhebung	1.500,00		
18.12.	Abhebung ohne Kündigung	470,00		
28.12.	Einzahlung		1.200,00	

② Die Stadtsparkasse Köln hat mit Frau Riedel einen Bonussparvertrag abgeschlossen.
Folgende Geschäftsfälle sind zu buchen:
31.12. (1. Jahr) Der Zinsbonus von 100,00 EUR ist noch nicht fällig.
31.12. (5. Jahr) Der Zinsbonus von 500,00 EUR ist fällig.

③ Die Volksbank Wilhelmshaven eG verkauft am 30.06. an ihren Kunden Hein Gätgen einen abgezinsten Sparbrief im Nennwert von 5.000,00 EUR zu 3.814,50 EUR. Der Zinsaufwand des laufenden Jahres beträgt 205,50 EUR. Wie ist beim Verkauf unter sofortiger zeitlicher Abgrenzung zu buchen?

④ Herr Werner Breit, Kunde der Handelsbank AG, legt Wert 30.11. zu Lasten seines laufenden Kontos 15.000,00 EUR fest für 90 Tage an. Die Handelsbank AG vergütet 2,25 %.
Wie ist zu buchen am a) 30.11.,
b) 31.12.,
c) 02.01. und
d) bei Fälligkeit?

2.2 Wertpapiergeschäfte

Zu den **Einkünften aus Kapitalvermögen** gehören auch die **Erträge aus Forderungswertpapieren, Dividenden und Kursgewinne bei Wertpapierverkäufen.** Für diese Einkünfte gilt die Abgeltungsteuer.

Abgeltungsteuer
§ 20 EStG

2.2.1 Inkasso von Zins- und Dividendenscheinen

2.2.1.1 Inkasso von Zinsscheinen

Die Kapitalforderungen gegen die Emittenten festverzinslicher Wertpapiere sind in »**Mänteln**« und die dazugehörigen Zinsforderungen in »**Zinsscheinen**« verbrieft, sofern keine »**Globalurkunde**« ausgestellt ist.

Die Emittenten zahlen Kapitaltilgungen und Zinsen in der Regel nicht direkt an die Gläubiger aus, sondern über ihre Hausbanken, die als »**Zahlstellen**« fungieren.

Werden Zinsscheine nicht aus der Depotverwahrung heraus zur Gutschrift gebracht, sondern zur Auszahlung oder Gutschrift am Schalter vorgelegt, entfallen Abgeltungsteuer und SolZ in keinem Fall. Allerdings dürfen der Allgemeine Verlustverrechnungstopf und ein FSt-Auftrag nicht berücksichtigt werden.

Für die **Depotverwaltung** verlangen die Kreditinstitute, nicht jedoch die Bundesrepublik Deutschland – Finanzagentur GmbH bei Bundesemissionen, einen Grundpreis und variable Depotführungsgebühren. Das Entgelt für die Depotführung ist umsatzsteuerpflichtig.

Bei einigen Emissionen können die Kapitalanleger **effektive Stücke** im Tafelgeschäft erwerben und dann selbst **verwahren und verwalten.**

In der Regel werden sie jedoch ihre Papiere ihrem Kreditinstitut zur Hausverwahrung oder zur Weiterleitung in die Girosammelverwahrung (GS) der **Clearstream Banking AG (CB)** überlassen. Werden die Obligationen von der CB verwahrt und verwaltet, werden die Zinsen über sie von dem Emittenten und seiner Investbank an die auszahlenden Stellen und deren Kunden geleitet.

Weg der Zinsen

- Emittent
- Investbank
- BBK
- Clearstream Banking AG
- BBK
- auszahlende Stelle
- Obligationär

Beispiel 1

Abgeltungsteuer auf Zinseinnahmen aus Forderungswertpapieren im Depot der Hausbank

Frau Christa Reichard, die in der Spitze (Grenzsteuersatz) mit 22% besteuert wird, unterhält bei der Stadtsparkasse Bonn ein Wertpapierdepot, in dem Wert 30.12. 10.000,00 EUR Zinserträge aus einer Anleihe der Solar AG anfallen. Frau Reichard hat einen Freistellungsauftrag über 801,00 EUR gestellt. Ihr von der Stadtsparkasse geführter Allgemeiner Verlustverrechnungstopf weist keinen Bestand auf. Sie lässt bei der Berechnung der Abgeltungssteuer ihre Kirchensteuer von 9 % berücksichtigen.

① Wie wird das Steuerverfahren zwischen den Beteiligten abgewickelt?

② Wie bucht die Stadtsparkasse?

zu ①

STADTSPARKASSE Abrechnung	
Zinserträge	10.000,00 EUR
– Freistellungsauftrag	801,00 EUR
zu versteuern	9.199,00 EUR
Abgeltungsteuer 24,45%	2.249,15 EUR
Solidaritätszuschlag 5,5%	123,70 EUR
Kirchensteuer 9%	202,42 EUR
	6.623,73 EUR
	+ 801,00 EUR
Kundengutschrift	7424,73 EUR
Steuerbescheinigung	2.575,27 EUR

REICHARD Steuererklärung	
Einnahmen aus Kap. Vermögen	10.000,00 EUR
Steuerbescheinigung	2.575,27 EUR

FINANZAMT Steuerbescheid	
Einnahmen aus Kapitalvermögen	10.000,00 EUR
Sparer-Pauschbetrag	801,00 EUR
zu versteuern	9.199,00 EUR
mit Grenzsteuersatz, SolZ u. KiSt (25,19%)	2.317,22 EUR
– Vorauszahlung (Abgeltungsteuer)	2.575,27 EUR
Steuerbescheid (Rückzahlung an Reichard)	258,05 EUR

ANHANG – 2.2 Wertpapiergeschäfte

zu ②

Grundbuch				
	Konten		EUR-Beträge	
Nr.	Soll	Haben	Soll	Haben
a)	Zins- und Dividenden-scheine (ZuD)		10.000,00	
		KKK		7.424,73
		Sonstige Verbindlichk. (FinA) Abgeltungsteuer		2.575,27
b)	Sonstige Verbindlichk. (FinA) Abgeltungsteuer	BBK	2.575,27	2.575,27

Beispiel 2

Abgeltungsteuer auf Zinseinnahmen aus Forderungswertpapieren bei Schaltereinreichung und Tresortrennung sowie Verrechnungen von Inkassi mit den Emittenten

① Kundin Schmid bittet um Barauszahlung von Zinsscheinen über 1.000,00 EUR. Sie legt einen FSt-Auftrag vor.

② Die Schaltereinreichung zu Beisp. 2 Aufg. 1 betrifft IHS-Papiere der LBBW, Stuttg.

③ Kunde Huber hat fällige Zinsscheine über 500,00 EUR im Hausdepot. Er besitzt eine NV-Bescheinigung.

④ Zinsscheine über 200,00 EUR der Tresortrennung zu ③ betreffen den Freistaat Bayern, für den die Bayerische Bank AG kontoführend ist.

⑤ Zinsscheine über 300,00 EUR der Tresortrennung zu ③ betreffen eigene IHS-Papiere der Bayerischen Bank AG.

⑥ Zinsscheine über 600,00 EUR, die der Bayerischen Bank AG gehören, werden von der CB über BBK vergütet.

Hauptbuch

Einlösung (EUR) bei | **Einzug (EUR) von**

① Schaltereinreichung | **② fremden Zahlstellen**

```
Kasse
  | 736,25                ZuD              BBK
SoVbk (FinA)
Abgeltungsteuer
  | 263,75         1.000,00 | 1.000,00   1.000,00 |
```

③ Trennung im eigenen Tresor | **④ Kunden**

```
           Kupon-                          KKK
        Zwischenkonto      ZuD        (Dotationskonto)
           | 500,00     500,00 | 200,00    200,00 |
```

| **⑤ eigenem KI**

③ Gutschrift für Kunden

```
                                        Kupon-
                                   einlösungskonto
    KKK          Kupon-        300,00    300,00 | 300,00
              Zwischenkonto
    | 500,00   500,00 |                Zinsaufwendungen
                                         300,00 |
```

⑥ Gutschrift für eigenes KJ

```
    Zinserträge              ZuD              BBK
       | 600,00           600,00 | 600,00   600,00 |
```

> **HK Zins- und Dividendenscheine (ZuD) ist ein Verrechnungskonto für Inkassi.**
>
> **Bilanzausweis**
> Zinsscheine sind unter Aktiva Position 15 »**Sonstige Vermögensgegenstände**« zu bilanzieren, soweit sie innerhalb von 30 Tagen ab Einreichung zur Vorlage bestimmt und dem Einreicher bereits gutgeschrieben worden sind.

Zusammenfassung

Kreditinstitute müssen bei **Gutschrift von Zinserträgen** aus von ihnen **verwahrten Kundenpapieren**

- vorliegende **NV-Bescheinigungen**
- den von ihr geführten **Allgemeinen Verlustverrechnungstopf** und
- erteilte **Freistellungsaufträge**

berücksichtigen. Von dem verbleibenden Betrag müssen sie **Abgeltungsteuer** von 25% + 5,5% aus 25% = **26,375%** der Zinseinnahmen einbehalten und an das Finanzamt abführen.

Der Allgemeine Verlustverrechnungstopf bildet sich aus gezahlten Stückzinsen, gezahlten Zwischengewinnen und aus negativen Wertpapiererfolgen, nicht aber aus Kursverlusten aus Aktienverkäufen.

Der Freistellungsauftrag darf maximal in Höhe des Sparer-Pauschbetrages (801,00 EUR/1.602,00 EUR) gestellt werden.

Handelt es sich bei den Erträgen um Zinsen aus Investmentfondsanteilen, so unterliegen sowohl ausgeschüttete als auch die thesaurierte Zinsen der Abgeltungsteuer.

Bei **Einlösung von Zinsscheinen am Schalter muss die Bank immer** die **Abgeltungsteuer** von 25% + 5,5% aus 25% = **26,375%** der Zinseinnahmen einbehalten und an das Finanzamt abführen.

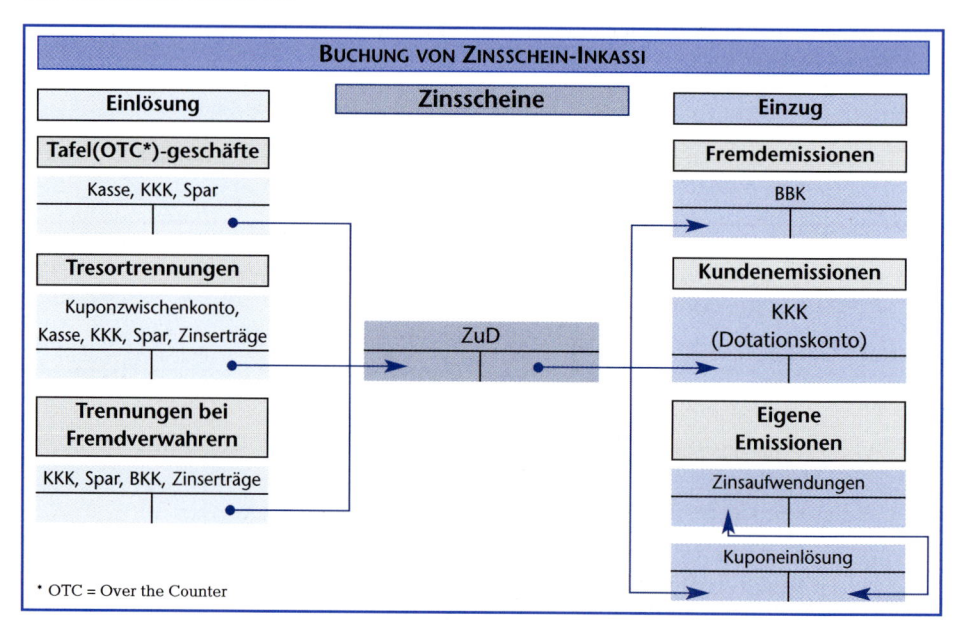

BUCHUNG VON ZINSSCHEIN-INKASSI

Einlösung	Zinsscheine	Einzug
Tafel(OTC*)-geschäfte		Fremdemissionen
Kasse, KKK, Spar		BBK
Tresortrennungen		Kundenemissionen
Kuponzwischenkonto, Kasse, KKK, Spar, Zinserträge	ZuD	KKK (Dotationskonto)
Trennungen bei Fremdverwahrern		Eigene Emissionen
KKK, Spar, BKK, Zinserträge		Zinsaufwendungen
		Kuponeinlösung

* OTC = Over the Counter

ANHANG – 2.2 Wertpapiergeschäfte

Aufgaben zu 2.2.1.1

Berechnen und buchen Sie die folgenden Geschäftsfälle aus der Sicht der genannten Banken.

1) a) Die Handelsbank AG trennt im eigenen Tresor noch nicht
fällige Zinsscheine .... 10.000,00 EUR

b) Die Handelsbank AG leitet die Zinsscheine an die Sächsische Bank AG weiter, die als Zahlstelle für die Zinsscheine fungiert.

c) Die Handelsbank AG erhält die Zinsen über BBK.

d) Die Handelsbank AG schreibt die Zinsen am Fälligkeitstag ihren KK-Kunden gut, die keine Bestände in dem Allgemeinen Verlustverrechnungstopf besitzen, aber ausreichende FSt-Aufträge erteilt haben.

2) a) Frau Klein hat bei der Nordbank AG 10 verschiedene Posten zu je 200,00 EUR und zum Kurs von 105,7% im Depot.

Die Nordbank AG berechnet 15,00 EUR Grundpreis, 1,25‰ Depotführungsgebühren aus dem Kurswert (zuzüglich 19% USt) und 0,55 EUR Porto.

Erstellen Sie den Belastungsbeleg.

b) Frau Klein hat auch bei der Südbank AG 10 verschiedene Posten zu je 200,00 EUR und zum Kurs von 105,7% im Depot.

Die Südbank AG berechnet für jeden Posten eine Depotführungsgebühr von 6,00 EUR (zuzüglich 19% USt.) und 0,55 EUR Porto.

c) Vergleichen Sie die Belastungen zu a) und b).

3) a) Bankhaus Meyer, München, erhält über BBK von der CB den
Gegenwert fälliger Zinsscheine für dort verwahrte Obligationen: 240.000,00 EUR

b) Davon gehören KK-Kunden, ... 120.000,00 EUR
deren Zinserträge voll durch FSt-Aufträge gedeckt sind und die keine Bestände in dem Allgemeinen Verlustverrechnungstopf aufweisen.

c) Davon gehören Sparkunden, ... 16.000,00 EUR
die keine Bestände in dem Allgemeinen Verlustverrechnungstopf aufweisen, keine FSt-Aufträge eingereicht haben und keine NV-Bescheinigungen besitzen.

d) Davon gehören dem Ehepaar Schmidt .... 40.000,00 EUR
Sie haben einen FSt-Auftrag über .... 1.602,00 EUR
gestellt, den sie noch nicht ausgenutzt haben. In dem Allgemeinen
Verlustverrechnungstopf gibt es einen Bestand in Höhe von ... 3.638,00 EUR

e) Davon gehören anderen KK-Kunden .... 24.000,00 EUR
mit Beständen in dem Allgemeinen Verlustverrechnungstopf 6.000,00 EUR
aber ohne FSt-Auftrag.

f) Die restlichen Zinsen betreffen eigene Wertpapiere des Kreditinstitutes.

4) Die Kreissparkasse Freudenstadt nimmt am Schalter von einem Sparer
Zinsscheine herein über .... 10.000,00 EUR
Er legt einen FSt-Auftrag vor über .... 801,00 EUR
und wünscht Barauszahlung.

2.2.1.2 Inkasso von Dividendenscheinen

Die Kapitalbeteiligungen an einer AG sind in Mänteln und die dazugehörigen Dividendenforderungen in **Dividendenscheinen** verbrieft, sofern keine **Globalurkunde** ausgestellt ist.

Im Gegensatz zu den Zinsscheinen, die Betrag und Fälligkeit der Zinsforderungen ausweisen, tragen die Dividendenscheine Nummern, da die HV jedes Jahr neu über die auszuschüttende Dividende zu im Vorhinein unbekannten Terminen entscheidet. (Außerdem können die Dividendenscheine so auch zum Bezug junger Aktien aufgerufen werden.)

Die ausschüttende AG hat auf den Ausschüttungsbetrag (Gewinn vor Steuern vom Einkommen und Ertrag) **Körperschaftsteuer (KSt)** in Höhe von **15% zuzüglich Solidaritätszuschlag (SolZ)** auf die KSt an das Finanzamt abzuführen. Die KSt kann sich der Aktionär nicht auf seine persönliche Steuerschuld anrechnen lassen.

Nach Abzug von KSt und SolZ vom auszuschüttenden Jahresüberschuss ergibt sich die **Bruttodividende.** Diese ist mit 25% **Abgeltungsteuer** zuzüglich SolZ zu versteuern. Die ausschüttende Körperschaft hat die Abgeltungsteuer einzubehalten und bis zum 10. des auf die Einbehaltung folgenden Monats an das Finanzamt abzuführen.

Das depotführende Kreditinstitut schreibt dem Aktionär die um die Abgeltungsteuer und den SolZ gekürzte Dividende gut.

Steht dem Depotkunden wegen vorgelegter NV-Bescheinigung, erteiltem Freistellungsauftrag bzw. zu beachtender Beträge im Allgemeinen Verlustverrechnungstopf die teilweise oder vollständig unversteuerte Bruttodividende zu, schreibt die Bank auch die vom Emittenten bereits abgezogenen Steuern gut. Die Verrechnung mit dem Finanzamt erfolgt bei der monatlichen Steueranmeldung.

Handelt es sich bei den Erträgen um Dividenden aus Investmentfondsanteilen, so unterliegen sowohl ausgeschüttete als auch thesaurierte Dividenden der Abgeltungsteuer.

Beispiel 1

Abführung der Steuern einer AG auf ihren Jahresüberschuss und Einlösung der Dividendenscheine (ohne SolZ)

In Ihrem Jahresabschluss weist die Elektro AG ein gezeichnetes Kapital von 500 Mio. EUR aus, das in 100 Mio. Stück unter sich gleichberechtigte nennwertlose Namensaktien aufgeteilt ist.

Die Elektro AG hat keine effektiven Stücke emittiert, sondern eine Globalurkunde über 500 Mio. EUR bei der Clearstream Banking AG hinterlegt.

Die Elektro AG hat einen Jahresüberschuss vor Körperschaftsteuer in Höhe von 160 Mio. EUR erzielt. Davon hat der Vorstand der Elektro AG 80 Mio. EUR in die Gewinnrücklagen eingestellt. Dem Vorschlag des Vorstandes, den verbleibenden Jahresüberschuss von 80 Mio. EUR auszuschütten, hat die Hauptversammlung zugestimmt.

Die Elektro AG hat ihre Hausbank, die Kapitalbank AG, mit der Abführung der gesamten Steuern und der Auszahlung der Dividende an die Aktionäre beauftragt.

1.1 Die Elektro AG erstellt die Abrechnung für den Ausschüttungsbetrag.
1.2 Die Kapitalbank AG bucht die Abführung der KSt für den einbehaltenen und den ausgeschütteten Jahresüberschuss.
1.3 Die Kapitalbank AG bucht die Abführung der Abgeltungsteuer.
1.4 Die Kapitalbank AG bucht die Einlösung der Dividendenscheine.

(zu 1.1) Elektro AG	gesamt	pro Aktie	abzuführen an das Finanzamt
Auszuschüttender Jahresüberschuss (Gewinn vor Steuern)	80 Mio. EUR	0,80 EUR	
– 15 % Körperschaftsteuer (ohne SolZ)	12 Mio. EUR	0,12 EUR	→ 12 Mio. EUR
= Bruttodividende	68 Mio. EUR	0,68 EUR	
– 25 % Abgeltungsteuer (ohne SolZ)	17 Mio. EUR	0,17 EUR	→ 17 Mio. EUR
= Nettodividende	51 Mio. EUR	0,51 EUR	

Grundbuch der Kapitalbank				
Nr.	Konten		Mio. EUR-Beträge	
	Soll	Haben	Soll	Haben
1.2	KKK		24	
		BBK		24
1.3	KKK		17	
		BBK		17
1.4	KKK		51	
		Dividendeneinlösungskonto		51
	ZuD		51	
		BBK		51
	Dividendeneinlösungskonto		51	
		ZuD		51

1.2/1.3 Die KSt für einbehaltene und ausgeschüttete Gewinne sowie die Abgeltungsteuer auf die Bruttodividende werden von der Elektro AG an das Finanzamt abgeführt.

1.4 Nach Abführung der Steuern kann die Elektro AG die Dividende nur noch »**netto**« verrechnen.

Die auszuzahlende Nettodividende wird auf dem Sonderkonto »Dividendeneinlösung« bei der Hausbank bereitgestellt.

Die Clearstream Banking AG belastet die Kapitalbank AG für die von ihr an die namentlich bekannten Aktionäre auszuzahlende Nettodividende.

Die Kapitalbank AG schaltet zu Kontrollzwecken das Hauptbuchkonto »Zins- und Dividendenscheineinzug« (ZuD) ein.

Das Hauptbuchkonto (HK) ZuD wird durch Belastung des Dividendenscheineinlösungskontos ausgeglichen.

Beispiel 2   Dividendengutschrift für Privatkundin (ohne SolZ)

Frau Monika Baer ist Aktionärin der Elektro AG. Sie besitzt 5.000 Stück Elektro Aktien, die sie ihrer Hausbank, der Privatbank AG zur Girosammelverwahrung bei der Clearstream Banking AG überlassen hat. Frau Baer hat bei der Privatbank AG einen Freistellungsauftrag von 801,00 EUR gestellt. Im Allgemeinen Verlustverrechnungstopf für Frau Baer befinden sich negative Kapitalerträge in Höhe von 479,00 EUR, da sie bei einem Verkauf einer Industrieschuldverschreibung einen Kursverlust hinnehmen musste.
Frau Baer beabsichtigt nicht, die Kapitaleinkünfte in ihrer Steuererklärung anzugeben, da ihr Grenzsteuersatz etwa bei 32 % liegen wird.

2.1 Die Privatbank AG erstellt die Dividendenabrechnung für die Kundin Baer und verändert den Allgemeinen Verlustverrechnungstopf.

Privatbank AG	Dividendenabrechnung
Bruttodividende	3.400,00 EUR
– Allgem. Verlustverrechnungstopf	479,00 EUR
– Freistellungsauftrag	801,00 EUR
zu versteuern	2.120,00 EUR
mit 25% Abgeltungsteuer (ohne SolZ)	530,00 EUR
Bruttodividende	3.400,00 EUR
– Abgeltungsteuer	530,00 EUR
= Kundengutschrift	2.870,00 EUR

Allgemeiner Verlustverrechnungstopf für Kapitalerträge mit Freistellungsauftrag									
Datum	Vorgang	Allgemeiner Verlustverrechnungstopf		Freistellungsauftrag (Sparer-Pauschbetrag)		Abgeltungsteuer ohne SolZ		Gutschrift
EUR	EUR	EUR	EUR	EUR	EUR	EUR	EUR	EUR
		Veränderung	Bestand	Veränderung	Bestand	Bemessung	Steuer	
01.01.		–	479,00	–	801,00			
	Bruttodividende 3.400,00	– 479,00	0,00	– 801,00	0,00	2.120,00	530,00	2.870,00

2.2 Die Privatbank AG bucht die Dividendengutschrift für Frau Baer.

2.3 Die Privatbank AG bucht die Einlösung der Dividendenscheine bei der Clearstream Banking AG.

Grundbuch der Privatbank AG				
Nr.	Konten		Mio. EUR-Beträge	
	Soll	Haben	Soll	Haben
2.2	ZuD		2.550,00	
	Sonst. Ford. (FinA)			
	Abgeltungsteuer		320,00	
		KKK		2.870,00
2.3	BBK		2.550,00	
		ZuD		2.550,00

Die Privatbank AG schreibt ihrer Kundin Baer neben der Nettodividende (2.550,00 EUR) auch den Erstattungsanspruch (320,00 EUR) auf dem laufenden Konto gut.

Die von der Elektro AG bereits an das Finanzamt abgeführte Abgeltungsteuer (0,17 EUR für 5.000 Stück = 850,00 EUR) übersteigt die auf Frau Baer entfallende Abgeltungsteuer (530,00 EUR), sodass sich nach Saldierung ein Erstattungsanspruch von 320,00 EUR ergibt.

Die Nettodividende erhält die Privatbank AG von der CB über BBK. Den der Kundin ausgezahlten Erstattungsanspruch fordert sie vom Finanzamt zurück.

Bilanzausweis

Dividendenscheine sind über das Hauptbuchkonto **Zins- und Dividendenscheine netto** zu buchen und unter der Position 15 der Aktivseite **Sonstige Vermögensgegenstände** zu bilanzieren.

ANHANG – 2.2 Wertpapiergeschäfte

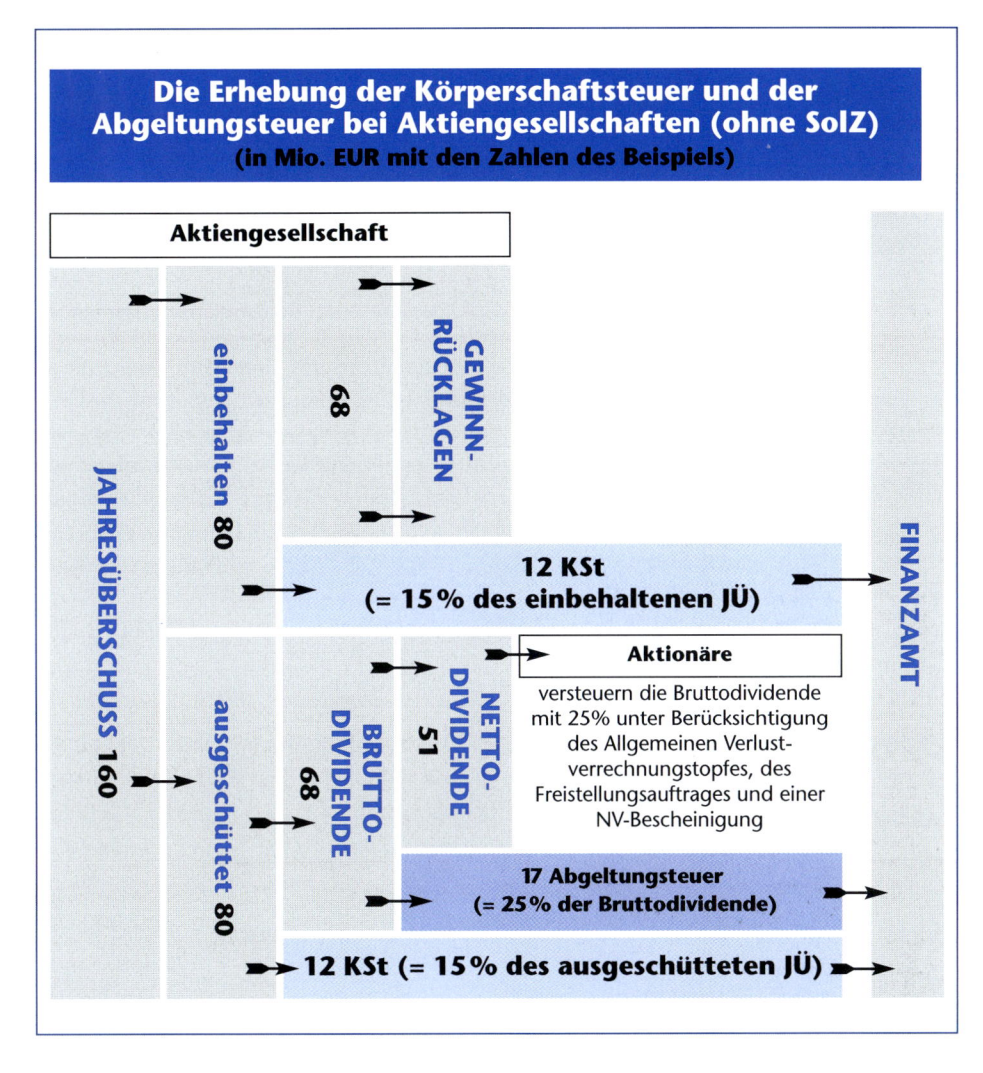

Die Erhebung der Körperschaftsteuer und der Abgeltungsteuer bei Aktiengesellschaften (ohne SolZ)
(in Mio. EUR mit den Zahlen des Beispiels)

Aktiengesellschaft

- einbehalten 80 → **GEWINN-RÜCKLAGEN** 68
- **12 KSt** (= 15% des einbehaltenen JÜ)
- **JAHRESÜBERSCHUSS 160**
- ausgeschüttet 80 → **BRUTTO-DIVIDENDE** 68 → **NETTO-DIVIDENDE** 51

Aktionäre versteuern die Bruttodividende mit 25% unter Berücksichtigung des Allgemeinen Verlustverrechnungstopfes, des Freistellungsauftrages und einer NV-Bescheinigung

17 Abgeltungsteuer (= 25% der Bruttodividende)

12 KSt (= 15% des ausgeschütteten JÜ)

FINANZAMT

Zusammenfassung

Eine Aktiengesellschaft muss **15 % Körperschaftsteuer** aus dem gesamtem Jahresüberschuss an das Finanzamt zahlen.

Der um die Körperschaftsteuer gekürzte Teil des Jahresüberschusses, der als Dividende ausgeschüttet werden soll, ist die **Bruttodividende.** Der andere Teil wird den Gewinnrücklagen zugeführt.

Von der Bruttodividende muss die Aktiengesellschaft **25 % Abgeltungsteuer** zuzüglich SolZ an das Finanzamt abführen.

Die um die Abgeltungsteuer gekürzte Bruttodividende ist die **Nettodividende.**

Nur die Nettodividende kann zwischen der Aktiengesellschaft und der in ihrem Auftrag handelnden Dividendenschein einlösenden Bank einerseits und dieser Bank und Aktionären bzw. Hausbanken andererseits verrechnet werden.

Etwaige Erstattungsansprüche, z. B. wegen einer NV-Bescheinigung, können die Aktionäre nur über ihre Hausbanken gegenüber der Finanzverwaltung geltend machen.

Aufgaben zu 2.2.1.2

Berechnen bzw. buchen Sie die folgenden Geschäftsfälle aus der Sicht der genannten Banken.

[1] Die TANNAG ist mit einem gezeichneten Kapital von 100 Mio. EUR ausgestattet, das in 20 Mio. Stück gleichberechtigte Aktien aufgeteilt ist. Sie weist einen Bilanzgewinn von 80 Mio. EUR aus, der laut HV-Beschluss in voller Höhe an die Aktionäre auszuschütten ist.

1.1 Die TANNAG beauftragt ihre Hausbank, Bankgeschäft Behnke GmbH, die Nettodividende zu Lasten ihres Firmenkontos auf einem Dividendenscheineinlösungskonto bereitzustellen und die Abgeltungsteuer an das Finanzamt über BBK zu überweisen. (Die KSt ist bereits abgeführt.)

1.2 Aktionär Abele hat 200 Aktien der TANNAG dem Bankgeschäft Behnke GmbH ins Depot gegeben. Er hat keinen FSt-Auftrag erteilt und besitzt keinen Allgemeinen Verlustverrechnungstopf.

1.3 Aktionär Brandt hat 600 Aktien der TANNAG dem Bankgeschäft Behnke GmbH ins Depot gegeben. Er besitzt eine NV-Bescheinigung.

1.4 Der Rest der Aktien gehört anderen Depotkunden des Bankgeschäfts Behnke GmbH. Für diese Kunden liegen Allgemeine Verlustverrechnungstöpfe und Freistellungsaufträge von insgesamt 3,8 Mio. EUR vor.

1.5 Das Bankgeschäft Behnke GmbH gleicht das Dividendenscheineinlösungskonto aus.

[2] 2.1 Die Niederbayerische Bank erhält von der CB über
BBK den Netto-Gegenwert von Dividendenscheinen   441.750,00 EUR

2.2 Davon gehören KK-Kunden mit NV-Bescheinigungen   147.250,00 EUR

2.3 Davon gehören KK-Kunden ohne FSt-Aufträge und
ohne Allgemeinen Verlustverrechnungstopf   73.625,00 EUR

2.4 Davon gehört dem Ehepaar Schwarz   29.450,00 EUR
dessen FSt-Auftrag über   1.602,00 EUR
bislang noch nicht ausgenutzt ist und das keinen Bestand
in dem Allgemeinen Verlustverrechnungstopf besitzt.

2.5 Der Rest betrifft andere Depotkunden der Niederbayerischen
Bank, für die Allgemeine Verlustverrechnungstöpfe und
Freistellungsaufträge von   42.000,00 EUR
vorliegen.

[3] Ehepaar Maier legt am Schalter Dividendenscheine über netto   2.945,00 EUR
und einen FSt-Auftrag über 1.602,00 EUR vor.
Die Niederbayerische Bank zahlt bar aus.

[4] Der Kunde Merz beansprucht für die bei seiner Hausbank verwahrten Aktien der Auto AG eine Bruttodividende in Höhe von 500,00 EUR. Welchen Betrag schreibt die Hausbank gut und wie verändert sich der FSt-Auftrag des Kunden, wenn zum Zeitpunkt der Dividendenzahlung Herr Merz noch keinen Bestand in dem Allgemeinen Verlustverrechnungstopf, aber noch einen FSt-Auftrag in Höhe von

4.1 500,00 EUR,

4.2 250,00 EUR

4.3 100,00 EUR

4.4   0,00 EUR   gestellt hat?

2.2.2 Kundengeschäfte mit Wertpapieren

> **Sonderbedingungen der Kreditinstitute für Wertpapiergeschäfte** (Auszug)
> 1. (1) Ausführungsgeschäft/Beauftragung eines Zwischenkommissionärs
>   Das Kreditinstitut führt Aufträge ihres Kunden zum Kauf und Verkauf von Wertpapieren im In- und Ausland als Kommissionär aus. Hierzu schließt das Kreditinstitut für Rechnung des Kunden mit einem anderen Marktteilnehmer ein Kauf- oder Verkaufsgeschäft (Ausführungsgeschäft) ab oder sie beauftragt einen anderen Kommissionär (Zwischenkommissionär), ein Ausführungsgeschäft abzuschließen.

Hauptkommissionär ist das vom Kunden beauftragte Kreditinstitut. Handelt dieses Kreditinstitut nicht selbst an der Börse, sondern schaltet dazu ein weiteres Kreditinstitut ein, so ist letzteres **Zwischenkommissionär.**

Von Zwischenkommissionsgeschäften sind **Botengeschäfte** zu unterscheiden. Sie bezeichnen das Verhältnis, das z.B. zwischen einer Kreissparkasse entsteht, die nicht selbst an der Börse tätig ist, und ihrer Landesbank/Girozentrale, die das Kommissionsgeschäft für die Kreissparkasse ausführt und ihr die Abrechnung zur Weiterleitung an ihren Kunden übermittelt.

Beim **Zwischenkommissionsgeschäft** erhält der Zwischenkommissionär, beim Botengeschäft der Bote einen durch Vertrag geregelten **Anteil an der Provision.**

Für den Kunden macht es keinen Unterschied, wie sein Auftrag ausgeführt wird.

> **Sonderbedingungen der Kreditinstitute für Wertpapiergeschäfte** (Auszug)
> 9. Festpreisgeschäfte
>   Vereinbaren Kreditinstitut und Kunde für das einzelne Geschäft einen festen Preis (Festpreisgeschäft), so kommt ein Kaufvertrag zustande; dementsprechend übernimmt das Kreditinstitut vom Kunden die Wertpapiere als Käuferin oder sie liefert die Wertpapiere an ihn als Verkäuferin. Das Kreditinstitut berechnet dem Kunden den vereinbarten Preis, bei verzinslichen Schuldverschreibungen zzgl. aufgelaufener Zinsen (Stückzinsen).

Festpreisgeschäfte werden z.B. abgeschlossen, wenn ein bestimmtes Papier nur außerbörslich im Telefonhandel erhältlich ist oder eine Neuemission per Erscheinen verkauft wird.

2.2.2.1 Kommissionsgeschäfte

Spesentabelle (Beispiel) für Wertpapierkommissionsgeschäfte im Präsenzhandel oder im elektronischen Handel über Xetra (= Exchange Electronic Trading)			
Wertpapiere	Provision	Gebühren im	
		Präsenzhandel: Maklergebühr	elektronischen Handel: Xetra-Gebühr
Aktien	1% vom Kurswert mind. 25,00 EUR	DAX-Werte 0,4‰ v. Kurswert	0,8‰ v. Kurswert mind. 1,75 EUR
Optionsscheine	mind. 50,00 EUR	andere Werte 0,8‰ vom Kurswert	
Bezugsrechte	mind. 5,00 EUR		
Renten	0,5% vom Kurswert mind. v. Nennwert	0,75‰ vom Nennwert (gestaffelt bei größeren Umsätzen)	Die Gebühr kann auch innerhalb der Provision abgegolten werden.

Gebühren der Clearstream Banking AG werden von manchen Kreditinstituten in der Provision weitergegeben.

Beispiele

Die Bremer Bank AG kauft am 10.03. auftrags ihrer Kundin K. Keil im Präsenzhandel unter Vermittlung des Skontroführers Meyer von der Handelsbank AG, die auftrags ihres Kunden P. Voss handelt, 36 Stück Auto-Aktien zu 131,60 EUR/St (DAX-Wert). Die Abwicklung des Geschäfts erfolgt durch die CB über BBK. Die Handelsbank AG vermerkt im Aktien-Verlustverrechnungstopf für P. Voss einen realisierten Veräußerungsverlust in Höhe von 149,48 EUR.

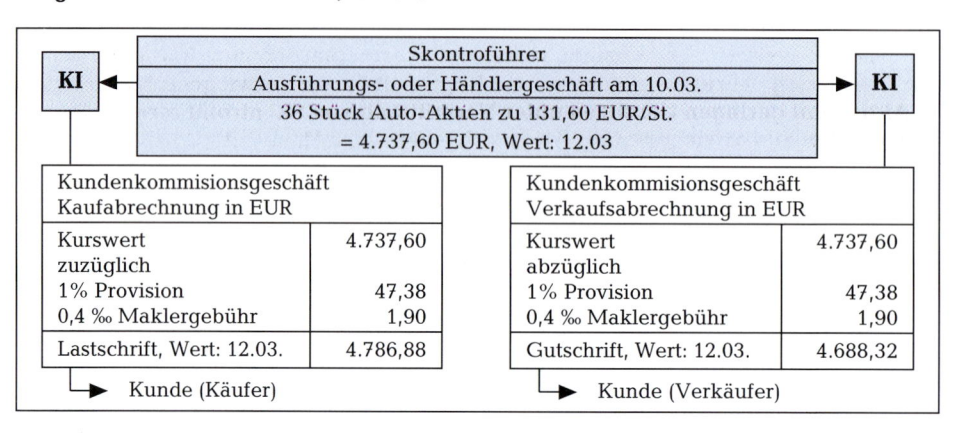

	Skontroführer	
KI ←	Ausführungs- oder Händlergeschäft am 10.03. 36 Stück Auto-Aktien zu 131,60 EUR/St. = 4.737,60 EUR, Wert: 12.03	→ KI

Kundenkommisionsgeschäft Kaufabrechnung in EUR		Kundenkommisionsgeschäft Verkaufsabrechnung in EUR	
Kurswert zuzüglich	4.737,60	Kurswert abzüglich	4.737,60
1% Provision	47,38	1% Provision	47,38
0,4 ‰ Maklergebühr	1,90	0,4 ‰ Maklergebühr	1,90
Lastschrift, Wert: 12.03.	4.786,88	Gutschrift, Wert: 12.03.	4.688,32
→ Kunde (Käufer)		→ Kunde (Verkäufer)	

Buchungen bei dem KI des Käufers (Bremer Bank AG) in EUR

Hauptbuch

```
        S      BBK       H
                |  4.737,60  ←
  ②    S  WPU (= Wertpapierumsätze)  H
       4.737,60  |  4.737,60  ←
  ①    S     KKK (Käufer)    H
       4.786,88  |
        S  Provisionserträge  H
                |  47,38  ←
        S  so. Vbk. n.a. Gebühr  H
                |  1,90  ←
```

Kunden-Depot-Buchhaltung

Depot-Kundin: K. Keil

Gattung: Auto AG

Wert	Stück	Vorgang	Kurs	Kurswert
12.03.	36	Kauf	131,60	4.737,60

HK Wertpapierumsätze (WPU) ist ein Verrechnungskonto.

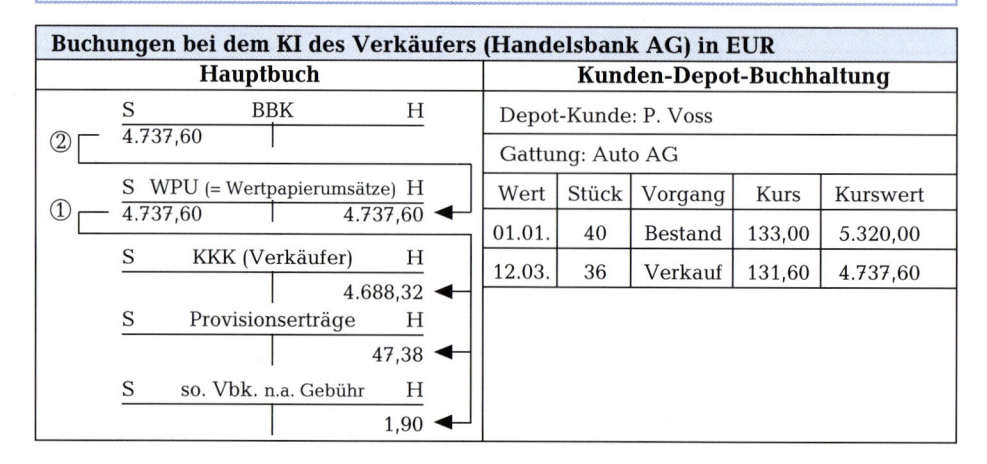

Buchungen bei dem KI des Verkäufers (Handelsbank AG) in EUR

Hauptbuch

```
        S      BBK       H
  ②    4.737,60  |
        S  WPU (= Wertpapierumsätze)  H
  ①    4.737,60  |  4.737,60  ←
        S     KKK (Verkäufer)   H
                |  4.688,32  ←
        S  Provisionserträge  H
                |  47,38  ←
        S  so. Vbk. n.a. Gebühr  H
                |  1,90  ←
```

Kunden-Depot-Buchhaltung

Depot-Kunde: P. Voss

Gattung: Auto AG

Wert	Stück	Vorgang	Kurs	Kurswert
01.01.	40	Bestand	133,00	5.320,00
12.03.	36	Verkauf	131,60	4.737,60

ANHANG – 2.2 Wertpapiergeschäfte   453

Gegenpartei für Käufer und Verkäufer ist als »Zentraler Kontrahent (Central Counter Party – CCP)« die Eurex Clearing AG. Sie übernimmt das Ausfallrisiko und ermittelt für jeden Marktteilnehmer den Saldo zwischen Kauf- und Verkaufsverpflichtungen (»Netting«). Aufgrund ihrer Instruktionen nimmt die Clearstream Banking AG den Austausch von Zahlungen und Lieferungen vor (»Settlement«). Bei Abwicklung über das elektronische Handelssystem Xetra beträgt die Gebühr 0,08‰, mind. 1,75 EUR.

Zusammenfassung

Für Kundenkommisionsgeschäfte stehen an Wertpapierbörsen 2 Handelssysteme zur Verfügung. – Präsenzhandel an den Regionalbörsen, vorwiegend für Anleihen u. Aktien mit geringen Umsätzen unter Vermittlung von Skontroführern. – Elektronischer Handel vorwiegend für Aktien mit großen Umsätzen unter Vermittlung von Xetra (= Exchange Electronic Trading).

Kundenkommisionsgeschäfte in Aktien

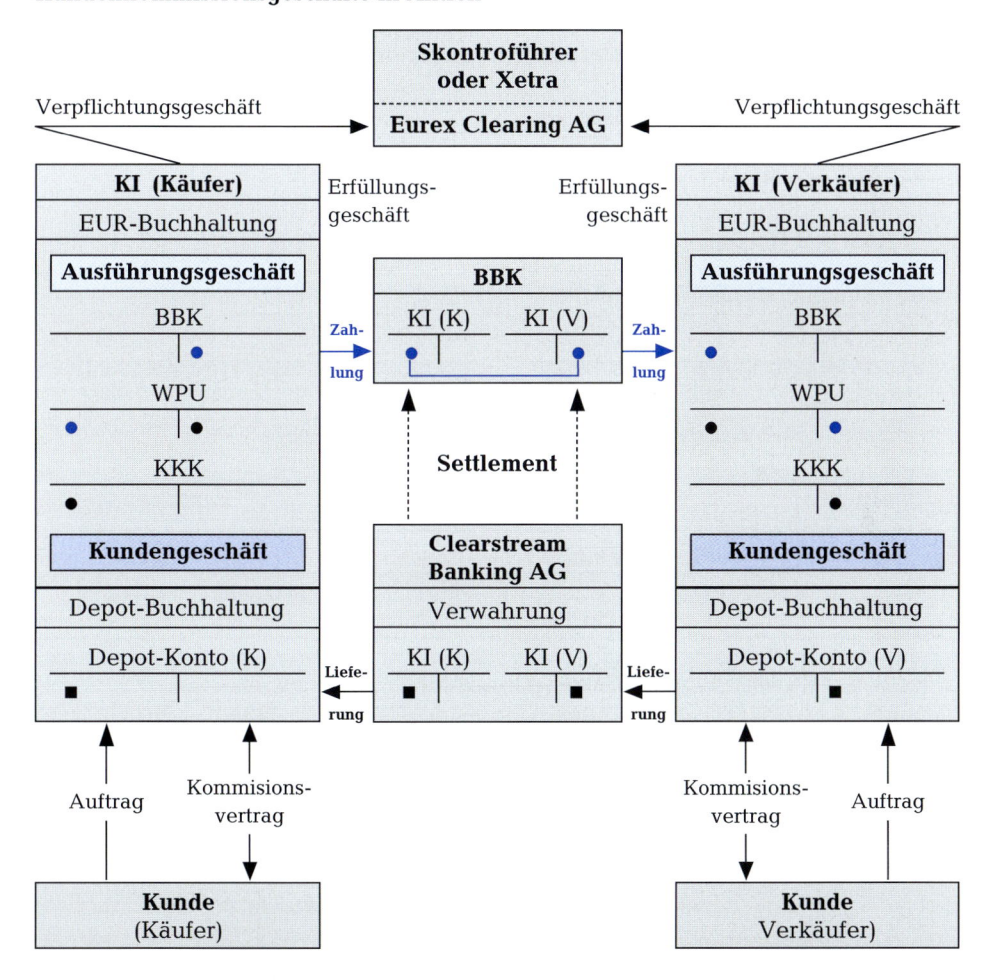

Kundenkommisionsgeschäfte sind zwei Börsentage nach dem Handelstag zu erfüllen. Das Kundengeschäft wird am Handelstag (Valuta zwei Börsentage später), das Ausführungsgeschäft zwei Börsentage später gebucht.

Zur Überbrückung dieser zwei Tage wird das HK WPU eingeschaltet, das nach Buchung des Ausführungsgeschäftes ausgeglichen sein muss.

Aufgaben zu 2.2.2.1

a) Frau Vroni Velter ist Kundin der Bremer Bank AG. Am 30.01. erteilt sie den Auftrag, 300 Stück Auto-Aktien (DAX-Wert) zu verkaufen. Die Bremer Bank AG erzielt einen Preis von 60,00 EUR/Stück. Frau Velter erzielt durch den Verkauf einen Veräußerungsverlust in Höhe von 250,00 EUR.

b) Die Bonner Bank AG kauft die Papiere für ihren Kunden Karl Krämer.

Berechnen und buchen Sie alle bei den genannten Banken anfallenden Geschäfte unter Abwicklung im Präsenzhandel als auch im elektronischen Handel Xetra in den jeweiligen Grundbüchern, unter der Bedingung, dass es sich um Kommissionsgeschäfte handelt, die von der CB über BBK abgewickelt werden.

2.2.2.2 Festpreisgeschäfte

Beispiel

Die Merkurbank AG führt außerbörslich am 20.01. (Montag) folgende Aufträge aus:

① für die Kundin Kerstin Kant: (Die Kundin realisiert durch den Verkauf einen Veräußerungsverlust in Höhe von 90,00 EUR.)
Verkauf von 100 Stück Handelsbankaktien zu 472,00 EUR p. St. und

② für den Kunden Paul Mark:
Kauf von 100 Stück Handelsbankaktien zu 478,00 EUR p. St.

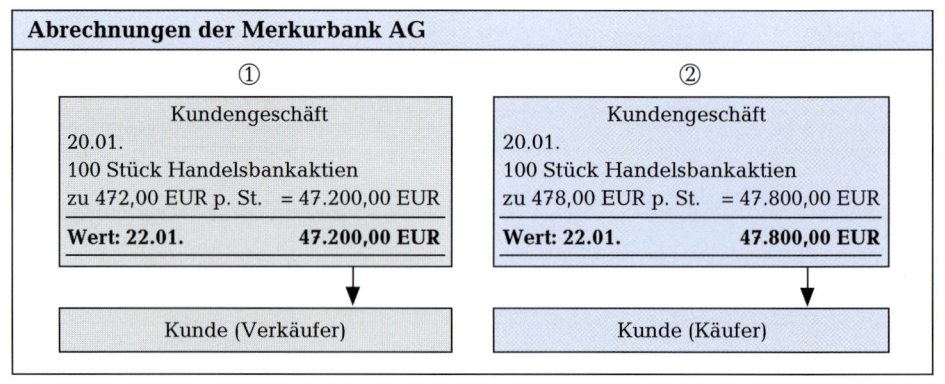

Abrechnungen der Merkurbank AG

①
Kundengeschäft
20.01.
100 Stück Handelsbankaktien
zu 472,00 EUR p. St.   = 47.200,00 EUR
Wert: 22.01.   47.200,00 EUR

↓ Kunde (Verkäufer)

②
Kundengeschäft
20.01.
100 Stück Handelsbankaktien
zu 478,00 EUR p. St.   = 47.800,00 EUR
Wert: 22.01.   47.800,00 EUR

↓ Kunde (Käufer)

Hauptbuch der Merkurbank AG

S	KKK	H	S	Eigene Wertpapiere (Handelsbestand)	H	S	Kursgewinne Wertpapiere	H
② 47.800,00	① 47.200,00		① 47.200,00 ③ 600,00	② 47.800,00				③ 600,00

Eigenhändler- oder Festpreisgeschäfte für Kunden sind über Hauptbuchkonto Eigene Wertpapiere (Handelsbestand) zu buchen. Die Merkurbank AG vermerkt den realisierten Veräußerungsverlust im Aktien-Verlustverrechnungstopf für Frau Kant.

Aufgabe zu 2.2.2.2

Buchen Sie alle bei den gemäß den Aufgaben 2.2.2.1 anfallenden Geschäfte unter der Bedingung, dass es sich um Festpreisgeschäfte handelt.
Preis der Aktie bei a) 59,30 EUR/Stück und bei b) 60,70 EUR/Stück.

2.2.2.3 Abgeltungsteuer bei Veräußerungsgewinnen aus Aktien

Beispiel Veräußerungsgewinne aus Aktien

Die Elbebank AG führt am 15.10. für ihre Depotkundin Marita Böhme den Verkauf von 500 Stück Aktien der Wertbau AG zum Kurs von 68,00 EUR aus. Beim Kauf dieser Aktien hat Frau Böhme einen Kurs von 51,00 EUR bezahlt. Da die Aktiengeschäfte im Präsenzhandel ausgeführt wurden, ergeben sich Anschaffungs- und Veräußerungsnebenkosten vom Kurswert in Höhe von jeweils 1 % Provision und 0,08 % Courtage.

Frau Böhme hat in ihrem Aktienverlustverrechnungstopf 150,00 EUR, im Allgemeinen Verrechnungstopf 90,00 EUR sowie einen Freistellungsauftrag von 801,00 EUR.

① Die Elbebank AG berücksichtigt die Veränderungen in den Verrechnungstöpfen und für den Freistellungsauftrag der Kundin Böhme und ermittelt die Abgeltungsteuer und den SolZ.

		Verrechnungstöpfe und Freistellungsauftrag							
Datum	Vorgang	Aktienverlust-verrechnungstopf		Allg. Verlust-verrechnungstopf		Freistellungsauftr. (Sparer-Pauschbetrag)		Abgeltungsteuer und SolZ		Gut-schrift
		EUR	EUR	EUR	EUR	EUR	EUR	EUR	EUR	EUR
		Verän-derung	Bestand	Verän-derung	Bestand			Bemes-sung	Steuer	
01.01.			150,00		90,00		801,00			
17.10.	Aktien-kurs-gewinn 7.857,40	−150,00	0,00	−90,00	0,00	−801,00	0,00	6.816,40	1.797,82	31.834,98

② Die Elbebank AG erstellt die Verkaufsabrechnung für die Kundin Böhme per 15.10.

Kurswert			34.000,00 EUR
− 1,00 % Provision			340,00 EUR
− 0,08 % Courtage			27,20 EUR
Verkaufserlös		33.632,80 EUR	33.632,80 EUR
− Anschaffungskosten		25.500,00 EUR	
− Anschaffungsnebenkosten		275,40 EUR	
Veräußerungsgewinn		7.857,40 EUR	
− Aktienverlustverrechnungstopf		150,00 EUR	
− Allgemeiner Verrechnungstopf		90,00 EUR	
− Freistellungsauftrag		801,00 EUR	
Steuerpflichtiger Veräußerungsgewinn		6.816,40 EUR	
− Abgeltungsteuer (25 %)			1.704,10 EUR
− Solidaritätszuschlag (5,5 %)			93,72 EUR
Kundengutschrift Valuta 17.10.			31.834,98 EUR

③ Die Elbebank AG bucht das Kundengeschäft per 15.10.

Grundbuch				
Datum	Konten		EUR-Beträge	
	Soll	Haben	Soll	Haben
15.10	WPU		34.000,00	
		KKK		31.834,98
		Provisionserträge		340,00
		Sonst. Verbindl. n.a. MG		27,20
		Sonst. verbindl. (FinA) Abgeltungssteuer		1.797,82

Beim Verkauf von Wertpapieren wird – unabhängig von deren Besitzdauer – vom Kreditinstitut die Differenz zwischen Veräußerungserlös und Anschaffungskosten ermittelt. Es gilt das Verbrauchsfolgeverfahren FIFO (first in – first out). Die Finanzverwaltung geht davon aus, dass die zuerst gekauften Papiere auch zuerst wieder verkauft werden. **Veräußerungsgewinne** gehören zu den Einkünften aus Kapitalvermögen und unterliegen der Abgeltungsteuer.

<small>FiFo</small>

Vor der Berechnung der Abgeltungsteuer sind vom Veräußerungserlös abzuziehen

- Anschaffungs- und Anschaffungsnebenkosten der veräußerten Wertpapiere,
- Veräußerungsnebenkosten der veräußerten Wertpapiere,
- Aktienkursverluste aus dem Aktienverlustverrechnungstopf, falls es sich beim zu versteuernden Gewinn um einen Veräußerungsgewinn von Aktien handelt,
- Verluste aus dem Allgemeinen Verlustverrechnungstopf,
- Freistellungsaufträge.

Sind **Veräußerungsverluste** realisiert worden, merkt die Bank diese bei Aktienverkäufen im **Aktienverlustverrechnungstopf,** bei allen anderen Wertpapierverlusten im **Allgemeinen Verlustverrechnungstopf** des Kunden vor.

Wird nach Verrechnung eines Aktienveräußerungsgewinns mit dem Allgemeinen Verlustverrechnungstopf im weiteren Jahresverlauf ein Aktienveräußerungsverlust realisiert, muss der Aktienverlust nachträglich mit dem Aktiengewinn verrechnet werden. Der Allgemeine Verlustverrechnungstopf lebt im entsprechenden Volumen wieder auf.

Ähnliches gilt auch für einen Kunden, der im selben Jahr bereits Beträge seines Freistellungsauftrags in Anspruch genommen hat, um Veräußerungsgewinne oder andere Kapitalerträge vom Steuerabzug freizustellen. Erzielt dieser Kunde nachträglich im selben Jahr negative Kapitalerträge, so lebt dessen Freistellungsauftrag ganz oder teilweise wieder auf. Wurde für den Kunden im selben Jahr bereits Abgeltungsteuer abgeführt, weil sein Freistellungsauftrag ausgeschöpft war, muss ihm die Steuer durch die Bank teilweise oder vollständig wieder erstattet werden.

Ergeben sich am Jahresende Verlustüberhänge aus Aktien bzw. negative Kapitalertragsüberhänge in den Verrechnungstöpfen, so sind diese getrennt auf das Folgejahr vorzutragen. Der Kunde kann sich die noch nicht verrechneten Verluste sowie einen noch nicht ausgenutzten Freistellungsauftrag aber auch von seinem Kreditinstitut bescheinigen lassen, wenn er diese im Rahmen der Einkommensteuerveranlagung mit anderen Kapitalerträgen, beispielsweise von einem Depot bei einer anderen Bank, verrechnen will.

2.2.2.4 Abgeltungsteuer bei Kapitalerträgen und Veräußerungsgewinnen und -verlusten aus anderen Wertpapieren

Beispiel 1 Stückzinsen, Veräußerungsverluste und Abgeltungsteuer

Die Hessische Bank AG verkauft am Mittwoch, 11.03., im Auftrag von Frau Veigel, ihrer Kundin, an der Börse 20.000,00 EUR 6 % Bundesanleihe, gzj. + 01.10. ff. zu 102 %.

Sie erzielt durch den Verkauf einen Kursverlust in Höhe von 70,00 EUR.

Sie hat einen Freistellungsauftrag über 801,00 EUR gestellt, der noch nicht ausgenutzt ist.

Die Sächsische Bank AG kauft die Papiere im Auftrag von Herrn Katte, ihrem Kunden.

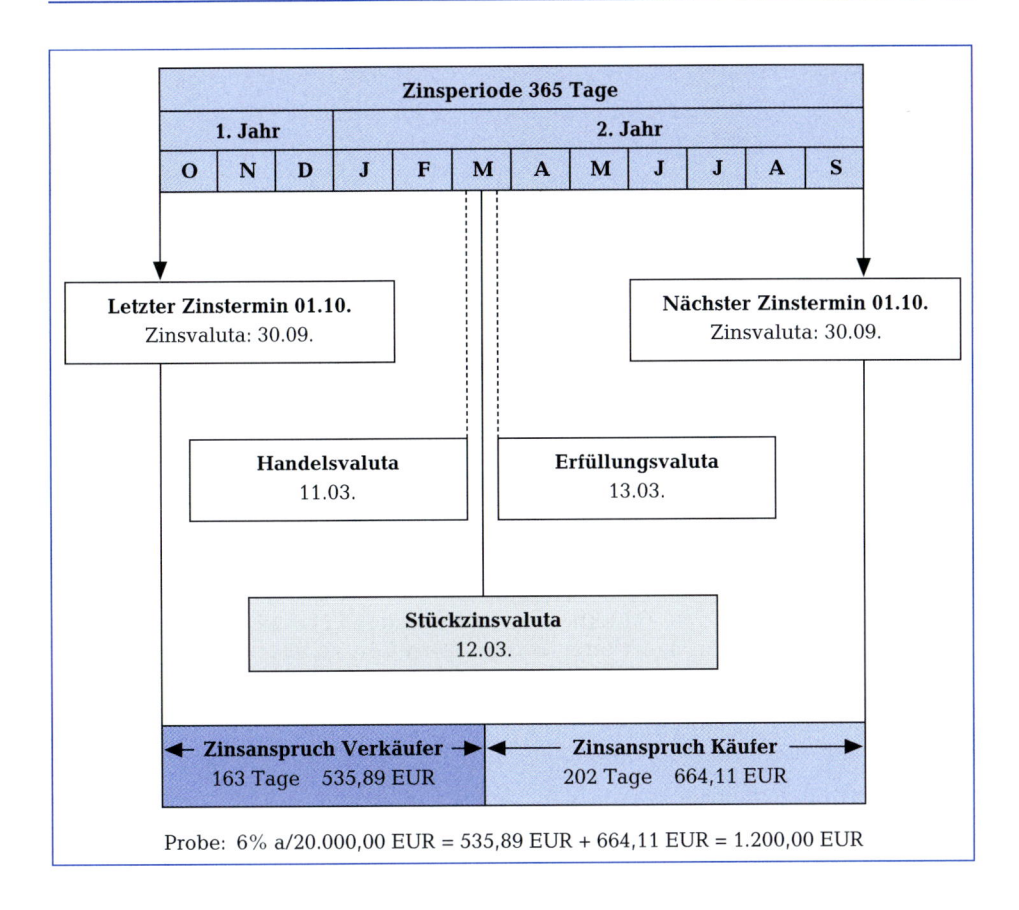

ANHANG – 2.2 Wertpapiergeschäfte 457

```
                    Zinsperiode 365 Tage
            1. Jahr  |         2. Jahr
         O  N  D  J  F  M  A  M  J  J  A  S
```

Letzter Zinstermin 01.10.   Nächster Zinstermin 01.10.
Zinsvaluta: 30.09.   Zinsvaluta: 30.09.

Handelsvaluta 11.03.   Erfüllungsvaluta 13.03.

Stückzinsvaluta 12.03.

← Zinsanspruch Verkäufer →   ← Zinsanspruch Käufer →
163 Tage   535,89 EUR   202 Tage   664,11 EUR

Probe: 6% a/20.000,00 EUR = 535,89 EUR + 664,11 EUR = 1.200,00 EUR

Verrechnungstöpfe und Freistellungsauftrag der Kundin Veigel bei der Hessischen Bank AG

Datum	Vorgang	Aktienverlust-verrechnungstopf EUR		Allg. Verlust-verrechnungstopf EUR		Freistellungsauftr. (Sparer-Pausch-betrag) EUR	Abgeltungsteuer und SolZ EUR		Gut-schrift EUR
		Verän-derung	Bestand	Verän-derung	Bestand		Bemes-sung	Steuer	
01.01.			–		–	801,00			
11.03.	Kursver-lust 70,00		–	70,00	70,00	801,00		–	
11.03.	erhaltene Stück-zinsen 535,89		–	–70,00	0,00	–465,89	335,11	–	–	535,89

Abrechnungen am 11.03. Handelstag:

der Hessischen Bank AG für die Verkäuferin über nom.	20.000,00 EUR	der Sächsischen Bank AG für den Käufer über nom.	20.000,00 EUR
Kurswert	20.400,00 EUR	Kurswert	20.400,00 EUR
+ 6% Stückzinsen für 163 Tage	535,89 EUR	+ 6% Stückzinsen für 163 Tage	535,89 EUR
Ausmachender Betrag	20.935,89 EUR	Ausmachender Betrag	20.935,89 EUR
– 0,500% Provision	102,00 EUR	+ 0,500% Provision	102,00 EUR
– 0,075% Maklergebühr	15,00 EUR	+ 0,075% Maklergebühr	15,00 EUR
Gutschrift: 13.03.	**20.818,89 EUR**	**Belastung: 13.03.**	**21.052,89 EUR**

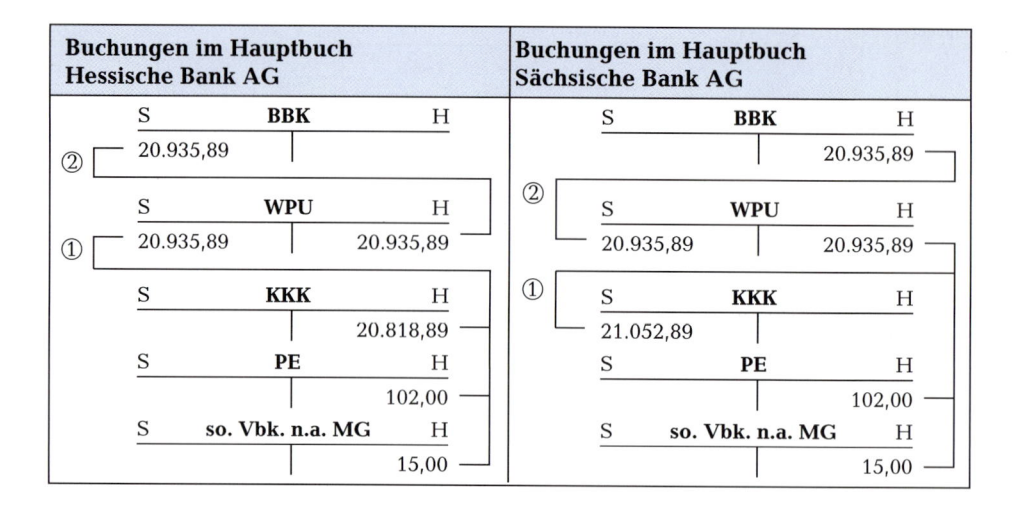

Buchungen im Hauptbuch Hessische Bank AG	Buchungen im Hauptbuch Sächsische Bank AG

② S | BBK | H
   20.935,89 |
	S | BBK | H
	   | 20.935,89

① S | WPU | H
   20.935,89 | 20.935,89
	② S | WPU | H
	   20.935,89 | 20.935,89

S | KKK | H
   | 20.818,89
	① S | KKK | H
	   21.052,89 |

S | PE | H
   | 102,00
	S | PE | H
	   | 102,00

S | so. Vbk. n.a. MG | H
   | 15,00
	S | so. Vbk. n.a. MG | H
	   | 15,00

Beispiel 2 Stückzinsen, Veräußerungsgewinne und Abgeltungsteuer

Die Volksbank Lüneburg eG führt im Auftrag des Kunden Lorenz, der zu Beginn des Jahres keine Bestände in den Verrechnungstöpfen besitzt, aber einen FSt-Auftrag über 801,00 EUR gestellt hat, folgenden Aufträge im gleichen Jahr aus:

① Kauf von nominal 10.000,00 EUR 6,5 % Industrieschuldverschreibung gzj. + 01.10. ff. zu 101 % am 13.04. (Montag),

② Verkauf von nominal 30.000,00 EUR 5 % Bundesanleihe 01.10. gzj. + 01.10.ff. zu 102,5 % am 28.08.(Montag).

Aus dem Verkauf erzielt der Kunde Lorenz einen Veräußerungsgewinn in Höhe von 99,75 EUR.

Die Bundesanleihe hatte Hr. Lorenz im Januar des Vorjahres zum Kurs von 101 % erworben, dabei fielen 174,00 EUR Nebenkosten an.

Verrechnungstöpfe und Freistellungsauftrag des Kunden Lorenz bei der Volksbank Lüneburg eG									
Datum	Vorgang	Aktienverlust-verrechnungstopf		Allg. Verlust-verrechnungstopf		Freistellungsauftr. (Sparer-Pauschbetrag)	Abgeltungsteuer und SolZ		Gut-schrift
		EUR	EUR	EUR	EUR	EUR	EUR	EUR	EUR
		Verän-derung	Bestand	Verän-derung	Bestand		Bemes-sung	Steuer	
01.01.			0,00		0,00	801,00			
13.04.	Gezahlte Stück-zinsen 375,89	–	0,00	375,89	375,89	–	801,00	–	–	–
28.08.	erhaltene Stück-zinsen 1.368,49	–	0,00	–375,89	0,00	801,00	0,00	191,60	50,53	535,89
28.08	Veräuße-rungs-gewinn aus fest-verzins-lichen Wepa 99,75	–	0,00	–	0,00	–	0,00	99,75	26,30	31.865,41

ANHANG – 2.2 Wertpapiergeschäfte

Ermittlung des Veräußerungsgewinns

	Kurswert	30.750,00 EUR
–	0,500 % Provision	153,75 EUR
–	0,075 % Courtage	22,50 EUR
		30.573,75 EUR
+	Stückzinsen	1.368,49 EUR

	Verkaufserlös	30.573,75 EUR
–	Anschaffungskosten	30.300,00 EUR
–	Anschaffungsnebenkosten	174,00 EUR
	Veräußerungsgewinn	99,75 EUR
–	Aktienverlustverrechnungstopf	0,00 EUR
–	Allgemeiner Verlustverrechnungstopf	0,00 EUR
–	Freistellungsauftrag	0,00 EUR
	Steuerpflichtiger Veräußerungsgewinn	99,75 EUR

–	Abgeltungsteuer (25 %) auf Veräußerungsgewinn	24,93 EUR
–	Solidaritätszuschlag (5,5 %)	1,37 EUR
–	Abgeltungsteuer (25%) auf Stückzinsen (nach Verr.-töpfe und FStA)	47,90 EUR
–	Solidaritätszuschlag (5,5 %)	2,63 EUR
	Kundengutschrift Valuta 30.08.09	31.865,41 EUR

Kaufabrechnung Handelstag 13.04.		Verkaufsabrechnung Handelstag 28.08.	
Kurswert	10.000,00 EUR	Kurswert	30.750,00 EUR
+ 6,5% Stückzinsen für 196 Tage	375,89 EUR	+ 5% Stückzinsen für 333 Tage	1.368,49 EUR
Ausmachender Betrag	10.475,89 EUR	Ausmachender Betrag	32.118,49 EUR
+ 0,500 % Provision	50,50 EUR	– 0,500 % Provision	153,75 EUR
+ 0,075 % Maklergebühr	7,50 EUR	– 0,075 % Maklergebühr	22,50 EUR
		Zwischensumme	31.942,24 EUR
		– Abgeltungsteuer (25 %)	72,83 EUR
		– Solidaritätszuschlag (5,5 %)	4,00 EUR
Kontobelastung Valuta 15.04.	**10.533,89 EUR**	**Kontogutschrift Valuta 30.08.**	**31.865,41 EUR**

Grundbuch der Volksbank Lüneburg eG					
Datum	Geschäftsfälle	Konten		EUR-Beträge	
		Soll	Haben	Soll	Haben
13.04.	Kundengeschäft Kauf nom. 10.000,00 EUR Industrieschuldverschreibung	KKK	WPU Provisionserträge so. Vbk. n.a. MG	10.533,89	10.475,89 50,50 7,50
15.04.	Händlergeschäft Kauf nom. 10.000,00 EUR Industrieschuldverschreibung	WPU	BBK	10.475,89	10.475,89
28.08.	Kundengeschäft Verk. nom. 30.000,00 EUR B-Anleihe	WPU	KKK Provisionserträge so. Vbk. n.a MG So. Vbk. (FinA) Abgeltungssteuer	32.118,49	31.865,41 153,75 22,50 76,83
30.08.	Händlergeschäft Verk. nom. 30.000,00 EUR B-Anleihe	BBK	WPU	32.118,49	32.118,49

Erzielt ein Kunde bei **Wertpapierverkäufen** Zinseinnahmen und/oder Veräußerungsgewinne, müssen vor Gutschrift der Erträge 25 % Abgeltungsteuer und 5,5 % SolZ von der Abgeltungsteuer einbehalten werden. Bei der Bemessung der Abgeltungsteuer sind die bei **Wertpapierkäufen** belasteten Stückzinsen sowie die bei Wertpapierverkäufen realisierten Veräußerungsverluste zu verrechnen.

Dabei kommt es nicht darauf an, ob die gezahlten oder vereinnahmten Stückzinsen oder realisierten Verkaufserfolge aus derselben Wertpapiergattung stammen. Lediglich Veräußerungsverluste aus Aktien dürfen nur mit Veräußerungsgewinnen aus Aktien verrechnet werden.

Kreditinstitute bilden zur Ermittlung der Bemessungsgrundlage für jeden Kunden gegebenenfalls einen **Aktien- und einen allgemeinen Verlustverrechnungstopf.**

Ohne Gutschrift der gezahlten Stückzinsen im Allgemeinen Verlustverrechnungstopf des Käufers käme es zu ihrer Besteuerung

- beim Verkäufer, der beim Verkauf von Festverzinslichen das Stück des gesamten Zinses von der Zinsvaluta bis zur Stückzinsvaluta vereinnahmt, und
- beim Käufer, der – mit dem Zinsschein aus seinem Besitz – den gesamten Zins am Zinstermin einkassiert,

also zu einer Doppelbesteuerung des gleichen Ertrags.

Der Übertrag eines Verlustverrechnungstopfes von einem Institut auf ein anderes ist ebenso möglich wie die Einbeziehung mehrerer Depots eines Kunden. Für Gemeinschaftsdepots sind jedoch separate Verlustverrechnungstöpfe zu führen. Für Eheleute, die sowohl getrennte als auch Gemeinschaftsdepots führen und in allen Depots Aktien sowie Anleihen verwahren lassen, müssen getrennte Verrechnungstöpfe für den Ehemann, die Ehefrau und die Gemeinschaft der Eheleute gebildet werden.

Die Anwendung der »Topf-Lösung« setzt ferner voraus, dass die Einlösung oder Veräußerung aus dem Depot heraus oder der Erwerb für das Depot erfolgt. Sie gilt nicht bei Tafelgeschäften.

Am Jahresende nicht verbrauchte Reste in den Verlustverrechnungstöpfen werden automatisch auf das nächste Jahr übertragen oder – auf Antrag – dem Kunden als Steuerbescheinigung mitgeteilt. Der Kunde kann sie dann in seiner Einkommensteuererklärung als negative Kapitaleinkünfte angeben bzw. bei anderen Banken einreichen, bei denen er weitere Kapitaleinkünfte bezieht.

Ein **Freistellungsauftrag (FSt-Auftrag)** ist zu berücksichtigen.

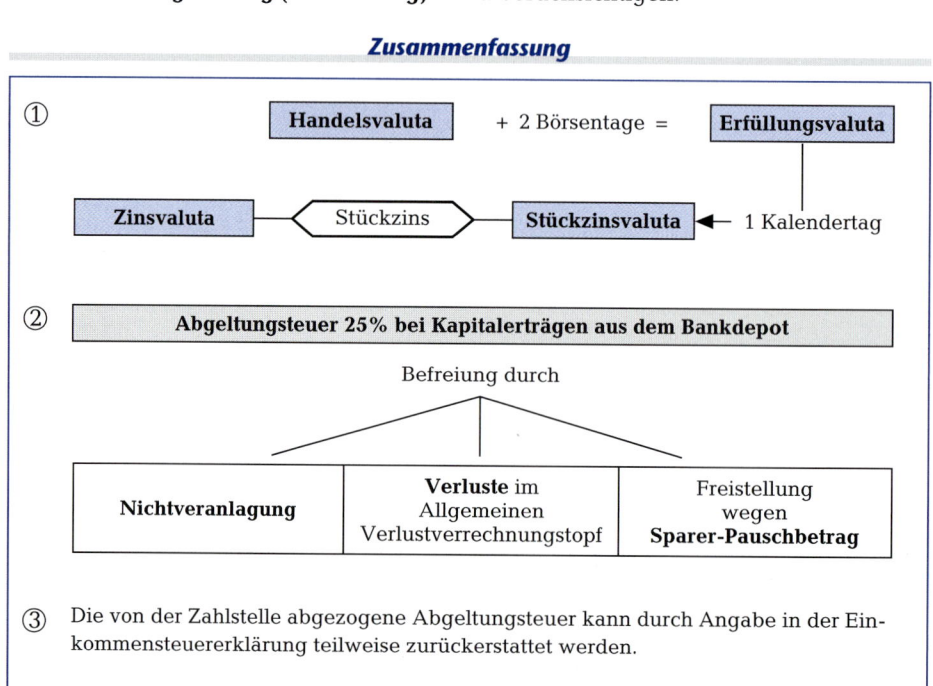

Zusammenfassung

① **Handelsvaluta** + 2 Börsentage = **Erfüllungsvaluta**

Zinsvaluta — Stückzins — **Stückzinsvaluta** ← 1 Kalendertag

② **Abgeltungsteuer 25% bei Kapitalerträgen aus dem Bankdepot**

Befreiung durch

| Nichtveranlagung | **Verluste** im Allgemeinen Verlustverrechnungstopf | Freistellung wegen **Sparer-Pauschbetrag** |

③ Die von der Zahlstelle abgezogene Abgeltungsteuer kann durch Angabe in der Einkommensteuererklärung teilweise zurückerstattet werden.

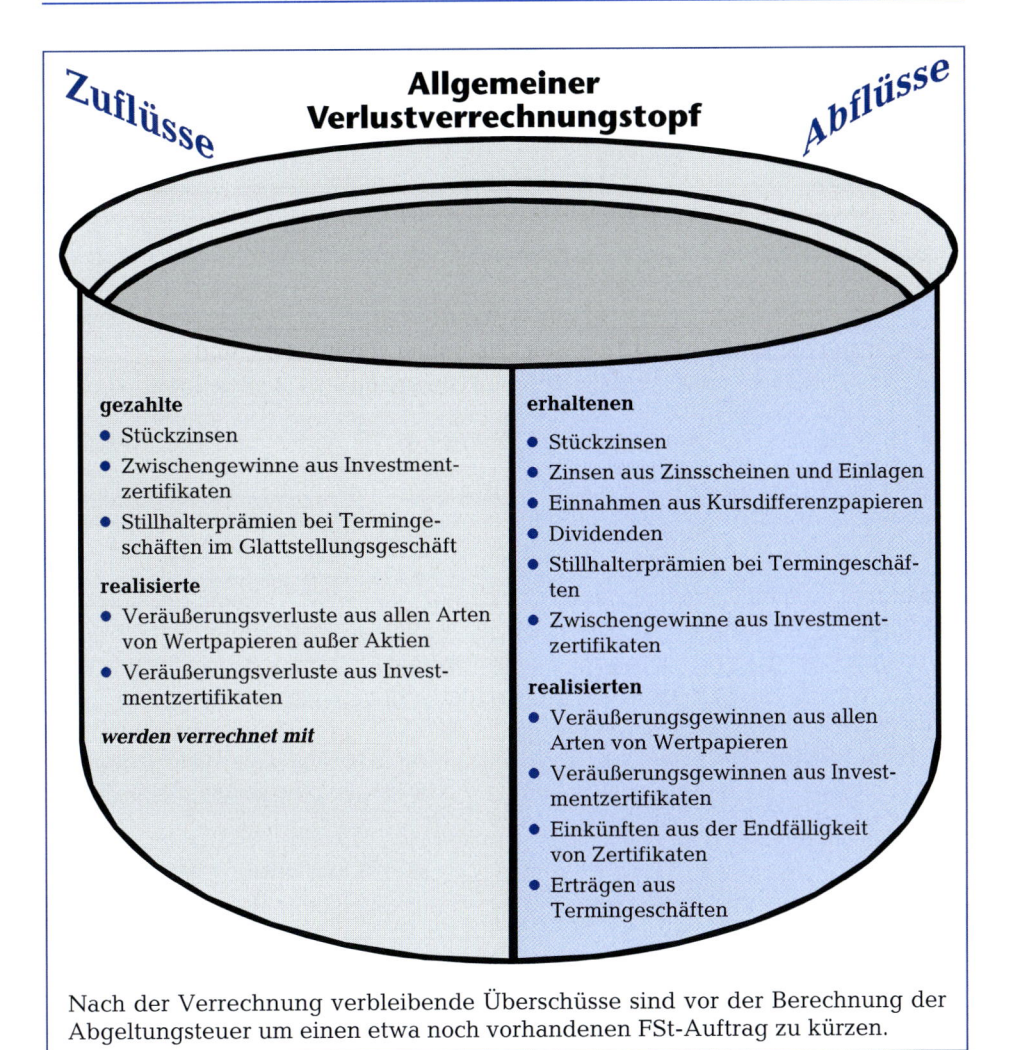

ANHANG – 2.2 Wertpapiergeschäfte

Allgemeiner Verlustverrechnungstopf

Zuflüsse — **Abflüsse**

gezahlte
- Stückzinsen
- Zwischengewinne aus Investmentzertifikaten
- Stillhalterprämien bei Termingeschäften im Glattstellungsgeschäft

realisierte
- Veräußerungsverluste aus allen Arten von Wertpapieren außer Aktien
- Veräußerungsverluste aus Investmentzertifikaten

werden verrechnet mit

erhaltenen
- Stückzinsen
- Zinsen aus Zinsscheinen und Einlagen
- Einnahmen aus Kursdifferenzpapieren
- Dividenden
- Stillhalterprämien bei Termingeschäften
- Zwischengewinne aus Investmentzertifikaten

realisierten
- Veräußerungsgewinnen aus allen Arten von Wertpapieren
- Veräußerungsgewinnen aus Investmentzertifikaten
- Einkünften aus der Endfälligkeit von Zertifikaten
- Erträgen aus Termingeschäften

Nach der Verrechnung verbleibende Überschüsse sind vor der Berechnung der Abgeltungsteuer um einen etwa noch vorhandenen FSt-Auftrag zu kürzen.

Aufgaben zu 2.2.2.3 und 2.2.2.4

SolZ ist nicht zu berücksichtigen. Händlergeschäfte sind über BBK abzuwickeln. Die Spesen der Tabelle auf S. 451 sind zu verwenden. Es liegen keine Schaltjahre vor.

① Füllen Sie die Leerstellen:

a) Ein Kunde kauft am 12.08. (Di) 8.000,00 EUR 6% Pfe. gzj. + 01.10. ff. zu 102%

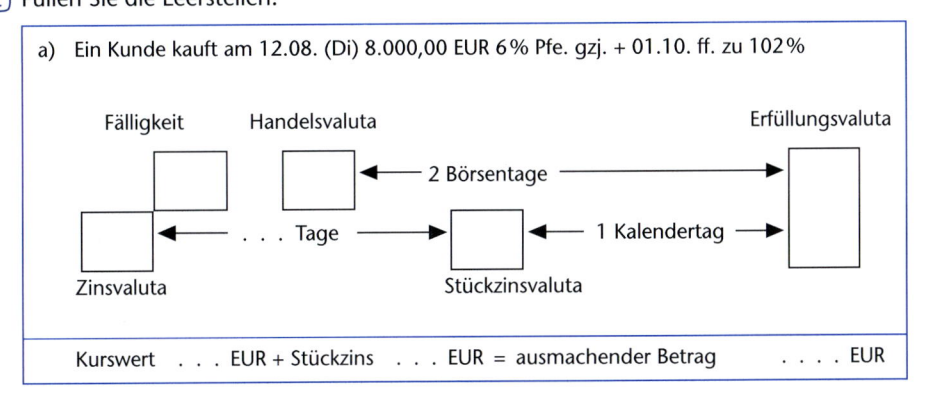

Fälligkeit — Handelsvaluta ← 2 Börsentage → Erfüllungsvaluta

Zinsvaluta ← . . . Tage → Stückzinsvaluta ← 1 Kalendertag →

Kurswert . . . EUR + Stückzins . . . EUR = ausmachender Betrag . . . . EUR

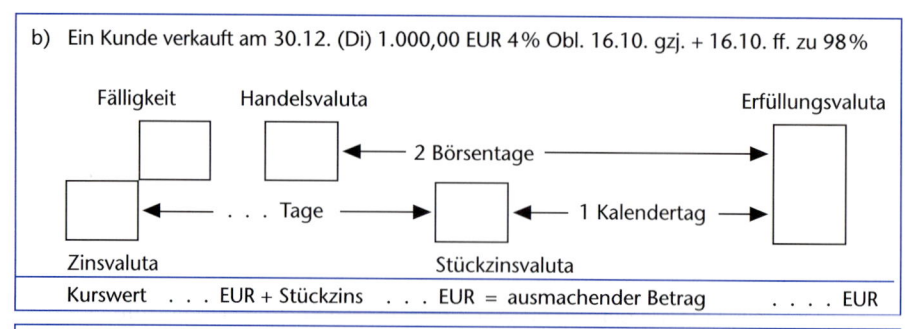

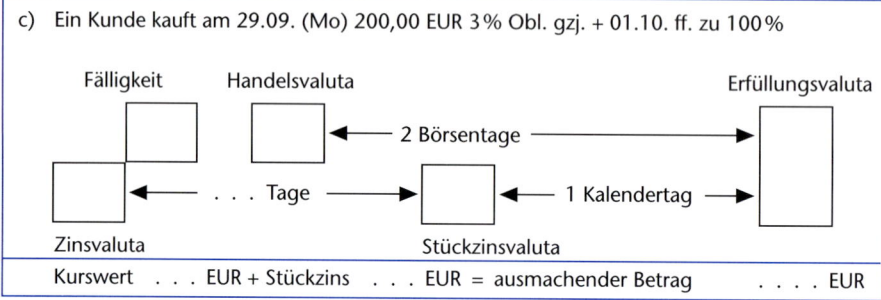

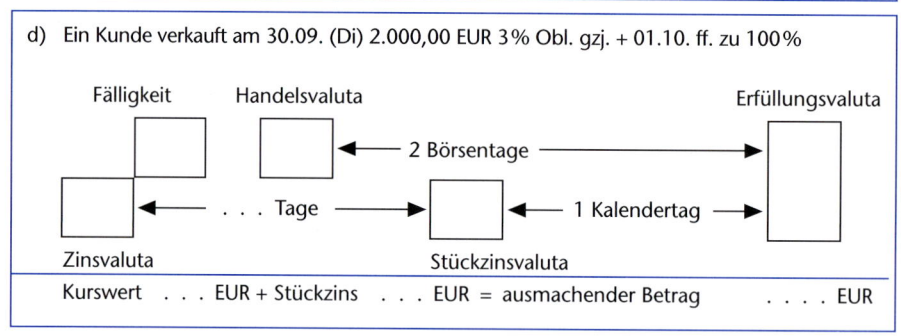

b) Ein Kunde verkauft am 30.12. (Di) 1.000,00 EUR 4% Obl. 16.10. gzj. + 16.10. ff. zu 98%

Fälligkeit   Handelsvaluta   Erfüllungsvaluta
                          ← 2 Börsentage →
         ← ... Tage →   ← 1 Kalendertag →
Zinsvaluta   Stückzinsvaluta

Kurswert ... EUR + Stückzins ... EUR = ausmachender Betrag .... EUR

c) Ein Kunde kauft am 29.09. (Mo) 200,00 EUR 3% Obl. gzj. + 01.10. ff. zu 100%

Fälligkeit   Handelsvaluta   Erfüllungsvaluta
                          ← 2 Börsentage →
         ← ... Tage →   ← 1 Kalendertag →
Zinsvaluta   Stückzinsvaluta

Kurswert ... EUR + Stückzins ... EUR = ausmachender Betrag .... EUR

d) Ein Kunde verkauft am 30.09. (Di) 2.000,00 EUR 3% Obl. gzj. + 01.10. ff. zu 100%

Fälligkeit   Handelsvaluta   Erfüllungsvaluta
                          ← 2 Börsentage →
         ← ... Tage →   ← 1 Kalendertag →
Zinsvaluta   Stückzinsvaluta

Kurswert ... EUR + Stückzins ... EUR = ausmachender Betrag .... EUR

e) Wie unterscheiden sich die Berechnungen, je nachdem, ob in die Zahlungsperiode ein Schaltjahr fällt oder nicht?

[2] Die Bonner Bank AG kauft am 31.05. (Freitag) im Auftrag von Kunden-Ehepaar Meyer von der Bremer Bank AG, die ihrerseits im Auftrag ihres Kunden Friedrich Veith handelt, 130.000,00 EUR 5% Bundesanleihe gzj. + 1.12. ff. zu 99%. Herr Veith hat die Anleihe zu 97% gekauft. Seinen Freistellungsauftrag in Höhe von 801,00 EUR hat er bereits bis auf einen Rest von 500,00 EUR ausgenutzt. Beträge im Allgemeinen Verlustverrechnungstopf besitzt er nicht. Wie buchen die beiden Banken, wenn es sich um Kommissionsgeschäfte handelt?

[3] Am 28.08. (Donnerstag) verkauft die Bonner Bank AG die Papiere im Auftrag von Ehepaar Meyer zu 101%. Ehepaar Meyer hat seinen Freistellungsauftrag von 1.602,00 EUR noch nicht ausgenutzt. Im Allgemeinen Verlustverrechnungstopf befinden sich nur die Stückzinsen des Kaufs aus Aufgabe 2. Wie bucht die Bonner Bank AG, wenn es sich um ein Kommissionsgeschäft handelt?

[4] Die Badische Bank AG führt für ihr Kunden-Ehepaar Ruoff, das einen Freistellungsauftrag über 1.500,00 EUR erteilt hat und lt. Allgemeinem Verlustverrechnungstopf 800,00 EUR negative Kapitalerträge besitzt folgende Aufträge an den angegebenen Tagen (= Handelstagen) über die Börse aus:
Berechnen und buchen Sie.

ANHANG – 2.2 Wertpapiergeschäfte

a) 09.04. (Gründonnerstag); **Kauf** von 100.000,00 EUR 8,75% Bundesanleihe gzj. + 22.05. ff. zu 110% als Kommissionsgeschäft.
b) 30.04. (1. Mai ist gesetzlicher Feiertag); **Kauf** von 4.000 Stück RheinAG (DAX-Wert) zu 30,00 EUR/St. als Kommissionsgeschäft.
c) 15.05. (Valuta der Dividendengutschrift)
Die RheinAG hat ein gezeichnetes Kapital von 10 Mio. EUR, das in 2 Mio. unter sich gleichberechtigte Aktien aufgeteilt ist. Die Badische Bank ist Hausbank und Zahlstelle der RheinAG.
Die RheinAG schüttet ihren Bilanzgewinn in Höhe von 5,6 Mio. EUR aus. Die Badische Bank AG vergütet die auf Ehepaar Ruoff entfallende **Dividende** und belastet diese Teildividende dem zu diesem Zweck für die RheinAG eingerichteten Konto.
d) 22.05. Die Badische Bank AG erhält die **Zinsen** zu a) über BBK und schreibt sie dem KK-Konto von Ehepaar Ruoff gut.
e) 13.10. (Dienstag) **Verkauf** aller Obligationen, die gemäß a) gekauft wurden, zu 112 % als Kommissionsgeschäft.

5 Berechnen Sie die Abgeltungsteuer und die Kontogutschriften unter Berücksichtigung von Verlustverrechnungstöpfen und Freistellungsauftrag für einen Kunden der die folgenden Geschäftsvorgänge in einem Kalenderjahr bei seiner Bank tätigt. Geben Sie auch die Überträge für das neue Jahr an.

Datum	Vorgänge in EUR	Aktienverlust-verrechnungstopf		Allgemeiner Verlust-verrechnungstopf		Freistellungsauftrag (Sparer-Pauschbetr.)		Abgeltungssteuer und SolZ		Gut-schrift
		Veränderung	Bestand	Veränderung	Bestand	Veränderung	Bestand	Bemessung	Steuer	
		EUR	EUR	EUR	EUR	EUR	EUR	EUR	EUR	EUR
01.01.			1.000,00		500,00		801,00			
15.01.	Gezahlte Stückzinsen 4.000,00									
20.02.	Erhaltene Stückzinsen 3.000,00									
01.03.	Veräußerungsgewinn aus Aktien 1.500,00									
15.03.	Zinsscheineinlösung 2.500,00									
01.06.	Veräußerungsverlust aus Termingeschäft 900,00									
10.06.	Gezahlte Zwischengewinne 400,00									
19.06.	Gezahlte Stückzinsen 1.000,00									
01.08.	Dividendengutschrift, Bruttodividende 600,00									
10.08.	Erhaltene Stückzinsen 850,00									
12.08.	Festgeldzinsen 600,00									
01.09.	Veräußerungsverlust aus Anleihen 1.500,00									
31.12.	Sparkontozinsen 120,00									
31.12.	Überträge									

2.2.3 Bezugsrechte

Beispiel 1

Die Industrie AG, Kundin der Hansabank AG, hat ein gezeichnetes Kapital von 450 Mio. EUR.
Sie hat 90 Mio. Stückaktien ausgegeben.
Auf der letzten Hauptversammlung beschlossen die Aktionäre, das gezeichnete Kapital durch Ausgabe von 10 Mio. jungen Stückaktien zum Bezugspreis von 12,00 EUR/St. zu erhöhen.
Der Kurs der alten Aktien vor der Kapitalerhöhung betrug 60,00 EUR/St.

Wie groß ist der rechnerische Wert des Bezugsrechtes?

Auf 90 Mio. alte Stückaktien kommen 10 Mio. junge Stückaktien.
Auf 9 alte Stückaktien kommt 1 junge Stückaktie.

> **Bezugsverhältnis: Anzahl der alten zu Anzahl der jungen Stückaktien.**

Im Beispiel beträgt das Bezugsverhältnis 9 : 1.

Wenn alte und junge Stückaktien unter sich gleichberechtigt sind, muss sich nach Börseneinführung der jungen Stückaktien ein einheitlicher Durchschnittskurs bilden:

9 alte	Stückaktien	zu	60,00 EUR/St.	=	540,00 EUR
1 junge	Stückaktie	zu	12,00 EUR/St.	=	12,00 EUR
10	Stückaktien			=	552,00 EUR
1	Stückaktie			=	55,20 EUR

Der Kursverlust für 9 alte Stückaktien beträgt:
9 · (60,00 EUR/St. − 55,20 EUR/St. =) **4,80 EUR**   =   43,20 EUR

Dieser Kursverlust kann ausgeglichen werden durch
a) Bezug einer jungen Stückaktie, deren Kurs von 12,00 EUR/St. auf 55,20 EUR/St. ansteigt, mit den Bezugsrechten von 9 alten Stückaktien   =   43,20 EUR

oder

b) Verkauf aller 9 Bezugsrechte zu 4,80 EUR/St.   =   43,20 EUR

Der **Bezugsrechtwert** beträgt 60 EUR/St. − 55,20 EUR/St.   =   **4,80 EUR/St.**

> **Bezugsrechtsformel:**
>
> **Rechnerischer** oder **innerer Wert** des **Bezugsrechtes (BR)** =
>
> $$\frac{\text{Kurs der alten Aktien} - \text{Kurs der jungen Aktien}}{\text{Bezugsverhältnis} + 1}$$

Im Beispiel beträgt der Bezugsrechtswert: $BR = \dfrac{60 - 12}{\frac{9}{1} + 1}$ =   **4,80 EUR/St.**

Ableitung der Bezugsrechtsformel

BR = Bezugsrechtswert
K_m = Kurs der alten Aktien
K_n = Bezugspreis der jungen Aktien
DK = Durchschnittskurs
m = Anzahl der alten Aktien
n = Anzahl der jungen Aktien

$$DK = \frac{K_m \cdot m + K_n \cdot n}{m + n}$$

$$BR = K_m - DK = K_m - \frac{K_m \cdot m + K_n \cdot n}{m + n} = \frac{K_m \cdot m + K_m \cdot n - K_m \cdot m - K_n \cdot n}{m + n}$$

$$= \frac{K_m - K_n}{\frac{m}{n} + \frac{n}{n}} = \frac{K_m - K_n}{\frac{m}{n} + 1}$$

Beispiel 2

Herr Lang, Kunde der Hansabank AG, besitzt 350 Stückaktien der Industrie AG.

Er möchte sein Bezugsrecht nur insoweit ausüben, als er junge Aktien durch Verkauf eines Teils seiner Bezugsrechte ohne Zuzahlung finanzieren kann (Opération Blanche).

Berechnung der ohne Zuzahlung beziehbaren jungen Aktien

Im **ersten Rechenschritt** ist der Betrag zu ermitteln, der durch vollständigen Verkauf aller Bezugsrechte zur Verfügung steht.

Bezugsrechte · Bezugsrechtswert (im Beispiel:) 350 · 4,80 EUR = 1.680,00 EUR

Im **zweiten Schritt** wird der Finanzbedarf ermittelt, der sich aus Erwerb benötigter Bezugsrechte und dem Preis der jungen Aktie ergibt.

Bezugspreis + Bezugsverhältnis · Bezugsrechtswert
(im Beispiel:) 12 EUR + 9 · 4,80 EUR = 55,20 EUR

Im **dritten Schritt** wird durch Division festgestellt, wie oft der Bezug einer jungen Aktie mit dem vorhandenen Kapital möglich ist. Dabei ist nur der Vorkommawert zu berücksichtigen, da keine Bruchteilsaktien bezogen werden können. Andererseits fallen bei Ausübung der Opération Blanche Spesen an, die durch den nicht zu verwendenden Dezimalwert gedeckt werden und darüber hinaus zu einer Kontogutschrift führen können.

Formel für **Opération Blanche:**

Anzahl der jungen Aktien =
$$\frac{\text{Bezugsrechte} \cdot \text{Bezugsrechtswert}}{\text{Bezugspreis} + \text{Bezugsverhältnis} \cdot \text{Bezugsrechtswert}}$$

Im Beispiel beträgt die Anzahl der zu beziehenden Aktien: $\dfrac{350 \cdot 4{,}80}{12 + \dfrac{9}{1} \cdot 4{,}80} \approx$ **30 Stück**

Übt der Aktionär Opération Blanche aus, so ergeben sich folgende Abrechnungen der Hansabank AG:

Einnahme aus dem Verkauf von 80 Bezugsrechten:

	80 Stück · 4,80 EUR/St	384,00 EUR	
–	1% Provision aus dem Kurswert	3,84 EUR	
–	Maklergebühr (Minimum)	5,00 EUR	**375,16 EUR**

Ausgabe für den Bezug von 30 jungen Aktien auf 270 Bezugsrechte:

30 Stück · 12,00 EUR/St.   **360,00 EUR**

Probe:

Würde Aktionär Lang 1 junge Aktie mehr beziehen, so bräuchte er dafür zwar nur **12,00 EUR** mehr, aber er verlöre bei den Einnahmen aus Verkauf

9 Bezugsrechte · 4,80 EUR = **43,20 EUR.**

Ergibt sich durch Einbeziehung der Spesen ein Defizit, verringert sich entsprechend die Zahl der zu beziehenden Aktien.

Buchungen der Hansabank AG, die allein mit der Emission der jungen Aktien für die Industrie AG betraut ist, für

1. **die Emission** und
2. **die Opération Blanche**

Hauptbuch der Hansabank AG							
Emissionskonto				**KKK (Industrie AG)**			
1)	120.000.000,00	2b)	360,00			1)	120.000.000,00
WPU				**KKK (Aktionär)**			
2a)	384,00	2c)	384,00	2b)	360,00	2a)	375,16
Provisionserträge				**so. Vbk. n.a. MG**			
		2a)	3,84			2a)	5,00
				BBK			
				2c)	384,00		

Beispiel 3

Die TUBAG führt eine Kapitalerhöhung im Verhältnis 7:3 durch.

Der Bezugspreis der jungen Aktien beträgt 120,00 EUR/Stück. Die alten Aktien werden mit 180,00 EUR/Stück notiert.

Aktionär Jung besitzt 178 Stück alte Aktien.

Die Anzahl der Aktien, die er beziehen kann, beträgt $178 \frac{3}{7} = 76, \ldots$ Aktien.

Da er nur jeweils 3 junge Aktien oder ein Vielfaches davon beziehen kann, ist diese Anzahl auf die nächste durch 3 teilbare Zahl auf- oder abzurunden.

Welche **Möglichkeiten** hat der Aktionär ohne Berücksichtigung von Spesen?

1. **Hinzukauf von Bezugsrechten**

    Für 78 junge Aktien benötigt der Aktionär $\frac{78 \cdot 7}{3} = 182$ Bezugsrechte

    Er muss also 4 Bezugsrechte kaufen.

2. **Verkauf von Bezugsrechten**

    Für 75 junge Aktien benötigt der Aktionär $\frac{75 \cdot 7}{3} = 175$ Bezugsrechte

    Er kann 3 Bezugsrechte verkaufen.

3. Opération Blanche

$$\frac{178 \cdot 18}{120 + 7 : 3 \cdot 18} = 19 \text{ Stück} \rightarrow \mathbf{18 \text{ Stück}} \text{ (Abrundung auf durch 3 teilbare Zahl)}$$

Aktionär besitzt	= 178 Bezugsrechte
Aktionär benötigt für 18 junge Aktien 18 · 7 : 3 Bezugsrechte	= 42 Bezugsrechte
Aktionär kann verkaufen	= 136 Bezugsrechte

Verkaufserlös für 136 Bezugsrechte zu 18,00 EUR/Stück	= 2.448,00 EUR
Bezugspreis für 18 junge Aktien zu 120,00 EUR/Stück	= 2.160,00 EUR
Überschuss (reicht nicht für Bezug von 3 weiteren jungen Aktien)	= 288,00 EUR

Geschäftsfälle	Grundbuch			
	Konten		EUR-Beträge	
	Soll	Haben	Soll	Haben
Verkauf von 136 Bezugsrechten	WPU		2.448,00	
		KKK		2.448,00
Bezug von 18 jungen Aktien	KKK		2.160,00	
		BBK oder Emissionskonto		2.160,00

Aufgaben zu 2.2.3

1 Die Marketing AG bietet ihren Aktionären bei einer Grundkapitalerhöhung von 56 Mio. Aktien auf 72 Mio. Aktien junge Aktien zum Preis von 54,00 EUR/Stück an.

Der Kurs der alten Aktie beträgt 66,00 EUR/Stück.

Die jungen Aktien sind an der voraussichtlichen Dividende von 0,90 EUR/Stück erst ab 01.05. (einschließlich) beteiligt. (Kalenderjahr = Geschäftsjahr).

1.1 Ermitteln Sie den rechnerischen Wert des Bezugsrechts.

1.2 Ein Kunde besitzt 400 alte Marketing Aktien. Er hofft, nach Ausübung seines gesetzlichen Bezugsrechts genau doppelt so viele Marketing Aktien zu besitzen (alte und junge Aktien zusammen). Wie viele Bezugsrechte muss er kaufen oder kann er verkaufen, um die gewünschten 400 jungen Aktien beziehen zu können?

2 Die Bilanz der MOTAG weist folgende Eigenkapitalpositionen aus:

Gezeichnetes Kapital	120 Mio. EUR, aufgeteilt in 120 Mio Stückaktien
Kapitalrücklage	62 Mio. EUR
Gewinnrücklagen	10 Mio. EUR
Das Fremdkapital beträgt	818 Mio. EUR

Die MOTAG will durch Ausgabe junger Stückaktien das Grundkapital im Verhältnis 5 : 2 erhöhen.

2.1 Um wie viele Aktien erhöht sich das Grundkapital?

2.2 Welche der angegebenen Bilanzpositionen verändern sich durch die Kapitalerhöhung, wenn der Bezugspreis der jungen Aktie 6,50 EUR beträgt und davon die Kapitalrücklage um 5,50 EUR/Stück erhöht werden soll? Nennen Sie auch die Beträge.

2.3 Buchen Sie aus Sicht der Hausbank der MOTAG die Übernahme der jungen Aktien und nach erfolgter Unterbringung den Eingang des Emissionsbetrages sowie 0,25 % Provision.

2.4 Ermitteln Sie den rechnerischen Wert des Bezugsrechts, wenn der Kurs der alten Aktie zur Zeit der Kapitalerhöhung 18,75 EUR/Stück beträgt.

[3] Die TERAG will durch Ausgabe von 46 Mio. junger Stückaktien die umlaufenden 276 Mio. Stückaktien auf 322 Mio. Stückaktien erhöhen. Der Preis der jungen Aktien soll 8,00 EUR/Stück betragen.

3.1 Geben Sie das Bezugsverhältnis an.

3.2 Berechnen Sie den rechnerischen Wert des Bezugsrechtes, wenn der Kurs der alten Aktien zum Zeitpunkt der Kapitalerhöhung 15,00 EUR/Stück beträgt.

3.3 Aktionär Breitner besitzt 200 alte Aktien. Er möchte sein Bezugsrecht ausnutzen, hat aber keine Geldmittel, um den Preis der jungen Aktien zu bezahlen. Führen Sie eine Opération Blanche ohne Berücksichtigung von Spesen durch und geben Sie die Anzahl der jungen Aktien an, die er beziehen kann.

3.4 Wie bucht die Hausbank des Aktionärs den Verkauf der nicht benötigten Bezugsrechte und den Bezug der jungen Aktien (ohne Spesen)?

2.2.4 Rendite

Die Rendite ist das Verhältnis zwischen einem Jahresertrag und dem Kapitaleinsatz, mit dem dieser Ertrag erzielt wurde, bezogen auf 100 EUR.

$$\text{Rendite in \% p.a.} = \frac{\text{Jahresertrag} \cdot 100}{\text{Kapitaleinsatz}}$$

Jahresertrag	Kapitaleinsatz
• Nominalzins bei festverzinslichen Wertpapieren	• Emissions- oder Kaufkurs zuzüglich Kaufspesen
• Dividende bei Aktien	(Stückzinsen von festverzinslichen Wertpapieren bei Anwendung der dynamischen Renditeberechnung)
• Kursgewinne abzüglich Verkaufsspesen	
• Kursverluste zuzüglich Verkaufsspesen	
• Erlöse aus Bezugsrechtsverkäufen	

2.2.4.1 Statische Renditeberechnung

Beispiel 1

Die Industrie AG emittiert eine Anleihe mit
- einem Nominalzinssatz von 4%p.a,
- ganzjähriger Zinszahlung,
- einer Laufzeit von 3 Jahren und einem Emissionskurs von 95%.

Wie hoch ist die Rendite dieser Anlage bei statischer Berechnung?

$$\text{statische Rendite} = \frac{4 + 5/3}{95} \cdot 100 = 5{,}965\,\%$$

Wenn bei der Emission einer Anleihe der Ausgabekurs oder bei ihrem Kauf der Kurs unter pari oder über pari liegt, setzt sich der Jahresertrag aus folgenden Komponenten zusammen:

1. Nominalzins und
2. Rückzahlungserfolg als positive oder negative Differenz zwischen Ausgabekurs bzw. Kaufkurs und Rückzahlungskurs.

Bei statischer Renditeberechnung wird der Rückzahlungserfolg linear auf die Laufzeit verteilt. Damit wird unterstellt, dass dem Anleger während der Laufzeit ein anteiliger Rückzahlungserfolg zufließt. Der Anlager erhält den Rückzahlungserfolg aber erst am Ende der Laufzeit.

Die Berechnungsformel der statischen Rendite lautet:

Beispiel 2

Die Kreissparkasse Dortmund verkauft aufgezinste Sparkassenbriefe
- bei einer Anlage in Höhe von 10.000,00 EUR,
- mit einem Zinssatz von 4% p.a. und
- einer Laufzeit von 2 Jahren.

Nach 2 Jahren erhält der Kunde 816,00 EUR Zinsen.

Wie hoch ist die Rendite dieser Anlage bei statischer Berechnung?

$$\text{statische Rendite} = \frac{\frac{816}{730} \cdot 365}{10.000} \cdot 100 = 4{,}08\,\%$$

Veröffentlicht die Kreissparkasse diese Rendite in einer Anzeige, um Kunden zu werben, bezieht sie in die Renditeangabe Zinseszinsen (16,00 EUR) ein, die ein Kunde von jeder anderen Bank, die ihm für die Geldanlage 4% verspricht, ebenfalls erhalten würde. Die Zinseszinsen stellen keine besondere Leistung der Kreissparkasse dar. Sie dürfen die Preisangabe (Rendite) nicht verfälschen.

$$p = \left(\sqrt[2]{\frac{10.816}{10.000}} - 1 \right) \cdot 100 = 4{,}000\,\%$$

Die Berechnung des Zinssatzes p mit Hilfe der Zinseszinsrechnung (vgl. Kapitel 0.3.4) ergibt, dass p = 4% der **effektive Zinssatz** (Rendite) dieser Geldanlage ist.

Das Beispiel zeigt, dass eine konsequente Anwendung der statischen Berechnung dazu führt, Zinseszinsen in die Renditeangabe einzubeziehen, die eher eine Aussage über das Kapitalwachstum treffen, als die tatsächliche Rendite anzugeben.

2.2.4.2 Dynamische Renditeberechnung

Beispiel 1

Wie hoch ist die Rendite dieser Anlage (Beispiel 1 aus Kapitel 2.2.4.1) bei dynamischer Berechnung?

Barwerte der Leistungen	Barwerte bei Rendite (e)		
	e = 5,8%	e = 5,9%	e = 5,866%
nach 1 Jahr	$\frac{4}{1,058^1} = 3,771$	$\frac{4}{1,059^1} = 3,777$	$\frac{4}{1,05866^1} = 3,778$
nach 2 Jahren	$\frac{4}{1,058^2} = 3,573$	$\frac{4}{1,059^2} = 3,567$	$\frac{4}{1,05866^2} = 3,569$
nach 3 Jahren	$\frac{4}{1,058^3} = 3,378$	$\frac{4}{1,059^3} = 3,368$	$\frac{4}{1,05866^3} = 3,371$
	$\frac{100}{1,058^3} = 84,439$	$\frac{100}{1,059^3} = 84,200$	$\frac{100}{1,05866^3} = 84,281$
	95,17	**94,91**	**95,00**

> Die **dynamische Berechnung** berücksichtigt **die zeitlichen Differenzen zwischen Leistung des Kapitalgebers und Gegenleistung des Kapitalnehmers.** Die **zukünftigen Zins- und Tilgungsleistungen** eines Kapitalnehmers müssen auf den Zeitpunkt der Investierung des Kapitals **abgezinst werden,** damit die Zahlungszeitpunkte sich entsprechen.
>
> Sowohl bei der Berechnung der Rendite als auch bei der Berechnung des Effektivzinssatzes für Kredite (vgl. Kap. 3.3.3) müssen die Zukunftsleistungen zur Ermittlung der Barwerte durch q bis q^n dividiert werden. Treten dabei Gleichungen höheren Grades auf, ist die Lösung nur durch schrittweise Annäherung **(Iteration)** möglich. Für die Berechnung einer Rendite (eines Effektivzinssatzes) werden in der Praxis **PC-Programme** eingesetzt.

Im Beispiel führt der probeweise Ansatz von e = 5,8% zu einem Barwert von 95,17 EUR und der probeweise Ansatz von e = 5,9% zu einem Barwert von 94,91 EUR. Die exakte Lösung muss zwischen diesen beiden Zinssätzen liegen. Man hat also weiter zu probieren, wie hoch der Barwert bei 5,85% usw. ist.

Mit einem **PC-Programm,** wie es die Praxis verwendet, ergibt sich **e = 5,866%.**

Die dynamische Rendite (im Beispiel: 5,866%) ist etwas niedriger als die statische (im Beispiel 5,965%). Die Berechnung der statischen Rendite ist nicht darauf abgestimmt, dass der Rückzahlungserfolg erst nach Ablauf der Laufzeit vereinnahmt werden kann und nicht bereits anteilig am Ende eines jeden Jahres der Laufzeit. Die Differenz zwischen dynamisch und statisch berechneter Rendite (im Beispiel 0,1%) ist allerdings so gering, dass sie nur bei größeren Investmentvolumina eine Rolle spielt.

Beispiel 2

Die dynamische Renditeberechnung des Beispiels 2 aus Kapitel 2.4.1 liegt bereits vor. Da nur eine zukünftige Zahlung (Rückzahlungsbetrag) gegeben ist, kann mit Hilfe der Zinseszinsformel für p die Rendite korrekt berechnet werden.

Die Ermittlung des Barwertes mit der ermittelten Rendite beweist deren Richtigkeit.

$$\text{Barwert } (K_0) = \frac{\text{Endkapital } (K_n)}{\text{Aufzinsungsfaktor } (q^n)} = \frac{10.816}{1{,}04^2} = \textbf{10.000{,}00 EUR}$$

Da das Anfangskapital die **Leistung des Gläubigers** und das Endkapital die dem Gläubiger zustehende **Leistung des Schuldners** ist, bestimmt die Zinseszinsformel, dass einer Gläubigerleistung im Zeitpunkt 0 wirtschaftlich nur dann eine Schuldnerleistung im Zeitpunkt n gleichwertig sein kann, wenn die spätere Leistung mit der Rendite (im Beispiel 4%) abgezinst wird.

> Die **dynamische Rendite** ist der Zinssatz, mit dem die zukünftigen Zins- und Tilgungsleistungen eines Kapitalnehmers auf den Zeitpunkt der Investierung des Kapitals abgezinst werden müssen, damit die Summe der Barwerte genau dem gegenwärtigem Investment des Kapitalgebers entspricht.

$$\underbrace{\text{Emissions- oder Kaufkurs}}_{\substack{\text{Gegenwartsleistung} \\ \text{des Gläubigers} \\ \text{(Kaufpreis für das Investment)}}} = \underbrace{\frac{p\,(\text{nom.})}{(1+e/100)^1} + \frac{p\,(\text{nom.})}{(1+e/100)^2} + \dots + \frac{p\,(\text{nom.})}{(1+e/100)^n} + \frac{\text{Rückzahlungskurs}}{(1+e/100)^n}}_{\substack{\text{auf den Zeitpunkt der Gegenwartsleistung abgezinste} \\ \text{Zukunftsleistungen des Schuldners} \\ \text{(Barwerte jährlicher Zinszahlungen + Barwert der Rückzahlung)}}}$$

p (nom.) = Nominalzinssatz, e = dynamische Rendite, n = Laufzeit in Jahren

Setzen sich die Schuldnerleistungen aus einer Reihe von jährlichen Leistungen zusammen, so muss für jede einzelne Jahresleistung der Barwert errechnet werden. Die Summe der Barwerte ist dann das Äquivalent zur Gläubigerleistung. (Vgl. Kapitel 0.4.2)

Andererseits kann ein Emittent von Anleihen bei gewünschter Nominalverzinsung den Verkaufspreis seiner Emission und dabei eine marktgerechte Rendite festlegen.

> **Formel für die Berechnung der dynamischen Rendite:**
>
> $$\text{Ausgabekurs} = \text{Nominalzins} \cdot \frac{q^n - 1}{q^n \cdot (q-1)} + \frac{RZ}{q^n}$$
>
> q = (1 + e/100)   e = dynamische Rendite
> n = Jahre   RZ = Rückzahlungskurs

Beispiel 3

Frau Karin Kranz erwirbt bei der Westfalenbank AG
– nom. 20.000,00 EUR Bundesschatzbriefe Typ B
– mit folgender Zinsstaffel.

Zinsstaffel für Bundesschatzbriefe Typ B (7 Jahre Laufzeit)						
1. Jahr	2. Jahr	3. Jahr	4. Jahr	5. Jahr	6. Jahr	7. Jahr
2,75%	3,25%	3,75%	4,00%	4,25%	4,50%	5,00%

Wie hoch ist die Rendite dieser Anlage bei dynamischer Berechnung?

Kapitalanlage	20.000,00 EUR
+ 2,75 % Zinsen	550,00 EUR
Kapital nach einem Jahr	20.550,00 EUR
+ 3,25 % Zinsen	667,88 EUR
Kapital nach zwei Jahren	21.217,88 EUR
+ 3,75 % Zinsen	795,67 EUR
Kapital nach drei Jahren	22.013,55 EUR
+ 4,00 % Zinsen	880,54 EUR
Kapital nach vier Jahren	22.894,09 EUR
+ 4,25 % Zinsen	973,00 EUR
Kapital nach fünf Jahren	23.867,09 EUR
+ 4,50 % Zinsen	1.074,02 EUR
Kapital nach sechs Jahren	24.941,11 EUR
+ 5,00 % Zinsen	1.247,06 EUR
Kapital nach sieben Jahren	**26.188,17 EUR**

Renditeberechnung für Bundesschatzbriefe Typ B

$$p = \left(\sqrt[7]{\frac{26.188,17}{20.000}} - 1\right) \cdot 100 = \mathbf{3,926\%}$$

Der Kapitaleinsatz von 20.000,00 EUR wächst in sieben Jahren mit Zinseszinsen auf das Endkapital in Höhe von 26.188,17 EUR. Da nur eine zukünftige Zahlung abzuzinsen ist, vereinfacht sich hier die Berechnung der Rendite auf die Anwendung der Zinseszinsformel.

Beispiel 4

Herr Peter Müller erwirbt von der Thüringer Bank AG
- **30.000,00 EUR Finanzierungsschätze des Bundes,**
- **mit einer Laufzeit von 2 Jahren und**
- **einem Abschlagszinssatz in Höhe von 3,01% pro Jahr.**

Wie hoch ist die Rendite dieser Anlage bei dynamischer Berechnung?

$$\text{Verkaufspreis} = 30.000 - \frac{30.000 \cdot 3,01 \cdot 730}{100 \cdot 365} = \mathbf{28.194,00 \text{ EUR}}$$

Renditeberechnung für Finanzierungsschätze des Bundes

$$p = \left(\sqrt[2]{\frac{30.000}{28.194}} - 1\right) \cdot 100 = \mathbf{3,153\%}$$

Der Zinsabschlag erfolgt mit dem angegebenen Abschlagszinssatz (Diskontsatz) einfach nach der Zinsrechnung vom Hundert. Wenn nach der Rendite gefragt ist, dann ist aber der Zinssatz gefragt, zu dem ein gegenwärtiges Anfangskapital mit Zins und Zinseszins auf **ein zukünftiges Endkapital** anwächst. Deshalb kann auch hier die Berechnung der Rendite mit Hilfe der Zinseszinsformel erfolgen.

ANHANG – 2.2 Wertpapiergeschäfte 473

Beispiel 5

Herr Franz Held kauft am 01.07.13 (Valuta d. Erfüllungsgeschäftes) eine Bundesanleihe mit
- mit einem Nominalzinssatz von 4% p.a.,
- ganzjähriger Zinszahlung,
- zum Kurs von 95 % und
- einer Endfälligkeit am 01.11.15 zu 100%.

Die Berechnung der dynamischen Rendite wird in diesem Beispiel nicht nur durch mehrere zukünftige Zahlungszeitpunkte erschwert, sondern zusätzlich durch Zahlungszeiträume, die weniger als ein Jahr betragen (**unterjährige Laufzeit**). Außerdem sind vom Anleger zu zahlende Stückzinsen zu berücksichtigen.

Die dynamische Rendite beträgt **6,357%**. Sie kann in diesem Fall nur mit einem PC-Programm berechnet werden.

Wie kann die Richtigkeit der mit PC-Programmen bestimmten dynamischen Rendite kontrolliert werden?

Eine Kontrolle der ermittelten Rendite erfolgt in drei Schritten.

① **Stückzins- und Kaufpreisberechnung**
- Die **Stückzinstage** belaufen sich auf **242 Tage** (actual/actual : 31.10.12 bis 30.06.13).
- Die **Stückzinsen** betragen **2,65 EUR**.
- Der **Kaufpreis** einschließlich Stückzinsen beträgt **97,65 EUR**

② **Barwertsumme** $= 4 \cdot \dfrac{1{,}06357^2 - 1}{1{,}06357^2 \cdot (1{,}06357 - 1)} + \dfrac{100}{1{,}06357^2} = $ **95,70 EUR**
(zum 01.11.13)

③ **Abzinsung auf den Kauftag 01.07.13**
- Die am 01.11.13 fällige **Zinszahlung von 4,00 EUR** muss zur Barwertsumme hinzugerechnet werden.
- Dann erfolgt die endgültige **Abzinsung auf den Kauftag** für die unterjährige Laufzeit.

> Die **unterjährige Laufzeit** ist die Zeit vom Kauftag bis zur ersten Zinsfälligkeit.

Sie beträgt im Beispiel **0,33699 Jahre**
(30.06.13 bis 31.10.13 = 123 Tage geteilt durch 365 Tage).

Barwertsumme (zum 01.07.13) $= \dfrac{95{,}70 + 4}{1{,}06357^{0{,}33699}} = $ **97,65 EUR**

	Barwerte	Barwerte	Zinszeitraum	Zahlungen	Jahren
Kaufpreis = 97,65 EUR	$\dfrac{4}{1{,}06357^{0{,}33699}}$	= 3,918	→ werden 0,33699 Jahre mit 6,357% verzinst =	4,00	0,33699
	$\dfrac{4}{1{,}06357^{1{,}33699}}$	= 3,684	→ werden 1,33699 Jahre mit 6,357% verzinst =	4,00	1,33699
	$\dfrac{4}{1{,}06357^{2{,}33699}}$	= 3,463	→ werden 2,33699 Jahre mit 6,357% verzinst =	4,00	2,33699
	$\dfrac{100}{1{,}06357^{2{,}33699}}$	= 86,586	→ werden 2,33699 Jahre mit 6,357% verzinst =	100,00	2,33699
		97,65			

Die Tabelle zeigt, dass die Barwerte der zukünftigen Zahlungen nach Verzinsung mit der ermittelten Rendite die versprochenen künftigen Leistungen des Schuldners ergeben.

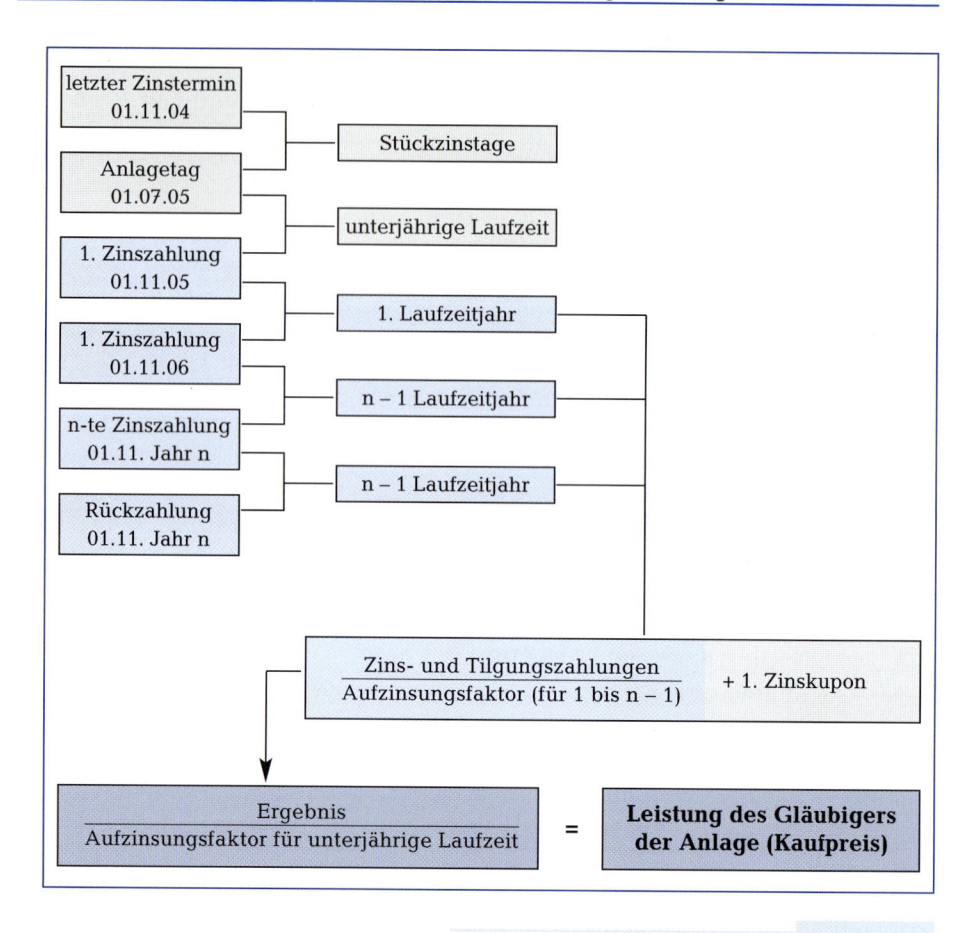

```
letzter Zinstermin
01.11.04          ┐
                  ├── Stückzinstage
Anlagetag         ┘
01.07.05          ┐
                  ├── unterjährige Laufzeit
1. Zinszahlung    ┘
01.11.05          ┐
                  ├── 1. Laufzeitjahr
1. Zinszahlung    ┘
01.11.06          ┐
                  ├── n – 1 Laufzeitjahr
n-te Zinszahlung  ┘
01.11. Jahr n     ┐
                  ├── n – 1 Laufzeitjahr
Rückzahlung       ┘
01.11. Jahr n
```

$$\frac{\text{Zins- und Tilgungszahlungen}}{\text{Aufzinsungsfaktor (für 1 bis n – 1)}} + \text{1. Zinskupon}$$

$$\frac{\text{Ergebnis}}{\text{Aufzinsungsfaktor für unterjährige Laufzeit}} = \text{Leistung des Gläubigers der Anlage (Kaufpreis)}$$

Zusammenfassung

Die **statische Renditeberechnung**

- kann mit einfachen Mitteln durchgeführt werden,
- ähnelt einer Durchschnittsverzinsung, da sie Rückzahlungserfolge anteilig auf die Laufzeitjahre verteilt,
- berücksichtigt nicht, dass Leistung des Kapitalgebers und Leistungen des Kapitalnehmers zeitlich voneinander abweichen,
- kann Zinseszinseffekte enthalten, die das Ergebnis verfälschen können.

Die **dynamische Renditeberechnung**

- kann mit Hilfe der Zinseszinsrechnung durchgeführt werden, wenn Ertragsausschüttungen und Kapitalrückzahlung in einer Summe erfolgen,
- kann nur mit PC-Programmen durchgeführt werden, wenn Ertragsausschüttungen an mehreren zukünftigen Zahlungszeitpunkten stattfinden,
- entspricht den Anforderungen der Preisangabenverordnung,
- berücksichtigt Stückzinsen.

Aufgaben zu 2.2.4

1 Berechnen Sie die statische Rendite (3 Dezimalstellen) für die folgenden 2 Bundeswertpapiere, die die Handelsbank AG ihren Kunden am 10.01.2011 (Valuta des Erfüllungsgeschäftes) zum Kauf anbietet:

1.1 4 % Bundesanleihe 01.05. gzj. + 01.05.11 ff. zum Kurs von 101%, fällig am 01.05.2019, zum Nennwert.

1.2 Bundesschatzbriefe Typ B Ausgabe 01/11 zu 100,00 EUR mit folgenden Zinssätzen:

1. Jahr	2. Jahr	3. Jahr	4. Jahr	5. Jahr	6. Jahr	7. Jahr
2,25 %	2,50 %	3,00 %	3,25 %	3,50 %	3,75 %	4,00 %

2 Die Sparkasse Dortmund berechnet die statische Rendite (3 Dezimalstellen) für 8%-ige Pfandbriefe per 14. Nov. 2016 (Valuta des Erfüllungsgeschäftes) zum Kaufkurs 109%. Die Rückzahlung erfolgt am 01.04.24 (Valuta der Rückzahlung 31.03.24) zum Nennwert.

Es sind **Ankaufsspesen** in Höhe von 1% vom Kurswert zu berücksichtigen.

3 Die Volksbank Gera berechnet im nachhinein für ihren Kunden Friedrich Lippens die statische Rendite (3 Dezimalstellen), der eine 6,5%-ige Bundesanleihe per 20. August 2010 (Valuta des Erfüllungsgeschäftes) zum Kurs von 101% erworben hat. Der Verkauf erfolgte am 08.07.2016 (Valuta des Erfüllungsgeschäftes) zum Kurs von 104%.

Es sind **An- und Verkaufsspesen** in Höhe von 1% vom Kurswert zu berücksichtigen.

4 Prüfen Sie die Renditeangaben im folgenden Tableau mit dynamischer Methode. Zeigen Sie auch alle Zwischenschritte rechnerisch auf.

DAUEREMISSIONEN DES BUNDES					
Die Stückzins- und Besitzdauerberechnung erfolgt tag- und jahrgenau.					
Die Stückzinsvaluta für Bundesanleihen und -obligationen ist der 26.10.16.					
Emittent	Zinstermin	Fälligkeit	Nettokurs in EUR bzw. %	Nominalzins in %	Rendite in %
Bundesanleihen	27.10.	27.10.22	98,50	3,75	4,036
	15.05.	15.05.18	102,70	5,75	3,900
Bundesobligationen	16.02.	16.02.21	101,10	4,00	3,716
	27.10.	27.10.20	102,20	4,50	3,895
Bundesschatzbriefe				1. – 6. Jahr	
Typ A Ausgabe 2001/9	01.10.	01.01.05	100,00	2,50/2,75/3,25/3,75/4,00/4,25	3,381
				1. – 7. Jahr	
Typ B Ausgabe 2001/10 Zinsansammlung		01.01.06	100,00	2,50/2,75/3,25/3,75/4,00/4,25/4,50	3,569
Finanzierungsschätze				Abschlagszins/Jahr	
1 Jahr (10/2001)		10/02	1.000,00	2,91 %	3,000
2 Jahre (10/2001)		10/03	1.000,00	3,01 %	3,153

2.3 Kreditgeschäfte

2.3.1 Kontokorrentkredite

Kontokorrentkredite sind »revolvierend«

Das bedeutet, dass der Kreditnehmer bis zu einer bestimmten Kreditlinie, seinem »Dispo-Kredit«, trotz vorübergehender Rückzahlung des Kredits, immer wieder neu über seinen Kredit verfügen darf. Außerdem dulden die Kreditinstitute, dass der Kreditnehmer die Kreditlinie – seinem Rating entsprechend – kurzfristig überschreitet.

Die Sollzinssätze für geduldete Überziehungen sind immer höher als die für zugesagte Kredite,

- weil die hereingenommenen Sicherheiten grundsätzlich nur die zugesagten Kredite abdecken, sodass das Risiko für nicht zugesagte Kredite höher ist als das für zugesagte,

  und

- weil das Treasury-Management die Refinanzierung ebenfalls grundsätzlich auf die zugesagten Kredite abstimmt, sodass nicht zugesagte Kredite unter Umständen nur teurer refinanziert werden können als zugesagte.

Beispiel

Die Allgemeine Kreditbank (AKB) gewährt ihrem Privatkunden Prof. Dr. Karl Kurz, für dessen Kontokorrentkonto einen Dispositionskredit von 50.000,00 EUR zu folgenden *Konditionen:*

Zinssätze	vom 30.06 bis 30.08	vom 30.08. bis 30.09
Habenzinssätze	0,5%	1,0%
Sollzinssätze für zugesagte Überziehungen	15,0%	16,0%
Sollzinssätze für geduldete Überziehungen	18,0%	19,0%
Zinsrechnungsmethode	»30/360«	
Kontoführungspauschale	15,00 EUR j.M.	

Das Konto wies im 3. Quartal folgende Bewegungen auf:
Wert: 30.06. Saldovortrag Soll   40.000,00 EUR
Wert: 10.07. Gutschrift   60.000,00 EUR
Wert: 10.08. Belastung   80.000,00 EUR
Die AKB schließt das Konto am Quartalsende per 30.09. ab.

Zinsstaffel									
Wert	EUR	S/H	Tage	#					
				Soll				Haben	
				15%	16%	18%	19%	0,5%	1%
30.06.	40.000,00	S	10	4.000					
10.07.	60.000,00	H							
	20.000,00	H	30					6.000	
10.08.	80.000,00	S							
	60.000,00	S	20	10.000		2.000			
30.08.	0,00								
	60.000,00	S	30		15.000		3.000		
30.09.	1.545,00	S	90	14.000	15.000	2.000	3.000	6.000	
	61.545,00	S							

ANHANG – 2.3 Kreditgeschäfte

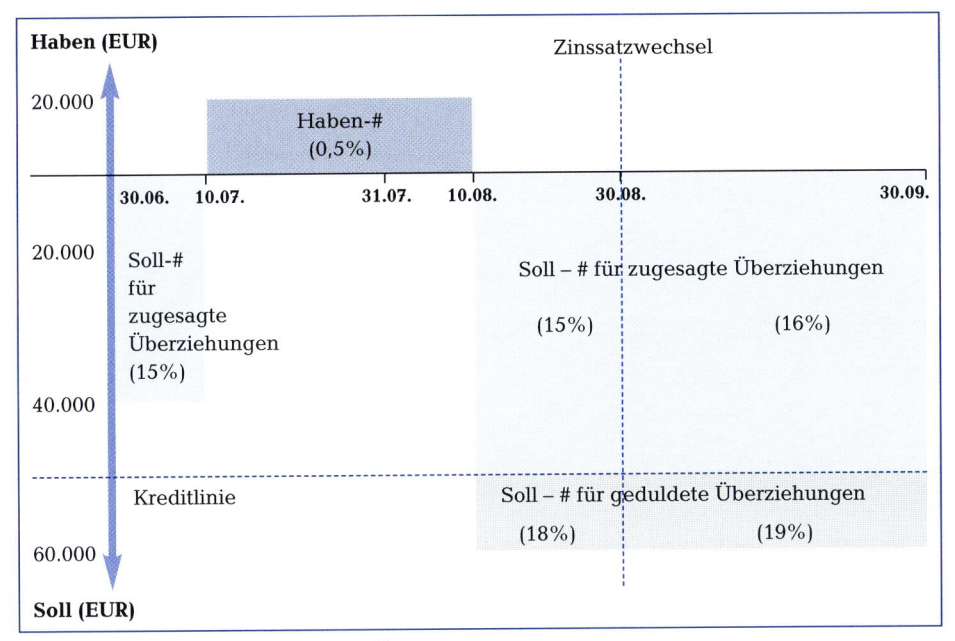

Zinsabrechnung für Kontokorrentkredit

Abschluss in EUR		Soll	Haben
0,5% Habenzinsen	a/ 6.000 #		8,33
15,0% Sollzinsen	a/14.000 #	583,33	
16,0% Sollzinsen	a/15.000 #	666,67	
18,0% Sollzinsen	a/ 2.000 #	100,00	
19,0% Sollzinsen	a/ 3.000 #	158,33	
Kontoführungsgebühr 3 x 15,00 EUR j.M.		45,00	
		1.553,33	8,33
Saldo der Abschlussposten			1.545,00
		1.553,33	1.553,33

Grundbuch				
Konten			EUR-Beträge	
Soll	Haben		Soll	Haben
KKK Zinsaufwendungen			1.545,00 8,33	
	Zinserträge aus Kreditgeschäften Provisionserträge			1.508,33 45,00

Die **Zinsen für Kontokorrentkonten** werden nach der **Saldenmethode** berechnet. Das heißt, dass in einer besonderen Zinsstaffel, ausgehend vom Saldovortrag, nach jeder Kontobewegung für jede Wertstellung der neue Saldo bestimmt wird. Aus den Salden und der Dauer ihres Bestehens werden Zinszahlen ermittelt, aus denen unter Anwendung der kaufmännischen Zinsrechnung die Zinsen errechnet werden können.

Bilanzausweis

Unabhängig davon, ob die in Anspruch genommenen Beträge innerhalb eines eingeräumten Kreditlimits oder durch Kontoüberziehungen entstanden sind, werden sie in der Bilanz in der

Aktivposition Nr. 4 »Forderungen an Kunden«

ausgewiesen.

Im Anhang zur Bilanz sind sie gemäß § 340d Satz 1 HGB nach Fristen zu gliedern; maßgeblich hierfür ist die Restlaufzeit am Bilanzstichtag. Die Gliederung erfolgt gemäß § 9 Abs. 2 RechKredV nach folgenden Fristen:

1. bis drei Monate,
2. mehr als drei Monate bis ein Jahr,
3. mehr als ein Jahr bis fünf Jahre und
4. mehr als fünf Jahre.

Aufgaben zu 2.3.1

1. Das Girokonto von Frau Inge Merz weist folgende Bewegungen auf:

Tag	Vorgang	Wert	Umsätze		Salden	
			Soll EUR	Haben EUR	Soll EUR	Haben EUR
30.09.	Saldo-Vortrag	30.09.				3.816,00
10.10.	Überweisung	10.10.	30,00			3.786,00
20.10.	Kartenzahlung	20.10.	2.134,00			1.652,00
23.10.	Kartenzahlung	23.10.	3.220,00		1.568,00	
01.11.	Überweisung	01.11.		766,00	802,00	
07.11.	Lastschrift	07.11.	3.745,00		4.547,00	
24.11.	Barauszahlung	24.11.	240,00		4.787,00	
29.11.	Bareinzahlung	29.11.		1.500,00	3.287,00	
07.12.	Bareinzahlung	07.12.		2.000,00	1.287,00	
12.12.	Schecks E.v.	16.12.		1.964,00		677,00
22.12.	Überweisung	22.12.	4.000,00		3.323,00	
23.12.	Dauerauftrag	24.12.	400,00		3.723,00	
27.12.	Zinsscheine	31.12.		650,00	3.073,00	

Schließen Sie das Girokonto zu folgenden Konditionen per 31.12. ab und buchen Sie den Abschluss im Grundbuch.

Zugesagter Kredit:	4.000,00 EUR
Habenzinsen	$3/8$ %
Sollzinsen (zugesagt)	$10^{1}/_{2}$ %
Sollzinsen (geduldet)	12 %
Gebühren	36, 60 EUR

ANHANG – 2.3 Kreditgeschäfte

(2) Das Kontokorrentkonto der Firma Karl Kaup zeigt folgende Bewegungen:

Tag	Geschäftsfall	Umsätze		Salden	
		Soll EUR	Haben EUR	Soll EUR	Haben EUR
30.08.	Saldo-Vortrag				1.187,45
09.09	Auszahlung	2.500,00			
14.09.	Überweisung	414,90			
17.09.	Scheckeinreichung auf eigene Bank		1.826,00		
19.09.	Scheckziehung auf eigenes Konto	7.000,00			
26.09.	Überweisung		8.000,00		
27.09.	Scheckeinreichung auf auswärtige Bank, Gutschrift E. v.		600,00		

Das Konto ist per 30.09. zu folgenden Konditionen abzuschließen. Der Abschluss ist zu buchen.

a) Kreditzusage:	3.000,00 EUR
b) Kreditzusage:	5.000,00 EUR
Wertstellung: Grundsätzlich »tagggleiche« Valutierung, d.h. Buchungstag = Wertstellungstag.	
Scheckeinreichungen auf auswärtige Kreditinstitute werden 3 Arbeitstage nach Einreichung valutiert, wenn die Gutschrift E.v. (= Eingang vorbehalten) erfolgt.	

	bis 16.09.	ab 16.09.
Habenzinssätze	0,5%	0,5%
Sollzinssätze für		
• zugesagte Überziehungen	12,0%	10,0%
• geduldete Überziehungen	15,5%	13,5%
Kontoführungspauschale	7,00 EUR j.M.	

(3) Die Volksbank Neuruppin gewährt der Firma Kurt Lang, Textilien, einen Dispokredit in Höhe von 25.000,00 EUR. Sie bietet ihre Leistungen zu folgenden Konditionen an:

	vom 30.09. bis 31.10.	vom 31.10. bis 31.12.
Habenzinssätze	0,5%	0,7%
Sollzinssätze für zugesagte Überziehungen	10,0%	12,0%
Sollzinssätze für geduldete Überziehungen	16,0%	18,0%
Kontoführungspauschale	10,00 EUR j.M.	

Das Kontokorrentkonto der Firma Kurt Lang, Textilien, weist folgende Bewegungen auf:

Saldovortrag Wert: 30.09. 10.000,00 EUR Haben

Gutschrift Wert: 11.11. 2.000,00 EUR Haben

Belastung Wert: 20.11. 15.000,00 EUR Soll

Belastung Wert: 30.11. 27.000,00 EUR Soll

Schließen Sie das Konto per 31.12. ab.

2.3.2 Darlehen

Darlehen sind »irrevolvierend«

Das bedeutet, dass der Kreditnehmer über einmal getilgte Kreditbeträge ohne neuen Darlehensvertrag nicht wieder verfügen darf.

Darlehen kommen vor als

- Grundschulddarlehen oder
- Standardisierte Ratenkredite

Der vereinbarte Nominalzinssatz für ein Darlehen kann von dem Effektivzinssatz abweichen. Damit der Kreditnehmer erkennen kann, wie hoch seine Zinsbelastung bei Annahme eines Kreditangebotes tatsächlich ist, und damit er verschiedene Kreditangebote vergleichen kann, müssen die Kreditinstitute den Effektivzinssatz angeben.

2.3.2.1 Grundschulddarlehen

Grundschulddarlehen oder Realkredite sind mehr oder weniger langfristige Darlehen, die durch Verpfändung oder Sicherungsübereignung von Sachen (»Realien«) besonders gesichert werden. Sie dienen der Finanzierung von gewerblich oder privat genutzten Gebäuden oder gewerblich genutzten Gebrauchsgütern, z. B. Lastwagen, Maschinen usw.

Grundschulddarlehen können bedient werden durch Zahlung von

- gleichbleibenden **Tilgungsraten** mit fallenden Zinsen oder
- gleichbleibenden **Annuitäten,** bei denen Tilgungsraten durch die ersparten Zinsen so verstärkt werden, dass der Gesamtbetrag aus Tilgung und Zins jeweils gleich bleibt.

In der Praxis werden fast ausschließlich Annuitätendarlehen vereinbart.

Beispiel 1

Anfänglicher Tilgungssatz und Zinssatz und damit Annuität gegeben, Laufzeit zunächst unbekannt.

Die Landwirtschaftliche Hypothekenbank gewährt dem Landwirt Alois Huber ein Darlehen zu folgenden Konditionen:

–	Darlehen:	100.000,00 EUR
–	Auszahlung:	100 %
–	Zinssatz:	8 %
–	Fälligkeit der Annuitäten jeweils am 31.12.	
–	anfänglicher Tilgungssatz:	4 %
–	Laufzeit:	?
–	Annuität:	?

a) Der Tilgungsplan ist zu erstellen.

b) Die Auszahlung ist zu buchen.

c) Die erste Annuität ist zu buchen.

ANHANG – 2.3 Kreditgeschäfte

a)

Jahr	Darlehen	Zinsen	Tilgung	Annuität	Restdarlehen
1	100.000,00	8.000,00	4.000,00	12.000,00	96.000,00
2	96.000,00	7.680,00	4.320,00	12.000,00	91.680,00
3	91.680,00	7.334,40	4.665,60	12.000,00	87.014,40
4	87.014,40	6.961,15	5.038,85	12.000,00	81.975,55
5	81.975,55	6.558,04	5.441,96	12.000,00	76.533,59
6	76.533,59	6.122,69	5.877,31	12.000,00	70.656,28
7	70.656,28	5.652,50	6.347,50	12.000,00	64.308,78
8	64.308,78	5.144,70	6.855,30	12.000,00	57.453,48
9	57.453,48	4.596,28	7.403,72	12.000,00	50.049,76
10	50.049,76	4.003,98	7.996,02	12.000,00	42.053,74
11	42.053,74	3.364,30	8.635,70	12.000,00	33.418,04
12	33.418,04	2.673,44	9.326,56	12.000,00	24.091,48
13	24.091,48	1.927,32	10.072,68	12.000,00	14.018,80
14	14.018,80	1.121,50	10.878,50	12.000,00	3.140,30
15	3.140,30	251,22	3.140,30	3.391,52	–

Wird in den Kreditbedingungen ein anfänglicher Tilgungssatz und der Zinssatz angegeben, können aus beiden nicht nur die erste Tilgungsrate sowie die erste Zinszahlung errechnet werden, sondern auch die gleichbleibende Annuität.

Grundbuch						
	Wert	Konten		EUR		
		Soll	Haben	Soll	Haben	
b)	31.12. (1. Jahr)	Grundschulddarlehen	KKK	100.000,00	100.000,00	
c)	31.12. (2. Jahr)	KKK	Zinserträge aus Kreditgeschäften Grundschulddarlehen	12.000,00	8.000,00 4.000,00	

Beispiel 2

Zinssatz und Laufzeit sind gegeben.
Annuität und anfänglicher Tilgungssatz sind zunächst unbekannt.

Herr Alois Huber wünscht eine Verkürzung der Laufzeit des Darlehens auf 10 Jahre. Die Auszahlung beträgt 95 %. Im übrigen sollen die gleichen Konditionen wie bei Beispiel 1 gelten.

a) Die Annuität ist zu berechnen.

b) Der Tilgungsplan ist zu erstellen.

Ableitungen der Annuitätenformel

Würden auf dem Darlehnskonto keine Zins- und Tilgungsleistungen erfolgen, so ergäbe sich:

① $K_n = K_o \cdot q^n$ (vgl. »Zinseszinsrechnung«)

Würde man parallel ein Sparkonto führen, so ergäbe sich bei regelmäßiger Einzahlung jeweils am Jahresende:

② $R_n = r \cdot \dfrac{q^n - 1}{q - 1}$ (vgl. »Rentenrechnung«)

Wollte man R_n zur Ablösung von K_n nützen, so müsste gelten:

③ $R_n = K_n$

④ $r \cdot \dfrac{q^n - 1}{q - 1} = K_o \cdot q^n$

⑤ $K_o \cdot q^n (q - 1) = r \cdot (q^n - 1)$

⑥ $r = K_o \cdot q^n \cdot \dfrac{q - 1}{q^n - 1}$

$$A = D \cdot q^n \cdot \dfrac{q - 1}{q^n - 1}$$

A = Annuität; q = (1 + p/100); D = Anfangsdarlehen; n = Laufzeit in Jahren

a) Annuität (A) = $100.000{,}00 \cdot 1{,}08^{10} \cdot \dfrac{1{,}08 - 1}{1{,}08^{10} - 1}$

$= 100.000{,}00 \cdot 2{,}158925 \cdot \dfrac{0{,}08}{1{,}158925}$

= **14.902,95 EUR**

b)

Jahr	Darlehen	Zinsen	Tilgung	Annuität	Restdarlehen
1	100.000,00	8.000,00	6.902,95	14.902,95	93.097,05
2	93.097,05	7.447,76	7.455,19	14.902,95	85.641,86
3	85.641,86	6.851,35	8.051,60	14.902,95	77.590 26
4	77.590,26	6.207,22	8.695,73	14.902,95	68.894,53
5	68.894,53	5.511,56	9.391,39	14.902,95	59.503,14
6	59.503,14	4.760,25	10.142,70	14.902,95	49.360,45
7	49.360,45	3.948,84	10.954,11	14.902,95	38.406,34
8	38.406,34	3.072,51	11.830,44	14.902,95	26.575,90
9	26.575,90	2.126,07	12.776,88	14.902,95	13.799,02
10	13.799,02	1.103,92	13.799,02	14.902,94	–
	Summen:	49.029,48	100.000,00	149.029,48	

ANHANG – 2.3 Kreditgeschäfte

Beispiel 3

Quartalsannuität

Die Volksbank Weinheim eG gewährt ihrer Kundin Eva Baumann ein durch Grundschuld gesichertes Darlehen in Höhe von 200.000,00 EUR zu 8% für eine Laufzeit von 10 Jahren gegen jeweils am Quartalsende zahlbare gleichbleibende Annuitäten.

Wie hoch ist die Quartalsannuität?

$$A_Q = 200.000{,}00 \text{ EUR} \cdot \left(1 + \frac{2}{100}\right)^{40} \cdot \frac{\left(1 + \frac{2}{100}\right) - 1}{\left(1 + \frac{2}{100}\right)^{40} - 1}$$

A_Q = 200.000,00 EUR · 0,03656

A_Q = **7.312,00 EUR**

In der Praxis ist der Kapitaldienst (Zins + Tilgung) für Darlehen nicht jährlich, sondern monatlich oder vierteljährlich zu erbringen.
Dann muss in die Formel für die Berechnung der Annuität ein Zwölftel oder ein Viertel des vereinbarten Jahreszinssatzes und für n die Zahl der zu zahlenden Annuitäten eingesetzt werden.

Beispiel 4

Laufzeit gesucht

Die Sparkasse der Stadt Gelsenkirchen gewährt der Ernst Wolf KG ein Darlehen in Höhe von 300.000,00 EUR zu 6%.
Das Darlehen soll am Ende eines jeden Jahres mit gleichbleibenden Annuitäten bedient werden. Die erste Tilgung soll 4% des Darlehens betragen.

Wie hoch ist die Laufzeit in vollen Jahren?

Die Annuität beträgt 30.000,00 EUR (4% + 6% von 300.000,00 EUR)

Einsetzen in die Annuitätenformel:

30.000,00 EUR = 300.000,00 EUR · $1{,}06^n \cdot \left(\dfrac{1{,}06 - 1}{1{,}06^n - 1}\right)$	· $(1{,}06^n - 1)$
$1{,}06^n \cdot 30.000 - 30.000 = 300.000 \cdot 1{,}06^n \cdot 0{,}06$	$- 1{,}06^n \cdot 30.000$
$- 30.000 = 1{,}06^n \cdot (-12.000)$	: (–12.000)
$1{,}06^n = 2{,}5$	Anwendung des Logarithmus
$\log 1{,}06^n = \log 2{,}5$	
$n \cdot \log 1{,}06 = \log 2{,}5$	
$n = \dfrac{\log 2{,}5}{\log 1{,}06} = \dfrac{0{,}39794}{0{,}02531}$	
n ~ 16 Jahre	

Bilanzausweis

Grundschulddarlehen werden ausgewiesen unter
Aktiva Position »4. Forderungen an Kunden, darunter durch Grundpfandrechte gesichert«.

Tabelle zur Ermittlung der Jahresannuität bei gegebenem Zinssatz und gegebener Laufzeit Annuitäten-Faktoren pro 1.000,00 EUR Darlehensbetrag

Jahre	\multicolumn{8}{c}{Zinssatz % p.a. (nominal)}							
	6,0	6,5	7,0	7,5	8,0	8,5	9,0	9,5	10,0
1	1.060,00000	1.065,00000	1.070,00000	1.075,00000	1.080,00000	1.085,00000	1.090,00000	1.095,00000	1.100,00000
2	545,43689	549,26150	553,09179	556,92771	560,76923	564,61631	568,46890	572,32697	576,19048
3	374,10981	377,57570	381,05167	384,53763	388,03351	391,53925	395,05476	398,57997	402,11480
4	288,59149	291,90274	295,22812	298,56751	301,92080	305,28789	308,66866	312,06300	315,47080
5	237,39640	240,63454	243,89069	247,16472	250,45645	253,76575	257,09246	260,43642	263,79748
6	203,36263	206,56831	209,79580	213,04489	216,31539	219,60708	222,91978	226,25328	229,60738
7	179,13502	182,33137	185,55322	188,80032	192,07240	195,36922	198,69052	202,03603	205,40550
8	161,03594	164,23730	167,46776	170,72702	174,01476	177,33065	180,67438	184,04561	187,44402
9	147,02224	150,23803	153,48647	156,76716	160,07971	163,42372	166,79880	170,20454	173,64054
10	135,86796	139,10469	142,37750	145,68593	149,02949	152,40771	155,82009	159,26615	162,74539
11	126,79294	130,05521	133,35690	136,69747	140,07634	143,49293	146,94666	150,43693	153,96314
12	119,27703	122,56817	125,90199	129,27783	132,69502	136,15286	139,65066	143,18771	146,76332
13	112,96011	116,28256	119,65085	123,06420	126,52181	130,02287	133,56656	137,15206	140,77852
14	107,58491	110,94048	114,34494	117,79737	121,29685	124,84244	128,43317	132,06809	135,74622
15	102,96276	106,35278	109,79462	113,28724	116,82954	120,42046	124,05888	127,74370	131,47378
16	98,95214	102,37757	105,85765	109,39116	112,97687	116,61354	120,29991	124,03470	127,81662
17	95,44480	98,90632	102,42519	106,00003	109,62943	113,31198	117,04625	120,83078	124,66413
18	92,35654	95,85461	99,41260	103,02896	106,70210	110,43041	114,21229	118,04610	121,93022
19	89,62086	93,15575	96,75301	100,41090	104,12763	107,90140	111,73041	115,61284	119,54687
20	87,18456	90,75640	94,39293	98,09219	101,85221	105,67097	109,54648	113,47670	117,45962
21	85,00455	88,61333	92,28900	96,02937	99,83225	103,69541	107,61663	111,59370	115,62439
22	83,04557	86,69120	90,40577	94,18687	98,03207	101,93892	105,90499	109,92784	114,00506
23	81,27848	84,96078	88,71393	92,53528	96,42211	100,37193	104,38188	108,44938	112,57181
24	79,67900	83,39770	87,18902	91,05008	94,97796	98,96975	103,02256	107,13351	111,29978
25	78,22672	81,98148	85,81052	89,71067	93,67878	97,71168	101,80625	105,95939	110,16807
26	76,90435	80,69480	84,56103	88,49961	92,50713	96,58017	100,71536	104,90940	109,15904
27	75,69717	79,52288	83,42573	87,40204	91,44810	95,56025	99,73491	103,96852	108,25764
28	74,59255	78,45305	82,39193	86,40520	90,48891	94,63914	98,85205	103,12389	107,45101
29	73,57961	77,47440	81,44865	85,49811	89,61854	93,80577	98,05572	102,36444	106,72807
30	72,64891	76,57744	80,58640	84,67124	88,82743	93,05058	97,33635	101,68058	106,07925

ANHANG – 2.3 Kreditgeschäfte

Tabelle zur Ermittlung der Tilgungsdauer bei gegebenem Zins- und Tilgungssatz

Tilgungs-satz % p.a.	Zinssatz % p.a. (nominal) Tilgungsdauer in Jahren									
	6,0	6,5	7,0	7,5	8,0	8,5	9,0	9,5	10,0
1,0	33,3953	31,9954	30,7343	29,5914	28,5498	27,5961	26,7190	25,9092	25,1589
1,5	27,6209	26,5817	25,6375	24,7752	23,9839	23,2547	22,5802	21,9541	21,3711
2,0	23,7913	22,9762	22,2304	21,5449	20,9124	20,3264	19,7818	19,2740	18,7992
2,5	21,0022	20,3404	19,7314	19,1687	18,6469	18,1614	17,7083	17,2842	16,8863
3,0	18,8542	18,3038	17,7948	17,3223	16,8823	16,4714	16,0885	15,7250	15,3849
3,5	17,1366	16,6705	16,2376	15,8341	15,4570	15,1035	14,7714	14,4587	14,1635
4,0	15,7252	15,3249	14,9515	14,6024	14,2749	13,9671	13,6770	13,4032	13,1441
4,5	14,5412	14,1933	13,8677	13,5622	13,2749	13,0041	12,7482	12,5061	12,2765
5,0	13,5314	13,2261	12,9395	12,6698	12,4155	12,1752	11,9476	11,7318	11,5267
5,5	12,6585	12,3884	12,1342	11,8943	11,6675	11,4527	11,2489	11,0551	10,8707
6,0	11,8957	11,6550	11,4278	11,2130	11,0094	10,8162	10,6326	10,4577	10,2909
6,5	11,2226	11,0067	10,8026	10,6091	10,4254	10,2507	10,0843	9,9255	9,7740
7,0	10,6238	10,4292	10,2448	10,0696	9,9029	9,7442	9,5927	9,4480	9,3096
7,5	10,0875	9,9112	9,7437	9,5844	9,4325	9,2876	9,1492	9,0168	8,8899
8,0	9,6040	9,4436	9,2909	9,1454	9,0065	8,8737	8,7467	8,6250	8,5083
8,5	9,1658	9,0192	8,8795	8,7461	8,6186	8,4965	8,3796	8,2674	8,1597
9,0	8,7667	8,6323	8,5039	8,3812	8,2638	8,1512	8,0432	7,9395	7,8398
9,5	8,4015	8,2779	8,1596	8,0464	7,9379	7,8338	7,7338	7,6376	7,5451

Aufgaben zu 2.3.2.1

① Die Stadtsparkasse Leipzig gewährt Herrn Bert Bodner Wert 30.06. ein durch Grundpfandrechte gesichertes Baudarlehen über 200.000,00 EUR für 10 Jahre zu 7% mit 100% Auszahlung.
 a) Die Auszahlung und die erste Annuität per 30.06. des nächsten Jahres sind über KKK zu buchen.
 b) Erstellen Sie den Tilgungsplan.

② Die Kreissparkasse Tübingen gewährt Frau Beate Betz, ihrer Kundin, Wert 31.12. (1. Jahr) ein durch Grundpfandrechte gesichertes Baudarlehen in Höhe von 30.000,00 EUR für 5 Jahre zu 6% bei 100% Auszahlung. Vereinbart wird, dass am Ende eines jeden Quartals gleich bleibende Annuitäten zu entrichten sind.
 a) Buchen Sie über KKK die Auszahlung und
 b) am 31.03 (2. Jahr) die 1. Annuität.

③ Die Handelsbank AG gewährt der Straßenbau GmbH ein Darlehen in Höhe von 1 Mio. EUR zu 8% per 31.01.2005. Das Darlehen soll zur Anschaffung einer Straßenbaumaschine dienen. Das Darlehen soll am Ende eines jeden Quartals mit gleich bleibenden Annuitäten bedient werden. Die Tilgung am 31.03.06 soll 1% des Darlehens betragen. Welche Laufzeit hat das Darlehen?

2.3.2.2 Standardisierter Ratenkredit

Standardisierte Ratenkredite können Verbrauchern z. B. zur Finanzierung von Gebrauchsgütern, Autoreparaturen, Kuren, Reisen usw. dienen.

Weist der Kunde nach, dass sein Monatseinkommen zur Bedienung des Kredits mit Zins und Tilgung ausreicht, sichern die Kreditinstitute ihre Ratenkredite allenfalls durch Gehaltsabtretungen oder Sicherungsübereignungen der zu finanzierenden Gebrauchsgüter.

Die **Zinsen** können berechnet werden

① mit einem Jahreszinssatz aus dem jeweiligen Restkredit unter Anwendung der Annuitätenformel,

② mit einem Monatszinssatz aus dem ursprünglichen Kredit unter Anwendung einer einfachen Durchschnittsrechnung.

Beispiel 1

Standardidisierter Ratenkredit mit Jahreszinssatz

Herr Kurt Tauscher erhält von der Merkurbank AG am 30.05. folgenden Ratenkredit:

Kreditbetrag	20.000,00 EUR
Zinssatz p.a.	8,750%
Bearbeitungsgebühr	2,000%
Laufzeit	24 Monate
Monatsrate = Annuität	? EUR

a) Wie hoch ist die Monatsrate?
b) Wie ist bei Auszahlung des Ratenkredits zu buchen?
c) Wie ist bei Leistung der 1. Rate zu buchen?

a) **Berechnung der Monatsrate:**

$$\text{Annuität bei Ratenkrediten} = (D + BG) \left(\frac{q^n \cdot (q-1)}{q^n - 1} \right)$$

ANHANG – 2.3 Kreditgeschäfte

$$\text{Annuität} = 20.400 \cdot \left[\frac{\left(1 + \frac{8{,}75}{1.200}\right)^{24} \cdot \left(1 + \frac{8{,}75}{1.200} - 1\right)}{\left(1 + \frac{8{,}75}{1.200}\right)^{24} - 1}\right] = \mathbf{929{,}63\ EUR}$$

Berechnung der ersten Zinsen per 30.06.:

$$\text{Monatszinsen per 30.06.} = \frac{20.400 \cdot 30 \cdot 8{,}75}{100 \cdot 360} = \mathbf{148{,}75\ EUR}$$

Die Berechnung der Rückzahlungsrate gleicht der Berechnung der Annuität bei Grundschulddarlehen. Allerdings muss der Jahreszinssatz in einen Monatszinssatz umgerechnet werden ($\frac{8{,}75}{12}$%). Die Laufzeit entspricht der Ratenzahl.

Die Bearbeitungsgebühr wird zum Nettokreditbetrag hinzugerechnet, wenn sie nicht proportional zur Ratenzahl verteilt werden soll und monatlich gesondert zu zahlen ist.

		Grundbuch			
	Wert	Konten		EUR-Beträge	
		Soll	Haben	Soll	Haben
b)	30.05.	Ratenkredite	Kasse Zinserträge aus Kreditgeschäften	20.400,00	20.000,00 400,00
c)	30.06.	Ratenkredite	Zinserträge aus Kreditgeschäften	148,75	148,75
	30.06.	KKK	Ratenkredite	929,63	929,63

Kontoabrechnung der Bank						
Rate	Betrag	Tage	Zinszahl	Zinsen	Annuität	Restkredit
1	20.400,00	30	6.120,00	148,75	929,63	19.619,12
2	19.619,12	30	5.886,00	143,06	929,63	18.832,55
3	18.832,55	30	5.650,00	137,33	929,63	18.040,25
4	18.040,25	30	5.412,00	131,54	929,63	17.242,16
5	17.242,16	30	5.173,00	125,73	929,63	16.438,26
6	16.438,26	30	4.931,00	119,85	929,63	15.628,48
7	15.628,48	30	4.689,00	113,97	929,63	14.812,82
8	14.812,82	30	4.444,00	108,01	929,63	13.991,20
9	13.991,20	30	4.197,00	102,01	929,63	13.163,58
10	13.163,58	30	3.949,00	95,98	929,63	12.329,93
11	12.329,93	30	3.699,00	89,91	929,63	11.490,21
12	11.490,21	30	3.447,00	83,78	929,63	10.644,36
13	10.644,36	30	3.193,00	77,61	929,63	9.792,34
14	9.792,34	30	2.938,00	71,41	929,63	8.934,12
15	8.934,12	30	2.680,00	65,14	929,63	8.069,63
16	8.069,63	30	2.421,00	58,84	929,63	7.198,84
17	7.198,84	30	2.160,00	52,50	929,63	6.321,71
18	6.321,71	30	1.897,00	46,11	929,63	5.438,20
19	5.438,20	30	1.631,00	39,64	929,63	4.548,20
20	4.548,20	30	1.364,00	33,15	929,63	3.651,72
21	3.651,72	30	1.096,00	26,64	929,63	2.748,73
22	2.748,73	30	825,00	20,05	929,63	1.839,15
23	1.839,15	30	552,00	13,42	929,63	922,94
24	922,94	30	277,00	6,73	929,63	–
	20.000,00 (D) + 400,00 (BG)		+	1.911,16	=	22.311,12

Beispiel 2

Standardisierter Ratenkredit mit Monatszinssatz

Die Volksbank Karlruhe eG gewährt Frau Beate Müller, ihrer Privatkundin, Wert: 30.03. einen Ratenkredit in Höhe von 6.000,00 EUR für 12 Monate zu 0.4% j. M. und 2% Bearbeitungsgebühr, jeweils aus dem ursprünglichen Kreditbetrag zu rechnen, für die Finanzierung einer Schiffsreise in die Karibik.

a) Wie hoch ist die Monatsrate?

b) Wie ist bei Auszahlung des Ratenkredits zu buchen?

c) Wie ist bei Leistung der 1. Rate zu buchen?

a)
Kreditbetrag	6.000,00 EUR
+ 0,4% Zinsen je Monat für 12 Monate (4,8%)	288,00 EUR
+ 2,0% Bearbeitungsgebühr	120,00 EUR
Rückzahlungsbetrag	6.408,00 EUR
Monatsrate: 6.408,00 : 12	534,00 EUR

Grundbuch						
	Wert	Vorgang	\multicolumn{2}{c}{Konten}		\multicolumn{2}{c}{EUR-Beträge}
			Soll	Haben	Soll	Haben
b)	30.03.	Auszahlung	Ratenkredite		6.408,00	
				KKK		6.000,00
				Zinserträge aus Kreditgeschäften		408,00
c)	30.04.	1. Rate	KKK		534,00	
				Ratenkredite		534,00

Bilanzausweis

Die Ratenkredite werden zusammen mit den Kontokorrentforderungen ausgewiesen unter **Aktiva Position »4. Forderungen an Kunden«**.

Aufgaben zu 2.3.2.2

1. Die Volksbank Aachen eG gewährt ihrem Kunden Max Breuer einen Ratenkredit in Höhe von 20.000,00 EUR für 24 Monate zu 0,4% Zins pro Laufzeitmonat und 2% Bearbeitungsgebühr vom ursprünglichen Darlehnsbetrag. Die Raten sind jeweils am 30. fällig.

   Die Auszahlung erfolgt auf Kundenkonto, Wert: 30.06. (1. Jahr)

   a) Wie hoch ist die Monatsrate?

   b) Wie ist die Auszahlung des Kredits zu buchen?

   c) Wie ist die 1. Rate zu buchen?

   d) Wie ist am 31.12. (1. Jahr) zu buchen, wenn 1.084,75 EUR Zinsen und 226,00 EUR Bearbeitungsgebühr abzugrenzen sind und die Belastung über HK Ratenkredit erfolgt?

   e) Wie ist am 02.01 (2. Jahr) zu buchen?

ANHANG – 2.3 Kreditgeschäfte

② a) Erstellen Sie einen Tilgungsplan (Kontoabrechnung) der Stadtsparkasse Lüneburg für folgenden Ratenkredit:

Kreditbetrag	15.000,00 EUR
Zinssatz	9,00 % p.a.
Bearbeitungsgebühr	2,00 %
Laufzeit	10 Monate

b) Buchen Sie die Kreditgewährung bar, die erste Zinsbelastung und den Eingang der ersten Rate zu Lasten KKK.

2.3.2.3 Effektivzinssatz

Rechtsvorschriften zum Effektivzinssatz

**Preisangabenverordnung vom 14. März 1985
in der Fassung der Bekanntmachung vom 28. Juli 2000 (Auszug)**

§ 6 Kredite

(1) Bei Krediten sind als Preis die Gesamtkosten als jährlicher Vomhundertsatz des Kredits anzugeben und als »effektiver Jahreszins« oder, wenn eine Änderung des Zinssatzes oder anderer preisbestimmender Faktoren vorbehalten ist (§ 1 Abs. 4) als »anfänglicher effektiver Jahreszins« zu bezeichnen. Zusammen mit dem anfänglichen effektiven Jahreszins ist anzugeben, wann preisbestimmende Faktoren geändert werden können und auf welchen Zeitraum Belastungen, die sich aus einer nicht vollständigen Auszahlung des Kreditbetrages oder aus einem Zuschlag zum Kreditbetrag ergeben, zum Zwecke der Preisangabe verrechnet worden sind.

(2) Der anzugebende Vomhundertsatz gemäß Absatz 1 ist mit der im Anhang angegebenen mathematischen Formel und nach den im Anhang zugrunde gelegten Vorgehensweisen zu berechnen. Er beziffert den Zinssatz, mit dem sich der Kredit bei regelmäßigem Kreditverlauf, ausgehend von den tatsächlichen Zahlungen des Kreditgebers und des Kreditnehmers, auf der Grundlage taggenauer Verrechnung aller Leistungen abrechnen lässt. Es gilt die exponentielle Verzinsung auch im unterjährigen Bereich. Bei der Berechnung des anfänglichen effektiven Jahreszinses sind die im Zeitpunkt des Angebots oder der Werbung geltenden preisbestimmenden Faktoren zugrunde zu legen. Der anzugebende Vomhundertsatz ist mit der im Kreditgewerbe üblichen Genauigkeit zu berechnen.

(3) In die Berechnung des anzugebenden Vomhundertsatzes sind die Gesamtkosten des Kredits für den Kreditnehmer einschließlich etwaiger Vermittlungskosten ... einzubeziehen.

Anhang zur Preisangabenverordnung

$$\sum_{K=1}^{K=m} \frac{A_K}{(1+i)^{t_K}} = \sum_{K'=1'}^{K'=m'} \frac{A'_{K'}}{(1+i)^{t'_{K'}}}$$

Hierbei ist:

K Die laufende Nummer der Auszahlung eines Darlehens oder Darlehensabschnitts.

K' Die laufende Nummer einer Tilgungszahlung oder einer Zahlung von Kosten

A_K Der Auszahlungsbetrag des Darlehens mit der Nummer K

$A'_{K'}$ Der Betrag der Tilgungszahlung oder einer Zahlung von Kosten mit der Nummer K'

Σ	Das Summationszeichen
m	Die laufende Nummer der letzten Auszahlung des Darlehens oder Darlehensabschnitts
m'	Die laufende Nummer der letzten Tilgungszahlung oder der letzten Zahlung der Kosten
t_K	Der in Jahren oder Jahresbruchteilen ausgedrückte Zeitabstand zwischen dem Zeitpunkt der Darlehensauszahlung mit der Nummer 1 und den Zeitpunkten darauf folgender Darlehensauszahlungen mit den Nummern 2 bis m; $t_1 = 0$
$t'_{K'}$	Der in Jahren oder Jahresbruchteilen ausgedrückte Zeitabstand zwischen dem Zeitpunkt der Darlehensauszahlung mit der Nummer 1 und den Zeitpunkten der Tilgungszahlung oder Zahlungen von Kosten mit den Nummern 1 bis m'
i	Der effektive Zinssatz, der entweder algebraisch oder durch schrittweise Annäherungen oder durch ein Computerprogramm errechnet werden kann, wenn die sonstigen Gleichungsgrößen aus dem Vertrag oder auf andere Weise bekannt sind.

Beispiel

Berechnung des Effektivzinssatzes
(vgl. Beispiel 2 zu 3.3.2 »Standardisierter Ratenkredit mit Monatszinssatz«)
Die Volksbank Karlsruhe eG gewährt Frau Beate Müller, ihrer Privatkundin, Wert 30.03 einen Ratenkredit in Höhe von 6.000,00 EUR für 12 Monate zu 0,4% j.M. und 2% Bearbeitungsgebühr, jeweils aus dem ursprünglichen Kreditbetrag zu rechnen, für die Finanzierung einer Schiffsreise in die Karibik.
Wie hoch ist der Effektivzinssatz?

Ein **EDV-Programm** ergibt als **Effektivzinssatz: 13,04371761%**

➡ q als Aufzinsungsfaktor per anno $= 1,1304372$

➡ $q_m^{\frac{n}{12}}$ als Aufzinsungsfaktor des n.-Monats   für $n = 1$ $= 1,01026941$

➡ $\dfrac{1}{q_m^{\frac{n}{12}}}$ als Abzinsungsfaktor des n.-Monats   für $n = 1$ $= 0,98983498$

Folgende **Kontrollrechnung** beweist die Richtigkeit des Effektivzinssatzes:

lfd. Raten-Nr. n	Kreditrate	Abzinsungsfaktoren $1/q_m^n$	Barwerte der Kreditraten = Kreditrate · Abzinsungsfaktor
1	534,00	0,98983498	528,57
2	534,00	0,97977329	523,20
3	534,00	0,96981387	517,88
4	534,00	0,95995570	512,62
5	534,00	0,95019773	507,41
6	534,00	0,94053895	502,25
7	534,00	0,93097835	497,14
8	534,00	0,92151494	492,09
9	534,00	0,91214772	487,09
10	534,00	0,90287572	482,14
11	534,00	0,89369797	477,23
12	534,00	0,88461351	472,38
Summe	6.408,00	11.23594273	
Kredit			6.000,00
Zinsen + Gebühr			408,00
K + (Zinsen u. Gebühr)			6.408,00
Kontrollrechnung: Monatsrate · Abzinsungssummenfaktor = 534 · 11,23594273 =			5.999,99

ANHANG – 2.3 Kreditgeschäfte

Ratenkredite werden zum Teil mit optisch niedrigen Monatszinssätzen angeboten. Ihr Effektivzinssatz ist wesentlich höher als ihr Nominalzinssatz, weil der Zins während der gesamten Laufzeit des Kredits aus dem ursprünglichen Kredit ohne Berücksichtigung der Tilgungen berechnet wird und weil die Bearbeitungsgebühr den Kredit verteuert.

Emittiert ein Kreditinstitut eine Anleihe und investiert ein Kunde in diese Anleihe, so ist
- das Kreditinstitut   Kapitalnehmer und
- der Kunde   Kapitalgeber (vgl. Kapitel 2.2.4.2)

Gewährt ein Kreditinstitut einem Kunden Kredit, so ist
- das Kreditinstitut   Kapitalgeber und
- der Kunde   Kapitalnehmer.

Dieser Rollentausch führt finanzmathematisch betrachtet zu keinem Unterschied zwischen der Berechnung der Rendite und der Berechnung des Effektivzinssatzes. Analog zur Definition der Rendite gilt daher für die Definition des Effektivzinssatzes:

Der **Effektivzinssatz** ist der **Zinssatz, mit dem die künftigen, alle Kosten des Kredits umfassenden Leistungen des Kreditnehmers auf den Zeitpunkt der gegenwärtigen Kreditgewährung abgezinst werden müssen, wenn die Summe der abgezinsten Zukunftsleistungen, die Summe ihrer Barwerte also, dem gegenwärtigen Kreditbetrag gleich werden soll.**

Die Formel der Preisangabenverordnung zur Berechnung des Effektivzinssatzes geht von der Gleichheit der Leistung des Kreditgebers, der Darlehensgewährung, mit der Leistung des Kreditnehmers, den abgezinsten Raten, aus.

$$\sum_{K=1}^{K=m} \frac{A_K}{(1+i)^{t_K}} = \sum_{K'=1'}^{K'=m'} \frac{A'_{K'}}{(1+i)^{t'_{K'}}}$$

Summe der abgezinsten ausgezahlten Darlehensbeiträge = Summe der abgezinsten vom Kunden zu zahlenden Raten

Gleichheit zwischen Leistung des Kreditgebers (Darlehen) und Leistung des Kreditnehmers (= abgezinste Raten)

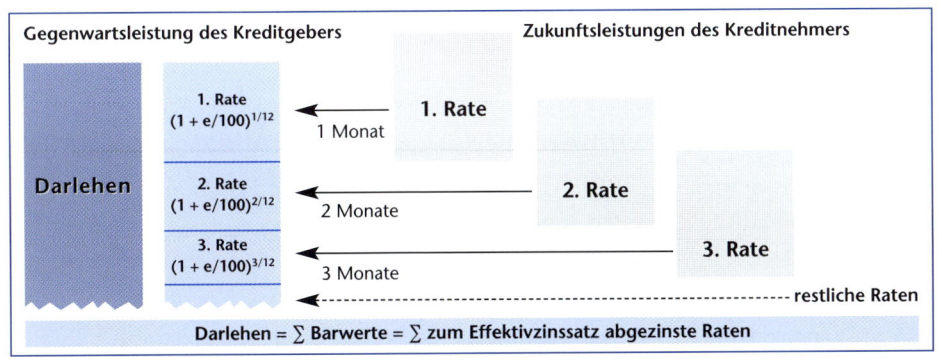

Schematische Darstellung der Effektivverzinsung eines Ratenkredits

Sowohl bei der Berechnung der Rendite als auch bei der Berechnung des Effektivzinssatzes müssen die Zukunftsleistungen zur Ermittlung der Barwerte durch q bis q^n dividiert werden. Treten dabei Gleichungen mit n > 4 auf, ist die Lösung nur durch schrittweise Annäherung **(Iteration)** möglich. Wie für die Berechnung einer Rendite werden auch für die Berechnung eines Effektivzinssatzes in der Praxis **PC-Programme** eingesetzt.

Aufgaben zu 2.3.2.3

1 Die Berliner Volksbank eG hat ihrem Privatkunden Fritz Krause Valuta 30.09. einen Ratenkredit in Höhe von 4.000,00 EUR unter Berechnung von 0,38% j.M. Zinsen und 2% Bearbeitungsgebühr vom Kreditbetrag gewährt. Der Kredit ist ab dem 30.10. in 8 gleichen Monatsraten zu tilgen. Der Effektivzinssatz wird mit 14,11% angegeben.
a) Erstellen Sie eine Kreditabrechnung.
b) Prüfen Sie den Effektivzinssatz.

2 Die Berliner Bank AG hat einem Kunden Valuta 30.11. einen Ratenkredit in Höhe von 8.000,00 EUR gewährt. An Kreditkosten wurden 9,0% p.a. Zinsen und 2% Bearbeitungsgebühr vom Kreditbetrag vereinbart. Die Bearbeitungsgebühr ist zusammen mit dem Kreditbetrag monatlich ab dem 30.12. in 10 gleichen Raten (Annuitäten) zu tilgen. Die Effektivverzinsung beträgt 14,28%.
a) Ermitteln Sie die Annuität.
b) Prüfen Sie den Effektivzinssatz.
c) Welchen Teil des Gesamtertrages muss die Bank am Ende des Jahres der Kreditvergabe abgrenzen, wenn bei der Berechnung vom Nettokreditbetrag und dem Effektivzinssatz auszugehen ist (30/360)?

Gemischte Aufgaben zu 2.3

1 Die Stadtsparkasse Regensburg hat einem Kunden einen **Dispositionskredit** von 5.000,00 EUR zu 6% zugesagt. Überziehungen dieses Kredits werden bis zu 10.000,00 EUR geduldet. Für nicht zugesagte Kreditbeanspruchung muss der Kunde einen Sollzins in Höhe von 18% zahlen.

Im ersten Quartal diese Jahres war der Kunde für 20 Tage mit 4.000,00 EUR und für 10 Tage mit 7.000,00 EUR im Soll. Buchen Sie die Zinsbelastung.

2 Die Stadtsparkasse Cuxhaven gewährt einem Kunden einen **Ratenkredit** zu folgenden Konditionen:

Betrag: 18.000,00 EUR
Laufzeit: 60 Monate
Zinssatz: 0,42% j.M.
Bearbeitungsgebühr: 2% aus 18.000,00 EUR

Wie ist zu buchen bei
2.1 Zurverfügungstellung auf Kontokorrentkonto und
2.2 Belastung der ersten Vierteljahresrate?

3 Die Volksbank Würzburg e.G. gewährt einem Kunden ein **Darlehen** in Höhe von 300.000,00 EUR zu folgenden Konditionen:

Laufzeit: 10 Jahre
Zinssatz: 6%
Auszahlung: 100%
Kapitaldienst: vierteljährliche (gleich bleibende) Annuitäten

Wie ist zu buchen bei
3.1 Zurverfügungstellung auf Kontokorrentkonto und
3.2 Belastung der ersten Vierteljahresrate?

4 Die Volksbank Saarbrücken e.G. gewährt einem Kunden ein **Baudarlehen** zu 8% p.a. mit einem anfänglichen Tilgungssatz von 3% p.a. Das Darlehen soll am Ende eines jeden Jahres mit gleichbleibenden Annuitäten bedient werden. Wie viele Jahre läuft es?

2.4 Auslandsgeschäfte

2.4.1 Sorten- und Devisenkurse

Kreditinstitute kaufen und verkaufen ausländische Zahlungsmittel, um an den Differenzen zwischen Geld- und Briefkursen und/oder zwischen den Kursen an verschiedenen Orten und/oder Handelszeitpunkten zu verdienen.

Kreditinstitute leisten ihren Kunden (Touristen, Importeuren, Exporteuren, Investoren, Staaten und Spekulanten) Dienste beim Kauf oder Verkauf von ausländischen Zahlungsmitteln.

Der tägliche Umsatz von ausländischen Zahlungsmitteln beläuft sich weltweit auf mehrere Billionen US-Dollar. Da es im Gegensatz zu Wertpapieren keine Börsen für ausländische Zahlungsmittel gibt, sind für die Bewältigung eines so großen Umsatzvolumens Handelsplattformen eingerichtet worden. Der Zugang zu ihnen erfolgt über Computersysteme, deren Algorithmen bei kleinsten Veränderungen der Marktdaten sofort zu Reaktionen führen.

Die ausländischen Zahlungsmittel können Sorten oder Devisen sein.

Ausländische Zahlungsmittel	
Sorten (= bare ausländische Zahlungsmittel) **Noten, Münzen**	**Devisen** (= unbare ausländische Zahlungsmittel) **Schecks** ← ↓ → **Wechsel** **Auszahlungen** (= Sichtguthaben in ausländischer Währung)
Ausländische Währungen sind alle Nicht-Euro-Währungen.	

Devisenkurse bilden sich durch das Aufeinandereinwirken von Angebot und Nachfrage auf den Devisenmärkten.

Devisen werden angeboten von inländischen Exporteuren sowie ausländischen Investoren und Touristen.

Devisen werden nachgefragt von inländischen Importeuren sowie inländischen Investoren und Touristen.

Im Wesentlichen werden Güter- und Touristenströme durch das Kostengefälle und Investitionsströme durch das Zinsgefälle zwischen verschiedenen Ländern bestimmt.

Die **Devisenkursbildung** erfolgt in Deutschland ohne jegliche staatliche Einmischung. Eine Manipulation ist nur durch Einsatz der Währungsreserven der EZB möglich.

Die EZB führt zur Ermittlung des »**Euro-Referenzkurses**« geschäftstäglich ab 14:15 Uhr ein »Konzertationsverfahren« für insgesamt 16 Währungen durch. Dabei werden die Kurse zusammengeführt, die der EZB von den nationalen Zentralbanken gemeldet werden. Die Deutsche Bundesbank stützt sich dazu auf das so genannte »EuroFX«, ein Verfahren der Sparkassen und Genossenschaftsbanken und ihrer Zentralen sowie der Gesellschaft für Zahlungssysteme (GZS) für die gemeinsame Kursbestimmung, und außerdem auf die unabhängig vom EuroFX erfolgende Kursbildung der deutschen Großbanken.

Der Ausweis des Euro-Kurses erfolgt nach der Technik der **Mengennotierung,** das heißt, die Fragen nach dem Kurs lauten:

Wie viel USD erhält man für 1 EUR?
Wie viel USD muss man für 1 EUR geben?

Bedeutung von Kursänderungen	
Ändert sich der Kurs von 1,1369 EUR/USD auf 0,8488 EUR/USD so bedeutet das:	Ändert sich der Kurs von 0,8488 EUR/USD auf 1,1369 EUR/USD so bedeutet das:
Abwertung des Euro gegenüber dem USD, weil man jetzt für einen Euro weniger USD bekommt und damit gleichzeitig eine	**Aufwertung** des Euro gegenüber dem USD, weil man jetzt für einen Euro mehr USD bekommt und damit gleichzeitig eine
Aufwertung des USD gegenüber dem Euro, weil man jetzt für einen USD mehr Euro bekommt.	**Abwertung** des USD gegenüber dem Euro, weil man jetzt für einen USD weniger Euro bekommt.

Bedeutung von Geld- und Briefkursen	
Geldkurs = Kurs, zu dem eine **Bank** von inländischen Touristen und inländischen Importeuren Euro **ankauft**	**Briefkurs** = Kurs, zu dem eine **Bank** an ausländische Touristen und inländische Exporteure Euro **verkauft**
Die **Spanne** (= „Spread") zwischen Geld- und Briefkurs ist der **Rohgewinn** der Banken.	

Beispiele

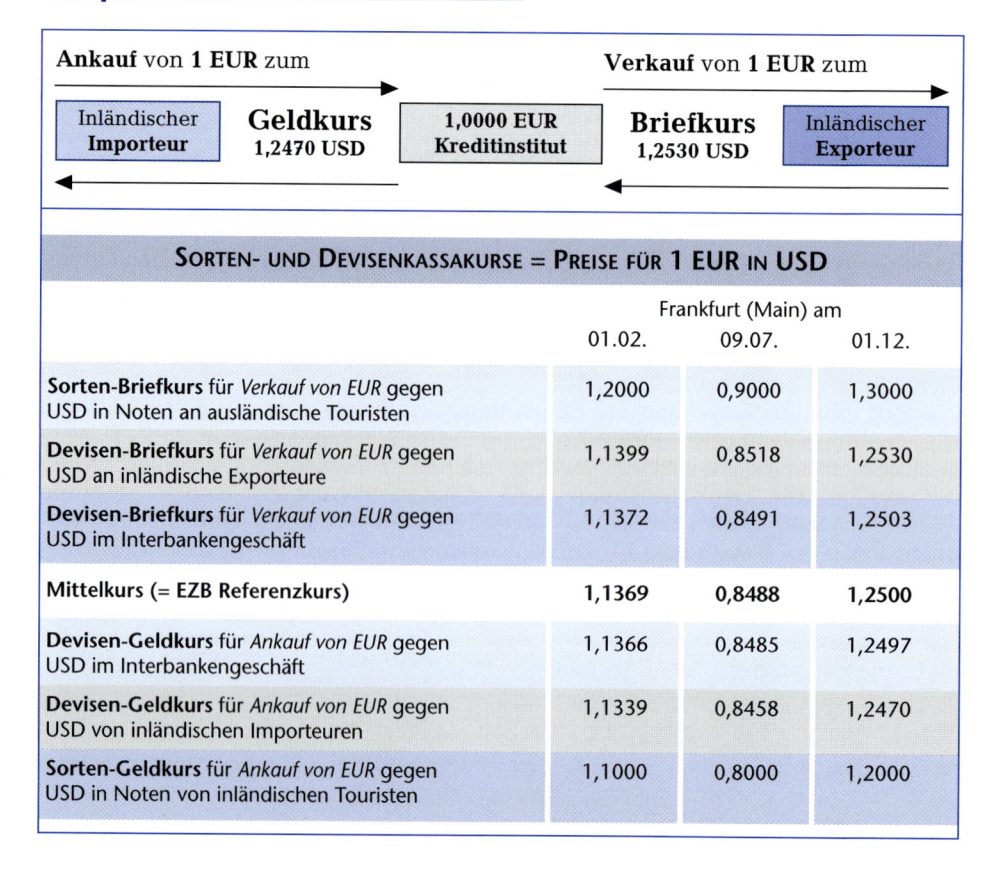

Ankauf von 1 EUR zum **Geldkurs** 1,2470 USD — Inländischer Importeur

1,0000 EUR Kreditinstitut

Verkauf von 1 EUR zum **Briefkurs** 1,2530 USD — Inländischer Exporteur

SORTEN- UND DEVISENKASSAKURSE = PREISE FÜR 1 EUR IN USD

	Frankfurt (Main) am		
	01.02.	09.07.	01.12.
Sorten-Briefkurs für *Verkauf von EUR* gegen USD in Noten an ausländische Touristen	1,2000	0,9000	1,3000
Devisen-Briefkurs für *Verkauf von EUR* gegen USD an inländische Exporteure	1,1399	0,8518	1,2530
Devisen-Briefkurs für *Verkauf von EUR* gegen USD im Interbankengeschäft	1,1372	0,8491	1,2503
Mittelkurs (= EZB Referenzkurs)	1,1369	0,8488	1,2500
Devisen-Geldkurs für *Ankauf von EUR* gegen USD im Interbankengeschäft	1,1366	0,8485	1,2497
Devisen-Geldkurs für *Ankauf von EUR* gegen USD von inländischen Importeuren	1,1339	0,8458	1,2470
Sorten-Geldkurs für *Ankauf von EUR* gegen USD in Noten von inländischen Touristen	1,1000	0,8000	1,2000

ANHANG – 2.4 Auslandsgeschäfte

Zur Bezeichnung der Währungen werden im Rechnungswesen die Symbole der **I**nternational **S**tandardization **O**rganization (ISO) angewendet.

Die ersten beiden Buchstaben des Codes geben das Land an, der dritte Buchstabe gibt die Währung an, wie folgende Beispiele zeigen:

Land	Währung	ISO-Code
Japan	Yen	JPY
Schweiz (Confoederatio Helvetica)	Schweizer Franken	CHF
Vereinigte Staaten	US-Dollar	USD

Zusammenfassung

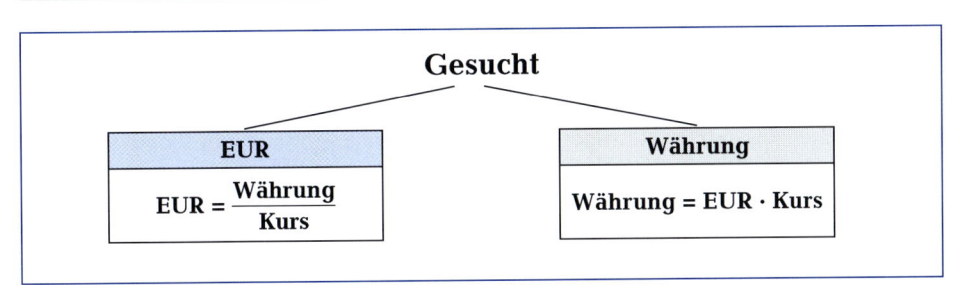

Gesucht

EUR	Währung
$EUR = \dfrac{Währung}{Kurs}$	$Währung = EUR \cdot Kurs$

Handelswährung ist der EURO

Preiswährung ist die ausländische Währung z.B. der USD

Deutsche Kreditinstitute **kaufen** EURO zum **niedrigeren Geldkurs** von inländischen Importeuren und inländischen Touristen	Deutsche Kreditinstitute **verkaufen** EURO zum **höheren Briefkurs** an inländische Exporteure und ausländische Touristen

Bei der **Kursbezeichnung** wird – entgegen mathematischer Richtigkeit – die Handelswährung immer zuerst genannt, wie z.B. EUR/USD in Frankfurt und USD/EUR in New York.

Aufgaben zu 2.4.1 (Lösung mit den Kursen vom 01.02., Seite 494)

① Wie viel **EUR** muss ein **inländischer Importeur** für 1.000,00 USD zahlen?

② Wie viel **USD** bekommt ein **inländischer Tourist** für 1.000,00 EUR?

③ Wie viel **EUR** bekommt ein **inländischer Exporteur** für 1.000,00 USD?

④ Wie viel **USD** muss eine **US-Touristin** für 1.000,00 EUR zahlen?

⑤ Häufig wird die Frage gestellt, ob es günstiger ist, USD in Frankfurt oder in New York zu kaufen und zu verkaufen.

Berechnen Sie für alle Kurse des Tableaus die Paritätskurse EUR/USD und füllen Sie dann die Lücken in folgender Übersicht.

Parität ist in
• **Frankfurt:** 1,0000 EUR = ... USD
• **New York:** . . . . . . EUR = 1,0000 USD

Frankfurt	**NEW YORK**
Gibt Ffm an einen deutschen Importeur für 1,0000 EUR weniger als …,…… USD, so ist es für den deutschen Importeur günstiger, USD in ……… zu kaufen.	Nimmt N.Y. von einem deutschen Importeur für 1,0000 USD mehr als …,…… EUR, so ist es für den deutschen Importeur günstiger, USD in ……… zu kaufen.
Nimmt Ffm von einem deutschen Exporteur für 1,0000 EUR mehr als …,…… USD, so ist es für den deutschen Exporteur günstiger, USD in ……… zu verkaufen.	Gibt N.Y. an einen deutschen Exporteur für 1,0000 USD weniger als …,…… EUR, so ist es für den deutschen Exporteur günstiger, USD in ……… zu verkaufen.

2.4.2 Sortengeschäfte

Die Spanne zwischen Geld- und Briefkurs ist bei Sortengeschäften größer als bei Devisengeschäften, weil die Umsätze bei Sortengeschäften kleiner und die Kosten höher sind als bei Devisengeschäften.

Außerdem berechnen die Kreditinstitute bei Bargeschäften eine Provision von z. B. 1,50 EUR.

Beispiel

Es gelten die Kurse vom 01.02., Seite 494, mit Ausnahme des Sorten-Ankaufskurses am Bilanzstichtag des zweiten Jahres in Höhe von 1,30 EUR/USD.

① Am 02.01. 1. Jahr ermittelt die Merkurbank AG durch Inventur einen Anfangsbestand von 200,00 USD in Noten.

② Am 30.12. 1. Jahr kauft die Merkurbank AG am Schalter 10.000,00 USD in Noten von Mrs. Mary Smith, die nicht ihre Kundin ist.

③ Am 31.12. 1. Jahr verkauft die Merkurbank AG 7.000,00 USD in Noten an Herrn Werner Meier, der ihr Kunde ist.

④ Am 31.12. 1. Jahr schließt die Merkurbank AG alle Konten ab.

(Die Inventurbestände stimmen mit den Konto- und Skontrobeständen überein.)

⑤ Am 02.01. 2. Jahr eröffnet die Merkurbank AG alle Konten und Skontren wieder.

⑥ Am 31.12. 2. Jahr schließt die Merkurbank AG alle Konten ab.

(Sie hatte im zweiten Jahr keine weiteren An- oder Verkäufe von USD-Noten getätigt. Die Inventurbestände stimmen mit den Kontobeständen überein.)

ANHANG – 2.4 Auslandsgeschäfte

Wie ist im Hauptbuch und wie im USD-Skontro zu buchen?

1. Jahr			
HK Sorten		USD-Skontro	
① KA (AB) 166,67	③ KKK 6.363,64	① AB 200,00	③ Verkauf 7.000,00
② KA 8.333,33	④ KA (SB) 2.666,67	② Kauf 10.000,00	④ SB 3.200,00
③ PE 530,31			
9.030,31	9.030,31	10.200,00	10.200,00

2. Jahr			
HK Sorten		USD-Skontro	
⑤ KA (AB) 2.666,67	⑥ KA (SB) 2.461,54	⑤ 3.200,00	⑥ 3.200,00
	⑥ PE 205,13		
2.666,67	2.666,67	3.200,00	3.200,00

Da das **HK Sorten** in EUR geführt wird, müssen die Bewegungen der einzelnen Sortenbestände durch Mengenrechnungen, **Skontren** genannt, kontrolliert werden.
Das **HK Sorten** ist ein **gemischtes Bestands-Erfolgskonto.**

Bilanzausweis

Beim Abschluss werden die Sortenbestände zu Sorten-Ankaufskursen (= Euro-Briefkursen für Sorten) bewertet und im Kassenbestand ausgewiesen.

Nach Ausbuchung des Bestands aus HK Sorten bleibt ein Saldo übrig. Er resultiert im Wesentlichen aus der dem Sortenhandel zu Grunde gelegten Geld-Brief-Spanne. und wird deshalb als Provisionsertrag für Dienstleistungen betrachtet. Dass dieser Saldo auch Erfolge aus einem etwaigen Kursanstieg der im Bestand befindlichen Sorten enthalten kann, ist zu vernachlässigen, weil die Kreditinstitute nur kleine Bestände an Sorten halten.

Aufgaben zu 2.4.2

① Führen Sie alle Buchungen des obigen Beispiels mit folgenden Kursen durch:
   Sorten-Ankaufkurs im 1. Jahr   1,09 EUR/USD
   Sorten Verkaufskurs im 1. Jahr   0,99 EUR/USD
   Sorten-Ankaufskurs am 31.12. des 2. Jahres 1,02 EUR/USD

② Die Frankfurter Bank AG handelt USD-Noten mit den Kursen vom 01.06.06 von Seite 510. Die J.P. Morgan Chase (CHM) handelt EUR-Noten mit 0,80 USD/EUR zu 0,88 USD/EUR.
   Deckt sich Frau Swantje Brockmöller, die zum Weihnachtseinkauf nach New York fliegen möchte, günstiger in Frankfurt oder in New York mit USD-Noten ein?

③ Am 16.04. verkauft die Volksbank Rostock e.G. für 1.000,00 EUR USD in Noten an Herrn Reuter, der ihr Kunde ist. Es gelten die Kurse vom 01.02. von Seite 494.
   Wie ist im Grundbuch und wie im USD-Skontro zu buchen?

④ Am 17.05. kauft ein US-amerikanischer Tourist von der Kreissparkasse Niebühl 1.000,00 EUR in Noten gegen USD in Noten. Es gelten die Kurse vom 01.02. von Seite 494.
   Wie ist im Grundbuch und wie im USD-Skontro zu buchen?

2.4.3 Devisen-Kassageschäfte

Die **Spanne zwischen Geld- und Briefkurs** ist bei Devisengeschäften kleiner als bei Sortengeschäften, weil die Umsätze bei Devisengeschäften größer und die Kosten kleiner sind als bei Sortengeschäften.

Im **Interbankengeschäft** werden weder Provisionen noch Maklergebühren verrechnet.

Die **Provisionen im Kundengeschäft** sind von Bank zu Bank unterschiedlich. In diesem Buch wird deshalb nur mit einer Abwicklungsprovision von 1‰ aus dem Kurswert – ohne Minima oder Maxima – gerechnet.

In dem Maße, in dem Devisengeschäfte mit der Kundschaft über Handelsplattformen im Internet abgewickelt werden, verschwindet die **Maklergebühr**. Sie wird deshalb in diesem Buch nicht berechnet.

Devisenzugänge werden Valuta: »2. Geschäftstag nach Zugang« auf dem Nostrokonto bei der Auslandsbank dem Konto des empfangenden Kunden gutgeschrieben.

Devisenabgänge werden Valuta »Ausgangstag« dem Konto des auftraggebenden Kunden belastet.

In **einer** Buchhaltung darf nur in **einer** Währung gebucht werden. Andernfalls könnte die Doppik nicht funktionieren. Ihr Kontrollmechanismus beruht darauf, dass stets einer Sollbuchung eine gleichgroße Habenbuchung entspricht.

Deshalb ist es notwendig, für jede Währung ein geschlossenes Buchhaltungssystem einzurichten.

In diesen Währungsbuchhaltungssystemen muss jeweils ein **Gegenwerte-Konto** geführt werden, damit in sich geschlossene Buchungssätze gebildet werden können.

Die Buchungen auf den Gegenwerte-Konten erfolgen *spiegelbildlich* zu den Buchungen auf dem **Devisenkonto** der **EUR-Buchhaltung**.

Beispiele

mit den Kursen vom 01.12., siehe Kapitel 2.4.1, Seite 494

① **Verkauf von EUR an Exporteur = Kauf von USD von Exporteur**

Die Allgemeine Auslandsbank (AAB), Frankfurt a.M., erhält von der J.P.Morgan Chase, die Nachricht, dass ihrem USD-Nostrokonto 20.000,00 USD zu Gunsten ihrer Kundin, der Deutsche Maschinen-Exporte GmbH, gutgeschrieben wurden.

Die Kundin wünscht Gutschrift auf ihrem EUR-Konto.

② **Kauf von EUR von Korrespondenzbank = Verkauf von USD an Korrespondenzbank**

Um die nach ① offene Devisenposition zum größten Teil zu schließen, verkauft die AAB 17.000,00 USD an die Bank of America und bucht dabei den realisierten Kurserfolg.

③ **Abschluss des Hauptbuchkontos »Devisen« zu 1,2947 EUR/USD (beizulegender Zeitwert)** abzüglich 5% Risikoabschlag (= 1.2300 EUR/USD).

BUCHHALTUNG

EUR-BUCHHALTUNG

Nr.	Konten		EUR	
	Soll	Haben	Soll	Haben
①	Devisen		15.961,69	
		KKK		15.945,73
		Provisionserträge		15,96
②	BKK		13.603,26	
		Devisen		13.567,44
		Kursgewinne aus Devisen		35,82
③	BKK		2.439,02	
		Devisen		2.394,25
		sonst. betriebliche Erträge		44,77

EUR-Hauptbuch

```
S        Devisen        H          S         BKK         H
① 15.961,69  ② 13.567,44          ② 13.603,26
             ③  2.394,25          ③  2.439,02
   15.961,69    15.961,69

S  Kursgewinne aus Devisen  H      S  sonst. betriebliche Erträge  H
             ②     35,82                      ③      44,77
```

USD-BUCHHALTUNG

Nr.	Konten		USD	
	Soll	Haben	Soll	Haben
①	BKK		20.000,00	
		USD-Gegenwerte		20.000,00
②	USD-Gegenwerte		17.000,00	
		BKK		17.000,00
③	USD-Gegenwerte		3.000,00	
		BKK		3.000,00

USD-Hauptbuch

```
S         BKK         H          S     USD-Gegenwerte    H
① 20.000,00  ② 17.000,00          ② 17.000,00  ① 20.000,00
             ③  3.000,00          ③  3.000,00
   20.000,00    20.000,00            20.000,00    20.000,00
```

USD-Personenbuch

```
          S    J.P.Morgan Chase    H
          ① 20.000,00  ② 17.000,00
                       ③  3.000,00
             20.000,00    20.000,00
```

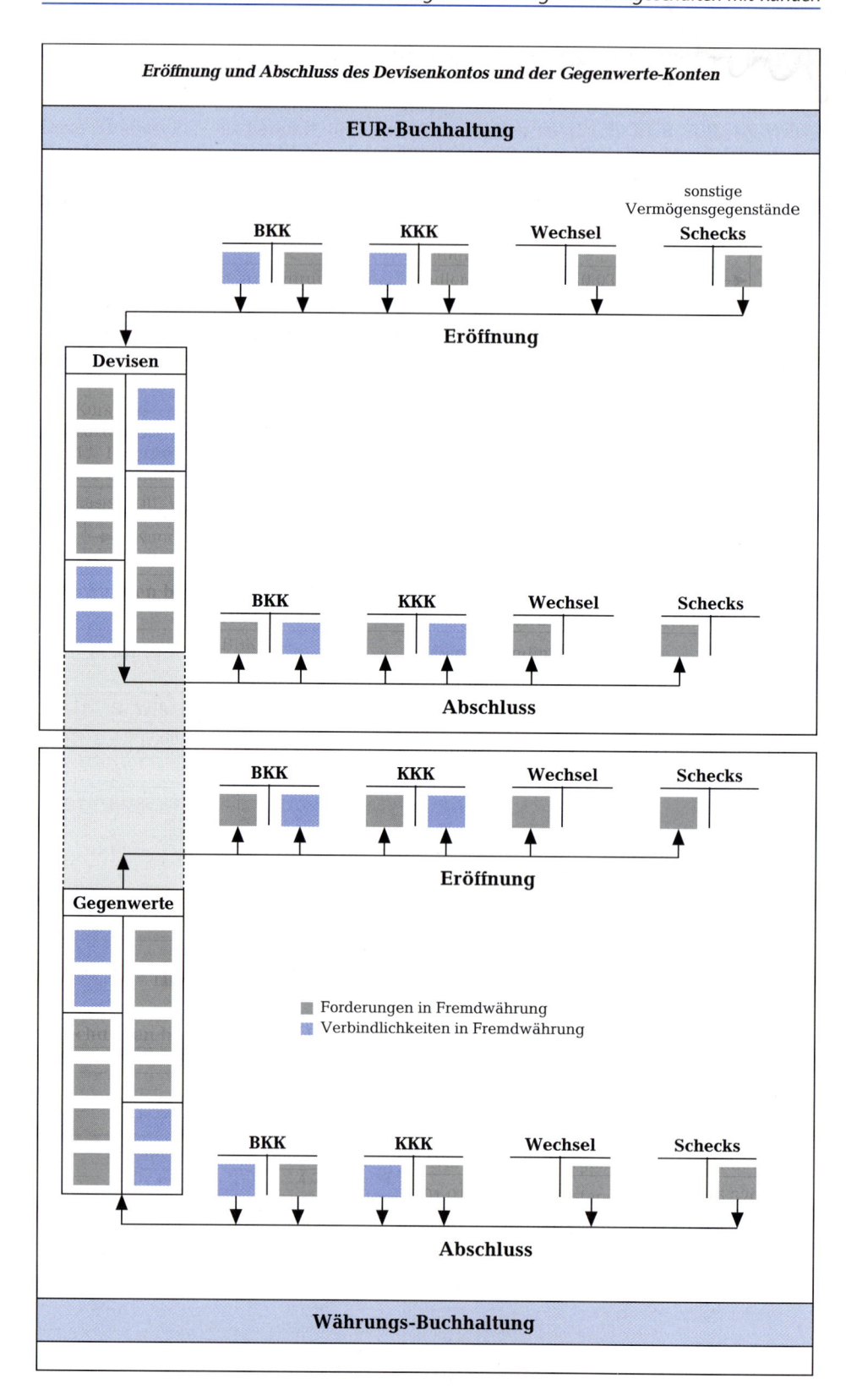

Eröffnung und Abschluss des Devisenkontos und der Gegenwerte-Konten

EUR-Buchhaltung

BKK | KKK | Wechsel | Schecks (sonstige Vermögensgegenstände)

Eröffnung

Devisen

BKK | KKK | Wechsel | Schecks

Abschluss

BKK | KKK | Wechsel | Schecks

Eröffnung

Gegenwerte

- Forderungen in Fremdwährung
- Verbindlichkeiten in Fremdwährung

BKK | KKK | Wechsel | Schecks

Abschluss

Währungs-Buchhaltung

ANHANG – 2.4 Auslandsgeschäfte

① **Kauf von USD = Verkauf von EUR zum Briefkurs:**

20.000,00 USD zu 1,2530 EUR/USD	= 15.961,69 EUR
abzüglich 1‰ aus dem Kurswert	= 15,96 EUR
	= 15.945,73 EUR

Große Kreditinstitute in Euroland lassen von ihren ausländischen Korrespondenzbanken, die nicht zu Euroland gehören, Nostrokonten in Währung führen. Umgekehrt lassen diese EUR-Konten von Kreditinstituten in Euroland führen, die aus Sicht der Kreditinstitute in Euroland Lorokonten sind.

② **Verkauf von USD = Kauf von EUR zum Banken-Geldkurs:**

Verkauf	von 17.000,00 USD zu 1,2497 EUR/USD	= 13.603,26 EUR
Ausbuchung	von 17.000,00 USD zu 1,2530 EUR/USD	= 13.567,44 EUR
realisierter Kursgewinn		= **35,82 EUR**

Realisierte Kurserfolge werden am Tag des **Devisenverkaufs** erfasst. Dabei wird der Devisenabgang zum Einkaufskurs (Buchwert) ausgebucht. Die Differenz zum Verkaufserlös ist der Kursgewinn oder Kursverlust aus Devisen.

③
Schlussbestand	3.000,00 USD zu 1,2300 EUR/USD	= 2.439,02 EUR
Kauf von	3.000,00 USD zu 1,2530 EUR/USD	= 2.394,25 EUR
Ertrag aus Währungsumrechnung		**44,77 EUR**

Schlussbestände an Devisen können nicht über Schlussbilanzkonto gebucht werden, weil die RechKredV keine Position »Devisen« vorsieht.

Sie müssen daher den entsprechenden EUR-Beständen zugerechnet werden und gelangen erst über diese auf das Schlussbilanzkonto.

In den einzelnen **Währungsbuchhaltungssystemen** werden die Konten beim Abschluss über die jeweiligen Gegenwerte-Konten ausgeglichen.

Bilanzausweis

Gemäß § 340 e (3) und § 256 a HGB hat die **Umrechnung von Fremdwährungen in EUR** zu erfolgen für

- Devisen des **Handelsbestands** zum beizulegenden **Zeitwert abzüglich Risikoabschlag**

- Devisen des **Nicht-Handelsbestands** zum **Devisenkassamittelkurs am Abschlussstichtag**

Bewertungsdifferenzen (§ 277 (5) HGB)	
durch Bewertung der Devisenbestände:	
Positive Bewertungsdifferenzen	Negative Bewertungsdifferenzen
werden als Ertrag gesondert unter dem Posten	werden als Aufwendungen gesondert unter dem Posten
»**sonstige betriebliche Erträge**«	»**sonstige betriebliche Aufwendungen**«
ausgewiesen.	ausgewiesen.

Zusammenfassung

	EUR-Buchhaltung		USD-Buchhaltung	
Devisenkauf (= EUR-Verkauf)	KKK	Devisen	Gegenwerte	BKK
Devisenverkauf (= EUR-Kauf)	KKK	Devisen	Gegenwerte	BKK

Aufgaben zu 2.4.3

[1] Die Berechnungen zu dieser Aufgabe sind mit den Kursen vom 01.12. (s. S. 494) ohne Provision durchzuführen.

   1.1 Die Allgemeine Auslandsbank (AAB), Frankfurt am Main, überweist im Auftrag ihrer Kundin, der Deutsche Früchte-Import GmbH, 50.000,00 USD zu Gunsten der US-Peanuts-Export Corp., Kundin der J.P.Morgan Chase, mit der die ABB in Korrespondenzverbindung steht. Die Kundin wünscht Belastung in EUR.

   1.2 Um die offene Devisenposition zum größten Teil zu schließen, kauft die AAB 40.000,00 USD von der J.P.Morgan Chase und bucht gleichzeitig den Erfolg aus.

[2] Die Hauptbuchkonten der Hessisch-Thüringischen Landesbank weisen folgende Umsätze auf:

	Soll	Haben
Devisen	159.884,52 EUR	136.172,39 EUR
USD-Gegenwerte	170.000,00 USD	200.000,00 USD
USD-BKK	200.000,00 USD	170.000,00 USD

Anfangsbestand auf HK Andere Rückstellungen   150,00 EUR

Schlussbestände am 31.12. auf Basis der Kurse vom 01.12., Seite 494

USD-BKK-Debitoren	90.000,00 USD
USD-BKK-Kreditoren	60.000,00 USD

Führen Sie folgende **Konten** in der

EUR-Buchhaltung:

Devisen, BKK, sonstige betriebliche Erträge, sonstige betriebliche Aufwendungen

USD-Buchhaltung:

USD-Gegenwerte, BKK
und schließen Sie zum 31.12 das HK Devisen

zu 1,4188 EUR/USD (beizulegender Zeitwert) abzüglich 10% (Risikoabschlag) ab.

2.4.4 Devisen-Termingeschäfte und Devisen-Swapgeschäfte

Gelingt es einem Ex- oder Importeur nicht, mit dem ausländischen Geschäftspartner Fakturierung in EUR zu vereinbaren, ist er dem **Kursrisiko** ausgesetzt. Um es auszuschalten, kann der Exporteur die zu einem späteren Zeitpunkt eingehenden Devisen schon bei Abschluss des Exportgeschäftes per Termin an sein Kreditinstitut zu einem vorher festgelegten Kurs, dem Devisen-Terminkurs, verkaufen oder ein Devisenswapgeschäft abschließen.

Entsprechend kann der Importeur später benötigte Devisen zum Terminkurs kaufen oder ein Devisenswapgeschäft abschließen. Die Terminkurse weichen von den Kassakursen nach oben oder unten um die »**Swapsätze**« ab.

Die Swapsätze gleichen die Zinssatzdifferenzen für die Märkte verschiedener Währungen aus.

Beispiel

Die Chemie AG verkauft am 30.06. Farben zum Preis von 1.000.000,00 USD nach China. Sie erwartet den Eingang des Verkaufserlöses nach 90 Tagen am 28.09. Ihre Selbstkosten betragen 700.000,00 EUR. Ihrer Verkaufspreiskalkulation hat sie einen Kurs von 1,1399 EUR/USD zugrunde gelegt.

① Wie hoch sind Gewinn und Verlust, wenn der EUR am 28.09. auf

  a) 1,5384 EUR/USD gestiegen ist?

  b) 1,0000 EUR/USD gefallen ist?

Text	Fall a)	Kalkulation	Fall b)
Verkaufserlös		1.000.000,00 USD	1.000.000,00 USD
Kurs		1,1399 EUR/USD	1,0000 EUR/USD
Verkaufserlös		877.270,00 EUR	1.000.000,00 EUR
Gewinn		177.270,00 EUR	300.000,00 EUR
Selbstkosten	700.000,00 EUR	700.000,00 EUR	700.000,00 EUR
Verlust	49.974,00 EUR		
Verkaufserlös	650.026,00 EUR		
Kurs	1,5384 EUR/USD		
Verkaufserlös	1.000.000,00 USD		

Gewinn oder Verlust als Folge von Devisenkursschwankungen

② Die Handelsbank AG soll die Kurssicherung für das Chinageschäft mit einem Devisen-Termin-Geschäft übernehmen.

Dem Geschäft liegen folgende Daten zu Grunde:
 – Geldmarktsätze für Dreimonatsgeld am Money Market für
   USD: 5% und Euro: 4%
 – Kurse vom 01.02. von Seite 494 und Terminkurs:

  a) Wie kann die Handelsbank AG die offene Position, die sich aus dem Outright- oder Sologeschäft mit dem Kunden ergibt, abdecken, wenn sie kein Gegengeschäft mit einem Importeur abschließen kann und nicht im Risiko bleiben will?

  b) Wie sind die Geschäfte, die sich aus a) ergeben, zu buchen?

a) *Devisen-Termingeschäft mit Deckung offener Devisenposition durch Swapgeschäft*

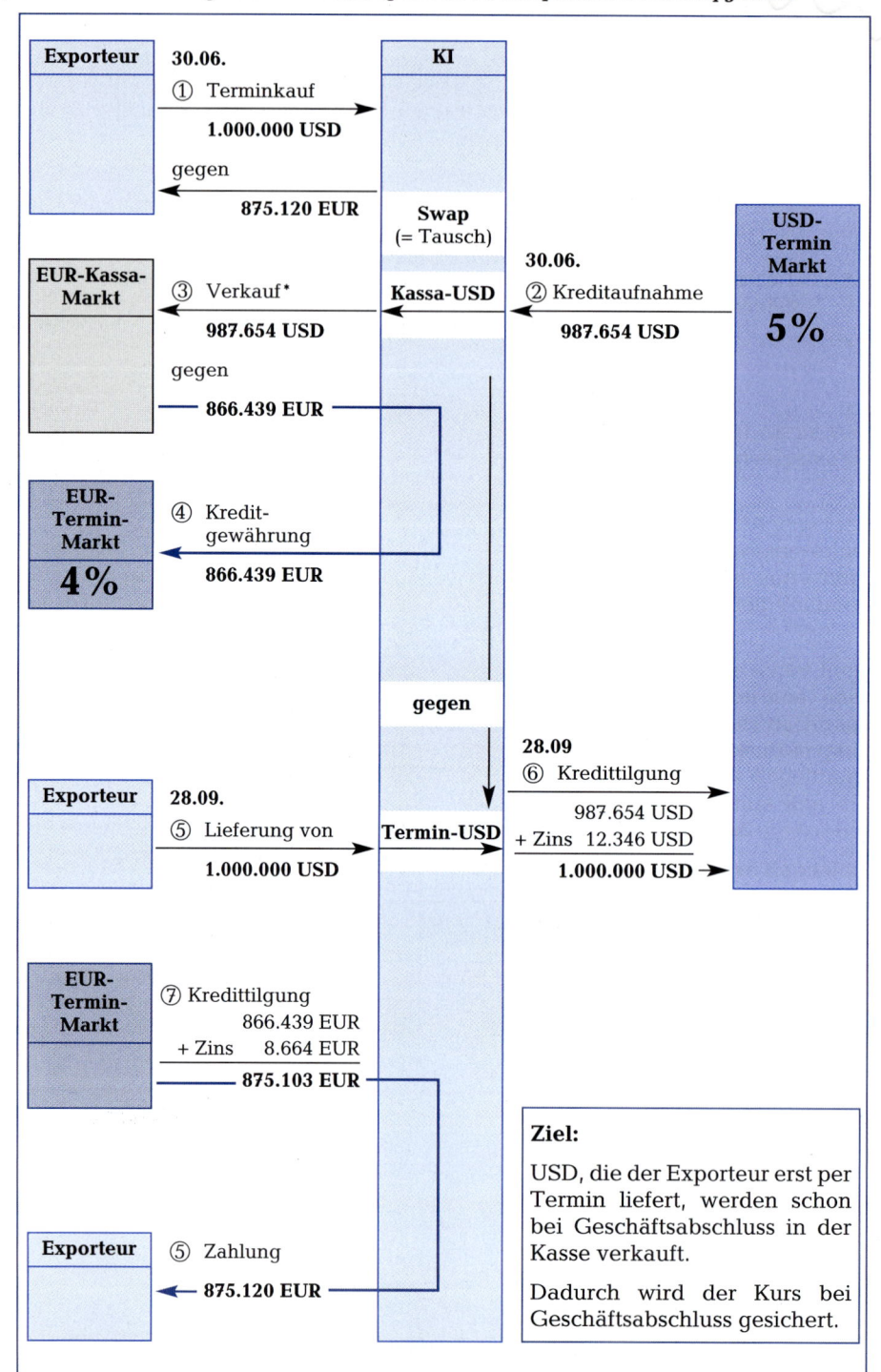

Exporteur	30.06. ① Terminkauf → 1.000.000 USD ← gegen 875.120 EUR	**KI**	
EUR-Kassa-Markt	③ Verkauf* ← 987.654 USD gegen ← 866.439 EUR	Swap (= Tausch) 30.06. Kassa-USD ② Kreditaufnahme → 987.654 USD	**USD-Termin Markt** 5%
EUR-Termin-Markt 4%	④ Kreditgewährung ← 866.439 EUR		
		gegen	
Exporteur	28.09. ⑤ Lieferung von → 1.000.000 USD	Termin-USD	28.09 ⑥ Kredittilgung → 987.654 USD + Zins 12.346 USD 1.000.000 USD →
EUR-Termin-Markt	⑦ Kredittilgung 866.439 EUR + Zins 8.664 EUR 875.103 EUR		
Exporteur	⑤ Zahlung ← 875.120 EUR		**Ziel:** USD, die der Exporteur erst per Termin liefert, werden schon bei Geschäftsabschluss in der Kasse verkauft. Dadurch wird der Kurs bei Geschäftsabschluss gesichert.

* Verkauf zum Kassa-Briefkurs für die Euro des USD-Käufers (1,1399).
  Der Kunden- und nicht der Interbankenkurs wird angesetzt, um die Bestimmungen des Terminkurses nicht durch den Unterschied zwischen beiden Kursen zu beinflussen.

ANHANG – 2.4 Auslandsgeschäfte   505

b) **Buchung** eines **Termingeschäftes** mit einem **Exporteur** (Outright- oder Sologeschäft) und eines **Swapgeschäftes** mit einer Korrespondenzbank.

EUR-Hauptbuch

S	Termin-Devisen		H
①	875.120,00	⑤	875.120,00

S	Termin-Forderungen		H
④	866.439,00	⑦	866.439,00

S	Termin-Verbindlichkeiten		H
⑤	875.120,00	①	875.120,00

S	Devisen		H
⑤	875.120,00	③	866.439,00
⑪	2.123,00	⑧	10.804,00
	877.243,00		877.243,00

S	BKK		H
③	866.439,00	④	866.439,00
⑦	875.103,00		

S	KKK		H
		⑤	875.120,00

S	Zinserträge		H
⑨	8.664,00	⑦	8.664,00

S	Zinsaufwendungen		H
⑧	10.804,00	⑩	10.804,00

S	GuV		H
⑩	10.804,00	⑨	8.664,00
		⑪	2.123,00
			17,00*)
	10.804,00		10.804,00

USD-Hauptbuch

S	Termin-Devisen-Gegenwerte		H
⑤	1.000.000,00	①	1.000.000,00

S	Termin-Forderungen		H
①	1.000.000,00	⑤	1.000.000,00

S	Termin-Verbindlichkeiten		H
⑥	987.654,00	②	987.654,00

S	USD-Gegenwerte		H
③	987.654,00	⑤	1.000.000,00
⑧	12.346,00		
	1.000.000,00		1.000.000,00

S	BKK		H
②	987.654,00	③	987.654,00
⑤	1.000.000,00	⑥	1.000.000,00
	1.987.654,00		1.987.654,00

S	Zinsaufwendungen		H
⑥	12.346,00	⑧	12.346,00

*) Rundungsdifferenz, weil nur mit 1,1427000 USD/EUR und nicht mit 1,1427214 USD/EUR gerechnet

Ableitung der Terminkursformel

Der Terminkurs muss die Zinssatzdifferenz zwischen dem Zinssatz für die Fremdwährung und dem Zinssatz für den Euro ausgleichen.

Der Terminkurs verhält sich zum Kassakurs wie

der zum Fremdwährungszinssatz vermehrte Kassakurs zu dem

zum Euro-Zinssatz vermehrten Kassakurs.

Je höher der Zinssatz der Fremdwährung im Verhältnis zum Euro-Zinssatz ist, desto höher muss der Terminkurs zum Ausgleich sein – und umgekehrt.

$$\frac{TK}{KK} = \frac{KK\left(1 + \frac{p(F) \cdot t}{360 \cdot 100}\right)}{KK\left(1 + \frac{p(\text{€}) \cdot t}{360 \cdot 100}\right)}$$

$$\text{Terminkurs} = KK \cdot \frac{1 + \frac{\text{Zinssatz der Fremdwährung} \cdot \text{Tage}}{360 \cdot 100}}{1 + \frac{\text{Zinstage des Euro} \cdot \text{Tage}}{360 \cdot 100}}$$

TK = Terminkurs
KK = Kassakurs
p(F) = Fremwährungszinssatz
p(€) = Zinssatz des Euro
t = Tage

Ableitung der Swapsatzformel

$$\text{Swapsatz} = TK - KK$$

$$= KK \cdot \frac{36000 + p(F) \cdot t}{36000 + p(\text{€}) \cdot t} - KK$$

$$= \frac{KK \left(36000 + p(F) \cdot t - 36000 + p(\text{€}) \cdot t\right)}{36000 + p(\text{€}) \cdot t}$$

$$\text{Swapsatz} = \frac{\text{Kassakurs} \cdot \text{Zinssatzdifferenz} \cdot \text{Tage}}{36000 + \text{Zinssatz für Euro}}$$

ANHANG – 2.4 Auslandsgeschäfte

①
$$\text{Terminkurs} = 1{,}1399 \cdot \frac{1 + \frac{5 \cdot 90}{36000}}{1 + \frac{4 \cdot 90}{36000}} = 1{,}1399 \cdot \frac{1{,}0125}{1{,}01} = 1{,}1427 \text{ USD/EUR}$$

– Kassakurs	= 1,1399 USD/EUR
Swapkurs	**= 0,0028 USD/EUR**

Das Kreditinstitut schließt das Devisentermingeschäft mit dem Exporteur ab.

Das Kreditinstitut hat per Termin 1.000.000,00 USD zu fordern.

Das Kreditinstitut schuldet den EUR-Gegenwert zum Terminkurs
1.000.000,00 : 1.1427 = **875.120.00 EUR**

② Das Kreditinstitut nimmt einen USD-Kredit auf in Höhe des Barwertes, der zu 5% in 90 Tagen auf 1.000.000,00 USD anwächst.

$$\text{Barwert} = 1.000.000{,}00 \text{ USD} : \left(1 + \frac{5 \cdot 90}{360 \cdot 100}\right) = \textbf{987.654,00 USD}$$

③ Das Kreditinstitut verkauft 987.654,00 USD zum Kassakurs 1,1399
= **866.439,00 EUR**

④ Das Kreditinstitut verleiht 866.439,00 EUR zu 4% für 90 Tage.

⑤ Der Exporteur schafft 1.000.000,00 USD an und erhält dafür **875.120,00 EUR**

⑥ Das Kreditinstitut zahlt an den Kreditgeber:
987.654,00 USD + 12.346,00 USD Zinsen = **1.000.000,00 USD**

⑦ Das Kreditinstitut erhält von dem Kreditnehmer
866.439,00 EUR + 8.664,00 EUR Zinsen = **875.103,00 EUR**

⑧ Das Kreditinstitut bucht den Zinsaufwand zum Terminkurs in der USD-Buchhaltung aus.

⑨ Das Kreditinstitut schließt HK Zinsertrag ab: = **8.664,00 EUR**

⑩ Das Kreditinstitut schließt HK Zinsaufwand ab: = **10.804,00 EUR**

⑪ Das Kreditinstitut schließt HK Devisen mit einem Kursgewinn von 2.123,00 EUR ab, der zum Ausgleich der Zinsdifferenz von 5% für die Kreditaufnahme und 4% für die Kreditvergabe dient. (Die Rundungsdifferenz beträgt 17,00 EUR.)

Ergebnis:

Das Kreditinstitut erleidet einen Zinsverlust von	2.140,00 EUR
da es USD-Kredit zu 5% aufnimmt	¦04,00 EUR
und EUR-Kredit zu nur 4% vergibt	8.664,00 EUR
Dieser Zinsverlust wird dadurch ausgeglichen, dass der Exporteur	1,00 EUR
nicht für	1,1399 USD,
sondern erst für	1,1427 USD
erhält.	

Devisen-Termingeschäfte und Swapgeschäfte

mit **Exporteuren**	mit **Importeuren**
KIs kaufen zur Kurssicherung USD von Exporteuren,	KIs verkaufen zur Kurssicherung USD an Importeure,
welche die Exporteure erst an einem späteren Erfüllungstag zu einem bei Geschäftsabschluss festgelegten Kurs zu liefern haben.	welche den Importeuren erst an einem späteren Erfüllungstag zu einem bei Geschäftsabschluss festgelegten Kurs zu liefern sind.
Die KIs übernehmen bei diesem Geschäft das Risiko, dass der Kurs am Erfüllungstag unter den festgelegten Kurs fällt.	Die KIs übernehmen bei diesem Geschäft das Risiko, dass der Kurs am Erfüllungstag über den festgelegten Kurs steigt.
Sie leihen sich daher nach Geschäftsabschluss USD am USD-Geldmarkt zum USD-Zinssatz und verkaufen die geliehenen USD gegen EUR zum Kassakurs des Abschlusstages.	Sie leihen sich daher nach Geschäftsabschluss EUR am EUR-Geldmarkt zum EUR-Zinssatz und kaufen USD für die geliehenen EUR zum Kassakurs des Abschlusstages.
Auf diese Weise ist das Risiko ausgeschaltet.	**Auf diese Weise ist das Risiko ausgeschaltet.**
Die KIs leihen die erhaltenen EUR am EUR-Geldmarkt zum EUR-Zinssatz aus.	Die KIs leihen die erhaltenen USD am USD-Geldmarkt zum USD-Zinssatz aus.
Am Erfüllungstag zahlen die KIs die ausgeliehenen USD mit den USD zurück, die sie von den Exporteuren erhalten, und liefern die EUR, die sie von ihren Kreditnehmern erhalten, an die Exporteure.	Am Erfüllungstag zahlen die KIs die ausgeliehenen EUR mit den EUR zurück, die sie von den Importeuren erhalten, und liefern die USD, die sie von ihren Kreditnehmern erhalten, an die Importeure.
Die KIs erzielen bei diesem Geschäft einen **Zinsverlust,** den sie durch einen	Die KIs erzielen bei diesem Geschäft einen **Zinsgewinn,** den sie durch einen
Aufschlag **(Report)**	Aufschlag **(Report)**
auf den Kassa-Briefkurs hereinholen, wenn	auf den Kassa-Geldkurs weitergeben, wenn

USD-Zinssatz > EUR-Zinssatz (➦ Report)

oder	oder
einen **Zinsgewinn,** den sie durch einen	einen **Zinsverlust,** den sie durch einen
Abschlag **(Deport)**	Abschlag **(Deport)**
vom Kassa-Briefkurs weitergeben, wenn	vom Kassa-Geldkurs hereinholen, wenn

USD-Zinssatz < EUR-Zinssatz (➦ Deport)

Zusammenfassung

Ein **Swapgeschäft** kann ein **Tauschgeschäft** zwischen einem Kassa- und einem Termingeschäft zur Absicherung des Terminkurses sein. Als Tauschpartner fungiert dabei gewöhnlich das gleiche Kreditinstitut.

Die Differenz zwischen Kassa- und Terminkurs (=Report oder Deport) wird als **Swapsatz** bezeichnet, weil er die Differenz ausgleicht, die durch den Swap (engl. = Tausch) von Kassa- gegen Termindevisen entstehen kann.

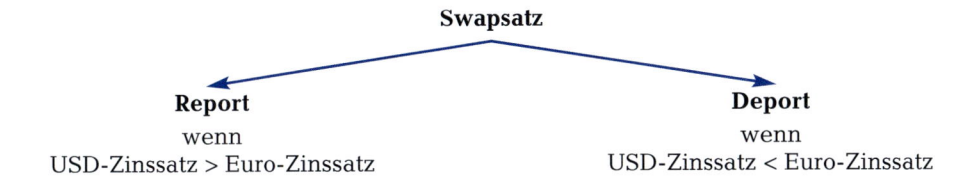

Swapsatz

Report	**Deport**
wenn	wenn
USD-Zinssatz > Euro-Zinssatz	USD-Zinssatz < Euro-Zinssatz

Aufgaben zu 2.4.4

Die Spielwaren GmbH, Nürnberg, hat in 90 Tagen 1.000.000,00 USD nach Hongkong zu zahlen. Die Fränkische Bank AG soll die Kurssicherung für das Chinageschäft mit einem Devisen-Termin-Geschäft übernehmen.

Dem Geschäft liegen die Daten des Beispiels zu Grunde.

a) Wie kann die Fränkische Bank AG die offene Position, die sich aus dem Outright- oder Sologeschäft ergibt, abdecken, wenn sie kein Gegengeschäft mit einem Exporteur abschließen kann?

b) Wie sind die Geschäfte, die sich aus a) ergeben, zu buchen?

2.4.5 Devisenhandel im Interbankengeschäft

Der **Abschluss** von Devisenhandelsgeschäften zwischen Banken erfolgt über **elektronische Plattformen für den Devisenhandel.** Global führende Plattform für den Interbankenhandel in den großen Währungspaaren Euro/Dollar, Dollar/Yen und Euro/Pfund ist die **Devisenhandelsplattform EBS (»Electronic Broking System«). Sie gehört Icap plc.,** dem größten Broker von Finanzprodukten.

Die Banken stellen auf die Devisenhandelsplattformen ihre Geld- und Briefkurse, die sie gegebenenfalls von Sekunde zu Sekunde ändern.

Das **Settlement** (= Erfüllung) der Devisengeschäfte erfolgt mit Hilfe der **CLS-Bank** (»Continuous Linked Settlement-Bank«) mit dem Sitz in New York. Bei ihr unterhalten die am Devisenhandel beteiligten Banken (»Settlement-Members«) Konten, über die der Zahlungsausgleich nach dem Prinzip »Zahlung gegen Zahlung«, also ohne zeitliche Verzögerung, vorgenommen wird.

Beispiele

Die Allgemeine Außenhandelsbank AG (AAB), Frankfurt am Main, die Ex- und Importbank AG (EIB), Hamburg, und die J.P.Morgan Chase (CHM), New York, sind Korrespondenzbanken, die ihre Devisengeschäfte über die CLS-Bank abwickeln.

① Am 30.12. stellen diese Banken folgende Quotierungen ins Internet:

AAB   0,8643 EUR/USD Geld: 0,8649 EUR/USD Brief
EIB   0,8652 EUR/USD Geld: 0,8658 EUR/USD Brief
CHM   1,1553 USD/EUR Geld: 1,1561 USD/EUR Brief

Die AAB nimmt das Angebot der EIB an und kauft von ihr 10 Mio. USD.

② Am 31.12. stellen die Banken folgende Quotierungen ins Internet:

AAB   0,8643 EUR/USD Geld: 0,8649 EUR/USD Brief
EIB   0,8643 EUR/USD Geld: 0,8649 EUR/USD Brief
CHM   1,1562 USD/EUR Geld: 1,1570 USD/EUR Brief

Die AAB nimmt das Angebot der CHM an und verkauft an sie 8 Mio. USD.

③ Am 31.12. schließt die AAB alle von den Geschäftsfällen ① und ② berührten Konten ab. Der Tagesmittelkassakurs am 31.12 ist 0,8646 EUR/USD.
Wie bucht die AAB?

EUR-Grundbuch

Nr.	Konten		EUR	
	Soll	Haben	Soll	Haben
①	Devisen		11.558.021,27	
		BKK		11.558.021,27
②	BKK		9.249.600,00	
		Devisen		9.246.417,01
		Kursgewinne aus Devisen		3.182,99
③	BKK		2.313.208,42	
		Devisen		2.311.604,25
		andere Rückstellungen		1.604,17

USD-Grundbuch

Nr.	Konten		EUR	
	Soll	Haben	Soll	Haben
①	BKK		10.000.000,00	
		USD-Gegenwerte		10.000.000,00
②	USD-Gegenwerte		8.000.000,00	
		BKK		8.000.000,00
③	USD-Gegenwerte		2.000.000,00	
		BKK		2.000.000,00

ANHANG – 2.4 Auslandsgeschäfte 511

① Die AAB **kauft** am 30.12 10 Mio. USD von der EIB und bezahlt mit 11.558.021,27 EUR.

Die EIB kauft die EUR zu ihrem Geldkurs 0,8652 EUR/USD an.

(10.000.000 USD: 0,8652 USD/EUR = **11.558.021,27 EUR**)

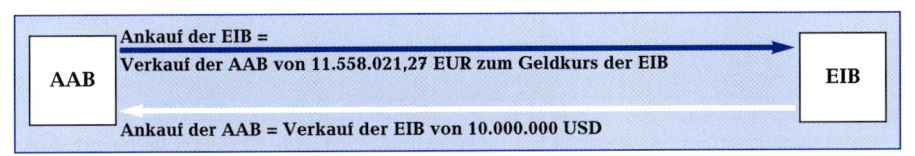

```
                    Ankauf der EIB =
            ┌───── Verkauf der AAB von 11.558.021,27 EUR zum Geldkurs der EIB ─────►┐
    AAB                                                                              EIB
            └───── Ankauf der AAB = Verkauf der EIB von 10.000.000 USD ──────────────┘
```

Abb. 10: Verkauf von EUR im Interbankengeschäft

② Die AAB **verkauft** am 31.12. 8 Mio. USD an die J.P. Morgan Chase (CHM), die mit 9.249.600,00 EUR bezahlt.

Die Chase kauft die USD zu ihrem Geldkurs 1,1562 USD/EUR an.

(8.000.000 USD · 1,1562 EUR/USD = **9.249.600,00 EUR**)

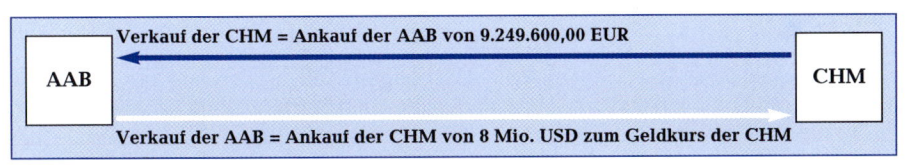

```
            ◄───── Verkauf der CHM = Ankauf der AAB von 9.249.600,00 EUR ─────┐
    AAB                                                                        CHM
            └───── Verkauf der AAB = Ankauf der CHM von 8 Mio. USD zum Geldkurs der CHM ─────►
```

Abb. 11: Ankauf von EUR im Interbankengeschäft

③ Die AAB hat einen **Kursgewinn** erzielt:

Verkauf von 8.000.000 USD zu 1,1562 USD/EUR	= 9.249.600,00 EUR
Kauf von 8.000.000 USD zu 0,8652 EUR/USD	= 9.246.417,01 EUR
Kursgewinn	= 3.182,99 EUR

(8.000.000,00 USD · 1,1562 EUR/USD = 9.249.600,00 EUR)
(8.000.000,00 USD : 0,8652 EUR/USD = 9.246.417,01 EUR)

Die AAB hat aus der Währungsumrechnung einen **Ertrag** erzielt:

Die AAB bewertet ihren Bestand von 2.000.000,00 USD am 31.12 zum beizulegenden Zeitwert abzüglich Risikoabschlag zu 0,8646 EUR/USD
= 2.313.208,42 EUR

Die AAB hat ihren Bestand von 2.000.000,00 USD erworben
zum Geldkurs der EIB 0,8652 EUR/USD = 2.311.604,25 EUR

Erträge aus der Währungsumrechnung = 1.604,17 EUR

EUR-Hauptbuch			
S		Devisen	H
Kauf	11.558.021,27	Verkauf	9.249.600,00
Kursgewinne aus Devisen	3.182,99	Bestand	2.313.208,42
andere Rückstellungen	1.604,17		
	11.562.808,43		11.562.808,42

Zusammenfassung

Geschäfte	EUR-KI	US-KI	Kurse
EUR-KI verkauft EUR an US-KI gegen USD	fragt nach USD	bietet USD an	USD-Briefkurs des US-KI
	bietet EUR an	fragt nach EUR	EUR-Briefkurs des EUR-KI
EUR-KI kauft EUR von US-KI gegen USD	fragt nach EUR	bietet EUR an	USD-Geldkurs des US-KI
	bietet USD an	fragt nach EUR	EUR-Geldkurs des EUR-KI

Aufgaben zu 2.4.5

① Die Handelsbank AG, die Bank of America und die Bank of China sind Korrespondenzbanken.

Am 01.06.06 quotierten

die Handelsbank AG   1,2497 : 1,2503 EUR/USD und
die Bank of China   0,7884 : 0,8000 USD/EUR.

Die Handelsbank AG kaufte 100 Mio. USD gegen EUR von der Bank of China zu deren Quotierung und verkaufte gleichzeitig den gleichen Betrag zu ihrer eigenen Quotierung an die Bank of America.
Buchen Sie die beiden Geschäfte im USD-Grundbuch und im EUR-Grundbuch und ermitteln Sie dabei den Kurserfolg.

② Die Eurafrikabank, die Außenhandelsbank und die Citibank sind Korrespondenzbanken.

Am 31.12 quotierten

die Eurafrikabank   0,9000 : 0,9006 EUR/USD
die Außenhandelsbank 0,9002 : 0,9008 EUR/USD
die Citibank   1,1200 : 1,1208 USD/EUR

2.1 Die Eurafrikabank nimmt das Angebot der Außenhandelsbank zu deren Quotierung an, von ihr 3 Mio. USD gegen EUR zu kaufen, mit Anschaffung bei der Citibank.
2.2 Die Eurafrikabank nimmt das Angebot der Citibank an, ihr 2 Mio. USD gegen EUR zu verkaufen.
2.3 Die Eurafrikabank schließt ihr Devisenkonto zum beizulegenden Zeitwert abzüglich Risikoabschlag zu 0,9003 EUR/USD ab.

2.4.6 Währungsrisiko

Beispiel

Die Hamburger Bank AG hat bei einem USD-Kurs von 0,85 EUR/USD 20 Mio. EUR für ein Jahr in USD (Gegenwert also 17 Mio. USD) angelegt, da zum Zeitpunkt der Anlage die Zinsen für USD-Anlagen mit 6% um einen Prozentpunkt über den EUR-Zinsen (5%) lagen. Für die Zukunft rechnet die Bank mit gleich bleibendem bis leicht steigendem USD-Kurs und hofft, zusätzlich zu den höheren Zinsen noch Kursgewinne erzielen zu können. Bis zur Fälligkeit der Anlage ist der USD jedoch wider Erwarten auf 0,86 EUR/USD gefallen. Welcher Gewinn oder Verlust wurde durch die USD-Anlage gegenüber einer EUR-Anlage erzielt?

Zinsertrag aus EUR-Anlage:

5% aus 20 Mio. EUR =   1.000.000,00 EUR

Zinsertrag aus USD-Anlage:

6% aus 17 Mio. USD = 1.020.000,00 USD

1.020.000 USD : 0,86 EUR/USD =   1.186.046,51 EUR

abzüglich Kursverlust

17 Mio. USD zu 0,85 EUR/USD	=	20.000.000,00 EUR	
17 Mio. USD zu 0,86 EUR/USD	=	19.767.441,86 EUR	
	=	232.558,14 EUR =	953.488,37 EUR

Nachteil der USD-Anlage gegenüber einer EUR-Anlage   **46.511,63 EUR**

Inkl. Zinsen erhält die Hamburger Bank AG 17 Mio. USD · 1,06 (Zinsen) : 0,86 (Kurs) = 20.953.488,37 EUR zurück. Bei einer Anlage in EUR wären demgegenüber 20 Mio. EUR · 1,05 (Zinsen) = 21.000.000,00 EUR Endvermögen zu erzielen gewesen. Der Nachteil durch den Kursrückgang beträgt also 46.511,63 EUR.

Ein **(Fremd-)Währungsrisiko** kann in mehreren Bereichen auftreten:

Sortenbestände, die für den Verkauf an Kunden gehalten werden, können bei fallenden Kursen an Wert verlieren. Diesem Risiko steht jedoch auch eine Chance gegenüber: Wenn die Kurse steigen, können die Sorten zu diesem höheren Preis an die Kunden verkauft werden, sodass ein Kursgewinn entsteht. Insgesamt ist das Kursrisiko aus den Sortenbeständen jedoch relativ gering, da bezogen auf das gesamte Bilanzvolumen einer Bank nur ein sehr **geringer Anteil** auf derartige Positionen entfällt.

Anders ist es jedoch bei **Guthaben in Fremdwährung (Devisen),** die bei anderen Banken im In- und Ausland gehalten werden. Diese können oftmals ein beträchtliches Volumen erreichen.

Wenn ein **Kunde** für eine Zahlung Fremdwährung benötigt oder eine Zahlung in Fremdwährung erhält, kann er – sofern er nicht selbst über ein Fremdwährungskonto verfügt, das er zur Überweisung bzw. Gutschrift des Betrages verwenden kann – die Fremdwährung von seiner Bank kaufen oder an diese verkaufen.

Wenn die Bank diese Fremdwährung nicht in einem weiteren Geschäft von einer anderen Bank kauft bzw. an diese verkauft, ergibt sich auf dem Währungskonto der Bank ein Soll- bzw. Haben-Bestand (offene Position). Wenn sich nun der Kurs der betreffenden Währung verändert, kann für die Bank ein Gewinn- bzw. Verlust (gleich bedeutend mit Chance oder Risiko) entstehen.

Ebenso kann für die Bank ein **Risiko** oder eine **Chance** entstehen, wenn sie heute mit einem Kunden einen Kurs für den Kauf oder Verkauf von Fremdwährung fest vereinbart, die Abwicklung des Geschäftes aber erst in der Zukunft erfolgt (vgl. Kapitel 4.5).

Die **Steuerung** des Währungsrisikos kann dadurch erfolgen, dass für offene Positionen je Währung und/oder insgesamt für alle Währungen ein **Limit** festgelegt wird, das **nicht überschritten werden darf** und ab dem die offene Position dann durch ein entsprechendes Gegengeschäft gedeckt wird. Alternativ hierzu kann **sofort** durch ein **Sicherungsgeschäft** das Risiko von Kursschwankungen auf einen Dritten verlagert werden. Sicherster Schutz vor Währungsrisiken ist die **Vermeidung von offenen Positionen** oder von Fremdwährungsgeschäften überhaupt. Dabei ist dann aber auch die Möglichkeit eines Währungsgewinnes ausgeschlossen.

Termingeschäfte können ebenfalls durch ein Gegengeschäft (gleicher Betrag, gleiche Währung, gleicher Termin, aber unterschiedliches Vorzeichen) abgesichert werden.

Bei vielen Banken kommt dem Währungsrisiko eine **erhebliche Bedeutung** zu, da Devisengeschäfte oftmals nicht zur Erfüllung eines Kundengeschäfts getätigt werden, sondern der Spekulation dienen. Weit mehr als 95% aller weltweit getätigten Devisen-Transaktionen dienen ausschließlich Spekulationszwecken.

Um das Risiko aus Währungsgeschäften abschätzen zu können, kann man im Rahmen einer Vergangenheitsbetrachtung die Kursentwicklung einer Währung untersuchen und die maximalen prozentualen Kursschwankungen in einem bestimmten Zeitraum ermitteln (→ »**Value-at-Risk**«).

Das Währungsrisiko ist das

Risiko, dass durch **Kursänderungen** von Fremdwährungen gegenüber dem EURO **Verluste** entstehen.

Mögliche **Schutzmaßnahmen** sind:
- Offene Positionen vermeiden
- Maximalen Gegenwert der offenen Positionen limitieren, um das Risiko zu begrenzen
- Risiko (Value-at-Risk) der offenen Positionen auf bestimmten Betrag begrenzen
- Abschluss von Sicherungsgeschäften.

Aufgaben zu Kapitel 2.4.6

1. Wie groß müsste die Zinsdifferenz für die USD-Anlage im Beispiel zu Kapitel 2.4.6 sein, um genau dasselbe Ergebnis zu erzielen, wie bei der Anlage zu 5% in EUR?

2. Die Firma Schneider KG verkauft am 30.06. an die Firma Macrohard in den USA eine Stanzmaschine zum Preis von 100.000,00 USD. Im Kaufvertrag wird vereinbart, dass der Kaufpreis erst am 30.12. zu leisten ist (6-monatiges Zahlungsziel).

   Da die Schneider KG das Risiko eines fallenden Dollars ausschließen will, vereinbart sie bereits am 30.06. mit ihrer Hausbank, der Sächsischen Bank AG, dass diese die am 30.12. eingehenden Dollars zu einem heute schon fest vereinbarten Kurs übernimmt – unabhängig davon, wie sich der Kurs des Dollars bis dahin tatsächlich entwickelt. Die Sächsische Bank nimmt an, dass der Dollar am Jahresende bei 0,90 EUR/USD steht. Sie trifft daher mit ihrem Kunden eine Vereinbarung dahingehend, dass die Schneider KG am 30.12. 100.000,00 USD liefern muss.

   Welchen Gewinn oder Verlust erleidet die Sächsische Bank AG wenn der USD auf

   a) 0,80 EUR/USD gestiegen,

   b) 0,95 EUR/USD gefallen ist?

2.4.7 Berechnung von Rohstoffpreisen mit Kettensatz

Beispiel

Der wichtigste Handelsplatz für Gold ist London. Hier stellt die London Bullion Market Association (LBMA), ein Zusammenschluss einiger internationaler Großbanken, werktäglich den Weltmarktpreis für Gold in USD je Unze (oz) fest (Fixing). Eine Unze entspricht ca. 31,1 g (genau: 31,1034768 Gramm).
Am 11.01.2011 fixte die LBMA einen Goldpreis von 1.381,00 USD je Unze (oz). Am gleichen Tag betrug der USD-Kurs in Frankfurt/M. für den Euro 1,29 EUR/USD.
Wie hoch war dann der Preis in Euro für 10 Gramm Gold in Frankfurt/M.?

ANHANG – 2.4 Auslandsgeschäfte

Lösungsalternativen:

a) mit 2 Dreisätzen

1. Dreisatz

31,1 g	=	1.381,00 USD
10,0 g	=	x USD

$$x \text{ USD} = \frac{1.381 \text{ USD} \cdot 10 \text{ g}}{31,1 \text{ g}}$$

x USD = 444,05 USD

2. Dreisatz

1,00 EUR	=	1,29 USD
x EUR	=	444,05 USD

$$x \text{ EUR} = \frac{1 \text{ EUR} \cdot 444,05 \text{ USD}}{1,29 \text{ USD}}$$

x EUR = 344,23 EUR

b) Kettensatz

x EUR	10 g Gold
31,1 g Gold	1 oz Gold
1 oz Gold	1.381,00 USD
1,29 USD	1,00 EUR

$$x \text{ USD} = \frac{10 \text{ g} \cdot 1 \text{ oz} \cdot 1.381 \text{ USD} \cdot 1 \text{ EUR}}{31,1 \text{ g} \cdot 1 \text{ oz} \cdot 1,29 \text{ USD}}$$

x EUR = 344,23 EUR

Zusammenfassung

Mehrere Dreisätze lassen sich zu einem **Kettensatz** verknüpfen. Für die Aufstellung der Kette gelten folgende Vorschriften:

1. Die Aufstellung beginnt mit dem Fragesatz. Die gesuchte Größe steht links.
2. Die Bedingungssätze beginnen mit der Einheit, mit welcher der vorangegangene Bedingungssatz schließt (= Verkettung).
3. Die Aufstellung endet mit dem Schlusssatz, wenn die Einheit rechts erscheint, mit der sie links begonnen hat.
4. Die Aufstellung wird nach links gedreht, sodass die rechte Seite als Zähler auf dem Bruchstrich und die linke Seite als Nenner unter dem Bruchstrich zu stehen kommt.

Aufgaben zu Kapitel 2.4.7

[1] Die LBMA fixt den Goldpreis mit 1.390,00 USD je Unze. Der USD-Kurs für 1 EUR in Frankfurt/M liegt bei 1,35 EUR/USD. Wie hoch ist der Preis in EUR für 10g Gold?

[2] Bilden Sie für den Zusammenhang zwischen Goldpreis in London in USD je Unze, dem USD-Kurs des Euro und dem Goldpreis in Frankfurt/M in EUR je Gramm eine allgemeingültige Formel.

[3] Ein Kunde möchte den Goldanteil seiner 20 g schweren 750er Goldkette berechnen und den Wert in Euro bestimmen. Die Kette ist mit einem Stempel 750 Feingehalt versehen.
Berechnen Sie den Preis des Feingoldgehaltes der Goldkette mit einer 20 g Goldlegierung in Euro an Hand des aktuellen Edelmetallkurses.
Der aktuelle Goldpreis pro Unze Feingold beträgt 1.345,50 USD, der Kurs des USD beträgt 1,3442 EUR/USD.

Anlage 1 – Formblatt Bilanz

Rechnungslegungsverordnung

Formblatt 1

Jahresbilanz zum ....
der ....

Aktivseite				Passivseite			
	EUR	EUR	EUR		EUR	EUR	EUR
1. Barreserve				1. Verbindlichkeiten gegenüber Kreditinstituten			
a) Kassenbestand		....		a) täglich fällig		....	
b) Guthaben bei Zentralnotenbanken darunter bei der Deutschen Bundesbank	....	....		b) mit vereinbarter Laufzeit oder Kündigungsfrist		....	....
2. Schuldtitel öffentlicher Stellen und Wechsel, die zur Refinanzierung bei Zentralnotenbanken zugelassen sind				2. Verbindlichkeiten gegenüber Kunden			
				a) Spareinlagen			
a) Schatzwechsel und unverzinsliche Schatzanweisungen sowie ähnliche Schuldtitel öffentlicher Stellen darunter: bei der Deutschen Bundesbank refinanzierbar ...... EUR		....		aa) mit vereinbarter Kündigungsfrist von drei Monaten		....	
				ab) mit vereinbarter Kündigungsfrist von mehr als drei Monaten		....	....
				b) andere Verbindlichkeiten			
b) Wechsel ...... EUR		....	....	ba) täglich fällig		....	
				bb) mit vereinbarter Laufzeit oder Kündigungsfrist	....	....	....
3. Forderungen an Kreditinstitute				3. Verbriefte Verbindlichkeiten			
a) täglich fällig		....		a) begebene Schuldverschreibungen		....	
b) andere Forderungen		....	....	b) andere verbriefte Verbindlichkeiten darunter: Geldmarktpapiere ...... EUR eigene Akzepte und Solawechsel im Umlauf ...... EUR		....	....
4. Forderungen an Kunden darunter: durch Grundpfandrechte gesichert ...... EUR Kommunalkredite ...... EUR			....	3a. Handelsbestand			
				4. Treuhandverbindlichkeiten darunter: Treuhandkredite ...... EUR			....
5. Schuldverschreibungen und andere festverzinsliche Wertpapiere				5. Sonstige Verbindlichkeiten			....
				6. Rechnungsabgrenzungsposten			....
a) Geldmarktpapiere				6a. Passive latente Steuern			
aa) von öffentlichen Emittenten	....			7. Rückstellungen			
ab) von anderen Emittenten	....	....		a) Rückstellungen für Pensionen und ähnliche Verpflichtungen		....	
b) Anleihen und Schuldverschreibungen				b) Steuerrückstellungen		....	
ba) von öffentlichen Emittenten	....			c) andere Rückstellungen		....	....
bb) von anderen Emittenten darunter: beleihbar bei der Deutschen Bundesbank ...... EUR	....	....		8. weggefallen			
				9. Nachrangige Verbindlichkeiten			....
c) eigene Schuldverschreibungen Nennbetrag ...... EUR	....	....		10. Genussrechtskapital darunter: vor Ablauf von zwei Jahren fällig ...... EUR			....

Anlage 1 – Formblatt Bilanz

noch Aktivseite

	EUR	EUR	EUR
6. Aktien und andere nicht festverzinsliche Wertpapiere			....
6a. Handelsbestand			
7. Beteiligungen			....
darunter: an Kreditinstituten ...... EUR			
8. Anteile an verbundenen Unternehmen			....
darunter: an Kreditinstituten ...... EUR			
9. Treuhandvermögen			....
darunter: Treuhandkredite ...... EUR			
10. Ausgleichsforderungen gegen die öffentliche Hand einschließlich Schuldverschreibungen aus deren Umtausch			....
11. Immaterielle Anlagewerte			....
a) Selbst geschaffene gewerbliche Schutzrechte und ähnliche Rechte und Werte			
b) entgeltlich erworbene Konzessionen, gewerbliche Schutzrechte und ähnliche Rechte und Werte sowie Lizenzen an solchen Rechten und Werten			
c) Geschäfts- oder Firmenwert			
d) geleistete Anzahlungen			
12. Sachanlagen			....
13. Ausstehende Einlagen auf das gezeichnete Kapital			....
darunter: eingefordert ...... EUR			
14. Sonstige Vermögensgegenstände			....
15. Rechnungsabgrenzungsposten			....
16. Aktive latente Steuern			....
17. Aktiver Unterschiedbetrag aus der Vermögensverrechnung			....
18. Nicht durch Eigenkapital gedeckter Fehlbetrag			....
Summe der Aktiva			========

noch Passivseite

	EUR	EUR	EUR
11. Fonds für allgemeine Bankrisiken			....
12. Eigenkapital			
a) gezeichnetes Kapital		....	
b) Kapitalrücklage		....	
c) Gewinnrücklagen		....	
ca) gesetzliche Rücklage	....		
cb) Rücklage für Anteile an einem herrschenden oder mehrheitlich beteiligten Unternehmen	....		
cc) satzungsmäßige Rücklagen	....		
cd) andere Gewinnrücklagen	....	....	
d) Bilanzgewinn/ Bilanzverlust		....	....
Summe der Passiva			========

1. Eventualverbindlichkeiten
   a) Eventualverbindlichkeiten aus weitergegebenen abgerechneten Wechseln ....
   b) Verbindlichkeiten aus Bürgschaften und Gewährleistungsverträgen ....
   c) Haftung aus der Bestellung von Sicherheiten für fremde Verbindlichkeiten ....
2. Andere Verpflichtungen
   a) Rücknahmeverpflichtungen aus unechten Pensionsgeschäften ....
   b) Platzierungs- und Übernahmeverpflichtungen ....
   c) unwiderrufliche Kreditzusagen ....

Anlage 2a – Formblatt GuV (Staffelform)

Rechnungslegungsverordnung

Formblatt 3 (Staffelform)

Gewinn- und Verlustrechnung
der ....
für die Zeit vom .... bis ....

	EUR	EUR	EUR
1. Zinserträge aus			
a) Kredit- und Geldmarktgeschäften	....		
b) festverzinslichen Wertpapieren und Schuldbuchforderungen	....	....	
2. Zinsaufwendungen		....	....
3. Laufende Erträge aus			
a) Aktien und anderen nicht festverzinslichen Wertpapieren		....	
b) Beteiligungen		....	
c) Anteilen an verbundenen Unternehmen		....	....
4. Erträge aus Gewinngemeinschaften, Gewinnabführungs- oder Teilgewinnabführungsverträgen			....
5. Provisionserträge		....	
6. Provisionsaufwendungen		....	....
7. Nettoertrag oder Nettoaufwand des Handelsbestands			....
8. Sonstige betriebliche Erträge			....
9. weggefallen			
10. Allgemeine Verwaltungsaufwendungen			
a) Personalaufwand			
aa) Löhne und Gehälter	....		
ab) Soziale Abgaben und Aufwendungen für Altersversorgung und für Unterstützung	....	....	
darunter: für Altersversorgung ...... EUR			
b) andere Verwaltungsaufwendungen		....	....
11. Abschreibungen und Wertberichtigungen auf immaterielle Anlagewerte und Sachanlagen			....
12. Sonstige betriebliche Aufwendungen			....
13. Abschreibungen und Wertberichtigungen auf Forderungen und bestimmte Wertpapiere sowie Zuführungen zu Rückstellungen im Kreditgeschäft			....
14. Erträge aus Zuschreibungen zu Forderungen und bestimmten Wertpapieren sowie aus der Auflösung von Rückstellungen im Kreditgeschäft		....	....
15. Abschreibungen und Wertberichtigungen auf Beteiligungen, Anteile an verbundenen Unternehmen und wie Anlagevermögen behandelte Wertpapiere			....

Anlage 2a – Formblatt GuV (Staffelform)

	EUR	EUR	EUR
16. Erträge aus Zuschreibungen zu Beteiligungen, Anteilen an verbundenen Unternehmen und wie Anlagevermögen behandelten Wertpapieren		....	....
17. Aufwendungen aus Verlustübernahme			....
18. weggefallen			
19. Ergebnis der normalen Geschäftstätigkeit			....
20. Außerordentliche Erträge		....	
21. Außerordentliche Aufwendungen		....	
22. Außerordentliches Ergebnis		....	....
23. Steuern vom Einkommen und vom Ertrag		....	
24. Sonstige Steuern, soweit nicht unter Posten 12 ausgewiesen		....	....
25. Erträge aus Verlustübernahme			....
26. Auf Grund einer Gewinngemeinschaft eines Gewinnabführungs- oder eines Teilgewinnabführungsvertrags abgeführte Gewinne			....
27. Jahresüberschuss/Jahresfehlbetrag			....
28. Gewinnvortrag/Verlustvortrag aus dem Vorjahr			....
29. Entnahmen aus der Kapitalrücklage			....
30. Entnahmen aus Gewinnrücklagen			
a) aus der gesetzlichen Rücklage	....		
b) aus der Rücklage für eigene Anteile	....		
c) aus satzungsmäßigen Rücklagen	....		
d) aus anderen Gewinnrücklagen	....	....	
		....	
31. Entnahmen aus Genussrechtskapital		....	
		....	
32. Einstellungen in Gewinnrücklagen			
a) in die gesetzliche Rücklage	....		
b) in die Rücklage für eigene Anteile	....		
c) in satzungsmäßige Rücklagen	....		
d) in andere Gewinnrücklagen	....	....	
		....	
33. Wiederauffüllung des Genussrechtskapitals		....	
34. Bilanzgewinn/Bilanzverlust		....	

Anlage 2b – Formblatt GuV (Kontoform)

Rechnungslegungsverordnung

Formblatt 2 (Kontoform)

Gewinn- und Verlustrechnung

der ....

für die Zeit vom .... bis ....

Aufwendungen				Erträge		
	EUR	EUR	EUR		EUR	EUR
1. Zinsaufwendungen			....	1. Zinserträge aus		
2. Provisionsaufwendungen			....	a) Kredit- und Geldmarktgeschäften		....
3. Nettoaufwand des Handelsbestands			....	b) festverzinslichen Wertpaieren und Schuldbuchforderungen	....	....
4. Allgemeine Verwaltungsaufwendungen				2. Laufende Erträge aus		
a) Personalaufwand				a) Aktien und andern nicht festverzinslichen Wertpapieren	....	
aa) Löhne und Gehälter	....			b) Beteiligungen	....	
ab) Soziale Abgaben und Aufwendungen für Altersversorung und für Unterstützung	....	....		c) Anteile an verbundenen Unternehmen	....	....
darunter: für Altervers. .... EUR				3. Erträge aus Gewinngemeinschaften, Gewinnabführungs- oder Teilgewinnabführungsverträgen		....
b) andere Verwaltungsaufw.				4. Provisionserträge		
5. Abschreibungen und Wertberichtigungen auf immaterielle Anlagewerte und Sachanlagen		....	....	5. Nettoertrag des Handelsbestands		....
6. Sonstige betriebliche Aufwendungen			....	6. Erträge aus Zuschreibungen zu Forderungen und bestimmten Wertpapieren sowie aus der Auflösung von Rückstellungen im Kreditgeschäft		....
7. Abschreibungen und Wertberichtigungen auf Forderungen und bestimmte Wertpapiere sowie Zuführungen zu Rückstellungen im Kreditgeschäft			....	7. Erträge aus Zuschreibungen zu Beteiligungen, Anteilen an verbundenen Unternehmen und wie Anlagevermögen behandelten Wertpapieren		....
8. Abschreibungen und Wertberichtigungen auf Beteiligungen, Anteile an verbundenen Unternehmen und wie Anlagevermögen behandelte Wertpapiere			....	8. Sonstige betriebliche Erträge		....
9. Aufwendungen aus Verlustübernahme			....	9. weggefallen		
10. weggefallen				10. Außerordentliche Erträge		....
11. Außerordentliche Aufwendungen			....	11. Erträge aus Verlustübernahme		....
12. Steuern vom Einkommen und vom Ertrag			....	12. Jahresfehlbetrag		....
13. Sonstige Steuern, soweit nicht unter Posten 6 ausgewiesen			....			
14. Aufgrund einer Gewinngemeinschaft, eines Gewinnabführungs- oder eines Teilgewinnabführungsvertrages abgeführte Gewinne			....			
15. Jahresüberschuss			....			
Summe der Aufwendungen			========	Summe der Erträge		========

Anlage 3 – **Kontenplan** der in diesem Buch verwendeten Konten

Klasse 1 Barreserve, Eigene Wertpapiere, Devisen, Edelmetalle, Münzen	Klasse 2 Forderungen und Verbindlichkeiten	Klasse 3 Weitere Vermögens- und Schuldwerte	Klasse 4 Zwischenkonten

10 Kassenbestand
  100 Kasse
  101 Sorten
11 Bundesbank (BBK)
12 Eigene Wertpapiere
  120 Eigene Wertpapiere (Anlagevermögen)
  121 Eigene Wertpapiere (Handelsbestand)
  122 Eigene Wertpapiere (Liquiditätsreserve)
13 Devisen
  130 Devisen
  131 Termin-Devisen
  132 Termin-Forderungen
  133 Termin-Verbindlichkeiten
14 Edelmetalle
  140 Goldbarren
  141 Silberbarren
15 Münzen
	20 Banken-Kontokorrent (BKK)
	21 Befristete Forderungen und Verbindlichkeiten gegenüber Banken
	  210 Befristete Forderungen Banken
	  211 Befristete Verbindlichkeiten Banken
	22 Kunden-Kontokorrent (KKK)
	23 Kredite an Kunden
	  230 Ratenkredite
	  231 Grundschulddarlehen
	24 Einlagen auf Geldmarktkonten
	25 Spareinlagen
	  250 Spareinlagen mit Kündigungsfrist von 3 Monaten (3M)
	  251 Spareinlagen mit Kündigungsfrist von mehr als 3 Monaten
	26 Termineinlagen
	  260 Festgelder
	  261 Sparbriefe
	27 Begebene Schuldverschreibungen
	28 Sonstige Vermögensgegenstände
	  280 Sonstige Forderungen
	  281 Sonstige Forderungen Finanzamt (FinA) Vorsteuer
	  282 Sonstige Forderungen Finanzamt (FinA) Abgeltungsteuer
	  283 Zins- und Dividendenscheine (ZuD)
	29 Sonstige Verbindlichkeiten
	  290 Sonstige Verbindlichkeiten
	  291 Sonstige Verbindl. (FinA) Umsatzsteuer
	  292 Sonstige Verbindl. (FinA) Abgeltungsteuer
	  293 Sonstige Verbindl. noch abzuführende Gebühr
		30 Immaterielle Vermögensgegenstände
		  300 Geschäfts- oder Firmenwert
		  301 Konzessionen sowie Lizenzen
		31 Sachanlagen
		  310 Betriebs- und Geschäftsausstattung (BGA)
		  311 Sammelposten
		  312 Geringwertige Wirtschaftsgüter (GWG)
		32 Finanzanlagen
		  320 Beteiligungen
		  321 Anteile an verbundenen Unternehmen
		33 Treuhandkredite
		  330 Treuhandkredite Aktiva
		  331 Treuhandkredite Passiva
		34 Aktive Rechnungsabgrenzung (ARA)
		35 Passive Rechnungsabgrenzung (PRA)
			40 Wertpapierumsätze (WPU)
			41 Kuponzwischenkonto (Kupzwiko)
			42 Dividendeneinlösungskonto
			43 Kuponeinlösungskonto
			44 Zins- und Dividendenscheinversand
			45 Dotationskonto
			46 Emissionskonto

Dem aktuellen Prüfungskatalog folgend schließt der Kontenplan alle in der Abschlussprüfung benutzten Konten ein.

Klasse 5 Erträge	Klasse 6 Aufwendungen	Klasse 7 Kapital, Rückstellungen, Wertberichtigungen, Abschluss	Klasse 8 Steuern
50 Zinserträge	60 Zinsaufwendungen	70 Eigenkapital	80 Körperschaftsteuer
500 Zinserträge aus Kreditgeschäften	600 Zinsaufwendungen	700 Gezeichnetes Kapital	81 anrechenbare Körperschaftsteuer
501 Zinserträge aus Wertpapieren	601 zinsähnliche Aufwendungen	701 Kapitalrücklage	82 Kapitalertragsteuer
502 Zinserträge aus Termin-Devisen		702 Gesetzliche Gewinnrücklage	83 anrechenbare Kapitalertragsteuer
503 zinsähnliche Erträge	61 Aufwendungen aus Handelsgeschäften	703 Andere Gewinnrücklagen	
	610 Kursverluste aus Wertpapieren (AV, HB, LQ)	704 Bilanzgewinn/-verlust	**Klasse 9** **Fremdwährungskonten**
51 Erträge aus Handelsgeschäften	611 Kursverluste aus Devisen	705 Gewinnvortrag/Verlustvortrag	
510 Kursgewinne aus Wertpapieren (AV, HB, LQ)	612 Kursverl. aus Edelmetallen und Münzen	71 Rückstellungen	*Die jeweilige Fremdwährung wird gemäß ISO-Code bezeichnet, z.B. US-$ als USD.*
511 Kursgewinne aus Devisen	62 Provisionsaufwendungen, Maklergebühren und Porti	710 Pensionsrückstellungen	90 Gegenwerte
512 Kursgewinne aus Edelmetallen und Münzen	620 Provisionsaufwendungen	711 andere Rückstellungen	91 BKK
	621 Maklergebühren	72 Wertberichtigungen	92 KKK
52 Provisionserträge	622 Porti	720 Einzelwertberichtigung auf Forderungen (EWB)	93 Termin-Devisen
53 Dividendenerträge		721 unversteuerte Pauschalwertberichtigung (PWB)	930 Termin-Devisen-Gegenwerte
54 Erträge aus der Auflösung von Wertberichtigungen	63 Abschreibungen	722 Vorsorgewertberichtigungen für allgemeine Bankrisiken	931 Termin-Forderungen
540 Erträge aus Zuschreibungen zu Forderungen	630 Abschreibungen auf immaterielle Vermögensgegenstände	723 Fonds für allgemeine Bankrisiken	932 Termin-Verbindlichkeiten
541 Erträge aus Zuschreibungen zu Wertpapieren des Anlagevermögens	631 Abschreibungen auf Sachanlagen		
542 Erträge aus Zuschreibungen zu Wertpapieren des Handelsbestandes	632 Abschreibungen auf Wertpapiere des Anlagevermögens	73 Abschlusskonten	
543 Erträge aus Zuschreibungen zu Wertpapieren der Liquiditätsreserve	633 Abschreibungen auf Wertpapiere des Handelsbestandes	730 Gewinn- und Verlustkonto (GuV)	
544 Erträge aus der Auflösung offener Vorsorgereserven	634 Abschreibungen auf Wertpapiere der Liquiditätsreserve	731 Gewinnverteilung	
	635 Abschreibungen auf Forderungen	732 Einstellungen in den Fonds für allgemeine Bankrisiken	
55 Erträge aus der Auflösung von Rückstellungen	64 Andere Verwaltungsaufwendungen	733 Eröffnungsbilanzkonto (EBK)	
56 Sonstige betriebliche Erträge	640 Aufwendungen für Sachanlagen	734 Schlussbilanzkonto (SBK)	
560 Sonstige betriebliche Erträge	641 Allgemeine Verwaltungskosten (AVK)		
561 Mieterträge	65 Sonstige betriebliche Aufwendungen		
562 Kassenüberschüsse	650 Sonstige betriebliche Aufwendungen		
	651 Mietaufwendungen		
	652 Werbe- und Reiseaufwendungen		
	653 Kassenfehlbeträge		
	654 Prüfungs- und Abschlussaufwendungen		

Dem aktuellen Prüfungskatalog folgend schließt der Kontenplan alle in der Abschlussprüfung benutzten Konten ein.

Abkürzungsverzeichnis

A
a	Jahr
AfA	Absetzung für Abnutzung
AG	Aktiengesellschaft
AHK	Anschaffungs- o. Herstellkosten
ARA	Aktive Rechnungsabgrenzung
AV	Anlagevermögen
AVK	Allgemeine Verwaltungskosten

B
BAB	Betriebsabrechnungsbogen
BAFin	Bundesanstalt für Finanzdienstleistungsaufsicht
BBK	Bundesbankkonto
BewG	Bewertungsgesetz
BGA	Betriebs- und Geschäftsausstattung
BKK	Banken-Kontokorrent

C
CDR	Capital Requirements Directive (= Richtlinie über Eigenkapitalanforderungen)
CF	Cashflow
CHF	Schweizer Franken
CPU	Central Processing Unit

D
DBBK	Deutsche Bundesbank

E
EBIT	Earnings Before Interest and Taxes (= Ergebnis der Betriebstätigkeit)
EBK	Eröffnungsbilanzkonto
EBT	Earnings Before Taxes (= Ergebnis vor Ertragsteuern)
EDV	Elektronische Datenverarbeitung
eG	eingetragene Genossenschaft
EStG	Einkommensteuergesetz
EStR	Einkommensteuer-Richtlinien
EUR	EURO
E.v.	Eingang vorbehalten
EWB	Einzelwertberichtigung

F
ff.	fortfolgende
FSt	Freistellung
FStA	Freistellungsauftrag

G
GAAP	Generally Accepted Accounting Principles
GKM	Geld- und Kapitalmarkt
GmbH	Gesellschaft mit beschränkter Haftung
GoB	Grundsätze ordnungsmäßiger Buchführung
GWG	Geringwertige Wirtschaftsgüter

H
HGB	Handelsgesetzbuch
HK	Hauptbuchkonto

I
IAS	International Accounting Standards
ISO	International Standardization Organization
IFRS	International Financial Reporting Standards

K
k.A.	keine Angaben
KapSt	Kapitalertragsteuer
KI	Kreditinstitut
KKK	Kunden-Kontokorrent
KonTraG	Gesetz zur Kontrolle und Transparenz im Unternehmensbereich
KSt	Körperschaftsteuer
KWG	Kreditwesengesetz
KStG	Körperschaftsteuergesetz

M
MaH	Mindestanforderungen an das Betreiben von Handelsgeschäften der Kreditinstitute
MZM	Marktzinsmethode

N
n.e.	nicht ermittelt
n.E.	nach Eingang
NV	Nichtveranlagung

O
OECD	Organization for Economic Cooperation and Development
OTC	over the counter (= Tafelgeschäft)

P
PRA	Passive Rechnungsabgrenzung
PSEK	Prozessorientierte Standard-Einzelkostenrechnung
PWB	Pauschalwertberichtigung

R
RBW	Restbuchwert
Rech-KredV	Rechnungslegungsverordnung
ROI	Return on Investment

S
SBK	Schlussbilanzkonto
SGB	Sozialgesetzbuch
SGF	Strategisches Geschäftsfeld
Soli (SolZ)	Solidaritätszuschlag

T
TG	Tagesgeld

U
US-GAAP	siehe GAAP
USD	US-$
UStG	Umsatzsteuergesetz

V
VaR	Value-at-Risk

W
WPU	Wertpapierumsatzkonto

Stichwortverzeichnis

A

Abgabenordnung 12, 89
Abgeltungsteuer 435 ff.
Abschlussbuchungen 33
  vorbereitende 33, 92
Abschlussprüfer 91, 134
Abschreibungen 60, 99, 100 ff.
  außerplanmäßige 104, 113, 157
  geometrisch-degressive 90, 105 ff.
  lineare 105 ff.
  planmäßige 100 ff., 113, 401, 416
Abschreibungen auf Forderungen
        129 ff., 183 ff., 252, 287
Abschreibungen auf Sachanlagen 106 ff, 288, 416
Abschreibungen auf Wertpapiere 151 ff., 186, 217
Abschreibungsmethoden 106
Abschreibungsplan 107 f.
Abschreibungsquote 401
Abschreibungsrisiko 318 f., 337
Abschreibungsrückfluss 126
Abschreibungssätze 107 f.
Absetzung für Abnutzung (AfA) 105, 107, 125
Absetzung, aktivische 132, 137, 183
Abzinsung 195, 244, 428 ff., 473
Act(ual) 146, 198, 422, 473
Aktien-Verlustverrechnungstopf 436, 452, 454
Aktiva 16 ff.
Aktive Rechnungsabgrenzung (ARA) 193 f., 356
Aktivierungsverbot 98
Aktivierungswahlrecht 98, 367
Aktivkonten 25 ff., 35
Aktivtausch 20 ff.
Allgemeine Verwaltungskosten (AVK) 60, 395
Allgemeiner Verlustverrechnungstopf 436 ff.
Anderskosten 222 ff.
Anfangsbestand 25 ff.
Anlagendeckungsgrad 386 f., 416
Anlagenintensität 380 ff.
Anlagenpool (jahrgangsbezogen) 110 f., 119
Anlagenspiegel 106, 111, 120 ff.
Anlagevermögen 18, 94, 98 ff., 144 ff., 355
Annuität 242 ff., 480 ff.
Ansatzvorschriften 91
Anschaffungs- u. Herstellungsk. (AHK) 99, 104, 107
Anschaffungskostenprinzip 100
Antizipative Aktiva 197 ff.
Antizipative Posten 197 ff.
Antizipative Zinsen 198 ff.
Äquivalenzziffernkalkulation 260 f.
Aufbewahrungsfristen 12
Aufwand 56 ff., 81, 105
Aufwandskonten 60 ff.
Aufwendungen 11, 60 ff., 94
  außerordentliche 222, 225, 282, 395
  betriebsfremde 222, 225
  bewertungsbedingte 222, 225
  periodenfremde 222, 225
  sonstige betriebliche 118, 180, 284, 395
Aufzinsung 426 ff.
Ausfallrisiko 127 ff., 225, 294
Ausgaben 192 f., 222 f.
Außenfinanzierung 351
Auszahlungen 222 f.

B

Bankenkontokorrent 48 ff.
Bankenskontro 48 ff.
Bankrisiken 97, 139, 165, 182 ff.
Barliquidität 229, 389
Barwertmethode 245 ff.
Basel III 351

Bedarfsspanne 282 ff.
Belastung 40, 44
Belege 12, 30, 44, 257
Bemessungsgrundlagen 75, 183 f., 347, 436
Bestandskonten 25 ff.
  aktive 25 ff.
  passive 25 ff.
Beteiligungen 14, 121, 151, 174
Betriebsabrechnungsbogen (BAB) 254 ff.
Betriebsergebnis 229, 276 ff., 282 ff., 393 ff., 408
Betriebserlös 230, 272
Betriebskostensatz 268
Betriebsleistung 229 f., 392 f.
Betriebs- u. Geschäftsausstatt. (BGA) 13, 60 ,103 f.
Bewertungs
  ergebnis 156, 167, 216, 282 ff.
  grundsätze 96 ff.
  spanne 285, 288
  spielraum 368
  stetigkeit 96, 214
  vorschriften 91, 97, 358
  wahlrecht 155, 368
Bezugsrechte 463 ff.
Bezugsverhältnis 464 f.
Bilanz 12 ff., 16 ff., 207 ff.,355 ff.
  ausweis 44, 51, 85, 141, 173
  begriff 16, 355
  externe 357, 366
  Formblatt 1 der RechKredV 516
  gewinn 345
  gleichung 17, 26
  identität 70, 96
  interne 357, 370
  kennzahlen 372 ff.
  konsolidierte 357
  verlust 345
  wahrheit 94
Bilanzierungs
  grundsätze 94
  verbote 94, 96
  vorschriften 132, 357
  wahlrechte 94, 367
Börse 66, 89, 100 ff.
Botengeschäfte 286, 451
Bruttobedarfsspanne 282 ff.
Bruttodividende 446 ff.
Bruttozinsspanne 236 ff., 282, 285
Buchführung, doppelte 11 ff.
Buchführungspflicht 12, 89
Buchungssatz 30 ff.
  zusammengesetzter 32
Bundesanstalt für Finanzdienstleistungsaufsicht (BAFin) 11, 92, 223

C

Capital Requirement Directive (CDR) 351
Cash-flow 413 ff.
Cash-flow-Hedges 210
Cash-flow-Rate 414
Central Counter Party (CCP) 453
Clearstream Banking AG (CB) 442, 451
Controlling
  Begriff 293 ff.
  operatives 302
  strategisches 298
Credit Default Swaps (CDS) 311

D

Debitoren
  Begriff 20
  ziel 404
Deckungsbeitrag 262 ff., 301 f., 339

Derivate 332 ff.
Devisen 29
  handel 336, 509
  handelsplattform 509
  kassageschäfte 498
  kurse 494
  swapgeschäfte 503, 505
  termingeschäfte 503
Dienstleistungsunternehmen 363, 380
Disagio 195
Dividendenscheineinlösungskonto 447
Dividendenertrag 60
Dividendeninkasso 441
Dividendenkontinuität 352
Dividendenrendite 412, 417
Dividendenscheine 147, 173, 441, 446 ff.
Divisionskalkulation 259
Dotationskonto 443 f.
Drittrangmittel 176
Durchschnittsbewertung 158 f.
  permanente 160
Divisionskalkulation 259

E

Edelmetalle 65, 78 ff., 286, 340
Effektengeschäfte 48
Effektivzinssatz 470, 489 ff.
eigene Anteile 345
Eigenkapital 345
  kosten 223 f., 268 ff.
  kostensatz 268
  quote 383 f., 412
  rentabilität 384 ff., 408
Einkommensteuer 435
  gesetz 12, 90, 106
Einkünfte aus Kapitalvermögen 435 f.
Einnahmen 226
Einzahlungen 226
Einzelabschlussverfahren 152, 155
Einzelbewertung 96, 151
Einzelkalkulation 267
Einzelkosten 252
Einzelwertberichtigung (EWB) 129 ff.
Elastizitätsbilanz 323 ff.
Erfolgskonten 59
Erfüllungsvaluta 147 ff.
Ergänzungskapital 176
Ergebnis 276, 345
  begriffe 276
  dynamik 302
  stabilität 302
  würfel 277
Erinnerungswert 106
Erlöse 221 ff.
Eröffnungsbilanzkonto (EBK) 33
Eröffnungsbuchungen 33
Erträge 55 ff.
  außerordentliche 226, 395
  betriebsfremde 226
  bewertungsbedingte 226
  neutrale 226 ff.
  periodenfremde 232
Ertragskonten 59 f.
EURIBOR 332 f.

F

Fair Value 151, 213
Festgelder 437 f.
Festpreisgeschäfte 451, 454
Festzins 241, 248
  lücke 323 ff.
  risiko 318, 320 f.
  überhang 320 ff.
Finanzanlagen 103, 152, 213, 359
Finanzanlagevermögen 355

Finanzstruktur 363, 372, 386
Fixkosten 380
  begriff 250 f.
  degression 380
Fonds für allgemeine Bankrisiken 97, 165, 188
Forderungen 127 ff.
  einwandfreie 134
  risikofreie 134, 141
  uneinbringliche 127 f., 141
  zweifelhafte 127 ff.
Forderungsausfall, maßgeblicher 134 ff.
Forderungsausfall, tatsächlicher 134 ff.
Forderungsbestand 141
Forderungsquote 380 ff.
Freistellungsauftrag (FSt-Auftrag) 436 ff.
Fristen 12
  struktur 236, 305
  transformation 238 ff., 303, 326, 337
  transformationsergebnis 305
Futures 332 ff.

G

Gegenwerte 498 ff.
Geld- und Kapitalmarkt (GKM) 235 ff.
Gemeinkosten 252
Geringwertige Wirtschaftsgüter (GWG) 103
Gesamtbanksteuerung 304
Gesamtbetriebsergebnis 278
Gesamtbetriebskalkulation 276
Gesamtkapitalrentabilität 385, 408 ff.
Gesamtkosten
  fixe 250 f.
  sprungfixe 250
  variable 249
  verfahren 392 ff.
Geschäftsartenkalkulation 304
Gesamtleistung 393
Geschäftsbriefe 12
Geschäftsfälle 20, 30
  erfolgsunwirksame 22
  erfolgswirksame 60
Geschäftsfelder 300, 305
Geschäftsguthaben 345, 350
Gewinnausschüttungspolitik 351
Gewinnrücklagen 345
  andere 348
  gesetzliche 346
  satzungsmäßige 347
  für Anteile an einem herrschenden oder
    mehrheitlich beteiligten Unternehmen 347
Gewinn- und Verlustkonto (GuV) 59 ff.
Gewinn- und Verlustrechnung (GuV) 217 f.
  Formblatt 2 der RechKredV 518 ff.
Gewinnvortrag 346
Gezeichnetes Kapital 216, 345
Gläubigerschutz 12, 90, 97, 208
Gliederungskontinuität 360
Globallimit 336 ff.
Goldbarren 77, 79
Grenzsteuersatz 442
Grundbuch 30
Grundkosten 222
Grundleistungen 228
Grundsätze ordnungsmäßiger Buchf. (GoB) 90
Grundschulddarlehen 480
Grundstücke 103
Gruppenbewertung 96, 159
Günstigerprüfung 435
Gutschriften 40, 44

H

Habenbuchungen 25, 29
Habenseite 25
Handelsaktiva 173, 209 ff.

Handelsbestand 144f., 151
Handelsbilanz 90ff., 151
Handelsbücher 12
Handelseinheiten 173
Handelsergebnis 164, 213, 219
Handelsgesetzbuch (HGB) 12, 89, 132
Handelsspanne 282, 285
Handelsunternehmen 225, 363f.
Handelsvaluta 147ff.
Handelswährung 15, 495
Handwerksunternehmen 365
Hauptbuch 25f.
Hauptkostenstelle 254, 257
Hedges 171, 216
Herstellungskosten 100ff., 120
Hilfskostenstellen 254
Höchstwertprinzip 101f.

I

IAS 207
IFRS 207
Immaterielles Vermögen 94ff.
Imparitätsprinzip 100ff.
Indexzahl 371f.
Industrieunternehmen 18, 364
Informationsfunktion 8
Inkasso von Zins- und Dividendenscheinen 441
Innenfinanzierung 351
Interbankengeschäfte 248, 304, 328ff.
Inventar 12, 14
Inventur 13
Istkosten 252f.

J

Jahresabschluss 89, 346
  analyse 366
  aufstellung 89
  begriff 89
Jahresfehlbetrag 217, 347ff.
Jahresüberschuss 89, 190, 208, 287

K

Kasse 13
Kapital 10, 16
  erhaltungspuffer 351
  ertragsteuer (KapSt) 435f.
  flussrechnung 89, 209
  rücklagen 345ff.
  struktur 360, 366, 372, 383
  umschlag 403ff.
  vermehrtes 423
  vermindertes 423
Kaufleute 12, 89, 96
Kaufmännische Zinsformel 424
Kennzahlen 371
Kernkapital 176
Kernkapital, hartes 351
Kirchensteuer 435
Körperschaftsteuer (KSt) 446ff.
Kommissionsgeschäfte 451ff.
Konditionenbeitrag 238ff.
Konten 25
  aktive 26
  gemischte 65
  passive 26
  plan 29, 521
  rahmen 29
Kontokorrent 39ff.
Kontokorrentkredite 476
Konzernbilanz 210, 357
Kosten
  arten 249
  artenrechnung 249
  begriff 221
  fixe 250ff.
  intensität 401f.
  kalkulatorische 222, 224
  stellen 254
  stellenrechnung 249, 254
  struktur 282, 401
  träger 260
  trägerrechnung 260
  variable 249ff.
Kosten- und Erlösrechnung 221
Kredit 476
  dauer 404ff.
  versicherung 311f.
Kreditoren
  begriff 20
  ziel 404ff.
Kundengruppengliederung 304
Kundengruppenkalkulation 304
Kundenkalkulation 271
Kundenkontokorrent 39ff.
Kundenkontro 39ff.
Kuponzwischenkonto (Kupzwiko) 444f.
Kuponeinlösungskonto 444f.
Kursgewinne 60
  aus Devisen 501
  aus Wertpapieren 66
Kurs-Gewinn-Verhältnis (KGV) 411f.
Kursverluste 60
  aus Wertpapieren 66
Kurswertrisiko 321

L

Lagebericht 12, 89, 91ff.
Lagerdauer 403
Lagerumschlagshäufigkeit 403
Länderrisiko 153, 309f.
Laufzeitband 389
Latente Steuern 97f., 359
Leistung 226
Leverage-Effekt 409ff.
Lieferantenziel 404, 417
Liefererskonto 405
Liquidität 18
  grundsatz 310, 343
  kennzahl 389
  plan 343
Lorokonten 48

M

Markt 173
  attraktivität 300ff.
  potential 301
  preisrisiko 171
  volumen 301
  wachstum 301
  zinsmethode (MZM) 235ff.
Maßgeblichkeitsgrundsatz 97f.
Materialaufwandsquote 401
Materialkostenintensität 401
Mehrwertsteuer 77
Mindestgliederungsschema 359ff.
Mittelbeschaffung 17, 228, 352
Mittelverwendung 17, 228

N

Nachkalkulation 267ff.
Netting 453
Nettogewinnspanne 284ff.
Nettozinsspanne 282
Nichtveranlagungs-Bescheinigung 436
Niederstwertprinzip 66
  gemildertes 101f.
  strenges 101f.
Normalkosten 252f.
Nostrokonten 48, 501
Nutzungsdauer 94ff., 104

O

Opération Blanche 465 ff.
Opportunitätsprinzip 235, 279
Overheadkosten 252, 263

P

Paritätsprinzip 213
Passiva 16 f.
Passivierungsverbot 98
Passivierungswahlrecht 98, 370
Passivkonten 25
Passivtausch 21 f.
Pauschalwertberichtigung (PWB) 96, 134
  unversteuerte 134 ff.
  versteuerte 183, 187, 311
Personalaufwand 283 ff., 288
  quote 401
  spanne 285
Personalkostenintensität 401
Personenbuch 39, 41, 44
Plankosten 252, 265
Portfolio 96, 171 ff.
Postenmethode 439
Preis
  obergrenze 267 ff.
  risiko 171
  untergrenze 267 ff.
  währung 495
Preisangabenverordnung 474, 489, 491
Produktkalkulation 267 ff.
Profitcenterkalkulation 304
Postenmethode 439
Preisobergrenze 267 ff.
Promillerechnung 419
Prozentrechnung 419
Provision 60
  aufwendungen 60
  ertrag 60
  spanne 285
  überschuss 285 ff.
Prozessorientierte Standard-
  Einzelkostenrechnung (PSEK) 263 ff.
Prüfer 91 f.
Prüfungsbericht 92, 134

R

Ratenkredite 480 ff.
  mit Jahreszinssatz 486 f.
  mit Monatszinssatz 488 f.
Realisationsprinzip 100
Rechnungslegungsverordn. (RechKredV) 12, 132
Rechnungsabgrenzungsposten 94
  aktive (ARA) 193
  passive (PRA) 204
Rechnungswesen 8
  externes 8
  internes 10
Rechtsgrundlagen 12, 94
Referenzzinssatz 236, 240
Regelkreis 293
Reinvermögen 14 ff.
Rendite
  begriff 468
  dynamische 470 ff.
  statische 469
  von Bundesanleihen 473
  von Bundesschatzbriefen 471 f.
  von Finanzierungsschätzen 472
Rentabilität 408
Rentabilitätsmanagement 302
Rentabilitätsträger 304
Rentenbarwert 433
Rentenendwert 431

Rentenrechnung 430 ff.
Reserven
  offene 188
  stille 168, 182, 369
Restbuchwert (RBW) 104 ff.
Restwert 108 f.
Revolving 338
Risiko
  abschlag 100, 151, 158 ff.
  aktiva 351
  aufwendungen 308
  kosten 222, 225, 252, 268
  kostensatz 224 f., 268
  limitierung 310, 336
  prämie 308, 408
  spanne 282 ff.
  träger 308
  tragfähigkeit 336, 339 f.
  vorsorge 132, 151, 176
  zuschlag 308 ff.
Rücklagen
  begriff 176
  gesetzliche 346
  politik 351
  satzungsmäßige 349
Rückstellungen 176 ff.
  andere 177
  für Pensionen 180

S

Sachkosten 228, 250
Saldenliste 43 f., 50 f.
Saldenmethode 477
Saldo 33
Sammelbewertung 96
Sammelposten 103, 110 ff.
Schlussbilanzkonto (SBK) 33
Schuldverschreibungen 173 f.
  begebene 202, 440
Segmentberichterstattung 209
Selbstfinanzierung 348, 351 f., 383 ff.
Settlement 453, 509
Shareholder Value 351
Sicherheitsrücklage 346, 349
Sichteinlagen 435 ff.
Silberbarren 80 f.
Skonto 404 ff.
Skontren 39 ff., 48 ff.
Skontroführer 451 ff.
Sofortaufwand von bewegl. Gütern des AV 112
Solidaritätszuschlag (SolZ) 435, 442
Sollbuchungen 26, 33, 44
Sollseite 25 f.
Sonstige Forderungen 77, 197
  gegenüber Finanzamt (VSt) 77
  gegenüber Finanzamt (Abgeltungssteuer) 448
Sonstige Verbindlichkeiten 85, 201
  gegenüber Finanzamt (USt) 77
  gegenüber Finanzamt (Abgeltungssteuer) 443
  noch abzuführende Maklergebühr 459
Sorten 65
  begriff 493
  geschäfte 496
Sparbriefe 194 f., 202, 320, 427
Spareinlagen 435
Sparer-Pauschbetrag 435 ff.
Statistik 9 f.
Stelleneinzelkosten 255 ff.
Stellengemeinkosten 256 f., 261
Steuerbilanz 90, 96 ff., 207, 357
Stichtagskurs 152 f., 159 ff.
Strukturbeitrag 236 ff.
  aktiver 236
  passiver 236
Strukturbilanz 375 f.

Strukturerfolgsrechnung 396 f.
Strukturmarge 236 ff.
Stückkosten 250 ff.
 degressive 251
 konstante 251
Stückzinsen 146 ff., 436
Stückzinsvaluta 146 ff., 460
Summarische Zinsrechnung 423 f.
Summenabschlussverfahren 157 f., 163
Swaps 171, 311, 332, 503

T

Teilbetriebsergebnis 282 ff.
Teilkostenrechnung 249, 262, 264 f.
Termineinlagen 202, 435
Terminrisiko 343
Transitorische
 Aktiva 193
 Passiva 196
 Posten 193, 203

U

Überkreuzkompensation 94, 132, 186 ff., 287
Umlaufvermögen 94, 101, 127, 355
Umsatz 20, 30
 bilanz 33, 42 f.
 buchungen 33, 70
 kostenverfahren 392, 394
 rentabilität 410 ff.
 steuer (USt) 75 ff.
 steuerforderungen 85
 steuerverbindlichkeiten 85
 verdienstrate 410
Umschlagshäufigkeit 381, 403 ff.
Umschlagskennzahlen 403 ff.
Unterbewertung 96, 182 f, 369
Unternehmen, verbundene 151, 283, 356
US-GAAP 207

V

Value-at-risk 318, 339, 514
Valuta 145 ff.
Veräußerungsgewinne 455 f.
 aus Aktienverkäufen 455 ff.
 aus Anlagevermögen 117 f.
Verkaufsoption 172
Verlustobergrenze 339 f.
Verlustvortrag 287, 346 ff.
Vermögensgegenstände,
 sonstige 85, 200 f., 444
Vermögensstruktur 363, 372, 380
Verrechnung,
 spartenübergreifende 168, 186
Verrechnungstopf 436
 allgemeiner 436 ff.
 Aktien 436
Verrechnungsverbot 94 f., 187
Verschuldungsgrad 383 f.
Vollkostenrechnung 249
Vollständigkeitsprinzip 120
Vorkalkulation 267 ff.
Vorratsquote 380 ff.
Vorschusszinsen 439
Vorsichtsprinzip 90, 96, 132, 134
Vorsorgereserven 168, 176
 offene 188 f.
 stille 132, 168, 182 ff.
Vorsorgewertberichtigungen 139, 183, 187 ff.
Vorsteuer (VSt) 75 ff.

W

Währungsbuchhaltung 498
Währungsrisiko 512 ff.

Wertaufholung(s) 132, 154, 169
 chance 318 ff.
 gebot 102, 162
 prinzip 102, 151
Wert
 bereich 228 ff.
 berichtigungen 129 ff., 134 ff.
 erlös 229 f.
 kosten 229 f.
 leistung 229 f.
 minderung 96, 100 ff.
 schöpfung 9, 76 ff.
 verzehr 56, 60
Wertpapier
 eigengeschäfte 144 ff.
 geschäfte mit Kunden 441
 kursrisiken 182
 skontren 144
 sonderbedingungen 451
 verrechnungskonto (WPU) 453
Wertpapiere
 der Liquiditätsreserve 167
 des Anlagevermögens 152
 des Handelsbestandes 158
 des Umlaufvermögens 158
Wertstellung 28, 421, 477
Wertveränderungen 20
Wettbewerbsstärke 300
Window-dressing 369 f.

X

Xetra (Exchange Electronic Trading) 451 ff.

Z

Zahllast 76, 81
Zahlungsbemessungsfunktion 9 f.
Zeitliche Abgrenzung 190
Zeitwert 158 ff., 498, 501
Zinsänderungschance 316, 325 f.
Zinsänderungsrisiko 236 ff., 316
Zinsaufwendungen 60
Zinsbindungsbilanz 323 f.
Zinselastizität(s)
 chance 313
 bilanz 323 f.
 koeffizient 316
 risiko 313
Zinsertrag
 aus Kreditgeschäften 60
 aus Wertpapiergeschäften 60, 147
Zins
 futures 171
 konditionenbeitrag 269 f.
 kosten 270, 380
 methode 438
 positionen 320
 rechnung 421
 spannenchance 337
 spannenrechnung 278, 313
 spannenrisiko 337
 staffel 438, 471
 swaps 171, 334
 tage 422, 439, 473
 überschuss 238 f., 269 ff.
Zins- und Dividendenscheinkonto (ZuD) 147
Zinseszinsrechnung 426
Zinsvaluta 146 ff.
Zusatzkosten 222, 225
 kalkulatorische 224
Zuschreibung 94, 102, 151
Zweckaufwendungen 222
Zweckerträge 228
Zwischenkommissionsgeschäfte 451